Informatik-Fachberichte

Herausgegeben von W. Brauer
im Auftrag der Gesellschaft für Informatik (GI)

94

Datenbank-Systeme für Büro, Technik und Wissenschaft

GI-Fachtagung, Karlsruhe, 20.–22. März 1985
Proceedings

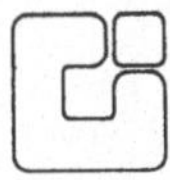

Herausgegeben von A. Blaser und P. Pistor

Springer-Verlag
Berlin Heidelberg New York Tokyo

Herausgeber
A. Blaser
P. Pistor
IBM Wissenschaftliches Zentrum Heidelberg
Tiergartenstr. 15, 6900 Heidelberg

CR Subject Classifications (1982) : D.2.6, H.2, H.3, H.4, H.4.1, I.2.1, I.3.5, I.4.m, I.7.3, J.6

ISBN-13:978-3-540-15196-8   e-ISBN-13:978-3-642-70284-6
DOI: 10.1007/978-3-642-70284-6

Vorwort

Derzeit verfügbare "universelle" Datenbanksysteme sind historisch für betriebswirtschaftliche Anwendungen entstanden. In Anwendungsgebieten wie der Unterstützung von Bürotätigkeiten oder der rechnergestützten Konstruktion und Fertigung (CAD/CAM - CIM) stoßen sie daher vielfach an die Grenzen ihrer Fähigkeiten. Diese Tatsache spiegelt sich wider in dem angelsächsischen Schlagwort "non-standard date base applications", was sich vielleicht mit "nicht-konventionelle Datenbank-Anwendungen" wiedergeben läßt. Für derartige Anwendungen werden immer häufiger neuartige DB-Systeme gefordert.

Die Datenbank-Forschung griff diese Problematik schon vor einigen Jahren verstärkt auf. Das läßt sich belegen durch das Fachgespräch Datenbanken der GI-Jahrestagung 1983, aber auch durch so renommierte internationale Konferenzen wie SIGMOD '84 oder VLDB84, bei denen sich etwa 50 % der Beiträge mit Datenbank-Problemen beschäftigten, die sich durch Anwendungen in Büro, Technik und Wissenschaft stellen.

Unter diesen Umständen hielt es der Fachausschuß 2.5 "Rechnergestützte Informationssysteme" der Gesellschaft für Informatik für angebracht, eine Fachtagung eigens über Datenbanksysteme für die Unterstützung von Bürotätigkeiten und für technisch-wissenschaftliche Anwendungen auszurichten. Die erfreulich große Resonanz, die der Aufruf zu Tagungsbeiträgen fand, hat diese Einschätzung bestätigt. Es ist den Veranstaltern ein Bedürfnis, an dieser Stelle den vielen Autoren zu danken, die durch ihre eingereichten Beiträge die Bedeutung der Thematik unterstrichen haben, und zwar ausdrücklich auch denen, deren Beiträge nicht im Tagungsprogramm erscheinen. In den meisten Fällen ist der Grund dafür nicht die mangelnde Qualität, sondern der Zwang zur zeitlichen und thematischen Konzentration, der die Organisatoren vor die Qual der Wahl stellte.

Neben den eingereichten Beiträgen konnten für die Tagung 5 namhafte Vertreter der Datenbankforschung aus Deutschland und den USA gewonnen werden, eingeladene Vorträge zu halten. Sie behandeln DB-Systeme in Ingenieuranwendungen und Expertensystemen, sowie Hardware- und Software-Architektur-Fragen und bilden damit den Rahmen für die Fachvorträge, die wir zusammengefaßt haben in die Themenkreise "DB-Konzepte für Ingenieuranwendungen", "Datenbankunterstützung für Büro- und Expertensysteme", "Transaktionsverwaltung", "Architektur- und Implementierungskonzepte für neue DB-Systeme", und "Anwenderberichte".

Man könnte versucht sein, das Schlagwort "non-standard DB-applications" auch mit "neuartige Datenbankanwendungen" zu übersetzen. Dem steht aber die Tatsache entgegen, daß diese Anwendungen, die zwar für Datenbanksysteme neuartig sind, als sogenannte "Insellösungen" teilweise auf eine lange Tradition zurückblicken können. Das Programm-Komitee hat deshalb große Anstrengungen unternommen, Vorträge zu gewinnen, in denen Praktiker über ihre Erfahrungen bei der Realisierung nicht-konventioneller Datenbank-Anwendungen berichten. Es liegt in der Natur der Sache, daß dies vielfach nur in Form von Kurzbeiträgen geschehen konnte. Entgegen den ursprünglichen Absichten hielt es der Programm-Ausschuß für angebracht, diese Beiträge (wie auch die übrigen Kurzbeiträge) im Rahmen des Tagungsbandes verfügbar zu machen. Der Springer-Verlag und der Herausgeber der Informatik-Fachberichte standen diesem Experiment sehr aufgeschlossen gegenüber. Für ihr Entgegenkommen und ihre Unterstützung sei ihnen an dieser Stelle gedankt.

Dank gebührt auch allen Personen und Institutionen, die zum Zustandekommen der Fachtagung beigetragen haben, insbesondere der Gesellschaft für Informatik, ihrer Geschäftsstelle, ihrem Fachausschuß 2.5 sowie den Mitgliedern des Organisations- und des Programmausschusses und den Gutachtern. Sie haben den Verantwortlichen die Zusammenarbeit zur Freude gemacht. Insbesondere die Sorgfalt und das Engagement des Organisationskomitees unter der Leitung von Prof. Dr. W. Stucky sollte hier hervorgehoben werden.

Auch den Firmen sei für die Unterstützung gedankt, die sie der Tagung zukommen ließen. Sie beschränkte sich nicht nur auf Spenden. Genauso wertvoll war, daß sie ihre Infrastruktur zur Vorbereitung der Tagung zur Verfügung gestellt haben, und daß sie Mitarbeiter zu Beiträgen oder zur Mitarbeit in den Vorbereitungsgremien ermutigt haben.

Dank gebührt noch einmal den Autoren. Ihr Einsatz entscheidet letztlich, ob diese Fachtagung bei den Teilnehmern den bleibenden Eindruck hinterlassen wird, den die Veranstalter sich erhoffen und wünschen.

Heidelberg, im Januar 1985.

A. Blaser   P. Pistor

Tagungsleitung

P. C. Lockemann
W. Stucky
(Universität Karlsruhe)

Programmkomitee

A. Blaser, IBM Heidelberg (Vorsitz)
H. Biller, Siemens München
K. Dittrich, Universität Karlsruhe
T. Härder, Universität Kaiserslautern
F.-L. Krause, FhG Berlin
G. Lausen, Universität Karlsruhe
H. Maurer, Technische Universität Graz
P. Pistor, IBM Heidelberg
P. Raulefs, Universität Kaiserslautern
H.-J. Schek, Technische Hochschule Darmstadt
G. Schlageter, FernUniversität Hagen
H. Schwärtzel, Siemens München
P. Stucki, IBM Rüschlikon
H. Wedekind, Universität Erlangen
P. Wißkirchen, GMD Birlinghoven
C.A. Zehnder, ETH Zürich

Organisationskomitee

W. Stucky (Vorsitz)
W. Gotthard
A. Kotz
G. Lausen
H.-G. Stork
(Universität Karlsruhe)

Folgende Firmen haben die Tagung finanziell in großzügiger Weise unterstützt:

ACTIS GmbH, Stuttgart
Data-Service, Landau
IBM Deutschland GmbH, Stuttgart
ISB GmbH, Karlsruhe
Nixdorf AG, Paderborn
PCS GmbH, München
Siemens AG, München

Inhaltsverzeichnis

Datenbanksysteme für Ingenieur-Anwendungen

P.C. Lockemann, M. Adams, M. Bever, K.R. Dittrich, B. Ferkinghoff, W. Gotthard,
A.M. Kotz, R.-P. Liedtke, B. Lüke, J.A. Mülle:
"Anforderungen technischer Anwendungen an Datenbanksysteme"
(eingeladener Beitrag) 1

S.Y.W. Su:
"Modeling Integrated Manufacturing Data Using SAM*"
(eingeladener Beitrag) 27

A. Meier:
"Applying Relational Database Techniques to Solid Modeling" 50

P. Blume, W.E. Fischer, H. Gappisch:
"Database Management System for CAD Work Stations" (Kurzbeitrag) 68

K.R. Dittrich, A.M. Kotz, J.A. Mülle:
"DAMASCUS - ein Datenhaltungssystem für den VLSI-Entwurf (Kurzbeitrag) 70

K.R. Dittrich, A.M. Kotz, J.A. Mülle:
"Basismechanismen für komplexe Konsistenzprobleme in Entwurfsdatenbanken" 73

H.R. Leßenich, U. Munford. W. Wenderoth:
"Erfahrungen und Konzepte beim Einsatz eines CODASYL-Datenbanksystems
in der Datenhaltung einer CAD-Elektronik-Anwendung" (Kurzbeitrag) 91

R. Blumenthal, K. Landwehr:
"Einsatz des offenen Echtzeit-Datenbanksystems BAPAS-DB in einer industriellen
Anwendung mit hohen Datenraten" (Kurzbeitrag) 96

B. Ferkinghoff, R.-P. Liedtke, P.C. Lockemann:
"Konzepte für die funktionale Schnittstelle eines Datenbankrechners
für die Prozeßdatenverarbeitung" 101

M. Glinz, H. Huser, J. Ludewig:
"SEED - A Database System for Software Engineering Environments" (Kurzbeitrag) .. 121

B. Lüke, M. Bever:
"Ein prozedurorientiertes Datenmodell für CAD-Anwendungen und seine
Realisierung mittels konventioneller Datenbanksoftware und Ada" 127

Datenbankunterstützung für Büro- und Expertensysteme

Y. Vassiliou:
"Integrating Database Management and Expert Systems"
(eingeladener Beitrag)...... 147

H.-J. Appelrath, H. Bense:
"Zwei Schritte zur Verbesserung von PROLOG-Programmiersystemen:
DB-Unterstützung und Meta-Interpreter"...... 161

K. Kratzer, U. Schreier:
"Behandlung von Ausnahmesituationen mit einer Metadatenbank"...... 177

W. Lamersdorf:
"Modellierung komplexer Objektstrukturen in Bürosystemen" (Kurzbeitrag)...... 199

F. Antonacci, P. Dell'Orco, M.R. Logozzo, M.T. Pazienza:
"A Form-Based Office Information System" (Kurzbeitrag)...... 204

R. Zieschang:
"Das Bürodatenbanksystem als Basis für die Integration von Text, Daten und
Graphik in einem Bürokommunikationssystem" (Kurzbeitrag)...... 210

H.-J. Appelrath:
"ODIR: Optical Disc Information Retrieval" (Kurzbeitrag)...... 213

L. Wiese:
"GOLEM-XT: Ein Information Retrieval System, aufbauend auf einem
Datenbanksystem"...... 217

G. Kappel, A M. Tjoa, R.R. Wagner:
"Form Flow Systems Based on NF^2-Relations"...... 234

Architektur- und Implementierungskonzepte für neue DB-Systeme

T. Härder, A. Reuter:
"Architektur von Datenbanksystemen für Non-Standard-Anwendungen"
(eingeladener Beitrag)...... 253

H. Schweppe:
"Hardwareunterstützung für Datenbanken in Büro, Technik und Wissenschaft"
(eingeladener Beitrag)...... 287

P. Klahold, G. Schlageter, R. Unland, W. Wilkes:
"Ein Transaktionskonzept zur Unterstützung komplexer Anwendungen in
integrierten Systemen".. 309

B. Walter:
"Multi-Level Synchronization and Nested Transactions in Advanced
Information Systems".. 336

R. Lorie, D. McNabb, W. Plouffe, K. Dittrich:
"A Database System for Engineering Design" (Kurzbeitrag)................... 356

V. Lum, P. Dadam, R. Erbe, J. Günauer,
P. Pistor, G. Walch, H. Werner, J. Woodfill:
"Design of an Integrated DBMS to Support Advanced Applications"........... 362

B. Mitschang:
"Charakteristiken des Komplex-Objekt-Begriffs und Ansätze zu dessen
Realisierung"... 382

S. Just:
"Repräsentation und Verwaltung verschiedenartiger konzeptueller Schemata"....... 401

U. Deppisch, V. Obermeit, H.-B. Paul, H.-J. Schek, M. Scholl, G. Weikum:
"Ein Subsystem zur stabilen Speicherung versionenbehafteter, hierarchisch
strukturierter Tupel"... 421

U. Deppisch, J. Günauer, G. Walch:
"Speicherungsstrukturen und Addressierungstechniken für komplexe Objekte
des NF^2-Relationenmodells"... 441

R.P. Brägger, A. Diener, A. Dudler:
"The Presentation of Private and Shared Data in a Federative Database Server"... 460

H.R. Gnägi, F. Link:
"Erfahrungen mit dem Einsatz großer Hashdateien für raschen Zugriff auf
Punktkoordinaten" (Kurzbeitrag)... 474

Anwenderberichte

H.-J. Appelrath:
"GEO - Konzept eines applikationsneutralen geographischen DB-Systems und
seine Implementierung als INGRES-Frontend" (Kurzbeitrag).................. 476

W. Benn, B. Radig:
"Erweiterte Anfragen nach Relationengebilden in Form nichtnormalisierter
Relationen" (Kurzbeitrag)... 487

K. Aßmann, R. Venema, K.H. Höhne:
"Erweiterung einer Datenbanksprache zur Erzeugung benutzerfreundlicher
Bedienoberflächen für eine medizinische Bilddatenbank"
(Kurzbeitrag)... 492

L. Gründig, M. Neureither:
"Beispiel einer Verwaltung archäologischer Funde mit einem herkömmlichen
Datenbanksystem" (Kurzbeitrag)... 497

E. Benner:
"15 Jahre Erfahrung mit der Straßendatenbank Baden-Württemberg" (Kurzbeitrag)... 503

K. Kühne:
"Verarbeitung geologischer Schichtenverzeichnisse im NLfB Hannover"
(Kurzbeitrag)... 507

G. Creutz:
"Verteilte Datenhaltung im System 'Deutscher Fernmeldesatellit -
Neue Dienste'" (Kurzbeitrag)... 515

Anforderungen
technischer Anwendungen
an Datenbanksysteme

Peter C. Lockemann, Marcus Adams, Martin Bever, Klaus R. Dittrich,
Barbara Ferkinghoff, Willi Gotthard, Angelika M. Kotz,
Rolf-Peter Liedtke, Birgit Lüke, Jutta A. Mülle

Institut für Informatik II der Universität Karlsruhe
Forschungszentrum Informatik an der Universität Karlsruhe

Zusammenfassung:

Eine gängige wenn auch nicht unumstrittene Annahme ist heute, daß sich Datenbanksysteme für technische Anwendungen in wesentlichen Aspekten von denen für kommerzielle Anwendungen unterscheiden. Ob diese Unterschiede tatsächlich bestehen, worin sie sich äußern und inwieweit verschiedene technische Anwendungen ihrerseits in ihren Anforderungen voneinander abweichen, bedarf systematischer Untersuchungen anstelle reiner Vermutungen. Der vorliegende Beitrag geht diesen Fragen nach und untersucht hierzu vier verschiedene Anwendungsgebiete, drei aus dem Entwurfsbereich und eines aus der Prozeßautomatisierung, auf ihre Anforderungen an die Datenhaltung. Es wird gezeigt, daß diese Anforderungen in wichtigen Eigenschaften von den in kommerziellen Anwendungen üblichen abweichen, daß viele Ähnlichkeiten in den verschiedenen Entwurfsanwendungen bestehen, daß aber auch eine einheitliche, alle technischen Anwendungen umfassende Datenbanklösung nicht existiert.

Abstract

It is often claimed that database management systems (DBMS) for technical applications differ in important aspects from those of commercial applications. Whether these differences do indeed exist, how they manifest themselves, and to which extent the requirements vary between different technical applications should be a matter of systematic scrutiny rather than educated speculation. The paper examines these questions by analyzing four different application areas, three of them taken from design automation and the fourth from process automation. It will be demonstrated that their requirements differ from those of commercial applications in several significant respects, that the design applications are in many ways similar, but that there is nonetheless no single DBMS solution for all technical applications taken together.

1. Einleitung

Datenbanksysteme sind heutzutage fester Bestandteil des Repertoires vieler Softwarehersteller im Großrechner- und zunehmend auch im Arbeitsplatzrechnerbereich. Und mit der zunehmenden Verbreitung dieser Produkte ist es selbst für wenig geschulte Benutzer selbstverständlich geworden, größere Datenbestände anzulegen und nach unterschiedlichen Kriterien auszuwerten. Allerdings orientieren sich die Produkte heutzutage fast ausschließlich an den klassischen oder „Standard"-Datenbankanwendungen, das sind die betriebswirtschaftlichen und verwaltungstechnischen Anwendungen der kommerziellen und administrativen Datenverarbeitung

Man übersieht dabei gerne, daß die Datenverarbeitung auch außerhalb dieser Anwendungen auf eine lange Tradition zurückblickt, etwa als Prozeßdatenverarbeitung im Bereich der Steuerung technischer Prozesse, oder als rechnergestütztes Entwickeln und Konstruieren im Bereich der Planung und Entwicklung neuer Produkte. Trotzdem nimmt sich die Datenbankforschung dieser und anderer Gebiete wie statistische Datenbanken, Bildverarbeitung, Expertensysteme oder Büroautomation erst seit jüngerer Zeit an. Der vorherrschende Trend ist dabei, Annahmen über die Eignung — oder besser Nichteignung — bisher entwickelter Datenbanktechniken zu machen und diese dann eigenständig fortzuentwickeln. Typische Beispiele hierfür sind Themen wie komplexe Objekte, lange Transaktionen oder verschachtelte Transaktionen. Man kann diese Vorgehensweise grob als "bottom-up"-Strategie einstufen, die es darauf anlegt, den Vorrat an Methoden und Techniken zu erweitern, mit deren Hilfe sich neue Anwendungsbereiche für den Datenbankeinsatz erschließen lassen.

Eine komplementäre Vorgehensweise besteht darin, neue Anwendungsbereiche der Datenverarbeitung systematisch auf ihre Anforderungen an die Datenhaltung zu untersuchen und hieraus auf die Eignung vorhandener oder Notwendigkeit neuer Datenmodelle, Datenbankarchitekturen und Implementierungslösungen zu schließen — also eine „top-down"-Strategie einzuschlagen. Ein solches Vorgehen ist zwangsläufig recht breit angelegt: Eine vergleichsweise große Zahl von Studien muß betrieben werden, die nicht bei der Anwendungsanalyse stehen bleiben dürfen, sondern der empirischen Überprüfung mittels prototypischer Implementierungen zu unterwerfen sind. Ziel derartiger Studien muß es sein, die Gemeinsamkeiten in den Anwendungen aufzudecken, die es schließlich erlauben, mit einem beschränkten und wohlbegründeten Vorrat von Techniken die „bottom-up"-Strategie zu verwirklichen.

Gegenstand der vorliegenden Abhandlung ist es, an den Datenhaltungsanforderungen einer Reihe technisch-wissenschaftlicher Anwendungen die „top-down"-Vorgehensweise zu demonstrieren. Die Anwendungsbeispiele entstammen den bereits genannten klassischen Bereichen des rechnergestützten Entwickelns, insbesondere von hochintegrierten Schaltungen, von Werkstücken und von Software, und der Prozeßdatenverwaltung. Sämtliche Beispiele sind in den letzten Jahren im Rahmen verschiedener Vorhaben am Institut für Informatik II und am Forschungszentrum Informatik der Universität Karlsruhe im Zusammenwirken mit Partnern aus Industrie und Forschung entstanden, für einen Teil wird derzeit die prototypische Implementierung von Datenbanksystemen verfolgt.

2. Bewertungskriterien für Datenbanksysteme

Datenhaltungsprobleme sind für die eingangs genannten technischen Anwendungen keineswegs neu. Sie werden dort auch durchaus gelöst, wobei man sich fast ausnahmslos auf die stets allgegenwärtige Dateiverwaltung abstützt. Die Lösungen haben stets Inselcharakter, es fehlen ihnen zumeist die Eigenschaften, die man heute gemeinhin von einem Datenhaltungssystem verlangt, wie z.B. problemorientierte Datenstrukturierung, Überwachung der Datenbasiskonsistenz, Unverletzlichkeit der Datenbasis, Mehrbenutzbarkeit; bestenfalls bestehen Spezialentwicklungen hierfür.

Datenbanksysteme bieten diese Eigenschaften standardmäßig an. Warum finden diese Systeme trotzdem nur so zögernd Eingang in die technischen DV-Anwendungen? Besteht an den Eigenschaften doch nicht soviel Interesse? Oder werden sie auf unzureichende Weise erfüllt, weil sie von falschen Voraussetzungen ausgehen? Dieser Frage soll im vorliegenden Aufsatz nachgegangen werden. Wir werden dazu die Anforderungen der untersuchten Bereiche nach diesen Eigenschaften ordnen, um ein einheitliches Bewertungsschema vorzufinden, nach dem die verschiedenen Anwendungsbereiche sowohl untereinander als auch mit den klassischen Anwendungen verglichen werden können. Dazu sollen die genannten Eigenschaften noch kurz erläutert werden.

1. Datenmodell

Das Datenmodell repräsentiert die funktionale Schnittstelle des Datenbanksystems den Benutzern gegenüber. Es regelt die Strukturierungsmöglichkeiten für die Datenbasis und die Zugriffsmöglichkeiten auf die Datenbasis für Zwecke des Speicherns, Änderns und Wiederauffindens. Man erwartet von einem Datenmodell, daß sich diese Möglichkeiten ausschließlich an den logischen Gesichtspunkten der Anwendung orientieren (problemorientierte Datenorganisation) und in ihrem funktionalen Verhalten frei von Einflüssen der physischen Datenorganisation, Betriebssystemeigenschaften und Hardwarekonfigurierung sind (Datenunabhängigkeit). Wünschenswert ist auch das Bereitstellen von Anwendersichten auf die Gesamtdatenbasis: Zuschneiden der Datenorganisation und Beschränkung der Sichtbarkeit der Datenbasis auf die Bedürfnisse von Teilanwendungen.

2. (Daten-) Konsistenz

In der schärfsten Form versteht man darunter das Aufrechterhalten eines getreuen Abbilds des interessierenden Umweltausschnitts in der Datenbasis; meistens schwächt man sie ab zur Forderung, alle interessierenden Umweltgesetze in der Datenbasis widerzuspiegeln und diese Gesetze bei Änderungsoperationen aufrechzuerhalten.

Zwischen Datenmodell und Datenkonsistenz besteht ein enger Zusammenhang. Ein Teil der Umweltgesetze wird nämlich durch das Datenmodell − oder eigentlich genauer: durch das Datenbasisschema − eingefangen (modellimmanente Konsistenz). Wenn man von Konsistenzerhaltung im Zusammenhang mit Datenbanksystemen spricht, meint man deshalb nur noch den Teil der Gesetzmäßigkeiten, der nicht durch das Datenmodell abgedeckt wird (modellexterne Konsistenz). Allgemein gehaltene und damit problemferne Datenmodelle ziehen viel modellexterne Konsistenz nach sich, das Datenbasisschema ist jedoch sehr stabil gegenüber Veränderungen in der Anwenderwelt. Problemangepaßte Datenmodelle reduzieren die modellexterne Konsistenz, doch werden dafür die Schemata über die Zeit gesehen sehr instabil.

3. Recovery

Diese Eigenschaft beschreibt die Sicherung des Datenbestandes gegen Verlust bei Transaktionsabbrüchen, Systemzusammenbrüchen oder Zerstörung der Datenträger.

4. Mehrbenutzerbetrieb

Datenbasen sind häufig das Ergebnis einer Integration von Daten aus verschiedenen Quellen. Demzufolge ist auch mit Zugriff von mehreren Seiten zu rechnen, der insbesondere auch gleichzeitig erfolgen kann. Ein Datenhaltungssystem sichert ein Verhalten einem Benutzer gegenüber zu, so als ob dieser allein mit der Datenbasis arbeite.

5. Transaktionen

Darunter versteht man die Verwaltung der dem Datenbanksystem gegenüber als solche gekennzeichneten Arbeitseinheiten, die im allgemeinen eine (häufig längere) Folge von Lese- und Änderungsoperationen umfassen; dabei sind vorzudefinierende Eigenschaften wie (im klassischen Fall) Konsistenz, Atomarität und Persistenz sicherzustellen.

6. Datenschutz

Das Datenbanksystem übernimmt die Kontrolle der Berechtigung des Zugriffs auf die Datenbasis.

7. Datenintegration

Dies ist das organisatorische Prinzip der nichtredundanten Zusammenfassung aller an den verschiedenen Stellen des Anwendungsgebiets anfallenden Daten, soweit sie untereinander in Beziehung stehen und von mehreren Benutzern gemeinsam genutzt werden sollen. Die Wahl des Datenmodells hat der Datenintegration Rechnung zu tragen: die richtige Wahl und damit Akzeptanz führt zu einem Standard, nach dem der Datenaustausch zwischen den verschiedenen Benutzern erfolgen kann. Das Bereitstellen von Anwendersichten wiederum erlaubt das Aufprägen teilproblemspezifischer Modelle auf den Standard und damit dessen leichtere Benutzung. Datenintegration vereinfacht die Zusammenfassung von Bibliotheken, Archiven, Arbeitsdateien, öffentlichen und privaten Datenbasen unter einem einheitlichen Dach, so unterschiedlich diese Konzepte auch von der Benutzung her erscheinen müssen.

8. Leistungssteuerung

Leistungssteuerung ist die Kehrseite der Datenunabhängigkeit. Die Wahl der physischen Datenorganisation und der Implementierung der Zugriffsoperatoren hat sich nach den Eigenschaften des Datenmodells, den Besonderheiten des Schemas und den Leistungsanforderungen der Anwendungen zu richten. Sie muß sich deshalb von außen gezielt beeinflussen lassen. Dies setzt wiederum eine geeignete Parametrisierung des Datenbanksystems voraus, z.B. Wahl von Zugriffspfaden, Clusterstrategien, Datenverteilung auf Dateien und Hintergrundspeicher, Funktionsverteilung bei mehreren Prozessoren.

Bei der Durchführung des Vergleichs werden wir wie folgt vorgehen. In Kapitel 3 werden mehrere Anwendungsbereiche untersucht. Drei hiervon entstammen dem rechnergestützten Entwickeln und Konstruieren, der vierte hat die Prozeßautomatisierung zum Gegenstand. Da die ersten drei Bereiche eine Reihe von Gemeinsamkeiten erwarten lassen, werden wir sie zusammen behandeln. Beide Untersuchungen beginnen jeweils mit einer kurzen Charakterisierung des Anwendungsbereichs, gefolgt (soweit sinnvoll) von einer Skizzierung der Arbeitsvorgänge, die von der Datenbasis Gebrauch machen. Anschließend werden dann jeweils die für diesen Anwendungsbereich besonders typischen Anforderungen herausgestellt und diese entsprechend der oben gegebenen Einteilung nach Datenbankeigenschaften eingeordnet. Der Leser möge bedenken, daß für jeden Anwendungsbereich die dort übliche Terminologie Verwendung findet. Es ist daher nicht ganz zu vermeiden, daß manches Konzept in unterschiedlichen Bereichen mit unterschiedlichen Begriffen belegt wird oder daß derselbe Begriff hin und wieder verschiedenartige Konzepte bezeichnet.

Kapitel 4 geht anhand der Einordnung zwei Fragen nach. Zum einen soll festgestellt werden, ob und inwieweit sich die heute gängigen Datenbankkonzepte für die untersuchten Anwendungsbereiche eignen. Zum zweiten gilt es zu klären, ob diese Bereiche untereinander soviele Gemeinsamkeiten aufweisen, daß sie sich ihrerseits mit einer einzigen Art von Datenbanksystem bedienen lassen.

3. Anwendungsbereiche und ihre Anforderungen

3.1 Entwurfsautomatisierung

3.1.1 Entwurf hochintegrierter Schaltungen

Eine technische Anwendung, die hinsichtlich ihrer Datenhaltungsproblematik derzeit häufig untersucht wird, ist die rechnergestützte Entwicklung hochintegrierter Schaltungen (VLSI-Entwurf). Eine grobe Übersicht über die derzeitige Datenbankliteratur [DKML84] zählt rund 10 Vorhaben in diesem Bereich auf.

Durch die Fortschritte der Halbleitertechnologie bedingt, werden heute kundenspezifische Schaltungen, die früher als Baugruppen mit Standardkomponenten gefertigt wurden, als VLSI-Chips realisiert („Custom Design"). Bei diesem kundenspezifischen Entwurf lassen sich vollspezifischer („Full-Custom-Design") und halbspezifischer („Semi-Custom-Design") Entwurf unterscheiden. Ersterer fertigt ein Produkt als kompletten Spezialentwurf. Letzterer senkt den Entwurfsaufwand, indem die individuelle Schaltung mit Hilfe vordefinierter Strukturen aufgebaut wird, wobei vor allem folgende Methoden Anwendung finden:

— Zellenorientierter Entwurf
Aus einer Menge vordefinierter Schaltungen (Zellen genannt) wählt der Entwerfer die gewünschten aus. Der Entwurfsprozeß besteht dann lediglich in der Verbindung der Zellen. Hierarchische Zellendefinition und Parametrisierung von Zellen sind gegebenenfalls möglich.

— Gate-Array-Entwurf
Ähnlich dem zellenorientierten Entwurf, die Schaltungen sind jedoch bereits, was die aktiven Bestandteile betrifft, auf einem vorgefertigten Masterchip realisiert.

— Entwurf auf der Basis regulärer Strukturen
Hierunter fallen Bit-Slice-Konzept, PLA- und Speicherstrukturen. Die Schaltung wird durch Reihung gleichartiger Einheiten bzw. durch gezielte Eingriffe in eine vorgefertigte regelmäßige Grundschaltung aufgebaut.

C. Mead und L. Conway stellen in [MC 80] eine Vorgehensweise zum systematischen Entwurf von VLSI-Chips vor, die die weitere Entwicklung in diesem Bereich stark geprägt hat. Der Entwurfsprozess für elektronische Bausteine ist aufzufassen als Folge von Abbildungsschritten, durch die aus einer funktionalen Spezifikation der Schaltung die Information für ihre physische Realisierung abgeleitet wird. Dabei werden im wesentlichen nacheinander, ggf. iterierend, folgende Ebenen durchlaufen:

- System (Architektur)-Ebene
- Registerebene
- Logikebene
- Transistorebene
- Schaltungsgeometrie

Die obengenannten drei Methoden unterscheiden sich dabei hinsichtlich der Vorgaben für den Entwurfsprozeß auf den verschiedenen Ebenen. Dieser Prozeß läuft auf jeder Ebene in vier Phasen ab. Spezifikation, Grobentwurf, Detaillierung und Verifikation. Dabei wird mit Ausnahme der Systemebene die Spezifikation für eine Ebene jeweils aus dem Entwurfsergebnis der nächsthöheren gewonnen.

Zur Abbildung zwischen den verschiedenen Ebenen werden nach dem heutigen Stand der Technik sowohl konstruktive als auch generative Methoden eingesetzt. Bei ersteren wird der Abbildungsschritt manuell durch den Entwerfer (in der Regel mit Rechnerunterstützung z.B. durch Graphikeditoren) ausgeführt. Bei letzteren wird automatisch aus der Spezifikation der Entwurf erzeugt, die Verifikation ist in diesem Fall überflüssig.

Jede Entwurfsebene trägt eigenständige Ergebnisse (**Repräsentationen** genannt) zum Entwurfsobjekt bei. Nur die Gesamtheit der Repräsentationen beschreibt die Schaltung in ihren Eigenschaften vollständig. Typische Repräsentationen sind beispielsweise:

- **Funktionale Beschreibungen** auf einer oder mehreren Ebenen.

- **Schaltungsmodelle** für Simulatoren und Prüfdatenermittlung. Modelle treten in Form von lesbaren Texten, ausführbaren Programmteilen oder in tabellarisch strukturierter Form auf.

- **Geometrisch/physikalische Beschreibungen** von Schaltungen auf den verschiedenen Layoutebenen. Als Grundlage einer Beschreibung dienen elementare geometrische Formen, die zu größeren Einheiten zusammengesetzt werden. Auf den definierten Einheiten lassen sich Operationen wie Spiegelung, Drehung, Vervielfältigung u.a. ausführen.

- **Prüfdaten**, d.h. Prüfmuster und Steuerprogramme für Testautomaten, die im Anschluß an den Fertigungsprozeß eingesetzt werden.

- **Fertigungsunterlagen**, d.h. alle Daten zur Steuerung der Chip-Produktion.

Das Ergebnis einer Entwurfsebene kann sich häufig auf der nächsten Ebene in der Entwicklung mehrerer Entwurfsalternativen (auch **Varianten** genannt) fortsetzen, die zunächst gleichberechtigt nebeneinander existieren. Eine Entwurfsvariante kommt z.B. zustande, wenn eine Schaltung durch verschiedene Layouts realisiert wird oder wenn zwei Schaltungen sich nur bzgl. weniger Parameter unterscheiden und nicht als getrennte Neuentwicklungen betrachtet werden sollen. Man kann deshalb davon sprechen, daß jede Repräsentation in Form einer oder mehrerer Varianten auftritt.

Bei der Entwicklung einer Entwurfsvariante ist infolge des iterativen Charakters des Entwurfsvorgangs auch die **Änderungsgeschichte** interessant, die als Folge von Änderungszuständen oder Änderungsintervallen beschrieben werden kann. In der zeitlichen Entwicklung muß es möglich sein, auf frühere Änderungszeitpunkte zurücksetzen zu können, um durchgeführte Änderungen rückgängig zu machen und von einem früheren Änderungsstand aus den Entwurf neu fortzusetzen.

Die Eigenschaften des Entwurfsvorgangs ergeben eine Strukturierung der Entwurfsinformation, deren Form in Abb.1 schematisch dargestellt ist.

Aus den Entwurfsvarianten jeder Repräsentation ist schließlich jeweils eine für das Entwurfsergebnis auszuwählen; diese bilden zusammen eine Schaltungsvariante, üblicherweise als **Konfiguration** bezeichnet. In Abb.2 ist die Zusammensetzung einer

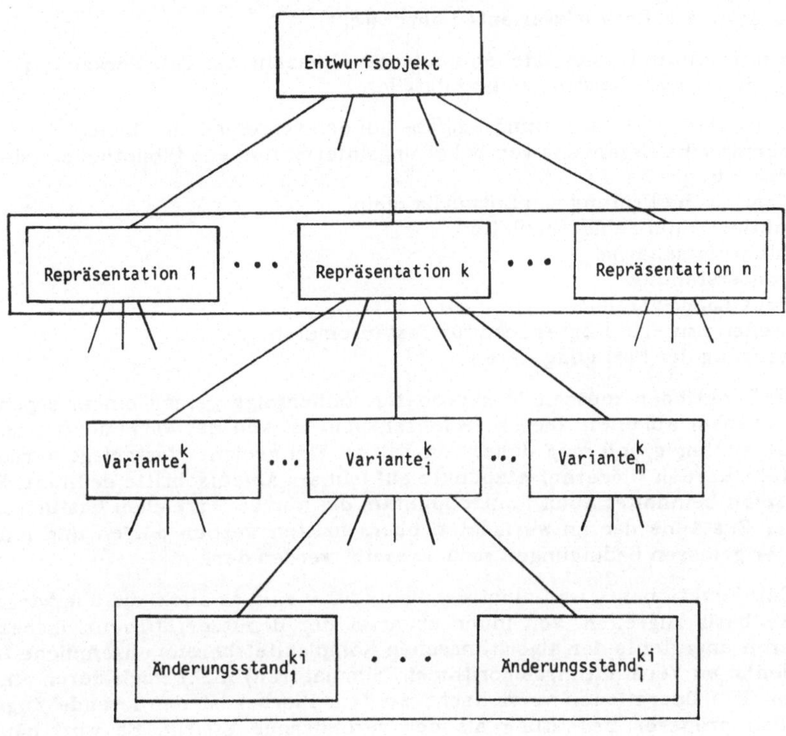

Abb. **1** : Struktur eines Entwurfsobjektes

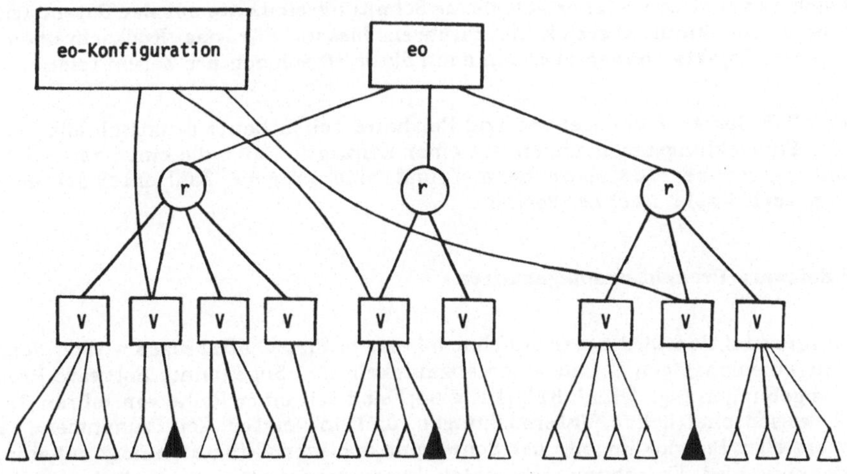

Abb. **2**: Ausprägung eines Entwurfsobjektes eo und Zusammensetzung einer
Entwurfsobjektkonfiguration

Konfiguration aus Entwurfsvarianten dargestellt.

Zur Entwurfsunterstützung stehen heute eine Vielzahl von CAD-Werkzeugen zur Verfügung, die folgende Leistungen bereitstellen:

— Unterstützung der Schaltungseingabe auf den verschiedene Ebenen
— Automatische Ergänzung von Schaltungsinformation aus Bibliotheken oder durch Berechnung
— Automatische Prüfung von Entwurfsregeln
— Funktions- und Fehlersimulation
— Prüfbarkeitsanalyse
— Layouterstellung
— Layout-Logik-Vergleich
— Erstellen von Prüfprogrammen für Testautomaten
— Erzeugung der Fertigungsdaten

Die CAD-Funktionen müssen in geordneter Reihenfolge gemäß einem sogenannten Verfahrensplan ablaufen. Dieser Verfahrensplan ist von der verwendeten Entwurfsmethode abhängig und muß daher von Fall zu Fall geeignet festgelegt werden. Für Fehlerfälle werden Wiederaufsetzpunkte auf frühere Ablaufschritte definiert. Ein Verfahrensplan beinhaltet auch Kontrollpunkte, die nur bei Erreichen bestimmter konsistenter Zustände der Entwurfsdaten überschritten werden dürfen und hinter die nur unter gewissen Bedingungen zurückgesetzt werden darf.

Diese CAD-Funktionen — und nicht der Benutzer — sind es auch, die überwiegend auf die Datenbasis zugreifen. Von ihnen erwartet der Benutzer Effizienz, insbesondere darf deren angesichts der algorithmischen Komplexität bereits ansehnliche Laufzeit (man denke an Verdrahtungsalgorithmen, Simulatoren) nicht noch durch eine hohe Zahl von E/A-Operationen vervielfacht werden. Hierbei ist der lesende Zugriff von wesentlich größerer Bedeutung als der verändernde Zugriff. Es wird häufig die Beschreibung einer ganzen Schaltung oder Teilschaltung zur Bearbeitung angefordert. Eine solche Schaltungsbeschreibung besitzt in der Regel eine komplexe Struktur. Sie besteht aus einer umfangreichen Menge von einzelnen Objekten, zwischen denen vorwiegend hierarchische Beziehungen existieren.

Um einige quantitative Aussagen zu machen: Typische Schaltungsobjekte umfassen bereits heute Datenvolumina, die sich bis in den Megabytebereich bewegen. Trotzdem muß sich das Auslesen solcher komplexer Schaltungselemente aus der Datenbasis immer noch im Minutenbereich durchführen lassen. Für das Rückschreiben des geänderten Objekts können etwa um den Faktor 10 schlechtere Zeiten toleriert werden.

Hinsichtlich der Arbeitsumgebung und Hardware gehen heute praktisch alle Planungen für Entwicklungsumgebungen von einer Konzeption aus, die einen zentralen Datenhaltungsrechner (database server) und eine größere Zahl intelligenter Entwicklungsarbeitsplatzrechner vorsieht.

3.1.2 Software-Produktionsumgebungen

Softwareproduktion wird heute zunehmend als ein Wirtschaftsprozeß verstanden, der nach ingenieurmäßigen Grundsätzen abzuwickeln ist. Sogenannte Software-Produktionsumgebungen (vgl. [Hünk 81], [Hend 84]) sind seit einer Reihe von Jahren Gegenstand wissenschaftlicher Untersuchungen und in letzter Zeit zunehmend auch kommerzieller Entwicklungen. Der Schwerpunkt dieser Aktivitäten liegt dabei in der Entwicklung und Erprobung geeigneter Produktionsmethoden und deren Unterstützung durch rechnergestützte Werkzeuge.

Die Methoden decken heute in der Regel nur Teilbereiche der gesamten Softwareentwicklung ab. Was auf der methodischen Seite fehlt, ist eine durchgehende und umfassende Methode zur Softwareentwicklung. Dem steht auf der Werkzeugseite eine Reihe individueller "Werkzeugkisten" gegenüber. Die Werkzeuge aus unterschiedlichen Kisten lassen sich fast nie freizügig untereinander kombinieren, häufig sind sogar die Werkzeuge innerhalb einzelner Kisten nur mangelhaft aufeinander abgestimmt. Neue Werkzeuge sind auch in Zukunft in großer Zahl zu erwarten.

Datenbanksysteme stehen derzeit im Mittelpunkt des Interesses, nicht nur wegen des anfallenden hohen Datenvolumens, sondern weil man sich davon auch eine Standardisierung der Datenorganisation und damit die bessere Integration von Werkzeugen beliebiger Herkunft in eine Softwareproduktionsumgebung erhofft. Dazu muß das Datenbanksystem den sog. Software-Lebenszyklus (software life cycle) unterstützen, der den Prozeß der Softwareentwicklung strukturiert. Aus den o.a. Gründen gibt es kein einheitliches life cycle-Modell, sondern es werden von Unternehmen zu Unternehmen und sogar von Projekt zu Projekt unterschiedliche Modelle eingesetzt. Demnach ist das life cycle-Modell in Abb. 3 als repräsentatives Beispiel zu verstehen.

Entwurfsobjekt ist hier ein mehr oder weniger umfangreiches Programmsystem. Die verschiedenen Stufen des life-cycle-Modells lassen sich mit den Entwurfsebenen des VLSI-Entwurfs vergleichen, da jede Stufe ein eigenständiges Entwurfsergebnis hat. In Anlehnung an die dort eingeführte Terminologie werden wir von einem solchen Ergebnis wieder als einer Repräsentation sprechen (obwohl dieser Begriff im Softwarebereich ungebräuchlich ist). Erst die Gesamtheit aller Repräsentationen macht das vollständige Entwurfsobjekt aus (man denke z.B. an den Benutzer, der neben dem Objektcode auch eine Installationsanleitung und ein Funktionshandbuch benötigt).

Die Anforderungsanalyse dient zur Sammlung und Aufbereitung der Anforderungen, die das zu entwickelnde System erfüllen soll. Zur Beschreibung der Anforderungen werden graphische Darstellungsformen (Bäume, Netze etc.) sowie natürliche Sprache eingesetzt. In der funktionalen Spezifikation werden die Aktionen und Informationen des Systems aus Benutzersicht spezifiziert. Hierzu werden neben graphischen Darstellungsmitteln und natürlicher Sprache auch Spezifikationssprachen eingesetzt. Die Systemarchitektur ist das Ergebnis des Grobentwurfs. Die Repräsentationen dieser Phase werden u.a. durch Architektursprachen beschrieben. Im Komponentenentwurf werden die internen Strukturen der Architektureinheiten (Komponenten) dargestellt. Mögliche Darstellungsformen sind neben graphischen Darstellungen (z. B. Ablaufdiagramme) Pseudocodes und Entwurfssprachen. In der Komponentenrealisierung werden diese Repräsentationen auf Programme einer höheren Programmiersprache abgebildet. Die Repräsentationen, die während der Phasen Komponententest sowie Systemintegration und -test bearbeitet werden, sind die compilierten Programme und Mengen von Testdaten. Für die Systemeinführung werden die Benutzerunterlagen des entwickelten Systems benötigt. Die Wartung zählt nicht mehr zur eigentlichen Systementwicklung, jedoch treten hier über die gesamte Lebensdauer Forderungen nach Änderung oder Erweiterung des Systems auf. Um eine Senkung des hohen Kostenanteils der Wartung an den gesamten Systemkosten zu erzielen, ist also insbesondere eine vollständige und konsistente Systemdokumentation erforderlich.

In jeder Phase des Zyklus werden Werkzeuge eingesetzt, um die phasenspezifischen Repräsentationen zu manipulieren. Die Phasenübergänge werden durch Transformationswerkzeuge überbrückt. Neben phasenbezogenen Aktivitäten gibt es weitere, die sich nicht einer einzelnen Phase des software life cycle zuordnen lassen. Es sind dies die Aktivitäten des Projekt- und Produktmanagements, die phasenübergreifend stattfinden. Darüber hinaus ergeben sich Änderungen am klassischen, phasenbezogenen life cycle durch die Möglichkeit, schon früh Prototypen des zu entwickelnden Systems zu gewinnen (rapid prototyping).

<table>
<tr><td align="center">Anforderungsanalyse</td></tr>
<tr><td align="center">Funktionale Spezifikation</td></tr>
<tr><td align="center">Grobentwurf</td></tr>
<tr><td align="center">Komponentenentwurf</td></tr>
<tr><td align="center">Komponentenrealisierung</td></tr>
<tr><td align="center">Komponententest</td></tr>
<tr><td align="center">Systemintegration und -test</td></tr>
<tr><td align="center">Systemeinführung</td></tr>
<tr><td align="center">Wartung</td></tr>
</table>

Abb.3: Beispiel für ein life cycle-Modell

Der life cycle legt eine grobe Ablaufstruktur für die Softwareentwicklung fest. Innerhalb einer Phase existiert i. a. eine methodenspezifische feinere Ablaufstruktur. Die Ablaufstruktur äußert sich u. a. darin, daß die Werkzeuge nur in bestimmten Folgen aufgerufen werden dürfen ("Verfahrensplan").

Ähnlich wie beim Entwurf hochintegrierter Schaltungen gibt es zu Repräsentationen Varianten und Änderungsgeschichten. Beide werden im Bereich der Softwareentwicklung unter dem Sammelbegriff **Versionen** erfaßt. **Varianten** stellen unterschiedliche Entwurfsaltenativen dar (z. B. ein System, das für unterschiedliche Betriebssysteme entwickelt wird), **Revisionen** die zeitliche Abfolge von Entwicklungsstadien einer Variante. Die Anforderungen an das Datenbanksystem bestehen darin, daß der Benutzer an der Datenbankschnittstelle ein Konzept zur Darstellung und Manipulation von Versionen hat, und daß das Datenbanksystem für eine speichereffiziente Verwaltung der enorm zahlreichen Versionen sorgt.

Ebenso existiert der Begriff der **Konfiguration**. Konfigurationen beschreiben die Zusammensetzung eines speziellen Gesamtsystems aus einzelnen Komponenten. Auch hier werden Konzepte zur Darstellung von Konfigurationen sowie Mechanismen zu deren effizienter Verwaltung benötigt. Die Anforderungen scheinen hierbei höher zu liegen als beim Schaltungsentwurf: Ältere Revisionen müssen ständig berücksichtigt werden, die Zahl der Bausteine, die in Konfigurationen eingehen können, ist im allgemeinen sehr hoch.

Ein Ziel der Rationalisierung der Softwareentwicklung ist es, bereits vorhandene Softwarebausteine als Komponenten des neu zu entwickelnden Systems zu verwenden. Bibliotheken spielen also auch hier insbesondere für die Zukunft eine bedeutsame Rolle. Stärker als beim Schaltungsentwurf mit seinen häufig regulären Strukturen wird hier innerhalb eines Systems eine Bibliothekskomponente nur einmal verwendet; dafür kann die Zahl solcher Komponenten sehr groß sein.

Softwareprodukte haben i.a. eine im Verhältnis zu ihrer Entwicklungsdauer relativ lange Lebensdauer und werden bis zu ihrer Außerdienststellung durch Wartungsaktivitäten modifiziert. Insbesondere aus diesem Grund ist eine Langfristarchivierung der gesamten Entwicklungsdokumentation eines Systems unbedingt erforderlich.

Heute wird Software i.a. auf einem Zentralrechner entwickelt oder aber auf einem Entwicklungsrechner, der mit dem Zentralrechner vernetzt ist. Zukünftig arbeiten Softwareentwickler ähnlich wie Schaltungsentwickler an Arbeitsplatzrechnern und haben Zugriff auf eine zentrale Datenbasis, die von einem speziellen Datenhaltungsrechner verwaltet wird. Auch für diese Entwicklungssysteme ist eine Verbindung zum Zentralrechner notwendig, sei es um die entwickelte Software auf diesen zu portieren oder aber, um Werkzeuge, die hier laufen, in die Software-Produktionsumgebung zu integrieren.

3.1.3 Konstruktiver Maschinenbau

Einer der klassischen Anwendungsbereiche des rechnergestützten Entwickelns und Konstruierens ist der Maschinenbau [SK 84]. Der Konstruktionsprozeß hat Entwurf und Planung eines Maschinenbauteils und seines Herstellungsvorgangs zum Ziel. Das Ergebnis liegt in Form von Zeichnungen, Stücklisten und Arbeitsplänen für das Produkt vor. Dabei lassen sich die folgenden Konstruktionsarten unterscheiden:

— Neukonstruktion
  Das wesentlichste Merkmal der Neukonstruktion ist die Anordnung bereits bekannter oder auch neuer Konstruktionsobjekte, und zwar sowohl hinsichtlich Arbeitsprinzip als auch Gestalt. Voraussetzung hierzu ist die Entdeckung neuer Lösungswege für eine gestellte Konstruktionsaufgabe.

— Anpassungskonstruktion
  Ausgehend von einem vorgegebenen Lösungsweg und einer Grundanordnung der Konstruktionselemente werden diese entsprechend ihrer Funktion und Gestalt geändert. Die ursprüngliche Gesamtfunktion des technischen Objekts bleibt bestehen.

— Variantenkonstruktion
  Bei festgelegter Gesamtfunktion und Anordnung der Teilobjekte werden diese nur in Gestalt und Dimensionierung verändert.

— Prinzipkonstruktion
  Sie ist eine auf die Neudimensionierung von Objekten beschränkte Variantenkonstruktion.

Ein Konstrukteur ist in seinen Tätigkeiten zahlreichen Randbedingungen unterworfen. Ein großer Einflußfaktor auf das Entwurfsergebnis ist durch die Art der Produktion gegeben, je nachdem, ob eine Einzel- oder Serienproduktion angestrebt wird. Bedingt durch die Forderung nach Wirtschaftlichkeit und Konkurrenzfähigkeit müssen Konstrukteure auf schnelle und kostengünstige Fertigung achten. Deshalb werden in den meisten aller Konstruktionsanwendungen firmeneigene Fertigteile oder im Lager vorrätige Normteile für die neue Konstruktion verwendet.

Während des Konstruktionsprozesses wird das zu konstruierende technische Objekt von der Lösungsidee bis hin zur maßstabsgetreuen Fertigungsunterlage stufenweise, ggf. in Iterationen, konkretisiert (Abb.4). Ausgehend von einer Anforderungsliste, die die Spezifikation des zu lösenden Problems beinhaltet, wird in der Phase der Funktionsfindung die Gesamtfunktion der Konstruktion festgelegt. Je nach Komplexität dieser Funktion erfolgt eine weitere Zerlegung in Teilfunktionen. In der nächsten Phase wird für jede zu konstruierende Teilfunktion das physikalische Lösungsprinzip entwickelt und diese zu einem Gesamtlösungskonzept zusammengefaßt. In den folgenden zwei Phasen werden für die Teilfunktionen Objekte konstruiert, ihre Gestalt

Anforderungsliste
Funktionsfindung
Prinziperarbeitung
Gestaltung
Detaillierung
Fertigungsvorbereitung

Abb.4: Konstruktionsphasen nach VDI-Richtlinien

und Dimensionierung festgelegt und ihre Anordnung zum Gesamtobjekt definiert. Die Phase der Fertigungsvorbereitung beinhaltet alle Tätigkeiten, die für die Planung der nachfolgenden Realisierung des technischen Objekts notwendig sind. Hierzu zählen u.a. die Erstellung von Stücklisten, Einzelteilzeichnungen, die Festlegung der Fertigungsverfahren, die Programmierung von NC-Maschinen, die Ermittlung von Werkstattbelegungen, Arbeitszeiten und -wegen.

Jede der beschriebenen Phasen setzt sich im wesentlichen aus zwei Tätigkeiten zusammen: Berechnen und Zeichnen. Hierfür stehen in existierenden CAD-Systemen bereits die unterschiedlichsten Werkzeuge zur Verfügung. Diese basieren auf rechnerinternen Modellen der technischen Objekte, die insbesondere alle Geometrieeigenschaften beschreiben. Für Kontrollberechnungen werden hieraus vielfach vereinfachte Ersatzmodelle abgeleitet. Für die Berechnung nach der Finite-Elemente-Methode wird das Geometriemodell durch eine endliche Anzahl von elementaren Elementen angenähert. Für die Zeichnungserstellung und die Berechnung von Schnitten und Ansichten muß das rechnerinterne Modell noch um Angaben zur Bemaßung, Oberflächenbeschaffenheit und dergl. erweitert werden.

Rechnerinterne Modelle eines technischen Objekts müssen die Geometrie des Objekts beschreiben. Häufig wird das Objekt dazu in eine Menge von Volumina zerlegt, wobei jedes Volumen durch Flächen, Kanten und Punkte definiert wird. Gerade im Maschinenbau kann ein technisches Objekt sehr häufig in eine Anzahl von Standardvolumina (d.h. Zylinder, Quader, Kegel, ...) zerlegt werden, deren symmetrische Strukturen analytisch beschreibbar sind. Ist eine derartige Zerlegung nicht gegeben, so muß man das Objekt durch einfache Teilobjekte approximieren.

Diese kurze Übersicht deutet bereits auf eine Reihe von Ähnlichkeiten mit den zuvor beschriebenen Entwurfsbereichen hin. So tritt das Entwurfsobjekt in zahlreichen Erscheinungsformen (Repräsentationen) auf, und es baut sich aus einer Reihe von Komponenten auf, die zu einem mehr oder weniger großen Teil in vorgefertigter Form aus Bibliotheken (Normteilbibliotheken, Variantenarchiven, Standardvolumina) entnommen und ggf. durch geeignete Parametrisierung angepaßt werden. Ähnlich Softwareprodukten ist dabei von einem unregelmäßigen Aufbau aus Komponenten auszugehen. Ähnlich Schaltungen lassen sich manche Repräsentationen zum Teil analytisch beschreiben. Schließlich greift auch der Konstrukteur im Maschinenbau nur indirekt über Programme zur Berechnung, zum Zeichnen oder zur graphischen Darstellung auf die Datenbasis zu. Dabei ist angesichts des hohen Anteils an Berechnungen vor allem auf Effizienz des lesenden Zugriffs zu achten.

Dem stehen aber auch eine Reihe von Unterschieden gegenüber. So scheint etwa das Versionenproblem weniger gravierend zu sein. Ein Teil der Repräsentationen hat lediglich den Charakter von Zwischenergebnissen, geht also nicht direkt als Bestandteil in das Entwurfsobjekt ein. Varianten zu Repräsentationen in dem zuvor gebrauchten Sinn scheinen kaum aufzutreten. Vielmehr findet hier der Begriff Anwendung für eigenständige Entwurfsobjekte und nicht für Abwandlungen einer gemeinsamen Vorgabe. Demgemäß scheint auch die Darstellung von Konfigurationen keine besondere Rolle einzunehmen. Änderungsstände werden allerdings auch hier geführt. Schließlich existiert der Begriff des Verfahrensplans in der strengen Bedeutung der ersten beiden Entwurfsbereiche hier nicht.

CAD-Systeme für den Maschinenbau werden in zunehmendem Maße auch in kleineren und mittelständischen Unternehmen eingesetzt. Hierfür werden autonome CAD-Arbeitsplätze angeboten, die mit einem Kleinrechner arbeiten. Ein typischer CAD-Arbeitsplatz besteht aus mindestens einem alpha-numerischen Bildschirmgerät, an dem technische Objekte dargestellt werden können, aus graphischen Eingabegeräten und aus einer Zeichenmaschine zur Zeichnungserstellung. Mit zunehmender CAD/CAM-Integration sind hier aber ebenfalls vernetzte Lösungen, auch solche mit Datenhaltungsrechnern, zu erwarten.

3.1.4 Besondere Anforderungen

1. Datenmodell

Typisch für den Entwurfsbereich ist, daß der Benutzer nur selten unmittelbar (meist nur für Auskunftszwecke) auf die Datenbasis zugreift, sondern dies mittelbar über Entwurfswerkzeuge tut. Das Datenmodell muß sich nach außen also in Form einer komfortablen Programmierschnittstelle manifestieren. Komfortabel bedeutet hier eine natürliche Einbettbarkeit in eine oder mehrere der gängigen Programmiersprachen sowie problemnahe Möglichkeiten der Datenorganisation und -manipulation, die die Werkzeuge nicht mit aufwendigen Aufgaben der Interpretation, Umstrukturierung und Konsistenzüberwachung belasten.

Es genügt also nicht, ein allgemeines Modell mit Gegenständen und Beziehungen zwischen ihnen aufzustellen. Gerade die Beziehungen sind ja weitgehend vorab bekannt und sollten deshalb mit ihrer vollen Semantik berücksichtigt werden: Repräsentationen, Varianten, Revisionen, Konfigurationen, hierarchische Zusammensetzung aus Teilobjekten. Wo einzelne dieser Beziehungen nicht benötigt werden, sollten sie ohne weiteres unter gleichzeitigem Leistungsgewinn weggelassen werden können.

Die spezielle Semantik der Beziehungen muß sich in den Operationen zum Umgang mit ihnen niederschlagen. So können beispielsweise Varianten zur Weiterverwendung freigegeben werden oder als Komponenten einer Konfiguration ausgewählt werden. In der zeitlichen Entwicklung des Entwurfs (Änderungsgeschichte) muß es möglich sein, auf einen früheren Zustand zurückzusetzen sowie bestimmte Zeitpunkte im Sinne von freigegebenen Schaltungen/Schaltungsvarianten festzuschreiben.

Die Werkzeuge bearbeiten an sich sogenannte **komplexe Entwurfsobjekte**, die aus einem Gegenstand oder einer Hierarchie von Gegenständen bestehen. Die Eigenheiten der einzelnen Entwurfsanwendung kommen hierbei in den Typen der beteiligten Gegenstände zum tragen. Da diese Typen — und damit der detaillierte Aufbau der Gegenstände — erst für die Bearbeitung und nicht für Zwecke der Identifikation und Navigation interessieren, spricht man hierbei auch von den **Lokalstrukturen** innerhalb der Datenbasis. Lokalstrukturen bilden etwa die einzelnen Änderungseinheiten, die jeweils zu einer Entwurfsvariante einer Repräsentation existieren, und innerhalb dieser wieder Untereinheiten der hierarchischen Struktur.

Ein Beispiel für die innerhalb der Lokalstrukturen geforderten Strukturierungsmöglichkeiten ist die hierarchische oder netzförmige Anordnung von Teilobjekten zu Gesamtobjekten. Damit lassen sich die in hochintegrierten Schaltungen auftretenden regelmäßigen Strukturen darstellen, ebenso die bei Softwareprodukten zu beobachtenden zahlreichen graphischen Darstellungsformen, aber auch etwa attributierte Syntaxbäume, die durch syntaxgesteuerte Editoren oder Sprachübersetzer verarbeitet werden, oder im Maschinenbau die Zusammensetzung eines Bauteils aus Standardvolumina.

Ein weiteres Beispiel betrifft die im Maschinenbau verwendeten Standardvolumina (etwa symmetrische Strukturen wie Würfel oder Rotationskörper). Sie tragen stark analytische Züge, so daß sich teilweise eine prozedurale Beschreibung anbietet. Ähnliches gilt, wenn man Objekte aus Elementarteilen, Spline-Funktionen u.ä. stückweise approximiert. Mit diesen Mitteln lassen sich komplizierte Entwurfsobjekte z.B. als Durchdringen mehrerer Standardvolumina erfassen; Schnittflächen lassen sich rechnerisch herleiten. Für die Datenmodellierung ist also eine stärkere Integration struktureller und prozeduraler Aspekte zu fordern.

Zur Beschreibung der Eigenschaften technischer Objekte werden numerische Daten unterschiedlicher Datentypen benötigt, die in Berechnungen eingehen. Dies schließt Datentypen wie Matrizen, Vektoren, Mengen oder Listen von Werten ein. Existieren hierfür Modellierungskonzepte, so kann das Datenbanksystem geeignete Speicherungsformen und Zugriffspfade zur Verfügung stellen.

Da die Entwurfswerkzeuge vorwiegend auf den Arbeitsplatzrechnern eingesetzt werden, sind die einzelnen Lokalstrukturen eigentlich nur auf diesen Rechnern von Interesse. Sie sind deshalb die Einheiten des Datenaustausches zwischen Datenhaltungsrechner und Arbeitsstationen. Daher ist auch mit Unterschieden der Datenmodelle in Datenhaltungsrechner und Arbeitsstation zu rechnen.

Im Ernstfall könnte man sogar argumentieren, daß die Lokalstrukturen dem Datenhaltungsrechner gegenüber verdeckt bleiben können und dort nur in Form **langer Felder** (long fields) erscheinen, wobei man vom Datenbanksystem die effiziente Handhabung dieser Felder verlangt. Die Werkzeuge können diesen Feldern dann ihr eigenes Subdatenmodell aufprägen. Allerdings sei zur Vorsicht geraten: Wenn man die Semantik der Lokalstrukturen vom Datenbanksystem fernhält, schließt man auch Eigenschaften wie Datenintegration und Konsistenzsicherung für sie aus. Hier scheint eine Stelle zu liegen, bei der diese und Effizienzforderungen in schwer überbrückbarem Konflikt stehen. Gegebenenfalls sind benutzerdefinierte Subdatenmodelle, die den langen Feldern eine Interpretation aufprägen, im Datenbanksystem zu verwalten. In jedem Fall sollte man es dem Werkzeug überlassen können, welcher Form — Datenbankstruktur oder langes Feld — es den Vorzug gibt.

Entwurfsumgebungen haben es an sich, daß sie mit Neuem und Unerwartetem zu tun haben. Eine enge Anlehnung des Datenmodells an die jeweilige Entwurfsanwendung läßt deshalb auch eine gewisse Instabilität der Datenbasisschemata erwarten. Das Datenbanksystem muß deshalb Schemaänderungen ohne Leistungseinbußen überleben können.

2. Konsistenz

Selbst bei einem auf Entwurfsanwendungen zugeschnittenen Datenmodell werden sich zusätzliche Konsistenzbedingungen kaum umgehen lassen. Ohne Vorgabe eines konkreten Datenmodells lassen sich natürlich nur Vermutungen anstellen. Einige seien aufgeführt.

Die Übergänge von einer Entwurfsphase in die nächste führen zu einer großen Anzahl sehr komplexer Konsistenzbedingungen, da die Ergebnisse der einen Phase als Anforderungen an die nächste Phase aufgefaßt werden können, die erfüllt werden müssen.

Die Zusammensetzung von Entwurfsobjekten aus Repräsentationen mit Varianten und Änderungsgeschichten und die hierarchische oder netzförmige Anordnung von Entwurfsobjekten zu umfassenderen Objekten lassen ebenfalls eine große Zahl von Konsistenzbedingungen erwarten. So vielfältige Bereiche wie physikalische Gesetzmäßigkeiten, technologische Beschränkungen, Projektvorgaben, Standardisierungen usw. müssen beim Schaltungsentwurf in der Datenbasis sichergestellt werden.

Sowohl innerhalb von Repräsentationen als zwischen Repräsentationen bestehen Zusammenhänge, die durch Konsistenzbedingungen ausgedrückt werden müssen. Dies kann deskriptiv geschehen, erfordert aber auch prozedurale Konzepte, da ein großer Teil des Wissens über Datenkonsistenz im Entwurfsbereich in Form von Algorithmen vorliegt.

Bei der Zusammensetzung eines Objekts durch das Zusammenfügen mehrerer Teilobjekte muß die Konsistenz dieser Objekte gewahrt bleiben. Im konstruktiven Maschinenbau darf sich durch Manipulationen wie Translationen die Geometrie dieser Objekte nicht verändern. Bei der Verwendung von Standardvolumina fallen eine Reihe von Konsistenzbedingungen an, mit denen überprüft werden kann, ob ein definiertes Objekt auch tatsächlich ein Standardobjekt ist. Eine Bedingung kann beispielsweise angeben, daß ein Zylinder neben zwei Kreisflächen auch eine Mantelfläche besitzt. Bei einer prozeduralen Beschreibung dieser Objekte könnten diese Konsistenzbedingungen wegfallen.

Repräsentationen im Rahmen des halbspezifischen Schaltungsentwurfs zeichnen sich durch hohe Regelmäßigkeit aus, die durch vielfaches Kopieren desselben Bibliothekselements in dieselbe Schaltung erreicht wird. Die Änderung von Bibliothekselementen, die bereits in den Entwurf einer oder mehrer Schaltungen eingegangen sind, muß sich in diese Schaltungen fortsetzen lassen.

Eine Besonderheit von Entwurfsumgebungen ist auch die Einhaltung eines Verfahrensplans, der definiert, in welchen Entwurfsphasen welche Repräsentationen des Entwurfsobjektes mit welchen CAD-Werkzeugen bearbeitet werden dürfen. Hierzu ist es erforderlich, daß ein Verfahrensplan dargestellt und spezifiziert werden kann und daß es Mechanismen gibt, die die Einhaltung des Verfahrensplans gewährleisten.

Die Überprüfung von Konsistenzbedingungen sollte nicht unbedingt automatisch angestoßen sondern häufig auf Anforderung vom Benutzer her durchgeführt werden, da während eines umfangreichen Konstruktionsvorganges gegen die Bedingungen verstoßen werden muß.

Solche expliziten, temporären Verstöße gegen Konsistenzbedingungen müssen generell zulässig sein. Sie können über längere Zeiträume andauern und sowohl die innere Struktur von Repräsentationen als auch die Zusammenhänge zwischen Repräsentationen betreffen. Der Konsistenzbegriff ist zu differenzieren, da vollständige Konsistenz nicht vor Ende des gesamten Entwurfs erreicht wird und doch ein möglichst hohes Maß abgestufter Konsistenzunterstützung während des Entwurfsprozesses geboten werden soll. Eine solche Abstufung könnte auf ein hierarchisches Konsistenzkonzept führen.

Die Konsistenzprüfungen selbst können teilweise gar nicht mehr vom Datenbanksystem geleistet werden, sodaß spezielle Prüfwerkzeuge agieren müssen (man denke etwa an die syntaktische und semantische Korrektheit eines Programms, die nur von einem Sprachübersetzer festgestellt werden können). Das Ergebnis einer solchen (externen) Prüfung hat das Datenbanksystem als Aussage über die Konsistenz der von ihm (intern) verwalteten Objekte zu interpretieren.

Besonderheiten bringt schließlich die Verteilung der Datenbankfunktionen auf Datenhaltungsrechner und Arbeitsstationen mit sich. Da dasselbe Entwurfsobjekt im allgemeinen nur von einem Entwerfer bearbeitet wird, kann man es für die Zeit seiner Bearbeitung in eine private Datenbasis auf der entsprechenden Arbeitsstation einlagern. Dort ist lediglich die Konsistenz der Lokalstruktur zu sichern. Der verteilten

Hardwarearchitektur muß also dadurch Rechnung getragen werden, daß Operatoren zum Auslagern von Objekten auf Arbeitsplatzrechner sowie zum Wiedereinlagern dieser Objekte in die Datenbasis des Datenhaltungsrechners existieren. Beim Wiedereinlagern fallen dann umfangreiche, die globale Einbindung der Entwurfsobjekte betreffende Konsistenzprüfungen an.

3. Recovery

Datensicherheit stellt eine ganz wesentliche Anforderung des betrachteten Anwendungsbereichs dar. Ergebnisse langwieriger Entwurfsarbeiten dürfen nicht verlorengehen. Insbesondere dürfen nicht langdauernde Entwurfstransaktionen als Rücksetzeinheiten verwendet werden. Sicherung sollte zu beliebigen Zeitpunkten während der Entwurfsarbeit, gegebenenfalls auch periodisch in wählbaren Zeitintervallen möglich sein.

4. Mehrbenutzerbetrieb

In der betrachteten Arbeitsumgebung findet auf dem Datenhaltungsrechner Mehrbenutzerbetrieb statt, wobei per checkout/checkin (Auslagerungs/Wiedereinlagerungs) -Mechanismus größere Arbeitseinheiten in die Arbeitsstationen übertragen werden. Auf den Arbeitsplatzstationen ist Mehrbenutzerbetrieb nicht auszuschließen, die einzelnen Entwerfer können jedoch durch getrennte (private) Einbenutzerdatenbasen voneinander isoliert werden, da sie in der Regel auf disjunkten Daten arbeiten.

Im Fall des hierarchischen Entwurfs arbeiten häufig mehrere Entwerfer parallel an einem Produkt, d.h. an verschiedenen Zweigen des Entwurfsbaums (Teilschaltungen) oder auf verschiedenen Entwurfsebenen (funktionaler Entwurf/Layout). Es finden also oft gleichzeitige Zugriffe auf verschiedene Untereinheiten oder Repräsentationen einer Schaltung statt. Dabei können zwischen den parallel bearbeiteten Einheiten Abhängigkeitsbeziehungen bestehen (z.B. Fortpflanzung von Änderungen in andere Repräsentationen), die überwacht werden müssen.

5. Transaktionen

Die klassische Transaktionsverwaltung muß durch eine andersartige Verwaltung ersetzt werden. Vor allem muß sie Arbeitseinheiten unterstützen, die von langer Dauer sind und auf außerordentlich großen Datenmengen arbeiten. Die Eigenschaft der Atomarität kann für solche langen Transaktionen nicht aufrecht erhalten werden; Rücksetzen und konkurrierender Zugriff müssen mit anderen Techniken (private Datenbasen, checkout/checkin-Mechanismen u.ä.) bewältigt werden. Wie zuvor gezeigt, kann die Konsistenzsicherung überhaupt nicht mehr im herkömmlichen Rahmen abgewickelt werden. Insgesamt muß also die klassische Transaktionsverwaltung durch etwas anderes ersetzt werden (man mag sich fragen, ob der Begriff der "Transaktion" hier überhaupt noch am Platz ist).

6. Datenschutz

Datenschutz scheint nach unseren Beobachtungen eine weniger kritische Anforderung darzustellen als in herkömmlichen DB-Anwendungen. Einfache Datenschutzmaßnahmen sind vorzusehen, gelten aber weniger der Vorbeugung mißbräuchlicher Zugriffe als der Vermeidung versehentlicher Zerstörung von Daten, etwa durch Verstöße gegen den Verfahrensplan. In jedem Fall sind damit die privaten Datenbasen zu realisieren.

An sich erstaunt das geringe Gewicht, das Datenschutzmaßnahmen entgegengebracht wird, enthält doch eine Entwurfsdatenbasis wichtiges Know-how eines Unternehmens. Es scheint, daß man sich eher auf organisatorische Maßnahmen außerhalb des Datenbanksystems verlassen will.

7. Datenintegration

Das Datenbanksystem integriert die Werkzeuge einer Entwurfsumgebung, indem es deren Daten integriert und Standards für deren Darstellung erzwingt. Beispielsweise findet zwischen den CAD-Werkzeugen für die Simulation der Schaltungslogik, die Layouterstellung oder die Prüfdatengenerierung ein Datenfluß statt, d.h. die Ausgabedaten eines Werkzeuges dienen i.a. als Eingabe für ein oder mehrere weitere Werkzeuge. Dieser Datenaustausch zwischen den Werkzeugen muß sich problemlos bewerkstelligen lassen.

Besonderheiten ergeben sich eigentlich erst dadurch, daß die Datenbasis keineswegs ein homogenes Aussehen besitzt, sondern in eine Reihe getrennter Datenbestände zerfällt: Eine zentrale, öffentlich zugängliche Entwurfsdatenbasis; eine oder mehrere private Entwicklungsdatenbasen pro Entwickler (für ausgelagerte Entwurfsobjekte, aber auch als private Notizblöcke); diverse Bibliotheken von Normteilen, Standardobjekten, Prüfdaten, Technologiedaten; Archive zur jahrelangen Haltung von Entwicklungsdaten fertigestellter Objekte. Zwar unterliegen diese Datenbestände demselben Datenmodell, jedoch muß das Datenbanksystem in der Lage sein, eine große Zahl von Datenbasen gleichzeitig zu verwalten und bedarfsweise zu kombinieren. Speziell Bibliotheken und Archive stellen hohe Ansprüche an das assoziative Suchvermögen.

8. Leistungssteuerung

Der häufigste Einwand gegen den Einsatz existierender Datenbanksysteme richtet sich nicht gegen deren fehlangepaßte Datenmodelle, sondern gegen ihre mangelnde Leistungsfähigkeit. Die besondere Berücksichtigung der unter den ersten sieben Punkten genannten Anforderungen bei Schnittstellen, Datenbankarchitektur und -implementierung verspricht zwar eine gewisse Verbesserung, wird aber allein dem Übel nicht abhelfen. Zusätzliche Kompromisse werden sich nicht vermeiden lassen, z.B. Optimierung lesender Zugriffe vor schreibenden, weitgehende Verwendung langer Felder für komplexe Objekte oder Teile hiervon auf Kosten der Konsistenzsicherung, Zuschneiden der Datenbanksysteme für die Arbeitsplatzrechner auf deren besondere Rolle unter extensiver Nutzung privater Datenbasen. Abhilfe kann man sich auch erhoffen von einer geschickten Aufteilung der Datenbankfunktionen auf Datenhaltungs-, Arbeitsplatz- und Zentralrechner. Schließlich kann man im konstruktiven Maschinenbau bei analytisch beschreibbaren Objekten den langsamen Zugriff auf Hintergrundspeicher fallweise durch zusätzlichen Rechenaufwand im Rahmen prozeduraler Beschreibungen ersetzen.

3.2 Prozeßautomatisierung

3.2.1 Eigenschaften des Anwendungsbereiches

Zu den klassischen Bereichen der nichtkommerziellen Anwendung der Datenverarbeitung zählt die Steuerung technischer Prozesse. Das Spektrum der Einsatzbereiche ist dabei noch um einiges breiter als im Entwurfsbereich. In einer Studie [AF 83] wurde ein repräsentativer Querschnitt auf seine Anforderungen hin analysiert. Dieser Querschnitt umfaßte folgende Bereiche:

- Stückgut- und Chargen-Fertigungsprozesse
  (Schweißstraßenautomatisierung, Radproduktion, Rohrproduktion, Stahlblech-
  herstellung, Kolbenringfertigung)
- Verfahrenstechnische Fertigungsprozesse
  (Tiefofen, chemische Batch- und Kontiprozesse)
- Energieerzeugung und -verteilung
  (Kraftwerkleittechnik, elektr. Energieverteilung)
- Lagersysteme
- Maschinenüberwachung
- Robotertechnik
- Notrufsysteme

Datenhaltungssysteme in diesen Anwendungen werden zur Zeit vorwiegend für folgende Aufgaben eingesetzt:

- Erfassung von Prozeßparametern und Anlagenzuständen zur Aufzeichnung
  und/oder Darstellung am Leitstand;

- Versorgung der Automatisierungssysteme mit Parametern; hierzu gehört auch die
  Verwaltung und das Laden von Rezepturen (Stahlherstellung, chemische Prozesse) bzw. Bearbeitungs- oder Fahrprogrammen (Stahlblechherstellung, Kolbenringfertigung, Robotertechnik).

Diese primären Funktionen der Datenhaltungssysteme bilden die Grundlage für die
Realisierung der übergeordneten Aufgaben

- Fertigungssteuerung
- Auftragsverfolgung und -verwaltung
- Qualitätssicherung
  (Überwachung von Fertigungstoleranzen, Fehlererkennung, Archivierung von
  Qualitätsdaten ggf. über mehrere Jahre)
- Störfallerkennung und -behandlung
- Erstellung von Betriebsstatistiken.

Derzeitige Datenhaltungssysteme in der Prozeßdatenverarbeitung sind in der Regel
als Dateisysteme realisiert, die spezifisch auf die jeweilige Anwendung zugeschnitten
sind. Sie erfordern infolgedessen eine extrem datenabhängige Anwendungsprogrammierung und weisen eine geringe Flexibilität bzgl. sich wandelnder Anforderungen und Modifikationen der Anwendung auf. Es kommt hinzu, daß sich mit Dateien
nur wenige der in Kapitel 2 genannten Eigenschaften erfüllen lassen, diese aber für
die Prozeßdatenverarbeitung mehr und mehr an Bedeutung gewinnen. Dies gilt umso
mehr, als man heute die Prozeßsteuerung nicht mehr als einen völlig autonomen Teil
des Betriebs sehen, sondern sie in die Gesamtheit aller Planungs-, Steuerungs-,
Kontroll- und Vertriebsvorgänge einbinden will. Diese Integration erfordert auch eine
integrierte Datenhaltung.

Datenbanksysteme erlangen also auch für den Bereich der Prozeßdatenverarbeitung
wachsende Bedeutung. Dabei sind allerdings eine Reihe für diesen Bereich besonders
typischer Anforderungen zu beachten. Diese betreffen vor allem das Leistungsverhalten, die Funktionalität und die Zuverlässigkeit des Systems. Diese Anforderungen sind
angesichts der Verschiedenartigkeit der Anwendungen keineswegs einheitlich, und
selbst gleichartige Anwendungen können je nach ihren spezifischen Charakteristika
(Größe, Geschwindigkeit des Prozesses, Qualitätsanforderungen) sehr unterschiedliche Anforderungen an die Datenhaltung stellen. Trotzdem sollen im folgenden solche
Anforderungen zusammengestellt werden, die, wenn auch in unterschiedlich starker
Ausprägung, allen untersuchten Anwendungsbereichen gemeinsam sind.

1. *Leistungsgesichtspunkte*

An erster Stelle stehen hier der Realzeitcharakter und damit verbunden vor allem Anforderungen an die Leistungsfähigkeit und Effizienz des Datenhaltungssystems. Folgende Aspekte spielen dabei eine herausragende Rolle:

- **Datenrate**
  Die Datenmenge, die pro Zeiteinheit über die Schnittstelle des Datenhaltungssystems ein- bzw. ausgegeben wird, ist in der Regel hoch und liegt bei einigen zehn bis einigen hundert kByte/sec (z.B. gering bei Lagersystemen, sehr hoch bei der Energieerzeugung).

- **Datenvolumen**
  Der Umfang der Datenbasis variiert ebenfalls stark zwischen wenigen MByte bei Stückgutprozessen oder in der Verfahrenstechnik und mehreren hundert MByte bei der Energieerzeugung.

- **Antwortzeit**
  Die Zeit, die dem System zur Beantwortung einer Suchfrage gewährt wird, liegt bei wenigen (1-3) Sekunden bei Bildschirmanzeigen am Prozeßleitstand oder bei Rückmeldungen an den Prozeß, länger bei der Parameterversorgung der Automatisierungsrechner.

- **Parallelitätsgrad**
  Die Zahl gleichzeitig schreibender und lesender Zugriffe kann vor allem in Störsituationen sehr hoch ausfallen. Man denke hierzu etwa an den ständigen Datenstrom von mehreren Meßstellen eines oder mehrerer Prozesse heraus in die Datenbasis hinein und die gleichzeitige Aktualisierung von Anzeigeeinrichtungen, z.B. Bildschirmen, in der Prozeßwarte.

- **Prioritätssteuerung**
  Angesichts des hohen Parallelitätsgrades laufen eine größere Zahl von Transaktionen im Datenbanksystem parallel ab; diese müssen sich prioritätsgesteuert verarbeiten lassen.

2. *Funktionalität*

Besondere Anforderungen der Prozeßdatenverarbeitung an die Schnittstelle des Datenhaltungssystems beziehen sich ausschließlich auf deren Funktionalität, nicht auf die Datenobjekte, die zu speichern und zu manipulieren sind — hier erscheinen Relationen im herkömmlichen Sinne als ausreichend. Auch für die Funktionalität sind die Operatoren des Relationenmodells eine brauchbare Grundlage, es werden jedoch einige zusätzliche Funktionen benötigt:

- Das System soll **komplexe Alarmbedingungen** (Beschreibung fehlerhafter und ggf. gefährlicher Zustände des Prozesses oder der Anlage) erkennen und darauf reagieren können; im Gegensatz zu herkömmlichen Konsistenzbedingungen entscheiden Alarmbedingungen jedoch nicht über einen eventuellen Abbruch einer Transaktion, sondern die Transaktion, während deren Abarbeitung ein Alarm auftritt, wird normal fortgeführt; es müssen lediglich zusätzliche Maßnahmen ergriffen werden (Meldung des Alarmes an den Leitstand etc.).

- Oft sind Aktionen zu bestimmten Zeitpunkten oder in gewissen Zeitabständen auszuführen (z.B. Bildschirmaktualisierung am Leitstand, Sicherung, regelmäßige Konsistenzüberprüfungen); ein **Mechanismus zur zeitgesteuerten Auslösung** solcher Aktionen ist daher wünschenswert.

- Für bestimmte Daten, vor allem solche zur Qualitätskontrolle, wird eine längerfristige **Archivierung** gefordert. Zu archivieren sind auch verdichtete Daten, die der statistischen Charakterisierung der Automatisierungsanlage und darauf ablaufender Prozesse dienen. Dagegen gibt es auch solche Prozeßdaten, die nur eine begrenzte Lebensdauer haben: Sie werden nach Prüfung auf Alarmbedingungen, Verdichtung oder Anzeige wieder entfernt, zyklisch überschrieben oder an einen Betriebsrechner überspielt.

— Aus Effizienzgründen erscheint es sinnvoll, häufig auftretende Standardtransaktionen in vorübersetzter Form abzulegen, die dann durch einen einfachen Aufruf zur Ausführung gebracht werden können; daher muß das Datenhaltungssystem Funktionen zur Verwaltung einer **Transaktionsbibliothek** enthalten.

3. *Systemzuverlässigkeit*

Die Prozeßdatenverarbeitung stellt im allgemeinen besonders hohe Anforderungen an die Ausfallsicherheit ihrer Systeme. Dieser Forderung müssen auch die dort verwendeten Datenhaltungssysteme genügen:

— In zahlreichen Anwendungen ist eine **hohe Verfügbarkeit** (24-Stunden-Betrieb) erforderlich.

— Vielfach darf **keinesfalls ein Verlust von Prozeßdaten**, die zur Abspeicherung an das Datenhaltungssystem übergeben werden, vorkommen; dies bedeutet, daß Transaktionen, die derartige Daten in das System einbringen, einerseits nicht aus irgendwelchen Gründen vom System abgebrochen werden dürfen und andererseits so schnell als möglich automatisch fortgesetzt werden müssen, falls vor ihrem erfolgreichen Abschluß ein Systemzusammenbruch auftrat.

3.2.2 Besondere Anforderungen

1. *Datenmodell*

Wie bereits erwähnt, scheinen die Anforderungen hier wenig über das hinauszugehen, was durch die klassischen Datenmodelle angeboten wird: Meßdatenströme und Zeitreihen bieten wenig Schwierigkeiten, und auch für bildhafte Darstellungen (etwa für Prozeßschaubilder auf den Bildschirmen der Leitstände) sind Lösungen mit klassischen Modellen bekannt. Komplizierte Querbezüge wie bei Entwurfsdaten entfallen hier völlig.

2. *Konsistenz*

Soweit die Eingabedaten unmittelbar vom Prozeß stammen, ist der klassische Konsistenzbegriff kaum von Nutzen, da sich die Daten per definitionem mit dem Umweltgeschehen decken. Derart konsistente Daten können jedoch das Abbild eines fehlerhaften Prozeßzustands sein. Um dies erkennen zu können, müssen Alarmbedingungen analog zu Konsistenzbedingungen als Prädikate über dem Inhalt der Datenbank formuliert werden. Sie beschreiben fehlerhafte Prozeßzustände, die durch Auswertung der Bedingungen erkannt und angezeigt werden sollen. Erweitert man solche Bedingungen noch um Prädikate bezüglich der Zeit, so kann man sowohl Alarmerkennung als auch die zeitgesteuerte Auslösung von Aktionen als eine Verallgemeinerung des Konsistenzbegriffs auffassen und mit ähnlichen Mechanismen realisieren (Bedingungsprüfung, Trigger). Von Bedeutung bleibt der klassische Konsistenzbegriff weiterhin für manuelle Dateneingaben aus den Prozeßleitständen.

Existieren Konsistenzbedingungen, so ist dafür zu sorgen, daß beim Einbringen verlustfrei zu speichernder Daten entweder keine Konsistenzverletzungen auftreten können oder aber geeignete Maßnahmen ergriffen werden, die die Aufrechterhaltung der Konsistenz ohne Rücksetzen der verletzenden Transaktion ermöglichen.

3. Recovery

Verlustfreie Speicherung gilt meist für Archivdaten sowie für gewisse, als solche zu kennzeichnende Prozeßdaten (z.B. Qualitätsdaten). Andere Daten sind weniger verlustempfindlich, z.B. solche, die zyklisch erzeugt werden. Die Forderung nach verlustfreier Speicherung von Daten äußert sich daher zunächst an der Schnittstelle im Rahmen des Datenmodells, da die Typen von Datenobjekten, für die diese Forderung aufgestellt werden soll, entsprechend gekennzeichnet werden müssen. Das Recovery-Konzept muß gewährleisten, daß Transaktionen, die solche Daten in die Datenbank einbringen, nach dem Wiederanlauf selbständig am Unterbrechungspunkt wiederaufgenommen werden, falls sie einem Systemzusammenbruch zum Opfer fallen.

4. Mehrbenutzerbetrieb

Für eine quasi-parallele Abarbeitung von Dateneingaben verschiedener Prozesse sowie von Anforderungen der Leitstände ist Sorge zu tragen. Eine aus dem Bereich der Prozeßdatenverarbeitung geläufige Prioritätssteuerung regelt die Reihenfolge der Abarbeitung. Abhängigkeiten lesender von schreibenden Transaktionen treten vor allem in der Form auf, daß aktuelle Prozeßdaten häufig sofort in den Leitständen anzuzeigen sind.

5. Transaktionen

Die Transaktionsverwaltung weist Eigenheiten auf bzgl. der Konsistenz- und Alarmprüfung, des Rücksetzverbots und der Prioritätssteuerung einschließlich Unterbrechungsmechanismen. Hinzu tritt der Wunsch nach zeitgesteuerter und ggf. automatisch wiederholter Ausführung von Transaktionen. Die harten Anforderungen an das Realzeitverhalten verlangen darüberhinaus besondere Implementierungstechniken. Eine weitere Besonderheit liegt bei der Verwaltung von Transaktionsbibliotheken.

6. Datenschutz

Datenschutzanforderungen scheinen nicht aufzutreten, wenn es gelingt, den Kreis der Zugangsberechtigten von vornherein einzugrenzen und deren Zugang zu überwachen.

7. Datenintegration

Die Datenintegration durch ein Datenbanksystem hat auch für die Prozeßdatenverarbeitung ihre Bedeutung, und zwar in zweierlei Hinsicht. Einmal können mehrere weitgehend autonome Automatisierungssysteme, die jeweils Teilbereiche desselben Prozesses überwachen, auf einen gemeinsamen Datenbestand zugreifen. Auf diese Weise entsteht in der Datenbank ein einheitliches Abbild des gesamten Prozesses, auf dessen Grundlage die Teilsysteme koordiniert werden können.

Zweitens wird die Möglichkeit der (wünschenswerten) Zusammenführung von Daten der Prozeßsteuerung mit solchen anderer Betriebsbereiche, wie des rechnergestützten Entwurfs, der Produktionsplanung, des Vertriebs usw., geboten.

8. Leistungssteuerung

Mit der Forderung nach Realzeitverhalten richten sich die Anforderungen der Prozeßdatenverarbeitung insbesondere an die Leistungsfähigkeit und Effizienz eines Datenbanksystems. Zu nennen sind hier die Fähigkeit zur Verarbeitung hoher Datenraten (sowohl für die Ein- als auch für die Ausgabe), kurze Antwortzeiten und hohe Verfügbarkeit (vor allem im 24-Stunden-Betrieb).

Es bietet sich an, ein Datenhaltungssystem für die Prozeßdatenverarbeitung aus Leistungsgründen auf einer dedizierten Maschine (database machine) zu implementieren. Es steht dann in Form eines Backend-Rechners dem Automatisierungssystem zur Verfügung, das seinerseits aus einer Menge von ggf. nur lose gekoppelten Subsystemen (Automatisierungsrechner(n), Leitstandsrechner(n)) bestehen kann.

Da die Anforderungen, wie wir gesehen haben, sehr unterschiedlich sind, sollte ein solches System flexibel an verschiedenste Anwendungen anpaßbar sein, um möglichst vielseitig eingesetzt werden zu können. Dies bedeutet einerseits, daß dessen Hardware so konfigurierbar sein sollte, daß sie die jeweiligen Forderungen bzgl. Effizienz und Verfügbarkeit möglichst wirtschaftlich erfüllen kann. Aber auch die Software sollte derart konfiguriert werden können, daß sie, wiederum im Sinne einer möglichst hohen Wirtschaftlichkeit, genau die geforderten Funktionen an der Schnittstelle bereitstellt.

4. Vergleichende Betrachtungen

Die vier untersuchten Anwendungsbereiche sind sicherlich kein repräsentativer Querschnitt durch alle technischen Anwendungen, wohl aber ein signifikanter Ausschnitt, der erste Antworten zu folgenden Fragen liefern sollte:

— Inwieweit eignen sich die für klassische Anwendungen entwickelten Datenbanksysteme für technische Einsatzbereiche?

— Falls sie sich nur wenig eignen, kommt man dann mit einem einzigen neuen Typus von Datenbanksystem aus oder weichen die technischen Anwendungen so stark voneinander ab, daß es mehrerer hiervon bedarf?

4.1 Abweichungen von klassischen Anwendungen

1. Datenmodell

Zumindest die Anwendungen im Bereich des rechnergestützten Entwurfs stellen weit höhere Anforderungen an die Fähigkeiten des Datenmodells als bisher gewohnt. Zu diesen Anforderungen zählt eine hohe Zahl an Beziehungen, die ein einzelnes Objekt mit anderen eingehen kann, wobei jedoch die Vielfalt an Beziehungstypen (Versionen, Varianten, Konfigurationen, Objekthierarchien usw.) vergleichsweise gering bleibt. Ein allgemeines Beziehungskonzept, das von den Eigenheiten dieser Typen keine Notiz nimmt, ist unnötig ineffizient. Weitere Besonderheiten liegen im Hinzutreten objektspezifischer Prozeduren zu strukturellen Merkmalen oder sogar der Ersatz derartiger Merkmale durch Prozeduren. Darüberhinaus spielt aus Effizienzgründen das Konzept der langen Felder eine gewichtige Rolle, wobei die Interpretation der Feldinhalte zum Teil Anwendungsprogrammen überlassen werden muß.

2. Konsistenz

Konsistenz ist in allen untersuchten Bereichen viel weitgehender und differenzierter aufzufassen als in klassischen Anwendungsbereichen. Die Unterschiede liegen neben der besonders hohen Zahl von Konsistenzbedingungen vor allem an deren Komplexität, die sich zum Teil nur über aufwendige Prozeduren erfassen läßt, an der Tolerierung von Konsistenzverstößen über längere Zeiträume hinweg, die zu benutzergesteuerten Konsistenzprüfungen führt, und an der Ergänzung von Konsistenz- um Alarmbedingungen.

3. Recovery

Hier sind die Unterschiede gegenüber klassischen Anwendungen gering, zumindest was Sicherung gegen Datenverlust bei Systemzusammenbrüchen und Zerstörung der Datenträger anbetrifft. Bei der Prozeßdatenverarbeitung lassen sich die Sicherheitsanforderungen noch weiter abstufen. Besonderheiten treten dort allerdings bei Abbruch von Transaktionen auf, da häufig die Forderung nach verlustfreier Speicherung besteht.

4. Mehrbenutzerbetrieb

Er spielt im Entwurfsbereich eine erhebliche Rolle, ist aber gegenüber klassischen Anwendungen durch das Auslagern in Arbeitsstationen und den generell geringeren Grad an Parallelarbeiten am selben Objekt entschärft. Dem steht allerdings die sehr viel längere Dauer der Bearbeitung eines Objektes entgegen. In der Prozeßdatenverarbeitung ist unter Mehrbenutzerbetrieb vor allem der Spezialfall von Bedeutung, bei dem vorzugsweise die laufend eingebrachten oder modifizierten Daten möglichst verzögerungsfrei auch gelesen werden.

5. Transaktionen

Der klassische, auf Konsistenz, Atomarität und Persistenz basierende Transaktionsbegriff erscheint für alle untersuchten Anwendungen fragwürdig. Im Entwurfsbereich stellen ihn die lange Bearbeitungsdauer, das hohe Datenvolumen und die gewollten Konsistenzverstöße infrage, im Prozeßdatenverarbeitungsbereich die Alarmbehandlung und die verlustfreie Speicherung. Man muß deshalb bezweifeln, daß die Transaktionsverwaltung, wie sie von gängigen Datenbanksystemen her bekannt ist, überhaupt eine sinnvolle Lösung darstellt.

6. Datenschutz

Hier sind die Anforderungen eher weniger anspruchsvoll als in klassischen Anwendungen.

7. Datenintegration

Sie hat Bedeutung vor allem im Entwurfsbereich, wo sie sich insbesondere in der Vielzahl der Konsistenzbedingungen sowie dem Aufprägen von Verfahrensplänen bei der Integration der Werkzeuge mit der Datenbasis niederschlägt. Vor allem der letztere Aspekt ist von klassischen Anwendungen her unbekannt. Des weiteren spielt hier der Umgang mit multiplen Datenbasen eine Rolle, wie sie von klassischen Anwendungen her weitgehend unbekannt ist.

Im Bereich der Prozeßautomatisierung ist neben der Integration von Daten verschiedener Prozesse für die Zukunft dem Verbund der Prozeßdatenhaltung mit Datenbasen der Fertigungssteuerung und der Betriebswirtschaft Aufmerksamkeit zu schenken. Die Forderung nach Möglichkeiten des Datenbankverbundes, auch aus klassischen Anwendungen bekannt, enthält also vonseiten der Prozeßautomatisierung weitere Unterstützung.

8. Leistungssteuerung

Leistungsgesichtspunkte haben für alle behandelten Anwendungen eine überragende Bedeutung, wenn auch aus unterschiedlichen Gründen. In der Entwurfsautomatisierung sind Mittel der Steuerung die Verteilung der Datenbankfunktionen auf Datenhaltungs- und Arbeitsplatzrechner — und damit eine gewisse Dedizierung der Datenbanksysteme — oder die Konzentration leistungssteigernder Maßnahmen auf Lokalstrukturen, etwa durch Bereitstellen langer Felder. Ähnlich müssen in der Prozeßautomatisierung Möglichkeiten zur Dedizierung bestehen, wobei neben der Konfigurierbarkeit der Software auch flankierende Maßnahmen bei der Hardware vorgesehen werden sollten.

Als Fazit läßt sich somit festhalten, daß drastische Unterschiede beim Datenmodell, bei der Konsistenz, bei Transaktionen, bei der Datenintegration und bei der Leistungssteuerung bestehen — Unterschiede, die sich nach den Erfahrungen mit den heute üblichen Datenbanksystemen weit hinein in die Implementierung auswirken. Es bleibt also nur die Schlußfolgerung, zumindest auf längere Sicht eigene Entwicklungen für Datenbanksysteme in technischen Einsatzbereichen anzustreben.

4.2 Vergleich der untersuchten Anwendungsbereiche

Kapitel 3.1 hat bereits deutlich gemacht, daß in den drei untersuchten Bereichen der Entwurfsautomatisierung die Gemeinsamkeiten überwiegen. Größere Unterschiede sind eigentlich nur beim Datenmodell zu beobachten. Zwar stimmen auch hier die grundlegenden Anforderungen bezüglich Beziehungsvielfalt, Gleichartigkeit der Beziehungstypen, lange Felder sowie die Verwendung vordefinierter Bausteine aus Bibliotheken überein, doch gibt es auch einige Unterschiede. Beim VLSI-Entwurf besteht ein besonders enger, automatisch überprüfbarer oder herstellbarer Zusammenhang zwischen Repräsentationen, beim Softwareentwurf ist dieser nur in den späten Phasen des life cycle zu beobachten, und im konstruktiven Maschinenbau scheint er völlig zu fehlen. Entwurfsobjekte im VLSI-Bereich sind häufig regelmäßig aufgebaut, während den anderen beiden Bereichen diese Regelmäßigkeit fehlt. Konfigurationen sind nur für den VLSI- und Softwarebereich von Bedeutung. Umgekehrt ist für den Maschinenbau die analytische Beschreibbarkeit vieler Objekte kennzeichnend. Die bedeutsameren Unterschiede lassen sich glücklicherweise über die Lokalstrukturen erfassen.

Der Bereich der Prozeßautomatisierung weicht hingegen in seinen Anforderungen von der Entwurfsautomatisierung drastisch ab. Seitens des Datenmodells wirken die Bedürfnisse eher bescheiden. Hinsichtlich der Konsistenz treten zu den üblichen Konsistenzbedingungen, die von geringerer Bedeutung sind, ähnlich geartete Alarmbedingungen hinzu. In gewisser Weise fallen auch die Realzeitanforderungen unter den Konsistenzbegriff, hier ist jedoch die Aufrechterhaltung eines integeren Verhaltens der Umwelt gemeint. Mehrbenutzerbetrieb und Transaktionsverwaltung unterscheiden sich ebenfalls, da dort technische Prozesse als Benutzer auftreten und mit Prioritäten gearbeitet werden muß. Eine weitere Besonderheit ist dort der möglichst unverzögerte lesende Zugriff auf die neuesten eingebrachten Daten und die häufig geforderte verlustfreie Speicherung auch bei auftretenden Fehlern. Bezüglich der Leistungssteuerung ist den hohen Anforderungen auf unterschiedliche Weise zu begegnen: Bei der Entwurfsautomatisierung dominiert die Effizienz im Arbeiten mit Lokalstrukturen, bei der Prozeßautomatisierung das Realzeitverhalten und die hohe Systemverfügbarkeit.

Es läßt sich somit zusammenfassend festhalten, daß gute Aussichten bestehen, mit ein und demselben Datenbanksystem alle Anwendungen des rechnergestützten Entwerfens unterstützen zu können. Die Prozeßautomation hingegen fordert ganz andersartige Datenbankkonzepte. Ein einheitliches Systemkonzept für alle technischen Anwendungen existiert nicht.

5. Schlußfolgerungen

Gegenstand der vorliegenden Untersuchungen war die Analyse der Anforderungen an Datenbanksysteme durch zwei technische Anwendungsbereiche, der Entwurfsautomatisierung und der Prozeßautomatisierung. Es stellte sich heraus, daß keiner der beiden Bereiche auf längere Sicht mit den für die klassischen Anwendungsbereiche entwickelten Datenbanksystemen zufriedengestellt werden kann, sondern eigens dafür geschaffene Systeme benötigt. Mehr noch, Entwurfsautomatisierung einerseits und Prozeßautomatisierung andererseits haben so unterschiedliche Anforderungen, daß sie der Unterstützung durch unterschiedliche Datenbankkonzepte bedürfen. Andererseits erwies sich der Bereich der Entwurfsautomatisierung in sich als hinreichend homogen, um mit denselben Datenbankkonzepten auszukommen. Einen Überblick über derartige Konzepte findet man in [DKML 84].

Die untersuchten Bereiche sind nicht die einzigen Nicht-Standard-Anwendungen. Man mag sich fragen, inwieweit Bildverarbeitung, Robotik, Expertensysteme oder Büroautomatisierung nochmals neuartige Gesichtspunkte für die Datenhaltung ins Spiel bringen und wieviele "Typen" von Datenbanksystemen letztlich wirtschaftlich erscheinen. Insoweit erschiene es reizvoll, die hier geschilderten Untersuchungen noch auszuweiten.

Die auch im Entwurfsbereich vorhandenen Unterschiede sollte man an den Benutzerschnittstellen nicht verbergen. Dies legt ein zweistufiges Vorgehen für die Datenbankarchitektur nahe [Katz 83]. Alles was an Eigenschaften den verschiedenen Entwurfsanwendungen gemeinsam ist, wird über ein Kern-Datenbankverwaltungssystem erfaßt. Darauf setzt für jede Anwendung ein eigenes Entwurfsdatenverwaltungssystem auf, in dem sich die Semantik der speziellen Entwurfsumgebung wiederfindet. Damit läßt sich auch das Problem der Konsistenzbedingungen besser beherrschen.

Ähnlich erfordern Datenbanken für die Prozeßautomatisierung eigene Architekturgrundsätze, besonders wenn kritische Anforderungen wie stoßweise hohe Eingabe- und Ausgaberaten sowie kurze Reaktionszeiten vor allem in Stör- und Fehlersituationen, hohe Ausfallsicherheit (24 Stunden - Betrieb) und Wiederherstellbarkeit on-line zusammenkommen. Auf die Einhaltung dieser Anforderungen unter Beibehaltung der sonstigen, von einem Datenbanksystem erwarteten Eigenschaften ist die moderne Datenbanktechnologie heute nur bedingt vorbereitet. Notwendig sind neben Maßnahmen bei der Software flankierende Hardware-Maßnahmen wie etwa Spezialprozessoren und/oder Mehrrechnerkonfigurationen. Zugleich zeigte die Analyse [AF 83] aber auch, daß bei keiner Anwendung alle Forderungen in gleicher Schärfe zusammentreffen. Datenbanksysteme für diesen Bereich müssen sich also flexibel für den jeweiligen Einsatzbereich konfigurieren lassen.

6. Literatur

[AF 83]   M. Adams, B. Ferkinghoff, K. Bender, O. Drobnik, P.C. Lockemann: Datenhaltungssysteme in der Prozeßautomatisierung — ein Anforderungsprofil. Interner Bericht Nr. 16/83, Universität Karlsruhe, Fakultät für Informatik, April 1983.

[BL 84]   M. Bever, P.C. Lockemann: Database Support for Software Development. In: H. Morgenbrod/W. Sammer (Hrsg.): Programmierumgebungen und Compiler, German Chapter of the ACM Berichte 18, Teubner Stuttgart, 1984.

[DKML 84]   K.R. Dittrich, A.M. Kotz, J.A. Mülle, P.C. Lockemann: Datenbankkonzepte für Ingenieuranwendungen: Eine Übersicht über den Stand der Entwicklung. In: Informatik-Fachberichte 88, Springer-Verlag 1984, 175-192.

[Hend 84] P. Henderson (ed.): Proc. of the ACM SIGSOFT/SIGPLAN Software Engineering Symposium on Practical Software Engineering Environments. SIGPLAN Notices, Vol.19, No.5, May 1984.

[Hünk 81] H. Hünke (ed.): Software Engineering Environments. North Holland Pub. Co., Amsterdam, The Netherlands, 1981.

[Katz 83] R.H. Katz: Managing the Chip Design Database. Computer 16(1983), 12, 26-36.

[MC 80] C. Mead and L. Conway: Introduction to VLSI-Systems, Addison-Wesley, Reading, Mass., 1980.

[SK 84] G. Spur, F.L. Krause: CAD-Technik, Carl Hanser Verlag München, 1984.

Modeling Integrated Manufacturing Data Using SAM*

Stanley Y. W. Su
Database Systems Research and Development Center
University of Florida
Gainesville, Florida 32611

Abstract
This paper presents the seven modeling constructs of a Semantic
Association Model (SAM*) and their application in modeling the CAD/CAM
data used in a computer integrated manufacturing system. The database
management requirements of a CIM system are described. Several data
modeling requirements in the context of integrated manufacturing are
presented. They include 1) complex data types, 2) temporal,
positional and procedural relationships, 3) hierarchies of data
structures, 4) recursive definition of data objects, 4) complex data
objects, 5) generalization and attribute inheritance, 6) modeling
partitioned and replicated data, 7) naming and describing a class of
entities, 8) modeling of versions, and 9) the distinction between
category and summary attributes. Examples drawn from an actual CIM
database are given to illustrate how these modeling requirements are
met by using the seven semantic constructs of SAM*.

1. Introduction

Factory automation has become a new technology being pursued by
all industrial countries. The main objectives of factory automation
are to 1) increase the productivity of factories, 2) improve the
quality of products, 3) relieve factory workers from repetitive
and boring tasks and from working in unpleasant, hazardous
environments, 4) minimize production delays and 5) increase resource
utilization. In order for a manufacturer to economically compete with
other manufacturers, it is necessary to integrate the various control
processes and data used in design, manufacturing, sale and service of
products so that feedbacks from any of the processes can be used to
effect better design, planning, control and production. Computer
Integrated Manufacturing (CIM) is a technique of achieving such an
integration by the use of computers and computational techniques in
design, planning and manufacturing processes. Central to a CIM system
is a database management system that facilitates the sharing of data
among the component systems. Recent efforts in manufacturing
integration such as the IPAD, ICAM and AMRF projects [ICA82, SIM82,
MCL83, BIR84] have recognized the importance of a database management facility for managing diverse CAD/CAM data.

The future CIM systems will likely be networks of
heterogeneous computer systems each of which controls and supports the
operations of NC machines, robots, transport vehicles, machine tools,
etc. This is because 1) the low level manufacturing equipments are
likely to be produced by different manufacturers who use different
computer hardware and software for the control and support of these
equipment, and 2) the factories which are moving towards automation
are likely to add new but different equipment and computer facilities
to the existing facilities rather than to entirely replace them for
economic reasons. It can be expected that the component systems in a
factory network will have their own data stored in structures most
suitable for supporting their different processing needs and will have
quite different data management facilities which may range from full
scaled DBMSs, to file management systems, and to simple application

programs.

The heterogeneous nature of a CIM system introduces a number of database requirements which are relevant to the topic of this paper. First, the data to be used to control and support the processes of design, manufacturing, sale and service of products will be physically stored at and processed by the component systems. To achieve data sharing among these component systems, it is necessary to have a common data model which can be used to explicitly define the structures, constraints and operations (e.g. expert rules) which represent the semantic properties of the data. Second, the integration of diverse activities in a factory requires that the data model be rich in semantics and capable of defining the diverse engineering, statistical and business databases necessary for the operation and management of modern factories. Third, the data model should provide a strong data typing capability to allow the definition and processing of complex data types found in design and manufacturing data.

The existing data models, such as the relational, network and hierarchical models, and the commercially available DBMSs built based on these data models are not entirely suitable for managing the databases in the CIM environment. The reason being that these data models and systems are mainly designed for managing business oriented databases rather than CAD/CAM databases. As will be addressed in this paper, many data types and semantic properties useful in CAD/CAM applications are not captured by the constructs of the available models. The available models have been found to be quite inadequate in modeling even some of the business databases. This fact has motivated a lot of research works in semantic data models in recent years [CHE76, SMI77, SU79, WIE79, COD79, HAM81, SHI81, BRO81, CHA81]. The need for extending the existing data models to handle CAD/CAM data and some recommended techniques have been well documented in [KAT82, LOR83, STO83, JOH84].

Under the support of the Department of Energy during 1981 to 1983, we have investigated the requirements of managing scientific and statistical databases and have developed a Semantic Association Model called SAM* which is a refinement and extension of our early work [SU79]. More recently, we have used it to model some of the databases used in the existing integrated manufacturing system being developed by the National Bureau of Standards under the project called the Automated Manufacturing Research Facility (AMRF). This effort has resulted in some further refinements of the model which we believe is a powerful tool for modeling CAD/CAM data in the CIM environment. The purpose of this paper is to report on some of our findings. It attempts to identify some important database requirements and semantic properties of data used in the integrated manufacturing, and to show how SAM* can be used to model and capture these properties. Included in this paper are problems and treatments of 1) complex data types, 2) temporal, positional and procedural relationships, 3) hierarchies of data structures, 4) recursive definition of data objects, 5) complex objects, 6) modeling of partitioned and replicated data, 7) naming and describing a class of objects, 8) modeling of multipe versions of a design, and 9) distinction between summary and category attributes.

2. Some Data Modeling Requirements in CIM

The purpose of a data model is to allow the users and the database administrators to define or describe the semantic properties of a database in an explicit, unambiguious way and to allow the DBMS which is implemented based on the data model to process and manipulate the database in an orderly and consistent way in which the semantics of data are preserved. By "semantics", we mean the structural properties, integrity constraints, and operation rules (including database operations and expert rules) associated with the data. Thus, to design a data model for CIM or to evaluate that model, it is necessary to uncover the semantic properties which are deemed necessary and need to be made explicit in the data definition for supporting the CAD/CAM applications. In this section, we discuss some of these properties which need to be captured by the constructs of a data model.

Complex Data Types: Perhaps the most obvious inadequacy of the existing business orinted DBMSs for CIM applications is the fact that they have a very limited data typing capability. Only a few basic data types such as integer, real, character, and Boolean are recognized by the existing data models. More complex data types such vector, matrix, set, string, ordered-set, time, date, etc. are not handled by the model or DBMS, but by the application programs through some host programming language. Data having these data types are very common and are treated as basic data objects in CAD/CAM applications. They should be treated as such and be processed by the DBMS directly using operators proper to these data types. For example, a vector of three elements determines the coordinates of a position in the working space of a robot. It should be allowed to be stored as the value of an attribute having a data type Vector(3) in a record, and an operator be introduced to test the value of a coordinate to determine if the record should be retrieved or processed.

Temporal, Positional and Procedural Relationships: Modeling temporal dimension in database systems has drawn considerable attention in database field [BUB77, AND82, LUM84]. In design and manufacturing environments, the order in which operations or activities take place is extremly important. The order of the data is important since it can represent the temporal, positional or procedural relationships of the data objects. For example, a work piece passing through a number of workstations is operated on and modified by the equipment at those workstations. The data which describes the work piece are continually changing. The sequence of these work piece descriptions is important to a part inspection system which attempts to identify the time, place or step at which a defect occurs. Temporal, positional and procedural relationships need to be captured not only at the low-level data elements by domains that contain ordered sets of integers or names but also at high-level data elements by ordered sets of records, files or sub-databases which record data generated or processed by some ordered events or operations.

Hierarchies of Data Structures: In our examination of the data used in an operational CIM application AMRF [MIT84], it is found that objects or events are often described by a number of attributes having a variety of data types such as Vector, Matrix, Date, Time, String, etc. It is convenient to use a structure (in the programming language sense) to define the data for the object or event. Also, it is often needed to have structures on some defined structures. For example, a vector of records which describe a set of workstations were a part is scheduled to be worked on. The order of these record occurrences is important and a workstation may be revisited by the part, thus the structure Vector of Records would be convenient to define such a data property.

Recursive Definition of Data Objects: In a part inspection database, we found that the recursive structure is useful for defining features of parts in terms of other features. A pattern of holes which is to be drilled on a surface of a part form a so-called _complex feature_ or _pattern_. It is defined in terms of its component patterns of holes and their positional relationship. The component patterns can themselves be simple or complex features. It would be useful for a data model to capture this recursive property.

Complex Objects: In engineering design an object is often defined in terms of a number of its components [LOR83, JOH84]. The so-called "complex objects" in [LOR83] and the "structures" in [JOH84] are used to model this data relationship. For example, an auto engine, a complex object, can be defined in terms of two record occurrences defining two cylinder heads, eight record occurrences defining eight pistons, etc. It has been argued that this relationship is difficult to be represented by a normalized relation since the value of an attribute in a normalized relation has to be an atomic element. It can not be a set of atomic elements or record occurrences. It is shown in [LOR83] that an extension of the relational model is necessary to model this property.

Attributes which Draw Values from Alternative Domains: In examining the robotic and processing planning databases in AMRF, we found a recurrent data structure which can not be modeled easily by the existing data models. The structure involves the definition of a data object with some of its attributes drawing values from a number of alternative domains each of which may contain a set of simple data values (e.g. names, integers, or reals) or a set of record occurrences of a record type. For example, in robot programming, a robot's approach to or departure from an object is defined by a set of trajectory points. There are alternative ways to represent the trajectory points, for example, by an absolute position in space or by an offset to a previous reference point. One of the attributes which defines the trajectory points may assume a value which names either an absolute position or an offset to a previous referenced point. We shall give a more detailed example in Section 3.

Modeling Partitioned and Replicated Data: In a CIM system, a data file is often partitioned under two situations. First, either the columns (or attribute) or the rows (or records) of a file can be semantically categorized and partitioned into several separate entity types in the conceptual design of a database based on the categories. Second, an entity type is partitioned into a number of files and stored in a distributed fashion in the component systems of the CIM system so that the need for data by these component systems can be satisfied locally without having to make frequent requests for the remote data. In both situations, the partitions may be done horizontally or vertically and data may or may not be replicated across these partitions. The sets of records in different partitions may have set relationships such as one is a subset of the other, the intersection of these two sets is null, etc. The integrity constraints associated with these partitions and their distributions should be explicitly modeled so that the consistency of a distributed database can be maintained and enforced by a distributed database management system. For example, a large part file can be partitioned into two, one containing all foreign parts and the other the domestic parts. These two partitions are mutually exclusive, and should be modeled as such so that a DBMS can ensure the set exclusion property when modifying the occurrences in the partitions.

In a CIM environment, some component systems may want to be separated from the rest of the factory data network to allow independent testing and maintenance before rejoining the other component systems. When the different partitions of the component systems are operating independently, the storage operations (insert, delete and update) performed on the replicated and/or partitioned databases may violate the integrity constraints of the database. It is important therefore for a distributed DBMS to maintain the data distribution information and the constraints associated with the distributed data. The information regarding the partitioning, replication and distribution of the data are traditionally stored in some data dictionary and are not included in the schema definition of a database. However, database partitioning, replication, and distribution are generally based on the semantic properties of the data and their processing requirements. Therefore, they should be considered as a part of the conceptual model of an integrated CAD/CAM database.

Naming and Addressing a Sub-database: It is often necessary to group a collection of loosely related data objects into a sub-database, and to restrict database operations in that sub-database. For example, a specific part design may go through a number of tests (e.g. heat, stress, load tests) before it is released for manufacturing. Each test may produce a number of files recording the test results. These files and the original part design data form a version of the design. They should be addressable and operatable as a unit of data and be separable from the data of the other versions of the design. It is useful to have a way of relating files (or record types) even though they may not be closely related to one another through some common domains.

Versioning: The problem of versioning in engineering design has been addressed in [KAT82, DAD84]. In these works, physical data structures for storing the multiple versions of a design or versions within versions have been studied. At the conceptual level of a database design, it is necessary to explicitly model the fact that collections of data belong to different versions of a design. The temporal relationship among these version data need to be captured by the data model to facilitate the retrieval and modification of these version data.

Category vs Summary Attributes: In statistical as well as CAD/CAM applications, it is often necessary to take a statistical summary over categories of objects. For example, the population in the States can be categorized by states, counties, sexes and ages. Each category can be summarized by a population count and an average income. Thus, the population data can be defined by the so-called "category attributes", STATE, COUNTY, SEX and AGE, and by the so-called "summary attributes", COUNT and AVG_INCOME. It has been very convincingly argued that these two types of attributes need to be dintinguished in a data model [JOH81, CHA81, SHO82]. In a CIM database, statistical summarizations of objects and events are also useful particularly for the high-level factory management. A data model needs to provide the construct to model the summary information and to distinguish them from other types of data so that statistical operations which are only meaningful for this type of data can be performed on them but not on the others.

3. SAM* Constructs and Some CAD/CAM Data Modeling Examples

In this section, we shall describe the seven constructs of the Semantic Association Model (SAM*) and use semantic network diagrams to represent the semantic properties of data found in the CAD/CAM databases examined. We shall use examples to show how the modeling requirements discussed in the preceeding section and others can be modeled by SAM*.

3.1 Concepts and Associations

In SAM*, an integrated CAD/CAM database can be modeled by a network of inter-related concepts. We distinguish two types of concepts: atomic and nonatomic. An atomic concept is a nondecomposable, observable physical object, abstract object, event, or any data element that the database user regards as a fundamental information unit whose meaning is assumed to be commonly understood and thus need not be defined in terms of other concepts. For example, a part number "10089", a workstation name "Horizontal_ws", a grip opening "0.35" are examples of atomic concepts. Some others atomic concepts can take more complex forms such as a text string that describes a part, a set of tool names that are needed for a part, a vector that represents the location of a robot, etc. They are processed and retrieved by a DBMS as units of data, i.e. their components can not be separately retrieved. The meaning of the components can be interpreted only by the application programs using the database.

A nonatomic concept is a physical object, an abstract thing or an event whose meaning is described (or defined) in terms of other atomic and/or nonatomic concepts. For example, the concept of TRAY can be described by the concepts of TRAY_ID, LOCATION, NO-SLOT, STATUS, etc. This is similar to our use of words to explain or define the meaning of another word in natural languages. The grouping of atomic and/or nonatomic concepts to describe another nonatomic concept is called an _association_. Different types of associations can be distinguished, based on the different structural properties, operational characteristics and semantic constraints that the users or the database administrator (DBA) wants to associate with these groupings of concepts. Seven association types are distinguished in SAM*. Each association type has some predefined structural properties, operational characteristics, and semantic constraints which define the semantic relationships among the component concept types. The structural properties, operational characteristics, and semantic constraints of these seven association types are known to the DBMS which uses SAM* as the underlying data model. The DBMS would process the occurrences of these association types in accordance with their semantic properties.

3.2 Seven General Modeling Constructs

In the following presentation, a semantic network representation using labelled nodes and directed arcs is used to describe the data structures and some important constraints of the seven association types. A node in the network representation represents a _nonatomic concept_, and is labelled with a letter inside the node to denote the association type by which the concept is defined. Each node has a name which is used by the users of a database to address the occurrences of that association type. The set of occurrences of an association type forms a "domain" and the name given to that node is the domain name. A directed arc in the network represents an "attribute" which draws values from the domain of the node to which the arc points. In the examples to be given to illustrate the association types, most of the structures are shown as trees. This is because we will be explaining each type separately. It should be noted here that a database defined by SAM* is a complex network of nodes each of which can be pointed to by a number of directed arcs.

In the following presentation, our emphasis will be on showing how the data found in a CIM databases can be modeled using SAM* constructs and how the modeling requirements discussed in the preceeding section are met by SAM* constructs. No attempt will be made to define and distinguish all the structural properties, operational characteristics and semantic constraints associated with the seven association types. Interested readers should refer to SAM* [SU83] for details. The reader should take note of some refinements made to the model described in [SU83] in this paper.

<u>Membership Association</u>: A membership association is a grouping of a set of homogeneous atomic concepts. The members of the set have the same data type and form a domain. A membership constraint defined on this association specifies what are the legitimate members of the domain. This association type models the semantics of "is a " in natural languages. Figure 1 shows some examples of membership associations and corresponding domains. In the examples, STATION_NO_SET has the data type Ordered-set (Oset) of Integers. Each member of the domain is therefore an ordered set of integers which can have a maximum of 7 elements. The domain can represent a set of standard routes of workstations through which work pieces are passed in some predetermined sequence. POSITION has a data type Vector(3) of Integer. It defines a domain of vectors each of which specifies the x, y, z coordinates of a position in the three dimensional space.

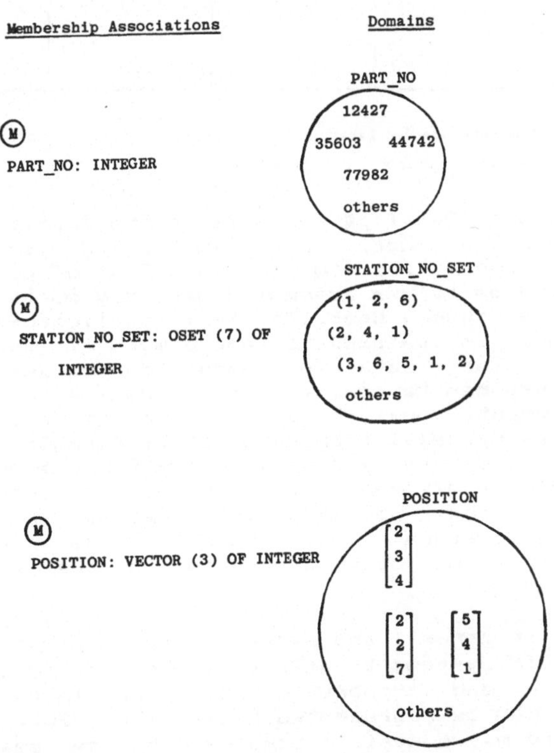

Figure 1. Some Membership Associations and Their Domains

In the above examples, the members of STATION_NO_SET and POSITION are ordered-sets and vectors respectively which are regarded by the users or DBA as atomic data elements whose components cannot be individually retrieved. For supporting CAD/CAM applications, it would be useful if the DBMS recognizes the set of data types shown in Table 1 and provides operators in its data language for testing and processing data of these types. Other data types such as point, line, surface, etc. useful for CAD/CAM applications can be defined in terms of these types. A detailed description of the data types shown in the table and several other data types for geometric modeling not shown in the table is given in a forthcoming thesis. We shall explain here a few of the data types which may not be intuitively clear.

BASIC DATA TYPES	STRUCTURED DATA TYPES	TEMPORAL DATA TYPES	MONETARY DATA TYPES	SPECIAL DATA TYPES
Integer	Set	Time	Dollar	Compute
Real	Ordered_set	Date	Yen	Rule
Double_precision	Duplicate_set		Others	
Character	Vector			
Boolean	String			
	Matrix			
	Time-series			

Table 1. Some Recommended Data Types

A Duplicate-set (Dset) is the same as the data type Set except duplicate elements are allowed. For example, a domain COMPONENTS can be of type Dset. Each of its members is a Dset of part names which forms an assembled part. An assembled part may contain a number of duplicated sub-parts, thus a Dset. The term "duplicate-set" is similar to "multiset" used in [DAY82a] to name a set of tuples in which duplicates exist. The data type Compute can be associated with a domain whose values can be computational formulas or parameters to some predefined computational procedures. An attribute defined over this domain can draw value(s) from this set of formula or procedures. The application of this data type is to allow formula or procedures to be stored as values of some attributes of a record type. The attributes will get their values by interpreting or executing the formula or procedures at run time. These formulas or procedures may use the values of some other attributes in the record type as parameters.

AI techniques in general and expert rules in particular are being introduced into CIM systems to effect a better design, planning, control, production and support. Expert knowledge in terms of production rules can be represented by an IF..THEN.. statement in which the IF clause may contain a complex database search statement and the THEN clause may be a complex database manipulation or search command which will be executed if the IF statement results in a true value. Expert rules formulated for the control and manipulation of CAD/CAM or any other database are related to the data types and occurrences of the data. Some of these rules are similar to the integrity or security rules or constraints associated with the conventional data modeling. They can be value dependent or value independent. A convenient way of representing these rules in CAD/CAM applications is by defining the rules in the database schema and by storing the rules together with the data to which they are related. Rules can thus be processed (retrieved and updated) as any other type of data. They can be triggered for execution at run time when some data conditions have been satisfied. The execution of a rule may further trigger the execution of other rules. The techniques of mixing rules and data and of triggling the execution of rules based on different data conditions for enforcing database integrity and security have been presented in [SU78, HON81, HON82]. To facilitate the definition and use of expert rules, we introduce a data type named Rule. A domain with the data type Rule will contain rules as its values. It is subject to operations which are useful for the testing, modification and execution of these rules. A project which investigates the integration of database and expert rules is underway [RAS84]. A detailed discussion on the use of this data type and on rule processing is out of the scope of this paper.

Aggregation Association: A concept (a physical object, abstract thing or event) can be defined in terms of its attributes or characteristics. The grouping of a set of attributes or characteristics to define another concept is called an aggregation association. For example, in Figure 2.1, PART is defined as an aggregation association which has four attributes represented in the figure by four directed arcs. Each attribute draws its values from the domain which is represented by the node it points to. An attribute can have a name which is different from its domain and a data type which is a structure defined over the data type of its domain. In which case, the attribute name and data type will be used to label the arc. Alternatively, an attribute can have the same name and data type as its domain. In that case, the arc is not labelled. In our example, PART is defined by four attributes having the same names as their corresponding domains PTNAME, GRIPOPEN, GRIPSIZE and FORCE which are defined as membership associations. A part is therefore characterized by a part name, a grip opening, a grip size and a force which should be used by a robot to pick up that part.

An aggregation node A represents a set of tuples (in the sense of the relational database) which is a proper subset of the Cartesian product of the sets defined by the domains of its component attributes. As a set, it can in turn be the domain of other association types. Among the attributes which define an aggregate association type, one or more than one attribute can be defined as the key whose value can uniquely identify an occurrence of the association type. In the network representation, key attributes are denoted by dashed arcs.

Figure 2.2 illustrates an aggregation hierarchy in which the aggregation node SLOT forms one of the domains of another aggregation node TRAY_CONTENT. A tray is characterized by a tray identification number (TRAY_ID) as the key , a location (LOCATION), a status (STATUS) and a set of slots each of which is in turn characterized by a slot number (S#) and a part name (PTNAME) as a composite key and the number of parts in the slot (QTY). The arrow pointing from TRAY_CONTENT to SLOT represents an attribute which has the same name as its domain and has the data type Set. Thus, the values of this attribute are sets of occurrences defined by the aggregation node SLOT. Attributes which do not have names or data type labels on them assume the names and data types of their domains.

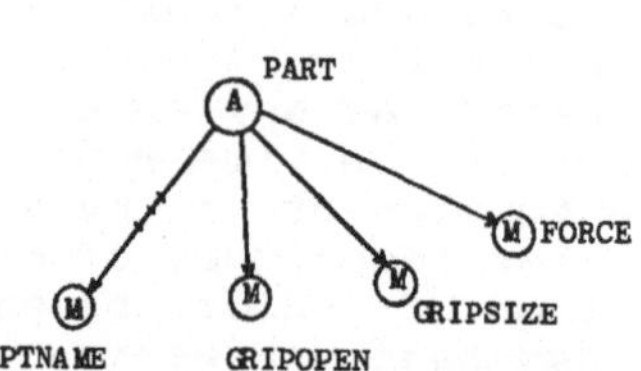

Figure 2.1 The Definition of Part by an Aggregation

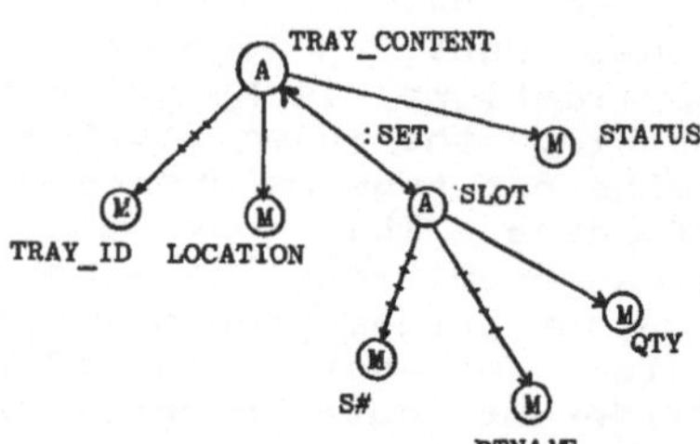

Figure 2.2 An Aggregation Hierarchy

In an aggregation hierarchy, the subordinate nodes can have an existence dependency on the superior nodes. That means that the deletion of an A node occurrence in the hierarchy will cause all its subordinate node occurrences in the hierarchy to be deleted from the database. Also, subordinate node occurrences cannot be entered into the database unless their superiors already exist in the database. In our example, the data about a slot can not exist without the existence of the tray to which the slot belongs. The existence dependency is graphically represented by the backward pointer shown in Figure 2.2.

Figure 2.3 illustrates a structure found in the database for part inspection. A pattern is a complex feature which is defined by a name (FEATURE_NAME), a set of feature names which constitutes the complex feature (COMP_F:SET), and a formula or procedure which defines the structural relationship of the constituent features (F_RELATION:COMPUTE). Thus, patterns or complex features are recursively defined in terms of other features. The data type of the attribute COMP_F is SET which draws values from the domain FEATURE_NAME. The data types and names of the other attributes are the same as their corresponding domains FEATURE_NAME and F_RELATION.

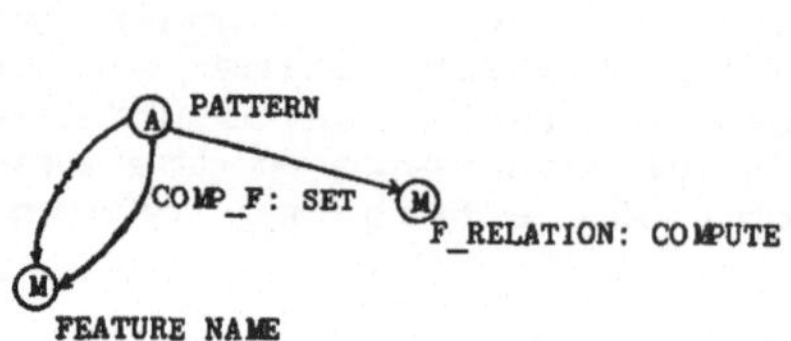

Figure 2.3 Recursive Definition of Objects

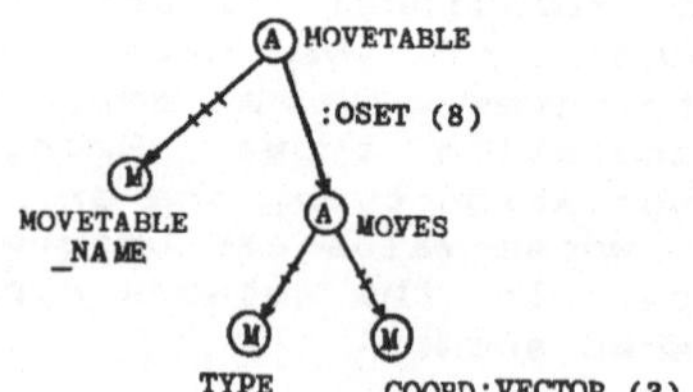

Figure 2.4 Ordered_set of Occurrences

Figure 2.4 illustrates how the values of an attribute can be ordered sets of occurrences and how they are used to model hierarchies of structures. The structure shown in the Figure is found in a robotic database [BAR82, ALB82]. In robot programming, the exact position and orientation of the end effector of a robot is defined by 1) the coordinates of the robot wrist plate, 2) a unit vector defining the orientation of the wrist plate, and 3) a unit vector defining the wrist plate rotation. These nine elements define a "pose" in space. It is often desirable to define positions in space which are relative to a starting pose so that changes made on the starting position will not affect the position specifications which are offsets to the starting pose. The structure for specifying the relative offsets is called a "move table". There are five coordinate systems which are used to define the offsets:

type	coordinates	description
world	x,y,z	Translate tool point along a vector of the work space.
Handwrist	x,y,z	Translate tool point along a vector defined in the hand.
Hand Origin rotate	x,y,0	Rotate pitch (x) and Yaw (y) about the current position of the fingers, leaving the tool point fixed in space.
Wrist Origin	x,y,0	Rotate in pitch (x) and yaw (y) leaving wrist point fixed in space.
Fingerroll	x,0,0	Rotate fingers around the center line between the fingers.

A move table can contain any number of up to eight translations and rotations given above. A robotic control system interprets them in the order in which they are stored in the table.

The above semantics can be modeled in SAM* by an aggregation hierarchy as shown in Figure 2.4. A MOVETABLE occurrence is uniquely identified by a move table name and an ordered set of moves each of which is in turn characterized by a type code (one of the above five coordinate systems) and a vector of three elements defining the offset.

Figure 2.5 shows an example of a complex object type. In this example, a complex object AUTO_ENGINE is defined in terms of eight pistons, two cylinder heads, and some other attributes. A cylinder head is itself a complex object which is defined in terms of eight rockers, five washers, and some other attributes. Pistons, cylinder heads, rockers and washers are uniquely identified by PART#.

Interaction Association: Independent entity types defined by aggregation associations can be grouped together to describe a set of events or facts which are the results of some interactions (actions or relationships) among the occurrences of these entity types. In this association type, all the component concept types form a composite key whose values uniquely identify the events or facts modeled by this interaction association. There are two semantic constraints which are unique to this association type: the mapping constraint and the referential constraint. The mapping constraint specifies if there is an one-one, one-many or many-many mapping between the sets of occurrences of each pair of the component concept types that define the interaction association. The referential constraint specifies that events or facts about some entity occurrences can not exist in a database unless the involved entity occurrences exist in the database. This association type captures the semantics modeled by the "relationship" between (or among) independent entities in Chen's Entity-Relationship Model [CHE76].

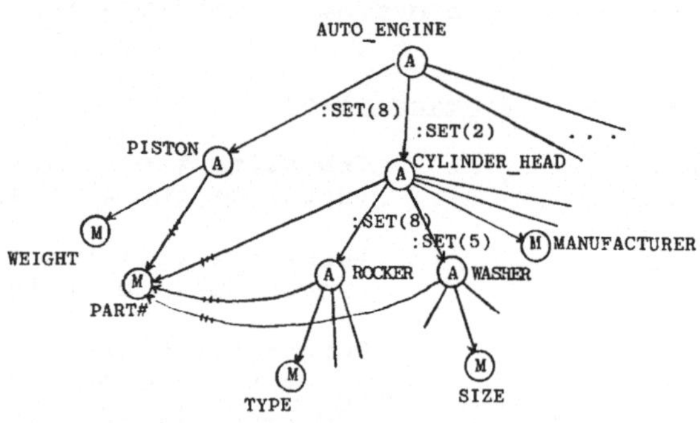

Figure 2.5 Modeling of Complex Objects

As an example of the interaction association, Figure 3 models the interactions between kit orders and the parts ordered. The kit orders and parts are modeled by two aggregation nodes named KITODR and PGEOM (part geometry). The fact that a specific kit order orders a specific part is modeled by the interaction node KIT_PT. The mapping between its two component concept types KITODR and PGEOM is a many-many mapping (n:m). Since all component concept types are part of the composite key, the arrows pointing to the component nodes in the diagram are not marked by dashes as they are in the aggregation association for the attributes that form a composite key.

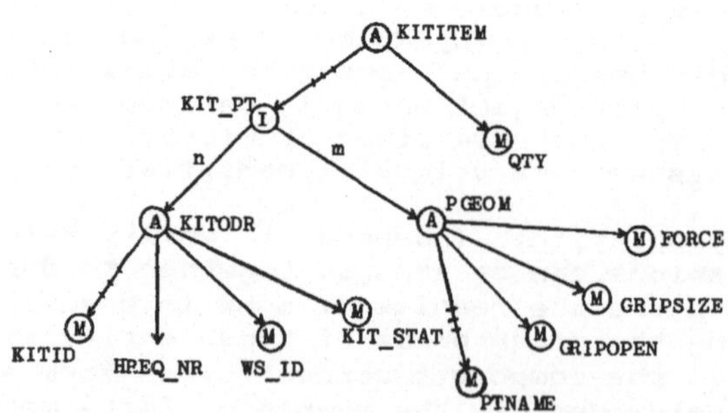

Figure 3. Interaction between Two Aggregation Types

The events or facts modeled by an interaction association can be characterized by a number of attributes. In this case, the interaction node, KIT_PT, is the identifying attribute of an aggregation association as illustrated by the aggregation node KITITEM in Figure 3. The attribute QTY (quantity) characterizes the facts modeled by KIT_PT. The referential constraint, not shown in the figure, can be part of the definition of the interaction association. We should note here that an interaction association can take other interaction associations as its components forming an interaction hierarchy which models facts-about-facts or events-on-events.

Generalization Association: Concept types can be grouped together based on their generic nature to form a more general concept type [SMI77]. The occurrences of all the component concept types together make up the occurrences of the generalization association. Each occurrence of a component concept type is an example or a kind of the general concept defined. For example, the two aggregation nodes FOREIGN and DOMESTIC in Figure 4.1 define two set of parts used in a factory; foreign parts and domestic parts. They can be grouped together to form a more general concept type named PART. A foreign or domestic part is an example or a kind of part. It is therefore an occurrence of the generalization node PART. The concept of generalization association presented here is similar to that introduced in [SMI77] but with an extension on its constraints and component attribute types.

In a generalization association, the attributes that define each component concept type may be the same as or different from those of the other component concept types. However, the key attributes in all the component concept types are defined over the same domain. The occurrences of a generalization association node are formed by the "outer-join" [COD79, DAY82, DAY83] of the sets of occurrences of its component concept type. A generalization association type is defined over a set of attributes which is the union of all the attributes of its component concept types. Its occurrences are derived by joining all occurrences of its component concept types over their key attributes, and by including in the result all occurrences which fail to satisfy the join condition. For those occurrences which do not have values for some of the attributes, nulls are taken as their values.

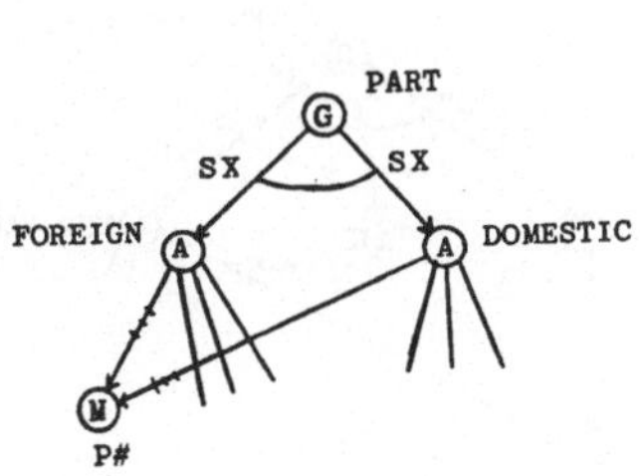

Figure 4.1 Set Exclusion Constraint

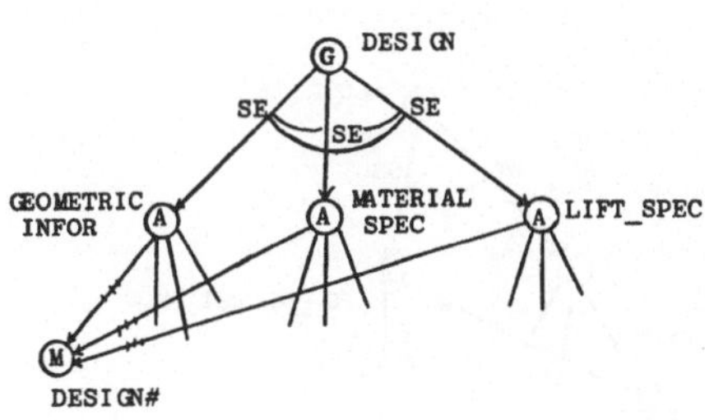

Figure 4.2 Set Equality Constraint

There are a number of constraints associated with this association. Figure 4.1 illustrates the first constraint "set exclusion" or SX. The two sets of occurrences associated with the A nodes FOREIGN and DOMESTIC are mutually exclusive. Figure 4.2 illustrates the second constraint "set equality" or SE which specifies that any entity which is represented by an occurrence of GEOMETRIC_INFOR must also exist as an entity in MATERIAL_SPEC and LIFT_SPEC and vice versa. In the case of the non-key attributes that define the three aggregation nodes being different, the existence of one key value in one node (say DESIGN#= 357 in the occurrence of GEOMETRIC_INFOR) would require that the same key value be in an occurrence of MATERIAL_SPEC and also in an occurrence of LIFT_SPEC even though the non-key values of these occurrences may differ.

Figure 4.3 shows the third constraint Set-Subset or ST-SS which specifies that a top secret project is a project but a project may or may not be a top secret project. Figures 4.2 and 4.4 illustrates that a generalization association can be formed by more than two component concept types, and constraints are specified for each pair of the component concept types.

From the above examples, SI or Set Intersection in Figure 4.4 labels the fact that the sets of objects or entities which are defined by the occurrences of a pair of component concept types may overlap (i.e. the intersection of two sets may not be empty). It should be clear that the constraints associated with the generalization association are the set relationships between pairs of entity sets represented by the component concept types. The component concept types can be defined by the same or different attributes. However, the underlying domain of their key attributes is the same, and the component concept types are defined by the same association type. We note here that it is theoretically possible to have a generalization association whose components are defined by different association types. In practice, it does not seem to be useful to "generalize" dissimilar concepts. However, the grouping of dissimilar concepts to define another concept is meaningful. It is called a composition association which will be described later.

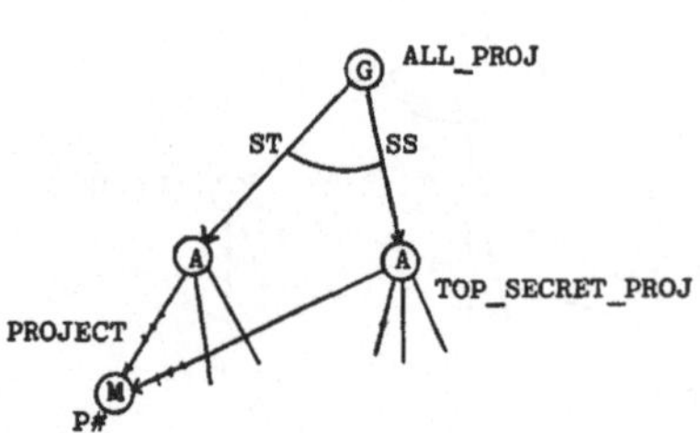

Figure 4.3 Set-subset Constraint

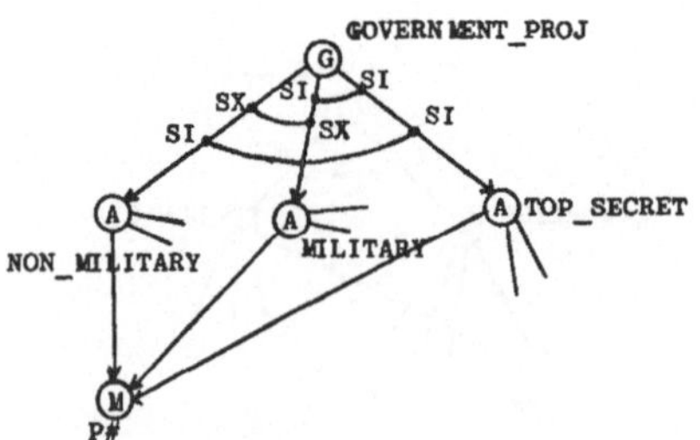

Figure 4.4 Set Intersection Constraint

The generalization association and its constraints can be used to model a centralized database in which the data of an aggregation node, for example, are horizontally or vertically partitioned into a number of aggregation nodes whose set relationships can be explicitly defined by the constraints. It can also conveniently model the problem of one attribute having values from several alternative domains as mentioned in Section 2. We shall use a structure used in robot programming as an example. The way a robot approaches or departs from a certain object is defined by an approach or departure trajectory. Among other data that define a trajectory, an ordered set of trajectory points needs to be defined. As modeled in Figure 4.5, a trajectory point is defined by a point identification PT_ID (the unique identifier) and four parameters of motion, BRK_DST, SMOOTH-ACC, VEL_MAX and ACC_FAC. BRK_DIST specifies the distance to a goal point where the end-effector should be before the robot will begin moving to the next trajectory point. SMOOTH_ACC specifies a smoothing parameter, VEL_MAX the maximum velocity, and ACC_FAC the maximum acceleration. A trajectory point can be identified in more than one way. It can be identified by a pose (i.e. a location in the three dimensional space and an orientation), an offset to a point of origin defined by a move table illustrated before in Figure 2.4, or a location point which is defined by a pose plus a move table. Thus, the attribute PT_ID draws values from three alternative domains namely LOCATION-POINT, POSE and MOVETABLE. As modeled in Figure 4.5, PT_ID is defined as the aggregation of PPT_TYPE and PATH_PT which specify the type and the trajectory point respectively. Since PATH_PT is defined as the generalization of LOCATION-POINT, POSE and MOVETABLE, its occurrences are formed by taking the outer-join of the occurrences of LOCATION-POINT, POSE and MOVETABLE. They are members of the domain from which the attribute PATH-PT of PT_ID node draws its members. The attribute PPT_TYPE of PT_ID specifies if the value of PATH_PT is a location point, a pose or a move table.

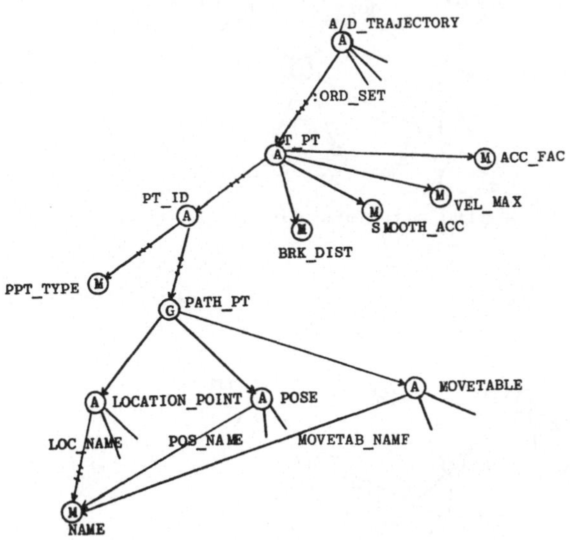

Figure 4.5 Approach/Departure Trajectory Points

42

The generalization association as presented in this paper is also useful for modeling partitioned and replicated databases in a distributed database system. If a database is partitioned and replicated at multiple sites in a network system, it is important for the database management system to keep track of the relationships among the partitioned data files and the locations where the replicated data reside so that database integrity can be systematically enforced. With the exception of MULTIBASE [DAY82] which models some aspects of data distribution using the generalization concept introduced by Smith and Smith [SMI77], other distributed database systems do not capture the partition and replication relationships in their underlying data models. We believe that the data model of a distributed database management system should explicitly model these relationships so that the distributed DBMS can dynamically maintain the partition and replication relationships of the fragmented data files. This is also important for enforcing the database integrity when a network is re-established after a network partition. When the network is re-integrated, databases which are independently modified need to be reconciled.

Figures 4.6.1 and 4.6.2 show two of several structures for modeling vertically and horizontally partitioned files with or without replications. The first structure (Figure 4.6.1) models a data file which is vertically partitioned without replication of its non-key attributes at different sites. In the case of vertical partitioning, the unique identifier or key attribute is replicated in the partitioned files R1 and R2. The semantic relationship between R1 and R2 is specified by the generalization node whose constraint is Set Equality (SE), meaning that each entity described by an occurrence in R1 exists as an occurrence in R2. R1 is a part of the Site 1 database and R2 is a part of the Site 2 database. The composition association type denoted in the figure by a C node will be explained later.

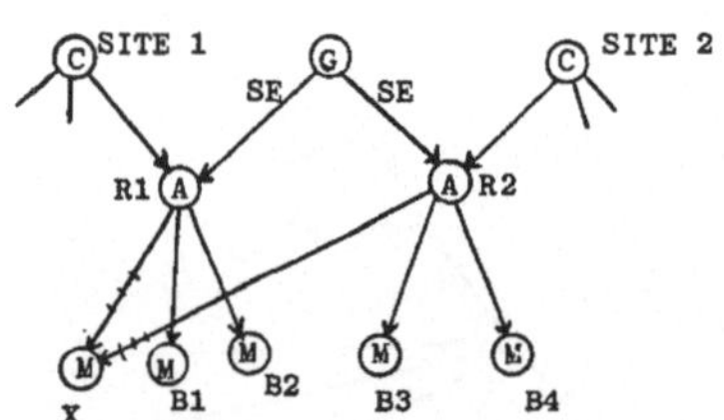

Figure 4.6.1 Vertical Partitioning Without Replication

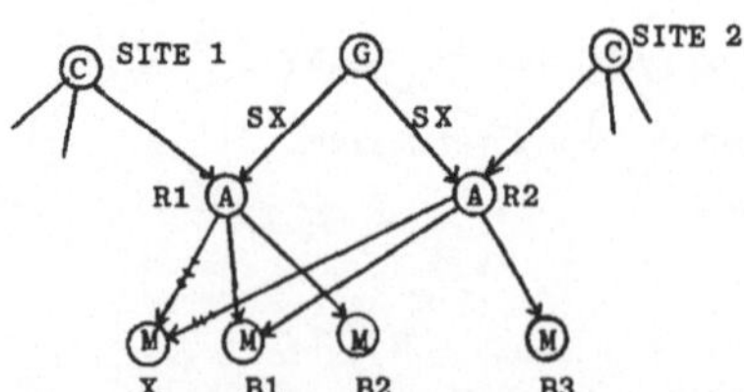

Figure 4.6.2 Horizontal Partitioning Without Replication and
Vertical Partitioning With Replication

In this example, the semantic relationship between R1 and R2 is explicitly described by the generalization node and its Set Equality constraint. A DBMS which recognizes this relationship can automatically enforce database integrity when storage operations are performed on the occurrences of R1 and R2. If an occurrence in R1 is deleted, the corresponding occurrence in R2 having the same key value will also be deleted, and vice versa. If a new occurrence is inserted for R1, a correponding occurrence with the same key value and nulls for all other non-key attributes will be inserted for R2, and vice versa. Since no non-key attributes are replicated in this example, the modification of any non-key attribute value in the occurrence of one node (R1 or R2) will have no effect on the other node. However, if a key value is modified in R1 (or R2), the corresponding key value in R1 (R2) will be modified accordingly. In the case of a network partition due to either a network communication failure or an intensional partition for independent testing of component systems, sites 1 and 2 may be operated independent of each other. Each site will have to record the operations which need to be performed on the other site to make the database consistent. When the network is re-established, and during the network reinitialization process, the two isolated databases can be reconciled by automatically executing the recorded operations.

Figure 4.6.2 models a data file which is "horizontally partitioned without replication and vertically partitioned with replication". The model shows that a non-key attribute B1 is replicated in R1 and R2 . The fact that occurrences or records of R1 and R2 are not replicated is specified by the constraint Set Exclusion (SX) of the generalization association. Integrity rules for storage operations can be established for this constraint and systematically enforced by the DBMS in the same way as the first example.

Several other structures resulting from taking different combinations of vertical and horizontal partitions, and with and without replications can also be conveniently modeled by the generalization association and its associated set constraints.

Composition Association: In many database applications, a user or a DBA wants to address a collection of files which contain similar or dissimilar data records, and treats that collection as a single entity (e.g. a subdatabase) which can be named, processed, outputted, and further described by other concepts.

The composition association in SAM* is used to model the semantics of "is a part of ". It is a grouping of similar or dissimilar concept types each of which is a part of the whole modeled by the composition node. It has a single occurrence which is a set of sets. Each member of the set is a set of occurrences associated with one of its component concept types. Figure 5.1 shows an example of the composition association defined over three aggregation associations: WIND_TEST_RESULTS, LOAD_TEST_RESULTS and LIFT_TEST_RESULTS. These associations can have the same or different attributes. The occurrences of these three component concept types in the database at any given time form the collection of test results which is named TEST_RESULTS. This collection of test results is treated as a single entity and can be characterized by a number of attributes such as COST, PERSON_IN_CHARGE, etc. We note here that ABOUT_TEST_RESUTS has only one occurrence having the collection of test results as its key value. COST and PERSON_IN_CHARGE are none-key attributes whose underlying domains have the same names as the attributes.

A composition association can be formed by any type of

association including the composition association itself. In our previous examples shown in Figures 4.6.1 and 4.6.2, the composition nodes SITE1 and SITE2 name two sub-databases each of which can be composed of a number of association types whose occurrences are physically stored at a specific component system. Thus, the physical distribution of data in a distributed database system can be explicitly modeled using the composition and generalization associations.

The problem of versioning in design has been addressed in the preceeding section. It is necessary for a CAD/CAM database management system to keep track of the relationships among different versions. As each new version is created, its versioning relationship with the other versions need to be established at the version creation time (i.e. run time). Some aspects of the versioning problem can be handled by explicitly modeling the version relationship using the composition association.

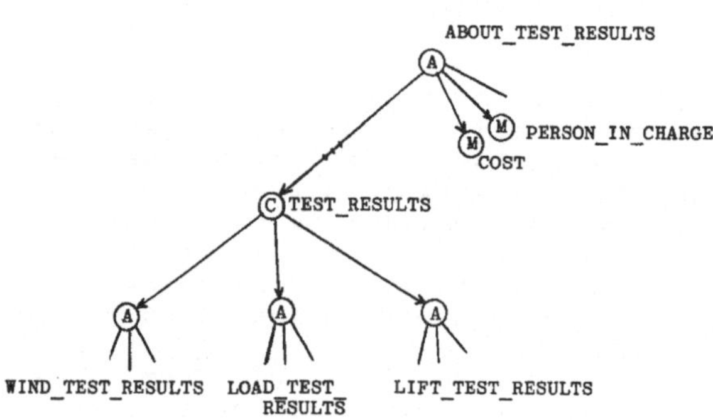

Figure 5.1   A Composition Association

Figure 5.2 shows that the data representing versions V1, V2 and V3 form a collection of versions. The numbers on the arcs may represent some given version numbers (e.g. the effective version is numbered '1') or physical order (e.g. time stamps) of these versions. The order that exists among the component concepts of a composition association can be regarded as a constraint pertaining to the association. If the order is not important in a composition association, the labelling of arcs by sequence numbers or time stamps will not be necessary.

It is usual to form versions within a version in a design work. In this situation, a part of the data defining the original version is modified to form a new version which in turn may be modified to form other versions. Two versions may contain identical data for the most part except some differences in some portions of the design data. We should not have to replicate all the nodes of a conceptual model for the different versions. In the conceptual modeling of versions, the composition association type can be used to specify the versioning relationships of data at various levels. Figure 5.3 shows that there are three versions V1, V1' and V1'' of a data structure each of which is modeled by a hierarchy of two aggregations nodes V1 (or V1' or V1'') and X1. The data associated with the node X1 of version V1 have been modified to create a new version named X1'. Thus, version V1 is split into two versions V1-X1 and V1-X1'. The difference between these two versions is in the data that X1 and X1' nodes represent. This difference can be accounted for by either storing X1 and X1' as two separate physical files or recording the operation(s) that are used to derive X1' from X1. The composition association nodes in the model shown in Figure 5.3 explicitly label that parts of the database in which multiple versions exist. They can be dynamically created when versions at different levels are created.

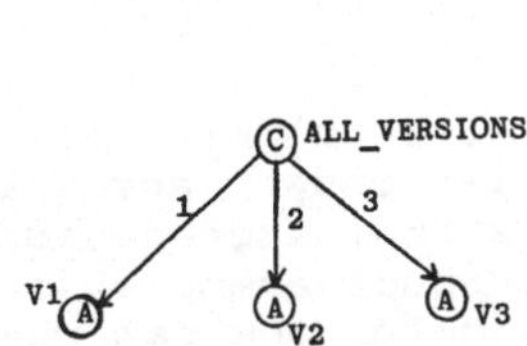

Figure 5.2 Multiple Versions

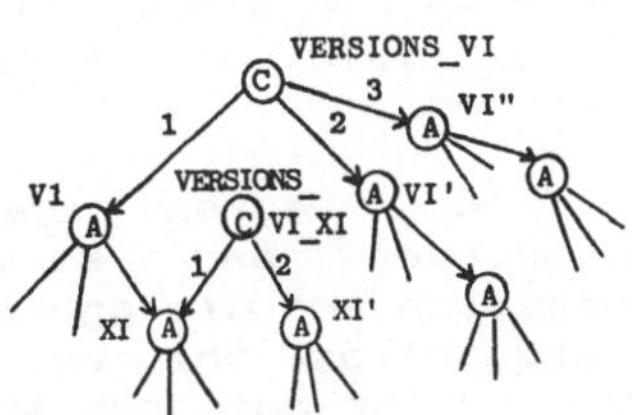

Figure 5.3 Versions Within a Version

Crossproduct and Summarization Associations: These two association types are frequently used together in statistical databases [CHA81, JOH81, SHO82]. They are therefore presented together. A crossproduct association is a grouping of some concept types whose occurrences are the results of taking the cross product of the occurrences of its component concept types. The component concept types are called category attributes in the field of statistics. For example, the crossproduct association named PART_CATEGORY and labelled X in Figure 6 is formed by the category attributes TECH_CLASS, PART_TYPE and MANUFACTURER which itself is an aggregation of NAME and LOCATION. The set of TECH_CLASS values, the set of PART_TYPE values and the set of ordered pairs of manufacturer names and locations form the domains of these three category attributes respectively. The set of occurrences of PART_CATEGORY is the cross product of these three sets.

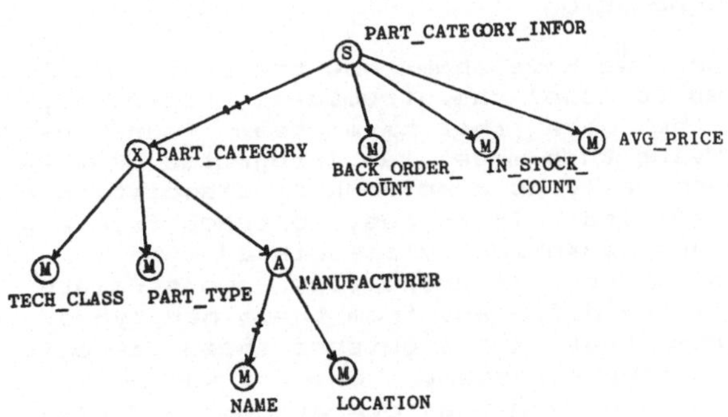

Figure 6. Crossproduct and Summary Associations

Each crossproduct occurrence is uniquely identified by the composite occurrences of all its component concept types. It defines a set of entities, and, as a set, it is subject to statistical summarization which is modeled by a summarization association in SAM*. For example, in Figure 6, the summarization association PART_CATEGORY_INFOR models the fact that the set of parts in each part category is statistically summarized by a back-order count, an in-stock count and the average price of the parts in the part category. BACK_ORDER, IN_STOCK_COUNT and AVG_PRICE are called summary attributes in the field of statistics and are distinguished from category attributes.

Two frequent operations, which are meaningful only for crossproduct and summarization associations, are statistical aggregation and disaggregation. The statistical aggregation operation re-categorizes the entities of a crossproduct association using a subset of its category attributes. For example, one can re-categorize parts by TECH_CLASS, PART_TYPE and MANUFACTURER.NAME without MANUFACTURER.LOCATION. The aggregation operation will cause the summary attribute values to be recomputed for the new categories of parts formed. The formulas for re-computing the values for different summary attribute can vary. They are part of the data definition of the summary attributes. For example, adding the back-order counts and in-stock counts of those part categories which have the same TECH_ CLASS, PART_TYPE and MANUFACTURE.NAME values would produce the new BACK_ORDER_COUNT and IN_STOCK_COUNT values. The computation of the AVG_PRICE for the new categories would require a different formula.

The statistical disaggregation operation on a crossproduct association expands the number of category attributes causing the original categories to be divided into finer categories. In this case the summary attribute values for the finer categories will have to be derived from the original values following some rules of value distribution. Again, the disaggregation formulas or rules will have to be defined as a part of the semantics of the summary attributes. Although the structural properties of the crossproduct association and the summarization association are similar to that of the aggregation association, the constraints and operations associated with these association types are different. For a more detailed discussion of their differences, the reader is referred to the original SAM* paper [SU83].

4. Summary and Conclusion

In this paper, we have shown how the seven modeling constructs of SAM* can be used to model the structural properties, constraints and operations of the data that have been found useful in CAD/CAM applications. Using this model, an integrated CAD/CAM database can be represented graphically as a network of association nodes whose types are explicitly labelled. It is easy to trace from a given node to all the nodes which are semantically associated with it. Each association type has its own structural properties, constraints and operations which in general are different from the other types. A CIM database management system that distinguishes these association types can process the data they represent, enforce the constraints and perform type checking to make sure that operations performed on the data are semantically consistent with the semantic properties of the data. A strong typed DBMS is possible if the DBMS recognizes the differences among the proposed association types.

It should be clear from the examples given in this paper that the proposed association types can be nested and recursively defined to express very complex data relationships. The seven association types of SAM* help the database users, designer and administrators to categorize the semantic properties that exist in a complex database and to represent these properties by a number of recurrent patterns inter-related in a conceptual network. Analogous to a natural langauge which uses verb phrase, noun phrase, propositional phrase, etc. as constructs to form sentences, paragraphs and texts to express all communicable information, SAM* uses the seven constructs to define the semantics of a database. Comparing SAM* with the relational model which recognizes a single construct, Relation, SAM* is obviously more difficult to learn since there are seven constructs. However, once learned and used to define a database, the user (including the DBA) will have a clear idea about the semantic properties of his/her database. A DBMS which uses SAM* as its underlying data model can process data, perform type checking and enforce constraints in accordance to the associations used to define the database. The users do not have to do as much through their application programs since the DBMS using a semantic model would be smarter and can take over a lot of processing tasks normally performed by the application programs.

The DDL and DML for defining and manipulating a database using SAM* have been designed and are currently under implementation by a joint effort between the National Bureau of Standards' AMRF program and the Database Systems Research and Development Center at the University of Florida.

Acknowlegement

This research is supported by a research grant from the National Bureau of Standards (grant number 60NANB4D0017). The author would like to thank M. Mitchell, E. Barkmeyer, C. McLean, A. Barbera, T. H. Hopp of the National Bureau of Standards for many sessions of discussions on the modeling of their CAD/CAM databases. The author also benefited from a number of discussions with K. Mikkilineni of the Database Systems Research and Development Center of the University of Florida.

5. References

[AND82] Anderson, T. L., Modeling Time at the Conceptual Level, Proc. Second Int. Conf. on Databases, Jerusalem, June, 1982.

[ALB82] Albus, J. S., Barbera, A. J., and Fitzgerald, M. L., Programming A Hierarchical Robot Control System, 12th Int. Symposium on Industrial Robots, Paris, France, June 1982.

[BAR82] Barbera, A. J., Fitzgerald, M. L., and Albus, J. S., Concepts for Real-time Sensory-Interactive Control System Architecture, Proc. 14th Southeastern Symposium on System Theory, April 1982.

[BIR84] Birchfield, B. and Downey, P., Product Definition Data Interface, NASA Conference Publication 2301, April 17-19, 1984.

[BRO81] Brodie, M. L., On Modeling Behavioral Semantics of Database, in Proceedings of the 7th Int. Conf. on Very Large Data Bases, 1981.

[BUB77] Bubenko, J. A., The Temporal Dimemsion in Information Processing, in Architecture and Models in Database Management, G. M. Nijssen, ed. North Holland, 1977, pp. 93-118.

[CHA81] Chan, P. and Shoshani, A., SUBJECT: A Directory Driven System for Organizing and Accessing Large Statistical Databases, in

Proceedings of the Int. Conf. on Very Large Data Bases, 1980.

[CHE76] Chen, P. P. S., The Entity-relationship Model: Toward a Uni-
         fied View of Data, ACM Trans. Database Systems 1, No. 1
         (Mar. 1976).

[COD79] Codd, E. F., Extending the Database Relational Model to
         Capture More Meaning, ACM Trans. Database Systems 4, No. 4
         (Dec. 1979).

[DAD84] Dadam, P., Lum, V. and Werner, H.-D., Integration of Time
         Versions into a Relational Database System, Proc. Int. Conf.
         VLDB, 1984.

[DAY82a] Dayal, U., Goodman, N. and Katz, R., An Extended Relational
         Algebra with Control over Duplication Elimination, Proc.
         ACM Symposium on Principles of Database Systems, March 1982,
         pp. 117-123.

[DAY82] Dayal, U. and Hwang, H. Y., View Definition and
         Generalization for Database Integration in MULTIBASE: A
         System for Heterogeneous Distributed Databases, Proc.
         Sixth Berkeley Workshop on Distributed Data Management and
         Computer Networks, Feb. 16-19, 1982.

[DAY83] Dayal, U., Processing Queries over Generalization
         Hierarchies in a Multidatabase System, Proc. Int. Conf. on
         VLDB, 1983.

[HAM81] Hammer, M. and McLeod, D., Database Description with SDM: A
         Semantic Database Model, ACM Trans. Database Systems 6, No.
         3 (Sept. 1981).

[HON81] Hong, Y. C. and Su, S. Y. W., Associative Hardware and
         Software Techniques for Integrity Control, ACM TODS, Vol. 6,
         No. 3, Sept. 1981, pp. 416-440.

[HON82] Hong, Y. C. and Su, S. Y. W., A Mechanism for Database
         Protection in Cellular-logic Devices, IEEE's TOSE, Vol. SE-
         8, No. 6, Nov. 1983, pp. 583-596.

[ICA82] ICAM Project, Computer Program Development Specification
         (DS) for ICAM Integrated Support System (IISS) Configuration
         Item: Precompiler, prepared by Control Data Corporation and
         D. Appleton Company, Dec. 1982.

[JOH81] Johnson, R. R., Modeling Summary Data, Proc. ACM SIGMOD Int.
         Conf. on Management of Data, 1981, pp. 93-97.

[JOH84] Johnson, H. R., Baum, L. S. and Beaudet, R. W., IPAD
         Distributed Database Management Facility-IDF: Architecture
         Specification, Boeing Computer Services Company, 1984.

[kAT82] Katz, R. H., and Lehman, T. J., Storage Structures for
         Versions and Alternatives, Computer Science Tech. Report
         #479, Univ. of Wisconsin, July, 1982.

[LOR83] Lorie, R. and Plouffe, W., Complex Objects and Their Use in
         Design Transactions, Proc. Engineering Design Applications
         of ACM_IEEE Database Week, San Jose, Ca., May 23-26, 1983.

[LUM84] Lum, V. et. al., Designing DBMS Support for the Time
         Dimemsion, Proc. ACM SIGMOD Conf., June 18-21, 1984.

[MCL83] McLean, C. R., Mitchell, M., and Barkmeyer, E., A
         Distributed Computing Architecture for Small Batch Manu-
         facturing Systems, IEEE Spectrum, May 1983.

[MIT84] Mitchell, M. J. and Barkmeyer, E. J., Data Distribution in
         the NBS Automated Manufacturing Research Facility, Proc. of
         the National Symposium on Advances in Distributed Data Base
         Management for CAD/CAM, NASA Publication 2301, April 17-19,
         1984, pp. 211-227.

[RAS84] Rashid, L. and Su, S. Y. W., Toward a Knowledge Management
         System Through the Integration of Intensional and
         Extensional Databases, paper presented at the Minnowbrook
         Workshop on Database Machines and Expert Systems, 1984.

[SHI81] Shipman, D. W., The Functional Data Model and the Data Lan-
         guage DAPLEX, ACM Trans. Database Systems 6, No. 1 (Mar.

1981.

[SIM82] Simpson, J. A., Hocken, R. J., and Albus, J. S., The Auto-
         mated Manufacturing Research Facility of the National Bureau
         of Standards, J. of Manufacturing Systems, Vol. 1, No. 1,
         1982.

[SMI77] Smith, J. M. and Smith, D. C. P., Database Abstraction:
         Aggregation and Generalization, ACM Trans. Database Systems
         2, No. 2 (June 1977).

[STO83] Stonebraker, M. et. al., Application of Abstract Data Type
         and   Abstract Indices to CAD Database, Proc Engineering
         Design Application of ACM-IEEE Database Week, San Jose, Ca.
         May 1983.

[SU78]   Su, S. Y. W., Associative Programming in CASSM and its
         Applications, Proc. Third Int. Conf. VLDB. Tokyo, Japan,
         Oct. 6-8, 1977, pp. 213-228.

[SU79]   Su, S. Y. W. and Lo, D. H., A Semantic Association Model for
         Conceptual Database Design, in Proc. Int. Conf. on the En-
         tity-Relationship Approach to Systems Analysis and Design.
         L.A., Calif. De. 1979.

[SU83]   Su, S. Y. W., SAM*: A Sematic Association Model for Corporate
         and Scientific-Statistical Databases, Information Sciences
         29, 1983, pp.151-199.

[WIE79] Wiederhold, G. and R. El-Masri, Structural Model for Database
         Design, in Proc. Int. Conf. on Entity Relationship Approach
         to Systems Analysis and Design, Dec. 1979.

APPLYING RELATIONAL DATABASE TECHNIQUES TO SOLID MODELING[+)]

Andreas Meier
Informatik, ETH Zurich
CH-8092 Zurich

Abstract:

Two main approaches to solid modeling have been taken by developers of CAD systems. One is to rely on a set of primitives and to use regularized set operations (i.e. Constructive Solid Geometry), the other is to rely on a set of Euler operators that combine faces, edges, and vertices (i.e. Boundary Representation). Investigating both approaches, we discuss difficulties and draw solutions when storing geometric objects in a relational database. First, a surrogate concept is introduced which allows the user to define structural relationships among semantically related data. Based on surrogate values, two constructs PART-OF and IS-A are defined in order to retrieve and manipulate geometric objects efficiently. Second, a structured type for handling vectors, matrices, and tensors as attribute values is proposed by dropping the First Normal Form.

Keywords:

Geometric modeling, constructive solid geometry, boundary representation, relational database, surrogates, vectors, matrices, tensors.

Contents:
1. Representation Schemes for Solids
2. Using a Relational DBMS for Solid Modeling
   2.1. Modeling with Primitives
   2.2. Modeling with Euler Operators
3. A Surrogate Model
   3.1. Surrogates versus User Keys
   3.2. PART-OF and IS-A Structures
   3.3. Data Retrieval and Manipulation
4. Vectors, Matrices, and Tensors
5. First Results and Conclusions

[+)] This work was supported, in part, by the National Science Foundation, under grant number 2.533-0.82.

Kurzfassung:

Bei der Entwicklung von CAD-Systemen stehen zwei wichtige Darstellungsformen im Vordergrund: Ein Objekt kann durch einen mengentheoretischen Ausdruck über Primitivkörper (Constructive Solid Geometry) oder durch Aufzählen seiner begrenzenden Flächen, Kanten und Punkte (Boundary Representation) beschrieben werden. Wir diskutieren Schwierigkeiten und mögliche Lösungen beim Speichern solcher Objekte in einer relationalen Datenbank: Ein Surrogatmodell erlaubt dem Benutzer, Beziehungen zwischen den stark strukturierten Daten durch zwei Konstrukte PART-OF und IS-A zu definieren. Damit lassen sich geometrische Objekte direkter und effizienter abfragen und manipulieren. Zudem erläutern wir einen strukturierten Typ (d.h. Aufgabe der Ersten Normalform) zur Behandlung von Vektoren, Matrizen und Tensoren.

1. REPRESENTATION SCHEMES FOR SOLIDS

For Computer-Aided Design (CAD) of three-dimensional objects (3D objects or solids), the geometric and topological aspects of part and assembly specification is most important. In [Requicha 1980], several representation schemes for solids are discussed some of which we briefly describe.

Primitive Instancing is based on a family or group of objects where each member is distinguishable by a few parameters. For instance, the family of cog wheels may be described by a type code, the wheel's diameter and the number of equally spaced cogs. Other properties of the objects are not specified explicitly; they either are constant throughout the family or they depend on specified parameters. Primitive instancing lacks the possibility of combining representations in order to create new or more complex schemes. It is also difficult or even impossible to derive geometric and topological properties directly from such schemes. In practice however, parametrization is applicable (and still widely used) as long as the catalog of parameters does not become to large.

Spatial Enumeration denotes a scheme where the embedding space is divided into a grid of volume elements, and a solid is represented by a list of occupied grid blocks or elements. Recently, the octree encoding (e.g. [Meagher 1982]) as a hierarchic spatial enumeration has been discussed as a representation scheme for solid modeling. It divides the space occupied by a solid recursively into eight cubic parts until a fixed maximal resolution is reached. There are some advantages to this data structure; e.g. Boolean operations, hidden surface removal or interference detection algorithms show linear growth because all objects are kept spatially pre-sorted at all times. However, when moved objects are taken into account, much computation is involved.

Cell Decomposition methods are based on the results of triangulation theory. A solid or polyhedron is decomposed into disjoint parts of different dimensions. Therefore, operations and calculations become easier due to disjointness. Cell decomposition may be considered as a generalized spatial occupancy enumeration where cells neither have to lie on a fixed grid nor have a pre-specified size and shape. In [Bieri and Nef 1982], a recursive sweep-plane algorithm is presented that enumerates the cells of all dimensions into which space may be partitioned by a finite set of hyperplanes. The described method is also suitable to compute the Euler characteristic, the volume or other integral parts of polyhedrons represented in Boolean form. Local information is collected at every vertex and summed up for the result.

Constructive Solid Geometry (CSG) denotes a family of representing schemes where each object is described as Boolean construction or combination of solid components via the regularized set operations union, intersection, and difference. Regularity provides a natural formalization of dimension preserving properties [Tilove 1980], i.e. the result of a Boolean operation of two solids is volumetric; dangling edges and faces or isolated points are not allowed. It is important to note that each CSG-scheme may be described as a tree where non-terminal nodes represent operations both for construction and transformation, and terminal nodes denote primitives or arguments of motion respectively.

Boundary Representation (BR) describes a solid by its bounding surface which often is subdivided into curvature-continous regions known as faces. Each face as a region of its underlying surface is again bounded by a perimeter ring of edges which are, in turn, bounded by a pair of vertices. Thus the boundary representation scheme replaces the problem of representing an object with that of representing a set of parts of reduced dimensionality. The bounding surface has some unique characteristics such as orientability, i.e. faces may intersect only at common edges or vertices, and each edge is shared by exactly two faces etc. Mathematically, the surface of a solid in boundary representation may be treated as a manifold.

After having discussed the main schemes for representing solids we ask which ones are suitable for database techniques:

Repres. Scheme	Primitive Instancing	Spatial Enumeration	Cell Decomposition	Constructive Solid Geomtry	Boundary Representation
Database Technique	applicable	not adequate	not adequate	applicable	applicable

Fig. 1: Using Database Techniques for Solid Modeling.

In *Primitive Instancing* it is obvious that each instance may be considered as a record or tuple in a Data Base Management System (DBMS). Since a shape type and a limited set of parameter values specify an object, parametrization does not involve much work for geometric and topological computation. Therefore, every commercial DBMS might be good enough for describing and storing a part family. On the other hand, both *Spatial Enumeration* and *Cell Decomposition* schemes are not adequate using database techniques, especially if the objects are described in fine resolution or by a large number of cells. The cost of database interaction for object manipulation becomes unreasonably high. Storing objects described by *Constructive Solid Geometry* or *Boundary Representation* schemes in a database, however, seems promising.

This paper will concentrate on database aspects for solid modeling. Section 2 describes how objects given in CSG- or BR-representation may be mapped into a database scheme. In section 3, a surrogate model is introduced to better support geometric and topological information. A proposal for direct handling of vectors, matrices, and tensors in the relational model is outlined in section 4. First experiments and conclusions are given in section 5.

2. USING A RELATIONAL DBMS FOR SOLID MODELING

Traditionally, engineering and design data has been handled by ad-hoc or simple file systems with the inherent disadvantages of high redundancy and poor or non-existent data independence. In other words, the way the data is physically organized within the file must be known to the programs that access the data: Any change in the data organization requires changing the programs and vice-versa. When the number of files increases, the consistent treatment of data becomes a problem in itself. It is not surprising therefore that today's developers of CAD systems begin to realize the importance of independent data organization. They start experiments with databases although engineering applications exhibit characteristics that impose specific requirements on existing DBMS. In this section, we discuss how solids either by the CSG- or BR-approach may be stored in a relational database and list the main advantages and disadvantages.

2.1. Modeling with Primitives

Although none of the existing solid representation schemes is suitable for all applications, the CSG-scheme provides a concise way to store a volumetric object. Halfspaces may be used as primitives at the lowest level. However, the resulting object representations are not necessarily regular sets [Requicha 1980] because of the unboundedness of primitive halfspaces. Instead, cubes, cones, cylinders etc. are usually used as primitives. A 3D-object can then be described with the following grammar:

```
<OBJECT> ::=       <PRIMITIVE> !
                   <OBJECT> <MOTION> ARGUMENT !
                   <OBJECT> <OPERATION> <OBJECT>
<PRIMITIVE> ::=    CUBE ! CYLINDER ! CONE ! SPHERE ! ...
<MOTION> ::=       TRANSLATE ! ROTATE ! SCALE
<OPERATION> ::=    UNION ! INTERSECTION ! DIFFERENCE
```

The semantics of a CSG-representation is clear: Each subtree represents a solid, i.e. a regular set, resulting from the combinatorial or motion operators to the subparts. The dynamic behavior of the data structure results from the recursiveness embedded in the grammar rules.

In the relational model, recursiveness has to be broken down, and a solid may be described by several relations: It has to be treated as a whole at a high object level while providing its individual details at lower part levels. The conceptual scheme of the CSG-approach is given in Fig. 2 in analogy to semantic nets or Chen's entity relationship model. Each OBJECT in CSG-representation consists of several PARTs by a PART-OF structure. Furthermore, two generic structures are imposed by the CSG-scheme [Lee and Fu 1983]. First, each part may either be a TRANSFORMED, or a PRIMITIVE, or a COMBINED PART according to the grammar rules; for instance, a combined part is defined by two parts, namely the "first" one and the "second" one plus the corresponding Boolean operation union, intersection, or difference. Second, each primitive part is either a CUBE, or a CONE, or a CYLINDER etc.

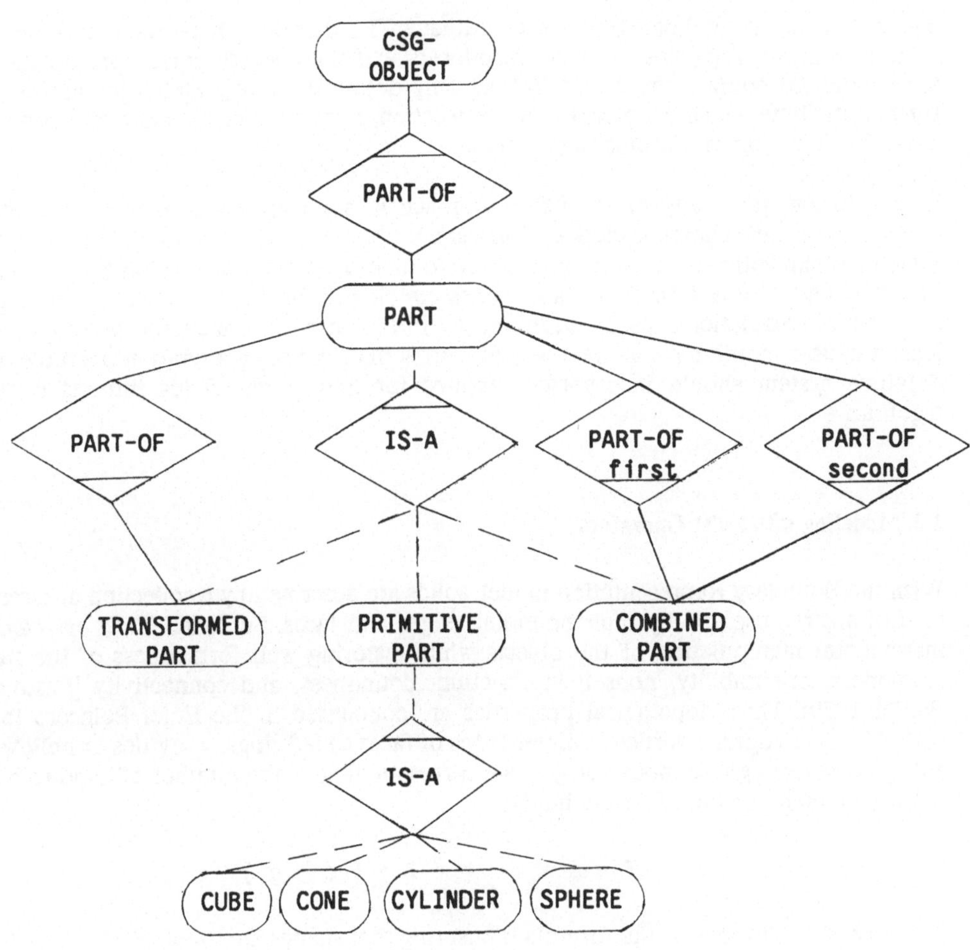

Fig. 2: Conceptual Scheme of the CSG-Approach.

In the classical relational model, data is organized as record instances (tuples) in tables (relations). There are no schema defined relationships such as PART-OF and IS-A structures. Instead, a high level language (predicate calculus or relational algebra) is used for exploiting relationships based on values. However, the mapping of highly interrelated data into tuples in one or more relations has to be done entirely by the user. For instance, the important feature of a *generic structure* which says that all descendant objects must bear the same key domains as their ascendants has to be enforced by the user himself. The relational model does not allow individual objects to be uniformly referred to regardless of the generic class in which they appear.

Other drawbacks using the classical relational model are due to normalization. A relation is said to be in *First Normal Form* if and only if it satisfies the constraint that it contains atomic values only. Note that in our example of a CSG-scheme, this condition is very inconvenient. For instance, a moved part may be described by a part number and a transformation matrix, e.g. a 4x4-matrix in homogeneous coordinates. To describe these facts in a normalized relation, sixteen attributes must be introduced artificially which correspond to the matrix arguments. Of course, one would instead only define three arguments for motion, plus a further attribute which denotes if it is a translation, a rotation, or a scaling operation. In any case, the First Normal Form is cumbersome.

In conclusion, the study of the CSG-approach in solid modeling suggests the following extensions to the relational model: There should be a way of defining PART-OF and IS-A structures explicitly to the system in order to give the user the possibility of querying an object or part of it as a whole rather than assembling different relations and thinking about all known interrelationships. In addition, the First Normal Form should be dropped. Or at least, the user should have a direct way of storing matrices as data types into a tuple, and the database system should incorporate features for non-atomic fields into its calculus or algebra.

2.2. Modeling with Euler Operators

With the Boundary Representation model, solids are described by a collection of faces which in turn are represented by their bounding edges and faces. So called *Euler operators* allow incremental manipulation of the objects while restoring well-formedness of the surfaces: closedness, orientability, nonself-intersection, boundness, and connectivity [Eastman and Weiler 1979]. These topological properties are condensed in the Euler-Poincare formula: with f faces, e edges, v vertices, r inner loops of faces called rings, c cavities or hollow tubes, and g holes through the body (or genus g corresponding to the number of handles in graph topology) the following condition holds:

$$f - e + v - r = 2 * (c - g)$$

The practical relevance of the formula is ensuring that shapes are topologically well-formed; e.g. its application eliminates the danger of ill-formed solids such as the Klein bottle. If we consider the above formula as a hyperplane in six-dimensional space, the law restricts the valid transitions to a subset of all those combinatorically possible. Of course, the desired set of Euler operators should cover the hyperplane; a possible spanning set of five primitive operators may be defined as follows:

		f	e	v	r	c	g
MEF resp.	KEF	1	1	0	0	0	0
MEV resp.	KEV	0	1	1	0	0	0
MEKR resp.	KEMR	0	1	0	-1	0	0
MFVC resp.	KFVC	1	0	1	0	1	0
MFKGR resp.	KFMGR	1	0	0	-1	0	-1

The Euler operator MEF stands for "Make Edge and Face" which obviously does not change the above characteristic, it is also invers to KEV, i.e. "Kill Edge and Face". Any transition in the Eulerian plane can now be represented as a linear combination of the five primitive Euler operators. Each of these or a combination enables the construction of a possible unique topology. They reduce bookkeeping requirements needed to guarantee that the resulting shapes are well-formed, i.e. non-intersecting, closed, and orientable.

We now discuss the conceptual scheme of solids described in boundary representation (see Fig. 3). The structure of a bounded shape model, i.e. OBJECT, is comprised of spatial surfaces named faces. Each FACE is bounded by one or more loops of edges where each loop is the concatenation of line segments, i.e. edges, into a closed RING. EDGES are bounded by VERTICES at their intersections; in our scheme, every edge is given by a "start" and "end" vertex, and it topologically points to the "left" and "right" ring respectively.

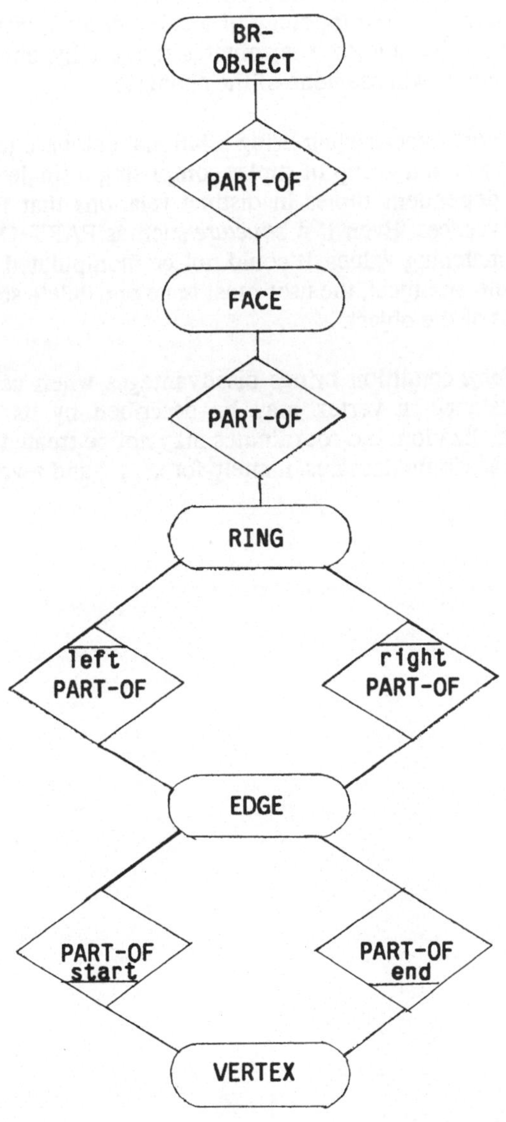

Fig. 3: Conceptual Scheme of the BR-Approach.

Using a DBMS for storing objects in boundary representation is advantogeous for the following reasons. For instance, the discussed Euler operators are atomic in the sense that they topologically guarantee to handle manifolds consistently, i.e. to fulfill the Euler-Poincare formula. To construct the topology of a cube for instance, a sequence of a MFVC, seven MEV, and five MEF operators is needed. Thus, the notion of transaction might be very helpful to better control consistency: The sequence of Euler operators would start with a BEGIN TRANSACTION command and finish with an END TRANSACTION command. The transaction mechanism is such that other transactions (or users) do not see the changes of a transaction until this transaction commits. When it commits, the whole sequence of Euler operators, e.g. the topology of a cube, become visible to other users. If a transaction does not commit but aborts or terminates abnormally, any change to the data are undone and other transactions will see none of the changes.

However, there are some drawbacks when using relational database technology for bounded surfaces. Again, a BR-object is a group of tuples comprising a single root tuple that defines the object, and several dependent tuples in distinct relations that form its boundary, i.e. faces, rings, edges, and vertices. Even if a *structure* such as PART-OF would be expressed relationally in terms of matching values, it could not be manipulated as a single object. For example, in order to delete an object, the user must issue one delete statement for each tuple in all dependent relations of the object.

Also the *First Normal Form* condition brings disadvantages when using a BR-scheme and Euler operators. For instance, a vertex may be described by its position number and coordinates. Due to normalization, the coordinates may not be treated as vectors but have to be distributed into three attribute domains, namely for x-, y-, and z-values.

3. A SURROGATE MODEL

We describe a surrogate concept as the basis for an engineering database system. In addition, we demonstrate the usability of surrogates for defining PART-OF and IS-A structures in solid modeling and give some data retrieval and manipulation considerations.

3.1. Surrogates versus User Keys

In [Hall et al. 1976], it was pointed out that the relational model cannot denote an individual object independently of its attributes. In other words, what would happen if a particular part number (unique identifier) in a CAD database is replaced by a new one: Is it a change to that part number or a replacement by a new part with the same characteristics? To solve this problem, Hall et al. propose to use *surrogates* as "data model representatives" of the entities (unlike tuple identifiers used, e.g. in System R) and draw the following distinction:

SURROGATES act as invariant values for individual entities; these values can appear
at different places in the database to link entities together.

USER KEYS   act as unique identifiers under user control to identify an individual
entity.

One extension of the relational model [Codd 1979] suggests a unary relation for each entity type to list all the surrogates of entities which are currently recorded in the database. Codd's entity integrity constraint allows insertions and deletions of surrogate values but not updates and null values.

Surrogates can be used to provide both fast access and storage independence. Deen's implementation [Deen 1982] employs key compression to provide a more uniform distribution, a hashing algorithm to place tuples on data pages, and an indexing technique to allow fast sequential access. However, Deen's surrogates are similar to tuple identifiers and are generated from primary keys. Therefore, whenever a primary key value changes, its corresponding surrogate also changes.

We introduce a system-controlled attribute SURROGATE and restrict the surrogate values according to the following rules:

- Each SURROGATE value is *system-wide unique*(e.g. concatenation of processor number, database identification, and clock time) in order to allow for merging of databases from different sites.

- The values of a SURROGATE attribute *cannot be changed.* The user has no control over the SURROGATE values although they may or may not be made available to him (e.g. it seems appropriate to give surrogate values back to programmers into a program variable).

A SURROGATE acts as an invariant value for each tuple, and no special attribute needs to be chosen as the primary key. On the other hand, the user often likes to deal with primary keys that have some semantic meaning to him. To avoid the introduction of two independent identifier concepts, we propose a *binding mechanism* between SURROGATES and USER KEYS via a special index called KEY-INDEX. This index is restricted to a single attribute, i.e. unique key, and implies a binding to its corresponding SURROGATE attribute. It is important to note that a user key may or may not exist and may sometimes be changed: Supporting access to an individual tuple of a relation is always guaranteed via the SURROGATE values.

Furthermore, we define two built-in functions to map system-generated SURROGATES onto user defined USER KEYS and vice versa: KEY(surrogate) retrieves the user key corresponding to a surrogate value if one exists, and SURR(user key) retrieves the surrogate value of a specific user key. A one-to-one mapping between internal SURROGATE values and USER KEYS is guaranteed if the attribute of the indexed column is specified with a NOT NULL option. In this case, both functions KEY and SURR yield a unique value which is never null whereas a non-existing operand produces an error message.

3.2. PART-OF and IS-A Structures

Based on the surrogate concept introduced so far, we show how the structural part of our conceptual schemes for solid modeling may be described more directly. In Fig. 2 for instance, the entity set OBJECT can be referred to as root relation which identifies its hierarchical subparts. In order to define this hierarchical structure, we introduce the new attribute SURROGATE for system-generated values in the root relation:

```
RELATION Object;
   ATTRIBUTE
      Art#:            Number;
      O#:              SURROGATE;
      Description:     String20;
         ...
   IDENT
      Art# PRIMARY DOMAIN;
   KEY-INDEX
      Art#,O#;
   END Object;
```

Besides the object number O# (as a surrogate), a user key Art# may be defined and combined with a KEY-INDEX. This index allows the user to retrieve data by article numbers rather than internal surrogates. It also may be used to improve the performance of queries based on the user key attribute, e.g. when searching for tuples with a given article number.

The SURROGATE columns have a semantic meaning besides technical properties such as clustering, avoiding composite keys, and improving performance: They may be used to reference relations. For instance, the dependent relation PART is distinguished by the PART-OF attribute that contains surrogates pointing to tuples in the corresponding parent relation OBJECT:

```
RELATION Part;
    ATTRIBUTE
        P#:                 SURROGATE;
        O#:                 PART-OF(Object);
        Material:           Classification;
        ...
    END Part;
```

Furthermore, an additional column type IS-A may be used to refer to other relations which correspond to a generalization hierarchy. As an example, we consider the relation CYLINDER which is generalized by the relation PRIMITIVE-PART:

```
RELATION Cylinder;
    ATTRIBUTE
        C#:                 Number;
        P#:                 IS-A(Primitive-Part);
        Radius:             REAL;
        Height:             REAL;
        ...
    IDENT
        C# PRIMARY DOMAIN;
        (Radius,Height) UNIQUE;
    END Cylinder;
```

The PART-OF construct is used to define hierarchies of relations and implicitly expresses an existential quantification: For each instance of the hierarchic class, there exist objects constituting its parts. On the other hand, the IS-A hierarchy implicitly expresses a universal quantification: Every instance of a subordinate class has all the properties of the more general class. (Besides PART-OF and IS-A structures, an additional attribute type REFERENCE-OF may be defined to refer to tuples of the same or a different hierarchy. This construct, however, would ask for specific semantics, and performance enhancements would become more difficult, i.e. natural clustering of data may no longer be applicable).

3.3. Data Retrieval and Manipulations

To retrieve data from PART-OF and IS-A hierarchies, a user would often have to join component relations with parent or ancestor relations which requires knowledge of the external structure of a complex object. Instead of defining several join predicates along particular branches involving SURROGATE, PART-OF, and IS-A columns, the user may specify an *implicit join* operator. By this, the whole implicit structure of aggregation or generalization concepts become more transparent and may be easier handled at the user interface.

We discuss the following query based on the relations OBJECT and PART described in the previous section: Show a material list of the article with number 1200.

with implicit join: without implicit join:

```
SELECT  Material                SELECT  Material
FROM    Object.Part             FROM    Object, Part
WHERE   Art#=1200;              WHERE   Art#=1200 AND
                                       Object.O#=Part.O#;
```

The linear implicit join from OBJECT to PART is an equi-join between parent relation and direct child relation. The notation for implicit joins also generalizes to subschemes which are hierarchical rather than linear. Precise definitions and illustrative examples are given in [Meier and Lorie 1983].

An example for using the built-in function KEY is based on the primarily defined KEY-INDEX combining the SURROGATE attribute O# and the USER KEY Art# in relation OBJECT. We consider the following query: Give all article numbers of objects which comprise metal parts.

with KEY-INDEX: without KEY-INDEX:

```
SELECT  KEY(O#)                 SELECT  Art#
FROM    Part                    FROM    Object, Part
WHERE   Material=metal;         WHERE   Material=metal AND
                                       Object.O#=Part.O#;
```

It should be noted that even if the key value is null, the built-in function KEY can still be performed since only identifiers are needed. Of course, the proposed KEY (and SURR) concept is minimal and helps to avoid writing additional joins to retrieve user keys. It does not help when more than the user key is desired from referenced relations.

The implicit join and the built-in functions KEY and SURR can be used advantageously for insertion and deletion. Although updating through a join is difficult in general, the clean semantics of PART-OF and IS-A structures allow using implicit joins in update statements.

We have discussed a general notion for collecting tuples from different relations by introducing a SURROGATE concept which allows retrieving and manipulating structured data. Since the system knows both the structure and the internal representation of the data from the system catalogs, it can optimize the implicit join accordingly and decide whether or not to use the specialized KEY-INDEX. Accessing solids as interrelated data in a CAD database directly instead of scanning through different relations improves performance in design work.

4. VECTORS, MATRICES, AND TENSORS

We have argued that in geometric modeling it might be interesting to store the objects with all their necessary geometric and topological information into a database. Whatever representation is chosen for solids, describing points or vectors in coordinate space should be possible. Also, since transformations are common to all geometric modelers, mappings should be supported. Since the relational model allows only atomic values as attribute elements, it should be augmented to capture *vectors, matrices,* and *tensors.*

A *structured type* of rank m is given by m indices, a dimension vector $n_1,...,n_m$, and each element of that type has $n_1*...*n_m$ coordinate values. An index i_k is a sequence of INTEGER values and ranges from 1 up to its corresponding dimension n_k. Each coordinate is an INTEGER or REAL value and may be uniquely identified by a combination of index values out of $i_1,...,i_m$.

Examples of structured types are given in Fig. 4: A structured type of rank 1 with index $1,...,n$ is a vector of dimension n, a type of rank 2 with indices $1,...,n_1$ and $1,...,n_2$ is a n_1*n_2-matrix and so on.

	STRUCTURED TYPE			
	SCALAR	VECTOR	MATRIX	TENSOR
DIMENSION	0	n	n_1, n_2	$n_1,...,n_m$
RANK	0	1	2	m

Fig. 4 Dimension and Rank of Structured Types.

There are two kinds of *operations* for a structured type U of rank r_u with dimension vector $n_1,...,n_{r_u}$ and type V of rank r_v with dimension vector $m_1,...,m_{r_v}$ respectively. The first class of operations leads to a result of unchanged rank and dimension: *Addition* U+V and *subtraction* V-U where the precondition $r_u=r_v$ and $n_i=m_i$ must hold for all i from 1 to $r_u=r_v$; finally, *multiplication* s*U and *division* U/s where s is a scalar. The second class consists of a single operation with a result of indifferent rank and reduced dimension: The *inner product* U*V if the precondition $r_u=r_v$ and $n_{r_u}=m_1$ holds. The new rank is given by the formula $r_{u*v}=r_u+r_v-2$, and the dimension vector of U*V is built by dropping the last component of the dimension vector of U and the first component of the dimension vector of V and concatenating the rest. As an example, the inner product of a n*m-matrix U and a m*k-matrix V results in the new n*k-matrix U*V.

Since we have introduced a new attribute type, implications for relational operators have to be studied. The traditional mathematical set operations union, intersection, and difference are still possible if the relations are of the same degree, i.e. having the same number of attributes. Also, Cartesian product and projection for relations with structured types may be defined in the usual way. For the selection operator S_F(Relation), we have to generalize the formula F slightly: Constants in a formula may now involve coordinates of a structured type. The additional operators join and division could be defined by first "unnesting" (compare [Schek and Scholl 1984]) the structured types and applying the usual relational operators. However, performance would become a problem. Also, we don't plan to support a join concept for structured types based on coordinates. We rather restrict join and division for structured types by rank and dimension conditions: Two relations with structured types are called *join compatible* if corresponding attributes show same rank and dimension, and if their values are drawn from the same domain. Of course, structured types involved in a join may first be projected in order to make the relations join compatible.

Another problem is how to store structured types and still guarantee efficient access? At the time, we are experimenting with a *multi-key access structure* called Grid-File [Nievergelt et al. 1984] which treats all attribute domains symmetrically. A user could then define a GRID-INDEX when specifying his relations:

```
RELATION Vertex;
   ATTRIBUTE
      V#:                      Number;
      Coordinate:             [1..3] OF REAL;
      ...
   IDENT
      V# PRIMARY DOMAIN;
      Coordinate UNIQUE;
   GRID-INDEX
      Coordinate[1,2];
END Vertex;
```

In the above example, the attribute COORDINATE is a structured type which is unique with reference to the primary key. The GRID-INDEX over the x-y-plane has been defined to improve access to projected points.

Another example corresponding to the CSG-approach discussed in the previous sections is the relation TRANSFORMED-PART:

```
RELATION Transformed-Part;
   ATTRIBUTE
      NewP#:                   IS-A(Part);
      OldP#:                   PART-OF(Part);
      Motion:                  [1..4,1..4] OF REAL;
      ...
   GRID-INDEX
      Motion[[1,1],[2,2],[3,3]];
END Transformed-Part;
```

The attribute MOTION is a 4x4-matrix in homogeneous coordinates. If we are interested to have fast access to the diagonal of the matrix, i.e. the scaling factors in x-, y-, and z-direction, a GRID-INDEX could be appropriate for the structured type MOTION.

5. FIRST RESULTS AND CONCLUSIONS

After a decade of research and development activity, relational database systems are now available as products. The flexibility, logical simplicity, and mathematical rigor of such database systems demonstrate a significant new approach to data management, especially in the business application environment. Today, relational database systems are also attracting interest from users outside the commercial areas for which such systems were initially designed. In particular, the strong need for efficient management of engineering and design data has triggered research on both the requirements of such systems and on extensions to existing database systems.

Some experiments have already been made by extending System R [Lorie et al. 1984] to generate and support surrogates for engineering applications. System R catalogs have been modified to capture the structure of a complex object. The structure information allows the system to analyze the implicit join operator and to find all necessary links in order to materialize the query. Also, a special system table is maintained for each hierarchy of relations to implement a fast intra-object access path. This path is used to enforce parent-child integrity constraints and provides better performance for clustered access and manipulation of tuples which belong to the same complex object.

We have implemented a 3D modeler [Meyer 1984] based on a hybrid data structure, namely using a CSG-approach for the user interface but storing the designed objects in boundary representation. Our solids are restricted to plane-faced objects however (see Fig. 5). The user may translate, rotate, or scale objects or may choose a Boolean operation for union, intersection, or difference. Also, a hidden line algorithm is available to better visualize the objects.

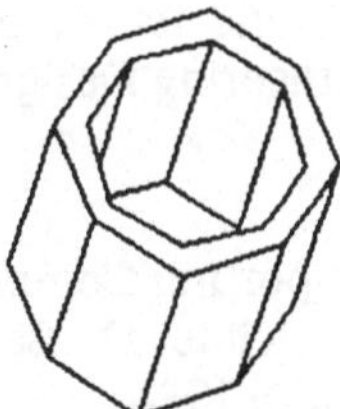
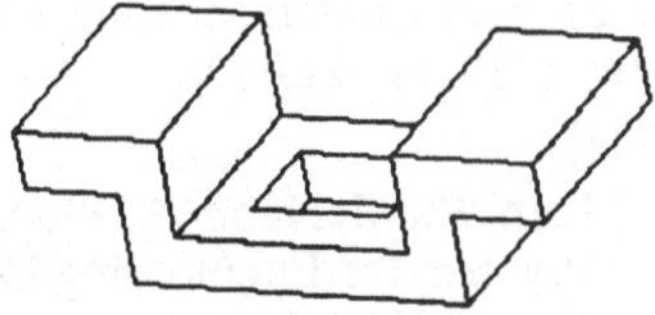

Fig. 5 Using a 3D Modeler for Defining Plane-Shaped Solids.

At present, we are combining our modeler with a relational DBMS developed at our institute in order to study interactions between geometric modeling and databases. It has been proposed to use databases directly for geometric and graphic applications. However, we have found that algorithms such as Boolean operations or hidden line removal show performance deficiencies because the database has to be accessed to frequently. Therefore, we first extract data from the CAD database; we work on it by creating additional data structures locally to run geometric algorithms; finally, after (or occasionally) during design work, we interact with the CAD database to update the objects.

Acknowledgments. I am grateful to Beat Brüderlin, Andrea Meyer, Fredy Oertly, and Erwin Petry for implementing a solid modeler and combining it with a relational database. Helpful comments on an earlier version of this paper by Klaus Hinrichs and Hans Hinterberger are also acknowledged.

References

[Bieri and Nef 1982]

Bieri H., Nef W.: A Recursive Sweep-Plane Algorithm Determining all Cells of a Finite Division of R^d. Computing, Vol. 28, No. 3, Springer-Verlag 1982, pp. 189-198.

[Codd 1979]

Codd E.F.: Extending the Database Relational Model to Capture More Meaning. ACM Transactions on Data Base Systems. Vol. 4, No. 4, pp. 397-434.

[Deen 1982]

Deen S.M.: An Implementation of Impure Surrogates. Proc. 8th Conf. on Very Large Data Bases, Mexico City 1982, pp. 245-256.

[Eastman and Weiler 1979]

Eastman Ch., Weiler K.: Geometric Modeling Using the Euler Oprators. Proc. First Annual Conference on Computer Graphics in CAD/CAM Systems, MIT 1979, pp. 248-259.

[Hall et al. 1976]

Hall P., Owlett J., Todd S.: Relations and Entities. In: Nijssen G.M. (Ed.): Modelling in Data Base Management Systems. North-Holland, Amsterdam 1976, pp. 201-220.

[Lee and Fu 1983]

Lee Y.C., Fu K.S.: A CSG based DBMS for CAD/CAM and its Supporting Query Language. Proc. of Annual Meeting - Database Week: Engineering Design Applications (IEEE), May 1983, pp. 123-130.

[Lorie et al. 1984]

Lorie R.A., Kim W., McNabb D., Plouffe W., Meier A.: Supporting Complex Objects in a Relational System for Engineering Databases. In: Kim W., Kliner D., Batory D. (Ed.): Query Processing in Database Systems, Springer-Verlag, Berlin 1984.

[Meagher 1982]

Meagher D.: Geometric Modeling Using Octree Encoding. Computer Graphics and Image Processing, Vol. 19, 1982, pp. 129-147.

[Meier and Lorie 1983]

Meier A., Lorie R.A.: Implicit Hierarchical Joins for Complex Objects. IBM Research Report RJ3775, San Jose 1983, pp. 1-13.

[Meyer 1984]

Meyer A.: Graphischer Editor für reguläre Polyedergebilde. Diplomarbeit, Informatik, ETH Zurich, 1984.

[Nievergelt et al. 1984]

Nievergelt J., Hinterberger H., Sevcik K.C.: The Grid File: An Adaptable, Symmetric Multi-Key File Structure. ACM Transactions on Data Base Systems. Vol. 9, No. 1, March 1984, pp. 38-71.

[Requicha 1980]

Requicha A.A.G: Representations for Rigid Solids: Theory, Methods and Systems. Computing Surveys, Vol. 12, No. 4, December 1980, pp. 437-464.

[Schek and Scholl 1984]

Schek H.-J., Scholl M.H.: An Algebra for the Relational Model with Relation-Valued Attributes. Technical Report DVSI-1984-T1, TU Darmstadt, 1984.

[Tilove 1980]

Tilove R.B.: Set Membership Classification: A Unified Approach to Geometric Intersection Problems. IEEE Transactions on Computers, Vol. C-29, No. 10, October 1980, pp. 874-883.

DATABASE MANAGEMENT SYSTEM FOR CAD WORK STATIONS

P. Blume, W. E. Fischer, H. Gappisch

Philips GmbH Forschungslaboratorium Hamburg
P.B. 540840, D-2000 Hamburg 54, F.R.G.

Important functions of computer-aided design systems (CAD) are the entering, copying and modifying of design data in a dialogue with the user via interactive graphical displays. To support these functions within local CAD systems, the authors have developed an application-independent database management system (DBMS) based on the ANSI-SPARC database architecture and a redefined subset of the CODASYL network model [1]. The DBMS has a FORTRAN-DML and minimal relational interface. It is used as a system core module in CAD systems for mechanical and electrical engineering.

DBMS are usually designed with administrative applications in mind. Thus important differences in the requirements for CAD and administrative applications have been given little attention. The system incorporates several new features which meet most of the typical requirements of graphic oriented workstations:

- Entities and relationships of different types belonging to the representation of one compound object can be clustered on one file, instead of in several files, each containing entities of one type only.

- Entities that do not need or have unique, user-defined names can be implicitly named by system-defined surrogates ('temporary database keys' TDBK) generated at creation time and containing the database address of the entity as value, instead of having user-defined names as required in a conventional DBMS.

- By means of pointing or pick actions which indentify picture elements on a display, the correlated entities in the database can be directly accessed, instead of typing in a query on an alphanumeric keyboard, requiring an explicit name or attribute value of the entity.

The diagram illustrates access to the data-base via pick action and its
manipulation. It shows a part of a mechanical workpiece as displayed on
the screen together with the corresponding data structure, consisting
of entities and their relationships, stored in the data base.

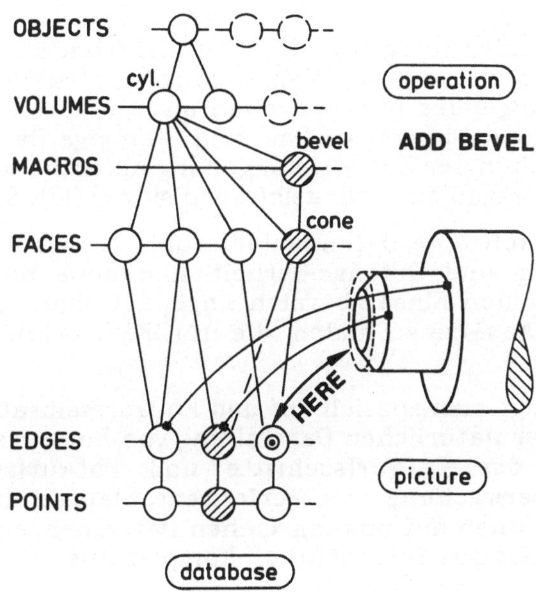

In this example it is assumed that a bevel has to be added to the cylin-
drical section of the part. First, an edge of the cylinder is identified
by pointing to it (e.g. with a lightpen) in a pick action. Since, thanks
to this action, the graphic returns an identifier block, containing the
surrogate (TDBK), to the program, a very fast, direct access to the corresponding edge entity can be made. Starting from this entity, other
ones, like the cylinder entity, can be accessed by means of 'navigation'
using the relationships between edges, faces and volumes as links. Subsequently, the data structure is updated by adding a new bevel, conic
face, and edge entities and by modifying the front edge data (radius)
and certain other relationships. Finally, a picture update is effected
in accordance with the modified data structure.

Since, all entities are stored in one physical cluster, navigation, updating and picture modification is exceptionally rapid.

[1] FISCHER, W.E.: Datenbanksystem für CAD-Arbeitsplätze, Informatik-
    Fachberichte 70, Springer-Verlag (1983).

DAMASCUS - ein Datenhaltungssystem für den VLSI-Entwurf

K.R. Dittrich, A.M. Kotz, J.A. Mülle

Universität Karlsruhe
Forschungszentrum Informatik

Aufgrund zunehmender Integrationsdichte elektronischer Bauteile fällt beim Entwurfsprozess eine große Menge komplex strukurierter und vielfältig zusammenhängender Informationen an, für deren Verwaltung Datenbankkonzepte heute unumgänglich sind. Gängige Datenbanksysteme erweisen sich jedoch in der Entwurfsumgebung als nicht sehr geeignet, da neuartige Anforderungen zu berücksichtigen sind [LOCK 85].

Für die Datenbankkonzepte Datenmodellierung, Transaktionsverwaltung, Konsistensicherung und Datensicherheit sind neue Konzepte zu entwickeln, die dem neuen Einsatzbereich angepaßt sind. In der Literatur sind verschiedene Ansätze zu finden, die in [DKML 84] näher untersucht wurden.

Im einzelnen benötigt man speziell auf den Entwurfseinsatz zugeschnittene Datenmodelle zur natürlichen Darstellung von Entwurfsobjekten sowie zur Modellierung der Entwurfsschritte und Entwurfsvarianten, Mechanismen zur Überwachung von Verfahrensabläufen und für langandauernde Transaktionen auf umfangreichen Datenmengen. Zudem fallen Konsistenzbedingungen außerordentlich komplex aus.

An der Universität Karlsruhe wird im Rahmen des Projekts DAMASCUS (Data management system for CAD using UNIX work stations) ein Datenhaltungssystem für den rechnergestützten Entwurf (speziell von VLSI-Schaltkreisen) konzipiert und als Prototyp implementiert.

Wesentliche Voraussetzung für das Datenbankverwaltungssystem in Entwicklungsumgebungen ist das Konzept eines Datenverwaltungsrechners, der alle Daten des gesamten Entwicklungszyklus an einer Stelle integriert. Auf die zentrale Datenbasis wird aus Arbeitsplatzrechnern, auf denen bestimmte Entwicklungswerkzeuge (z.B. Graphikeditor, Simulator) ablaufen, zugegriffen. Das bedeutet, daß sowohl auf dem Datenverwaltungsrechner wie auch auf den Arbeitsstationen Funktionen des Datenbanksystems vorhanden sein müssen. Daß diese Funktionen zumindest teilweise unterschiedlich sind, ergibt sich aus unterschiedlichen Anforderungen an Arbeitsstation und Datenverwaltungsrechner:

—   An einer Arbeitsstation arbeiten i.a. mehrere Entwickler gleichzeitig, jedoch auf disjunkten Mengen komplexer Objekte, d. h. jeder Entwickler hat die Sicht eines Einbenutzerdatenbanksystems.

—   Der Datenverwaltungsrechner hat die Objekte aller Entwickler zu integrieren, d.h. er realisiert Mehrbenutzerbetrieb.

Die grobe Systemarchitektur von DAMASCUS bietet auf der höchsten Ebene ein für den VLSI-Bereich besonders geeignetes Datenmodell an. Da im

Entwurfsbereich die verschiedenen Entwurfsobjekte im Mittelpunkt stehen, wird es als Entwurfsobjektdatenmodell (DODM - design object data model) bezeichnet. Das DODM gibt die Globalstruktur von Entwurfsobjekten wieder. Hierbei zerfällt die Information über ein Entwurfsobjekt zunächst in verschiedene Repräsentationen (z.B. textuelle Beschreibung, geometrische Beschreibung, Beschreibung der Schaltungslogik und der Transistorebene), die das Entwurfsobjekt jeweils unter einem bestimmten Blickwinkel beschreiben. Zu jeder Repräsentation kann es mehrere Varianten geben, welche unterschiedliche Lösungen für die jeweilige Repräsentation beinhalten. Die sukzessive Konstruktion einer Variante über längere Zeit hinweg erfordert die Modellierung der Entstehungsgeschichte des Variantenentwurfs, wozu in der Globalstruktur sogenannte Änderungsstände vorhanden sind. In diesen Änderungsständen wird der wesentliche Teil der Entwurfsinformation geführt. Hierfür stehen in Erweiterung zu Datenmodellen herkömmlicher Datenbanksysteme komplexer strukturierte Typen wie z.B. Listen, Mengen, Vektoren, Verbunde mit nichtatomaren Attributen und sogenannte "long fields" zur Verfügung. Weiterhin ist es notwendig, Objekthierarchien zu modellieren, da typischerweise im Entwurfsprozeß schon definierte Objekte verwendet werden oder in Teamarbeit ein gesamtes Entwurfsobjekt durch den Entwurf von Unterentwurfsobjekten entwickelt wird.

Als wichtigste Zwischenschnittstelle werden sogenannte interne Objekte eingeführt. Die Entwurfsobjekte und ihre Bestandteile sowie die zugehörigen Operatoren sollen möglichst einfach auf sie zurückgeführt werden können. Andererseits sollen interne Objekte hinsichtlich ihrer Konstruktionsweise einfach und einheitlich genug sein, um sie günstig auf das zugrunde liegende Speichersystem abbilden zu können. Sie dienen auch zur Realisierung von Spezialzugriffspfaden für Entwurfsobjekte sowie zur Darstellung von Schemainformation und anderen Hilfsstrukturen.

An Konzepten werden an der Schnittstelle interne Objekte sowie Beziehungen zwischen diesen angeboten. Objekte dienen zur Modellierung aller Gegenstände, die in der betrachteten Umwelt eine eigenständige Existenz besitzen und als Einheit behandelt werden sollen. Objekte dürfen beliebig komplex, insbesondere hierarchisch aus Unterobjekten aufgebaut sein. Die Möglichkeit zur Modellierung einer Objekt-Unterobjekt-Hierarchie ist speziell im betrachteten Anwendungsbereich von zentraler Bedeutung und muß schon auf dieser Ebene durch Mechanismen unterstützt werden. Jedes Objekt der Datenbasis wird durch eine Menge von Eigenschaften beschrieben, die ihrerseits komplex strukturiert sein können.

Zur Strukturierung der Datenbasis ist vorgesehen, diese in eine Menge disjunkter Bereiche zu partitionieren. In einem Bereich können beliebig viele Objekte und Beziehungen unterschiedlichen Typs aufgenommen werden. Diese Zusammenfassung erlaubt es, die enthaltenen Objekte und Beziehungen zu Zwecken der Übertragung, des Löschens, des Sperrens etc. als Gesamtheit anzusprechen.

Wie sich aus der Betrachtung verschiedener Entwurfsbereiche ergeben hat, existieren auf der Ebene der internen Objekte so viele Gemeinsamkeiten, daß sich die Verwendung eines Kern-Datenbanksystem als Basis für die verschiedenen Bereiche anbietet. Darauf können dann die speziell den Anforderungen des konkreten Anwendungsbereichs angepaßten Entwurfsverwaltungssysteme aufsetzen.

Weitere wichtige DAMASCUS-Konzepte beziehen sich auf Konsistenzsicherung (Trigger-Event-Mechanismus) ([DKM 85]), Datensicherung und auf ein komfortables, leistungsfähiges Objektwörterbuch. Der Trigger-Event-Mechanismus ermöglicht es, ereignisgesteuert auch komplexe Konsistenzprüfungen auszulösen. Er bietet den Vorteil, solche meist aufwendigen Prüfungen sehr gezielt und damit nur wenn unbedingt erforderlich oder vom Entwerfer bzw. dem Projektleiter explizit verlangt durchführen zu können.

[DKM 85]   K.R. Dittrich, A.M. Kotz, J.A. Mülle:
           Basismechanismen für komplexe Konsistenzprobleme in Entwurfsdatenbanken.
           Erscheint in diesem Tagungsband.

[DKML 84] K.R. Dittrich, A.M. Kotz, J.A. Mülle, P.C. Lockemann:
           Datenbankkonzepte für Ingenieuranwendungen: eine Übersicht über den Stand der Entwicklung.
           Proceedings GI-Jahrestagung in Braunschweig, Informatik-Fachberichte: 88, Springer Verlag (1984)

[LOCK 85] P.C. Lockemann et al.:
           Anforderungen technischer Anwendungen an Datenbanksysteme.
           Erscheint in diesem Tagungsband.

Basismechanismen für komplexe Konsistenzprobleme in Entwurfsdatenbanken

Klaus R. Dittrich
Angelika M. Kotz
Jutta A. Mülle

Institut für Informatik II und Forschungszentrum Informatik
Universität Karlsruhe, PF 6380, 7500 Karlsruhe 1

Zusammenfassung

Datenobjekte ingenieurwissenschaftlicher Anwendungen — speziell im Entwurfssektor — sind in der Regel komplex strukturiert und weisen zahlreiche komplizierte Abhängigkeiten auf. Daraus resultiert eine große Anzahl von Konsistenzbedingungen, die vielfältig zusammengesetzt sein können. Ferner folgt aus den für den Entwurfsbereich typischen langen Transaktionen, daß über unvorhersehbar lange Zeiträume Inkonsistenzen toleriert werden müssen. Für Konsistenzmechanismen in Entwurfsdatenbanksystemen ergeben sich daher Anforderungen, die von denjenigen in herkömmlichen administrativen und betriebswirtschaftlichen Anwendungen abweichen: Umfassende Konsistenz der Entwurfsdaten kann nur stufenweise herbeigeführt werden, ein erreichter Grad von Konsistenz soll jedoch nicht unkontrolliert wieder verloren gehen. Überwachungszeitpunkte und -umfang müssen jeweils dynamisch bestimmt werden können, insbesondere soll hierbei die Steuerung durch den Benutzer möglich sein. Schließlich sind flexible Reaktionsmöglichkeiten im Fall der Konsistenzverletzung erforderlich. Für die speziellen Konsistenzprobleme in Entwurfsdatenbanken schlagen wir in diesem Papier einen Event/Trigger-Mechanismus vor, dessen Grundideen sich an die Ausnahmebehandlung in Programmiersprachen anlehnen. Wir zeigen, wie das vorgestellte Konzept die unterschiedlichen Anforderungen erfüllt. Ferner stellen wir Implementierungstechniken vor, die eine angemessene Leistungsfähigkeit bieten.

Abstract

In the realm of engineering applications — especially computer aided design — data objects show highly complex structures and a lot of intricate dependencies. Hence a large amount of variably composed consistency constraints have to be dealt with. Furthermore the long transactions which are typical of CAD result in the need to tolerate inconsistencies over unpredictably long periods of time. Consequently, the demands on consistency mechanisms in design database systems differ from those in business and administrative applications. Comprehensive consistency of the design data can only be attained by degrees. Once a degree of consistency has been achieved, it must not be lost without control. The time and extent of checking have to be determined dynamically and under control by the user. In the case of consistency violations, flexible kinds of reaction are necessary. In this paper we propose an event/trigger mechanism to enforce consistency in design databases with the underlying ideas being derived from exception handling in programming languages. We show how our concept copes with the different requirements. We also present implementation techniques that provide reasonable performance.

1. Konsistenzprobleme in Entwurfsdatenbanken

Datenobjekte im Bereich von Entwurfsdatenbanksystemen (EDBS) sind meist komplex strukturiert und weisen zahlreiche komplizierte Abhängigkeiten auf. Daraus resultiert die wesentlich größere Anzahl und höhere Komplexität der auftretenden Konsistenzbedingungen gegenüber herkömmlichen Datenbankanwendungen. Auch in den bisherigen Einsatzgebieten treten eine Reihe von durchaus nicht trivialen Konsistenzproblemen auf wie referential integrity, Kardinalitäts- und Existenzbedingungen oder Schlüsseleigenschaften. Im Entwurfsbereich gibt es darüberhinaus jedoch eine Vielzahl weiterer Konsistenzbedingungen, die aus den Gesetzmäßigkeiten der Entwurfsumgebung resultieren. So müssen beispielsweise Entwurfsdaten den physikalischen Gesetzen, den vorgegebenen Standards und Normen und nicht zuletzt den Projektvorgaben und Managemententscheidungen genügen.

Kennzeichnend für den Entwurfsbereich sind speziell die folgenden drei Klassen (teilweise nur heuristisch prüfbarer) Konsistenzbedingungen (s. [KAT83]):

- **Konformitätsbedingungen** beziehen sich auf die Konsistenz zwischen Spezifikation und Implementierung eines Objekts,

- **Kompositionsbedingungen** betreffen eine Objektkonfiguration, d.h. das korrekte Zusammenwirken von Teilobjekten zum Gesamtobjekt,

- **Äquivalenzbedingungen** besagen, daß bestimmte Objekte vorgegebenen Äquivalenzbeziehungen untereinander genügen müssen.

Neben der großen Anzahl und hohen Komplexität der Konsistenzbedingungen wirft der Entwurfsbereich ein zweites Problem hinsichtlich der Konsistenz auf: Konsistenz im umfassenden Sinn, auch als **globale** Konsistenz zu bezeichnen, kann strenggenommen erst am Ende des gesamten Entwurfsprozesses erreicht sein. Während des Entwurfsvorgangs kann das Datenbanksystem nur eine schrittweise, aber gezielte Hinführung zur angestrebten Konsistenz der Entwurfsdaten leisten. Es treten eine Reihe von Zwischenstadien auf, die dadurch gekennzeichnet sind, daß jeweils ein vergleichsweise abgeschlossener Teil der Entwurfsdaten bereits konsistent ist, sogenannte **lokale** Konsistenz aufweist. Hierbei kann insofern eine Hierarchie beobachtet werden, als der Entwurfsweg über niedrigere Einheiten lokaler Konsistenz zu umfassenderen lokal konsistenten Einheiten führt. Die stufenweise Erfüllung der lokalen Konsistenz führt schließlich zur globalen Konsistenz.

Selbst die lokale Konsistenz auf niedrigster Ebene kann im EDBS über lange Zeiträume verletzt sein, da der typische Entwurfsprozeß nach der Methode von Versuch und Irrtum abläuft. Es müssen längerfristig Inkonsistenzen toleriert werden, ohne daß dabei ein bereits erreichtes Maß an Konsistenz unkontrolliert verloren geht.

Der Zeitpunkt, zu dem eine Konsistenzprüfung stattfinden soll, d.h. ein bestimmtes Maß an Konsistenz erwartet wird, ist in der Regel nicht automatisch feststellbar. Er läßt sich nicht generell direkt an DB-Operationen auf bestimmten Daten koppeln. Häufig bestimmt der Benutzer diesen Zeitpunkt selbst, und zwar entweder direkt oder indirekt durch Erreichen eines bestimmten Entwurfsstadiums (z.B. Beenden eines graphischen Editierprozesses).

Ebenso flexibel wie der Zeitpunkt der Konsistenzprüfung muß auch die Reaktion auf Konsistenzverletzungen festlegbar sein. Es ist in der Regel nicht tragbar, umfangreiche Arbeitsergebnisse durch Rücksetzen auf weit zurückliegende Aufsetzpunkte zu vernichten. Teilweise reicht eine Meldung an den Benutzer aus, dem die weiteren Schritte zur Konsistenzherstellung überlassen werden, andernfalls kommen als Reaktion beliebige Prozeduren, nicht nur reine Folgen von DB-Operationen infrage.

Aus dem bisher Gesagten folgt, daß ein Konsistenzkonzept für Entwurfdatenbanken folgende Aspekte berücksichtigen muß:

* den Zeitpunkt der Konsistenzprüfung,
* den Umfang der Konsistenzprüfung,
* die Reaktion auf Konsistenzverletzung.

Im Gegensatz zu traditionellen Datenbanksystemen können nicht alle diese Parameter fest im EDBS verankert werden, sondern müssen zur Laufzeit über spezielle Schnittstellenmechanismen eingebracht werden.

Die Komplexität der Konsistenzbedingungen hat ferner zur Folge, daß eine Formulierung in Form logischer Prädikate nur zum Teil praktikabel ist. Häufig liegen die Konsistenzaussagen operational, d.h. in Form von Algorithmen vor. Solche Algorithmen, die neben geschlossenen logischen Lösungen auch Heuristiken realisieren können, sind im Entwurfsbereich in großer Zahl vorhanden (z.B. Simulatoren) und sollten bei Einsatz eines EDBS integriert werden.

Ein ungewöhnlicher, für Entwurfsdatenbanken jedoch typischer Konsistenzaspekt ist die Einhaltung eines vorgegebenen Verfahrensablaufs: Es ist sicherzustellen, daß auf Daten, die einen bestimmten Bearbeitungszustand erreicht haben, nur ganz bestimmte Entwurfswerkzeuge angewendet werden dürfen. Überwachung der Verfahrensablaufkonsistenz trägt mit dazu bei, die Konsistenz der Entwurfsdaten gezielt herbeizuführen.

Abschließend ist zu betonen, daß der Entwurfsbereich eine äußerst dynamische Umgebung darstellt, nicht zuletzt in Hinblick auf die Datenkonsistenz. Konsistenzbedingungen verändern sich weitaus häufiger als in herhömmlichen Anwendungen. Außerdem können die jeweils gültigen Bedingungen mit der Technologie, dem Projekt und sogar dem einzelnen Entwerferteam variieren.

Trotz bzw. gerade wegen dieser Anforderungen ist es vorteilhaft, die Konsistenzkontrolle innerhalb des EDBS zu verankern und sie nicht völlig nach außen zu verlagern. Wir werden daher im folgenden untersuchen, inwieweit die herkömmlichen Verfahren der Konsistenzsicherung in der neuen Umgebung verwendbar sind. Falls sich diese Methoden als unzulänglich erweisen, müssen geeignetere Mechanismen hergeleitet werden. Im folgenden werden wir zeigen, daß tatsächlich spezielle Konsistenzmechanismen für Entwurfsdatenbanken nötig sind und welcher Art sie sein müssen.

2. Anforderungen an Konsistenzmechanismen in Entwurfsdatenbanksystemen

Aus den geschilderten Konsistenzproblemen des Entwurfsbereichs ergeben sich einige wesentliche Forderungen an die Datenbankmechanismen:

a) Die Mechanismen müssen geeignet sein für alle Konsistenzklassen einschließlich Verfahrensablaufkonsistenz.

b) Die globale Konsistenz aller Entwurfsdaten kann über verschiedene Stufen lokaler Konsistenz erreicht werden.

c) Konsistenzprüfungen sind zu beliebiger Zeit auslösbar, Standardzeitpunkte, z.B. Anfang/Ende einer DB-Operation, können optional genutzt werden ("dynamische Konsistenzüberwachung").

d) Der Umfang der jeweiligen Konsistenzprüfung kann frei festgelegt werden.

e) Die Reaktionen auf Konsistenzverletzungen sind frei definierbar, d.h. es sind hierbei nicht nur DB-Operationen sondern beliebige Aktionen mit Konstrukten höherer Programmiersprachen zugelassen.

f)   Konsistenzbedingungen sind als logische Prädikate **oder** durch Angabe eines Prüfalgorithmus spezifizierbar. Der Prüfalgorithmus muß ein Boolesches Ergebnis liefern und sollte sowohl DB-Zugriffe als auch Konstrukte einer höheren Programmiersprache umfassen können.

g)   Konsistenzbedingungen und Reaktionen auf Konsistenzverletzung sind zu beliebigen Zeitpunkten während des Datenbankbetriebs definierbar ("dynamische Definition").

Inwieweit lassen sich diese Forderungen durch bekannte Konsistenzmechanismen wie konsistenzerhaltende Transaktionen und Triggerkonzepte erfüllen?

Traditionell wird die Konsistenzsicherung im Rahmen der Transaktionsverwaltung durchgeführt, d.h. DB-Transaktionen dienen nicht nur als Synchronisations- und Sicherungseinheiten, sondern zusätzlich als konsistenzerhaltende Einheiten. Allerdings sind in herkömmlichen Anwendungen die typischen Transaktionen von kurzer Dauer und arbeiten jeweils nur auf einem kleinen Bereich der Datenbasis. Die Entwurfsumgebung ist dagegen gekennzeichnet durch lange Transaktionen auf umfangreichen Datenstrukturen. Es existieren Ansätze, auch diese langen Transaktionen als konsistenzerhaltende Einheiten anzusehen, wobei versucht wird, die ursprünglichen Mechanismen mit geeigneten Erweiterungen in Richtung der Forderung b) zu versehen.

Die Erweiterungen bestehen zum einen darin, daß ein abgestufter Konsistenzbegriff Verwendung findet, da vor Entwurfsende keine globale Konsistenz erreichbar ist. In [NH82] werden Transaktionen als Einheiten behandelt, die eine lokale Konsistenz erhalten, wobei allerdings lokale Konsistenz immer eine Repräsentation (d.h. eine gesamte Darstellungsform) eines Entwurfsobjekts umfassen muß. Weitere Abstufungen der Konsistenz sind nicht möglich.

Die zweite wesentliche Erweiterung geht in Richtung geschachtelter Transaktionen, wie sie auch für die Synchronisation Verwendung finden ([GRA78], [KIM83], [MOS82]). In [EL82] und [KE83] wird vorgeschlagen, geschachtelte Transaktionen zu benutzen, um stufenweise einen zunehmenden Grad an Konsistenz herbeizuführen. Jede Transaktion wird dabei charakterisiert durch eine Menge von Variablen, auf die sie wirkt, sowie eine Menge von Konsistenzbedingungen, die vor, während bzw. nach der Transaktion gelten müssen. Dies führt zu einer Anzahl von Transaktionsklassen, die im voraus bekannt sein müssen; zur Laufzeit können keine weiteren Klassen definiert werden.

Bei Betrachtung des herkömmlichen Ansatzes der Konsistenzsicherung einschließlich seiner Erweiterungen ergibt sich insgesamt die Folgerung, daß die direkte Kopplung von Transaktionen und Konsistenz im Entwurfsbereich nicht allen oben genannten Anforderungen genügt. Nicht erfüllt werden insbesondere die Forderungen c) und g). Die Forderungen e) und f) nach flexiblen Reaktions- bzw. Definitionsmöglichkeiten werden bei den herkömmlichen Mechanismen zur Konsistenzüberwachung ebenfalls nicht berücksichtigt. Auch unter dem Gesichtspunkt der Effizienz, d.h. des Systemoverheads, sind die herkömmlichen Lösungen nicht befriedigend. Statische, wenig flexible Mechanismen der Konsistenzüberwachung zwingen dazu, bereits "vorsorglich" alle überhaupt interessierenden Bedingungen zu definieren und laufend zu überprüfen. Hierbei werden viele Prüfungen durchgeführt, die aus Benutzersicht zum gegebenen Zeitpunkt unnötig sind, d.h. der anfallende Aufwand ist nicht proportional zur tatsächlich benötigten Leistung.

Mit den geschilderten Erweiterungen wird den Punkten b) und d) zum Teil entsprochen, es sind jedoch komplexe Strukturen geschachtelter Transaktionen erforderlich. Solche Transaktionsstrukturen mit daran gekoppelten Bedingungen sind für den Benutzer nicht mehr einfach anzuwenden und zu durchschauen. Außerdem ist es bei diesem Vorgehen dem Benutzer nicht möglich, an gleiche Transaktionen flexibel unterschiedliche Konsistenzbedingungen zu binden.

Neuere Ansätze zur Konsistenzsicherung in Datenbanken stellen das Konzept der abstrakten Datentypen in semantischen Datenmodellen und das Triggerkonzept dar. Abstrakte Datentypen verdecken die interne Struktur der Daten nach außen und gestatten den Zugriff nur über spezielle Operatoren. Es hat sich gezeigt, daß dieser Ansatz für einfach oder sehr regulär strukturierte Daten gut geeignet ist, weniger gut dagegen für komplizierte Strukturen mit einer Vielzahl von Abhängigkeiten. Bei letzteren wird die Menge der Operatoren sehr groß und unüberschaubar, der Verwaltungsaufwand ist hoch.

Das Triggerkonzept wird üblicherweise dazu verwendet, einer DB-Operation bedingt oder unbedingt Folgeoperationen auf der Datenbank zuzuordnen. Dies kann insbesondere zur automatischen Konsistenzherstellung genutzt werden. Eine Parallele zwischen der Ausnahmebehandlung in Programmiersprachen und dem herkömmlichen Triggerkonzept in Datenbanken wurde bereits von Eswaran ([ESW76]) gezogen. An gleicher Stelle finden sich auch Gedanken, flexible Triggeraktionen anzubieten, die neben reinen DB-Operationen auch Programmkontrollstrukturen umfassen können (s. Forderung e). Trigger können auch während des Datenbankbetriebs zu beliebigen Zeitpunkten definiert werden (s. Punkt g). Der Aspekt der dynamischen Konsistenzüberwachung zu beliebigen Zeitpunkten (Forderung c) fehlt diesem Triggerkonzept jedoch. Die Forderung nach Definition von Konsistenzbedingungen durch Angabe des Prüfalgorithmus ist ebenfalls nicht vorgesehen.

Das bisher Gesagte zeigt, daß weder die traditionellen Mechanismen der Konsistenzsicherung noch neuere Triggerkonzepte geeignet sind, alle aufgestellten Forderungen zu erfüllen. Im Vergleich kommen die Triggermechanismen dem angestrebten Ziel allerdings wesentlich näher als die traditionellen Konzepte. Wir gehen daher im folgenden den Weg einer geeigneten Erweiterung des Triggerkonzepts zu einem sogenannten Event/Trigger-Mechanismus. Der Mechanismus basiert darauf, daß zu beliebigen Zeitpunkten Ereignisse (events) ausgelöst werden, die über Trigger mit frei wählbaren Folgeaktionen verbunden sein können. Die Ereignisse können, müssen jedoch nicht mit Operationen auf DB-Elementen verknüpft sein.

Im folgenden sollen die wesentlichen Konzepte dieses Mechanismus vorgestellt werden, speziell in Hinblick auf die Fragestellungen:

a) Lassen sich einige wenige Grundkonstruktionen angeben, mit denen die Unterstützung von beliebigen, d.h. auch von sich künftig wandelnden Konsistenzanforderungen möglich ist? Es soll also keine unüberschaubare Menge von Spezialkonstrukten angeboten werden.

b) Wie müssen sprachliche Hilfsmittel für den Umgang mit den Konzepten aussehen?

c) Wie hat eine Implementierung der Konzepte unter Effizienzgesichtspunkten auszusehen?

Auch in anderen Bereichen der Datenbankforschung, unter anderem auf den Gebieten der Prozeßdatenverarbeitung und der Büroautomatisierung, existieren ähnliche Überlegungen in Hinblick auf Triggermechanismen ([FL84], [BP84], [GT83]). In der Prozeßdatenverarbeitung liegt die Betonung dabei auf Alarmbehandlung und zeitabhängiger Auslösung von Datenbankaktionen (neben der herkömmlichen statischen Konsistenzüberwachung). In Büroinformationssystemen sollen infolge von daten- und/oder zeitabhängigen Bedingungen bestimmte Tätigkeiten der Büroumwelt zur Ausführung gebracht werden. Die im folgenden entwickelten Lösungen können daher auch über den Entwurfsbereich hinaus von Interesse sein.

3. Der Event/Trigger-Mechanismus als Mittel der Konsistenzunterstützung

3.1 Die Grundideen des Konzepts

Die Forderung, Konsistenzprüfungen zu beliebigen Zeitpunkten auslösen zu können
und mit frei definierbaren Aktionen auf Konsistenzverletzungen zu reagieren, legt es
nahe, die Mechanismen der Ausnahmebehandlung in Programmiersprachen ([GOO75],
[HOR83]) bzw. der Unterbrechungsbehandlung auf Hardwareebene nachzubilden. Der
hier behandelte Event/Trigger-Mechanismus bietet hierzu folgende Konstrukte:

- Konsistenzbedingungen
- Ereignisse
- Aktionen
- Trigger

Von der Ausnahmebehandlung in Programmiersprachen wurden die Konzepte des Ereignisses und der dadurch auslösbaren Folgeaktion übernommen. Die explizite Zuordnung von Ereignis und Aktion soll durch die sogenannten Trigger erfolgen, vergleichbar z.B. der ON-condition in PL/1. Für das im DB-Bereich zentrale Konstrukt
"Konsistenzbedingung" gibt es im Programmiersprachenbereich keine Entspechung.
Probleme der Gültigkeitsbereiche von Ereignissen und Ausnahmebehandlungen stellen sich allerdings völlig anders dar als in Programmiersprachen, hiervon soll unter
3.7 die Rede sein. Die Definition und Manipulation der genannten Konstrukte
geschieht mit sprachlichen Mitteln der DB-Schnittstelle. Wegen der dynamischen
Natur des Konzepts müssen hierzu Zusatzkonstrukte zur Datenmanipulationssprache
bereitgestellt werden.

3.2 Konsistenzbedingungen

Konsistenzbedingungen müssen explizit in die Datenbank eingebracht werden mittels:

       constraint <bedingungsname> = . . . ;

Das Definieren einer Konsistenzbedingung hat nicht unmittelbar ihre Überprüfung
zur Folge, d.h. es können durchaus Bedingungen eingebracht werden, die zum Defini-
tionszeitpunkt (noch) nicht erfüllt sind. Auf der rechten Seite der Definition ist die
Angabe eines logischen Prädikats über DB-Elementen, die Aufschreibung eines Algorithmus, der die Konsistenzprüfung leistet, oder die Bezeichnung eines bereits vorher
definierten und gespeicherten Prüfalgorithmus möglich. Ebenso wie die später zu
behandelnden Aktionen soll ein solcher Prüfalgorithmus als Programm in einer Wirtssprache mit DB-Anweisungen formulierbar sein. Eine Parametrisierung der Prüfalgo-
rithmen wird hierbei vorerst nicht vorgesehen, sie muß Gegenstand weitergehender
Untersuchungen sein.

Die Wirkung der Definition einer Konsistenzbedingung ist wie folgt: Falls ein Algorithmus spezifiziert ist, wird dieser zunächst auf syntaktische Korrektheit überprüft,
wobei auch sichergestellt werden muß, daß er ein Boole'sches Ergebnis liefert (eine
entsprechende Option für den Wirtssprachenübersetzer ist vorzusehen). Anschließend wird der Algorithmus in geeigneter Form für die spätere Ausführung abgelegt. Wenn ein logisches Prädikat vorliegt, wird dieses automatisch in eine Prüfpro-
zedur umgesetzt. Diese Umsetzung ist für Prädikate erster Ordnung über DB-Elementen immer möglich, da nur ihre Gültigkeit auf einer **endlichen** Menge von DB-Werten
geprüft werden muß (und nicht ihre generelle Gültigkeit im Sinne des automatischen
Beweisens).

Die Prüfung einer übersetzten Konsistenzbedingung, d.h. die Ausführung des (evtl.
aus dem Prädikat erzeugten) Prüfalgorithmus, muß in jedem Fall explizit angestoßen
werden durch

       check <bedingungsname>;

Schließlich ist per

remove <bedingungsname>;

das Löschen einer Konsistenzbedingung einschließlich des zugehörigen Prüfalgorithmus möglich.

Berechtigungsprobleme, d.h. die Fragen, wer Konsistenzbedingungen definieren und löschen darf, wer zum Ausführen von Konsistenzprüfungen (bzw. zum Auslösen eines Triggers, der die Überprüfung zur Folge hat) berechtigt ist u.ä. werden zusammen mit Überlegungen zu den Gültigkeitsbereichen unter 3.7 behandelt.

3.3 Ereignisse

Ein Ereignis definiert eine Situation, in der eine spezielle Reaktion des Datenbanksystems erwartet werden kann. Die wesentliche Frage hierbei ist, wie der Eintritt eines Ereignisses erkannt werden kann.

Ereignisse im Sinne der obigen Definition lassen sich klassifizieren in:

a) Ereignisse, die durch Eintreten einer zugehörigen Bedingung intern im System erkannt werden können (z.B. Auftreten einer Inkonsistenz bei Konsistenzprüfung).

b) Ereignisse, deren Eintreten der Benutzer bzw. ein benutzendes System kennt und die folglich explizit durch eine externe Instanz signalisiert werden (z.B. Ende eines Entwurfsstadiums, wobei umfangreiche Konsistenzprüfungen ausgelöst werden sollen).

Für eine Reihe von Ereignissen gilt, daß sie sowohl systemintern als auch durch den Benutzer erkannt werden können. In diesen Fällen ist es sinnvoll, nur diejenigen Bedingungen vom System erkennen zu lassen, die mit vertretbarem Aufwand automatisch prüfbar sind. Es ist dagegen aus Aufwandsgründen nicht vertretbar, eine umfangreiche Menge komplexer Bedingungen vom System regelmäßig überprüfen zu lassen. Wir sehen daher sowohl Ereignisse vor, die vom Benutzer definiert und signalisiert werden, als auch sogenannte Standardereignisse, die im System fest vordefiniert sind und durch das System festgestellt werden. Für alle die Fälle, in denen die automatische Feststellung eines Ereignisses nicht möglich oder zu aufwendig ist, soll dieses Ereignis von externer Seite ausgelöst werden. Dieser Ansatz ist vertretbar, da davon ausgegangen werden kann, daß das Wissen, welches Ereignis zu welchem Zeitpunkt sinnvoll ausgelöst werden muß, beim Benutzer bzw. im Anwendungsprogramm (und oft nur dort) vorhanden ist.

Um bei der expliziten Auslösung zwischen den verschiedenen Ereignissen unterscheiden zu können, geschieht deren Identifikation durch Bezeichner, die systemweit eindeutig sein müssen. Unter der Deklaration eines Ereignisses soll die Vergabe eines solchen Ereignisbezeichners verstanden werden. Die Deklaration von Benutzerseite erfolgt durch:

event <Ereignisname>;

Durch interne Ergänzung des Ereignisnamens um Benutzeridentifikation bzw. Benutzer- und Programmidentifikation wird systemweite Eindeutigkeit erreicht, Eindeutigkeit bzgl. des Benutzer(programm)s vorausgesetzt.

Ein durch den Benutzer deklariertes Ereignis wird explizit ausgelöst durch

raise <ereignisname>;

Die Operation hat zur Folge, daß Aktionen, die als Reaktion auf das genannte Ereignis definiert sind, zur Ausführung kommen. Falls keine Reaktion definiert ist, hat die Operation **raise** keine Wirkung.

Standardereignisse (bezeichnet durch reservierte Namen!) werden implizit definiert und implizit vom System ausgelöst. Solche Standardereignisse müssen einerseits einfach feststellbar sein und andererseits häufige und relevante Punkte im Ablauf markieren (z.B. "Anfang/Ende einer bestimmten DB-Operation"). Aus einem gegebenen Datenbankschema lassen sich auch typgebundene Standardereignisse (z.B. "Einfügen eines DB-Satzes vom Typ t") generieren. Speziell führen Konsistenzprüfungen je nach Resultat zur Auslösung der Standardereignisse <bedingungsname>.OK bzw. <bedingungsname>.FAIL, wodurch geeignete Folgeaktionen angestoßen werden können.

An dieser Stelle sei besonders betont, daß die bloße Vordefinition und Auslösung einer Menge von Ereignissen (speziell der Standardereignisse) nur geringen Aufwand innerhalb des Systems erfordert, solange keine Folgeaktionen damit verbunden sind. Nur für denjenigen Benutzer, der Gebrauch von diesen Ereignissen macht, d.h. entsprechende Reaktionen darauf verlangt, entstehen die dafür angemessenen Kosten, während für die Flexibilität des Gesamtkonzepts als solche kein unangemessener Aufwand entsteht.

Das Löschen eines benutzerdefinierten Ereignisses ist schließlich möglich durch

    erase <ereignisname>;

3.4 Aktionen

Unter Aktionen seien hier Module verstanden, die als Reaktion auf Ereignisse zur Ausführung gebracht werden können. Die Forderung, daß eine solche Aktion ausschließlich aus Datenbankanweisungen bestehen darf, ist für den betrachteten Anwendungsbereich zu einschränkend. Stattdessen sollen Aktionen mit den Konstrukten einer Wirtssprache plus DML-Konstrukten formulierbar sein.

Im Gegensatz zu den Standardereignissen gibt es im System keine Standardaktionen. Alle Aktionen werden explizit über die DB-Schnittstelle eingebracht und im EDBS in ausführbarer Form verwaltet. Die Deklaration einer Aktion erfolgt durch:

    action <aktionsname> **is**
      begin
      <Folge von Konstrukten aus Wirtssprache & DML>
      end;

Eine Aktion wird bei ihrer Deklaration zunächst unabhängig von bestimmten Ereignissen eingebracht; eine Kopplung von Ereignis und Aktion erfolgt über einen Trigger (s. 3.5). Aktionen können wieder gelöscht werden per

    delete <aktionsname>;

3.5 Trigger

Ein Trigger definiert ein Paar (E, A) — E = Ereignis, A = Aktion — mit der Bedeutung, daß unmittelbar nach Auslösung von E die Aktion A ausgeführt wird. E und A sind als atomare Einheit zu betrachten. Ereignis und Aktion müssen bei Definition des Triggers ihrerseits bereits definiert sein. Durch einen Trigger kann insbesondere eine Konsistenzprüfung ausgelöst werden, indem als Triggeraktion **check** <bedingungsname>, d.h. der Aufruf eines Konsistenzprüfprogramms, angegeben wird.

Die Triggerdeklaration geschieht stets explizit durch:

    trigger <triggername> **is**
      on <ereignisname>
      do <aktionsname | aktion>;

Eine implizite Definition von Standardtriggern in Analogie zu Standardereignissen ist nicht vorgesehen. Solange zu einem Ereignis kein Trigger existiert, erfolgt keine Reaktion von seiten des Systems. Trigger können aktiviert und deaktiviert werden durch:

> **activate** <triggername>;   bzw.
> **deactivate** <triggername>;

Ein deaktivierter Trigger hat keine Wirkung. Nach seiner Definition muß ein Trigger zunächst explizit aktiviert werden. Das Löschen von Triggern ist möglich über

> **drop** <triggername>;

Für Triggeraktionen sind Synchronisations- und Datensicherungsmaßnahmen zu treffen. Insbesondere muß das Rücksetzen von Aktionen im Fall von Systemfehlern oder bei Zugriffskonflikten unterstützt werden. Die Konsistenzsicherungskomponente kann für diese Aufgaben auf der Lock- und Recoverykomponente aufsetzen. Im Zusammenhang mit der Triggerdefinition ergeben sich folgende Fragen:

a) Wie soll die Bearbeitung nach Ausführung einer Triggeraktion fortgesetzt werden?

b) Können mehrere Trigger pro Ereignis definiert werden?

c) Wie werden geschachtelte Trigger behandelt, d.h. Trigger, durch deren Aktion es wiederum zu einer Triggerauslösung kommt? Als Spezialfall tritt hierbei die rekursive Auslösung eines Triggers durch sich selbst auf.

zu a): Nach einer Triggeraktion soll die Bearbeitung optional auf zwei Arten fortsetzbar sein. Zum einen ist es möglich, an der Stelle fortzufahren, von der aus das Triggerereignis ausgelöst wurde (resume). Zum andern kann eine unmittelbare Beendigung derjenigen Operation, aus der heraus das Triggerereignis ausgelöst wurde gefordert werden (exit). Bei letzterem muß allerdings noch genauer untersucht werden, wie die auslösende Operation zu definieren ist und wie deren Beendigung erzwungen werden kann.

zu b): Es ist durchaus wünschenswert, bei einem Ereignis eine Serie von Aktionen — in zufälliger oder vorgegebener Ordnung — auszuführen, z.B. sollen durch das Ereignis "Ende der graphischen Erstellung eines Entwurfsobjekts" eine ganze Anzahl von Konsistenzprüfungen angestoßen werden. Die Möglichkeit einer Prioritätsvergabe erlaubt die geordnete Sequentialisierung der Aktionen, zumindest insoweit als unterschiedliche Prioritäten vergeben werden.

Die Mehrfachdefinition von Triggern soll daher vorgesehen werden. Sie muß allerdings mit großer Vorsicht geschehen, da die Wechselwirkungen in der zugehörigen Aktionsmenge leicht zu unerwünschten Resultaten führen können. Bei Aktionen ohne Prioritätsangabe oder innerhalb einer Aktionsgruppe gleicher Priorität bleibt die eindeutige Serialisierbarkeit zu untersuchen. In Fällen, wo dies zu Schwierigkeiten führt, müssen Mehrfachdefinitionen von Triggern verboten werden.

zu c): Im Entwurfsbereich treten typischerweise hierarchisch und rekursiv aufgebaute Datenstrukturen auf, für deren Behandlung nach [ESW76] geschachtelte Trigger besonders geeignet sind. Ein EDBS sollte demnach solche Trigger unterstützen. Beim Umgang mit geschachtelten Triggern treten zwei Probleme auf, nämlich zum einen die Frage, wie ein solcher Trigger überhaupt erkannt werden kann, und zum andern die Frage nach der Terminierung. Bei der Definition ist nicht allgemein feststellbar, ob geschachtelte Trigger vorliegen, da hierzu alle Triggeraktionen analysiert werden müßten. Eine Entdeckung ist in der Regel erst zur Laufzeit möglich. Ebenso ist die Terminierung von Triggern ein Problem, das erst zur Laufzeit gelöst werden kann. Da nicht allgemein feststellbar ist, ob ein Trigger terminiert, müssen eine obere Grenze der Schachtelungstiefe und/oder eine Zeitschranke festgelegt werden, bei deren Überschreitung die Auswirkungen der bisherigen Triggeraktionen rückgängig gemacht werden. Geschachtelte Triggeraktionen müssen folglich unteilbare Einheiten sein, für die vollständige Rücksetzbarkeit gegeben ist. Ohnehin muß gefordert werden, daß jede einzelne Triggeraktion aus Gründen der Recovery und der Terminierung (Problem unendlicher Schleifen) eine solche unteilbare Einheit darstellt.

Aus den Überlegungen unter b) und c) ergibt sich, daß Mehrfachdefinition von Triggern und Definition von geschachtelten Triggern wegen der vielfältigen Abhängigkeiten in der Aktionsmenge nur unter strenger Kontrolle und durch einen privilegierten Benutzerkreis stattfinden sollten. Auf diese Restriktionen kann dort verzichtet werden, wo sich die zugehörigen Aktionsmengen so einschränken lassen, daß unerwünschte Wechselwirkungen von vornherein ausgeschlossen sind (z.B. wenn eine Aktionsmenge ausschließlich Meldungen an den Benutzer umfaßt).

Inwieweit die Aktionsmenge eingeschränkt werden kann, muß noch überprüft werden. Dies ist Teil der umfassenden Fragestellung, welche Überprüfungen überhaupt anhand der Struktur einer Menge von Ereignissen, Aktionen und Triggern durchgeführt werden können. Speziell soll eine solche Menge ihrerseits eine bestimmte Art von Konsistenz aufweisen. Auch welche Unterstützung hierfür durch das System gegeben werden kann, muß Gegenstand weiterer Untersuchungen sein.

3.6 Beispiel für die Benutzung der Schnittstelle

Die sprachlichen Konstrukte der Schnittstelle seien hier nochmals im Überblick zusammengestellt:

a) Konsistenzbedingungen

Definition	: **constraint** <kb_name> = <prädikat | prüfalgorithmus>;
Explizite Prüfung	: **check** <kb_name>;
Löschen	: **remove** <kb_name>;

b) Ereignisse

Definition	: **event** <e_name>;
Auslösen	: **raise** <e_name>;
Löschen	: **erase** <e_name>;

c) Aktionen

Definition	: **action** <a_name> **is**
	begin <programm> **end**;
Löschen	: **delete** <a_name>;

d) Trigger

Definition	: **trigger** <t_name> **is**
	on <e_name> **do** <a_name | aktion>;
Aktivieren	: **activate** <t_name>;
Deaktivieren	: **deactivate** <t_name>;
Löschen	: **drop** <t_name>;

Anhand des folgenden Beispiels aus dem Bereich Entwurf elektronischer Schaltungen soll die Eignung des Konzepts für die unterschiedlichen Konsistenzanforderungen aufgezeigt werden. Die Formulierung der Beispielkonstruktionen ist stark verkürzt und informal, aber möglichst selbsterklärend gehalten.

Es wird folgender Verfahrensablauf angenommen: Nach Schaltkreisentwurf und erfolgreicher Schaltkreissimulation kann das Schaltungslayout entwickelt werden.

Nach Abschluß des Layoutentwurfs müssen die Einhaltung aller Entwurfsregeln im Layout (lokale Konsistenz) überprüft und ein Layout-Logik-Vergleich (globale Konsistenz) durchgeführt werden. Zusätzlich soll es möglich sein, während des Layoutentwurfs wahlweise an beliebigen Punkten die Einhaltung der Entwurfsregeln im bisherigen Teilentwurf zu prüfen (design-rule-checkpoint) oder unmittelbar beim Einfügen einzelner Layoutelemente in die Datenbasis Bedingungen zu überwachen (z.B. min-width). Einzelne Entwerferteams können ferner eigene Bedingungen formulieren, die zusätzlich zu den allgemein gültigen überprüft werden sollen (z.B. geometr-tx).

```
constraint   circ-sim    = <Schaltkreissimulation>;
constraint   ll-check    = <Layout-Logik-Vergleich>;
constraint   l-precond   = <Für Layoutentwurf vorausgesetzter Zustand im
                              Verfahrensablauf erreicht>;
constraint   des-rules   = <min. Leiterbahnbreiten, Mindestabstände etc.>;
constraint   min-width   = <Leiterbahnbreite >= 2>
constraint   geomtr-tx   = <zusätzliche geometr. Bedingungen/Team x>;

event end-circuit-design;
event start-layout-design;
event end-layout-design;
event design-rule-checkpoint;

action reject-lay is
    begin <Lehne Layoutentwurf ab> end;

action warn-layout-designer is
    begin <Warnung: Inkonsistenz im Verfahrensablauf> end;
```

Getriggerte Auslösung von Konsistenzprüfungen:

```
trigger t1-check is
    on end-circuit-design do check circ-sim;

trigger t2-check is
    on start-layout-design do check l-precond;

trigger t3-check is
    on end-layout-design do check ll-check;

trigger t4-check is
    on end-layout-design do check des-rules;

trigger t5-check is
    on design-rule-checkpoint do check des-rules;

trigger t6-check is
    on end-layout-design do check geometr-tx;

trigger t7-check is
    on design-rule-checkpoint do check geometr-tx;
```

Getriggerte Folgeaktionen nach Beendigung von Konsistenzprüfungen und anderen Standardereignissen:

```
trigger t1-react is
    on circ-sim.OK do <Vermerke erreichten Verfahrensablaufzustand>;

trigger t2-react is
    on l-precond.FAIL do reject-lay;

trigger t3-react is
    on l-precond.FAIL do warn-layout-designer;
```

trigger t4-react **is**
  on STANDARD-insert-leiterbahn **do check** min-width;

Erläuterungen:

- Unter den Konsistenzbedingungen befinden sich sowohl prozedural definierte (z.B. circ-sim) als auch deskriptiv formulierbare (z.B. geomtr-tx).
- Die hier definierten Ereignisse werden explizit vom Anwendungsprogramm ausgelöst. Die ersten drei markieren Stadien im Verfahrensablauf. Dabei wird davon ausgegangen, daß im System Information über den bisherigen Bearbeitungszustand abgelegt wird und für Prüfungen zur Verfügung steht. "design-rule-checkpoint" wird ausgelöst, wenn der Entwerfer eine Kontrolle seines bisherigen Entwurfs wünscht.
- Die Trigger t1-check bis t4-check sichern allgemein einen korrekten Verfahrensablauf. t5-check muß aktiviert werden, falls zusätzliche Prüfung **während** des Layoutentwurfs gewünscht wird. t6-check und t7-check gelten nur für Team x (s. auch 3.7); sie können auch dynamisch zur Laufzeit definiert werden.
- Die Trigger t2-react und t3-react stellen alternative Reaktionen auf den Fall dar, daß die Voraussetzungen für den Layoutentwurf nicht erfüllt sind. Es ist sinnvoll, nur jeweils einen der beiden Trigger zu aktivieren.
- Der Trigger t4-react ist ein Beispiel, daß direkt durch eine DB-Operation eine Konsistenzprüfung ausgelöst werden kann. Durch Aktivieren und Deaktivieren dieses Triggers kann die Prüfung an- und abgeschaltet werden.

3.7 Gültigkeitsbereiche

Ähnlich wie bei der Ausnahmebehandlung in Programmiersprachen stellt sich auch beim Event/Trigger-Mechanismus für EDBS die Frage der Gültigkeitsbereiche für die einzelnen Konstrukte. Die Lösungen können allerdings nicht vergleichbar sein, da beim Event/Trigger-Konzept keine entsprechende Blockstruktur gegeben ist. Außerdem wird in der Entwurfsumgebung mit Gültigkeitsbereich zweierlei bezeichnet:

a) Allgemein der Bereich, in dem definierte Konstrukte, d.h. deren Bezeichner, sichtbar sind.
b) Der Lokalitätsbereich der Triggeraktivierung.

Für sinnvolle Gültigkeitsbereiche bietet sich im Entwurfsbereich die folgende Einteilung an:

- Alle in der Datenbank erfaßten Projekte
- Einzelnes Projekt
- Entwerferteam
- Einzelner Entwerfer

Diese Einteilung bildet eine Hierarchie in dem Sinne, daß Konsistenzbedingungen, Ereignisse, Aktionen und Trigger, die in einer höheren Ebene dieser Hierarchie definiert wurden, weiter unten sichtbar sind, nicht jedoch umgekehrt. Zum Beispiel sind für einen Entwerfer alle Konsistenzbedingungen seines Projekts, seines Teams sowie gegebenenfalls weitere von ihm selbst definierte sichtbar.

Entsprechend dieser Hierarchie können außerdem Trigger lokal aktiviert und deaktiviert werden. Hierbei sollen Aktivierungsanweisungen auf niedrigeren Ebenen (z.B. von einem einzelnen Entwerfer) die Aktivierungsangaben auf höheren Ebenen (z.B. Projektebene) lokal überschreiben können.

Die Definition und das Löschen der verschiedenen Konstrukte ebenso wie das (De-)Aktivieren von Triggern sind auf allen Ebenen möglich, die Erlaubnis dazu muß jedoch im einzelnen über ein Rechtesystem geregelt werden. Standardereignisse können nur von seiten des Systems ausgelöst werden, Trigger auf Standardereignissen sind dagegen explizit auf den verschiedenen Ebenen definierbar.

4. Implementierungstechniken für das Event/Trigger-Konzept

Bei den zu wählenden Implementierungstechniken soll der Schwerpunkt auf der Laufzeiteffizienz liegen, wogegen Speichereffizienz nicht das primäre Ziel ist. Dies kann folgendermaßen aus den Randbedingungen der Entwurfsumgebung begründet werden:

Typische Rechnerarchitekturen in diesem Bereich bestehen aus zentralem Datenhaltungsrechner mit einem Netz von Arbeitsplatzrechnern. Auf diesen Arbeitsplatzrechnern ist für die Zukunft mit stark zunehmenden Hauptspeicherkapazitäten, zumindest virtueller Art, zu rechnen. Die einzelnen Entwerfer arbeiten auf ihren Arbeitsplatzrechnern jeweils mit weitgehend disjunkten Datenobjekten. Die für den Event/Trigger-Mechanismus anfallenden Ereignisse, Trigger usw. lassen sich entsprechend partitionieren, sodaß auf der Arbeitsstation nur die für das aktuell bearbeitete Entwurfsobjekt(teil) relevanten verwaltet werden müssen. Gemäß der unter 3.7 genannten Gültigkeitsbereiche brauchen auf dem Arbeitsplatzrechner nur die jeweils für den Entwerfer gültigen (d.h. sichtbaren und lokal aktivierten) Konstrukte geführt zu werden.

Wegen der komplexen Operationen auf umfangreichen Datenstrukturen, die im Entwurfsbereich ständig anfallen, ist dagegen die Laufzeiteffizienz aller unterstützenden Mechanismen von zentraler Bedeutung

Um den gewünschten schnellen Zugriff zu gewährleisten, ist die Implementierung der Zugriffspfade zu den Konsistenzbedingungen, Ereignissen, Aktionen und Triggern per Hash-Verfahren im Hauptspeicher vorgesehen. Es werden dementsprechend vier Hash-Tabellen

- Ereignistabelle ET
- Aktionstabelle AT
- Tabelle der Konsistenzbedingungen KBT
- Triggertabelle TT

angelegt, deren Einträge jeweils über den Bezeichner des Konstrukts (z.B. den Ereignisnamen) erreichbar sind. Diese Zugriffspfade werden allgemein zum schnellen Einbringen und Löschen der Konstrukte genutzt, was wegen der dynamischen Definitionsmöglichkeiten wichtig ist. Besondere Bedeutung kommt der Ereignistabelle als Zugriffspfad bei der Ereignisauslösung und der Triggertabelle beim (De-)Aktivieren von Triggern zu. Alle ausführbaren Module, die die Aktionen und die Konsistenzprüfroutinen realisieren, werden in einem Aktionspool verwaltet, in den, wo möglich, direkt verwiesen wird.

Die folgende Abbildung zeigt die Struktur, die eine besonders effiziente Durchführung der verschiedenen Operationen unterstützen soll. Es sind die verschiedenen Zugriffstabellen, ihre Zusammenhänge untereinander sowie die Stellung des Aktionspools dargestellt. Der Einstieg in die Struktur geschieht jeweils per Hashzugriff über eine der vier Tabellen. Im Anschluß an die Abbildung, die die Gesamtstruktur wiedergibt, werden Aufbau und Funktion der einzelnen Tabellen im Detail erläutert.

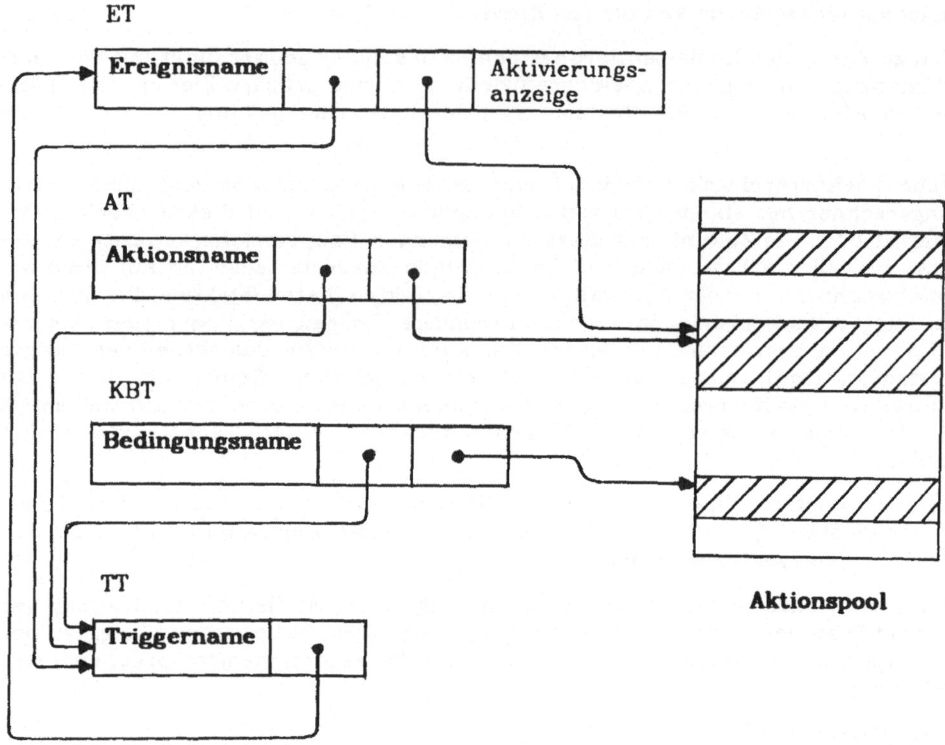

Abb.: Datenstrukturen zur Implementierung des Event/Trigger-Mechanismus

a) Ereignistabelle (ET)

Ereignisname	Verweis auf Trigger$_1$	Verweis auf Folgeaktion$_1$	Aktivierungs-anzeige
	Verweis auf Trigger$_n$	Verweis auf Folgeaktion$_n$	Aktivierungs-anzeige

In die Ereignistabelle werden sämtliche Ereignisse einschließlich der Standardereignisse eingetragen. Hier findet sich die Information, welcher Trigger auf einem Ereignis definiert ist, welche Aktion als Reaktion auf das Ereignis auszuführen ist und ob die Triggerung aktuell aktiviert (im Sinne von **activate**) ist. Bei mehreren Triggern pro Ereignis muß die Implementierung einen variabel langen Eintrag erlauben.

Folgende Operationen benutzen ET als Zugriffspfad:

event <e_name>;   Das neu definierte Ereignis wird durch Eintrag in ET bekanntgemacht. Bei späteren Triggerdefinitionen kann hierüber der Ereignisname direkt aufgefunden werden.

raise <e_name>; Das ausgelöste Ereignis wird über ET aufgefunden. In ET ist direkt feststellbar, ob Trigger zu dem Ereignis existieren und falls ja, ob diese aktuell aktiviert sind. Für die aktivierten Trigger kann unmittelbar zum zugehörigen Modul in den Aktionspool verzweigt werden.

erase <e_name>; Das Ereignis wird über ET aufgefunden. Von dort sind direkt alle zugehörigen Triggereinträge in TT erreichbar. Durch Löschen dieser Einträge in TT werden alle Trigger zu dem Ereignis entfernt, bevor anschließend das Ereignis selbst aus ET gelöscht wird.

b) Aktionstabelle (AT)

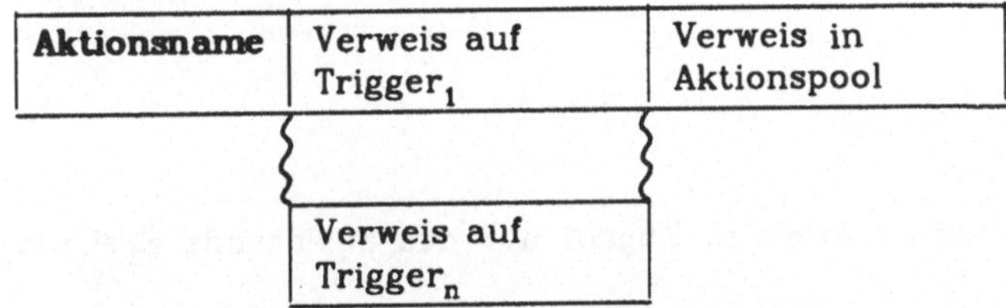

Zu einer Aktion werden alle Trigger geführt, die diese Aktion beinhalten, sowie der Verweis auf das ausführbare Modul. Eine Trennung von Aktionstabelle und Aktionspool wird aus Gründen der Laufzeiteffizienz vorgenommen, da der Aktionspool in der Regel nicht im Hauptspeicher gehalten werden kann.

Folgende Operationen machen Gebrauch von der Aktionstabelle als Zugriffspfad:

action <a_name> ... ; Der ausführbare Code der Aktion wird im Aktionspool abgelegt. In AT wird ein neuer Eintrag angelegt, der später zu Zugriffen über den Aktionsnamen bei Triggerdefinitionen benutzt werden kann.

delete <a_name>; Die Aktion wird über AT aufgefunden. Durch die dort vorhandenen Verweise kann direkt auf die zugehörigen Trigger und auf den Eintrag im Aktionspool zugegriffen werden. Die Trigger in TT sowie der Aktionscode werden gelöscht, bevor der Aktionseintrag in AT selbst entfernt wird. In ET werden die Verweise auf die gelöschten Trigger und Aktionen entfernt.

c) Tabelle der Konsistenzbedingungen (KBT)

Bedingungsname	Verweis auf Trigger$_1$	Verweis in Aktionspool
	Verweis auf Trigger$_n$	

Zu jeder Konsistenzbedingung werden diejenigen Trigger geführt, in denen als Aktion genau das Prüfen dieser Konsistenzbedingung gefordert wird (**trigger t is on e do check** kb). Der Verweis in den Aktionspool führt auf die dort abgelegte Prüfroutine. Auch die Tabelle der Konsistenzbedingungen wird wie die Aktionstabelle aus Gründen des effizienten Zugriffs geführt.

Die Bedingungstabelle wird folgendermaßen als Zugriffspfad genutzt:

constraint <b_name> ... ;

> Die neue Konsistenzbedingung wird mit einem Verweis auf die zugehörige Prüfroutine in KBT eingetragen. Die Prüfroutine selbst, d.h. deren Code, wird im Aktionspool abgelegt. Bei Triggerdefinitionen der Art **trigger** t **is on** e **do check** kb; wird KTB als Zugriffspfad zu der Prüfroutine benutzt.

remove <b_name>;

> Der Eintrag in KBT, die Prüfroutine im Aktionspool sowie die zugehörigen TT-Einträge werden entfernt. Die Zugriffspfade werden analog wie bei der Aktionstabelle benutzt. In ET werden alle Verweise auf die Prüfroutine und die gelöschten Trigger entfernt.

d) **Triggertabelle** (TT)

Triggername	Verweis auf Triggerereignis

Zu jedem Trigger braucht für den effizienten Zugriff nur das auslösende Ereignis geführt zu werden.

Die Nutzung dieses Zugriffspfads durch die Operatoren:

trigger <t_name> ... ;

> Es wird ein neuer Eintrag in TT angelegt, über den beim späteren (De-)Aktivieren des Triggers zugegriffen werden kann. Bei der Ereignisauslösung wird dagegen nicht über TT, sondern direkt aus ET heraus über die Verweise in den Aktionspool zugegriffen.

activate <t_name>;

> Über den Eintrag in TT wird der Verweis auf denjenigen Ereigniseintrag ermittelt, in dem die Aktivierungsanzeige gesetzt werden muß.

deactivate <t_name>;   Analog zum Rücksetzen der Anzeige.

drop <t_name>;

> Der Trigger wird in TT aufgesucht, wo er zu entfernen ist. Von TT führt ein direkter Verweis auf das Triggerereignis, in dem die Verbindung zur Folgeaktion gelöscht werden muß. Implizite Aufrufe des drop-Operators finden immer dann statt, wenn entsprechende Ereignisse, Aktionen oder Bedingungen gelöscht werden (s.o.). Im Fall geschachtelter Trigger müssen alle Trigger einzeln explizit gelöscht werden.

Es bleibt die Frage zu klären, wie die Abspeicherung und Aktivierung der Aktionsvorschriften und Prüfprozeduren im Aktionspool durchzuführen ist. Hierzu gibt es zwei Möglichkeiten: Die erste besteht darin, die Aktionen in Form von bindefähigen Modulen zu speichern und vor Ausführung dynamisch in das System einzubinden. Die Fähigkeit des dynamischen Bindens fehlt jedoch in vielen Betriebssystemen, zumindest für erst während der Laufzeit neu definierte Module.

Als Alternative bietet sich an, die Aktionen in ausführbarer Form abzuspeichern und bei Bedarf ihre Abarbeitung anzustoßen. Dabei kann ein Informationsaustausch mit dem Aktionsmodul über Parameter und/oder Interprozeßkommunikation erfolgen. Das Aktionsmodul kann ferner seinerseits DB-Zugiffe auslösen. Innerhalb des Betriebssystems UNIX läßt sich dies z.B. folgendermaßen realisieren: Der Aktionspool besteht aus einem Dateibaum, gegebenenfalls strukturiert nach Projekten/Entwerferteams usw. Jede Aktion entspricht einer ausführbaren Datei. Sobald die Auslösung einer Aktion erfolgt, wird per Systemaufruf ein abhängiger Prozeß erzeugt, dessen Aufgabe es ist, die Ausführung der zugehörigen Datei anzustoßen. Informationsaustausch zwischen abhängigem Prozeß und Stammprozeß wird über einen Interprozeßkanal (UNIX pipe) abgewickelt.

Bezüglich der Integration der Mechanismen in das Datenbanksystem ist Folgendes zu sagen: Die Zugriffstabellen können in der gleichen Form im DBS abgelegt werden wie die übrigen Daten, vorausgesetzt daß Hashzugriff auf DB-Sätze möglich ist. Diese Vorgehensweise hat den Vorteil der einheitlichen Modellierung und einfachen Handhabung. Die Verzeigerungen zwischen den Tabellen müssen je nach Datenmodell über Fremdschlüssel, Owner-Member-Beziehungen oder ähnliches ausgedrückt werden. Eine effiziente Unterstützung dieser Mechanismen durch das DBS ist dabei erforderlich. Aus dem Gesagten ist ersichtlich, daß eine Implementierung des Event/Trigger-Mechanismus nicht notwendig die Neuentwicklung eines DBS voraussetzt, sondern sich auch als zusätzliche Schicht auf einem existierenden DBS aufsetzen läßt. Aus Effizienzgründen ist jedoch die Integration der Konsistenzkomponente in das DBS anzustreben.

5. Abschließende Bemerkungen

Im vorliegenden Papier wurde ein Event/Trigger-Konzept vorgestellt, das zur Bewältigung der umfangreichen Konsistenzproblematik im EDBS-Sektor beitragen kann. Es wurde gezeigt, daß hierzu eine überschaubare Anzahl von grundlegenden Konstrukten angegeben werden kann, die die Realisierung vieler verschiedener, auch erst künftig zu erwartender Konsistenzanforderungen erlauben. Eine Implementierung der Konzepte erscheint nach den geschilderten Überlegungen mit vertretbarem Aufwand realisierbar.

Abschließend seien einige Fragen genannt, die in Zukunft anhand des Konzepts überprüft werden sollen:

- Inwieweit läßt sich der Ansatz mit den allgemeinen Bestrebungen integrieren, dynamische Anteile in Datenbanksysteme einzubringen (s. [MC83a], [MC83b])? Gerade im Entwurfsbereich wird die Forderung erhoben, virtuelle DB-Elemente dynamisch durch vorgebbare Funktionen zu errechnen. Dabei treten ähnliche Anforderungen auf wie bei den Triggeraktionen im Rahmen der Konsistenzüberwachung.

- Läßt sich das Event/Trigger-Konzept noch für weitere Zwecke, z.B. Sicherungsmaßnahmen auf Entwurfsdaten, einsetzen? Die typischen lang andauernden Transaktionen im Entwurfsprozeß sind als Recoveryeinheiten ungeeignet. Es wäre wünschenswert, Sicherungsmaßnahmen durch den Benutzer oder in regelmäßigen Zeitabständen auslösen zu lassen. Es ist zu prüfen, inwieweit die vorgestellten Mechanismen auch hierfür brauchbar sind.

- Die Probleme, die bei Mehrfachdefinition und Schachtelung von Triggern auftreten, müssen weiter untersucht werden. Ferner ist festzustellen, welche Prüfungen bzgl. der Konsistenz einer Menge von Ereignissen, Aktionen und Triggern bereits anhand der angegebenen Struktur dieser Menge durchgeführt werden können.

- Schließlich muß untersucht werden, ob eine Parametrisierung von Konsistenzbedingungen und Aktionen mit Datenbankobjekten sinnvoll ist, und welche Konsequenzen diese Erweiterung für das Konzept hätte.

Die in diesem Beitrag vorgestellten Ergebnisse entstanden mit teilweiser Förderung der Firma SIEMENS AG.

Literatur:

[BP84]   G. Bracchi, B. Pernici: *SOS: A Conceptual Model for Office Information Systems*, in: Data Base **15** (1984) pp. 11-18

[EL82]   C. Eastman, G. Lafue: *Semantic Integrity Transactions in Design Databases*, in: File Structures and Databases for CAD (J. Encarnacao, F.-L. Krause eds.), North Holland Publ. Comp (1982) pp. 45-54

[ESW76]   K. P. Eswaran: *Specifications, Implementations and Interactions of a Trigger Subsystem in an Integrated Database System*, IBM Research Report RJ 1820 (Nov. 1976)

[FL84]   B. Ferkinghoff, R.-P. Liedtke: *Funktionale Schnittstelle für einen Datenbankrechner in der Prozeßdatenverarbeitung*, Universität Karlsruhe, Forschungszentrum Informatik, Interner Bericht Nr. 1/84 (Mai 1984)

[GOO75]   J.B. Goodenough: *Exception Handling: Issues and a Proposed Notation*, in: Comm. ACM **18** (Dec. 1975) pp. 683-696

[GRA81]   J. Gray: *The Transaction Concept: Virtues and Limitations*, in: Proc. 7th Int. Conf. on VLDB (1981) pp. 144-154

[GT83]   S. Gibbs, D. Tsichritzis: *A Data Modeling Approach for Office Information Systems*, in: ACM Trans. on Office Automation Systems **1** (Oct. 1983) pp. 299-319

[HOR83]   E. Horowitz: *Fundamentals of Programming Languages (Kapitel 9)*, Springer Verlag (1983)

[KAT83]   R.H. Katz: *Managing the Chip Design Database*, in: IEEE Computer **16** (Dec. 1983) pp. 26-36

[KE83]   A.R. Kutay, C.M. Eastman: *Transaction Management in Engineering Databases*, in: Proc. Database Week, IEEE Computer Society Press (1983) pp. 73-80

[KIM84]   W. Kim et al.: *Nested Transactions for Engineering Design Databases*, in: Proc. 10th Int. Conf. on VLDB (1984)

[LP83]   R. Lorie, W. Plouffe: *Complex Objects and their Use in Design Transactions*, in: Proc. Database Week, IEEE Computer Society Press (1983) pp. 115-121

[MC83a]   M.A. Melkanoff, Q. Chen: *An Experimental Database which combines Static and Dynamic Capabilities*, in: Proc. Database Week, IEEE Computer Society Press (1983) pp. 53-61

[MC83b]   M.A. Melkanoff, Q. Chen: *Integrating Action Capabilities into Information Databases*, in: Proc. 2nd Int. Conf. on Databases, Cambridge (Sept. 1983)

[MOS82]   J.E. Moss: *Nested Transactions and Reliable Distributed Computing*, in: Proc. 2nd Symp. on Reliability of Distributed Software and Database Systems (1982) pp. 33-39

[NH82]   T. Neumann, C. Hornung: *Consistency and Transactions in CAD Databases*, in: Proc. 8th Int. Conf. on VLDB (Sept. 1982) pp. 181-188

Erfahrungen und Konzepte beim Einsatz
eines CODASYL-Datenbanksystems in der Datenhaltung einer CAD-Elektronik-Anwendung

Heinz R. Leßenich, Ulrike Munford, Wolfgang Wenderoth
Siemens AG München
Zentrale Informationstechnik
Otto-Hahn-Ring 6, 8000 München 83

1. Einleitung

Die Entwicklung von elektronischen Schaltungen stellt hohe Anforderungen an ein CAD-System /SC82/, /KL 78/ und insbesondere an seine Datenhaltung. Durch den Einsatz verschiedener Technologien erhalten Schaltungen unterschiedliche strukturelle, physikalische, technologische
und geometrische Eigenschaften. Die Schaltungsdaten werden im Verlauf
ihrer Entwicklung unter mehreren Aspekten betrachtet und verschiedenartig dargestellt, in funktionaler Spezifikation, als Schaltkreisdiagramm, als Layout etc.
Für die Datenhaltung eines CAD-Systems ergibt sich daraus das Problem,
alle Schaltungsdaten unabhängig von ihrer Betrachtungs- und Darstell-
lungsweise ablegen und verwalten zu müssen. Dabei sind selbstverständlich Zugriffszeit- und Sicherheitsbedingungen zu erfüllen und die Konsistenz der Daten zu gewährleisten.
Dieser Beitrag berichtet über Erfahrungen, die mit dem CAD-System
PRIMUS bezüglich der Datenhaltung gewonnen wurden und zeigt Konzepte
auf, die in zukünftigen Realisierungsvorhaben berücksichtigt werden.

2. Anforderungen an die Datenhaltung

Das CAD-System muß den Entwurf einer großen Produktpalette unterstützen
die von Bausteinen (LSI´s und VLSI´s) über Prozessoren bis hin zum Rechner reicht. Produkte einer Familie werden mit unterschiedlichen Technologien parallel entwickelt, können aber auch innerhalb einer Familie
mehrfach eingesetzt werden.
Die Datenhaltung muß die Schaltungsdaten technologieunabhängig ablegen
und Parallelentwicklungen und Mehrfachverwendungen unterstützen.
Der Entwurf von Schaltungskomplexen ist ein iterativer, wachsender Prozeß. Das bedeutet, daß die Entstehungshistorie aller Daten verfügbar
sein muß. Insbesondere bei komplexen Schaltungen, z.B. Prozessoren,
ist es aus Zeit- und Kostengründen nicht möglich, Schaltungsentwick-
lungen wieder völlig neu durchzuführen. Der Designer braucht die Möglichkeit, auf einen alten Entwicklungsstand aufzusetzen und alle Änderungen, die danach durchgeführt wurden, wieder rückgängig zu machen.

Dieselben Schaltungsdaten müssen von vielen verschiedenen CAD-Funktionen in unterschiedlichen Betrachtungsweisen, im folgenden Sicht genannt /ZI 81/, verarbeitet werden. Jede Sicht betrachtet eine definierte Teilmenge der Daten, die entsprechend der Problemstruktur hier-
rarchisch strukturiert ist.
Die einzelnen Sichten sind nicht disjunkt und im wesentlichen bezüglich Aufrufhäufigkeit und Ablaufzeitbedingungen gleichrangig zu behandeln.

In der Bausteinsicht und in der logischen Netz-Sicht sind z.B. dieselben Daten in unterschiedlicher Hierarchiefolge enthalten:
Baustein-Sicht mit der typischen Fragestellung:"Welche Beschaltung liegt an den Pins der Gatter eines definierten Bausteins an?"
Logische Netz-Sicht mit der typischen Fragestellung: "Welche Pins welcher Bausteine sind gleich beschaltet?"

Auf alle Entwurfsobjekte lassen sich die identischen Sichten anwenden. Durch Einsatz von Makros (Objekt in Objekt) kann in einer Sicht eine beliebige Schachtelungstiefe erreicht werden. In der Bausteinsicht (s. o.) kann beispielsweise ein LSI-Baustein als Makro (Black Box) verwendet werden, ohne daß auf die funktionale Beschreibung und die Intrazellverdrahtung der logischen Elememente Bezug genommen werden muß. Die Grundproblemstruktur ist somit rekursiv in der Gesamtproblemstruktur enthalten. Die Datenhaltung muß die Sichten abbilden und zusammengefaßt im Datenmodell des Datenbanksystems darstellen. Konsistenz und Sicherheit der Daten muß gewährleistet sein.

Die bei der Entwicklung einer Schaltung eingesetzten CAD-Programme greifen vorwiegend lesend auf die Daten der Datenhaltung zu. Der Datenzugriff muß für alle Sichten sehr schnell auf große Datenmengen erfolgen, insbesondere für den aktuell gültigen Stand. Z.B. müssen bei der Simulation einer großen Schaltung auf Gatterebene ggf. mehr als 100.000 Gatter aufbereitet werden.
Die relativ wenigen Updates beziehen in der Regel eine große Datenmenge mit ein (z.B. bei der Ergänzung der Logikdaten um Layoutinformation).
Retrieval und Update der Daten in der Datenhaltung erfolgt zu einem Zeitpunkt i.a. nur für eine Schaltung.

3. <u>Erfahrungen mit der Datenhaltung des CAD-Systems PRIMUS</u>

Im CAD-System PRIMUS wurde eine zentrale Datenhaltung realisiert. Wesentliches Argument ist die Gewährleistung der logischen Konsistenz der Entwurfsdaten. Dadurch können CAD-Funktionen jeweils mit dem aktuell gültigen Stand desselben Datenbestandes arbeiten. Der Einsatz der CAD-Funktionen ist sowohl zeitlich als auch logisch sequentiell, womit der multiple ändernde Zugriff auf den Datenbestand einer Funktionseinheit in PRIMUS ohne Bedeutung ist.

In die Datenhaltung ist das CODASYL-Datenbanksystem UDS /UDS/ integriert, dessen Recovery-Eigenschaften die physikalische Konsistenz in der Datenbank erhält. Die hierarchischen Sichten werden in der Datenbankstruktur zu einer Netzstruktur zusammengefaßt. Dabei ist die Struktur bezüglich der Zugriffshäufigkeit soweit wie möglich optimiert. Die Datenhaltungsprogramme greifen über definierte Standardwege auf die Daten zu. Pro Standardweg wurde eine Zugriffsroutine implementiert.
Die Anzahl der Standardwege ist klein gegenüber der Anzahl der CAD-Funktionen (5 gegenüber 100).
Bild 1 zeigt einen Ausschnitt aus dem Schema, in dem Teile der Baustein- und der logischen Netzsicht enthalten sind.
Der Strukturausschnitt ist ein Beispiel für die Vernetzung durch Überlagerung zweier Hierarchien, hier Baustein- und logische Netzsicht, die in Bild 2 abgebildet sind.

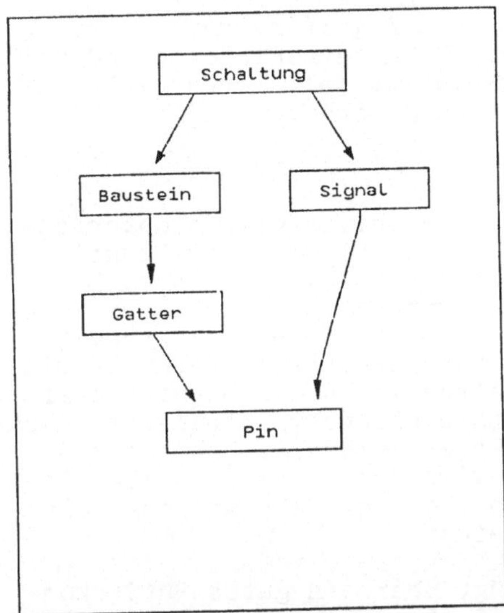

Bild 1: Schemaausschnitt

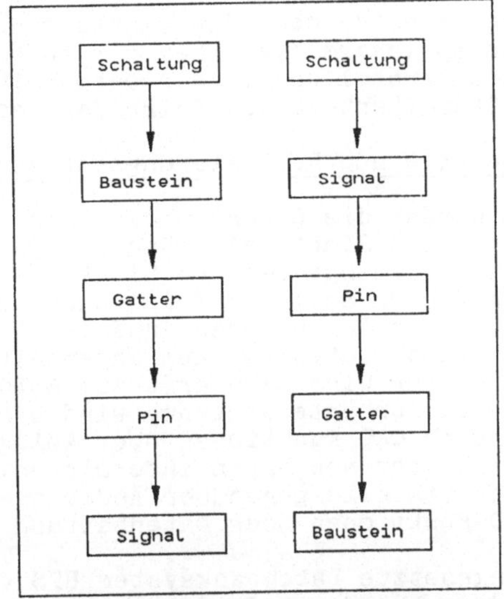

Bild 2: Baustein- und Logische Netzsicht

Da in UDS wie in allen traditionellen Datenbanksystemen die Ablage
von Historie nicht unterstützt wird, mußte eine Strategie entwickelt
werden, die das Bearbeiten von Historie ermöglicht. Die Daten erhalten
einen Zeitstempel und bei Änderung einer Satzausprägung wird der ursprüngliche Inhalt als beendet gekennzeichnet. Da alle Entwurfsobjekte
denselben Aufbau haben, erhalten alle Datenbanken das gleiche Schema.

In der CAD-Problematik reicht der Transaktionsbegriff des traditionellen Datenbanksystems nicht aus, denn eine CAD-Transaktion umfaßt u.U.
den Zugriff auf alle Daten einer Schaltung. Als CAD-Transaktion kann
z.B. die additive Ergänzung von Layoutdaten zu bestehenden Logikdaten
angesehen werden. Im Extremfall kann eine CAD-Transaktion Programmgren-
zen überschreiten. Von Bedeutung ist dabei vor allem, wie eine CAD-Transaktion im Fehlerfall zu reagieren hat. Für den Entwickler ist es nicht
tolerierbar, auf einen Arbeitsstand aufzusetzen, der Tage oder gar Wochen
zurückliegt. In PRIMUS werden einer CAD-Transaktion viele Datenbank-
Transaktionen zugeordnet und bei Systemfehlern nur die Datenbanktransak-
tion zurückgesetzt. Um die inhaltliche Konsistenz nach einer CAD-Transaktion zu gewährleisten, existieren Kontrollprogramme zur Überprüfung
der Daten nach jedem Entwurfsschritt. Somit sind die verfügbaren Recovery-Eigenschaften des zugrundeliegenden Datenbanksystems UDS um Se-
mantik-Checks für PRIMUS erweitert.

Um zu vermeiden, daß die CAD-Funktionen sich bei der Verarbeitung gegenseitig stören, bzw. mit Daten arbeiten, die noch nicht vollständig sind,
ist es notwendig, in einer CAD-Ablaufsteuerung festzulegen, wann welche
Funktionen ablaufen dürfen. In diesem CAD-Ablauf ist der Entwicklungs-
prozeß beschrieben.

Die Systemarchitektur von PRIMUS sieht eine klare Trennung vor zwischen
Verarbeitung und Ablage der Daten. Dadurch wird eine Daten- und Imple-
mentierungsunabbhängigkeit erreicht. Für die CAD-Funktionen sind die
Daten der Datenhaltung nur über eine normierte Schnittstelle zugreifbar
(Prinzip des information hiding). Die Datenhaltung ist die einzige Kom-
ponente in PRIMUS, die physikalisch auf die Datenbasis zugreift.
Die mit der PRIMUS-Datenhaltung gemachten Erfahrungen sind positiv,
die gestellten Anforderungen werden erfüllt.

Es zeigt sich jedoch, daß Verbesserungen beim Zugriffsverhalten auf
externe Speichermedien, bei der Ablage der Schaltungshistorie und bei
der Datendarstellung in der Datenhaltungsschnittstelle erforderlich
sind. Dies führt zu den folgenden Realisierungsvorhaben.

4. Konzepte und Realisierungsvorhaben

Bisher werden die Daten in der Datenhaltungsschnittstelle sichtorien-
tiert und pro Sicht vollständig abgebildet, obwohl eine CAD-Funktion
nur eine Teilmenge der pro Sicht definierten Daten verarbeitet.
CAD-Funktionen sollen Anforderungen an die Datenhaltung in ihrer eigenen
Datenstruktur formulieren und damit zu ihrem Betrachtungszeitpunkt
nur relevante Daten von der Datenhaltung bereitgestellt bekommen. Die
Datenstruktur wird dazu erst zum Ablaufzeitpunkt in der Schnittstelle
definiert. Zur Unterstützung wird ein Data Dictionary integriert. Daraus
können sich CAD Funktionen über Ablage, Form, zulässige Inhalte und
Abhängigkeiten von Daten informieren. So wird eine Unempfindlichkeit
der Schnittstelle gegenüber Änderungen von Datenstrukturen innerhalb
von CAD-Funktionen oder Datenhaltung erreicht.

Das eingesetzte Datenbanksystem UDS verfügt über ein gutes Pufferkon-
zept, das aber den Anforderungen der CAD-Problematik nicht genügt. I.a.
werden von den CAD-Funktionen nur Daten einer Schaltungseinheit benötigt und davon wiederum nur ein definierter Entwicklungsstand. In UDS
werden die Ausprägungen eines Satztyps für alle Schaltungseinheiten
physikalisch zusammenhängend abgelegt. Je mehr Schaltungseinheiten in
der Datenbank abgelegt sind, desto mehr irrelevante Satzausprägungen
werden im Puffer gehalten. Daher wird in PRIMUS eine zusätzliche effektive Pufferverwaltung implementiert. Im optimalen, Fall sind alle
relevanten Daten einer Schaltung im Arbeitsspeicher. Das Ziel dieser
Strategie ist eine Arbeitsspeicherdatenbank.

UDS bietet, wie andere kommerzielle Datenbanksysteme, keine Unterstützt-
stützung, zwischen historischen und aktuell gültigen Daten zu unterscheiden. Die z. Zt. implementierte Bearbeitungsstrategie für Historie erzeugt
Redundanz und unterstützt nur das Auslesen der gesamten Historie. Da im
Anwendungsfall der Zugriff auf aktuell gültige Daten besonders effizient
erfolgen muß, wird eine Datenbankstruktur gewählt, die den Zugriff auf
aktuell gültige Daten unterstützt und Daten der Änderungshistorie nicht
redundant abspeichert.

Bisher existiert pro Sicht je ein Schreib- und Lesemodul. Es genügt jedoch ein Standardweg in der gesamten Datenbankstruktur, um alle Satztypen
mit einem Modul sichtunabhängig zu bearbeiten. Der Schreibmodul muß
maximal alle in UDS erlaubten CODASYL-Strukturvarianten /HO79/, /JO78/
und ihre Verknüpfung bearbeiten können. Der Modul wird tabellengesteuert,
so daß eine Änderung des Moduls nur nötig ist, wenn die Datenbank um
nicht verwendete Strukturelemente erweitert wird. Im Bild 3 sind alle
in PRIMUS verwendeten Strukturelemente dargestellt.

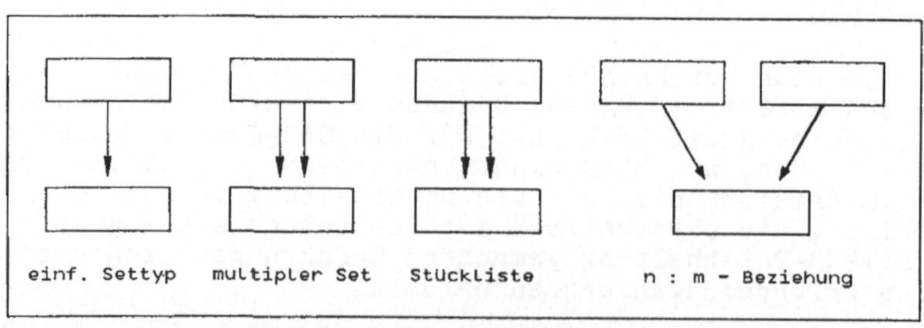

Bild 3: Strukturvarianten der PRIMUS-Datenhaltung

Zum Auslesen der Datenbankinformation ist ebenfalls nur ein Modul nötig, der von sichtspezifischen Verarbeitungstabellen gesteuert wird. Die Verarbeitungstabellen sind auswechselbar für jede Sicht. Eine Änderung in der Datenbankstruktur hat i.a. nur eine Änderung der Tabelle zur Folge.

5 Fazit

Die bisher einsetzbaren kommerziellen Datenbanksysteme sind für die beschriebene CAD-Anwendung nicht optimal. Es wird keine Unterstützung zur Unterscheidung von aktuell gültigen und historischen Daten geboten. In nicht relationalen Datenbanksystemen werden Daten satztypweise und nicht objektweise abgelegt /FI83/, relationale Datenbanksysteme unterstützen in der Regel keine Hierarchien.
Für die benötigte Datendarstellung im CAD-System und die daraus resultierenden Netzstrukturen ist der CODASYL-Ansatz konzeptionell sehr gut geeignet. Bei weiterer Verwendung eines kommerziell verfügbaren Datenbanksystems, das auf dem CODASYL-Konzept basiert, ist mit einer erheblichen Effizienzsteigerung für eine CAD-Anwendung zu rechnen, wenn die vorgeschlagenen Maßnahmen realisiert werden. Da aber in einem universiellen Datenbanksystem der Gedanke der Einheit (Schaltung) nicht berücksichtigt werden kann, benötigt man in letzter Konsequenz im Rahmen der CAD-Anwendung ein CAD-spezifisches Datenbanksystem, das alle typischen Anforderungen erfüllt, insbesondere objektorientierte Datenablage, Historienunterstützung und Effizienz.

8 Literaturhinweise

/FI83/   FISCHER, W. E.
          Datenbanken für CAD-Arbeitsplätze,
          Informatik-Fachberichte Nr. 70, Springer-Verlag, 1983

/HO79/   HOFMANN, U.
          Aspekte der Komplexität von Datenbanksystemen nach dem CODASYL-
          DBTG-Konzept, Diplomarbeit UNIVERSITÄT Heidelberg 1979

/JO78/   JONES, J.L.
          Report of the CODASYL Data Description Language Committee,
          Information Systems, Vol. 3, Nr. 4, 1978

/KL78/   KLASCHKA, F.
          Large Scale CAD User Experience, Proc. of the Symposium on
          Computer Aided Design of Digital Electronic Circuits and
          Systems, Brussels, 1978

/SC82/   Schwärtzel, H. G.
          CAD für VLSI, Springer-Verlag 1982

/UDS/   UDS
          Siemens AG, München, Benutzer-Manuale

/ZI81/   ZINTL, G.
          A CODASYL Data Base System, Proc. of 18th Design Automation
          Conference 1981

EINSATZ DES OFFENEN ECHTZEIT-DATENBANKSYSTEMS BAPAS-DB
IN EINER INDUSTRIELLEN ANWENDUNG MIT HOHEN DATENRATEN

Rolf Blumenthal, Klaus Landwehr
Werum Datenverarbeitungssysteme GmbH,
Glogauer Straße 2 A, 2120 Lüneburg

Zusammenfassung:

Das offene Echtzeit-Datenbanksystem BAPAS-DB wird eingesetzt zur Überwachung eines Fertigungsprozesses in der Automobilproduktion.

Wesentliche Merkmale des Prozesses sind neben der Forderung nach Ausfallsicherheit die hohen Datenraten von bis zu 200.000 Datenblöcken à 20 Bytes Nutzinformation pro Tag, die über die Echtzeit-Datenbank verarbeitet werden.

Der Vortrag beschreibt insbesondere die beim Einsatz von Echtzeit-Datenbanken notwendigen Voraussetzungen und Designelemente einer solchen Echtzeit-Datenbank am Beispiel von BAPAS-DB.

Summary:

The open realtime database system BAPAS-DB is used for monitoring a car production process.

One essential feature of the process is the high data rate of upto 200.000 blocks of data, each with 20 bytes per day, processed by the realtime database system.

This report describes the requirements necessary for the use of realtime database systems and the design elements of such a database system exemplified by BAPAS-DB.

1. Aufgabenstellung

Das offene Echtzeit-Datenbanksystem BAPAS-DB wird eingesetzt zur Überwachung der Karosseriefertigung (Rohbau, Lackierung, Montage) eines Automobilwerkes.

Die Daten aus den Anlagen (Robotern, Fertigungsstraßen, Lackieranlage) werden in intelligenten Unterstationen vorverarbeitet und in einem zentralen, ausfallsicheren Mehrrechnersystem in dem Echtzeit-Datenbanksystem BAPAS-DB gespeichert.

Zugriffe auf die Datenbank erfolgen konkurrierend prioritätsgesteuert durch:

- Online-Zugriffe parallel von 20 Terminals
- Zugriffe von Auswertungsprogrammen
- dezentralen Zugriff von den intelligenten Unterstationen
- Online-Zugriffe über die Query Language (Datenbank-Abfragesprache)

<u>Bild 1</u> : Systemübersicht

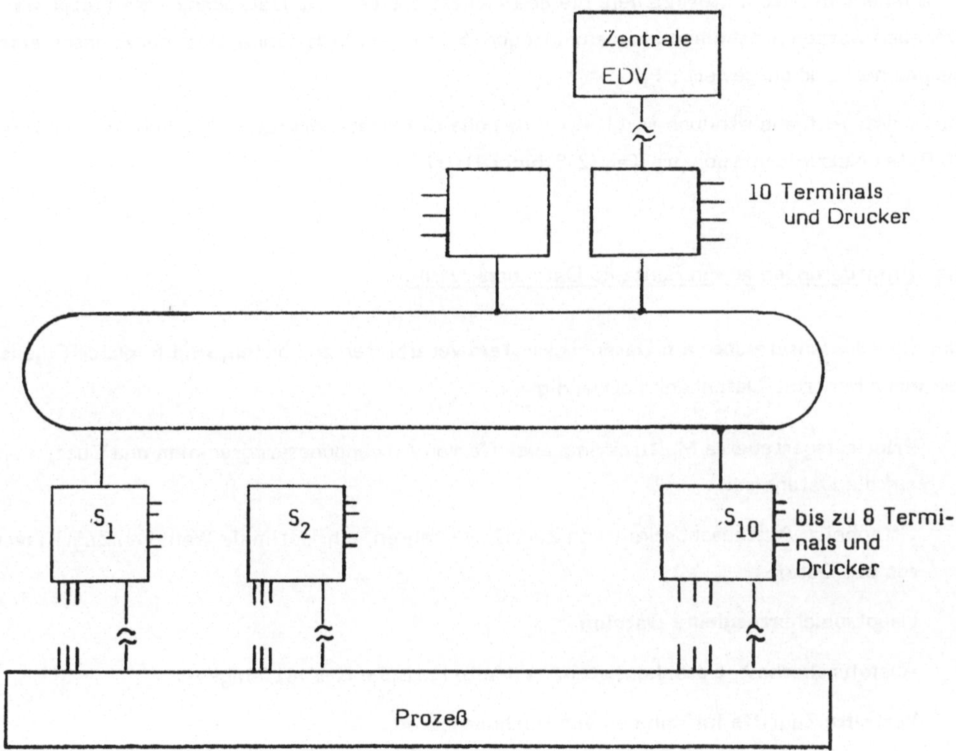

Aufgaben des Systems sind:

- Die Überwachung der angeschlossenen Anlagen

- Anlagenstatistiken für vorbeugende Schwachstellenanalyse

- Bereitstellung von Fertigungsdaten (Stückzahlen, Nutzungsgrade, Verfügbarkeiten)

- Wartungsdisposition und -Steuerung .

Jede angeschlossene Anlage liefert im Dauerbetrieb ständig Nutzinformationen wie Taktzeiten, Maschinenlaufzeiten, Stückzahlen, die gespeichert und über die Datenbank verarbeitet werden. Daneben werden pro Anlage Statusmeldungen (Störungen, Stillstände, Betriebswechsel) erfaßt, gespeichert und ausgewertet.

Aus dieser Aufgabenstellung resultiert eine hohe Datenrate von bis zu 200.000 Datenblöcken à 20 Bytes Nutzinformation pro Tag (2-Schicht-Betrieb).

2.   Anforderungen an ein Echtzeit-Datenbanksystem

Um diese Datenrate über ein Datenbanksystem verarbeiten zu können, sind folgende Eigenschaften einer Echtzeit-Datenbank notwendig:

- Prioritätsgesteuerte Multitasking-Zugriffe von Anwendungsprogrammen und Query Language auf die Datenbank

- Offenheit: Austauschbarkeit von Zugriffsverfahren, d.h. optimale Wahl von Zugriffsverfahren pro Datei

- Hauptspeicherresidente Dateien

- Ausfallsicherheit, Datenkonsistenz und automatische Restartfähigkeit

- Verteilte Zugriffe im Rahmen von Rechnernetzen .

3.   Eigenschaften des Echtzeit-Datenbanksystems BAPAS-DB

Das offene Prozeßdatenbanksystem BAPAS-DB (Basis für Prozeßautomationssysteme - Datenbanksystem) /1/ ist ein Echtzeit-Datenbanksystem, das speziell für den Einsatz in Prozeßautomationssystemen auf Mini- und Micro-Rechnern entwickelt wurde.

Die wesentlichen Eigenschaften von BAPAS-DB für diese Einsätze sind /3/ :

Einsatz unter Echtzeitbedingungen

Anwenderprogramme und Bediener können zueinander konkurrierend auf die Datenbank zugreifen. Der Zugriff erfolgt prioritätsgesteuert, d.h. Zugriffe von wichtigen Funktionen "überholen" Zugriffe von Funktionen mit niedrigerer Priorität.

Offenheit und Flexibilität

Bei Bedarf können Zugriffsverfahren durch ausgetauschte oder anwendungsspezifische Zugriffsverfahren neu eingefügt werden, ohne daß Änderungen in den Anwendungsprogrammen notwendig
sind.
Simultan können verschiedene Dateien verschiedenen Zugriffsverfahren zugeordnet sein.

Problemorientierte Benutzerschnittstelle

Über die Datenbank-Abfragesprache kann der Benutzer im Dialog beliebige Daten miteinander
verknüpfen und abfragen, ohne daß sämtliche Suchkriterien schon bei der Installation der Datenbank berücksichtigt sein müssen. Die Abfragesprache läßt sich einfach an die speziellen "Sprach-
wünsche" der Anwender anpassen.

Datensicherheit, verteilte Systeme

Die Konsistenz der Daten ist in allen Fällen, auch bei parallelen Schreibvorgängen, gewährleistet. Ein automatischer Restart wird voll unterstützt, Sicherungsmaßnahmen gegen Datenverlust
(doppeltes Schreiben, Logbuch, Sicherungspunkte) sind vorhanden.

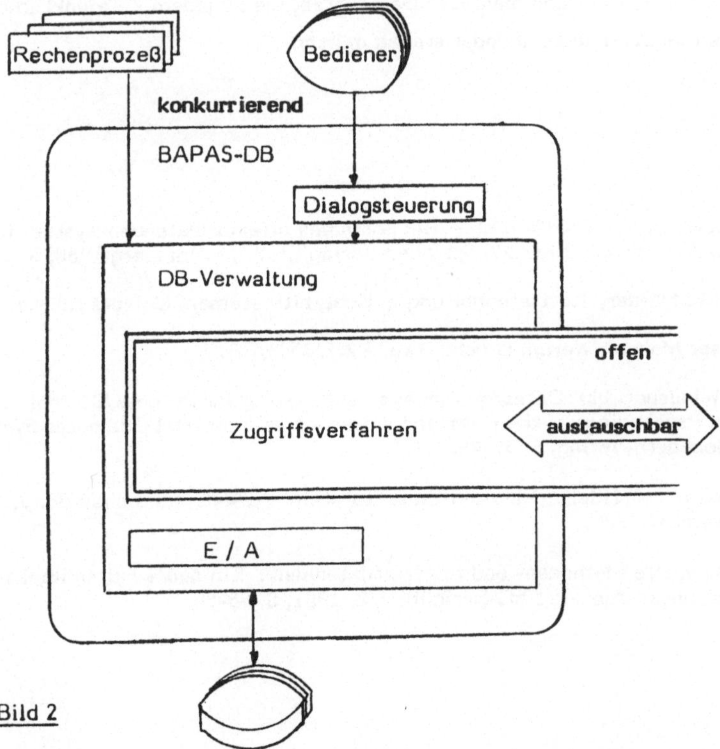

Bild 2

5. Designelemente von BAPAS-DB

Programmtechnisch besteht BAPAS-DB aus sieben logisch unterscheidbaren Programmteilen:

- Das <u>Installationsprogramm</u> kreiert die Arbeitsdatei, in der die Datenbeschreibung abgelegt wird sowie die Recovery-Dateien.

- Die <u>Data Description Language</u> (DDL) dient zur Beschreibung der Datenbank, mit der interaktiv über die Query Language oder über die Programmschnittstelle per Anwenderprogramm gearbeitet werden soll.

- Die <u>Programmschnittstelle</u>, über die vom Anwenderprogramm auf die Datenbank zugegriffen werden kann.

- Der <u>BAPAS-DB-Kern</u> ist die Arbeitsform des Datenbanksystems. Er besteht aus einem Satz von strategieunabhängigen Systemfunktionen.

- Die <u>Strategien</u> werden in den BAPAS-DB-Kern eingebettet und können, je nach Anwendungsproblem, ausgetauscht oder ergänzt werden.

- Die <u>Query Language</u> (QL) erlaubt einen interaktiven Zugriff vom Terminal auf die Datenbank.

- Die <u>Transaktion</u> zur Bearbeitung mehrerer Datensätze, die zu jedem Zeitpunkt in einem logisch konsistenten Zustand zueinander stehen müssen.

Literatur

/1/ Goede, K.; Landwehr, K.: BAPAS-DB - Ein portables offenes Datenbanksystem für Prozeßrechner. Informatik-Fachberichte 39, Springer-Verlag Berlin, Heidelberg 1980, S. 443-452.

/2/ Lockemann, P.M.; Härder, T.: Datenhaltung in Echtzeitsystemen. Universität Karlsruhe 1981.

/3/ BAPAS-DB. User Manual, Werum GmbH, Reg. 3.2.1/8303/FB.

/4/ Landwehr, K.; Windauer, H.: Database Management System for Process Control. Computer in der Industrie, Proceedings of the European Workshop on Industrial Computer Systems, April 1983, Oldenbourg-Verlag, S. 37-46.

/5/ Krönig, D.: ARES - Artillerie-Raketen-Einsatzsystem. PEARL Rundschau Bd. 3, Nr. 4, S. 151-155, November 1982.

/6/ Hertlin, I.: Gekoppelte Methoden- und Echtzeitdatenbank: Ein neues Hilfsmittel zur Lösung von Automatisierungsaufgaben. FhG-Berichte 1/2, 1981, S. 55-58.

Konzepte für die funktionale Schnittstelle eines Datenbankrechners für die Prozeßdatenverarbeitung

Barbara Ferkinghoff
Rolf-Peter Liedtke
Peter C. Lockemann

Forschungszentrum Informatik
an der Universität Karlsruhe
Haid-und-Neu-Straße 10-14
D-7500 Karlsruhe

Kurzfassung:
Die Forderung nach kurzem Antwortzeitverhalten der Datenverwaltung verhinderte bisher den Einsatz von Datenbanksystemen in der Prozeßautomatisierung zumindest dort, wo Forderungen nach Realzeitverhalten und vollem Leistungsspektrum zusammenkommen. Die Entwicklungen in der Mikroprozessortechnologie lassen jedoch inzwischen Datenbankmaschinen auf der Basis außerordentlich leistungsfähiger und zuverlässiger Mehrmikrorechnerkonfigurationen interessant werden. Auf ihnen sollten sich mit einer darauf abgestimmten Datenbankverwaltungs-Software auch die Forderungen für diesen Einsatzbereich erfüllen lassen.

Die speziellen Anforderungen der Prozeßdatenverarbeitung beziehen sich aber keineswegs, wie häufig angenommen, nur auf die Effizienz oder Zuverlässigkeit eines Datenbanksystems. Für eine Reihe typischer Anwendungen erscheint auch eine konventionelle relationale Schnittstelle als nicht ausreichend. Ziel der vorliegenden Arbeit ist es, einige Konzepte vorzustellen, um die eine relationale Datenbankschnittstelle für Zwecke der Prozeßautomatisierung erweitert werden sollte. Zunächst präzisieren wir unser Verständnis von mengenorientierten Operatoren, diskutieren den Zeitbegriff im Zusammenhang mit der Prozeßdatenhaltung und begründen, warum Transaktionen mit Prioritäten versehen werden können müssen. Dann modifizieren wir im Zusammenhang mit einer Diskussion des Transaktionsbegriffs den Konsistenzbegriff um die Forderung nach zeitlich lückenloser Speicherung bestimmter Attribute. Schließlich erweitern wir das Triggerkonzept dahingehend, daß neben der Sicherung der Konsistenz der Datenbank auch die Alarmüberwachung sowie die Auslösung zeitgesteuerter Aktionen auf einheitliche Weise mit Hilfe von Triggern spezifiziert werden können.

Abstract:
Process automation applications of database management systems are still very rare today and are confined to those cases where either real-time behavior or availability of the full functionality have not been an issue. The development of microprocessor technology has changed this situation. Database machines based on highly efficient and reliable multimicrocomputer configurations have become feasible.

If special database systems can be developed that are attuned to this hardware it should be possible to meet in the future stricter requirements of process automation.

But process automation does not limit its requirements for database systems to high efficiency and availability as is frequently assumed. Additionaly, more seems to be needed by typical applications than a conventional relational database interface.   In this paper some concepts are presented which extend the relational database interface for applications in process automation. First we explain our need for set-oriented relational operators. We discuss the notion of time in the context of management of process control data, and justify, why it should be possible to explicitly assign priorities to transactions. We then argue, that the notion of consistency should include the requirement of storing a continuous stream of certain data without data-losses caused by aborted transactions. Finally we extend the concept of triggers. We show how the new mechanism may be used in a uniform way, to ensure the consistency of a database, to check the database for the occurence of alarm conditions, and to activate time-controlled actions.

(Diese Arbeit wurde aus Mitteln des BMFT unter der Förderungskennzahl 08 IT I0428 gefördert.)

1. Einleitung

Die Datenhaltung in Prozeßautomatisierungssystemen wird heutzutage praktisch ausschließlich auf der Basis konventioneller Dateisysteme realisiert. Diese sind oft für jede Anwendung individuell implementiert. Die Begründung hierfür ist vor allem in dem Zwang zu sehen, extrem hohen Zeitanforderungen gerecht werden zu müssen. Konventionelle Datenbanksysteme weisen in aller Regel zu lange Antwortzeiten auf, um bedenkenlos in einer Prozeßautomatisierungsumgebung eingesetzt werden zu können. Daher muß man auf deren sonstige Vorteile gegenüber Dateisystemen verzichten. Hier ist vor allem die meist extrem datenabhängige Programmierung der Datenzugriffe zu nennen. Sie scheint aus Effizienzgründen erforderlich zu sein, erschwert aber in erheblichem Maße die Anpassung existierender Anwendungen an veränderte Anforderungen oder an neue Einsatzbereiche.

In der letzten Zeit finden nun zwei Entwicklungen statt, die den Einsatz von Datenbanksystemen in der Prozeßdatenverarbeitung begünstigen. Einerseits werden Datenbanksysteme entwickelt, die auf den Einsatz unter Realzeitbedingungen zugeschnitten sind (hier gibt es bereits einige kommerziell erhältliche Produkte /Info84/, /MBP81/, /Werum/). Andererseits verspricht das Konzept der Datenbankmaschine eine erhebliche Beschleunigung von Datenbankoperationen und eine Entlastung des Hauptrechners von den Aufgaben des Datenbanksystems. Abgesehen von der IDM von Britton-Lee /GEI83/ gibt es jedoch bislang nur experimentelle Prototypen von Datenbankmaschinen, die darüberhinaus oft auf speziell entwickelten und damit teuren Hardwarekomponenten basieren. Damit werden sie in der Regel unwirtschaftlich für den Einsatz innerhalb vieler Automatisierungssysteme.

Mittlerweile erlaubt die Entwicklung im Bereich der Mikroprozessortechnologie den Aufbau leistungsfähiger Multimikrorechnerkonfigurationen aus preiswerten Standardkomponenten. Man kann nun eine Datenbankmaschine konstruieren, indem man ein solches Multimikrorechnersystem mit einem darauf abgestimmten, realzeitorientierten Datenbanksystem versieht. Eine derartige Datenbankmaschine, im folgenden als Datenbankrechner bezeichnet, kann dann zur Prozeßdatenhaltung in Form eines Backends zum Automatisierungssystem eingesetzt werden.

Insgesamt bietet eine solche Entwicklung, ohne auf die üblichen Eigenschaften eines Datenbanksystems verzichten zu müssen, eine Reihe von Vorteilen:

  - wie bereits erwähnt, Reaktionszeiten in der vom Prozeß geforderten Zeit, und dies auch bei schnellen Prozessen;

  - Steigerung der Zuverlässigkeit (insbesondere der Ausfallsicherheit) im Vergleich zu Monoprozessorsystemen oder Systemen mit dedizierten Prozessoren, sofern gleichartige Prozessoren Verwendung finden;

  - anforderungsabhängige Konfiguration in Gestalt unterschiedlicher Ausbaustufen der Soft- und Hardware.

Im Zusammenhang mit der Prozeßautomatisierung haben die ersten beiden Punkte ihre Bedeutung, während der dritte die generelle Möglichkeit eröffnet, für jede einzelne Anwendung eine wirtschaftliche Lösung aus einem Spektrum verschiedener Konfigurationen auszuwählen.

Entwickelt man ein spezielles Datenbanksystem für die Prozeßdatenverarbeitung, dann bietet es sich an, dessen Schnittstelle auf die speziellen Belange dieses Anwendungsbereichs zuzuschneiden. Dieser Beitrag zeigt auf, durch welche Konzepte eine konventionelle relationale Schnittstelle erweitert werden kann, um den besonderen Anforderungen der Prozeßautomatisierung gerecht zu werden.

Im folgenden Abschnitt werden wir zunächst die Rolle der Schnittstelle des Datenbankrechners innerhalb des gesamten Prozeßautomatisierungssystems präzisieren und einige grundlegende Bedingungen für ihren Einsatz formulieren. Der dritte Abschnitt begründet die Definition ausschließlich mengenorientierter Datenbankoperatoren und den Verzicht auf das Cursorkonzept. Da Prozeßsteuerungen nicht ohne den Zeitbegriff auskommen, werden im vierten Abschnitt zwei verschiedene Zeitkonzepte für das Automatisierungssystem und den Datenbankrechner untersucht. Im fünften Abschnitt wird die Notwendigkeit von Prioritäten für Datenbankoperationen diskutiert. Der sechste Abschnitt erläutert das Transaktionskonzept, das der Schnittstelle des Datenbankrechners zugrundegelegt werden soll, und erweitert in diesem Zusammenhang den Begriff der Konsistenz einer Datenbank. Im siebten Abschnitt schließlich wird dargestellt, wie durch eine Modifikation und erhebliche Erweiterung des in /Eswa76/ beschriebenen Triggerkonzepts zahlreiche Aufgaben, die für die Prozeßautomatisierung charakteristisch sind, auf einheitliche Weise behandelt werden können.

2. Anforderungen an eine Datenbankschnittstelle für Prozeßsysteme

In diesem Abschnitt soll dargestellt werden, welchen Anforderungen eine Datenbankschnittstelle für den Einsatz in der Prozeßdatenverarbeitung gerecht werden sollte. Wie bereits in der Einleitung erwähnt, gehen wir davon aus, daß das Datenbanksystem durch einen Datenbankrechner realisiert wird, der als Backend zum eigentlichen Prozeßsteuerungssystem angeordnet wird (Abb. 1).

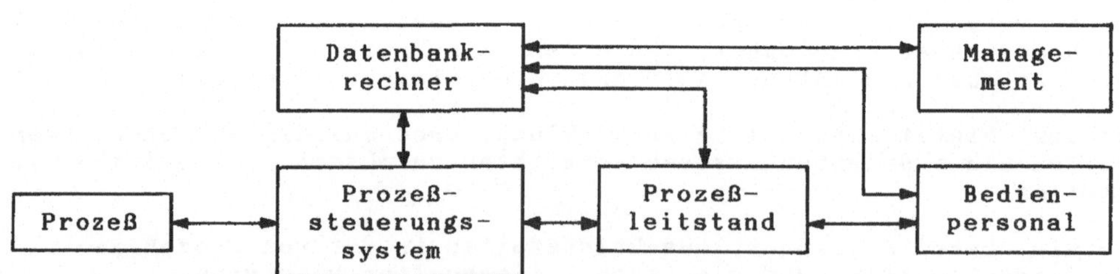

Abb. 1: Stellung eines Datenbankrechners als Backend
in einem Prozeßautomatisierungssystem

Ein derartiger Datenbankrechner weist eine einheitliche Schnittstelle auf, die alle von außen zugänglichen Operatoren bereitstellt. Diese Schnittstelle steht nicht nur dem eigentlichen Automatisierungssystem zur Verfügung, sondern ebenfalls dem Bedienungspersonal, das am Prozeßleitstand den Prozeß überwacht und sämtliche notwendigen Informationen vom Datenbankrechner erhält. Solche Leitstände werden heute zunehmend mit intelligenten graphikfähigen Bildschirmterminals ausgerüstet (bei großen Anlagen können dies mehrere Zehn sein), die sowohl mit dem Automatisierungssystem als auch mit dem Datenbankrechner kommunizieren können. Ferner haben dispositiv tätige Personen (im folgenden unter dem Sammelbegriff "Management" zusammengefaßt)

unmittelbaren Zugriff auf den Datenbankrechner, um Protokolle des
Prozeßablaufs erstellen zu können, um Daten als Planungsgrundlage zu
gewinnen oder um allgemeine Prozeßparameter vorzugeben.

Insgesamt können wir drei Klassen von Zugriffen unterscheiden (dabei
wollen wir zunächst alle Arten von Operationen auf der Datenbank unter
dem Begriff "Transaktion" subsumieren, eine genauere Differenzierung
erfolgt in Abschnitt 6.):

- Das **Automatisierungssystem** bringt in erster Linie neue Daten
  in die Datenbank ein. Es kann keine interaktiven Transaktionen durchführen, sondern nur auf einer primitiven Ebene
  (Nachrichtenaustausch) mit dem Datenbankrechner kommunizieren. Es gibt eine relativ kleine Menge fest vorgegebener
  Transaktionen, die sich in z. T. sehr kurzen Abständen
  wiederholen.

- Das **Bedienpersonal** stellt routinemäßig überwiegend gleichartige Anfragen, um Darstellungen des Prozeßzustandes am
  Leitstand zu erhalten. Diese sind zeitkritisch, da stets die
  aktuellen Größen benötigt werden. Seltener sind Eingaben
  oder Änderungen, da wir kein "closed loop"-System betrachten
  wollen, in dem das Datenbanksystem in die Lage versetzt
  wird, eigenständig in Regelungsvorgänge einzugreifen. Vielmehr sollen die unmittelbaren Eingriffe in den Prozeßablauf
  durch das Bedienpersonal direkt über das Automatisierungssystem stattfinden. Daher sind die hier betrachteten Ein-
  gabe- oder Änderungsoperationen nicht zeitkritisch. Die
  Bedienung am Leitstand soll möglichst einfach sein, am
  zweckmäßigsten ist die weitgehende Verwendung von Funktionstasten. In manchen Fällen wird es allerdings auch notwendig
  sein, individuelle Transaktionen interaktiv zu formulieren.

- Das **Management** wird meist ad-hoc-Anfragen im interaktiven
  Betrieb stellen. Darüberhinaus werden Routineauswertungen
  durch Stapelprogramme oder einen Berichtsgenerator vorgenommen (Statistiken, Listenerstellung). Auch interaktive Eingaben oder Änderungen sind möglich. Da vom Management durchgeführte Transaktionen jedoch nicht das unmittelbare
  Prozeßgeschehen betreffen, können wir diese als generell
  nicht zeitkritisch einstufen. Außerdem wird ihre Häufigkeit
  wesentlich geringer sein als die der Transaktionen, die vom
  Automatisierungssystem oder vom Leitstand ausgeführt werden.

Das Überwiegen stets gleichartiger und dabei zeitkritischer Transaktionen aus dem Bereich des Automatisierungssystems und des Leitstands läßt es sinnvoll erscheinen, eine übersetzte Anfragesprache
anstelle einer interpretativen zu verwenden. Die Transaktionen werden
in dieser Anfragesprache formuliert, dann übersetzt und optimiert und
stehen anschließend in Form unmittelbar ablauffähiger Moduln zur Verfügung. Um eine bereits übersetzte Transaktion auszuführen, muß nur
das entsprechende Modul gestartet werden. Dies kann ohne weiteres
durch eine Nachricht vom Automatisierungssystem oder durch Betätigung
einer Funktionstaste im Leitstand vorgenommen werden. Die Transaktion
kann dann sofort und effizient ausgeführt werden, da sie weder zuvor
zu übersetzen ist noch durch eine interpretative Verarbeitung erhöhter
Aufwand zur Laufzeit entsteht.

Um eine homogene Schnittstelle zu gewährleisten, soll dieselbe Anfragesprache sowohl für vorab übersetzte Transaktionen, die wiederholt
ablaufen, als auch für interaktive ad-hoc-Transaktionen verwendet
werden. Bei letzteren ist zwar eine Übersetzung unmittelbar vor der

Ausführung erforderlich, wir erinnern jedoch daran, daß es sich hierbei um nicht zeitkritische Transaktionen handelt.

Schließlich ist die Einbettung der Anfragesprache in eine Programmiersprache zweckmäßig, um die Erstellung von Stapelprogrammen für größere routinemäßige Auswertungen zu ermöglichen. Die damit verbundenen Fragen sind keineswegs trivial (z.B.: Laufen die Programme auf dem Datenbankrechner oder an anderer Stelle ab?) und haben Einfluß auf Rechnerschnittstelle und Implementierung. Wir wollen uns in diesem Beitrag jedoch ausschließlich auf die grundsätzliche Funktionalität der Datenbankschnittstelle beschränken.

Aus den bisherigen Überlegungen ergibt sich, daß die Schnittstelle aus zwei disjunkten Teilen bestehen muß:

- Der eine Bestandteil der Schnittstelle ist eine **Transaktionsdefinitionssprache**, die zur problemnahen Formulierung von Transaktionen dient. Die Transaktionen werden nach der Übersetzung entweder sofort ausgeführt oder in Form ausführbarer Transaktionsmoduln aufbewahrt, die jederzeit zur Ausführung gebracht werden können. Der Datenbankrechner muß zu diesem Zweck eine Programmbibliothek verwalten können.

- Der zweite Bestandteil ist eine **Bediensprache**, die überwiegend auf Funktions- und Parametercodes basiert. Diese werden in Form von Nachrichten entweder vom Leitstand aufgrund der Betätigung von Funktionstasten oder vom Automatisierungssystem an den Datenbankrechner geschickt und lösen dort die Ausführung bereits übersetzter Transaktionen aus.

Abgesehen von dieser Unterscheidung selbst kommt die Funktionalität des Datenbankrechners in der Hauptsache in der Transaktionsdefinitionssprache zum Ausdruck. Daher ist diese im folgenden Gegenstand unserer Betrachtungen. Die Prozeßdatenverarbeitung stellt offenbar keine speziellen Anforderungen bezüglich der Struktur der zu speichernden Datenobjekte /AF83/, so daß ein konventionelles Datenmodell verwendet werden kann. Wie in Abschnitt 3. genauer erläutert werden wird, sollen Transaktionen aus Effizienzgründen mengenorientiert verarbeitet werden. Operanden und Ergebnisse an der Schnittstelle sind damit ebenfalls Mengen anstelle einzelner Sätze oder Tupel. Daher soll das relationale Datenmodell Verwendung finden, wofür auch dessen Allgemeinheit und Flexibilität spricht.

Normalerweise werden jedoch weder das Automatisierungssystem selbst noch die Graphikterminals des Leitstands mit Datenobjekten vom Typ Relation umgehen können, sondern in Form relativ unstrukturierter Datenströme oder -blöcke mit dem Datenbankrechner kommunizieren. Außerdem hängt die konkrete Realisierung der Kommunikation von den Charakteristika des jeweiligen Automatisierungssystems ab. Infolgedessen ist es erforderlich, ein **Schnittstellenmodul** zwischen Automatisierungssystem bzw. Leitstand und den Datenbankrechner zu schalten.

Dessen Aufgabe besteht darin, aus Datenströmen, die vom Automatisierungssystem kommen, und aus Betätigungen von Funktionstasten am Leitstand korrekte Aufrufe vorübersetzter Transaktionsmoduln zu generieren. Umgekehrt muß es Relationen, die Ergebnisse von Transaktionen sind, in primitivere Objekte transformieren können, die vom Automatisierungssystem bzw. von den Terminals im Leitstand verarbeitet werden können. Auf der Ebene der Darstellung elementarer Datentypen muß es ebenfalls die geeigneten Konvertierungen durchführen.

Für interaktive Transaktionen, die vom Bedienpersonal oder vom Management ausgeführt werden, und für die Transaktionsdefinition ist das Schnittstellenmodul transparent, d.h. in diesem Falle müssen die Benutzer unmittelbar auf der Ebene der relationalen Sprachschnittstelle mit dem Datenbankrechner kommunizieren können.

Das Schnittstellenmodul realisiert also die Anpassung der Schnittstelle des Datenbankrechners an verschiedenartige Automatisierungssysteme. Dies ermöglicht es uns, die Datenbankschnittstelle auf einheitliche Weise zu spezifizieren, ohne auf spezielle Eigenschaften bestimmter Automatisierungssysteme Rücksicht nehmen zu müssen. Das Schnittstellenmodul ist infolgedessen diejenige Komponente, die für den jeweiligen Anwendungsfall so zu modifizieren ist, daß sie die erforderlichen Transformationen und Kommunikationsfunktionen durchführen kann.

Die Darstellung von Abb. 1 kann somit in folgender Weise verfeinert werden:

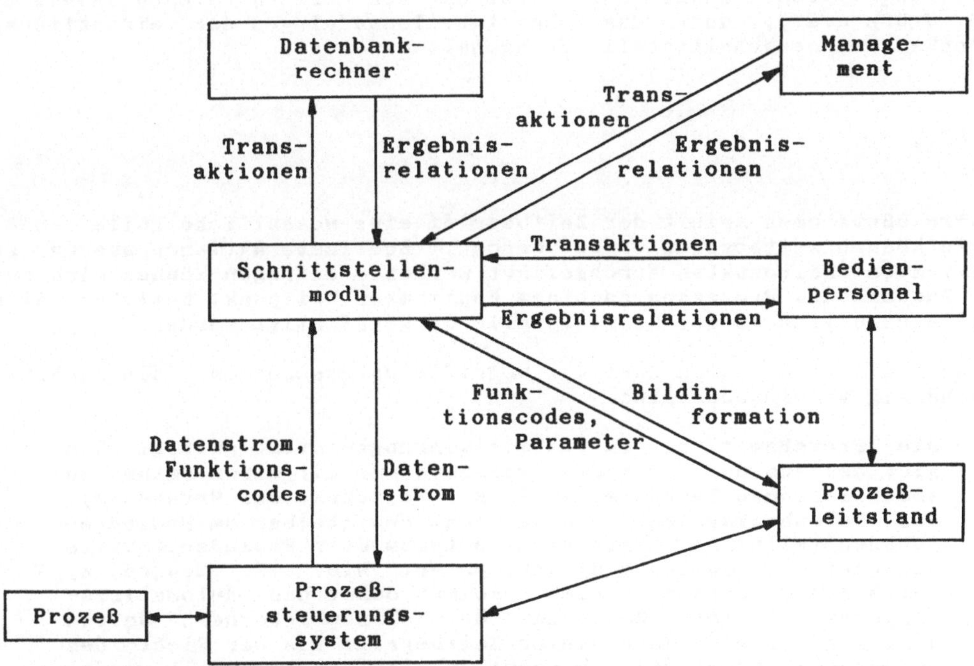

Abb. 2: Schnittstellen des Datenbankrechners zu den übrigen Komponenten des Prozeßautomatisierungssystems

3. Mengenorientierte Operatoren

Die interne Architektur des Datenbankrechners geht davon aus, daß sich die geforderte Leistung nur durch eine **mengenorientierte Verarbeitung von Transaktionen** von der Plattenschnittstelle an aufwärts erreichen läßt /AF84/. Bereits diese Plattenschnittstelle ist "intelligent" in dem Sinne, daß die Operanden und Ergebnisse ihrer Operatoren Mengen sind. Diese Mengenverarbeitung soll auch an der externen Schnittstelle sichtbar bleiben, und zwar in Form einer relationalen Schnittstelle. Operanden und Ergebnisse relationaler Operatoren sind Relationen, d.h. Mengen von Tupeln (relation-at-a-time). Ausnahmen sind Einfügungen und Änderungen, bei denen man aber den einzufügenden bzw. zu ändernden Operanden als Sonderfall der einelementigen Menge betrachten kann. Auf ein Cursor-Konzept /Astr76/, das nur einen tupelweisen Zugriff zu einer Relation erlaubt (tuple-at-a-time), wird verzichtet, da ein tupelweiser Zugriff über die Schnittstelle äußerst unwirtschaftlich wäre. Es gilt mithin für alle Datenbankoperationen (Transaktionen):

- Operanden von Transaktionen und damit Eingabeparameter sind Mengen;

- Ergebnisse von Transaktionen sind Mengen.

Umgekehrt muß dann vorausgesetzt werden, daß die Probleme, die sich bei der Realisierung der Schnittstelle zum Automatisierungssystem aufgrund der Übergabe von Mengen zwischen Datenbankrechner und Automatisierungssystem ergeben (Bereitstellung von Pufferbereichen unbekannter Größe u.ä.), durch das Schnittstellenmodul von der eigentlichen Datenbankrechnerschnittstelle ferngehalten werden.

4. Zeit

In Prozeßsystemen spielt der Zeitbegriff eine wesentliche Rolle. Meßwerte können zeitbezogen erfaßt werden. Bestimmte Aktionen müssen zu bestimmten Zeitpunkten durchgeführt werden. Anfragen können sich auf den Zustand des Prozesses zu einem bestimmten Zeitpunkt beziehen. Dies sollte natürlich in der Schnittstelle berücksichtigt werden.

Prinzipiell lassen sich zwei Zeitbegriffe unterscheiden, die zunächst unabhängig voneinander sind:

- Die **Prozeßzeit** ist im Automatisierungssystem gültig. Sie gibt den aus der Sicht des Prozeßsystems mit einem Datum zu assoziierenden Zeitpunkt an (z.B. Zeitpunkt der Erfassung). Das Datenbanksystem, das ja nicht unmittelbar am Prozeßgeschehen teilnimmt, kann nicht autonom über Prozeßzeitpunkte entscheiden. Sollen bestimmte Daten, wie z.B. Meßgrößen, zeitbezogen erfaßt werden, so muß daher das Automatisierungssystem diese Zeitpunkte den abzuspeichernden Werten beifügen. Damit kann dieser Zeitbegriff aus der Sicht des Datenbankrechners wie ein normales Attribut behandelt werden.

- Im Datenbankrechner wird jedoch die Existenz einer **lokalen Systemzeit** angenommen. Diese soll vor allem zur zeitbezogenen Aktivierung von Transaktionen dienen (vgl. auch Abschnitt 7.). Sehr oft handelt es sich dabei um periodische Aktivitäten, bei denen es weniger auf den absoluten Zeitpunkt ankommt, als vielmehr auf das Zeitintervall zwischen je zwei Aktivitäten (z.B. Aktualisierung des Bildschirminhalts am Leitstand, Durchführung regelmäßiger Auswertungen). Hierfür ist eine Synchronisation mit der Prozeßzeit nicht erforderlich. Anstelle absoluter Zeitpunkte werden in diesen Fällen Zeitintervalle spezifiziert (z.B. "täglich", "jede Sekunde" o.ä.).

Problematisch wird die Situation allerdings, wenn Datenbanktransaktionen mit Hilfe von Triggern (vgl. Abschnitt 7.) zu absoluten Zeitpunkten ausgelöst werden sollen (z.B. zu einer bestimmten Uhrzeit). Solche Zeitpunkte müssen sich sinnvollerweise auf die Prozeßzeit beziehen. Daher ist hierfür die Synchronisation beider lokalen Uhren erforderlich. Wir wollen dies zunächst dem Benutzer bzw. dem Prozeßsystem überlassen. Sie haben dafür zu sorgen, daß zu bestimmten Zeitpunkten (z.B. bei Systemstart oder bei Schichtwechsel) ein Abgleich der Uhren erfolgt. Die Zeitpunkte für die Auslösung von Transaktionen beziehen sich dann immer auf die lokale Zeit des Datenbankrechners.

5. Prioritäten

Realzeitsysteme sind dadurch gekennzeichnet, daß die Mehrzahl der Aktivitäten innerhalb enger zeitlicher Schranken auszuführen ist. Der Datenbankrechner ist zwar nur mittelbar in den Realzeitbetrieb eingebunden, da er - wie bereits in Abschnitt 2. erwähnt - nicht Bestandteil eines "closed loop"-Systems und damit nicht selbst an Regelungsaktivitäten beteiligt ist. Jedoch müssen Anfragen vom Automatisierungssystem schnellstmöglich beantwortet werden, um dessen Reaktionsfähigkeit gegenüber dem Prozeß nicht in Frage zu stellen. Ebenso müssen neue Meßwerte schnellstens abgespeichert werden können, damit sie für Anfragen vom Leitstand, an dem ja in aller Regel der aktuelle Prozeßzustand angezeigt werden soll, zur Verfügung stehen. Aus diesem Grunde müssen Anfragen vom Leitstand ebenfalls möglichst kurze Antwortzeiten aufweisen. Da hier allerdings auch die menschliche Reaktionszeit eine Rolle spielt, sind die Anforderungen sicherlich nicht so hoch wie bei Transaktionen, die vom Automatisierungssystem ausgelöst werden.

Es gibt aber auch Transaktionen, die weniger zeitkritisch sind. Dazu gehören Auswertungen, die sich auf den Verlauf des Prozesses über einen längeren Zeitraum hinweg beziehen, die Erstellung von Protokollen, interaktive Transaktionen des Managements und Modifikationen von Daten vom Leitstand her (d.h. Veränderungen von Prozeßparametern oder Voreinstellungen, die gemäß unserer Annahmen in Abschnitt 2. nicht zeitkritisch sind).

Daher müssen Transaktionen explizit vom Benutzer her mit Prioritäten versehen werden können, um zeitkritische von weniger zeitkritischen zu unterscheiden. Hierdurch kann zwar nicht die Einhaltung bestimmter Antwortzeiten garantiert werden, da diese auch von der Leistungsfähigkeit der jeweiligen Systemkonfiguration und der aktuellen Systembelastung abhängen. Es kann aber sichergestellt werden, daß dringende Aufträge vorrangig bearbeitet werden.

6. Das Transaktionskonzept

6.1. Interaktive und vorübersetzte Transaktionen

Elementare Einheiten der Interaktion mit dem Datenbankrechner sind Transaktionen. Eine Transaktion besteht in der Zusammenfassung einer Folge von elementaren Datenbankoperationen, die in den konventionellen Anwendungen die Eigenschaften der Atomizität ("Alles-oder-Nichts-Eigenschaft"), Persistenz (Dauerhaftigkeit von Änderungen) und Konsistenzerhaltung besitzt.

Transaktionen können vordefiniert und vorübersetzt werden und brauchen dann zur Ausführung lediglich aufgerufen zu werden, oder sie können interaktiv formuliert und unmittelbar damit zusammenhängend ausgeführt werden. Es kann sinnvoll sein, vorübersetzte Transaktionen zu parametrisieren, soweit dies deren Übersetzbarkeit (inklusive der Auswahl und Optimierung von Zugriffspfaden!) nicht oder nicht wesentlich beeinträchtigt. Parameter können z.B. Vergleichswerte für Selektionen, Prioritätsangaben oder Eingabedaten sein. Relationsnamen, Attributnamen oder Prädikate sollen als Parameter ausgeschlossen werden, da sie die Zugriffspfadauswahl maßgeblich beeinflussen. Die benötigten Sprachkonstrukte für Vorübersetzung und Aufruf von Transaktionen sind in Anhang A zusammengestellt. Dabei haben wir uns an SQL /Cham76/ angelehnt.

Als Folge der Vorübersetzung muß das Datenbanksystem auch den erzeugten Code mit verwalten. Beim Aufruf einer Transaktion muß der entsprechende Objektcode (das Transaktionsmodul) vom Datenbanksystem ermittelt und ausgeführt werden. Damit obliegt dem Datenbanksystem auch die Verwaltung einer Programmbibliothek.

6.2. Zum Konsistenzbegriff bei Prozeßdatenbanken

Mit Konsistenz wird die Eigenschaft der Datenbank bezeichnet, gewisse, vom Benutzer festgelegte Prädikate zu erfüllen, die notwendige Bedingungen dafür sind, daß Datenbankzustände sinnvolle Abbilder des betrachteten Umweltausschnittes sind. Diese Prädikate werden auch als Konsistenzbedingungen bezeichnet. Dabei können die Einschränkung von Wertebereichen von Attributen, die Einschränkung zulässiger Attributänderungen und die Forderung nach der Einhaltung bestimmter Beziehungen zwischen mehreren Attributen unterschieden werden (für eine ausführliche Darstellung siehe z.B. /Date83/).

Anwendungserfahrungen müssen allerdings erst noch zeigen, inwieweit der Konsistenzbegriff in Datenbanken in Prozeßsystemen überhaupt eine Rolle spielt. Vielfach wird die Konsistenz untergeordnet sein, weil in erster Linie Daten abgelegt werden, die den Prozeßablauf beschreiben. Solche Daten sind jedoch per se konsistent, da sie unmittelbare Abbilder des realen Prozeßzustands sind. Dies kann selbst dann gelten, wenn es sich um fehlerhafte Daten im Sinne des Prozesses handelt (z.B. Meßwerte, die ein defekter Sensor liefert). In vielen Fällen kann es erforderlich sein, derartige aus der Sicht des Prozeßsystems inkorrekte Daten aus der Sicht des Datenbanksystems als konsistent aufzufassen und sie in der vorgeschriebenen Weise abzulegen bzw. die entsprechenden Modifikationen vorzunehmen (z.B. wenn aus Gründen des Qualitätsnachweises alle Vorgänge während des Prozeßablaufs wirklichkeitsgetreu protokolliert werden müssen).

In Prozeßsteuerungssystemen gibt es jedoch eine weitere Art von Bedingungen, die ggf. eingehalten werden müssen und die dem Konsistenzbegriff eine neue Dimension hinzufügen. Es kann nämlich sehr wichtig sein, daß gewisse Meßdatenströme zeitlich lückenlos aufgezeichnet werden (z.B. zu Zwecken der Qualitätskontrolle oder des Qualitätsnachweises).

Aus dieser Forderung ergeben sich zwei Konsequenzen. Erstens muß das Prozeßsystem dafür Sorge tragen, daß alle derartigen Meßwerte nach ihrer Erfassung an den Datenbankrechner weitergegeben werden und dort in eine entsprechende Transaktion eingehen (der Datenbankrechner hat hierüber keine Kontrolle, er kann nur Transaktionen ausführen, mit

denen er beauftragt wurde). Zweitens muß der Datenbankrechner sicherstellen, daß jede Transaktion, die derartige Werte der Datenbank
hinzufügt oder auch verändert, unter allen Umständen erfolgreich ausgeführt wird, wenn sie einmal gestartet wurde, und nicht etwa auf
Grund irgendwelcher Ereignisse zurückgesetzt wird (**Vollständigkeitsforderung**, "zeitliche Lückenlosigkeit").

Diese zweite Forderung bedeutet für den Datenbankrechner eine Verschärfung des Transaktionsbegriffs und zwar in Bezug auf die Atomizität. Diese "Alles-oder-Nichts"-Eigenschaft muß nun nämlich für die
Transaktionen, die der Vollständigkeitsforderung unterliegen, durch
die Bedingung ersetzt werden, daß eine einmal gestartete Transaktion
unter keinen Umständen abgebrochen werden darf, sondern unbedingt zu
Ende geführt werden muß. Die Alternative, daß eine Transaktion aufgrund eines Systemfehlers oder wegen einer Konsistenzverletzung abgebrochen werden kann, wird also ausgeschlossen. Die beiden anderen
Eigenschaften von Transaktionen, Persistenz und Konsistenzerhaltung,
sollen jedoch nach wie vor ihre Gültigkeit behalten!

Daraus ergeben sich erhebliche Implikationen für das Recovery-Subsystem des Datenbankrechners und für die Mechanismen zur Konsistenzsicherung. Einerseits muß bei Systemfehlern sichergestellt werden, daß
nach erfolgtem Wiederanlauf diejenigen Transaktionen korrekt fortgesetzt werden, die Daten manipulieren, die der Vollständigkeitsforderung unterliegen. Auch die abnormale Beendigung solcher Transaktionen
durch den Benutzer ist unzulässig. Andererseits dürfen auch Konsistenzverletzungen nicht zum Abbruch solcher Transaktionen führen,
sondern die Konsistenz muß auf andere Weise erhalten werden. Die
Auswirkungen auf das Recovery-Subsystem sollen an dieser Stelle nicht
weiter diskutiert werden, da sie keinen unmittelbaren Bezug zur
Schnittstelle aufweisen.

Jedoch wollen wir den Widerspruch zwischen den klassischen Konsistenzbedingungen und der Vollständigkeitsforderung noch etwas genauer betrachten. Auch letztere soll zu den Konsistenzbedingungen gerechnet
werden, da sie ebenso wie diese bezüglich einzelner Attribute definiert wird, jedoch Transaktionen ihre Erfüllung bewirken müssen. Nehmen wir nun an, daß eine Transaktion, die u.a. eine Teilmenge eines
Stroms lückenlos aufzuzeichnender Daten in die Datenbank einbringen
soll, durch eine ihrer Aktionen die Konsistenz der Datenbank verletzt
und daher zurückgesetzt werden müßte. Ein Zurücksetzen dieser Transaktion würde jedoch bedeuten, daß die betreffende Teilmenge der
lückenlos aufzuzeichnenden Daten nicht in die Datenbank eingebracht
würde. Sowohl die vollständige Ausführung als auch das Zurücksetzen
der Transaktion würden also zu einer Verletzung der Konsistenz der
Datenbank führen!

Eine einfache Lösungsmöglichkeit für dieses Dilemma besteht darin, die
Menge aller Attribute, die in der Datenbank definiert sind, in drei
disjunkte Klassen aufzuteilen:

1. Attribute, über denen klassische Konsistenzbedingungen
   definiert sind;

2. Attribute, die der Bedingung der zeitlich lückenlosen Aufzeichnung unterliegen;

3. Attribute, die keinerlei Konsistenzbedingungen genügen
   müssen.

Das bedeutet, daß für ein Attribut, unter dem ein lückenloser Datenstrom aufgezeichnet werden soll, keine anderen Konsistenzbedingungen aufgestellt werden dürfen, und umgekehrt. Transaktionen, die Attribute der ersten Klasse modifizieren, dürfen keine Attribute der zweiten Klasse verändern und umgekehrt. Damit ist sichergestellt, daß die Konsistenz entweder notfalls durch Zurücksetzen der Transaktion gesichert werden kann, oder aber, daß durch die Beendigung der Transaktion keine Konsistenzbedingungen verletzt werden können. Attribute der dritten Klasse dürfen in beliebigen Transaktionen manipuliert werden, da sie keinerlei Bedingungen erfüllen müssen.

Eine allgemeinere, aber wesentlich aufwendigere Lösung könnte mit Hilfe von Triggern (vgl. Abschnitt 7.) realisiert werden. Es müßten für alle Konsistenzbedingungen Trigger so definiert werden, daß bei Verletzung der Konsistenz durch eine Transaktion, die u.a. zeitlich lückenlos aufzuzeichnende Daten in die Datenbank einbringt, die betreffende Transaktion nicht einfach zurückgesetzt werden muß, sondern daß sie durch Triggeraktionen so ergänzt wird, daß sie jederzeit erfolgreich unter Aufrechterhaltung der Konsistenz zu Ende geführt werden kann. Dann wäre es möglich, jede Transaktion Daten manipulieren zu lassen, die beliebigen Konsistenzbedingungen unterliegen (einschließlich der lückenlosen Aufzeichnung).

7. Das Triggerkonzept in Prozeßdatenbanken

7.1. Trigger und Ereignisse

Zur Sicherung der Konsistenz von Datenbanken wurde in /Eswa76/ ein Triggerkonzept vorgeschlagen. Danach besteht ein Trigger aus einem Ereignis und einer Aktion, die ausgeführt wird, wenn das Ereignis eintritt. Mögliche Ereignisse sind das Einfügen, Ändern oder Löschen bestimmter Attributwerte oder Tupel.

Im vorliegenden Zusammenhang bezeichnen wir mit Ereignis den Übergang der Umwelt von einem Zustand, in dem eine bestimmte Bedingung nicht gilt, in einen solchen, in dem sie gilt (und umgekehrt). Ein solches Ereignis tritt in der Umwelt (in unserem Fall ist das der geregelte Prozeß) spontan auf. In der Datenbank wird es erst durch eine Transaktion sichtbar, die den Datenbankzustand explizit entsprechend der Umweltänderung modifiziert. Das Datenbanksystem muß also im Zusammenhang mit der Transaktionsverarbeitung erkennen können, wann eine Triggerbedingung aufgrund einer Transaktion erfüllt wird, und die entsprechende Aktion ausführen.

Desweiteren ist es angebracht, auch das Erreichen eines bestimmten Zeitpunktes oder den Ablauf eines Zeitintervalls als Ereignis aufzufassen. Dies ist sinnvoll, um zeitabhängig ausgelöste Transaktionen betrachten zu können (vgl. Abschnitte 4. und 7.2.2.). Dann muß allerdings Vorsorge getroffen werden, daß das Datenbanksystem auch solche Ereignisse erkennen kann. Zu diesem Zweck wäre eine Unterstützung durch die Hardware wünschenswert, z.B. in der Form, daß die Systemuhr so programmiert werden kann, daß sie zu bestimmten Zeitpunkten Unterbrechungen auslöst.

Zeitunabhängige Trigger lassen sich zur Konsistenzsicherung einsetzen. Hierzu beschreibt eine Triggerbedingung einen bestimmten inkonsistenten Zustand oder einen unzulässigen Zustandsübergang der Datenbank. Aufgabe der zugehörigen Triggeraktion ist es, zusätzliche Aktionen auszuführen, die die Konsistenz wiederherstellen oder, falls das nicht möglich ist, die verursachende Transaktion zurückzusetzen.

7.2. Einsatz von Triggern für prozeßspezifische Bedürfnisse

Nicht nur für das Automatisierungssystem selbst, sondern auch für das Datenbanksystem besteht die Notwendigkeit, Aktivitäten in Abhängigkeit von der Zeit (vgl. Abschnitt 4.) durchzuführen und Alarme im Prozeß zu erkennen und zu behandeln. Im folgenden zeigen wir, daß diese Aufgaben der der Konsistenzerhaltung ganz ähnlich sind und infolgedessen auch durch Trigger erledigt werden können.

7.2.1. Alarmüberwachung

In Prozessen können außergewöhnliche, u. U. gefährliche Zustände auftreten, auf die mit besonderen Maßnahmen reagiert werden muß, um die Gefahren abzuwenden. Solche Zustände wollen wir als **Alarme** bezeichnen und die Bedingungen, durch die sie beschrieben werden, als **Alarmbedingungen**. Einfache Alarmbedingungen, wie die Überschreitung von Grenzwerten oder den Ausfall von Komponenten der Prozeßanlage, kann das Automatisierungssystem selbst erkennen und angemessen darauf reagieren. Es lassen sich jedoch auch komplexe Alarmbedingungen vorstellen, in denen beispielsweise Daten aus der Vergangenheit berücksichtigt werden müssen oder in denen Daten aus mehreren weitgehend autonomen Teilsystemen des Automatisierungssystems zueinander in Beziehung gebracht werden müssen. Solche Alarmbedingungen können auf Grund ihres globalen Charakters und/oder ihres Bezuges zur Vergangenheit nur durch das Datenbanksystem erkannt werden.

Es wird deutlich, daß Alarmbedingungen eine Verwandtschaft mit Konsistenzbedingungen aufweisen. Sie beschreiben jedoch nicht unzulässige Datenbankzustände, sondern Datenbankzustände, die Abbilder bestimmter (gefährlicher) Prozeßzustände sind. Das Zurückweisen einer Transaktion, die zur Erfüllung einer Alarmbedingung führt, wäre hier keine adäquate Reaktion. Vielmehr ist die Transaktion auszuführen, da sie ja eine zutreffende (d.h. konsistente) Beschreibung des Prozeßzustands bewirkt. Als Reaktion auf einen Alarm müssen aber weitere Aktionen ausgeführt werden, beispielsweise die Ausgabe entsprechender Warnmeldungen am Leitstand zusammen mit einer Darstellung der relevanten Prozeßdaten. Da der Datenbankrechner nicht innerhalb eines "closed loop" arbeiten soll, darf er keinesfalls selbständig Gegenmaßnahmen direkt über das Automatisierungssystem einleiten. Dies bleibt dem Bedienpersonal vorbehalten.

7.2.2. Auslösung zeitabhängiger Aktionen

In Prozeßsystemen sind häufig Aktionen zu bestimmten Zeitpunkten auszuführen. Dabei kann man zwei Arten von zeitabhängigen Aktionen unterscheiden:

- **Zeitliche Einplanung** einmalig auszuführender Transaktionen
  Es kann sinnvoll sein, die Ausführung bestimmter Transaktionen für einen bestimmten Zeitpunkt festzulegen. Das kann beispielsweise die Durchführung einer Auswertung sein oder einer Änderung, die ab einem genauen Zeitpunkt gültig sein soll. Die Angabe eines Zeitpunktes kann relativ (z.B. "nach Ablauf von 30 Minuten") oder absolut (z.B. "um 10.00 Uhr") sein.

- **Automatische Wiederholung** von Transaktionen
  Im Rahmen der Prozeßdatenverarbeitung gibt es eine Reihe von
  Transaktionstypen, die immer wieder gleichartig ablaufen.
  Solche Transaktionen sind beispielsweise die routinemäßige
  Aktualisierung der Prozeßdarstellungen auf den Bildschirmen
  des Leitstandes. Eine andere Anwendung besteht darin, daß
  bestimmte Informationen nur kurzfristig gespeichert zu werden brauchen und jeweils nach Ablauf eines gewissen Zeit-
  raums (z.B. stündlich oder jeweils bei Schichtende) entweder
  ganz vernichtet oder in eine komprimierte Form überführt
  werden, evtl. verbunden mit einer erzwungenen Verschiebung
  in eine "niedrigere" Stufe der Speicherhierarchie.

Für beide Arten von Transaktionen wäre es zweckmäßig, wenn sie automatisch gestartet werden könnten und nicht jeweils durch einen expli-
ten Aufruf von seiten des Automatisierungssystems oder des Bedienper-
sonals aktiviert werden müßten.

7.3. Eigenschaften von Triggern in Prozeßdatenbanken

Zusammen mit dem in Abschnitt 7.1. eingeführten Ereignisbegriff ermöglicht es das Triggerkonzept, außer der **Konsistenzsicherung** auch die
Alarmüberwachung und die **zeitabhängige Aktivierung von Aktionen** auf
einheitliche Weise handzuhaben, so daß die Anwendung durch den Benutzer möglichst einfach und mit wenigen Sprachelementen erfolgen kann.

Wie in Abschnitt 7.1. beschrieben, besteht ein Trigger aus einem
Ereignis und einer Aktion. Wird die Bedingung erfüllt, die das Ereignis beschreibt, so wird die Aktion ausgeführt. Um für die geschilderten Anwendungsbereiche eingesetzt werden zu können, müssen sich Triggerbedingungen auf verschiedene Aspekte der Datenbank beziehen können.
Folgende Arten von Bedingungen lassen sich unterscheiden:

- Eine **zustandsbezogene (statische) Bedingung** ist ein Prädikat
  über dem Zustand der Datenbank. Sie trifft Aussagen über die
  Werte einzelner Datenobjekte oder über Beziehungen zwischen
  den Werten bestimmter Datenobjekte (z.B. "die Temperatur an
  Meßstelle A ist größer als 150° C" oder "die Temperatur an
  Meßstelle A ist kleiner als die Temperatur an Meßstelle B").

- Eine **aktionsbezogene (dynamische) Bedingung** ist ein Prädikat
  über Zustandsübergänge der Datenbank. Sie definiert Beziehungen zwischen den Werten von Datenobjekten vor und nach
  Ausführung einer Transaktion (z.B. "der alte Lagerbestand
  von Artikel X ist kleiner als der neue Lagerbestand").

- Eine **zeitbezogene (temporale) Bedingung** ist ein Prädikat
  bezüglich der Realzeituhr des Datenbankrechners (vgl. Abschnitt 4.). Sie kann einen absoluten Zeitpunkt (z.B. "10.32
  Uhr") oder einen relativen Zeitpunkt (z.B. "nach 10 Min.")
  bzw. ein Zeitintervall (z.B. "jede halbe Sek.") definieren.

Auch die Kombination der beschriebenen Bedingungen ist möglich, insbesondere die einer statischen oder dynamischen Bedingung mit einer
temporalen. Die Sprachkonstrukte, die zur Spezifikation von Triggerbedingungen benötigt werden, sind in Anhang B dargestellt, wiederum in
Anlehnung an SQL.

Die Aktion, die bei Erfüllung einer Bedingung ausgelöst wird, muß im

Prinzip eine Transaktion im Sinne der hier beschriebenen Schnittstelle sein (vgl. Abschnitt 6.1.), eine genauere Diskussion erfolgt in Abschnitt 7.4.. Die Aktion kann entweder zusammen mit der Triggerbedingung definiert werden, oder es kann durch Angabe eines Namens auf eine bereits definierte (und übersetzte) Transaktion Bezug genommen werden. Bei konsistenzüberwachenden Triggern, deren Bedingungen keine temporalen Teilbedingungen enthalten, kann als Standardaktion "REJECT" festgelegt werden, d.h. die Transaktion, deren Ausführung zur Erfüllung der Bedingung führen würde, wird zurückgesetzt. Bei Bedingungen, die temporale Teilbedingungen enthalten, ist dies nicht zulässig, da diese spontan erfüllt werden und es keine Transaktionen gibt, die das Eintreten entsprechender Ereignisse verursachen. Ebensowenig ist bei alarmüberwachenden Triggern das Zurücksetzen der auslösenden Transaktion sinnvoll, da dadurch der kritische Zustand als solcher nicht beseitigt wird, sondern nur seine Darstellung in der Datenbank unterdrückt wird.

Eine in einem Trigger als Aktion definierte oder referenzierte Transaktion darf keine Eingabe benötigen, da bei Eintreten des Ereignisses, das die Transaktion auslöst, nicht erzwungen werden kann, daß eine passende Eingabe zur Verfügung steht. (Der Sinn eines Triggers besteht ja gerade darin, gewisse Aktionen ohne jede Beteiligung des Benutzers durchzuführen.) In Triggern dürfen also nur lesende Transaktionen verwendet werden oder solche, die bereits in der Datenbank enthaltene Daten löschen oder die Daten umformen und in transformierter Form wieder in die Datenbank einbringen (Datenkomprimierung). Soweit eine Transaktion, die als Triggeraktion auftritt, Parameter enthält, die keine direkte Eingabe darstellen (z.B. die Priorität), muß eine Standardvorbelegung solcher Parameter vorgesehen werden.

Die Erzeugung von Ausgaben durch Triggeraktionen ist zulässig. Aus Benutzersicht werden die Aktionen spontan ausgeführt. Das Erscheinen von spontanen Ausgaben (z.B. ganzen Bildschirminhalten) an beliebigen Ausgabestationen der Prozeßwarte kann jedoch unerwünscht sein. Daher muß in der Triggerdefinition spezifiziert werden, wer der Empfänger der evtl. entstehenden Ausgabe sein soll. Als Standard kann sie zu dem Benutzer (das kann auch das Prozeßsteuerungssystem sein) geschickt werden, der den betreffenden Trigger definiert hat. Die Sprachelemente zur Spezifikation von Triggeraktionen sind ebenfalls in Anhang B zusammengestellt.

Um Trigger möglichst flexibel einsetzen zu können, sollten sie dynamisch definiert werden können. Beispielsweise kann am Leitstand über einen bestimmten Zeitraum ein Ausschnitt A des Prozesses beobachtet werden und über einen späteren ein Ausschnitt B. Dann muß zunächst der Bildschirm stets mit den Daten, die den Ausschnitt A beschreiben, aktualisiert werden und später mit den Daten, die den Ausschnitt B beschreiben. Hierfür ist es erforderlich, daß der Gültigkeitszeitraum eines Triggers aus Benutzersicht möglichst präzise festgelegt werden kann.

Daher soll in ähnlicher Weise wie bei Transaktionen zwischen der Definition und dem Aufruf eines Triggers unterschieden werden. Trigger werden grundsätzlich als Einheit definiert und übersetzt, im Gegensatz zu interaktiv ausgeführten Transaktionen. Die **Definition** eines Triggers ist jederzeit möglich, vorausgesetzt, der Benutzer verfügt über die entsprechenden Rechte. Um den Trigger wirksam zu machen, muß er nach erfolgter Definition und Übersetzung **aktiviert** werden. Entsprechend gibt es eine **Deaktivierungsanweisung**, die den Trigger unwirksam macht.

Aktivierung und Deaktivierung eines Triggers bedeuten Beginn und Ende der Überwachung daraufhin, ob dessen Bedingung wahr wird; dies ist nicht zu verwechseln mit dem Auslösen der Triggeraktion! Eine Triggeraktion wird erst zur Ausführung gebracht, wenn der Trigger aktiviert wurde **und** die zugehörige Bedingung eintritt.

Aus den Überlegungen dieses Abschnitts ergibt sich im übrigen, daß Trigger grundsätzlich überall dort eingesetzt werden können, wo bestimmte Aktionen in Abhängigkeit von gewissen Ereignissen bzw. der Erfüllung bestimmter Bedingungen, die auch zeitlicher Art sein können, ausgeführt werden müssen. Auf diese Weise erhält der Datenbankrechner eine gewisse aktive Rolle, indem er in der Lage ist, bestimmte Aktivitäten selbsttätig auszuführen. Wie bereits mehrfach betont, darf sich dies jedoch nicht auf die Prozeßsteuerung selbst beziehen, sondern muß sich auf Operationen im Rahmen der Datenverwaltung beschränken.

7.4. Aspekte der Atomarität und Konsistenz

Im vorigen Abschnitt hatten wir festgelegt, daß eine Triggeraktion im Prinzip eine Transaktion im Sinne von Abschnitt 6.1. sein soll. Im Zusammenhang mit der Eigenschaft der Konsistenzerhaltung sind jedoch einige Besonderheiten zu berücksichtigen, auf die im folgenden kurz eingegangen werden soll.

Trigger, die zur Überwachung der Konsistenz der Datenbank eingesetzt werden, müssen sicherstellen, daß bei Beendigung einer Transaktion stets ein konsistenter Datenbankzustand hergestellt wird. Die Bedingungen solcher Trigger enthalten keine temporalen Teilbedingungen, sondern beschreiben ausschließlich den inkonsistenten Datenbankzustand oder Zustandsübergang, der ihre Aktivierung zur Folge hat. Um die Konsistenz aufrechtzuerhalten, können sie entweder zusätzliche Operationen durchführen oder die betreffende Transaktion zurücksetzen. Dies hat zwei Konsequenzen. Erstens können die Triggerbedingungen erst bei Transaktionsende (d.h. unmittelbar vor "Commit") überprüft werden, da ja während des Verlaufs einer Transaktion inkonsistente Zwischenzustände zugelassen sind. Zweitens ist es erforderlich, daß eine Transaktion zusammen mit allen Triggeraktionen, die sie ggf. auslöst, eine einzige atomare Aktion bildet. Daraus folgt auch, daß nicht eine Transaktion für sich alleine, sondern zusammen mit allen Triggeraktionen, die sie auslöst, einen konsistenten Datenbankzustand in einen anderen solchen überführt.

Da jede Triggeraktion die Erfüllung weiterer Triggerbedingungen bewirken kann, ist eine indirekte Auslösung von Triggern durch andere sowie eine rekursive Auslösung möglich. Die hierbei auftretenden Probleme bedürfen noch einer gesonderten Untersuchung. Gemeinsam ist den konsistenzüberwachenden Triggern, daß sie abhängig sind, weil sich zu jeder Ausführung eines solchen Triggers stets eine Transaktions- oder Triggerausführung bestimmen läßt, die sie ausgelöst hat.

Alarmüberwachende Trigger führen Reaktionen aus, wenn bestimmte Alarmbedingungen erfüllt sind. Da sie nicht für die Konsistenzerhaltung verantwortlich sind, können sie selbständige atomare Aktionen bilden, die von den Transaktionen, durch die sie ausgelöst werden, unabhängig sind. Sie müssen jedoch wie normale Transaktionen konsistenzerhaltend sein, ggf. unter Auslösung abhängiger Trigger.

Ähnliches gilt für Trigger, die temporale Bedingungen enthalten. Da sie allein durch das Eintreten eines Zeitpunktes unabhängig von Transaktionen ausgelöst werden, stellen sie eigenständige Transaktionen

dar, die atomar und konsistenzerhaltend sind, wobei wiederum abhängige
Trigger ausgelöst werden können.

Auch zeitabhängige Trigger können übrigens zur Überwachung der Konsistenz eingesetzt werden. Dann kann zu gewissen Zeitpunkten unabhängig
von Transaktionen geprüft werden, ob der aktuelle Datenbankzustand
konsistent ist. Ist er es nicht, so kann die Konsistenz höchstens
hergestellt werden, indem bestimmte Operationen ausgeführt werden.
Zurücksetzen einer Transaktion ist in diesem Falle nicht möglich, da
die Transaktion, die die Konsistenzverletzung verursacht hat, bereits
beendet ist und ohnehin nicht mehr identifiziert werden kann. Ist auch
auf andere Weise die Konsistenz nicht wiederherzustellen, so kann die
Reaktion nur in einer entsprechenden Meldung an die Systembetreuung
bestehen.

Trigger sind insbesondere im Zusammenhang mit der in Abschnitt 6.2.
eingeführten Forderung nach lückenloser Aufzeichnung gewisser Daten
nützlich, um konsistenzerhaltende Maßnahmen durchzuführen, wenn Transaktionen unter allen Umständen erfolgreich zu beenden sind, oder um
zumindest Konsistenzverletzungen zu melden, die nicht rechtzeitig
behandelt werden konnten.

8. Zusammenfassung

In den vorangegangenen Abschnitten wurden einige Konzepte vorgestellt,
die eine konventionelle relationale Schnittstelle so ergänzen können,
daß sie sich für den Einsatz als Benutzerschnittstelle eines Datenbankrechners in der Prozeßdatenverarbeitung eignet. Neben einer Diskussion mengenorientierter Datenbankoperatoren, einer Erörterung von
Zeitkonzepten für Prozeßsystem und Datenbankrechner und einer Begründung der Notwendigkeit von Prioritäten für Transaktionen wurde besonderer Wert auf eine Erweiterung des Konsistenzbegriffs und die Verallgemeinerung des Triggerkonzepts gelegt. Eine vollständige Beschreibung
findet sich in /FL84/.

Das verallgemeinerte Triggerkonzept ermöglicht es, auf einheitliche
Weise und mit denselben Sprachkonstrukten die Konsistenz der Datenbank
zu überwachen, komplexe Alarme zu erkennen und darauf zu reagieren
sowie einmalige oder regelmäßig wiederholte Transaktionen in Abhängigkeit von der Zeit auszuführen. Der erweiterte Konsistenzbegriff erlaubt darüberhinaus, die lückenlose Aufzeichnung bestimmter Datenströme aus dem Prozeßsystem zu fordern. Die Aufrechterhaltung der
Konsistenz bei der Realisierung der lückenlosen Aufzeichnung kann
ebenfalls durch den Triggermechanismus unterstützt werden.

Die Sprachschnittstelle legt letztlich den Funktionsumfang des Datenbankrechners fest und ist damit Voraussetzung für den detaillierten
Entwurf des Datenbanksystems für die Prozeßdatenverarbeitung. Die
derzeit laufenden Arbeiten befassen sich zum einen mit dem Architekturentwurf des Datenbanksystems, zum andern mit der Entwicklung einer
geeigneten Hardware-Systemarchitektur.

Literaturverzeichnis

/AF83/   M. Adams, B. Ferkinghoff, K. Bender, O. Drobnik, P.C. Locke-
           mann, Datenhaltungssysteme in der Prozeßdatenverarbeitung:
           ein Anforderungsprofil, Universität Karlsruhe, Fakultät für
           Informatik, Interner Bericht Nr. 16/83, April 1983

/AF84/   M. Adams, B. Ferkinghoff, K. Bender, O. Drobnik, P.C. Locke-
           mann, Konzept für einen Datenbankrechner in der Prozeßauto-
           matisierung, Universität Karlsruhe, Forschungszentrum Infor-
           matik, Interner Bericht Nr. 2/84, Okt. 1984

/Astr76/   M.M. Astrahan et al., System R: Relational Approach to
           Database Management, ACM TODS, Vol. 1(2), June 1976,
           pp. 97 - 137

/Cham76/   D.D. Chamberlin et al., SEQUEL 2: A Unified Approach to Data
           Definition, Manipulation, and Control, IBM Journal
           Research and Development, Vol. 20(6), Nov. 1976,
           pp. 560 - 575

/Date83/   C.J. Date, An Introduction to Database Systems - Vol. II,
           Addison-Wesley Publ. Comp., 1983

/Eswa76/   K.P. Eswaran, Specifications, Implementations and Inter-
           actions of A Trigger Subsystem in An Integrated Database
           System, IBM Research Report RJ 1820, San Jose, Nov. 1976

/GEI83/   IDM - Systembeschreibung, Broschüre IDM-SY-04, GEI-Gesell-
           schaft für Elektronische Informationsverarbeitung m.b.H.,
           April 1983

/FL84/   B. Ferkinghoff, R.-P. Liedtke, Funktionale Schnittstelle für
           einen Datenbankrechner in der Prozeßdatenverarbeitung, Uni-
           versität Karlsruhe, Forschungszentrum Informatik, Interner
           Bericht Nr. 1/84, Mai 1984

/Info84/   PEDMS - Datenbanksystem für realzeitorientierte Rechner -
           Einführung, Ausgabe-Nr. 3.1, infodas GmbH, April 1984

/MBP81/   Leistungsbeschreibung des RDHS (Realzeit-Datenhaltungs-
           system), mbp Berlin, Oktober 1981

/Werum/   Echtzeit-Datenbanksystem BAPAS-DB - Charakterisierung,
           Entwicklungsbüro Wulf Werum

<u>**Anhang A**</u>

<u>**Sprachkonstrukte für Definition und Aufruf von Transaktionen**</u>

```
transaction-definition ::=
     DEFINE TRANSACTION
     transaction-name  (formal-parameter-list) : (resulttype-list) ;
     DCL  variable-decl-list
     BEGIN TRANSACTION
     statement-list
     END TRANSACTION

formal-parameter-list ::= formal-parameter /
                          formal-parameter-list ; formal-parameter

formal parameter ::= priority / name : type [== constant] /
                     table-name (field-defn-list) [== literal]

priority ::= Spezifikation der Priorität

resulttype-list ::= resulttype / resulttype-list ; resulttype

resulttype ::= status / name : type / table-name(field-defn-list)

type ::= alle im DBS auftretenden Typen

variable-decl-list ::=  variable-decl ; /
                        variable-decl-list  variable-decl ;

variable-decl ::= identifier  : type

statement-list ::=  statement ; / statement-list  statement ;

statement ::= IF boolean THEN statement-list
                        ELSE statement-list
             FI    /
             dml-statement

interactive-transaction ::= BEGIN TRANSACTION   transaction-name
                            statement-list
                            END TRANSACTION

transaction-call ::= EXEC transaction-name(actual-parameter-list)

actual-parameter-list ::= actual-parameter /
                          actual-parameter-list, actual-parameter

actual-parameter ::= literal / constant
```

<u>Anhang B</u>

<u>Sprachkonstrukte für die Definition, Aktivierung und
Deaktivierung von Triggern</u>

```
trigger-definition ::= DEFINE TRIGGER trigger-name;
                       [RESULT TO user-id-list;]
                       condition-part
                       action-part

user-id-list ::= user-id / user-id-list, user-id

user-id ::= systemweit definierte und eindeutige Benutzerkennung

condition-part ::= BEGIN [CONSISTENCY] CONDITION
                   condition
                   END [CONSISTENCY] CONDITION

condition   ::=   time-spec; / boolean; / time-spec; boolean;

time-spec   ::=   start-time [repeat-time [end-time]] /
                  repeat-time [end-time]

start-time  ::=   AT clock / AFTER duration

repeat-time ::=   EVERY duration

end-time    ::=   UNTIL clock / DURING duration

clock       ::=   Repräsentation der Systemzeit

duration    ::=   Repräsentation einer Zeitdauer

action-part ::=   action-definition / transaction-reference /
                  rejection

action-definition  ::=
     DEFINE ACTION (formal-parameter-list) : (resulttype-list) ;
     DCL   variable-list ;
     BEGIN ACTION
     statement-list
     END ACTION

transaction-reference ::= ACTION = transaction-name ;

rejection ::= ACTION = REJECT ;

trigger-activation ::=
          ACTIVATE  trigger-name  [RESULT  TO  user-id-list];

trigger-deactivation ::= DEACTIVATE  trigger-name;
```

(Bemerkung: Hier nicht erklärte Symbole sind in der SQL-Syntax in
/Astr76/ definiert; eine vollständige Syntax der erweiterten
relationalen Schnittstelle findet sich außerdem in /FL84/.)

SEED - A DATABASE SYSTEM FOR SOFTWARE ENGINEERING ENVIRONMENTS

Martin Glinz   Hansjörg Huser   Jochen Ludewig

Brown Boveri Research Center
CH-5405 Baden, Switzerland

ABSTRACT

A data model for software engineering databases is presented. On the basis of an entity-relationship-approach, the model provides special features for complex objects, consistency, vague or incomplete information, variants, and versions. A prototype of a database system based on this model is being implemented.

ZUSAMMENFASSSUNG

Das Modell einer Datenbank für Anwendungen in der Softwaretechnik wird vorgestellt. Es basiert auf einem Entity-Relationship-Ansatz, enthält aber zusätzliche Modellierungsmittel für komplexe Objekte, Konsistenzsicherung, vage bzw. unvollständige Informationen, Versionen- und Variantenverwaltung. Ein Prototyp eines Datenbanksystems, welches mit diesem Modell arbeitet, wird implementiert.

INTRODUCTION

Every Software Engineering Environment needs a database as a central repository of information (Osterweil, 1981). The requirements for such a software engineering database differ significantly from the capabilities of commercially available database management systems, including relational systems (Stenning, 1983 and Dittrich et al. 1984). The most important requirements are:

(1) storing complex objects (hierarchically structured, undetermined size) and relationships between these objects together with their semantics

(2) storing incomplete or vague information

(3) ensuring database consistency and supporting long transactions

(4) accessing the database in a manner similar to abstract data types

(5) managing versions and variants.

Thus we must either bridge the gap between these requirements and the capabilities of an available database system, or we must implement a new system that meets our requirements. In any case, we must express our needs by defining a conceptual schema and database operations on a high semantic level. However, the available database models offer poor or even no concepts to model a schema and operations in a way that requirements (2) - (5) are met. Therefore we define a new database model that is tailored to software engineering applications. (For details see Glinz and Ludewig, 1984.) In an implementation, this model may either be mapped onto an existing database system or be implemented directly. For our prototype implementation, we have chosen a direct, straightforward implementation by means of linked lists. The base abstract machine (see below) of the prototype is operational since November, 1984.

THE SEED DATA MODEL

Our SEED (Software Engineering Environment Database) - Model is based on an entity-relationship approach (Chen, 1976). Instead of entities and attributes, we use the more general concept of hierarchically structured objects. The latter allows for representation of entities with attributes, hierarchical decomposition, and hierarchical ordering.

We include semantics by: (1) a naming concept for objects that resembles Pascal record structures, (2) specifying the roles of the objects in relationships, and (3) defining cardinalities for all schema structures that classify relationships and dependent objects.

Any element in the database schema may have attached procedures that are executed when a data item belonging to that schema element is processed. This allows for an easy definition of dynamic consistency rules and short transactions. So we meet requirement (1).

In object hierarchies, only the top object must be defined. Thus we can store incomplete information. We use generalization (Smith and Smith, 1977) of object classes and of associations (relationship classes) to create categories in the schema that allow to store vague information. So we are able to define and refine information on objects and relationships incrementally (requirement 2).

From information in the schema we derive consistency rules that always must hold, and completeness rules that are checked on demand only. So we can ensure consistency by automatic checks without excluding incomplete and vague data from the database. Long transactions (design steps lasting from minutes to hours) are protected by a write-lockout mechanism (requirement 3).

Access to the database is provided through a set of abstract machines only. The procedures of the lowest level check all consistency rules derivable from the database schema, thus ensuring consistency. As any procedure in a higher abstract machine makes use of procedures in lower ones, consistency is guaranteed for any database access. So the database may be viewed as a set of abstract data types (requirements 4 and also 3).

Our pattern concept (see next chapter) yields an elegant solution to the problem of managing variants. Furthermore, we support a history of versions for objects and relationships by providing database operations that attach version tags to data, and reconstruct or delete versions on demand (requirement 5).

Figure 1 shows a graphic representation of a SEED-schema.

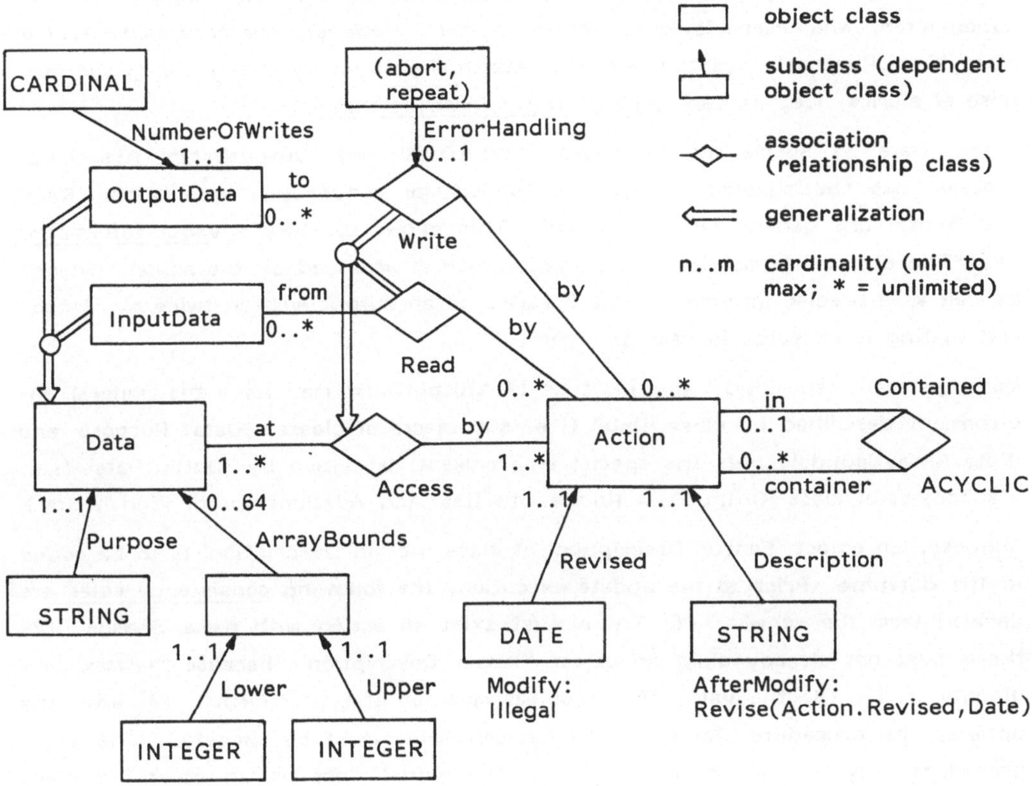

Figure 1:   Sample SEED Schema

Explanation: 'Data' is a hierarchically structured object class with classes 'Data.
Purpose' and 'Data.ArrayBounds' as subclasses. The latter has again two subclasses, 'Data.ArrayBounds.Lower' and 'Data.ArrayBounds.Upper'. Class 'Data.
Purpose' may have objects of type STRING as instances. 'Data.ArrayBounds' has
the cardinality 0..64, specifying that any object of class 'Data' may have from zero
up to 64 objects of class 'Data.ArrayBounds'.

Classes 'Data' and 'Action' are related by an association 'Access' with cardinalities
1..* and 0..*. '1..*' means that any instance of 'Data' should have at least one
'Access'-link with an instance of 'Action'; there is no upper bound for the number
of such links. The roles 'at' and 'by' express that accesses take place at instances
of 'Data' by instances of 'Action'.

The association 'Contained' imposes a tree structure on the objects that are instances of 'Action' by means of the attribute ACYCLIC and the cardinality 0..1 for
the role 'in'.

We may define an object of class 'Data' by giving its name only, e.g. 'alarms', omitting any subobject (instance of subclass) definition. Such objects may be added later, when more is known about 'alarms'. However, the cardinality 1..1 of class 'Data.Purpose' says that we must eventually supply a string giving the purpose of alarms, i.e. we can <u>formally detect incompleteness</u>.

Class 'Data' is specialized to classes 'InputData' and 'OutputData'. Association 'Access' has specializations 'Read' and 'Write', or conversely: associations 'Read' and 'Write' are generalized to 'Access'. This allows to store a <u>vague information</u> like "The object 'alarms' is a data object which is accessed by the action 'sensor'" as well as a precise information like "'alarms' is an output written twice by 'sensor', and writing is repeated in case of error".

More generally speaking, any instance of 'OutputData' may have the general environment described by class 'Data' (i.e. subobjects of classes 'Data. Purpose' and 'Data.ArrayBounds') plus the special environment described by 'OutputData' (i.e. a subobject of class 'OutputData.NumberOfWrites' and relationships of kind 'Write').

Suppose, an object 'Sensor.Description' of class 'Action.Description' is to be added to the database. Prior to the update execution, the following <u>consistency rules</u> are derived from the schema: (1) There must exist an action with name 'Sensor', (2) there must not already exist an object 'Sensor.Description' (because the max cardinality is 1), (3) the value of the object must be of type STRING, (4) after the update, the procedure Revise(Action.Revised,Date) must be executed. The latter procedure may contain code generating the actual date as an object of class 'Action.Revised'. So every update of an action description automatically updates the revision date, too. On the other hand, procedure 'Illegal' attached to 'Action. Revised' prohibits any direct update of objects of this class. Thus, procedures attached to elements in the schema provide additional <u>semantics</u> that are <u>checked</u> when updates are made.

PATTERNS - A POWERFUL NEW CONCEPT

We can mark any data in the database to be a <u>pattern</u>. Such patterns are invisible to any retrieval operation and are not checked for consistency unless they are <u>inherited</u> by a 'normal' data item. The semantics of patterns and the inherit operation is as follows: all retrieval operations view patterns as macros, and inherit-operations as macro expansions. However, instead of a real expansion we establish a special inherits-relationship between a pattern and any of its inheritors. Thus pattern information cannot be updated in the environment of the inheritors, but only in the pattern itself. Conversely, any update of a pattern automatically propagates to all inheritors of that pattern.

These semantics are extremely useful for managing <u>variants</u>: A family of variants, consisting of a <u>set of objects and links</u> that is divided into a fixed and several variant parts (one for each variant) can be modelled as follows: Fixed and variant parts are described by normal items. The connections between the fixed and the variant parts are established by patterns such that all variants inherit the same links to the fixed part.

In fig. 2, the fixed part, consisting of objects A and B is connected to a pattern object PO by pattern links PL1 and PL2, respectively. Both variants inherit this pattern. Thus, they both have (inherited) links to objects A and B, i.e. they have the fixed part in common.

There are several other applications for patterns, e.g. for templates, user defined constraints, or standardized data environments.

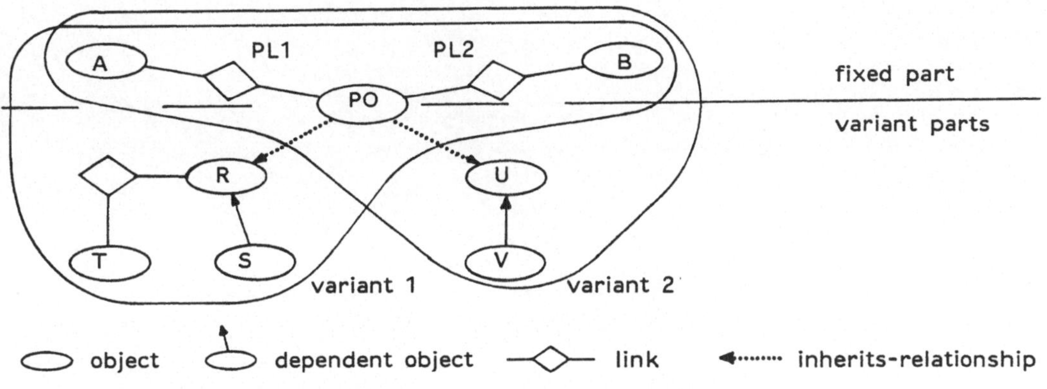

Figure 2: Defining variants by means of patterns

CONCLUSIONS AND PLANS

We have defined a data model that makes conceptual modelling for software engineering easy as it provides features to handle complex structures, vague and incomplete information, consistency, variants, and versions that are vitally needed in this field. The realization of the new features leeds to powerful extensions of the entity-relationship approach.

We are now investigating the problem of variant/version management and the operational aspects of the database more in detail. By 1985, we plan to incorporate the database into a prototype software engineering environment to show the feasibility and usefulness of our ideas in practice.

REFERENCES

Chen, P. P. (1976). The entity-relationship model - toward a unified view of data. ACM Transact. Database Syst., 1, 1 (March 1976). 9-36.

Dittrich, K.R., A.M. Kotz, J.A. Mülle, P.C. Lockemann (1984). Datenbankkonzepte für Ingenieuranwendungen: eine Uebersicht über den Stand der Entwicklung. 14. Jahrestagung der GI, Braunschweig 1984.

Glinz, M. and J. Ludewig (1984). SEED - Das Datenbanksystem für die Software-Entwicklungsumgebung SEEME. Brown Boveri Research Center, Research Report No. KLR 84-143 C.

Osterweil, L. (1981). Software environment research: directions for the next five years. IEEE Computer 14,4. 35-43.

Smith, J. M., and D. C. P. Smith (1977). Database abstractions: aggregation and generalization. ACM Transact. Database Syst., 2, 2 (June 1977). 105-133.

Stenning, V. (ed.) (1983). Requirements for software engineering databases. Imperial Software Technology Ltd., London.

Ein prozedurorientiertes Datenmodell für CAD-Anwendungen und seine Realisierung mittels konventioneller Datenbanksoftware und Ada

Birgit Lüke
Martin Bever

Universität Karlsruhe, Institut für Informatik II,
Postfach 6380, 7500 Karlsruhe 1

Kurzfassung

Datenbanksysteme für das rechnergestützte Konstruieren müssen gegenüber kommerziellen Datenbankanwendungen eine Reihe neuer Anforderungen erfüllen. Hierzu zählen insbesondere die Definition und Manipulation beliebig zusammengesetzter Objekte und die Gewährleistung komplexer Konsistenzbedingungen. Um die Definition anwendungsspezifischer Operatoren sowie die Darstellung beliebiger Konsistenzbedingungen durch Prozeduren zu ermöglichen, wird weiterhin ein Konzept zur Definition abstrakter Datentypen gefordert.

DANTE ist ein CAD-Datenmodell, das die hier genannten Anforderungen erfüllt. Da zur Definition anwendungsspezifischer Operatoren Sprachelemente zur algorithmischen Problemlösung erforderlich sind, wurde Modula-2 um die Konzepte von DANTE erweitert (Dante-Modula).

Die Realisierung von Dante-Modula durch Konstruktion eines Sprachübersetzers und eines Datenbanksystems als Laufzeitsystemkomponente ist mit einem erheblichen Aufwand verbunden. Deshalb wird hier eine Realisierung unter Verwendung des kommerziell verfügbaren Datenbanksystems UDS und der höheren Programmiersprache Ada vorgestellt.

1. Einleitung ....

2. Anforderungen aus dem Konstruktionsbereich ....

3. Das prozedurorientierte CAD-Datenmodell DANTE ....
    3.1 Der operationale Ansatz ....
    3.2 Die Modellierungskonzepte ....
         3.2.1 Überblick ....
         3.2.2 Attributwertebereiche ....
         3.2.3 Objekttypen und Objektklassen ....
         3.2.4 Standardoperatoren ....

4. Implementierung von Dante-Modula über UDS und Ada ....
    4.1 Motivation und Ausgangspunkt ....
    4.2 Detaillierung der Problemstellung ....
    4.3 Erzeugung eines DDM in Ada ....
         4.3.1 Spezifikation eines Ada-ADT für eine DANTE-Klasse ....
         4.3.2 Implementierung der Klassenoperatoren von Dante-Modula ....

5. Zusammenfassung und Ausblick ....
    Literatur: ....

1. Einleitung

Unter dem Begriff Computer Aided Design (CAD) versteht man allgemein den Einsatz
von Rechnern zur Unterstützung von Ingenieuraufgaben. Ein CAD-System bietet
sowohl hardwaremäßig als auch softwaremäßig integrierte Komponenten an, die den
Konstrukteur bei seinen Tätigkeiten wie Grobentwurf, Detaillierung oder Fertigungsvorbereitung unterstützen. Hierzu enthält das CAD-System als zentrale Komponente ein Datenverwaltungssystem, um das sich die unterschiedlichsten Funk-
tionsmoduln (z. B. Geometrieverarbeitung, Finite Elemente, etc.) gruppieren. Die Leistung eines CAD-Systems hängt in besonderem Maße von der Qualität des Datenverwaltungssystems ab.

Das Ziel vieler Arbeiten ([Enca82], [Engi83], [Fisc83], [Kuta83], [Lori83], [Neum82],
[Ston83]) auf dem Gebiet von CAD-Datenbanksystemen ist zum einen die Effizienzsteigerung durch geeignete Zugriffspfade und Cluster-Techniken, zum anderen
die Untersuchung und der Entwurf geeigneter CAD-Datenmodelle. Die vorliegende Arbeit widmet sich dem letzgenanten Bereich.

Im folgenden Kapitel werden zunächst Anforderungen diskutiert, die CAD-
Anwendungen an ein Datenbanksystem stellen. Im dritten Kapitel wird ein
prozedurorientiertes CAD-Datenmodell (DANTE) und sein sprachlicher Ausdruck
(Dante-Modula) vorgestellt. Schließlich wird im vierten Kapitel das methodische Vor-
gehen zur Realisierung des CAD-Datenmodells entwickelt, und es wird gezeigt, wie
unter Verwendung existierender Datenbanksoftware und der Programmiersprache
Ada die Entwicklung eines spezifischen Sprachübersetzers vermieden werden kann.
Das letzte Kapitel gibt eine Zusammmenfassung und einen Ausblick auf zukünftige
Aufgaben.

2. Anforderungen aus dem Konstruktionsbereich

Der Versuch, auf dem Markt zugängliche Datenbanksysteme für Ingenieuranwendungen einzusetzen, scheiterte meist daran, daß diese Systeme für administrativ-
betriebswirtschaftliche Bereiche entwickelt wurden, in denen völlig anders gelagerte
Aufgaben zu bewältigen waren ([Sidl80]).

Im folgenden werden einige Anforderungen für CAD-Datenbanksysteme kurz
zusammengefaßt ([Ditt84], [East81], [Lori81]).

Komplexe Objekte

Technische Objekte, die im Konstruktionsprozeß erzeugt, verändert oder benutzt
werden, können aus zahlreichen anderen, beliebig aufgebauten Objekten zusammengesetzt sein. Diese Zusammensetzung kann sich im Laufe des Konstruktionsprozesses ändern.

Für den Entwurf neuer technischer Objekte lassen sich Operatoren definieren, die
den Aufbau des technischen Objekts aus anderen Objekten unterstützen. In [Requ80],
[Baer79], [Voel77] werden beispielsweise die Operatoren Vereinigung, Durchschnitt
und Differenz zweier Objekte vorgeschlagen.

Standardobjekte

In vielen Anwendungsbereichen der Konstruktion (z. B. Entwurf mechanischer Werkstücke) treten als Teilobjekte nur geometrisch einfach beschreibbare Körper auf; dies sind z. B. die Standardvolumina wie Quader, Zylinder oder Kegel. Der geometrische Aufbau dieser Standardobjekte ist bis auf einzelne Parameter (z. B. Länge und Radius eines Zylinders) fest, ihre (physikalische) Funktion vorbestimmt.

Für den Umgang mit Standardobjekten können eine Reihe von Operatoren definiert werden ([Brai73], [Voel77]). Zu diesen Operatoren gehören z. B. die Erzeugung eines Objekts, Projektionen und Transformationen. Alle diese Operatoren bewahren die Struktur des Standardobjekts; beispielsweise wird durch die Translation eines Zylinders gewährleistet, daß alle Flächen, Kanten und Punkte auf dieselbe Art verschoben werden.

Abstraktionsebenen

Ein Konstrukteur arbeitet auf unterschiedlichen Abstraktionsebenen, die von den einzelnen Phasen des Konstruktionsprozesses abhängen. Sie sind durch die Objekte und deren Manipulation charakterisiert. Während der Konstrukteur in der Phase der Detaillierung das Standardobjekt als Ganzes sieht (er wählt es aus, legt Dimension und evt. Material fest, positioniert es als Ganzes in seiner Konstruktion), benötigt er in der Phase der Fertigungsplanung detaillierte Informationen über die Geometrie der verwendeten Objekte (Zugriff auf topologische, geometrische und bemaßungstechnische Informationen).

Redundanz und Konsistenz

Mit gängigen Geometriemodellen ([Requ80], [Baer79]) müssen zahlreiche Informationen über Objekte redundant beschrieben werden. Diese Redundanz wird in bisherigen Datenbanksystemen nicht kontrolliert.

Gerade im Ingenieurbereich gibt es eine große Anzahl von Konsistenzbedingungen, die mit den recht einfachen Möglichkeiten existierender Datenbanksysteme nicht mehr spezifizierbar sind. Die Konsistenzbedingungen betreffen nicht nur ein einzelnes Objekt oder sogar nur eine bestimmte Eigenschaft eines Objekts, sondern sie beziehen sich auf gesamte Konstruktionen und regeln die notwendigen Beziehungen zwischen vielen Objekten.

3. Das prozedurorientierte CAD-Datenmodell DANTE

3.1 Der operationale Ansatz

Neuere Datenmodellentwicklungen für den CAD-Bereich beschäftigen sich hauptsächlich mit dem Entwurf mächtiger Datenstrukturierungskonzepte. Vertreter sind einerseits Erweiterungen des Relationenmodells (z. B. [Lori83], [Sche82], [Ston83]), andererseits Neuentwicklungen semantischer Datenmodelle (z. B. [Fois82], [Neum82], [Smit80]). Nur einige dieser Ansätze verfolgen zusätzlich die Möglichkeit, Operatoren zu definieren, die über die üblichen Datenmanipulationsoperatoren wie

Einfügen und Löschen hinausgehen und gezielt für einen Anwendungsfall definiert werden (z. B. [Fois82], [Melk83], [Smit80]).

Es gibt jedoch keine Möglichkeit, Operatoren zu definieren, die die Erzeugung komplexer, zusammengesetzter Objekte anhand einiger weniger Parameter leisten und gleichzeitig alle daraus ableitbaren Teilobjekte (z. B. die Flächen und Kanten eines Würfels) erzeugen und dem komplexen Objekt zuweisen. Derartige Operatoren müssen jedoch vorausgesetzt werden, will man Standardobjekte auf einer hohen Abstraktionsebene zur Verfügung stellen. Nur so kann durch den Operator vom inneren Aufbau eines Standardobjekts abstrahiert werden. Eine Unterstützung verschiedener Abstraktionsebenen durch die Bereitstellung von Erzeugungs- und Manipulationsoperatoren ist also nicht möglich.

Eine Abstraktionsebene, in der sich der Konstrukteur in einzelnen Phasen des Konstruktionsprozesses aufhält, ist durch die Objekte, die der Konstrukteur erzeugt oder verwendet, charakterisiert. Dabei gilt für jedes Objekt einer Ebene, daß von einzelnen Details, die auf unterer Ebene notwendig sind, abstrahiert wird. Stets muß aber gewährleistet sein, daß das Objekt auf jeder Ebene im entsprechenden Detaillierungsgrad konsistent definiert oder manipuliert wird.

Beispielsweise ist ein Zylinder durch seine Länge und den Radius auf einer höheren Ebene ausreichend beschrieben. Detaillierte Informationen über Mantelfläche, die Kreisflächen oder Begrenzungskanten sind auf einer niedrigeren Ebene definiert. Sie müssen aber stets mit der Längen- und Radiusangabe des Zylinders konsistent sein, d.h. der Radius der Kreisfläche muß z. B. mit dem Zylinderradius übereinstimmen, und dies zu jedem Zeitpunkt, nach jeder Manipulation. Derartige Abhängigkeiten können die Operatoren gewährleisten, die die Objekte der höheren Ebene erzeugen und die Manipulationen am Objekt beschreiben.

Diese Operatoren sind zwangsläufig eng an die Objekte gebunden. Denn für jeden Objekttyp (z. B. Zylinder, Quader, etc.) gibt es andere Teilobjekte auf unterer Ebene, und es gelten jeweils andere Konsistenzbedingungen zwischen den Teilobjekten.

Neben der Notwendigkeit, für unterschiedliche Objekttypen auch unterschiedliche Erzeuge- und Manipulationsoperatoren definieren zu müssen, muß aus Gründen der Konsistenzerhaltung diese Bindung auch erzwungen werden. Können nämlich unter Umgehung der definierten Operatoren die Teilobjekte beliebig manipuliert werden, ist die Konsistenz gefährdet. Besteht der einzige Zugang zu den Objekten jedoch nur über die für den Objekttyp definierten Operatoren, so wird jede Konsistenzbedingung, die im Operator berücksichtigt wurde, auch stets eingehalten.

Der Zugriff auf Objekte unter alleiniger Verwendung von wohldefinierten Operatoren wird durch abstrakte Datentypen (ADT) ([Lisk74]) garantiert. Ein ADT faßt eine Menge von Objekten zusammen und spezifiziert die darauf notwendigen und erlaubten Operatoren. Für die Erfüllung der in Kap. 2 beschriebenen Anforderungen ist das Konzept des abstrakten Datentyps ein ideales Beschreibungsmittel, so daß dieses Konzept in einem Datenmodell verfügbar gemacht werden muß. Keine der o.g. Ansätze verfügt über ein solches Konzept.

3.2 Die Modellierungskonzepte

3.2.1 Überblick

Der im vorangehenden Kapitel vorgeschlagene Ansatz zur Definition von anwendungsspezifischen Operatoren wird vom semantischen Datenmodell DANTE ([Luek83]) verfolgt. Es bietet ein Konzept an, mit dem die Definition abstrakter Datentypen in einem Schema möglich wird.

DANTE ist eine Erweiterung des Entity/Relationship-Modells ([Chen76]). Es geht davon aus, das in der Umwelt identifizierbare Objekte durch Attributwerte beschrieben und die Objekte in Klassen zusammengefaßt werden können.

In DANTE wird die Repräsentation der Objekte einer Klasse durch einen Objekttyp definiert. Dieser Objekttyp legt die Attribute mit ihren Wertebereichen fest. Bei der Definition einer Klasse wird neben der Angabe des Objekttyps ein (oder mehrere) Attribut(e) als Schlüsselattribut(e) ausgezeichnet. Da die Repräsentation der Objekte verschiedener Klassen durchaus gleich sein kann, kann in der Klassendefinition jeweils auf denselben Objekttyp Bezug genommen werden.

DANTE unterscheidet 5 verschiedene Konzepte für Objekttypen. Neben der Beschreibung von atomaren Objekten durch Entitytypen gibt es 3 verschiedene Aggregationstypen zur Beschreibung von Beziehungen zwischen beliebigen Objekten. Eines dieser Konzepte für Aggregationen entspricht dabei dem ADT-Konzept. Das Konzept 'Specialization' ermöglicht die Definition von Teilmengen von Klassen (vgl. Generalization [Smit77]).

Gerade zur Definition der anwendungsspezifischen Operatoren eines ADT's ist die Verwendung einer höheren Programmiersprache nützlich. Aus diesem Grund wurde die Datenbanksprache Dante-Modula entwickelt, eine Erweiterung der Sprache Modula-2 [Wirt82] um das Datenmodell DANTE.

Eine Erweiterung des Modula-2 Definition-Module's ist der Database-Definition-Module (DDM), der ein Dante-Modula-Schema definiert. Er ist wie folgt aufgebaut (vgl. Modula-R [Koch83]):

```
DATABASE DEFINITION MODULE <name>;
    IMPORT <importliste>;
    EXPORT QUALIFIED <exportliste>;
    <konstantendefinition>;
    <attributwertebereichsdefinition>;
    <objekttypdefinition>;
    <objektklassendefinition>;
END <name>.
```

Im DDM können Typdefinitionen aus anderen Moduln über die Importliste importiert werden. Exportiert werden alle die Definitionen, die außerhalb dieses Moduls sichtbar sein sollen, also die Klassen- und Objekttypdefinitionen.

Jede in einem Schema definierte Klasse ist eine Datenbasisklasse. Die Objekte, die zu einem Zeitpunkt in der Klasse enthalten sind, sind Datenbasisobjekte.

Im Zusammenhang mit der Definition von objektbezogenen Operatoren bzw. der Definition von Anwendungsprogrammen treten programmlokale Objekte (Entities, Aggregationen und Spezialisierungen) und Klassen auf. Jedes Objekt wird in Dante-Modula über eine Variable eines Objekttyps erzeugt und referenziert und ist zunächst programmlokal. Erst durch ein explizites Einfügen in eine Datenbasisklasse wird ein lokales Objekt ein Datenbasisobjekt.

Eine Klasse, die nicht in einem DDM definiert wurde, ist eine lokale Klasse, deren Objekte auch stets lokal bleiben.

Der folgende Abschnitt beschreibt die in Dante-Modula definierbaren Attributwertebereichstypen. Anschließend werden die 5 verschiedenen Objekttypen und Objektklassen vorgestellt. Im letzten Abschnitt dieses Kapitels werden die Standardoperatoren zur Manipulation und Selektion von Objekten einer Klasse beschrieben.

3.2.2 Attributwertebereiche

Attribute und ihre Wertebereiche werden wie folgt definiert:

<attributname> : <attributwertebereichsdefinition>

Da Dante-Modula eine Sprachextension der Programmiersprache Modula-2 ist, liegt es nahe, als Attributwertebereiche die Modula-2 Datentypen zuzulassen. Neben den einfachen Datentypen wie INTEGER, CHAR, Aufzählungtypen und Unterbereichstypen können auch RECORD- und ARRAY-Typen als Attributwertebereiche definiert werden. Bsp.:

Koordinaten : ARRAY (xko,yko,zko) OF REAL

Neben diesen Modula-2 Datentypen enthält die Sprache Dante-Modula zusätzlich die folgenden zusammengesetzten Typen, die bei der Attributwertebereichsdefinition benutzt werden können:

- Durch einen Typ MATRIX wird eine zweidimensionale Matrix mit numerischem Komponententyp definiert. Neben der Komponentenselektion wird als Matrixoperator die Matrixmultiplikation und die Multiplikation mit einem skalaren Wert angeboten. Bsp.:

Transformation : MATRIX [1..4][1..4] OF REAL

- Um Mengen von Werten handhaben zu können, wurde das Modula-2 SET-Konzept erweitert für beliebige Typen. Bsp.:

Polygon : SET OF Koordinaten

- Um Listen von Werten beschreiben zu können, kann das LIST-Konzept verwendet werden. Für Listen sind Operatoren für das sequentielle Arbeiten und das positionsorientierte Arbeiten definiert. Bsp.:

Bewegung : LIST OF Transformation

Mit Hilfe dieser zusammengesetzten Datentypen von Dante-Modula lassen sich hierarchische Datenstrukturen als Attributwertebereiche definieren. Die Manipulation solcher Attributwerte erfolgt mit den durch die Datentypen gegebenen Operatoren. Beispielsweise kann in einer Liste von Verbunden mit

GETFIRST(listvar).feld

auf das Feld des ersten Listenelementes zugegriffen werden.

3.2.3 Objekttypen und Objektklassen

Wie schon erwähnt, werden in Dante-Modula die Objektklassen in 2 Schritten definiert:

1. Der Objekttyp legt die Repräsentation der Objekte, die die Klasse enthalten soll, fest.

2. Die Klassendefinition nimmt Bezug auf einen Objekttyp und definiert das Schlüsselattribut.

Entitytyp und Entityklasse

Das Modellierungskonzept ENTITY dient zur Beschreibung der atomaren Objekte einer Anwendung. Der Entitytyp wird in Anlehnung an das Recordkonzept von Modula-2 wie folgt definiert:

```
TYPE <entitytypname> = ENTITY
                    ATTRIBUTES
                        <attname₁> : <attributwertebereichstyp₁>;
                                  :
                        <attnameₙ> : <attributwertebereichstypₙ>;
                    END
```

Mit Hilfe der im Entitytyp definierten Attribute kann das atomare Objekt der Umwelt charakterisiert werden.

Entityklassen werden nun wie folgt definiert:

```
CLASS <entityklassenname> = ENTITYCLASS OF <entitytypname>;
                        KEY <attnameᵢ>;
                        END
```

Bei der Definition der Entityklasse muß der <entityname> ein Bezeichner eines Entitytyps sein. Das gewählte Schlüsselattribut muß als Attribut im Entitytyp definiert sein.

Aggregationstypen und Aggregationsklassen

Aggregierte Objekte stellen stets eine Beziehung zwischen mehreren anderen, evt. auch aggregierten Objekten dar. Beziehungen zwischen Objekten werden über Rollenattribute modelliert. Da eine Beziehung nur zwischen bereits existierenden Objekten bestehen kann, ist der Wert eines Rollenattributes ein bestehendes Objekt einer Objektklasse. Somit enthält die Rollenattributsdefinition zur Beschreibung des Rollenattributwertebereiches sowohl den Objekttypnamen zur Repräsentation des Wertes als auch den Klassennamen, in dem das Objekt enthalten sein muß.

Eine **SF-Aggregation** modelliert stets eine **zeitinvariante** Beziehung. Hierunter ist zu verstehen, daß die einmal erzeugte Beziehung sich über den betrachteten Zeitraum nicht mehr ändert. Die bei der Erzeugung der SF-Aggregation zugewiesenen Objekte bleiben also stets Teilobjekte dieser Beziehung. Die Zusammensetzung aus Teilobjekten ändert sich nicht. Aus diesem Grund ist eine Manipulation an Rollenattributswerten nicht erlaubt. Eine Veränderung von Eigenschaften sowohl des Beziehungsobjekts als auch der beteiligten Teilobjekte kann weiterhin durch eine Attributwertänderung nachvollzogen werden.

Die **SV-Aggregation** ist das Modellierungskonzept für zusammengesetzte Objekte, deren Zusammensetzung sich während der betrachteten Zeit verändern kann. Da gerade bei Konstruktionen die Anzahl der Teilobjekte nicht von vornherein bekannt ist, muß es zur Modellierung der Beziehung zwischen diesen Teilobjekten ein Konzept geben, daß beliebig viele Teilobjekte in einer Beziehung zuläßt. Hierfür bietet sich an, daß der Wertebereich der Rollenattribute eine Menge oder eine Liste von Objekten einer Objektklasse sein darf.

Die zeitvariante Beziehung zwischen Objekten kann nun durch Manipulation der Rollenattributswerte nachgezeichnet werden.

Das folgende Beispiel zeigt die Modellierung einer Klasse von Polyedern, die als SV-Aggregation zwischen einer beliebigen Menge von Flächen definiert sind. In der 'Structure'-Klausel werden die Rollenattribute und in der 'Attributes'-Klausel die zur Charakterisierung notwendigen Attribute definiert.

```
TYPE polyeder        = SV_AGGREGATION
                       STRUCTURE
                           p_flaechen : SET OF flaeche OF flaechen;
                       ATTRIBUTES
                           flaechen#  : CARDINAL;
                           p_name     : ARRAY [0..10] OF CHAR;
                       END;


CLASS polyederklasse = SV_AGGREGATIONCLASS OF polyeder;
                       KEY p_name;
                       END;
```

Das Modellierungskonzept der **O-Aggregation** ist das in DANTE integrierte abstrakte Datentypkonzept (ADT). Hiermit können für beliebige Objekte des Anwendungsbereichs spezielle, objektbezogene Operatoren definiert werden, die allein zur Handhabung (sowohl Manipulation am Objekt als auch Selektion von Informationen über das Objekt) des Objekts dienen. Diese Operatoren bilden also den einzigen Zugang zu den Objekten der O-Aggregationsklasse, sie definieren somit eine strikte Schnittstelle für den Umgang mit dem durch den ADT modellierten Objekt.

Eine O-Aggregation in DANTE legt zuerst durch den O-Aggregationstyp die Repräsentation der Objekte, die durch einen ADT modelliert werden sollen, fest. Dabei entspricht die Struktur der Repräsentation genau der der SV-Aggregation, um beliebig zusammengesetzte Objekte modellieren zu können. Die O-Aggregationsklasse enthält nun die Spezifikation der Operatoren, die für die Objekte der Klasse bereitgestellt werden sollen.

Hierfür wird das Modula-2 Modulkonzept in erweiterter Form benutzt. Im 'Definition-Module' wird die Schnittstelle des ADT spezifiziert, der 'Implementation-Module' enthält die Realisierung der Operatoren.

Das folgende Beispiel zeigt die Definition einer O-Aggregationsklasse für Zylinder. In Anlehnung an bestehende Geometriemodelle für CAD-Anwendungen ([Requ80]) wird jeder Zylinder als Beziehung zwischen Begrenzungsflächen, Kanten und Punkten aufgefaßt. Die hierdurch modellierte Redundanz wird durch die Operatoren für Zylinder kontrolliert und konsistent gehalten.

Der 'Definition-Module' einer O-Aggregationsklasse kann eine Importliste enthalten, in der alle die Typbezeichner aufgelistet werden, auf die in den Operatoren Bezug genommen wird. Durch jede O-Aggregationsklassendefinition wird automatisch der O-Aggregationstypname importiert (im Beispiel der Typbezeichner 'zylinder') und damit gleichzeitig alle Typ- und Klassenbezeichner der Teilobjekte dieser O-Aggregation. Die Exportliste exportiert alle definierten Schnittstellenoperatoren. Nach der Definition des Schlüsselattributs enthalten die 2 folgenden Operator-Klauseln die Schnittstellen der Operatoren. Da jeder Operator eine Dante-Modula-Prozedur ist, wird die Schnittstelle durch die Prozedurköpfe definiert.

Als Operatoren für Zylinder soll es einen Definitionsoperator geben, der als einzige Parameter die Länge und den Radius sowie die zur Identifikation notwendige Zylindernummer enthält. Die folgenden Operatoren ändern die Zusammensetzung des Zylinders aus Flächen und Kanten nicht: Verschieben, Durchmesser bestimmen und 2D-Zeichnen eines Zylinders.

Der Implementation Module einer O-Aggregationsklasse enthält die Implementierung der Operatoren, also die Prozedurrümpfe.

```
TYPE zylinder = O-AGGREGATION
   STRUCTURE
      zylkreis         : SET OF flaeche OF flaechen;
      zylmantel        : flaeche OF flaechen;
      zylkreismp       : SET OF punkt OF punkte;
      zylkreisbogen    : SET OF kante OF kanten;
   ATTRIBUTES
      znr : INTEGER;
      radius, laenge : CARDINAL;
      tm : translation;
END;


CLASS zylinderklasse = O-AGGREGATIONCLASS OF zylinder;
   DEFINITION MODULE
      EXPORT QUALIFIED definierezyl, verschiebezyl, durchmesser, zeichne_2d;
      KEY znr;
      STRUCTURE MODIFYING OPERATORS
         PROCEDURE definierezyl (z : INTEGER; l,r : CARDINAL);
      STRUCTURE PRESERVING OPERATORS
         PROCEDURE verschiebezyl (z : INTEGER; tm : translation);
         PROCEDURE durchmesser (z : INTEGER) : CARDINAL;
         PROCEDURE zeichne_2D  (z : INTEGER) : LIST OF kante;
   END;
   IMPLEMENTATION MODULE
      < procedure_body_list >
   END;
END zylinderklasse.
```

Spezialisierungstyp und Spezialisierungsklasse

Mit Hilfe dieses Konzepts lassen sich Teilmengen von Objektklassen definieren, um die Objekte dieser Teilmengen durch zusätzliche Attribute beschreiben zu können. Dieses Konzept entspricht in umgekehrter Richtung dem Konzept der Generalisierung aus [Smit77].

Es können beliebig viele Spezialisierungsklassen zu jeder beliebigen Objektklasse, also selbst wieder zu einer Spezialisierungsklasse definiert werden. Beispielsweise kann zur Klasse der Polyeder eine Spezialisierungsklasse Quader definiert werden und zu Quader eine Spezialisierungsklasse Würfel.

Die Objekte der Spezialisierungsklasse S zu der Objektklasse O sind stets auch

Elemente der Klasse O. Diese Bedingung wird über ein Rollenattribut modelliert. Der Wert des Rollenattributs ist also das Objekt der übergeordneten Klasse. Das folgende Beispiel zeigt die Definition eines Spezialisierungstyps und der Spezialisierungsklasse.

```
TYPE quader = SPECIALIZATION
              STRUCTURE
                      quader_ist_polyeder : polyeder OF polyederklasse;
              ATTRIBUTES
                      laenge, breite, hoehe : REAL;
          END;

CLASS quaderklasse = SPECIALIZATIONCLASS OF quader;
                    KEY quader_ist_polyeder;
                    END;
```

3.2.4 *Standardoperatoren*

Die folgenden drei Standardoperatoren zum Einfügen, Löschen und Ändern von Objekten einer Klasse sind in Dante-Modula vordefiniert:

INSERT (o, ok)
Das Objekt o wird in die Klasse ok eingefügt. Hierbei muß der Typ von o mit dem Objekttyp für die Klasse ok übereinstimmen. Duch diesen Operator wird die Schlüsseleigenschaft garantiert, und es wird kontrolliert, daß bei Rollenattributen die angegebenen Objekte auch tatsächlich in den entsprechenden Klassen existieren.

DELETE (o, ok)
Das Objekt o wird aus der Klasse ok gelöscht. Gleichzeitig werden als Folgeoperationen alle Spezialisierungen dieses Objekts sowie alle SF-Aggregationen, an denen dieses Objekt o beteiligt war, gelöscht, da SF-Aggregationen nur zwischen existierenden Objekten bestehen dürfen. Alle SV-Aggregationen werden entsprechend geändert.

UPDATE o IN ok DO
Mit Diesem Operator können Attributwertänderungen am Objekt o der Klasse ok durchgeführt werden. Es wird dabei kontrolliert, daß Schlüsselattribute und Rollenattribute von SF-Aggregationen nicht geändert werden, und daß bei einer Änderung der Rollenattribute von SV-Aggregationen die Werte stets existierende Objekte referenzieren.

Zur Selektion von Objekten aus einer Klasse können prädikatenlogische Ausdrücke formuliert werden. Das Ergebnis ist immer eine Menge von Objekten. Als Beispiel sollen alle Polyeder gelesen werden, die aus mindestens 7 Flächen bestehen (vgl. Typ- und Klassendefinition in 3.2.3):

```
VAR pm : SET OF polyeder;
pm := THOSE p IN polyederklasse WHERE
            p.flaechen# >= 7;
```

Diese 4 Standardoperatoren wirken, je nach dem, ob die Klasse in einem DDM definiert wurde oder nicht, auf der Datenbasis oder nur lokal.

4. Implementierung von Dante-Modula über UDS und Ada

4.1 Motivation und Ausgangspunkt

Es liegt nahe, Sprachen wie Dante-Modula durch die Konstruktion eines spezifischen Sprachübersetzers zu realisieren. Beispiele für ein solches Vorgehen sind Pascal-R ([Schm77]), Modula-R ([Koch83]), Adaplex ([Smit80]) oder auch Plain ([Wass81]). Hierbei ist grundsätzlich die Konstruktion eines Sprachübersetzers und eines Laufzeitsystems, das im wesentlichen ein Datenbanksystem darstellt, erforderlich. Der damit verbundene Aufwand ist jedoch in vielen Fällen nicht vertretbar.

Ziel ist es, die Realisierung auf ein kommerziell verfügbares Datenbanksystem abzustützen. Kommerziell verfügbare Datenbanksysteme realisieren in der Regel eines der drei klassischen Datenmodelle (Relationen-, Netzwerk- oder Hierarchiemodell), die semantisch weniger mächtig sind als das Datenmodell DANTE. Darüberhinaus verfolgen diese Modelle nicht den in Kap. 3.1 beschriebenen operationalen Ansatz, weshalb sie weder ein Prozedur- noch Modulkonzept noch Sprachelemente zur algorithmischen Problemlösung anbieten. Damit kann die Realisierung einer Sprache wie Dante-Modula nicht allein über einem existierenden Datenbanksystem erreicht werden, so daß zusätzlich eine höhere Programmiersprache erforderlich ist.

Damit stellt sich die Realisierung der Sprache Dante-Modula als Abbildung von Dante-Modula auf eine **Zielsprache** dar, die aus einer Datenbanksprache und einer höheren Programmiersprache besteht. Für die höhere Programmiersprache wurde Ada gewählt, weil derzeit auf der von uns benutzten SIEMENS 7531 kein Modula-2 Sprachübersetzer verfügbar ist. Die Wahl von UDS ist in der Verfügbarkeit des Datenbanksystems auf dem SIEMENS-Rechner begründet.

Die Mächtigkeit des Abbildungsprozesses ist von der Qualität der Zielsprache abhängig. So sollten die Datenbanksprache und die höhere Programmiersprache eine möglichst homogene Sprachschnittstelle bilden. An anderer Stelle ist die Einbettung existierender Datenbanksprachen in höhere Programmiersprachen untersucht worden ([Ston77], [Lacr83] und [Beve84]).

Ohne hier auf Details einzugehen, setzen wir für unsere Realisierungsüberlegungen die Einbettung einer Datenbanksprache in eine höhere Programmiersprache voraus. Dabei unterstellen wir, daß zu jedem existierenden Datenbankschema zusammen mit den durch das Datenmodell vorgegebenen Operatoren ein entsprechender abstrakter Datentyp in der höheren Programmiersprache erzeugt werden kann. Die Schemadefinition erfolgt jedoch über die durch das Datenbanksystem üblicherweise bereitgestellte Schemadefinitionsschnittstelle.

4.2 Detaillierung der Problemstellung

Dante-Modula unterstützt neben der Definition von DDM's auch die algorithmische Problemlösung unter Verwendung der Sprachelemente von Modula-2. Somit sind zunächst allen Modula-2 spezifischen Sprachelementen von Dante-Modula entsprechende Ada-Sprachelemente zuzuordnen. Da Ada selbst zur Pascal-Sprachfamilie gehört, stellt eine solche Transformation kein grundsätzliches Problem dar und soll uns im folgenden nicht weiter beschäftigen.

Jede in einem DDM definierte Klasse kann zusammen mit den in 3.2.4 definierten Klassenoperatoren (INSERT, DELETE und UPDATE) als abstrakter Datentyp aufgefaßt werden, so daß ein DDM aus mehreren ADT'en besteht.

Ziel ist es, für die mit einem DDM definierten ADT'en in Ada äquivalente ADT'en zu erzeugen. Dabei muß die Semantik der Klassenoperatoren, also der Operatoren des ADT's, mittels der Operatoren von UDS implementiert werden.

4.3 Erzeugung eines DDM in Ada

Ein ADT im Sinne [Lisk74] besteht aus einem Spezifikationsteil und der Implementierung der Operatoren. Im Spezifikationsteil werden die Operatoren des ADT's definiert. Somit ergeben sich für die Erzeugung eines DDM in Ada grundsätzlich zwei Schritte:

1. die Spezifikation eines abstrakten Datentyps in Ada für jede Klassendefinition im DDM und
2. die Implementierung der (Klassen-) Operatoren unter Verwendung von UDS-Operatoren in Ada.

Um eine möglichst systematische Erzeugung eines Dante-Ada-DDM zu erhalten, wird jeder der beiden Schritte in weitere Einzelschritte zerlegt.

4.3.1 Spezifikation eines Ada-ADT für eine DANTE-Klasse

1. Schritt

Für jede der in einem DANTE-DDM definierten Klassen (Entity-, Aggregations- und Spezialisierungsklassen) muß in Ada ein abstrakter Datentyp erzeugt werden.

Für die Operatoren Insert, Delete und Update werden gemäß der Dante-Modula Beschreibung entsprechende Operatorspezifikationen erzeugt. Dabei ist zu beachten, daß sich die Operatoren zwar auf eine Menge von Objekten beziehen, jedoch an der Schnittstelle des Operators immer genau ein Element der Menge in Erscheinung tritt.

Mit dieser Interpretation ist für jede der drei genannten Prozeduren ein formaler Parameter zu spezifizieren, der vom Objekttyp der jeweiligen Klasse ist. In allen drei Fällen ist der formale Parameter als ein "IN"-Parameter zu definieren, für den der Benutzer im Anwendungsprogramm bei Aufruf einen Wert bereitzustellen hat.

Hinzu kommt ein Fehlerparameter, der die erfolgreiche oder nicht erfolgreiche Ausführung eines Datenbankoperators signalisiert und im Fehlerfalle einen Fehlercode ausgibt, auf den sich eine Fehlerbehandlung abstützen kann. Hierbei kann auf das Konzept der "Exceptions" in Ada zurückgegriffen werden.

Gemäß Kap. 3.2.4 wird neben den Operatoren Insert, Delete und Update auch eine Selektion definiert, die in Form prädikatenlogischer Ausdrücke (Prädikatenlogik erster Ordnung) in Erscheinung tritt. Da Ada selbst keine Sprachelemente zur Definition prädikatenlogischer Ausdrücke bereitstellt, muß das Auswahlvermögen dieser Ausdrücke durch Prozeduren in Ada ausgedrückt werden. Zu diesem Zwecke ist ein abstrakter Datentyp SUCHAUSDRUCK bereitzustellen, der über Operatoren zur Definition eines Suchbaumes verfügt.

Neben den bereits diskutierten Operatoren ist also zusätzlich eine Operation SELEKTION einzuführen, die neben dem Klassennamen den Suchausdruck in Form eines Suchbaumes als "IN"-Parameter definiert. Da die Selektion eine Mengenoperation darstellt, das Ergebnis also eine Menge von Elementen einer Klasse ist, und Ada über kein Mengenkonzept verfügt, muß der Ergebnisparameter des Selektions-Operators anderweitig dargestellt werden. Beispielsweise kann dies unter Verwendung eines Haldenkonzeptes oder durch Definition eines ARRAY-Typs, dessen Elemente vom Typ Objekttyp der jeweiligen Klasse sind und dessen Dimension der maximalen Anzahl der Elemente einer Klasse entspricht, geschehen. Die Vor- und Nachteile beider Lösungen sind hinreichend bekannt. In beiden Fällen wird jedoch aus Benutzersicht die Verwaltung der Ergebnismenge in seine Verantwortung gelegt.

In Ada wird ein ADT mittels des Paket-Konzepts ([Ada83]) definiert, so daß sich für eine DANTE-Klasse die folgende Paketspezifikation ergibt:

```
WITH suchausdruck, ....;
PACKAGE ada_adt_klasse_i IS
   -- Typdefinitionen
   -- Prozedurdeklarationen:
      PROCEDURE insert_klasse_i      ( element       : IN  <objekttyp_i>;
                                       fehler        : OUT fehlernummer  );
      PROCEDURE delete_klasse_i      ( element       : IN  <objekttyp_i>;
                                       fehler        : OUT fehlernummer  );
      PROCEDURE update_klasse_i      ( element       : IN  <objekttyp_i>;
                                       fehler        : OUT fehlernummer  );
      PROCEDURE selektion_klasse_i   ( class_name    : IN  string;
                                       suchausdruck  : IN  suchbaum;
                                       ergebnis      : OUT <mengentyp>;
                                       fehler        : OUT fehlernummer  );
   END ada_adt_klasse_i
```

2.Schritt

Im ersten Schritt haben wir vorausgesetzt, daß sich zu jedem in Dante-Modula definierbaren Objekttytp eine äquivalente Darstellung in Ada angeben läßt. Objekttypen bestehen aus einer Menge von Attributen. Mit Ausnahme der Entitytypen können bei allen anderen Objekttypen zusätzlich sogenannte Rollenattribute definiert werden.

Sämtliche Objekttypen können in Ada durch einen Record-Typ dargestellt werden. Im Falle der Nicht-Rollenattribute werden die Attributwertebereichstypen auf entsprechende Datentypen in Ada abgebildet. Dabei sind die Modula-2-Datentypen, die als Attributwertebereiche definiert werden können, bereits durch die in 4.2 erwähnte Sprachtransformation von Modula-2 nach Ada abgedeckt. Die erweiterten Wertebereichstypen wie MATRIX, LIST und SET, sind nur durch die Definition äquivalenter abstrakter Datentypen in Ada darstellbar, da Ada selbst über keine entsprechenden Konzepte verfügt.

4.3.2 *Implementierung der Klassenoperatoren von Dante-Modula*

Mit der Definition einer Klasse in einem DDM werden die in einer Datenbasis zu verwaltenden Objekte definiert. Damit sind die Klassenoperatoren auch als Datenmanipulationsoperatoren (DML-Operatoren) zu verstehen, die üblicherweise durch ein Datenbanksystem bereitgestellt werden. In Abschnitt 4.1 hatten wir bereits vorausgesetzt, daß die Klassenoperatoren nicht durch die Realisierung eines Datenbanksystems in Ada implementiert werden, sondern eine Implementierung unter Verwendung von UDS-Operatoren erfolgt. Grundsätzlich sind hierzu folgende Aufgaben zu lösen: Für jede in einem DDM definierte Klasse ist in UDS eine geeignete Klasse zu erzeugen. Da in UDS die DML-Operatoren über Subschemata definiert sind und nicht über einem Schema, muß für ein gegebenes Schema ein entsprechendes Subschema erzeugt werden. Anschließend ist in Abhängigkeit von diesem Schema die Implementierung der Klassenoperatoren unter Verwendung der UDS-DML-Operatoren durchzuführen. Da die Erzeugung eines DDM in Ada zu erfolgen hat, ist die Existenz einer UDS-Schnittstelle in Ada, bei der die DML-Operatoren als Ada-Prozeduren in Erscheinung treten, vorauszusetzen. Insgesamt ergeben sich für die Implementierung der Klassenoperatoren also folgende Schritte:

1. Erzeugung eines UDS-Schemas
2. Erzeugung eines UDS-Subschemas
3. Erzeugung einer UDS-Schnittstelle in Ada
4. Implementierung der Klassenoperatoren

1. Schritt

Für jede Datenbasisklasse wurde in Ada eine Spezifikation für einen ADT erzeugt (vgl. 4.3.1, 1. Schritt). Analog muß sich die Semantik einer Klasse auf der UDS-Ebene wiederspiegeln. Dies wird durch Definition eines geeigneten UDS-Schemas erreicht. Die Datendefinitionssprache (DDL) erlaubt die Definition von Satz-, Set- und Realmtypen (vgl. hierzu DBTG-CODASYL Report [CODA78]), so daß Klassen in UDS nur unter ausschließlicher Verwendung dieser Konzepte dargestellt werden können. Bereits mit der Definition eines Satz-Typs kann in UDS die Klasseneigenschaft dargestellt werden (implzite Set-Occurence). Deshalb wird der jeweilige Objekttyp einer Klasse auf UDS-Datensätze und UDS-Sets abgebildet. So wird beispielsweise für einen Entitytyp in UDS ein UDS-Datensatz bereitgestellt, dessen Attribute entweder als elementare UDS-Datenfelder oder aber im Falle zusammengesetzter Attributwertebereichstypen selbst wieder als UDS-Datensätze modelliert werden. Im letzteren Falle müssen diese Datensätze durch Set-Beziehungen miteinander verknüpft werden. Beispielsweise entspricht der Entityklasse

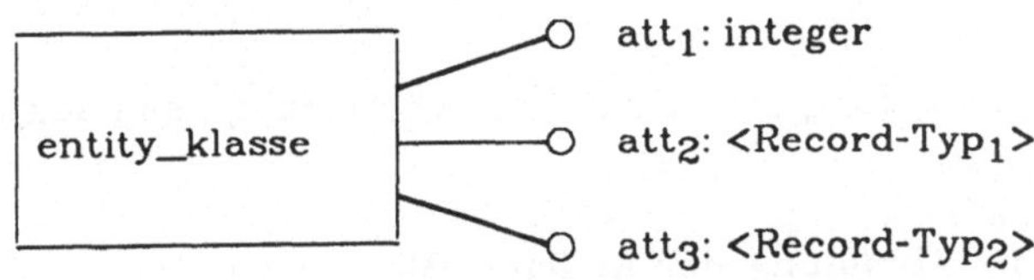

das folgende UDS-Schema (Bachmann Diagrammdarstellung):

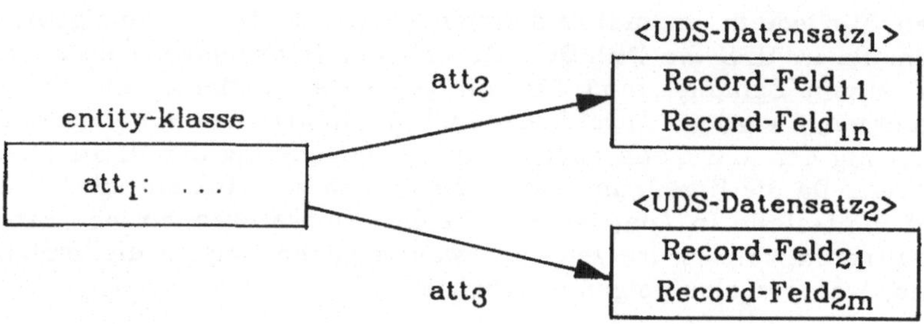

Im Falle, daß die Record-Typen selbst wieder Komponententypen enthalten, die von irgendeinem zusammengesetzten Attributwertebereichstyp sind, setzt sich die Verknüpfung weiterer Datensätze fort.

Die Abbildung der Attributwertebereichstypen auf die in UDS definierbaren elementaren Datentypen setzt hier die detaillierte Kenntnis der Schema-DDL von UDS [SIEM78] voraus. Wir beschränken uns deshalb auf die Gegenüberstellung einiger elementarer Typen.

Ada	UDS
INTEGER	TYPE IS FIXED REAL BINARY 31
FLOAT	Mantisse: TYPE IS FIXED REAL DECIMAL 15 Exponent: TYPE IS FIXED REAL DECIMAL 3
CHARACTER	TYPE IS CHARACTER 1
:	:

Tab. 1: Abbildung der Attributwertebereichstypen nach UDS

Bisher haben wir die Abbildung der in Dante-Modula für Objektklassen definierten Schlüsseleigenschaft von Attributen bei der Abbildung unberücksichtigt gelassen. Für Attribute mit einfachen Attributwertebereichstypen wirft die Schlüsseleigenschaft keine Probleme auf. Bei der Schemadefinition werden diese auf entsprechende Schlüssel in einem UDS-Schema abgebildet.

Anders verhält es sich bei zusammengesetzten Attributwertebereichstypen. Hier kann die Schlüsseleigenschaft des Attributes nur unter Zuhilfenahme künstlicher Schlüssel erhalten bleiben. Im Rahmen des INSERT-Operators ist in diesem Falle die Einhaltung der Schlüsseleigenschaft geeignet zu realisieren.

2. Schritt

Wie bereits erwähnt, sind in UDS die DML-Operatoren auf der Ebene von Subschemata definiert, so daß wir hier für das im 1. Schritt erzeugte Schema ein äquivalentes Subschema erzeugen müssen. Da sich die Sub-Schema-DDL von der Schema-DDL im wesentlichen darin unterscheidet, daß mit ihr zwar Modifikationen der im Schema definierten Datensätze, jedoch keine neuen Set- und Realm-Typen spezifiziert werden, ist die Erzeugung eines Sub-Schemas aus einem UDS-Schema heraus kein grundsätzliches Problem.

Da dieser Prozeß für beliebige Schemata derselbe ist, haben wir ihn im Rahmen einer Studienarbeit automatisiert.

3. Schritt

Da die Klassenoperatoren in Ada unter Verwendung der UDS-Operatoren realisiert werden müssen, sind für die auf einem UDS-Subschema definierten Operatoren äquivalente Prozeduren in Ada bereitzustellen. Ein Subschema zusammen mit den durch das Datenmodell von UDS bereitgestellten Datenbankoperatoren bildet einen abstrakten Datentyp, den wir im folgenden UDS-ADT nennen wollen. Ein solcher ADT wird jeweils abhängig von einem Subschema definiert.

Für einen UDS-ADT ist daher in Ada ein Paket zu spezifizieren, das sämtliche UDS-DML-Operatoren in Form von Ada-Prozeduren bereitstellt. Die Implementierung der Semantik der Operatoren erfolgt unter Verwendung der UDS-Call-Schnittstelle [SIEM78].

4. Schritt

Die Semantik der für eine Klasse i definierten Operatoren (vgl. 4.3.1, 1. Schritt) wurde in Kap. 3.2 definiert. In Abhängigkeit von dem im ersten Schritt bei der Klassenabbildung gewonnenen Schema ist diese Semantik unter Verwendung der im dritten Schritt erzeugten Operatoren (UDS-ADT) zu implementieren.

Hierbei gehen die Transformation der Parameter der in 4.1 spezifizierten Operatoren auf die Parameter der UDS-Operatoren eines UDS-ADT, die Repräsentation des abstrakten Objektes und die semantischen Bedingungen der unterschiedlichen Klassen, wie sie z.B. im Zusammenhang mit Schlüsseln und Rollenattributen auftauchen, in die Realisierung mit ein. Weiterhin ist eine Fehlerbehandlung zu realisieren.

5. Zusammenfassung und Ausblick

Wir haben gezeigt, daß der in Kap. 3.1 vorgeschlagene operationale Ansatz weitestgehendst die in Kap.2 beschriebenen Anforderungen erfüllt. Ziel war es, ein Datenmodell zu definieren, das speziell auf den CAD-Bereich zugeschnitten ist. Das Modell DANTE stellt neben Modellierungskonzepten für Entities und Beziehungen ein Konzept zur Definition abstrakter Datentypen bereit. Damit ist die Definition anwendungsspezifischer Operatoren möglich, die Standardobjekte erzeugen und manipulieren oder Objekte zu neuen zusammenfügen. Nicht zuletzt wird die Einhaltung der im Operator definierten Konsistenzbedingungen gewährleistet.

In Kap. 4 haben wir dann die Realisierbarkeit von Dante-Modula unter Verwendung von UDS und Ada gezeigt. Dabei stand die Erzeugung von äquivalenten abstrakten Datentypen in Ada für DDM's im Vordergrund. In diesem Zusammenhang wurde eine systematische Vorgehensweise verfolgt.

Im Rahmen zweier Diplomarbeiten wird derzeit untersucht, wie ein Grundvorrat an Standardobjekten für den Konstruktionsbereich definiert werden kann, und wie sich ein gegebenes Schema für eine Roboterprogrammierumgebung verändert, wenn ein ADT-Konzept beim Schemaentwurf zur Verfügung steht.

Weitere Untersuchungen sollen Aufschluß über die dynamischen Eigenschaften des Konstruktionsprozesses geben, um Hilfsmittel zur Definition von Datentypen für das Konstruktionsergebnis bereitstellen zu können. Ein weiterer Schwerpunkt liegt in der Analyse von Konsistenzbedingungen und deren Spezifikation in den ADT-Operatoren. Hierbei wird der Frage nachgegangen, inwieweit eine operationale Spezifikation ausreichend ist.

Neben den modellbezogenen Entwicklungen wird im Rahmen von Diplomarbeiten untersucht, inwieweit die in Kap. 4 vorgeschlagene Systematik zur Umsetzung von Dante-Modula Konzepten nach Ada vollständig automatisch erfolgen kann. Die automatische Erzeugung von UDS-Subschemata zu einem gegebenen UDS-Schema, sowie die automatische Erzeugung eines UDS-ADT zu einem gegebenen Subschema sind bereits konzipiert und werden derzeit implementiert. In einer weiteren Arbeit wird untersucht, ob auch die Implementierung der Semantik von Klassenoperatoren unter Verwendung der zu einem UDS-Schema definierten Operatoren vollständig automatisiert werden kann. Hierzu ist eine formale Beschreibung von DANTE erforderlich, die ebenfalls als Bestandteil einer Diplomarbeit bereits in Ansätzen begonnen wurde.

Langfristig soll die Realisierung von Dante-Modula im Zusammenhang mit anderen Sprachen und Datenbanksystemen durchgeführt werden. Darüberhinaus ist die Realisierung von Dante-Modula auf einem Arbeitsplatzrechner geplant.

Literatur:

[Ada83]   Goos, G.; Hartmanis, J.; (eds): The Programming Language Ada- Reference Manual. Lecture Notes in Compiler Science, Vol. 155, February 1983.

[Baer79]   Baer, A.; Eastman, C.; Henrion, M.: Geometric Modelling: A Survey. Computer Aided Design, Vol. 11, No. 5, September 1979.

[Beve84]   Bever, M.; Lockemann, P. C.: Database Hosting in strongly typed Programming Languages. July 1984, to be published in TODS.

[Brai73]   Braid, I. C.: Designing with Volumes. Ph. D. Dissertation, 8404, University of Cambridge, 1973.

[Chen76]   Chen, P. P.: The Entity-Relationship Model: Toward a Unified View of Data. ACM TODS, pp. 9-36, 1976.

[CODA78]   CODASYL Data Description Language Committee, Journal of Development, January 1978.

[Ditt84]   Dittrich, K. R.; Kotz, A. M.; Mülle, J. A.;: Lockemann, P. C.: Datenbankkonzepte für Ingenieuranwendungen: eine Übersicht über den Stand der Entwicklung. Tagungsband der 14. GI-Jahrestagung in Braunschweig, Informatik-Fachberichte 88, W. Brauer (ed.), Springer Verlag Heidelberg, 1984.

[East81]   Eastman, C. M.: Database Facilities for Engineering Design. Proc. of the IEEE, Vol. 69, No. 10, October 1981, pp. 1249-1263.

[Enca82]   Encarnacao, J.; Krause, F.-L.; (eds.): File Structures ans Data Bases for CAD. Proc. of the IFIP WG 5.2 Working Conference on File Structures and Data Bases for CAD, Seeheim, FRG, 14.-16. September 1981, North-Holland Publishing Company 1982.

[Engi83]   Engineering Design Applications. Proc. Data Base Week 1983, IEEE Comp. Soc. Press.

[Fisc83]   Fischer, W. E.: Datenbanksysteme für CAD-Arbeitsplätze. Informatik Fachberichte Nr. 70, Springer Verlag 1983.

[Fois82]   Foisseau, J.; Valette, F. R.: A Computer Aided Design Data Model: FLOREAL. in: [Enca82].

[Koch83]   Koch, J.: Modula-R Report, Lilith Version. ETH Zürich, Institut für Informatik, February 1983.

[Kuta83]   Kutay, A. R.; Eastman, C. M.: Transaction Management in Engineering Databases. Proc. Engineering Design Applications, Database Week 1983, San Jose.

[Lacr83]   Lacroix, M.; Pirotte, A.: Comparison of Database Interfaces for Application Programming. Information Systems, Vol. 8, No. 3, 1983.

[Lisk74]   Liskov, B.; Zilles, S.: Programming with Abstract Data Types. Proceedings ACM SIGPLAN, Conf. on Very High Programming Languages, SIGPLAN Notices, Vol. 9, No. 4, April 1974, pp. 50-59.

[Lori81]   Lorie, R. A.: Issues in Databases for Design Applications. Research Report, IBM Research Laboratory San Jose, California, 1981.

[Lori83]   Lorie, R.; Plouffe, W.: Relational Databases for Engineering Data. Research Report, IBM Research Laboratory ,San Jose, California, JR 3847 (43914), April 1983.

[Luek83]   Lüke, Birgit: DANTE: Ein semantisches Datenmodell für Anwendungen aus dem Konstruktionsbereich. Universität Karlsruhe, Inst. für Informatik II, Bericht 17/83, September 1983.

[Melk83]   Melkanoff, M. A.; Chen, Q.: Integrating Action Capabilities into Information Databases. Proc. ICOD, Sept. 1983.

[Neum82]   Neumann, Th.; Hornung, Ch.: Consistency and Transactions in a CAD Database. Proc. of the Eighth International Conference on VLDB, Mexico City, Sept. 1982, pp. 181-188.

[Requ80]   Requicha, A. A. G.: Representations for Rigid Solids: Theory, Methods and Systems. ACM Computing Survays, Vol. 12, No. 4, December 1980, pp. 437-464.

[Sche82]   Scheck, H.-J.; Pistor, P.: Data Structures for an Integrated Data Base Management and Information Retrieval System. Proc. of the 8th Intern. Conf. on VLDB, Mexico City, Mexico, 1982.

[Schm77]   Schmidt, J. W.: Some High Level Language Constructs for Data of Type Relation. ACM TODS 2, 1977, pp. 247-261.

[Sidl80]   Sidle, T. W.: Weaknesses of Commercial Data Base Management Systems in Engineering Applications. Proc. 17 Design Automation Conf., Minneapolis, MN, pp. 57-61, June 1980.

[SIEM78]   Softwareprodukt UDS: Allgemeine Beschreibung. SIEMENS AG München, März 1978.

[Smit77]   Smith, J. M.; Smith, D. C. P.: Database Abstractions: Aggregation and Generalization. ACM TODS Vol. 2, No. 2, June 1977, pp. 105-133.

[Smit80]   Smith, J. M.: The Integration of Ada and DAPLEX - Issues and Approaches. Compuer Corporation of America, 575 Technology Square, Cambridge, MA 02139, January 1980.

[Ston77]   Stonebraker, M.; Rowe, L. A.: Observations on Data Manipulation Languages and their Embedding in General Purpose Programming Languages. Proc. of the VLDB, Tokyo, pp. 128-143, 1977.

[Ston83]   Stonebraker, M.; Rubenstein, B.; Guttman, A.: Application of Abstract Data Types and Abstract Indices to CAD Data Bases. in: [Engi83].

[Voel77]   Voelcker, H. B.; Requicha, A. A. G.: Geometric Modeling of Mechanical Parts and Processes. COMPUTER, Dec. 1977, pp. 48-57.

[Wass81]   Wasserman, A. I.: Revised Report on the Programming Language PLAIN. ACM SIGPLAN Notices, Vol. 16, No. 5, May 1981, pp. 59-80.

[Wirt82]   Wirth, N.: Programming in MODULA-2. Springer Verlag Berlin Heidelberg New York, 1982.

INTEGRATING DATABASE MANAGEMENT AND EXPERT SYSTEMS

Yannis Vassiliou +

Graduate School of Business Administration
New York University
New York, New York, 10006

ABSTRACT

Future Information Systems will include Large Scale Knowledge Bases and Reasoning components. The backbone of such systems will be provided by Artificial Intelligence and Databases. Specifically, by the technologies in the areas of Knowledge Based or Expert Systems and of Database Management Systems. As evidenced by several recent professional meetings and publications, the integration of the two technologies has attracted a large number of researchers.

Research may follow one of two major directions. One direction considers the existing technologies and applies the principles of complementation or cooperation to develop "better" Expert and/or Database systems. A review of research efforts concentrating on the evolving nature of these systems is presented here. The other research direction leads to the generation of a new class of systems, which can be termed as Knowledge Base Management Systems. In principle, the design of such systems is not constrained by the objectives of Expert Systems, which implement a semantic theory, and of Database Systems, which implement a computational theory.

1. Introduction

Several national and international research programs, e.g. ESPRIT, NSF, and DAPRA, have demonstrated interest in the development of computer information systems that include Large Scale Knowledge Base and Reasoning components. Two major areas: Artificial Intelligence (AI) and Databases are the sources of the technology and the methodologies that can be employed for the development of such systems. Expert or Knowledge Based Systems (ES) demonstrate how current AI technology provides the means to richly represent and process small amounts of data, while Database Management Systems (DBMS) demonstrate how current database technology can be used to adequately represent and efficiently process large amounts of data.

+ Author's current affiliation: Cretan Institute of Informatics, Iraclion, Crete, Greece.

Expert Systems research started several years ago with laboratory successes and recent attempts for commercialization (7, 11, 12, 15, 17, 22, 34, 4C, 46). Overall architecture seems to be the most unusual aspect of an ES. An often-quoted motto of ES researchers is that "in the knowledge lies the power." In consequence, an ES is based on two principles: the appropriate representation of the application domain knowledge, and the control of this knowledge. These two principles are embodied in the two top-level components of the ES architecture: a knowledge base and an inference engine. The application domain knowledge is represented in a knowledge base, which is further divided into two subcomponents: the data level (ground, specific facts), and the knowledge level (rules, general principles, or problem heuristics). This division of the ES knowledge base brings together two research threads in AI: declarative and procedural representation schemes (1, 3, 16, 24, 35, 38, 51, 57).

The other architectural component of an ES, the control mechanism, is often termed an inference engine. The inference engine matches a problem description to the stored knowledge. This match can be done either to analyze a certain situation (e.g., in medical diagnosis) or to synthesize a solution for a specific problem (e.g., a computer configuration). Such an inference engine can be a pattern matcher, theorem prover, or network search mechanism customized for a particular expert system, or it may exist already in the compiler of a corresponding knowledge representation language such as OPS-5 (18), Prolog (30), or EMYCIN. Even in the latter case, some additional control mechanism may be required to cut down the number of inferences to be made. Typical of the control techniques employed are state-space search, propagation of constraints, and problem reduction.

Database Management Systems research is established with visible practical successes. At the core of DBMS research are implementation aspects and operational characteristics of database systems: concurrency control, DBMS architectures, performance evaluation, query optimization, storage structures and algorithms, distributed DBMS, reliability and security, and DBMS hardware implementations (61).

A major research paradigm in databases is the relational model of data; an incomplete, yet simple and flexible knowledge representation scheme. We adopt here the view of (4) that relational databases are interpreted as large knowledge bases of a certain limited form (i.e., the data level component of a knowledge base.) This paradigm has been employed for the application of mathematical techniques to the DBMS aspects mentioned above; the topic of database theory. It has also provided a good vantage point for the development of an elementary semantic theory (39) with more powerful data models (52), data languages, and database design principles.

It is with respect to knowledge representation that commonalities between ES and DBMS research can be drawn. Knowledge representation schemes for ESs share the same objective with the data models which have been developed for Database Systems, namely, to represent data for an enterprise or "slice of reality." However, AI-based knowledge representations emphasize the richness, flexibility, and faithfulness of the representation, while the data models are limited from their realizations as DBMSs, which emphasize efficient access and manipulation of a more permanently structured, stored representation of reality. This difference is largely the result of the motivations in these two fields: modelling human reasoning processes on the one hand, and information management on the other (6, 60).

Research to integrate ES and DBMS technologies may follow one of two major directions. One direction considers the existing technologies and applies the principles of complementation or cooperation to develop "better" Expert and/or Database systems. A review of research efforts concentrating on the evolving nature of these systems is presented here. The other research direction leads to the generation of a new class of systems. A term that was used in a recent AI-Database interface meeting was that of "Expert Database Systems" (36, 50). The author considers more accurate the term: Knowledge Base Management Systems, first used by Brodie. In principle, the design of such systems is not constrained by the objectives of Expert Systems, which implement a semantic theory, and of Database Systems, which implement a computational theory.

This non-technical paper does not address the overall AI-Database interface area but reflects the personal views of the author on the specific issue of integrating Database and Expert Systems. First, the motivation for such integration is analyzed in section 2. Integration strategies are presented within a simple framework developed in section 3. Finally, section 5 provides some closing remarks. Some of the work appearing here is largely based on previous work of the author with Jim Clifford and Matthias Jarke.

2. Motivation for the Integration – The Problem

One important point that must be stressed from the beginning is that databases are nothing else but a special limited form of knowledge bases. The contribution of ES and DBMS technologies is centered around the common notions of knowledge representation and knowledge bases.

Experience with ESs (12) suggests that no one of the knowledge representation formalisms is ideally suited for all tasks. In very complex systems requiring many sources of knowledge simultaneously (e.g., for speech recognition), the elegance of uniformity may have to be sacrificed in favor of exploiting the benefits of multiple knowledge representations each tailored to a specific task. It is further argued here that the introduction of yet another knowledge representation, that of the database, presents an advantage.

A knowledge representation subsystem selects the appropriate structures to represent the knowledge and selects the appropriate reasoning mechanism (inference engine) to imply new knowledge or answer questions on existing knowledge. Unfortunately, as elegantly demonstrated in (4), the provision of full service of a knowledge representation subsystem for a complete knowledge base is not tractable computationally. This intractability is independent of the knowledge representation formalism used (e.g., first order logic, semantic networks).

As is any other intractable problem, one is trying to minimize it. Expert Systems minimize it by employing automatic theorem proving techniques which avoid obvious redundancies (e.g. Prolog) and /or by relaxing their notions of correctness (e.g. providing unknown answers after a certain time limit). All these partial solutions are made possible within a small knowledge base. Database systems minimize the tractability problem by employing incomplete representations and language constructs (e.g. avoiding disjunction, negation, and existential quantifiers), thus limiting the reasoning capabilities.

Clearly, the integration of the two technologies would benefit to some extent both ESs and DBMSs. The main contribution of ES technology to a CBMS will be on better semantic models - clear understanding of what knowledge is represented. In addition, there will be limited but useful reasoning ability at least for dealing with the operational issues in DBMSs. The contribution of DBMS technology to an ES will be on the ability to have "larger" knowledge bases and to apply features such as concurrency control, data security and protection, optimized access, and secondary storage management to at least some part of the knowledge base. It is noted, however, that all these contributions are only partial solutions to the general problem of providing reasoning capabilities with a complete knowledge representation.

3. Framework for the Integration

A modified form of the framework for integrating Expert and Database System technology first presented in (53, 54, 55) is given in this section. One of two major strategies to eventually develop a "better" ES or DBMS can be employed: system enhancements and coupling of independent systems. The first strategy can be subdivided based on which of the two systems (ES or DBMS) is used as the pivot (major component). For the second strategy, the degree of coupling (loose or tight) offers a subdivision.

3.1. System Enhancements

3.1.1. Enhancing an ES with DBMS technology

Expert Systems typically load their knowledge base into main storage before the actual ES session begins. This may not have been an important limitation of previous or current Expert Systems; with very few exceptions, their application domains had no need of sophisticated DBMS mechanisms. It is only with the introduction of ESs into the commercial world that their data access requirements have begun to change (13).

Historically, the knowledge bases in Expert Systems have been relatively small in size, small enough, in fact, to fit in main storage. One of the largest knowledge bases for major Expert Systems is that of Internist. It is reported in (46) to contain over 500 disease entities (each requiring several records), and 3,500 manifestations (history items, symptoms, physical signs, and laboratory data). However, most ESs developed to date appear to have very modest data needs; for example, the initial production version of the expert system R1, which suggests a design for a computer system configuration, contained about 750 rules (34). Even when new data is created through deductions or generate-and-test methods in Expert Systems, e.g., in (41) main storage is still sufficient to contain the knowledge base.

The most commonly employed strategy for data access in ESs is to build an application-specific set of data structures and associated access routines in main memory. Systems like KRL, KLONE, FRL, NETL, and STROBE are used for the representation of the application-domain facts, but also provide data manipulation and simple access mechanisms. Other packages typically used in ESs exist in LISP libraries, e.g., DEFSTRUCT (37), and The Record Package (33). Frequently, ES designers implement their own application-specific data-handling programs, as in the case of Internist (46). The direct use of the elementary database features of PROLOG (e.g. the "assert" predicate to add new facts, or the "retract" predicate to delete facts) is also an example of this elementary strategy.

What characterizes all such approaches is the direct manipulation of data objects in main storage. Otherwise, they differ in the degree of generality and data-independence they offer. Recently though, it became apparent that ESs may have to manage very large volumes of data. For instance, in CAD applications of Expert Systems large amounts of data are needed for the support of conclusions by an ES (32). Also, for commercial applications of ES technology, very large operational databases will need to be consulted for more accurate ES operation (26, 31, 32, 53, 54). Of course, data volume is also relative to the size of the computer system and its main storage. In one of the first ESs implemented on a microcomputer, the LSI-11, the knowledge base contains data on scientific disciplines and development goals in Portugal, together with their interactions (45). The knowledge base in this system consists of a hierarchical set of tables representing correspondences between scientific disciplines and government development goals. Since these tables are quite extensive (roughly 26,500 "facts" are being represented), not all of the knowledge base in this system can reside in main storage. However, the storage management strategies developed in this case are appropriate only to the particular domain and are not readily generalized.

In cases like the above, main storage is insufficient--with virtual memories, you may never run out of space, but, eventually, will certainly run out of time.

In attempting to deal with large data volumes, efforts are underway to implement database management system components for an ES. For example, STROBE is being extended into a DBMS (32). Because of its immediate correspondence with relational database concepts, PROLOG has been the favorite language for ES-internal DBMS implementations. This type of consolidation of database and programming language systems has also been investigated by (48). PROLOG data access extensions to handle external file management are reported in (10) and (44). It is worth noting, however, that all these efforts are still early in development, and that they only mention as future plans the extensions of an Expert System to a full-pledged DBMS (i.e. accounting for data sharing, security, protection, etc.). Regardless, extending an ES to provide the facilities of a DBMS is a conceptually elegant approach, which may prove to have practical benefits in the long run.

3.1.2. Enhancing a DBMS with ES technology

When the requirements for advanced business applications such as decision support for managerial users are considered, current database management systems display a number of weaknesses. In this section, we highlight these problems and identify some strategies for overcoming the limitations by the use of rule-based techniques. Other artificial intelligence approaches such as natural language interfaces or conceptual modelling techniques also contribute to better database design and usage but will not be examined here in detail.

Intelligent Database Interfaces.- With the advent of decision support systems and the proliferation of computers and databases in general, the target user population for database query languages has changed: there are more (potential) users, such as managers and application specialists who have a high degree of application knowledge but little patience to acquire much familiarity with programming concepts. For such users, higher-level query languages are required which allow powerful operations without demanding technical skills for the interaction. Besides the more ergonomic approach reasoning capabilities embedded in the system could allow for a wider range and more concise formulation of queries.

A second problem arises if users want fairly complex operations to be performed on the data, operations which are not provided directly by the query language. Currently, users are forced to use a database programming language instead of an ad-hoc query language, and program the operations on the data explicitly. This is not easy for non-computer specialists. In addition, it often prevents the use of standard DBMS report generation facilities burdening the user with even more programming tasks.

In the past few years, much research has been directed towards making database interfaces more intelligent. The main thrust is towards more deductive capabilities. One of the most important applications in this context is the generalization of _view_ concepts. Early DBMS allowed access only to the stored files, records, and fields. More recent systems provide view mechanisms that allow the user to name windows through which only a subset of the database is visible. Traditional view mechanisms are somewhat limited since they are 'static': a separate view of customers would have to be defined for each type of insurance benefit. Recently, researchers in database programming and in logic programming have devised more flexible mechanisms. Dynamic views allow the presence of parameters. For querying purposes, logic programming offers such facilities through the use of variables in rules and queries. Queries to views are automatically interpreted by the built-in inference mechanisms. However, in case the view definitions (or rules in logic programming terminology) are evaluated frequently, it may be better to pre-compile queries to views into queries to base relations (stored predicates). This can be done quite easily unless recursion appears in the view definitions. Otherwise, an iteration construct may sometimes be required in the target language of the precompilation.

Intelligent Database Operation.- Besides not being as user-supportive as desired, database systems could be improved towards more safety of the data and more efficiency of the execution of read and write transactions. The addition of general rules and inference mechanisms to a database system presents a challenge to the database implementation researcher. The objective is to execute efficiently deductive queries as well as more traditional database operations. We investigate two areas: deduction-based query optimization methods, and deduction-based integrity checking for update transactions.

A query evaluation subsystem within the DBMS tries to identify efficient ways to execute any submitted query. For this purpose, a query is usually standardized, simplified, and transformed in an attempt to enable the application of fast special-purpose algorithms.

A deductive component may use meta rules that guide the choice among the many applicable query transformation rules. Reiter (47) describe applications of deduction to the simplification step. Warren (57) implements the well-known query transformation heuristics of testing sharp restrictions first, and separating detachable subqueries in logic.

A deduction-based transformation strategy makes direct use of the general rules that define the database intension. Semantic query processing (9, 21, 29, 49) applies the integrity constraints of the database to simplify the execution of queries. Since typically many constraints can be used to transform a given query, this strategy again needs meta rules for selecting among them.

Finally, the simultaneous optimization of multiple queries can be supported by an ES. One strategy tries to remember selected query results to be used later, another to recognize common subexpressions in a batch of queries, in order to create suitable temporary or permanent access paths. The execution of deductive queries also may require a sequence of related queries to be submitted to the database. The relationship between these queries can be exploited for optimization.

The expression of semantics and the maintenance of data consistency have been ongoing goals in database research from early DBTG network procedures on. Semantic data models (6), procedural attachments to data definitions and rule-based extensions to INGRES all try to provide better abilities for consistency maintenance.

Recent approaches propose rule-based (20) or logic-based (49) AI techniques for semantic integrity checking. The DBMS has to determine which of the many general laws apply to a specific operation on specific data. A pattern-matching oriented deduction process can be used for this purpose.

A second question affects the user interface of the system: how to react to violations? Nicolas and Yazdanian (41) see three alternatives: reject the operation; accept the operation but do not change the database until further operations are submitted so that the transaction as a whole leaves the database in a consistent state; or trigger automatic changes to other data items to bring the database back to a consistent state. The appropriate choice depends on many factors which can be partially controlled by meta rules and partially by the user. A knowledge-based database architecture contains an input management system to avoid unnecessary resubmission of transactions.

3.2. Coupling Independent Systems

3.2.1. Loose Coupling of an ES with a DBMS

Most Expert Systems developed to date use their own database of facts, custom-made to best suit the application-specific requirements. Practically speaking, however, if ESs are to be applied in the commercial world they will need access to "external" data sources. These "external" data are typically operational databases managed by a DBMS and shared by other applications. Issues like data volatility (frequency of database updates), data currency (how important is an up-to-date representation), and data security and protection influence the decision of whether to access the "external" data through the DBMS, or whether that data can be duplicated, restructured, and permanently stored as part of the ES's own knowledge base.

A representative example is the case of PROBWELL, an ES for the detection of problems in oil wells (42), which requires data from a large operational database under IMS. Also, in an NYU project on Expert Systems for Business, it was determined that a life-insurance underwriting expert needs data from several external data sources (large customer databases, actuarial tables, etc.). It is mostly speculation whether other ESs reported in the literature might have profited from access to data stored in a DBMS. But since the mechanisms for such linkage were not available, this need may have been buried. It seems reasonable to suppose, however, that as ESs find wider commercial applications, we will see more interaction between ES and DBMS.

Conceptually the simplest solution to the problem of using existing databases managed by an external DBMS is to extract a snapshot of the required data from the DBMS when the ES begins to work on a set of related problems. This portion of the database is stored as the ES's own internal database in combination with any of the two previous access strategies. A major advantage of this strategy is that the two systems maintain their identity and the solution has a short term practical application. In current ESs, some form of loose coupling is used with elementary data access mechanisms. Extensive use of this strategy, is limited by the degree of non-determinism in data access requirements, and by the fact that it incurs data-mapping overhead which for a large database can be quite high.

3.2.2. Tight Coupling of an ES with a DBMS

Let us assume that the the database is large enough that only portions of it can reside in main storage at any one time. The knowledge of what particular information will be relevant to the decision-making process during an ES session is in some cases available in advance, while in other situations it can only be determined during the course of the user/system interaction. If the data requirements can be pre-determined, this directly implies the possibility of making "static" decisions, as to which portion of the database is actually needed by the ES. An example of where "static", predetermined decisions are not feasible is the life-insurance underwriting expert at NYU. In each ES session, the customer profile as defined by the insurance application is completely different, thus requiring separate actuarial tables and related customer-account records. Furthermore, as each piece of data is examined in light of the evolving customer profile, additional data requirements are dynamically generated. In general, the use of "variables" as parameters in data access is a strong indicator of non-determinism in ESs.

Using tight coupling, interactions between a DBMS and an ES can take place at any moment. On the one hand, the DBMS may employ the ES functions for more "intelligent" processing, while on the other hand, the ES may play the role of an "intelligent" user of a generalized DBMS that manages a very large database. This is contrasted with loose coupling, where the ES is a one-time, simple user of the DBMS. Utilizing a tight-coupling scenario requires an online communication system between the ES and the DBMS. Queries can be generated and transmitted to the DBMS dynamically, and answers can be received and transformed into the internal knowledge representation. Thus in tight coupling the ES must know when and how to consult the DBMS, and must be able to understand the answers. The consequence of such dynamic use of the communication system is that the external database becomes an "extension" of the ES's knowledge base.

Optimization of the ES-DBMS interactions becomes an issue when a tight-coupling architecture is employed. The way an expert system uses its data is typically very different from what a database management system is designed for. On the one hand, an expert system may issue a sequence of closely related calls, for instance, when using recursion in a logic-based representation. On the other hand, an expert system typically considers only one fact at a time whereas a relational DBMS can also work efficiently when confronted with set-oriented queries. Furthermore, this fact-at-a-time access requests will result in a very inefficient use of the communication system, as is demonstrated in (54). Since tight coupling has rarely been used to date in ES-DBMS, we shall limit the following discussion to a review of some recent work at NYU (25, 26, 53, 54, 56) for interfacing a Prolog-based expert system with a relational database system which supports an SQL interface. The approach employs a methodology based on the work in (2, 19, 59).

During the conversion of Prolog predicates into SQL queries, the above-mentioned problems are solved by use of an intermediate language. This language mediates between Prolog and SQL in the sense that it is a (variable-free) subset of Prolog but - like SQL - gives a set-oriented description of the desired data in terms of stored base relations rather than views (as in the original Prolog version).

The optimization process can thus be divided into three steps (26). First, a preprocessing mechanism collects ES requests for data while simulating the ES deduction process (54). As soon as a database-related request is encountered in the expert system, it stops its reasoning process and gives control to a higher, or meta-language, program, which simulates the continuation of the database-related reasoning to collect similar database requests. In effect, this mechanism delays the submission of individual tuple-oriented queries by converting them into more "optimizable" set-oriented ones, expressed in the intermediate language.

In the second step, the intermediate language expressions are optimized. Two techniques are employed: semantic query simplification, and common subexpression optimization in recursive calls. Query simplification removes redundant subexpressions from a query, based on idempotency laws in connection with the detection of certain tautologies and contradictions in a query. Semantic query simplification employs integrity constraints such as value bounds for attributes, functional dependencies, and subset dependencies between primary and foreign keys in relations to detect more such simplifications than those visible from the original syntactic form of the query. Techniques from database theory are combined to optimize the intermediate language expressions (8, 14, 27, 28, 43).

To optimize recursive calls, the answer to each query step submitted to the database constitutes part of the input to subsequent queries. To avoid re-calculations, the result of each step in the recursion is kept as an intermediate result until the entire recursive query has been evaluated. The complete answer -- later used in the further reasoning process after the meta-language processing -- is composed as the union of the results at each intermediate step.

The optimized query is then translated to the DBMS query language and executed by the DBMS. The answer is loaded into the internal expert system database, or -- if that is too small -- into a temporary database relation. Garbage collection may be required to preserve the internal database as a rapidly accessible buffer in the presence of multiple unrelated database calls.

Only after all this has been completed does the meta-level evaluation stop and return control to the object-level of the expert system. The latter can now continue its reasoning with all the relevant data for the current search process provided in the internal database. If a new branch (backtracking from the start of the meta-level evaluation) of reasoning is considered, a new database call may be issued.

It should be noted at this point that this solution is not the only possible approach (e.g., see(56)). Logic programming and database integrations have been studied in (5, 19). Although not in the immediate context of expert systems, various compilation methods have been proposed for so-called deductive databases, i.e., systems in which a special-purpose expert system is superimposed upon a particular database system. Compilation is quite easy in the context of non-recursive reasoning (20, 47) but requires the presence of iteration constructs in the target language otherwise (23). In (26), an overview of such approaches is presented in the general context of database-expert systems interaction.

4. Concluding Remarks

The issue of Expert System integration with Database Management Systems is emerging as an area for research, and one which can provide both practical and theoretical payoffs as the problems become identified and solutions are proposed. It can be expected that both areas will profit from this interaction.

We have described a number of different strategies for interfacing these two types of systems, from one extreme of merging the two systems into one, to a dynamically controlled interaction between two independent systems at the other end of the spectrum. Among the strategies proposed, the author considers tight coupling of an ES with a DBMS as the most attractive short- and long-term solution. Employing tight coupling, minimal modifications to each system are to be made (if any), thus the systems retain their identity and do what they are designed to do best, while still getting many benefits from the operation of their counterpart. On the other hand, evolving an ES or a DBMS by adding facilities not in spirit with the design objectives of each system, results in yet another patch-up with very small improvements over the previous system state.

A more ambitious approach, not investigated in this paper, is to take a fresh look at the goals and objectives of future information systems and create a new class of systems which are not constrained by ES and DBMS design characteristics. This is an open research topic and a new source of constructive controversy among AI and Database researchers.

REFERENCES

/1/   Bobrow, D.G., and Winograd, T. "An Overview of KRL, a Knowledge
       Representation Language," Cognitive Science, Vol. 1, No. 1, 1977,
       pp. 84-123.

/2/   Bowen, K.A., and Kowalski, R.A., "Amalgamating Language and
       Metalanguage in Logic Programming," Logic Programming, K.Clark
       and S.A.Tarnlund (eds),Academic Press, 1982.

/3/   Brachman, R. "On the Epistemological Status of Semantic Net-
       works," Associative Networks: Representation and Use of
       Knowledge by Computer, N.V. Findler, ed., Academic Press, 1979,
       pp. 3-50.

/4/   Brachman, R., and H.Levesque, "What Makes a Knowledge Base
       Knowledgeable? A View of Databases from the Knowledge Level,"
       Proc. of First Intl Workshop on Expert Database Systems, South
       Carolina, October, 1984.

/5/   Brodie, M., and M.Jarke, "On Integrating Logic Programming and
       Databases," Proc. of first Intl Workshop on Expert Database Sys-
       tems, South Carolina, October, 1984.

/6/   Brodie, M. Mylopoulos, J., Schmidt, J.W. (eds.), On Conceptual
       Modelling: Perspectives from Artificial Intelligence, Databases,
       and Programming Languages, Springer, Berlin-Heidelberg-New York,
       1984.

/7/   Brown, J., Burton, R, deKleer, J., "Pedagogical Natural Language
       and Knowledge Engineering Techniques in SOPHIE I, II, and III,"
       Intelligent Tutoring Systems, Sleeman et al (eds), Academic
       Press, 1981.

/8/   Casanova, M.A., Fagin, R., and C.H.Papadimitriou, "Inclusion
       Dependencies and their Interaction with Functional Dependencies,"
       Proc. of First Symposium on Principles of Databases, Los Angeles,
       1982, pp.171-176.

/9/   Chakravarthy, U.S., Fishman, D.H., and J.Minker, "Semantic Query
       Optimization in Expert Database Systems," Proc. of First Intl
       Workshop on Expert Database Systems, South Carolina, October,
       1984.

/10/   Chomicki, J., "A Database Support System for PROLOG," Proceedings
       of Logic Programming Workshop'83, Portugal, 1983.

/11/   Clifford, J., Jarke, M., and Y. Vassiliou, "A Short Introduction
       to Expert Systems," IEEE Database Engineering Bulletin, Vol.6,
       no.4, December 1983, pp.3-16.

/12/   Davis, R., "Expert Systems: Where are we? and Where do we Go from
       Here?." Massachusetts Institute of Technology, AI MEMO No. 665.,
       June, 1982.

/13/   Deering, M., and Faletti, J., "Database Support for Storage of AI
       Reasoning Knowledge," Proc. of First Intl Workshop on Expert
       Database Systems, South Carolina, October, 1984.

/14/   Downey, P.J., Sethi, R., and R.E.Tarjan, "Variations on the Com-
       mon Subexpression Problem," Journal of the ACM. 27, 4, 1980,
       pp.758-771.

/15/ Erman, L.D., et al., "The Hearsay-II Speech-Understanding System: Integrating Knowledge to Resolve Uncertainty," _Computing Surveys_, Vol. 12, No. 2, June 1980, pp. 213-253.

/16/ Fahlman, S.E. _NEIL: A System for Representing and Using Real-World Knowledge_, MIT Press, Cambridge, Mass., 1979.

/17/ Feigenbaum, E.A., and P.McCorduck, _The Fifth Generation Artificial Intelligence and Japan's Computer Challenge to the World_, Addison-Wesley, 1982.

/18/ Forgy, C.L. _The OPS5 User's Manual_, Tech. Report Carnegie-Mellon University, 1980.

/19/ Gallaire, H., and Minker, J., _Logic and Databases_, Plenum, 1978.

/20/ Grant, J., Minker, J., "Optimization in deductive and conventional relational database systems," In _Advances in Database Theory_ (Eds H. Gallaire, J. Minker, J.M. Nicolas), pp. 195-234. Plenum, New York.

/21/ Hammer, M., and S.Zdonic, "Knowledge Based Query Processing," _Proc. of 6th Intl Conference on Very Large Database_, Montreal, 1980.

/22/ Hart, P.E., Duda, R.O., and Einaudi, M.T. _A Computer-Based Consultation System for Mineral Exploration_, Tech. Report, SRI International, Menlo Park, Calif., 1978.

/23/ Henschen, L., Naqvi, S., "On compiling queries in recursive first-order databases," In _Proceedings Workshop on Logical Bases for Data Bases_, Toulouse, 1982.

/24/ Hewitt, C., "PLANNER: A Language for Proving Theorems in Robots," _Proceedings IJCAI-71_, London, England, 1971.

/25/ Jarke, M., and Y.Vassiliou, "Coupling Expert Systems with Database Management Systems," _Artificial Intelligence Applications for Business_ (W.Reitman, ed.), Ablex, 1984, pp.65-85.

/26/ Jarke, M., Clifford, J., Vassiliou, Y., "An optimizing Prolog front end to a relational query system," in _Proceedings of ACM-SIGMOD Conference_, Boston, June 1984.

/27/ Johnson, D.S., and A.Klug, "Testing Containment of Conjunctive Queries under Functional and Inclusion Dependencies," _Proc. of ACM Symposium on Principles of Database Systems_, Los Angeles, 1982, pp.164-169.

/28/ Kim, W., "On Optimizing an SQL-like nested Query," _ACM-TODS_, 7,3, 1982, pp.510-517.

/29/ King, J., "QUIST: A system for Semantic Query Optimization in Relational Databases," _Proc. of 7th Intl Conference on Very Large Databases_, Cannes, 1981.

/30/ Kowalski, R.A., _Logic for Problem Solving_, North-Holland, New York, 1979.

/31/ Kunifuji, S., Yokota, H., "Prolog and Relational Databases for Fifth Generation Computer Systems," _Proc. Workshop on Logical Bases for Data Bases_, Toulouse, December 1982.

/32/ Lafue, G.M.E., "Basic decisions about linking an expert system with a DBMS: A case study," *IEEE Database Engineering Bulletin*, Vol.6, No.4, December 1983.

/33/ Masinter, L.M., in *INTERLISP Reference Manual*, 1974.

/34/ McDermott, J. "R1's Formative Years," *AI Magazine*, Vol.2, No. 2, 1981.

/35/ Minsky, M. "A Framework for Representing Knowledge," *The Psychology of Computer Vision*, P.H. Winston, ed., McGraw-Hill, New York, 1975, pp. 211-277.

/36/ Missikof, M. and G.Wiederhold, "Towards a Unified Approach for Expert and Database Systems," *Proc. of First Intl Workshop on Expert Database Systems*, South Carolina, October, 1984.

/37/ Moon, D., and D., Weinreb, in *LISP Machine Manual*, 1981.

/38/ Mylopoulos J., "An Overview of Knowledge Representation," in *On Conceptual Modelling*, (editors: M.L.Brodie, J.Mylopoulos, and J.W.Schmidt), Springer-Verlag, 1984, pp.3-18.

/39/ Mylopoulos, J., and M.L.Brodie, "AI and Databases: Semantic vs Computational Theories of Information," *in New Directions in Database Systems*, (J. Clifford and G. Ariav: editors), ABLEX, (to appear.)

/40/ Nau, D.S., "Expert Computer Systems," *Computer*, February, 1983, pp.63-85.

/41/ Nicolas, J-M., and K. Yazdanian, "An Outline of BDGEN: A Deductive DBMS," *Proceedings of Information Processing-83*, 1983, pp.711-717.

/42/ Olson, J.P., and Ellis, S.P., "PROBWELL — An Expert Advisor for Determining Problems with Producing Wells," IBM Scientific/Engineering Conference, Poughkeepsie, New York, November, 1982.

/43/ Ott, N., and K.Horlaender, "Removing Redundant Join Operations in Queries involving Views," IBM Scientific Center Heidelberg, Tech Report TR-82.02.003, 1982.

/44/ Parsaye, K., "Logic Programming and Relational Databases," *IEEE Database Engineering Bulletin*, vol.6, no.4, December 1983.

/45/ Pereira, L.M., and Porto, A., "A Prolog Implementation of a Large System on a Small Machine," Departmento de Informatica, Universidade Nova de Lisboa, 1982.

/46/ Pople, H., "The Formation of Composite Hypotheses in Diagnostic Problem Solving: An Exercise in Synthetic Reasoning," *Proceedings IJCAI-77*, 1977, pp.1030-1037.

/47/ Reiter, R., "Deductive question-answering on relational data bases," *Logic and Databases*, (Eds H.Gallaire, J. Minker), pp. 149-178. Plenum, New York.

/48/ Schmidt, J., "Some High Level Language Constructs for Data of Type Relation," *ACM Transactions on Database Systems*, 2, 3, June, 1977, pp.247-261.

/49/ Shephard, A., and L.Kershberg, "Constraint Management in Expert Database Systems," _Proc of First Intl Workshop on Expert Database Systems_, South Carolina, October, 1984.

/50/ Smith, J.M., "Expert Database Systems: A Database Perspective," _Proc. of First Intl Workshop on Expert Database Systems_, South Carolina, October, 1984.

/51/ Smith, R.G., "STROBE: Support for Structured Object Knowledge Representation," in _Proceedings of IJCAI-83_, Karlsruhe, W.Germany, 1983.

/52/ Tsichritzis, C., and F.H., Lochovsky, _Data Models_, Prentice-Hall, Inc., Englewood Cliffs, New Jersey, 1982.

/53/ Vassiliou, Y., Clifford, J., Jarke, M., "How does an Expert System Get Its Data?," in _Proc. 9th VLDB Conf._, Florence, October 1983, pp.70-72.

/54/ Vassiliou, Y., Clifford, J., Jarke, M., "Access to Specific Declarative Knowledge by Expert Systems," in _Decision Support Systems_, vol.1, no.1, to appear, 1984.

/55/ Vassiliou, Y., Clifford, J., and M.Jarke, "Database Access Requirements of Knowledge-Based Systems" _in Query Processing in Database Systems_, Springer, (to appear).

/56/ Venken, R., "A Prolog Meta-Interpreter for Partial Evaluation and its Application to Source to Source Transformation and Query Optimization," _in Proc. of ECAI_, Pisa, September, 1984.

/57/ Warren, D.H.D., "Efficient Processing of Interactive Relational Database Queries Expressed in Logic," _in Proc. of 7th Intl Conference on Very Large Databases_, Cannes, 1981.

/58/ Waterman, D., and F., Hayes-Roth, (eds), _Pattern Directed Inference Systems_, Academic Press, 1979.

/59/ Weyhrauch, R., "Prolegomena to a Theory of Mechanical Formal Reasoning," _Artificial Intelligence_, Vol.13, 1980, pp.133-170.

/60/ Wong, H.K.Y., and Mylopoulos, J., "Two Views on Data Semantics: Data Models in Artificial Intelligence and Database Management," _INFOR_, vol.15, no.3, 1977.

/61/ Ullman, J.D., _Principles of Database Systems_, Computer Science Press, 1982.

Zwei Schritte zur Verbesserung von PROLOG-Programmiersystemen: DB-Unterstützung und Meta-Interpreter

H.-J. Appelrath
ETH Zürich
Institut für Informatik
CH-8092 Zürich

H. Bense
Universität Dortmund
Lehrstuhl Informatik VI
Postfach 500 500
D-4600 Dortmund 50

Zusammenfassung

Wir stellen eine Klassisfizierung DB-basierter PROLOG-Systeme vor und beschreiben (eingeordnet in diese Klassifikation) einen neuen Ansatz zur Integration eines DB-Systems in eine PROLOG-Programmierumgebung. Dieser neue Ansatz zeichnet sich vor allem dadurch aus, dass nicht nur Fakten, sondern auch Regeln durch ein DB-Zugriffssystem verwaltet werden. Als Implementierungsergebnis wird das System CPDB (Controlled Prolog for DataBases) präsentiert, das ausser der DB-Unterstützung für eine PROLOG-Programmierumgebung eine Effizienzsteigerung des Interpreters gegenüber der üblichen Ableitungsstrategie (i. a. Backtracking) durch die Vereinbarung von Metaregeln ermöglicht.

Abstract

First we introduce a classification of DB-supported PROLOG systems. Embedded in this classification we describe a new way of integrating a DB-system in PROLOG. This new way is characterized by the possibility to store not only facts but also rules in the DB. Furthermore our implemented system CPDB (Controlled Prolog for DataBases) provides a metasystem to incorporate meta-level knowledge to speed up the execution.

1. Einleitung

Diskussionen der *Nicht-Standard-Anwendungen* relationaler DB im Bereich der *Künstlichen Intelligenz* (KI) haben ihre Grundlage im Bereich der Logik, speziell des *Prädikatenkalküls*. Unter dem Oberbegriff "logic and data bases" haben Konzepte und Implementierungsergebnisse sogenannter logischer und *deduktiver DB-Systeme* seit Ende der 70er Jahre zunehmendes Interesse gefunden ([GAMI]).

Eine einheitlich prädikatenlogische Beschreibung der Wissensbereitstellung von DB bzw. DB-Frontends und *Expertensystemen* wird in [APP1] vorgestellt. Dort werden Modelle und Konzepte *DB-basierter Expertensysteme* in einem bottom up-Ansatz behandelt, indem ausgehend von deduktiven DB-Systemen (als Frontends konventioneller, relationaler DB-Systeme) als noch sehr einfachen, DB-basierten Expertensystemen zunehmend komplexere Anforderungen von Expertensystemen durch DB unterstützt werden.

Die Entwicklung deduktiver DB-Systeme ist durch die Erweiterung relationaler Abfragesprachen auf durch deduktive (vor allem rekursive) Regeln definierte *virtuelle Relationen* motiviert. Ein anderer, allerdings verwandter Ausgangspunkt ist die Fragestellung dieser Arbeit, nämlich die Frage, inwieweit DB-Systeme zur Unterstützung eines *Logischen Programmiersystems* (wie PROLOG) genutzt werden können. Logische Programmiersysteme, bei denen ein DB- (bzw. DB-Sub-) System zur Verwaltung von Fakten und evtl. Regeln eingesetzt wird, nennen wir *DB-basierte Logische Programmiersysteme*.

Der Unterschied zwischen deduktiven DB-Systemen und DB-basierten Logischen Programmiersystemen wird bereits an der Benutzerschnittstelle deutlich. Bei deduktiven DB-Systemen wird dem Benutzer die gleiche, relationale *Datenmanipulationssprache* (DML) angeboten, die auch das zugrundeliegende konventionelle DB-System besitzt. Der Benutzer arbeitet also mit der gleichen DML, wie der vom konventionellen DB-System angebotenen, ohne zu wissen, ob von ihm erfragte (oder veränderte) Relationen "normale", in der DB gespeicherte Basis-Relationen oder durch deduktive Regeln definierte virtuelle Relationen sind. Bei DB-basierten Logischen Programmiersystemen besteht die Benutzerschnittstelle aus der gleichen *Programmierumgebung*, die das Logische Programmiersystem auch ohne DB-Unterstützung bietet.

PROLOG ([CLO1]), als inzwischen bekannteste Programmiersprache eines Logischen Programmiersystems, hat insbesondere im Zusammenhang mit KI-Anwendungen auf dem Gebiet der Expertensysteme zunehmend Attraktivität gewonnen. Ihre Anhänger betonen die Vorteile der *deklarativen* Formulierung von Fakten und Regeln, die sowohl vom *algorithmischen* Problem der Festlegung des sequentiellen Programmablaufs als auch vom Problem der *Datenverwaltung* befreit.

Diese Befreiung von den beiden zentralen Fragestellungen der Programmentwicklung bezahlt man vor allem in grösseren Applikationen mit Problemen bei der effizienten Verwaltung von Fakten und Regeln, besonders wenn der

Hauptspeicher nicht mehr ausreicht, und schlechtem Laufzeitverhalten (bedingt durch die statische Ableitungsstrategie). Dem ersten Nachteil versucht man durch die Unterstützung mittels eines *Datenverwaltungssystems* (etwa eines DB-Systems) zu begegnen, während der zweite Nachteil nur durch eine Palette integrierter Massnahmen (Metasysteme, Interaktivität, Compilierung, Clusterung) mit geringer Aussicht auf raschen Erfolg behebbar scheint.

Auf die Verbesserung beider Schwachstellen (*Datenverwaltung* und *Laufzeitverhalten*) zielt die Entwicklung des hier vorgestellten Systems CPDB. Zum einen wird bei CPDB in eine PROLOG-Programmierumgebung das relationale DB-System SYSTEM B ([BENS]) integriert und zur Verwaltung von Fakten bzw. - und dies ist u.E. bisher einmalig - auch Regeln eingesetzt. Zum anderen enthält CPDB einen *Meta-Interpreter* mit der Möglichkeit zur Vereinbarung von *Metaregeln*, die als "Regeln zum Gebrauch von Regeln" das normale Backtracking verbessern helfen.
In diesem Paper behandeln wir zunächst in Kapitel 2 einige Grundlagen von PROLOG-Systemen, diskutieren im 3. Kapitel eine Klassifizierung *DB-basierter PROLOG-Systeme* und stellen in Kapitel 4 das System CPDB vor. Kapitel 5 enthält schliesslich Zusammenfassung und Ausblick.

2. PROLOG-Systeme

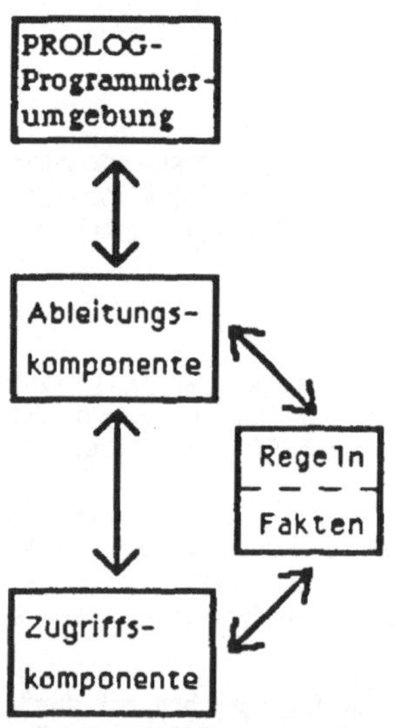

Abb. 1 Vereinfachte Architektur
eines PROLOG-Systems

Architektur
Eine gute und aktuelle Übersicht über implementierte PROLOG-Systeme gibt [CAMP]. PROLOG-Systeme bestehen im wesentlichen aus einer auf der *Horn-Klausel-Logik* beruhenden *Programmierumgebung* (wie etwa im "Standardwerk" [CLO1] beschrieben) zur Formulierung von Fakten, Regeln und Abfragen, einer *Datenbasis* (zur Speicherung der Fakten und Regeln) und einem *Interpreter*. Der PROLOG-Interpreter setzt sich wiederum aus einer *Ableitungskomponente*, die für das Backtracking anhand der Regeln verantwortlich zeichnet, und einer *Zugriffskomponente*, die von der Ableitungskomponente mit der Verwaltung und Beschaffung von Fakten betraut ist, zusammen. Spezielle Komponenten von PROLOG-Systemen, etwa für das Compilieren ausgewählter Klauseln (wie z.B. beim DEC10-PROLOG-System von [PERE]) oder für das Interrupt-Handling zum Abbrechen oder Unterbrechen des Ableitungsprozesses (wie z.B. beim PDP11- UNIX-PROLOG-System von [CLO2]) lassen wir bei der vereinfachten Architekturskizze in Abb. 1 unberücksichtigt.

Einsatz von PROLOG
Rund 10 Jahre nach seiner Entwicklung hat PROLOG eine grosse Attraktivität erlangt. Dies liegt nicht zuletzt an der Entscheidung der Japaner, PROLOG als einheitliche sprachliche Grundlage ihres "Fifth Generation Computer Projects" zu wählen, dessen Publizität allerdings grösser ist als durch die bisher erzielten Erfolge gerechtfertigt scheint. Neben der *Programmierung von Expertensystemen* wird PROLOG für recht unterschiedliche Bereiche verwendet, z.B. als *Spezifikationssprache* und zum *rapid prototyping* ([SCHN]).

Erste Überlegungen zur Nutzung von PROLOG in einem wissensbasierten Büro-Informationssystem beschreibt [APP2]. Es gibt auch Ansätze, *PROLOG als DML* für Datenverwaltungssysteme (z.B. DB-Systeme) zu nutzen. Hierunter fällt auch die PROLOG-Schnittstelle für das GRID-File ([MUEL]). Dabei steht die Frage im Vordergrund, ob PROLOG eine geeignete DML ist, und nicht die von uns in dieser Arbeit gestellte Frage, ob Datenverwaltungssysteme (speziell DB-Systeme) effizient PROLOG unterstützen. "Reines" PROLOG bietet wegen der Rekursivität der Regeln und hybrider Prädikate mehr als eine Codd-vollständige DML, PROLOG fehlt aber die Möglichkeit zur Bildung von Vereinigung und Differenz relationaler DML, was allerdings durch "set-Prädikate" kompensiert werden kann.

PROLOG-Programmierumgebungen
Bis vor kurzer Zeit wurden PROLOG-Systeme meist mit besonders empfindlichen Lücken im Bereich Arithmetik, algorithmischer Kontrollstrukturen, I/O und debugging-tools angeboten. Inzwischen werden viele Interpreter allerdings mit umfangreichen Paketen von "Systemprädikaten" (built-in-Prädikate) ausgestattet, die die beiden letzten Lücken füllen und eine bequemere und raschere Softwareentwicklung ermöglichen.
Einen wesentlichen Fortschritt bei der Gestaltung einer komfortablen Programmierumgebung stellt die *Integration von Programmiersprachen* in PROLOG bzw. PROLOG in andere Programmiersprachen dar. Wir wollen nur die zahlreichen Ansätze zur Verbindung von PROLOG und LISP (u.a. LOGLISP von [ROSI]) und als neue Entwicklung LOGULA ([SCSC]) mit der Einbindung von MODULA-Funktionsmoduln als spezielle PROLOG-Prädikate erwähnen. Damit ist in PROLOG MODULA komplett verfügbar und ermöglicht z.B. Arithmetik, I/O als Seiteneffekt immer "wahrer" Prädikate und generell die Nutzung von MODULA-Software.

Effizienzsteigerung
Das Ziel der *Effizienzsteigerung* von PROLOG haben neben Compilierung und Clusterung "verwandter" Regeln zwei Forschungsansätze gemeinsam: die *Metasystembildung* und die *Interaktivität*.
1. Mit Hilfe eines Metasystems können der Systemverwalter und evtl. zusätzlich die Benutzer Meta-Wissen integrieren, mit dem die statisch vorgegebene Ableitungsstrategie verbessert werden kann. Dazu können z.B. *Ausschlussregeln* und *Präferenzregeln* definiert werden, die durch einen Meta-Interpreter gewisse Teilbäume beim *leftmost depth-first Durchlaufs* ausschliessen oder bezüglich ihrer Ableitungsreihenfolge verändern. Diese Idee werden wir bei der Vorstellung des Systems CPDB vertiefen.
2. Einen anderen Ansatz stellt die Überlegung dar, den Ableitungsprozess interaktiv zu steuern. Im Gegensatz zum normalen Backtracking mit oder ohne Metasystem, bei dem alle Entscheidungen vor dem Ableitungsstart zu treffen sind, erlauben interaktive PROLOG-Systeme, einige Entscheidungen während des Ableitungsprozesses zu treffen. Diese Interaktivität von PROLOG-Systemen wirft aber noch eine Reihe schwieriger konzeptioneller und implementierungstechnischer Probleme auf, so dass wir eine Behandlung im Rahmen von CPDB zurückgestellt haben.

3. Architekturkonzepte DB-basierter PROLOG-Systeme

3.1 Generelle Überlegungen zu Nicht-Standard-DB
Konzepte einer DB-Unterstützung für Bereiche wie CAD, Office Information und Expertensysteme haben gegenüber nicht DB-basierten Lösungen die üblichen Vorteile von DB-Applikationen wie Redundanzbeschränkung, Datenunabhängigkeit, Datenkonsistenz, einheitliche DML und relativ schnelle Softwareentwicklung. Auf der anderen Seite zeigt sich, dass Implementierungen als DB-Frontends nicht für solche, sondern nur für kommerzielle Applikationen mit einfacheren Objekten und Objektbeziehungen als bei Nicht-Standard-Anwendungen (NSA) üblichen akzeptabel scheinen ([HARE]).

[MITS] schlägt ein Architekturkonzept für DB-Systeme vor, das speziell für den Einsatz in NSA gedacht ist. Auf einen allgemeinen DB-Kern, auch Speicherserver genannt, wird eine durch die spezielle Anwendung bestimmte Modellabbildungsschicht aufgesetzt. Dem Benutzer wird ein anwendungsorientiertes Modellierungswerkzeug angeboten (z.B. in Form semantischer Datenmodelle) und die damit definierte Benutzersicht auf die Schnittstelle zum Speicherserver abgebildet. Dieses Konzept scheint uns für NSA mit komplexeren Objekten wie Prozess-, geographische, Bild- und Text- sowie CAD-, CAM- und CAE-Daten durchaus sinnvoll. Für PROLOG-orientierte Anwendungen halten wir allerdings dieses Konzept nicht für geeignet, da die PROLOG-Objekte "Fakt" und "Regel" und ihre Beziehungen nicht so komplex sind, dass sie eine spezielle Modellabbildungsschicht verlangen. Fakten und Regeln sind direkt im relationalen Modell recht effizient modellierbar (für Fakten ist dies ohnehin einsichtig und für Regeln werden wir dies bei der Beschreibung von CPDB zeigen) und können durch konventionelle DB-Systeme gut verwaltet werden.

3.2 Drei Varianten
Die Absicht zur Nutzung von DB in PROLOG-Systemen basiert auf der in der Einleitung geschilderten Erkenntnis, dass die Fakten- und Regelverwaltung (insbesondere die der während des Ableitungsvorgangs anfallenden Fakten) vor allem bei grösseren Anwendungen nicht mehr im Hauptspeicher zu bewältigen ist. Die Auslagerung von Daten auf Sekundärspeicher und ihre effiziente Einbindung in das Backtracking der Ableitungskomponente ist allerdings in den meisten PROLOG-Systemen nicht oder nicht befriedigend gelöst. Nachfolgend wollen wir drei verschiedene Architekturen einer DB-Unterstützung für PROLOG-Systeme vorstellen. Nach dieser Klassifikation differenzieren wir folgende Varianten DB-basierter PROLOG-Systeme (DBPS):
1. DBPS mit Kopplung auf Zugriffssystem-Ebene
2. DBPS mit Kopplung auf Datensystem-Ebene
3. DBPS mit Integration eines kompletten DB-Systems.

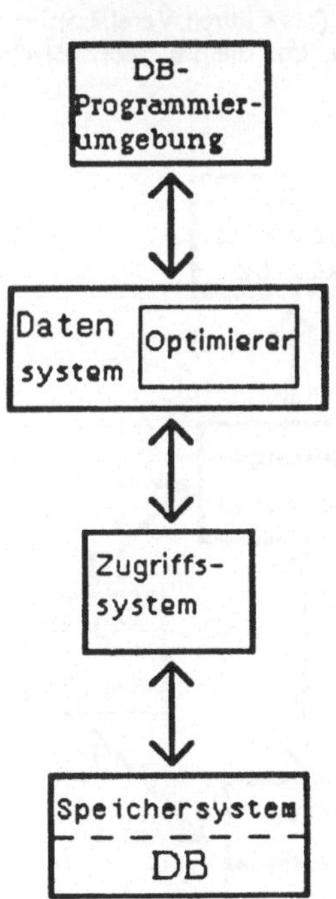

Abb. 2 Vereinfachte
Architekturskizze
eines DB-Systems

Um das Verständnis der drei Varianten zu unterstützen, wollen wir sie jeweils durch eine kleine Architekturskizze veranschaulichen. Dazu gehen wir von dem in Abb. 1 dargestellten, vereinfachten Aufbau eines PROLOG-Systems aus, das als zentrale Komponenten Ableitungs- und Zugriffskomponente enthält. Entsprechend vereinfacht zeigt Abb. 2 einen Architekturausschnitt eines DB-Systems, bei dem wir Datensystem (mit Optimierer) und

Zugriffssystem unterscheiden.

Bem.

Ausser bei Variante 3 (Frontend-Lösung eines existierenden DB-Systems) sind in der Literatur als DBPS beschriebene Systeme nicht immer Systeme, die tatsächlich Komponenten eines DB-Systems nutzen. Mitunter sind PROLOG-Systeme nur um nicht aus DB-Systemen stammende Komponenten erweitert worden und werden als DBPS bezeichnet. Wir verzichten deshalb auf eine Differenzierung in "echte" DBPS (mit Komponenten existierender DB-Systeme) und "unechte" DBPS (ohne Komponenten existierender DB-Systeme), um eine vergleichende Einordnung und gemeinsame Sichtweise von Systemen beider Klassen zu unterstützen.

3.3 Kopplung auf Zugriffssystem-Ebene

Ein solches DBPS kann man sich als ein PROLOG-System vorstellen, bei dem die PROLOG-Fakten ganz (Variante 1a) oder zumindest teilweise (Variante 1b) in einer DB gespeichert werden und zu ihrer Verwaltung das Zugriffssystem eines DB-Systems genutzt wird. D.h., es werden alle (oder nur einige) Prädikate als DB-Relationen (vergleichbar den Basis-Relationen deduktiver DB) vereinbart und durch aus DB-Systemen bekannte

Zugriffsmechanismen wie B^*-Bäume oder hashing verwaltet.

Abfragen an das DB-System betreffen immer das Retrieval eines Tupels (Fakt mit Konstanten als Terme) oder einer Tupelmenge (Fakt mit Variablen als Terme). Da sich Abfragen auf nur eine Relation beziehen und die Ableitungskomponente keine komplexeren relationenalgebraischen Abfragen stellt, ist die (ggfls. leicht modifizierte) Ein-Tupel-Schnittstelle als Aufsatzpunkt für die PROLOG-Ableitungskomponente völlig ausreichend.

Bei Variante 1a wird die Zukriffskomponente des PROLOG-Systems ganz gestrichen und durch ein DB-Zugriffssystem ersetzt, das alle - und nicht wie im zweiten Fall nur Teilmengen - der Fakten verwaltet. Abb. 3 zeigt die Architektur solcher Systeme.

Bei Variante 1b wird die PROLOG-Zukriffskomponente beibehalten, um sowohl Faktenzugriffe über diese Komponente als auch über ein DB-Zugriffssystem zu ermöglichen (siehe Abb. 4). In der PROLOG-Programmierumgebung der Benutzerschnittstelle werden dazu Möglichkeiten (etwa durch Vereinbarung spezieller Metaprädikatsymbole für in der DB gespeicherten Relationen) angeboten, um die im "normalen" PROLOG-System verwalteten Fakten von den DB-Fakten unterscheiden zu können.

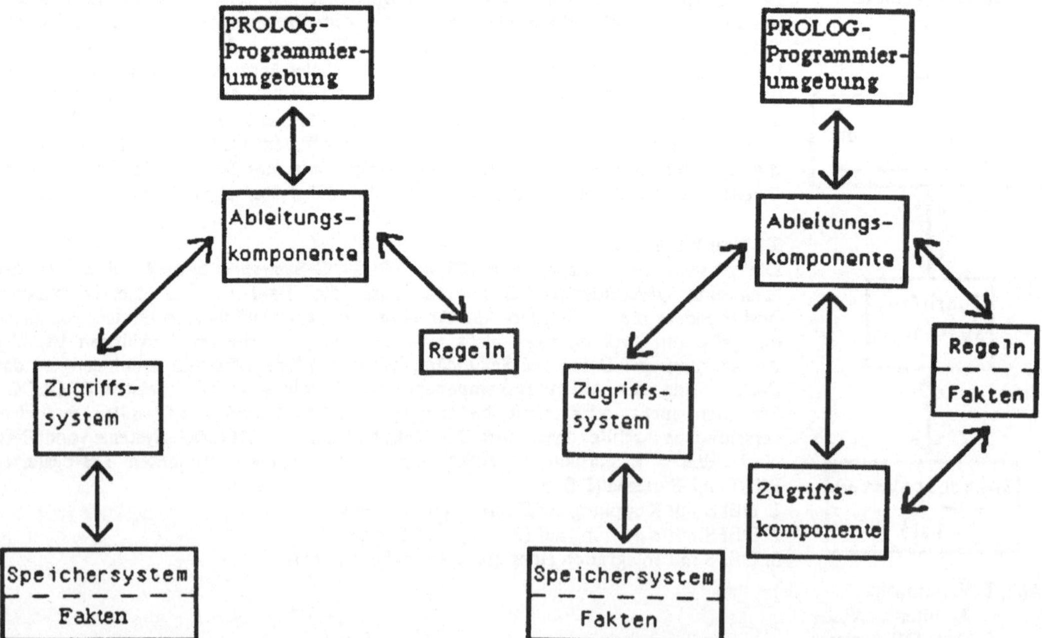

Abb. 3 Kopplung auf Zugriffssystem-Ebene (mit Streichung der PROLOG-Zugriffskomponente)

Abb. 4 Kopplung auf Zugriffssystem-Ebene (mit Beibehaltung der PROLOG-Zugriffskomponente)

In einem um ein Zugriffssystem erweiterten PROLOG-System ist die Ableitungskomponente so zu modifizieren, dass je nach Fakt, das im aktuellen Ableitungsschritt zu überprüfen ist, ein "Suchauftrag" an die

Zugriffskomponente des PROLOG-Systems oder das Zugriffssystem (eines DB-Systems) ergeht. Die dazu notwendige Trennung in "disjunkte" Faktenmengen (*disjunkt* seien Faktenmengen, bei denen zu jedem Prädikat alle Fakten entweder im PROLOG- oder im DB-System, aber nicht in beiden verwaltet werden) gilt natürlich nicht für hybride Relationen bzw. Prädikate, so dass wir disjunkte Faktenmengen unterstellen. Allerdings stellt dies keine prinzipielle Beschränkung dar, da man ein hybrides Prädikat P in zwei Prädikate P-DB (Fakten zu P in der DB) und P-PR (Fakten zu P in der PROLOG-Datenbasis) aufspalten und die Regeln P-DB (...) -> P (...) und P-PR (...) -> P (...) aufnehmen könnte.

Die Variante 1b zeichnet sich dadurch aus, dass dem Benutzer ein flexibles Instrument zur Aufteilung der Faktenmenge in PROLOG- und DB-Fakten zur Verfügung steht.

Ein Problem beider Architekturvarianten ist die unterschiedliche Behandlung von Abfragen an DB- Zugriffssystem bzw. PROLOG-Zugriffskomponente. Das DB-Zugriffssystem liefert i.a. Tupelmengen - und nicht wie die PROLOG-Zugriffskomponente nur ein Tupel - zurück. Die Ableitungskomponente braucht im Ableitungsprozess aber jeweils genau ein Tupel, so dass die vom DB-Zugriffssystem bereitgestellten Tupelmengen in Puffern zwischengespeichert werden müssen.

3.4 Kopplung auf Datensystem-Ebene

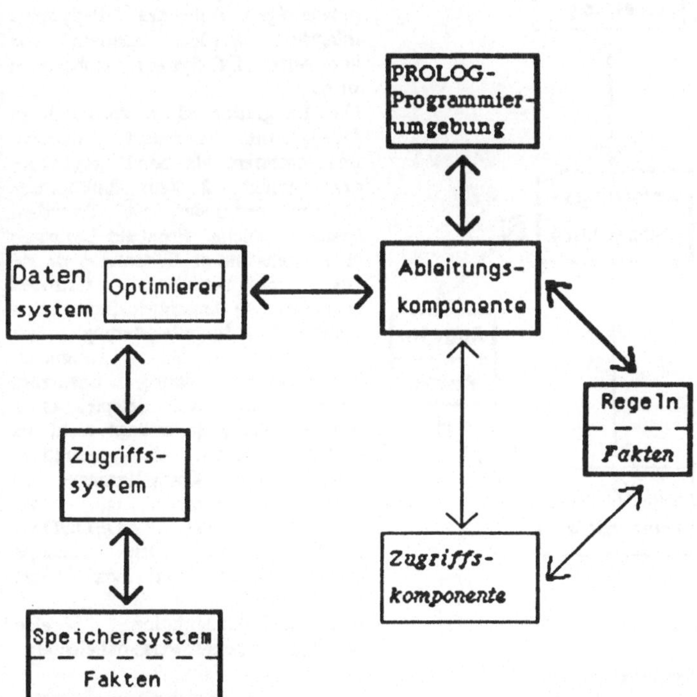

Abb. 5 Kopplung auf Datensystem-Ebene

Im Vergleich zur Variante 1 geschieht hier die Kopplung mit dem DB-System bereits an der Datensystem- Schnittstelle des DB-Systems (siehe Abb. 5), wobei nicht unbedingt das komplette DB-System integriert wird, sondern im wesentlichen der "Optimierungskern" herausgelöst und für das DBPS verwendet wird. Wir wollen hier nicht differenzieren, ob das PROLOG-System noch eine eigene Zugriffskomponente besitzt (in Abb. 5 ist diese Optionalität durch dünnere Begrenzungslinien und kursive Schrift der Zugriffskomponente veranschaulicht). Die grundlegende Idee dieser Variante ist die, dass die PROLOG-Ableitungskomponente nicht nur Abfragen bezüglich einer Relation an das DB-System übergeben kann (wie bei Variante 1), sondern Abfragen i.a. Joins von Relationen sind (Klasse der "conjunctive queries"). Joins entsprechen ja genau den für Horn-Klausel-Logik charakteristischen Konjunktionen von Prädikaten, die als Resolventen im Ableitungsprozess auftreten. Der Vorteil dieser Lösung zeigt sich insbesondere bei effizienten Optimierern im DB-Datensystem.

Die wesentlichen Fragen dieser Variante treten bei der Entscheidung auf, wann "Suchaufträge" an das DB-System übergeben werden. Sollen bereits Abfragen ageschickt werden, wenn nur Teilausdrücke aus DB-Relationen bestehen, oder erst dann, wenn die Resolvente vollständig abgeleitet ist? Wieviel Rekursionsstufen sollen bei rekursiven Regeln durchlaufen werden, bevor eine Abfrage übergeben wird? Wie werden die zurückgelieferten Relationen in den Ableitungsprozess einbezogen?

Die unterschiedliche Beantwortung dieser Fragen erlaubt eine Differenzierung von DBPS, die sich an der in [APP1] beschriebenen Klassifizierung deduktiver DB-Systeme orientiert und uns gut übertragbar scheint.

DBPS, die bereits eine *abfrage-unabhängige (Vor-)Übersetzung* von Regeln durchführen (*compiled approach*), nennen wir *DBPS mit Übersetzungsansatz*. Insbesondere die Übersetzung *virtueller Prädikate* (Prädikate zu denen keine Fakten gespeichert sind), die rekursiv definiert sind oder erst über lange Ableitungen in *Basis-Prädikate* (Prädikate, zu denen Fakten in DB oder Faktenbasis gespeichert sind) überführt werden können, kann den Ableitungsprozess zur späteren Beantwortung einer Abfrage beschleunigen.

DBPS, die auf abfrage-unabhängige Übersetzungstechniken verzichten, bezeichnen wir als *DBPS mit Interpretierungsansatz.* Solche Systeme unterscheiden sich auf der anderen Seite von DBPS der Variante 1 dadurch, dass erst komplexere Ausdrücke (längere Konjunktionen von Fakten) gebildet werden, die dann als Joins an das Datensystem übergeben werden. Das "faktenweise Suchen" in der DB ist bereits bei Variante 1 möglich und würde ein DBPS der Variante 2 naturgemäss unterfordern, da das Datensystem nicht ausgenutzt wird.

Eine weitere Unterscheidung von DBPS, die allerdings auch bereits Systeme der Variante 1 differenzieren kann, zielt auf die unterschiedliche Behandlung abgeleiteter Fakten(mengen). Bei *DBPS mit Generierungsansatz* werden neu gewonnene, bisher nicht gespeicherte Fakten in DB oder Faktenbasis als *temporäre Fakten* vorgehalten und erst bei Updates (wegen der möglicherweise auftretenden und nur sehr schwer identifizierbaren und korrigierbaren Inkonsistenzen) wieder gelöscht. Dies hat bei längeren, rein retrieval-orientierten Sitzungen den Vorteil, dass erneut benötigte Fakten nicht erneut abgeleitet werden müssen.

DBPS mit Ableitungsansatz nutzen abgeleitete Fakten nur "ad hoc" und verzichten auf ihre temporäre Speicherung und spätere Verwendung.

3.5 Integration eines kompletten DB-Systems

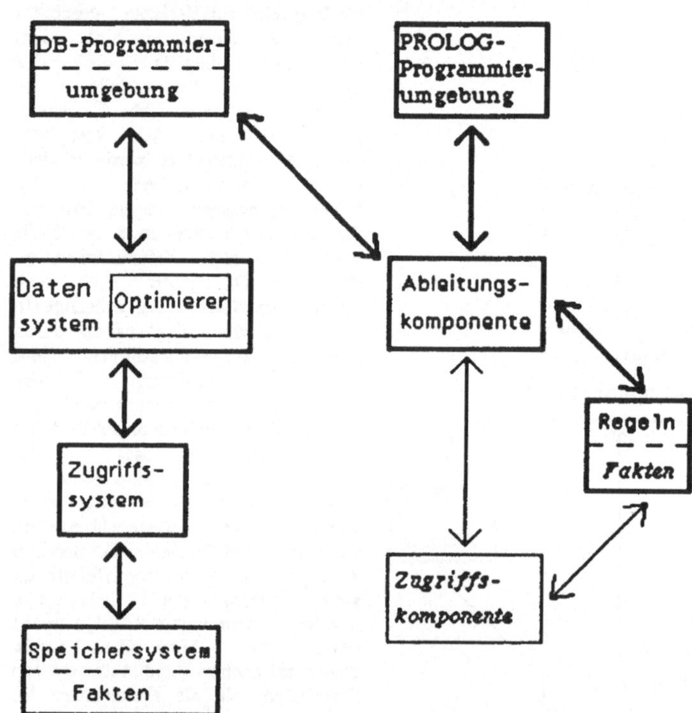

Abb. 6 Integration eines kompletten DB-Systems

Variante 3 ist eine echte DB-Frontend-Lösung (siehe Abb. 6). Dies bedeutet, dass nicht wie bei Variante 2 nur die zur Beantwortung von "conjunctive queries" notwendigen Teile des DB-Systems integriert werden, sondern das komplette DB-System einbezogen wird.

Die Integration eines vollständigen DB-Systems erscheint insofern unangemessen, als damit gegenüber der Variante 2 kein funktionaler Gewinn verbunden ist. Trotzdem besitzen solche Frontend-Lösungen eine eigenständige Bedeutung, da sie aus pragmatischen Gründen (schnellere Systementwicklung, keine "saubere" Modularisierung des DB-Systems mit geeigneten Schnittstellen) häufig bevorzugt werden. Ein gutes Beispiel einer solchen Lösung (allerdings nicht als DBPS sondern als deduktives DB-System mit Compilierungs- und Generierungsansatz) ist das INGRES-Frontend DEDUDAB ([APBE]), bei dem knappe Entwicklungszeit und vor allem unzureichende INGRES-Dokumentation eine derartige Vorgehensweise nahelegten.

DBPS der Variante 3 zeichnen sich dadurch aus, dass sie zwei Benutzerschnittstellen anbieten: eine PROLOG-Programmierumgebung und die relationale DML des zugrundeliegenden DB-Systems.

4. Das System CPDB · PROLOG mit DB-Unterstützung und Meta-Interpreter

Bevor wir in den Abschnitten 4.2 und 4.3 das System CPDB vorstellen, wollen wir das zugrundeliegende DB-System SYSTEM B beschreiben.

4.1 Das DB-System SYSTEM B

SYSTEM B ([BENS]) wurde in den Jahren 1979/ 80 als relationales DB-System für Mikrocomputer entwickelt. Es besitzt eine dem ANSI-SPARC-Ansatz angelehnte Schichtenarchitektur, die in Abb. 7 in vereinfachter Form dargestellt ist. In einem integrierten Datenwörterbuch wird die Struktur der Datensätze bzw. Relationen festgelegt, womit ein Höchstmass an Datenunabhängigkeit gewährleistet ist.

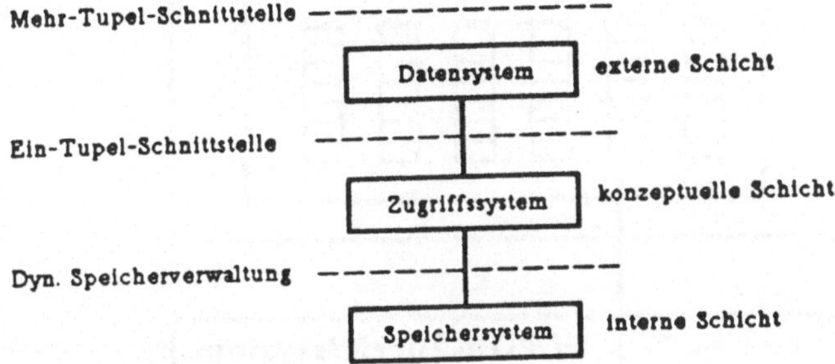

Abb. 7 Schichtenarchitektur von SYSTEM B

Als unterste Ebene wurde ein *Speichersystem* realisiert, das darauf aufbauenden Moduln ein lineares Adressraumkonzept zur Verfügung stellt. Mit dem Speichersystem wird auch Unabhängigkeit von den verwendeten Sekundärspeichermedien erreicht.

Das *Zugriffssystem* auf der nächst höheren Ebene übernimmt die Abspeicherung von Dateien und Sekundärindexen durch den Einsatz von *Präfix-B*-Bäumen*. Datensätze können durch Operationen des Zugriffssystems eingefügt oder verändert werden. Ausserdem stehen Funktionen für den Direktzugriff sowie für das sequentielle Durchlaufen von Relationen und Sekundärindexen zur Verfügung. Da die Operationen des Zugriffssystems jeweils nur auf einem Datensatz arbeiten, bildet diese Schnittstelle die *Ein-Tupel-Schnittstelle* zu höheren Moduln. Sowohl die Funktionen des Speichersystems als auch die des Zugriffssystems können über die Programmiersprache PASCAL als *Gastsprache* direkt aufgerufen werden. Von dieser Möglichkeit macht auch das System CPDB Gebrauch.

Für SYSTEM B wurde die deskriptive graphische *Abfragesprache* GQL entwickelt ([SCHW]), die sich stark an Query-by-Example anlehnt. GQL bietet eine benutzerfreundliche, mengen-orientierte *Mehr-Tupel- Schnittstelle* und stellt damit die oberste Ebene des Schichtenmodells, das *Datensystem*, dar.

In [BECR] ist beschrieben, dass Eigenschaften von SYSTEM B wie dynamische Speicherplatzverwaltung, virtuelle Speicherverwaltung und physikalische Clusterung von Datensätzen bezüglich des Primärschlüssels einer Relation die Integration von *Programmiersprachen-* und *Methodenbankkonzepten* erlauben.

4.2 Einige Entwurfsentscheidungen

Architektur
Das System CPDB sollte als ein DBPS der Variante 1a (siehe Abschnitt 3.3) realisiert werden, mit der Besonderheit, dass auch <u>Regeln in der DB</u> des zugrundeliegenden SYSTEM B gespeichert werden. Eine an die Klassifikation aus Kapitel 3 angelehnte Architekturskizze mit (PROLOG-)*Deduktionskomponente* und (DB-)*Zugriffssystem* zeigt Abb. 8. Aus Gründen einer kompakteren Beschreibung von CPDB sind darin bereits einige Implementierungsdetails enthalten, auf die wir noch in Abschnitt 4.3 näher eingehen.

Die CPDB-Deduktionskomponente beinhaltet die *Ableitungssteuerung* und das *Datenverwaltungssystem* mit den *Laufzeit-stacks*. Die Ableitungssteuerung realisiert einen normalen PROLOG-Interpreter mit *Meta-Interpreter* unter Verzicht auf temporäre Speicherung abgeleiteter Fakten (DBPS mit *Interpretierungs-* und *Ableitungsansatz*) und ist in [ROSE] ausführlich dargestellt. Die Ableitungssteuerung hat sowohl Zugriff auf die Laufzeit-stacks des Datenverwaltungssystems als auch (über die Prozeduren HoleLiteral und HoleKlausel) auf Klauseln der PROLOG-Programme des CPDB-Zugriffssystems.

Das CPDB-Zugriffssystem besteht aus dem Zugriffs- und Speichersystem des DB-Systems SYSTEM B, sowie einem vorgeschalteten Zwischenspeicher (*Literal-Cache*), der dem Einlagern von jeweils ableitungs-relevanten PROLOG-Programmteilen des PROLOG-Interpreters Rechnung trägt. Damit soll erreicht werden, dass Klauseln, die mehrmals kurzfristig hintereinander benötigt werden (z.B. bei Rekursion), nicht ständig über explizite Datenbankzugriffe ein- und ausgelagert werden müssen. In [EISE] werden spezielle *Ein- und Auslagerungstechniken* vorgestellt, die es gestatten, solches "*Lokalitätsverhalten*" in PROLOG-Programmen zu berücksichtigen.

Laufzeit-stacks (Stack-Datei) erlauben die Ausführung "beliebig" komplexer Deduktionen, die nur durch die Kapazität der Sekundärspeichermedien begrenzt sind.

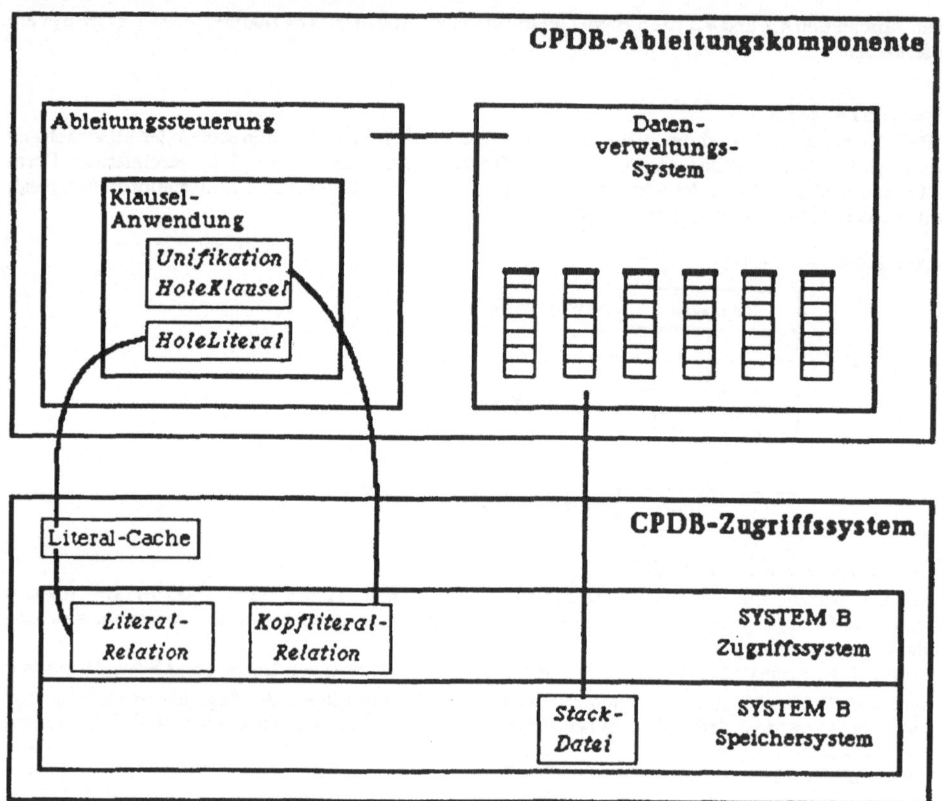

Abb. 8 CPDB-Architektur

Ableitungsstrategie

Die Ableitungsstrategie basiert auf dem Prinzip der *linearen Resolution* und verfolgt einen *leftmost depth-first Durchlauf*, der allerdings durch eine Beschleunigung des Durchlaufs und einen Meta-Interpreter verbessert ist.

Für die folgenden Ausführungen benutzen wir folgende Terminologie: PROLOG-Programme bestehen aus einer Folge von (Horn-)Klauseln, eine *Klausel* aus einem oder mehreren Literalen (Prädikaten), ein *Literal* aus einem *Prädikatsnamen* und einer *Argumentliste*. Klauseln sind *Fakten*, wie z.B. "Meier ist Chef von Weber" mit der Syntax "Chef (Meier,Weber);", *Regeln*, wie z.B. "Wenn x Chef ist von y, dann ist x Vorgesetzter von y" mit der Syntax "Vorgesetzter (x,y) :- Chef (x,y);" oder *Abfragen*, wie z.B. "Welche Vorgesetzte hat Weber?" mit der Syntax "? :- Vorgesetzter (x,Weber);".

Eine Regel besteht aus einem *Kopf-* und einem (oder mehreren) *Rumpfliteral*(en). Das "linke" (implizierte) Literal ist das Kopfliteral, auch als *Klauselkopf* bezeichnet, alle hinter dem Implikationszeichen ":-" stehenden Literale sind die Rumpfliterale. Einige Regeln können schon von vornerein als sogenannte *built-in-* (oder System-) *Prädikate* im PROLOG-Interpreter fest eingebaut sein (z.B. Arithmetik-Funktionen oder Listen- und Mengen-Operationen).

Abb. 9 soll anhand eines kleinen Beispiels veranschaulichen, warum wir zur Beschleunigung des Durchlaufs PROLOG-Programme in zwei DB-Relationen (in CPDB LITERAL und KOPFLITERAL genannt) ablegen. Bei der leftmost depth-first Ableitungsstrategie werden alle Literale - die als Rechtecke dargestellt sind, wobei dick gezeichnete, waagerechte Linien Literale einer Klausel verbinden - in der durch die dick gezeichneten Linien veranschaulichten Reihenfolge durchlaufen und beim Backtracking im Falle erfolgloser Ableitung in umgekehrter Reihenfolge zurück verfolgt.

Es sollte klar sein, dass es bei tiefen Ableitungsbäumen und evtl. zusätzlich langen "Klauseln" wenig sinnvoll ist, jeweils die kompletten Klauseln des durch das zu bearbeitende Literal ausgezeichneten Ableitungsweges zugreifbar zu halten. Vielmehr scheint es uns zweckmässig, ausgehend vom "aktuellen" Literal, das bezüglich des Backtracking folgende bzw. vorhergehende Literal direkt, d.h. ohne seine komplette Klausel zugreifen zu können. In Abb. 9 ist die Reihenfolge der im "Direktzugriff" gewünschten Literale durch die dünn gezeichneten Linien veranschaulicht. In einer DB-Relation (in CPDB die Relation LITERAL) sollten folgerichtig nicht die Klauseln, sondern die Literale der

Klauseln in der durch das PROLOG-Programm vorgegebenen Reihenfolge abgelegt werden.
Um während der Ableitung die zu einem Literal passenden Klauseln zu finden, wird in den meisten
PROLOG-Systemen i.a. das gesamte PROLOG-Programm sequentiell durchsucht. Dies kann durch Einführung
einer zweiten DB-Relation (in CPDB die Relation KOPFLITERAL) vermieden werden. In dieser Relation sollte für
jedes Argument eines Klauselkopfes ein Tupel eingetragen werden. Eine geschickte Ausnutzung und Kombination
von Sortier- und Clustermöglichkeiten von SYSTEM B ermöglicht es dann, im Rahmen einer sogenannten
Vorunifikation, nicht in Frage kommende Regeln von der Überprüfung auf Anwendbarkeit auszuschliessen. Gerade
bei grossen Fakten- und Regelbasen dürfte das zu einer erheblichen Reduzierung des Ableitungsaufwandes führen.

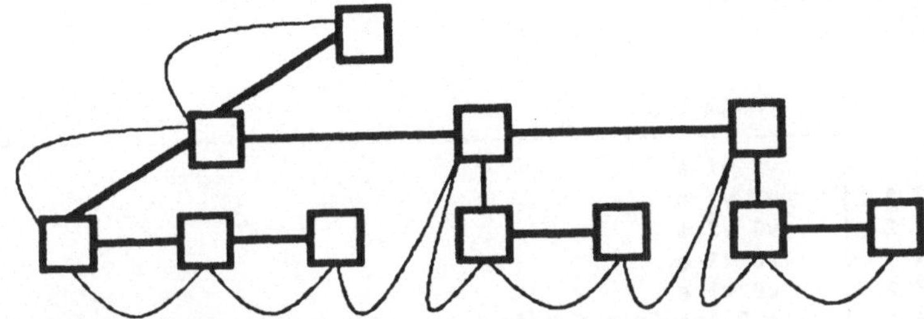

Abb. 9 Ableitungsbaum

Metasystembildung
CPDB sollte einen Meta-Interpreter besitzen, der die Definition und Anwendung verschiedener Metaregeln erlaubt.
Im Gegensatz zu dem Ansatz von [GALA] sollte nicht bei jedem Resolutionsschritt geprüft werden, ob eine <u>global</u>
deklarierte Metaregel anwendbar ist, sondern nur dann, wenn das <u>aktuell</u> abzuleitende Literal mit einem
Kontrollwort versehen ist. Metaregeln sollten also auf eine <u>einzelne PROLOG-Regel</u> bezogen werden und damit ein
flexibleres Werkzeug zur Effizienzsteigerung bieten, als dies bei global vorgegebenen, für den gesamten
Ableitungsprozess gültigen und damit in jedem (!) Ableitungszustand zu überprüfenden Metaregeln der Fall wäre.
Als Beispiele globaler Ausschlussregeln mögen die beiden folgenden dienen:
"Wende Regel 2 immer nur nach Regel 4 an".
"Wende (die rekursive) Regel 3 höchstens zweimal in einem Ableitungsweg an."
Diese Art des definitiven Ausschlusses von möglichen Regelanwendungen sollte durch Metaregeln zur Vereinbarung
von Präferenzen bei der Verfolgung von gleichzeitig möglichen Regeln ergänzt werden.
Beispiele globaler Präferenzregeln:
"Wenn Regel 1 und Regel 2 anwendbar sind, wende zunächst Regel 2 an."
"Wenn möglich, wende immer erst Regel 3 an."
Die bei CPDB verfolgte Idee der Bildung lokaler Metaregeln stützt sich auf die aus dem Bereich der Formalen
Sprachen bekannten *controlled grammars* von [GINS]. Danach werden Produktionen contextfreier Grammatiken
sogenannte *Kontrollworte* zugeordnet, die die Ableitungskomplexität i.a. wesentlich einschränken. Etwa im Vergleich
zu einer vollständigen leftmost Ableitung des nicht-terminalen Startsymbols werden jeweils nur solche Produktionen
angewandt, die den aktuellen Ableitungszustand des Kontrollworts respektieren. Als lokale Metaregeln sollten
Konzepte wie Sequenz, Alternative und Kontrollstrukturen wie While und For-Schleife realisiert werden.
Der Meta-Interpreter sollte als Frontend in PROLOG implementiert werden, um eine Portabilität bezüglich anderer
PROLOG-Systeme zu erreichen. ·

4.3 Implementierung von CPDB

Die Implementierung des Systems CPDB kann naturgemäss nur in einigen Ausschnitten beschrieben werden. Wir
konzentrieren uns dabei auf die Beschreibung der für die Ableitungsstrategie grundlegenden Relationen LITERAL
und KOPFLITERAL, der Vorunifikation und des Meta-Interpreters. Diese Auswahl orientiert sich daran, die beiden
wesentlichen Charakteristika von CPDB, die DB-Unterstützung und den Meta-Interpreter, auch bezüglich der
Realisierung herauszustellen. Für ein intensiveres Studium der implementierungstechnischen Details, Tests und
Ergebnisse sei auf die beiden Dipomarbeiten von [EISE] und [ROSE] verwiesen.

Die Relation LITERAL

Zur Eingabe von PROLOG-Programmen steht ein *Editor* zur Verfügung, mit dem die Programme direkt in die
SYSTEM B-Relationen LITERAL und KOPFLITERAL abgebildet werden. Die Relation
        LITERAL (NR, PRÄDIKAT, PARAMETER)
enthält als erstes und gleichzeitig sequenzerhaltendes Attribut die Literalnummer (NR), die, weil sie *Primärschlüssel*
der Relation ist, direkt angesprungen und somit als "PROLOG-*Programmarke*" verwendet werden kann. Die beiden
folgenden Attribute PRÄDIKAT und PARAMETER werden vom DB-System als Zeichenketten variabler Länge
verwaltet, in die auch Informationen über die interne Darstellung integriert werden. Damit ist eine optimale

Speicherplatzausnutzung und schnelle Abarbeitung sichergestellt, da während der Ableitung kein *parsing* mehr notwendig ist. Die syntaktischen Informationen werden bei der Eingabe der Literale gewonnen. Z.B. wird der PROLOG Programmabschnitt

```
(1) Vorgesetzter (x,z) :- Chef (y,z), Vorgesetzter (x,y);
(2) Vorgesetzter (x,y) :- Chef (x,y);
(3) Chef (Schulz, Meier);
(4) Chef (Schulz, Müller);
(5) Chef (Meier, Lehmann);
(6) Chef (Hermann, Weber);
```

in folgende Relation LITERAL überführt:

```
NR  | PRÄDIKAT            |   PARAMETER
----------------------------------------------------------------------
01  |   k Vorgeset  2     |   v0 v1 e
02  |   n Chef      2 2 2 |   v2 v1 e
03  |   n Vorgeset  2 2 2 |   v0 v2 e
04  |   k Vorgeset  1     |   v0 v1 e
05  |   n Chef      2 2 2 |   v0 v1 e
06  |   k Chef      /     |   a 6 Schulz a 5 Meier e
07  |   k Chef      /     |   a 6 Schulz a 6 Müller e
08  |   k Chef      /     |   a 5 Meier a 7 Lehmann e
09  |   k Chef      /     |   a 5 Meier a 5 Weber e
```

Tab. 1 1. Beispiel einer Relation LITERAL

Aus Tab. 1 wird deutlich, wie eine Regel über mehrere Literale hinweg konsekutiv in der Relation LITERAL abgelegt wird: In den beiden ersten Tupeln ist die Regel (1), in den Tupeln mit NR 03 bis 05 die Regel (2) und in den Tupeln mit NR 06 bis 09 sind die Fakten (3) bis (6) gespeichert.

<u>Das Attribut PRÄDIKAT</u>

Bei einem Kopfliteral oder Fakt setzt sich der Eintrag im Feld PRÄDIKAT zusammen aus:
  Prädikatindex•Prädikatname•MaxVarNr
bei Rumpfliteralen aus:
  Prädikatindex•Prädikatname•VorunifikationsInfo

Das erste Zeichen im Feld PRÄDIKAT, der Prädikatindex, zeigt an, um welche Literalart es sich handelt. Prädikatindex kann folgende Werte annehmen:

  k: für Kopfliterale oder Fakten
  n: für vom Benutzer deklarierte Rumpfliterale
  b: für "built-in" Rumpfliterale

Prädikatname enthält eine auf 8 Zeichen beschränkte Bezeichnung des Prädikatnamens.

MaxVarNr (bei Kopfliteralen oder Fakten) enthält eine implementierungstechnisch bedingte Angabe über den grössten vergebenen "Variablenindex". Für z.B. eine Variable (standardmässig als "v0" notiert) steht dort eine "0", für z.B. drei Variablen (als "v0", "v1" und "v2" notiert) steht dort eine "2" und ein "/" taucht auf, falls die Klausel keine Variable enthält.

In VorunifikationsInfo (bei vom Benutzer deklarierten oder "built-in" Rumpfliteralen) werden zunächst die Anzahl und darauf folgend die Längen der Parameter, die in PARAMETER stehen, codiert.

<u>Das Attribut PARAMETER</u>

Es gibt fünf verschiedene Parameterarten, die durch ein entsprechendes Zeichen repräsentiert den daran anschliessenden Werten vorangestellt werden:

  a: Atom
  i: integer
  f: frei definierte Funktionssymbole
  r: arithmetische Funktionssymbole
  v: Variable

Ein Atom besteht dann aus der Längenangabe und dem Bezeichner, z.B. in Tupel 06 "a 6 Schulz". Bei Funktionen kommt zu den beiden vorgenannten Angaben zusätzlich ein Argumenttext hinzu, der durch ein "e" begrenzt wird, um beliebige Verschachtelungen zu ermöglichen. Variablen brauchen nur bezüglich einer Klausel eindeutig identifizierbar zu sein. Daher folgt dem Variablenindikator "v" nur ein relativer Variablenindex.

<u>Beispiele:</u>
```
mag (besitzt(x, Buch (Uderzo, Asterix), Mike);
Summe (x,y,erg) :- !, is (erg, + (x,y));
```
Das 1. Beispiel (mag) verwendet geschachtelte Funktionsaufrufe, d.h. Argumente eines Prädikats können wiederum Prädikate sein. Zur Verdeutlichung ist der zugehörige Syntaxbaum in Abb. 10 angegeben. Über die Prädikate mag-besitzt-Buch wird in diesem Beispiel eine Schachtelungstiefe von 3 erreicht. Aus der Darstellung dürfte deutlich werden, dass die Klauseln praktisch ohne jeden Zerlegungsaufwand abgearbeitet werden können.

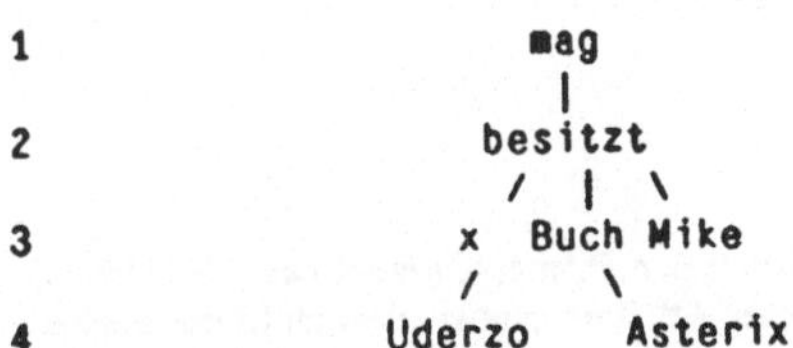
```
1                      mag
                        |
2                    besitzt
                    /   |   \
3                  x  Buch Mike
                  /      \
4             Uderzo     Asterix
```

Abb. 10 Syntaxbaum

Im zweiten Beispiel (Summe) soll die Anwendung des built-in-Prädikates cut ("!") demonstriert werden. Bei der Unifikation der Regel "Summe" mit dem Literal des gerade abzuleitenden Goal-Statements wird überprüft, ob das built-in Prädikat "Is" anwendbar ist. Falls ja, so kann die Summe "x + y" in "erg" zurückgegeben werden. Andernfalls sollte verhindert werden, dass der Ableitungsversuch durch Backtracking unnötig fortgesetzt wird. Dazu dient das cut-Prädikat. Ein Backtrack-Versuch innerhalb einer Regel wird beim ersten links vom abzuleitenden Literal stehenden cut abgebrochen, was die Ableitungskomplexität i.a. erheblich reduziert.

Für die beiden vorausgehenden Beispiele ergibt sich für die Abspeicherung in der Relation LITERAL das in Tab. 2 dargestellte Bild.

```
NR  | PRÄDIKAT       | PARAMETER
-----------------------------------------------------------------------------------
10  | k mag    0     | f 7 besitzt v0 f 4 buch a 0 Uderzo a 7 Asterix e
    |                | a 4 Mike e e
11  | k Summe  2     | v0 v1 v2 e
12  | b cut    0     |
13  | b is     2 2 8 | v2 r 1+ v0 v1 e e
```

Tab. 2 2. Beispiel einer Relation LITERAL

Die Relation KOPFLITERAL

Die Relation KOPFLITERAL enthält Einträge für alle Klauselköpfe, auf die bei der Vorunifikation direkter Zugriff besteht, und hat folgenden Aufbau:
```
KOPFLITERAL (PRÄDIKAT, ARGNR, KLNR, TYP, WERT, LITANZ)
```
In die Relation KOPFLITERAL wird für jedes Argument eines Klauselkopfes ein Tupel eingetragen. Das erste Feld PRÄDIKAT enthält den Prädikatsnamen des Klauselkopfes. ARGNR ist die laufende Nummer der Argumente innerhalb des Klauselkopfes. Als drittes Feld enthält KLNR die Nummer des Kopfliterals, unter der die Klausel in der Programmdatei beginnt und direkt zugreifbar ist.

Das Feld TYP beschreibt die Parameterart und hat dieselbe Funktion, wie bereits vorher bei der Codierung der Parameter in der Programmrelation LITERAL beschrieben. Im Feld WERT wird bei den Parameterarten Atom ("a") und Integer ("i") der entsprechende Wert abgelegt. Schliesslich wird im Attribut LITANZ die Anzahl der Literale der angesprochenen Klausel notiert.

PRÄDIKAT	ARGNR	KLNR	TYP	WERT	LITANZ
Chef	1	06	a	Schulz	2
Chef	1	07	a	Schulz	2
Chef	1	08	a	Meier	2 <-
Chef	1	09	a	Meier	2 <-
Chef	2	06	a	Meier	2
Chef	2	07	a	Müller	2
Chef	2	08	a	Lehmann	2

```
Chef        | 2     | 09    | a | Weber   | 2 <<-
mag         | 1     | 10    | f | besitzt | 1
Summe       | 1     | 11    | v |         | 3
Summe       | 2     | 11    | v |         | 3
Summe       | 3     | 11    | v |         | 3
Vorgeset    | 1     | 01    | v |         | 3
Vorgeset    | 1     | 04    | v |         | 2
Vorgeset    | 2     | 01    | v |         | 3
Vorgeset    | 2     | 04    | v |         | 2
```

Tab. 3 Beispiel der Relation KOPFLITERAL

Die ersten fünf Attribute (PRÄDIKAT, ARGNR, KLNR, TYP, WERT) bilden den Primärschlüssel der SYSTEM B-Relation KOPFLITERAL. Damit sind alle Tupel der Relation bezüglich dieser Attributkombination nicht nur sortiert, sondern sogar "geclustert", d.h. physikalisch benachbart abgelegt. Man kann daher davon ausgehen, dass mit einem logischen Zugriff auf KOPFLITERAL alle Tupel zu einem bestimmten Argument eines Prädikates in den Hauptspeicher übertragen werden.
Für den zuvor aufgeführten Programmausschnitt und die beiden Beispiele ergeben sich in der Relation KOPFLITERAL die in Tab. 3 aufgeführten Einträge.
Bei geschachtelten Literalen, wie bei dem Literal "mag", wird nur ein Eintrag für Prädikatnamen auf Schachtelungsebene 2 gemacht (besitzt), da von der Ableitungskomponente keine tiefergehenden Informationen für die Unifikation benötigt werden.

Vorunifikation

Die Schnittstelle zwischen dem CPDB-Zugriffssystem und der CPDB-Deduktionskomponente besteht nur aus einer Prozedur mit folgendem Kopf:

```
procedure HoleKlausel (PrädName:   string[8];
                       DB Marke:   integer[6];
                       var Vorunif: VorunifListe;
                       var determ:  boolean);
```

Die Informationen der Relation KOPFLITERAL werden ausgenutzt, wenn während des Ableitungsvorganges mit der Prozedur HoleKlausel zu einer Klausel eine "matchende" Klausel gesucht wird. Das soll an folgendem Beispiel demonstriert werden:

Gesucht sei ab Klauselnummer (DB Marke) "06" eine Klausel mit PrädName "Chef", dem ersten Argument "Meier" und dem zweiten Argument "Weber". An das Zugriffssystem wird nun der Verweis Vorunif auf folgende Vorunifikationsliste als Suchargument übergeben:

```
| PrädName = Chef |             | ARGNR = 1       |             | ARGNR = 2       |
| DB Marke = 06   | ---->       | TYP = a         | ---->       | TYP = a         | ----|
|                 |             | WERT = Meier    |             | WERT = Weber    |
```

Mit nur einem logischen Zugriff werden dann aus der Relation KOPFLITERAL alle Tupel geladen mit dem PRÄDIKAT "Chef", mit Argumentnummer "1" oder "2" und mit einer Klauselnummer KLNR grösser oder gleich "06". Durch sequentiellen Durchlauf durch die Relation ab den Einstiegsstellen (<-, <<-; siehe Tab. 3) und nach Vergleich mit den als Suchargument übergebenen Parameterwerten kann schnell festgestellt werden, dass die Klausel mit der Nummer "09" die nächste ist, die in Frage kommt. Ausserdem wird dem aufrufenden Interpreter über die Variable "determ" mitgeteilt, ob es noch mindestens eine weitere Klausel gibt, die den Suchargumenten genügt. Wenn das nicht der Fall ist, so bezeichnet man die Klauselanwendung als deterministisch. Dies kann zur Reduzierung des Ableitungsbaumes führen, was sich wiederum in einer kleineren Zahl an Backtrack-Versuchen und weniger Speicherplatzbedarf ausdrückt.

Metasystem
Die Bedeutung eines effizienten Metasystems haben wir wiederholt betont. CPDB versucht dieser Anforderung durch einen Meta-Interpreter zur Beschleunigung des Backracking anhand lokaler, an die Klauseln gebundener Metaregeln gerecht zu werden. Die Idee ist die, Kontrollworte für Klauselköpfe durch einige sogenannte *Basiskonstrukte* wie Sequenz, Alternative und algorithmische Kontrollstrukturen zu bilden, an denen sich die Anwendung der durch die jeweiligen Klauselköpfe bestimmten Regeln orientieren muss.

Im System CPDB sind die folgenden Basiskonstrukte verfügbar.

Sequenz[$i_1, \ldots, i_n$] bedeutet: "wende erst Regel i_1, dann Regel ..., dann Regel i_n an",

173

Alternative[i_1,...,i_n] bedeutet: "versuche erst Regel i_1 anzuwenden, dann und nur wenn dies nicht ging, wende Regel i_2 an, usw.", wobei kein Backtracking erlaubt ist, wie dies beim nächsten Konstrukt der Fall ist,

Präzedenz[i_1,...,i_n] hat die gleiche Semantik wie Alternative bis auf den Unterschied, dass bei erfolgloser Ableitung ein Backtracking erlaubt ist,

Stern[i] bedeutet: "wende Regel i so oft wie möglich an",

While[b,i] bedeutet: "wende Regel i solange an, wie Bedingung b erfüllt ist",

For[i,n] bedeutet: "wende Regel i n-mal an",

If-then-else[b,i_1,i_2] bedeutet: "wenn die Bedingung b erfüllt ist, wende Regel i_1 sonst Regel i_2 an".

Aus solchen Basiskonstrukten lassen sich nun "beliebige" Kontrollworte zusammensetzen. Natürlich lässt sich die hier aufgeführte Liste noch um weitere "sinnvolle" Operatoren ergänzen, doch ist mit dieser Sammlung bereits ein gutes Fundament geschaffen.

Im folgenden seien KwList := [k1,k2,...,kn] eine Liste von Klauselnummern und Kw die Nummer einer einzelnen Klausel. Ferner seien GLein und GLaus sogenannte *Ziellisten* (GoalList) für Ein- und Ausgabe des Meta-Interpreters, d.h. GLein enthält den Klauselkopf, auf den das Kontrollwort angewendet werden soll und in GLaus wird das Ergebnisprädikat zurückgegeben. Ausserdem sei TE ein built-in-Prädikat für die textuelle Ersetzung. AKW (Ausführung des Kontrollwortes) sei schliesslich ein reservierter Prädikatname für folgende Regel:

        AKW(GLein,GLaus,Kw)   ← integer(Kw), !, TE(GLein,GLaus,Kw);

Das erste Argument gibt an, auf welches Literal die Metaersetzung angewendet werden soll. Im zweiten Parameter wird das Ergebnis der Metaersetzung abgeliefert. Das dritte Argument ist das Kontrollwort, das die Ableitung beschreibt. Das built-in-Prädikat "integer" überprüft, ob sein Argument "Kw" eine gültige Klauselnummer repräsentiert.

Die Einbettung in den Ableitungsmechanismus des PROLOG-Interpreters veranschaulichen wir anhand der beiden Regeln (1) und (2) des oben aufgeführten RROLOG-Programmausschnitts. Durch Angabe der Metaregel

        AKW(Vorgesetzter(x,y),GLaus,Sequenz([1,2]));

kann man erreichen, dass man anstelle aller Vorgesetzten nur die Chefs der Chefs als Vorgesetzte eines beliebigen Angestellten als Vorgesetzte definiert.

Zunächst wird durch die Anwendung der Regel

        meta(Literal,Kw) :- AKW(Literal,GLaus,Kw);

folgende textuelle Ersetzung durchgeführt:

        meta(Vorgesetzter(x,y), Sequenz([1,2]))   ->
        meta(meta(Vorgesetzter(x,y),[1]),Sequenz([2]))   ->
        meta(meta((Vorgesetzter(x,z),Chef(z,y)),[]),[2])   ->
        meta((Chef(x,z),Chef(z,y)),[])   ->
        Chef(x,z),Chef(z,y)   = GLaus

Das Kontrollwort Sequenz "([1,2])" legt fest, dass das Literal zunächst gemäss Regel 1 und anschliessend der daraus entstandene Ausdruck durch Anwendung von Regel 2 noch einmal textuell ersetzt wird. Das erste Argument des AKW-Prädikates kann als Wurzelknoten eines "*Meta-Ableitungsbaumes*" betrachtet werden. Resolutionen werden im Meta-Ableitungsbaum bis auf den Unterschied in der Reihenfolge der Abarbeitung genauso wie in einem PROLOG-Ableitungsbaum ausgeführt. Für dasselbe Literal können in verschiedenen Regelrümpfen natürlich auch verschiedene Kontrollwörter angegeben werden.

Durch die Meta-Ableitung wurde nun folgende Regel abgeleitet, die an den Anfang des PROLOG- Programms eingefügt wird:

        ChefChef(x,y) :- Chef(x,z),Chef(z,y);

Um Namenskonflikte zu vermeiden, wird der Prädikatsname ChefChef ersetzt durch einen für diesen Zweck vorgesehenen reservierten Prädikatsnamen ResPräd. Mit dem Aufruf "call(ResPräd);" wird dann der Ableitungsschritt durchgeführt. Das built-in-Prädikat "call" schränkt die Ableitung auf die als Argument übergebene Klausel ein. Anschliessend wird die durch Meta-Ableitung entstandene Klausel wieder aus dem PROLOG-Programm entfernt.

Basiskonstrukte des Meta-Interpreters in PROLOG
Die folgende Liste gibt die PROLOG-Implementierung der oben aufgeführten Basiskonstrukte an.

Sequenz
        AKW(GLein,GLaus,sequenz,KwList) ← SEQUOP(GLein,GLaus,KwList);
        SEQUOP(GLein,GLaus,[])   ← !, true;

```
SEQUOP(GLein,GLaus,[Kw | Rest])  ←  AKW(GLein,GLZwErg,Kw),
                                     SEQUOP(GLZwErg,GLaus,Rest);
```

In GLaus steht als Ergebnis die sukzessive textuelle Ersetzung von GLein mit allen Kontrollwörtern der KwList. Es wird vorausgesetzt, dass jeweils eine Anwendung erfolgen kann. Andernfalls würde GLein als Ergebnis zurückgegeben. In anderer Schreibweise:

```
GLaus = TE( . . . TE(TE(GLein,k1)k2) . . . kn)
```

GLZwErg steht für eine Zwischenergebnisliste von Klauselnummern. [Kw | Rest] ist die in [CLO1] eingeführte Listennotation. Hier steht Kw für den Listenkopf und Rest für die Restliste. Im Fall KwList = [k1,k2,...,kn] bedeutet das: Kw = k1 und Rest = [k2,...,kn].

Alternative

Für die Definition dieses Basiskonstrukts ist ein Hilfskonstrukt LISTENKOPF notwendig.

Listenkopf

```
GetKw(Kw,[Kw | Rest]);
GetKw(Kw,[ - | Rest])              ←  GetKw(Kw,Rest);
```

Die Anwendung der Hilfsregel GetKw bewirkt ein Abspalten des Listenkopfes von einer Liste. Das Zeichen "-" repräsentiert eine beliebige Variablenbelegung.
Damit kann Alternative wie folgt spezifiziert werden:

```
AKW(GLein,GLaus,alternat(KwList))  ←  ALTEROP(GLein,GLaus,KwList);
ALTEROP(GLein,GLaus,KwList)        ←  GetKw(Kw,KwList),AKW(GLein,GLaus,Kw),!,true;
```

Die textuelle Ersetzung von GLein mit Kontrollwörtern k1,k2,...,kn der KwList wird solange anzuwenden versucht, bis ein Kontrollwort ki gefunden wurde, mit dem die textuelle Ersetzung

```
GLaus = TE(GLein,ki)
```

durchführbar ist. Falls es kein solches i gibt, wird GLein selber zurückgegeben. Alternative unterliegt - wie bereits ausgeführt - nicht dem Backtracking.

Präzedenz

```
AKW(GLein,GLaus,präz(KwList))      ←  PRAEZEDOP(GLein,GLaus,KwList);
PRAEZEDOP(GLein,GLaus,KwList)      ←  GetKw(Kw,KwList),AKW(GLein,GLaus,Kw);
```

Die Präzedenz arbeitet bis auf das Backtracking wie die Alternative. Wenn die weitere Ausführung eines PROLOG-Programms also in einen nicht mehr weiter ableitbaren Zustand führt, so kann aus der Kontrollwortliste KwList das jeweils nächste Kontrollwort kj ausprobiert werden mit 1 <= i < j <= n und GLaus =TE(GLein, kj) ist ausführbar.

Stern

```
AKW (GLein, Glaus, stern (Kw))     ←  STERNOP (GLein, GLaus, Kw);
STERNOP (GLein, GLaus, Kw)         ←  AKW (GLein, GLZwErg, Kw), !,
                                      STERNOP (GLZwERg, Glaus, Kw);
STERNOP (GLein, GLein, Kw)         ←  !, true;
```

Mit dem Stern-Operator wird die textuelle Ersetzung des Klauselkopfes mit dem Kontrollwort Kw solange durchgeführt, bis eine weitere Anwendung nicht mehr möglich ist. Das Ergebnis der letzten Ersetzung wird in GLaus zurückgegeben.

While

```
AKW (GLein, GLaus, while (Bed,Kw)) ← WHILEOP (GLein, Blaus, Bed, Kw);
WHILEOP (GLein, GLaus, Bed, Kw)    ← call (Bed),!,AKW (GLein,GLZwErg,Kw),
                                     AKW (GLZwErg, GLaus, while (Bed, Kw));
WHILEOP (GLein, GLein, Bed, Kw)    ← !, true;
```

Die textuelle Ersetzung von GLein mit dem Kontrollwort Kw wird solange durchgeführt, wie die Bedingung Bed erfüllt ist.

<u>For</u>

```
    AKW (GLein, GLaus, for (N, Kw))      ← FOROP (GLein, GLaus, 1, N, Kw);
    FOROP (GLein, GLaus, Anz, N, Kw)     ← <=(Anz,N),!,AKW (GLein,GLZwErg,Kw),
                                           FOROP(GLZwErg,GLaus,+(Anz,1),N,Kw),!;
    FOROP (GLein, GLein, Anz, N, Kw)     ← !, true;
```

Die textuelle Ersetzung von GLein mit dem Kontrollwort Kw wird N-mal durchgeführt. Der boolesche Vergleichsoperator für "kleiner-gleich" wurde hier mit "<-" abgekürzt.

<u>If-then-else</u>

```
    AKW(GLein,GLaus,ifthel(Bed,Kw1,Kw2))   ← IFTHELOP(GLein,GLaus,Bed,Kw1,Kw2);
    IFTHELOP(GLein,GLaus,Bed,Kw1,Kw2)      ← call(Bed),!AKW(GLein,GLaus, Kw1);
    IFTHELOP(GLein,GLaus,Bed,Kw1,Kw2)      ← I,AKW (GLein,GLaus,Kw2);
```

Wenn die Bedingung Bed erfüllt ist, wird GLein textuell mit dem Kontrollwort "Kw1", andernfalls mit "Kw2" ersetzt.

5. Abschliessende Bemerkungen

Das System CPDB hat inzwischen bezüglich seiner Funktionalität einen stabilen Zustand erreicht und darf als eines der wenigen "echten" DB-unterstützten PROLOG-Systeme bezeichnet werden. Nach unseren Untersuchungen ist es das einzige DBPS, das Fakten <u>und</u> Regeln in einer DB verwaltet. Die Entwicklung eines Meta-Interpreters für ein DBPS ist uns ebenfalls nicht bekannt.

Die getroffenen Entwurfsentscheidungen haben sich unter den gegebenen Voraussetzungen (begrenzter Hauptspeicher, geringe CPU-Leistung) und Anforderungen (extensive Nutzung eines integrierten DB-Zugriffssystems und Kontrolle des Backtracking durch ein Metasystem) als richtig erwiesen. Insbesondere das "Aufbrechen" der Klauseln in Literale und deren Abspeicherung als Relationentupel brachten die erhofften Vorteile.

Bei der Analyse der Ein-/ Auslagerungsstrategien für den Literal-Cache erwies sich das LRD-Verfahren (Least Reference Density) als besonders geeignet für den Zugriff auf Literale während des Ableitungsprozesses. Es berücksichtigt sowohl die Häufigkeit H, als auch die Zeitdifferenz Z (zwischen der aktuellen Zeit und dem Zeitpunkt der letzten Anwendung des Literals): Referenzdichte RD = H / Z. Das Literal mit der niedrigsten Referenzdichte RD wird bei Bedarf durch ein neu einzulagerndes Literal überschrieben. Diese Strategie wird sowohl der Idee der Vorwärtsableitung als auch dem Backtracking gerecht und gewährleistet, dass etwa zunächst häufig verwendete, z.B. rekursive Regeln, nach einer gewissen Zeit durch fallende Referenzdichte "altern" und ausgelagert werden.

Zur Zeit existiert ein CPDB-System auf einem apple *III* mit 256 KB Hauptspeicher. Für die Eingabe von PROLOG-Programmen steht ein Editor zur Verfügung, der direkt auf den SYSTEM B-Dateien arbeitet. Es werden verschiedene Programme getestet, um einen Vergleich mit anderen PROLOG-Systemen vorzubereiten. Ausserdem wird CPDB z. Zt. auf einen apple Lisa mit 68000 CPU übertragen. Dadurch sollen vor allem Laufzeituntersuchungen ermöglicht werden, die eine fundiertere Aussage zulassen, inwieweit man mit einer herkömmlichen Rechnerarchitektur den Anforderungen eines Logischen Programmiersystems gerecht werden kann.

Der hier vorgestellte Implementierungsansatz erhält aus der Sicht von Applikationen aus dem Bereich der Expertensysteme eine besondere Bedeutung, da wegen der *Mehrbenutzerfähigkeit* von SYSTEM B (IFRON) alle in der DB gespeicherten PROLOG-Programme von mehreren Benutzern gleichzeitig zugegriffen werden können. Im Gegensatz zum heutigen "state of the art" bei Expertensystemen bedeutet das einen grossen Vorteil bezüglich der *Verfügbarkeit* und *Anwendbarkeit von Wissen*. Natürlich entstehen im Rahmen sogenannter *kooperierender Expertensysteme* neue Problemstellungen, zu deren Lösung aber Erkenntnisse vom Mehrbenutzerbetrieb in DB-Systemen beitragen können.

Danksagung

Die Beschreibung von CPDB basiert auf den Diplomarbeiten von [EISE] und [ROSE], die wir gemeinsam betreut haben. Für das Zeichnen der Abbildungen danken wir Heinrich Jasper.

Literatur

[APP1]   Appelrath, H.-J.: "Wissensbereitstellung in Expertensystemen: Inferenzmechanismen auf relationalen Datenbanken", Dissertationsschrift, Universität Dortmund, Abteilung Informatik, 1983.

[APP2]   Appelrath, H.-J.: "Die Erweiterung von DB- und IR-Systemen zu Wissensbasierten Systemen", erscheint in: "Tagungsband Deutscher Dokumentartag '84", Verlag Saur, München, 1985.

[APBE]   Appelrath, H.-J.; Bense, H.: "Abschlussbericht der Projektgruppe Deduktive DB-Systeme", Interner

Bericht der Abt. Informatik der Universität Dortmund, 1982.

[BECR] Bense, H.; Cremers, A.B.: "B-GEN - A Generalized Application Development System", Forschungsbericht Nr. 178, Abt. Informatik der Universität Dortmund, 1984.

[BENS] Bense, H.: "Datenbankkonzepte für die Anwendungsprogrammierung im Personal Computing", in: Proceedings der GACM-Fachtagung "Personal Computing" in Freiburg, Teubner Verlag, Stuttgart,1981.

[CAMP] Campbell, J.A.: "Implementations of PROLOG", Ellis Horwood Limited, Chichester, 1984.

[CLO1] Clocksin, W.F.; Mellish, C.S.: "Programming in PROLOG", Springer-Verlag, Heidelberg, 1981.

[CLO2] Clocksin, W.F.; Mellish, C.S.: "The UNIX PROLOG System", Software Report 5, Dept. of Artificial Intelligence, University of Edinburgh, Schottland, 1979.

[EISE] Eisermann, J.: "Entwurf und Implementierung eines Zugriffssystems für die Verwaltung von PROLOG-Programmen in relationalen Datenbanken", Diplomarbeit der Abt. Informatik der Universität Dortmund, 1984.

[FRON] Fronzek, S.: "Implementierung eines mehrbenutzerfähigen Datenbank-Systems in einem Multi Personal Computer System", Diplomarbeit der Abt. Informatik der Universität Dortmund, 1983.

[GALA] Gallaire, H.; Lasserre, C.: "Metalevel Control for Logic Programs", in: "Logic Programming" (Hrsg. Clark&Tärnlund), Academic Press, 1982, S. 173 ff.

[GAMI] Gallaire, H.; Minker, J.: "LOGIC AND DATA BASES", Plenum Press, New York, 1978.

[GINS] Ginsburg, S.: "Control Sets on Grammars", Mathematical Systems Theory, Vol. 2, No. 2, 1968, S. 159ff.

[HARE] Härder, T.; Reuter, A. : "Database Systems for Non-Standard Applications", in: Proceedings of the International Computing Symposium, Stuttgart, 1983, S. 452 - 466.

[MITS] Mitschang, B.: "Überlegungen zur Architektur von Datenbanksystemen für Ingenieuranwendungen", in: "GI-Jahrestagung '84", Informatik-Fachbericht Nr. 88, Springer Verlag, 1984, S. 318 - 334.

[MUEL] Müller, C.: "A Prolog Front End To The Grid File", Diplomarbeit am Institut für Informatik der ETH Zürich, 1984.

[PERE] Pereira, L.M.; Pereira, F., Warren, D.: "User's Guide to DECsystem-10 PROLOG", Interner Bericht des Laboratorio Nacional de Engenharia Civil, Lissabon/ Portugal, 1980.

[ROSE] Rose, T.: "Entwurf und Implementierung eines PROLOG-Interpreters und eines Meta-Systems zur Integration von Kontroll-Wissen", Diplomarbeit der Abt. Informatik der Universität Dortmund, 1984.

[ROSI] Robinson, J.A.; Sibert, E.E.: "LOGLISP: An Alternative to Prolog", Machine Intelligence 10, Ellis Horwood Limited, Chichester, 1982.

[SCHN] Schnupp, P.: "PROLOG als Spezifikations- und Modellierungswerkzeug", in: "Requirements Engineering", Informatik-Fachbericht Nr. 74, Springer Verlag, Heidelberg, 1983, S. 173 ff.

[SCHW] Schweinberger, J.: "Implementierung einer graphischen Query Language auf einem Mikrocomputer", Diplomarbeit der Abt. Informatik der Universität Dortmund, 1983.

[SCSC] Schorn, P.; Schulz, T.: "LOGULA- die Integration von PROLOG und MODULA-2", Semesterarbeit am Institut für Informatik der ETH Zürich, 1984.

BEHANDLUNG VON AUSNAHMESITUATIONEN

MIT EINER METADATENBANK

Klaus Kratzer, Ulf Schreier
Institut für Mathematische Maschinen
und Datenverarbeitung (VI)
Universität Erlangen-Nürnberg
D-8520 Erlangen, W-Germany

ZUSAMMENFASSUNG

Eine Ausnahmesituation in einer Datenbank entsteht bei Vorliegen unkorrekter oder unvollständiger Information. Die Behandlung dieser Situation, in früheren Zeiten den Anwendungsprogrammen anheimgestellt, muß in Zukunft durch das Datenbankverwaltungssystem übernommen werden, da direkte Interaktionen zwischen System und Benutzer, namentlich im Bereich Büro, aber auch in Dokumentations- und CAD/CAM-Systemen, zur Regel werden. Die vorliegende Arbeit versucht, derartige Situationen zu klassifizieren und zeigt Wege zu Ihrer Bereinigung auf.

ABSTRACT

Non-stereotyped situations in databases originate from inconsistent or incomplete information. The task of handling these situations properly will be passed from application programs to database management systems, due to direct interaction between system and users, in particular in office, but as well in CAD/CAM and document retrieval applications. In this paper an attempt is made to specify those situations and present possible solutions.

1.0 EINFÜHRUNG

Die Bestrebungen der Datenbanktechnik gehen in den letzten Jahren dahin, nicht nur die Verwaltung elementarer Datenobjekte durch Datenbanksysteme zu ermöglichen; vielmehr strebt man an,

- komplexe Objekte, die sich durch eine Vielzahl von Beziehungstypen aus elementaren Objekten konstituieren, durch

- komplexe Operatoren gemäß den Anforderungen der Anwendungswelt zu manipulieren, wobei

- Qualität und Verfügbarkeit der Daten systemseitig gewährleistet werden müssen.

Die dabei im Mittelpunkt der Diskussion stehenden Bereiche sind u.a.

- CAD / CAM,

- Dokumentation (Medizinische Dokumentation, Technische Dokumentation, Patentwesen) und nicht zuletzt

- Büroautomation

Die Büroautomation stellt dabei neben den oben angeführten Anforderungen noch weitere wünschenswerte Eigenschaften eines Datenbanksystems in den Vordergrund:

- die Steuerung des Informationsflusses sowohl in technischer als auch in organisatorischer Hinsicht

- die Bereitstellung einer Umgebung, die den Einsatz oben genannter komplexer Datenbankoperatoren an der Benutzeroberfläche erlaubt und damit keine Anwendungsprogrammierung im herkömmlichen Sinn erfordert (zentrale Integritäts- und Plausibilitätskontrolle)

- die Erkennung und Lösung von Problemen, die sich durch nichtstereotype Situationen ergeben, insbesondere aufgrund widersprüchlicher bzw. unvollständiger Information, wobei diese Probleme nicht als notwendiges Übel aufzufassen sind, sondern als charakteristisch für die Arbeit im Büro.

Büroautomationssysteme zeichnen sich weiterhin gegenüber herkömmlichen kommerziellen Systemen dadurch aus, daß sie, neben der Verwaltung von Datenobjekten, insbesondere auch deren Werden unterstützen. Man kann also im allgemeinen zwei Phasen in der Lebensdauer eines Objekts unterscheiden, die

- <u>Dynamische Phase</u>, auch als <u>Design-Phase</u> charakterisierbar, die insbesondere bei Bürotypen mit ausgesprochen unstrukturiertem Arbeitsprofil den größten Teil der Lebensdauer ausmachen kann, und die

- <u>Statische Phase</u>, die hauptsächlich den Zeitraum umfaßt, in dem das Objekt für historische, z.B. statistische, Zwecke im Zugriff gehalten wird.

Die Veränderung von Datenobjekten innerhalb dieser Phasen kann durch einen Versionenkontrollmechanismus (MÜLLER84) aufgezeichnet werden. Wir werden uns in den nächsten Abschnitten ausschließlich mit Objekten in der Dynamischen Phase befassen.

Die folgenden Betrachtungen gehen davon aus, daß Information in einer Bürodatenbank in tabularer Form entsprechend dem Relationenmodell von CODD (CODD70) repräsentiert wird. Dieses Datenmodell enspricht zwar nicht den Forderungen, die in der Einführung an ein Datenmodell für Büroanwendungen gestellt wurden (insbesondere hinsichtlich der Definition komplexer Objekte), jedoch sind diese Mängel im Kontext dieser Arbeit irrelevant - die Schlußfolgerungen gelten gleichermaßen für Datenmodelle, die speziell für die Modellierung von Büroobjekten (Grafik, Text, digitalisierte Sprache) definiert wurden.

Die Struktur einer Relation wird aus einer Menge von Elementaraussagen abgeleitet, die in Form eines Prädikatorenschemas (WEDEKIND81) angeordnet werden (siehe Abb. 1).

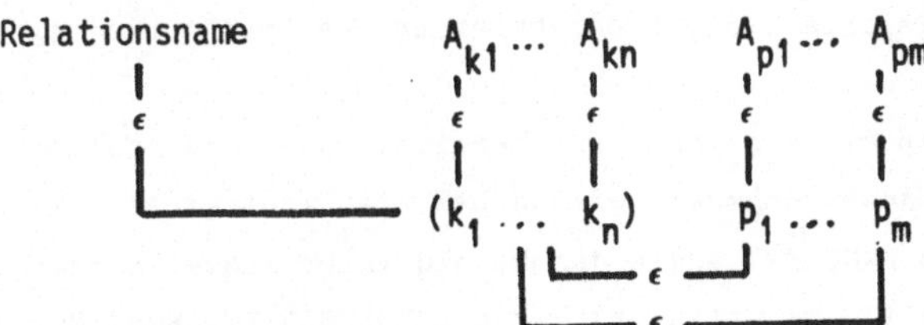

A_{ki}: Schlüsselattribut i
A_{pj}: Nichtschlüsselattribut j

Abb. 1: Anordnung von Elementaraussagen
in einem Prädikatorenschema

Elementaraussagen bezeichnen dabei die Zuordnung eines Prädikats (z.B. 4711∈Gerät kann als "4711 ist ein Gerät" interpretiert werden).

Wir werden in den folgenden Abschnitten die in einer Bürodatenbank auftretenden Ausnahmesituationen identifizieren und klassifizieren; es folgt ein Vorschlag zur Erweiterung der Metadatenbasis eines derartigen Datenbanksystems, die über entspechende Konstrukte beim Schemaentwurf zu anwendungsspezifischen Reaktionen des Datenbanksystems zur Laufzeit führt.

2.0 AUSNAHMESITUATIONEN

Die Benutzung von klassischen Datenbanksystemen erweist sich in einigen Fällen als sehr unflexibel und unkomfortabel:

(a) Es ist oft nicht möglich, einem Attribut eines Datenobjekts zum Ersterfassungszeitpunkt einen Wert zuzuweisen; spätere Transaktionen sind darauf angewiesen, dieses Objekt kommentarlos zu übergehen oder das Fehlen dieses Wertes als Fehlerzustand aufzufassen.

(b) Transaktionsorientierte Integritätskontrolle ist oft nicht praktikabel, da das Datenbanksystem einen Fehler zwar erkennt, aber als Reaktion darauf nur den "worst case", das Zurücksetzen des Arbeitsschrittes, zu bieten hat, auf aktive Assistenz bei der Beseitigung hingegen nicht eingerichtet ist.

(c) Die Überprüfung von Plausibilitätsbedingungen ist bislang Sache der Anwendungsprogramme. Eine Verlagerung in das Datenbanksystem (womit nicht nur das Grundsystem gemeint ist, sondern auch die zugehörigen Werkzeuge wie z.B. Maskengeneratoren) erleichtert die Programmierung oder macht sie sogar überflüssig.

Abb. 2 zeigt ein Beispiel aus dem Bürobereich, das die folgenden Betrachtungen begleiten wird. Als Anwendungswelt wird dabei die Sicht einer Heizkostenabrechnungsfirma auf ihre Kunden (NUTZER) sowie das Umfeld ihrer installierten Geräte (komplexer Objekttyp LIEGENSCHAFT, konstituiert durch LIEGENSCHAFT, WOHNUNG, ZIMMER und GERÄT) angesehen.

2.1 NULLWERTE

Das Beispiel zeigt, daß nicht alle Attributwerte in einer Relation belegt sein müssen; eine Nichtbelegung kann im Sinne der Anwendungswelt durchaus notwendig und informativ (vgl. BABAD84), in der Bürowelt sogar Anstoß für problemlösende Inferenzprozesse sein. In diesem Fall können wir zwei Arten der Nichtbelegung unterscheiden,

```
NUTZER
(NNR, NAME,         ADRESSE,        BERUF,          RECHTSFORM,          ...)

N1   Hans Meyer  Straubing    Malermeister =
N2   Seyboldt AG Deggendorf   =              Aktiengesellschaft
...


LIEGENSCHAFT
(LNR, ADRESSE,          ART,             ...)

L1   Regensburg     Einfamilienhaus
L2   Donaustauf     -
...

WOHNUNG
(WNR, LIEGENSCHAFT, LAGE,           GRUNDFLÄCHE ...)

W1   L1             Erdgeschoß      88 qm
W2   L2             1. Stock        33 qm

...


ZIMMER
(ZNR, WOHNUNG, ANZAHL-GERÄTE, ...)

Z1   W1        3
Z2   W1        -
...


GERÄT
(GNR, STANDORT, ART,          ...)

G1   Z1      Gaszähler
G2   Z1      Warmwasserzähler
...


.....
```

Abb. 2: Datenbankschema "Heizkostenabrechnung(HKA)"

(a) die Belegung im Sinne von "unmöglich" (es ist unmöglich, daß eine Aktiengesellschaft einen Beruf oder eine natürliche Person eine Rechtsform hat), sowie

(b) die Belegung im Sinne von "möglich, doch noch nicht bekannt" bzw. "wird in Zukunft bekannt sein" (die Liegenschaft L2 wurde fehlerhaft erfasst, ihre Art ist noch unbekannt)

Mit Hilfe von Partikeln mit den Bedeutungen "möglich" (∇) und "notwendig" ($\triangle$) können Aussagen der modalen Logik formuliert werden (einer Erweitung der Prädikatenlogik).

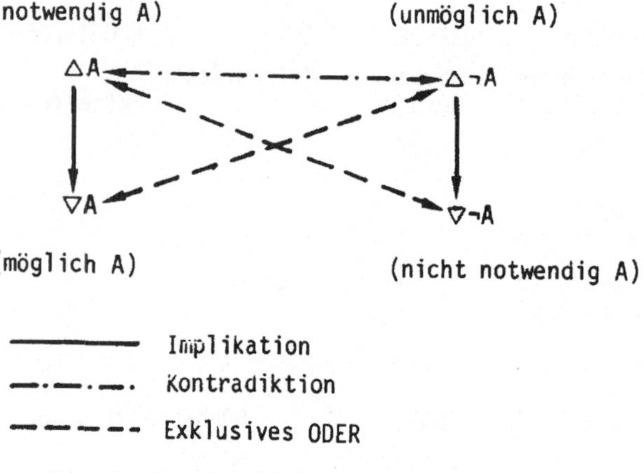

Abb. 3: Das Modalitätenviereck

Abb. 3 zeigt die Anordnung der Modalitäten in einem "Modalitätenviereck" (ähnlich dem Quantorenviereck der Prädikatenlogik). Formal lassen sich die Beziehungen zwischen den Modaloperatoren wiedergeben als:

(i) $\neg\nabla A \leftrightarrow \triangle\neg A$,

d.h. "es ist nicht möglich, daß Aussage A gilt" ist äquivalent zu "es ist notwendig, daß Aussage A nicht gilt"

(ii) $\neg\triangle A \leftrightarrow \nabla\neg A$,

d.h. "es ist nicht notwendig, daß Aussage A gilt" ist äquivalent zu "es ist möglich, daß Aussage A nicht gilt".

Nun können wir die Aussagen hinsichlich der Rechtsform und der Liegenschaftsart formalisieren als

(i) $\neg\nabla(\text{NUTZER}\in\text{RECHTSFORM})$ - eine derartige Formulierung ist mit dem ensprechenden Prädikatorenschema unvereinbar; wir fordern in diesem Fall eine Eliminierung der Anomalie durch Normalisierung (z.B. durch Einführung weiterer Relationen, in diesem Fall NUTZER-NATÜRLICH und NUTZER-JURISTISCH), das enstandene Schema befindet sich dann in einer "Modallogischen Normalform" (WEDEKIND83a); den entsprechenden Schemaausschnitt zeigt Abb. 4.

(ii) $\nabla(\text{LIEGENSCHAFT}\in\text{ART})\land\neg\triangle(\text{LIEGENSCHAFT}\in\text{ART})$ - dieser Fall läßt das Vorhandensein eines Wertes offen, ermöglicht jedoch, durch Ausführen bestimmter Methoden (z.B. Eintrag in einen Erfassungsauftrag) zu einem gültigen Wert zu kommen.

```
NUTZER
(NNR, NAME,        ADRESSE,     TYP,        ...)

 N1   Hans Meyer  Straubing   natürlich
 N2   Seyboldt AG Deggendorf  juristisch
 ...


NUTZER-NATÜRLICH
(NNR, BERUF,            ...)

 N1   Malermeister
 ...


NUTZER-JURISTISCH
(NNR, RECHTSFORM,       ...)

 N2   Aktiengesellschaft
 ...
```

**Abb. 4: Relationenschema NUTZER in Modallogi-
scher Normalform**

Die Problematik der Nullwerte wird in den gängigen Datenbanksystemen wie auch in den anwendungsorientierten Programmiersystemen zumeist ignoriert; ein übliches Verfahren ist dabei, einen Wert aus dem Wertebereich des betreffenden Attributes zum Nullwert zu erklären, z. B. O für ganzzahlige Werte oder Zeichenketten der Länge O. Dieser Wert kann aber eine sinnvolle Information darstellen. So kann die Null als Wert eines numerischen Attributes zum Verfälschen von Berechnungen führen. Analog kann eine leere Zeichenkette eine Bedeutung besitzen, z. B. kann kein Eintrag im Attribut BERUF bedeuten, daß der entsprechende Nutzer arbeitslos ist. Dies muß vom Fall unterschieden werden, in dem der Beruf unbekannt ist. Operiert man mit Objekten, die in hohem Maße mit Nullwerten durchsetzt sind, ist der übliche Ansatz folglich inadäquat.

2.2 INTEGRITÄTSVERLETZUNGEN

Von Integritätsverletzungen spricht man, wenn eine der Aussagen, die korrekte Zustände bzw. Übergänge in einer Datenbank beschreiben (Integritätsbedingungen), mit "falsch" bewertet wird. Durch die Aussagen werden die Extensionen der Relationen eingeschränkt. Sie lassen sich in mehrere Arten unterteilen, die in der Datenbank-Literatur schon vielfach behandelt wurden (z. B. ESWARAN75, WEBER81). Eine vollständige Übersicht wird in (STEINBAUER83) gegeben. Dort wird zwischen folgenden Bedingungsarten unterschieden:

- Die <u>Typintegrität</u> legt die Wertebereiche für Attribute fest. Die einfachen Standardtypen INTEGER, REAL und STRING, wie sie von kommerziellen Datenbanksystemen angeboten werden, reichen dabei nicht aus, eine Anwendungswelt zu beschreiben. Es wird deshalb nötig, höhere Wertebereichsarten zuzulassen. Denkbar und sinnvoll sind

   1. Aufzählungen
      (z.B. GERÄTART = (Stromzähler, Gaszähler, Warmwasserzähler)) ,

   2. durch Prädikate charakterisierte Mengen
      (z.B. GRUNDFLÄCHE > 0) und

   3. durch anwendungsbezogene Typprüfroutinen beschriebene Mengen
      (z.B. LNRTEST (LNR : ARRAY OF BYTES) : BOOLEAN;).

- Die <u>Schlüsselintegrität</u> hält die Eindeutigkeit der jeweiligen Primärschlüssel fest.

- Die <u>referentielle Integrität bei zusammengesetzten</u> Schlüsseln verweist auf Tupel in den Basisrelationen.

- Die <u>referentielle Integrität</u> tritt auch bei <u>Nichtschlüsselattributen</u> auf. Bsp.: WNR in ZIMMER ist ein Fremdschlüssel, da sie sich auf WNR in WOHNUNG bezieht, analog bezieht sich STANDORT in GERÄT auf ZNR in ZIMMER.

- Die <u>semi-referentielle Integrität</u> dient der Darstellung von Begriffshierachien nach Smith/Smith (SMITH77), einerseits bei den Schlüsselattributen von Relationen, die in einer Art-Gattung-Beziehung zueinander stehen, andererseits bei den Gattungsattributen, deren Elemente auf Relationen verweisen. Bsp.: Eine Nutzernummer aus NUTZER-NATÜRLICH muß sich auf ein Tupel in NUTZER beziehen. Der Wert des Gattungsattributes ART in NUTZER referenziert entweder die Relation NUTZER-NATÜRLICH oder die Relation NUTZER-JURISTISCH.

Die oben aufgeführten Integritätsarten zeichnen sich durch die Eigenschaft aus, schemaabhängig zu sein, d.h., Änderungen dieser Bedingungen bedeuten Änderungen des Konzeptionellen Schemas. Sie werden deshalb nach WEDEKIND83b als <u>konstitutiv</u> bezeichnet (in diesem Sinne ist ein Nullwert vom Typ "=" ein Verstoß gegen eine Konstitutive Integritätsbedingung).

Gegenstück dazu sind die <u>regulativen</u> Bedingungen, die schemaunabhängige Normen der Realwelt in der Datenbank erzwingen. Darunter fallen alle restlichen semantischen Zusicherungen, sowohl Zustands- als auch Übergangsbedingungen, die man an eine Datenbank stellen kann. Ein Beispiel für eine regulative Zustandsbedingung ist die folgende Aussage:

```
Für alle Tupel l aus LIEGENSCHAFT und
für alle Tupel w aus WOHNUNG gilt:
l.ART = "Einfamilienhaus"
-> count (w.WNR WHERE w.LNR = l.LNR) = 1
```

Sie lässt sich umgangssprachlich wiedergeben mit: "Ist die Liegenschaft ein Einfamilienhaus, dann besteht sie aus genau einer Wohnung". Man kann die obige Integritätsbedingung als eine "starke" Zusicherung bezeichnen, die die Modalität "notwendig" bzw. in ihrer Inversion "unmöglich" hat, d.h. auf jeden Fall eingehalten werden muß.

In der Praxis hat sich eine zentrale Integritätskontrolle nicht durchgesetzt. Einerseits, weil sie aus Datenbanksicht zu aufwendig zu implementieren ist, andererseits, weil man durch geschickte Anwendungsprogrammierung viele Überprüfungen vermeiden kann. Durch die unstrukturierten Arbeitsabläufe, wie sie in Büroumgebungen typisch sind, und damit dem teilweisen Wegfall der Anwendungsprogrammierung, entsteht eine neue Notwendigkeit, das Wissen über die Zusammenhänge zu nutzen (vgl. Abschnitt 4.2).

2.3 PLAUSIBILITÄTSVERLETZUNGEN

Neben diesen "starken" können "schwache" Integritätsbedingungen im Sinne von Plausibilitätsbedingungen eingeführt werden. Diese werden begründet durch die Forderung nach einer endbenutzerfähigen Systemoberfläche, die Warnungen und Hinweise abhängig vom Zustand des jeweils bearbeiteten Datenobjekts möglich machen soll. Diese "schwachen" Integritätsbedingungen sind im Modus "erwünscht" bzw. "plausibel" aufzufassen, sie können durch autorisierte Eingriffe für bestimmte Datenobjekte für ungültig erklärt werden und stellen deshalb kein Qualitätsmaß für Daten, eher ein Kriterium für eine Ausnahmesituation dar.

Ein Beispiel für eine derartige Bedingung wäre:

```
Für alle Tupel w aus WOHNUNG gilt:
w.GRUNDFLÄCHE < 200 qm
```

Man kann davon ausgehen, daß diese Bedingung in den meisten Fällen gültig sein wird; wird sie dennoch verletzt, handelt es sich entweder um eine Fehleingabe (mögliche Reaktionen: Wiederholung der Eingabe oder Transaktionsabbruch) oder ein ungewöhnliches Datenobjekt (mögliche Reaktion: Außerkraftsetzen der Bedingung für dieses Objekt).

3.0   AUFBAU DER METADATENBANK

Zur Überwachung der Integritätsbedingungen, vor allem der Konstitutiven, ist das Festhalten des Konzeptionellen Schemas notwendig. Dies geschieht am besten in der Entwurfsphase durch ein entsprechendes Werkzeug (WEDEKIND84, SCHREIER84). Die dort angelegte Metadatenbank lässt sich gleichzeitig als Basis eines Data Dictionary und als Kontrollsystem für Ausnahmesituationen verwenden.

Das Grundgerüst muß fähig sein,

(a) die Wertebereiche,

(b) die Attribute, einschließlich ihrer Beziehungen (d.h. ihre referentiellen Integritäten),

(c) Begriffshierarchien,

```
DOMAIN
(DOM#, DOMAINNAME,      DBNAME, REPRESENTATION, BASE, BASELENGTH)
   1    W-Anzahl-Geräte HKA     standard        int   2
   2    W-Gerätart      HKA     enumeration     char  16
   3    W-Grundfläche   HKA     predicate       real  8
   4    W-Lnr           HKA     function        char  8
 ...


PREDICATE
(DOM#, PREDICATE           )
   3    W-Grundfläche > 0
 ...


FUNCTION
(DOM#, FUNCTION                        )
   4    LNRTEST (LNR: ARRAY OF BYTES): BOOLEAN
 ...


ENUMERATION
(DOM#, EXTERNAL-REPRESENTATION       )
   2    Gaszähler
   2    Stromzähler
   2    Warmwasserzähler
 ...
```

Abb. 5: Verwaltung der Wertebereiche

(d)   regulative Integritätsbedingungen und

(e)   mögliche Nullwerte

zu verwalten.

In Abb. 5 sind die zu Punkt (a) notwendigen Relationen wiedergegeben. DOMAIN ist   die Grundrelation,   die für alle Wertebereiche zutreffende Informationen enthält. Genauer wird er dann in den speziellen Relationen PREDICATE, FUNCTION und ENUMERATION entsprechend der Repräsentierung REPRESENTATION in DOMAIN beschrieben.

Die nächste Gruppe von Relationen verwaltet die Attribute und ihre Beziehungen (vgl. Abb. 6). DOM-TYPE in ATTRIBUTE beschreibt, ob ein Attribut einen statischen oder einen dynamischen Wertebereich besitzt. Je nach Art enthält dann STATIC-ATTRIBUTE einen Verweis auf den Wertebereich in DOMAIN oder DYNAMIC-ATTRIBUTE einen Verweis auf das referenzierte Attribut. Mehrere Attribute können sich auf denselben Wertebereich beziehen. Die Rollennamen eines Attributes in ROLENAME können innerhalb einer Datenbank mehrdeutig sein. POSITION gibt die Position eines Attributes in einer Relation an. ATT-TYPE legt die Rollenkategorie eines Attributes fest, d.h., es kann ein Primärschlüssel, ein Fremdschlüssel, sowohl innerhalb, als auch außerhalb eines Primärschlüssels, ein Gattungsattribut oder ein lokales Attribut sein. Ein Teil der Datenbank aus Abschnitt 2.0 ist als Ausprägung angegeben.

```
ATTRIBUTE
(ATT#, RELATION,      ROLENAME,      POSITION, ATT-TYPE,    DOM-TYPE)
  1    Gerät          Art            3         local        static
  2    Wohnung        Liegenschaft   2         foreign key  dynamic
  3    Liegenschaft   Lnr            1         primary key  static
  ...


STATIC-ATTRIBUTE
(ATT#, DOM#           )
  1     2
  3     4
  ...


DYNAMIC-ATTRIBUTE
(ATT#, REFERENCE#)
  2     3
  ...
```

Abb. 6: Verwaltung von Attributen

Zur Behandlung von Begriffshierarchien nach Smith/Smith (SMITH77) sind die Relationen RELATION und SPECIFIED-RELATION notwendig (vgl. Abb. 7). Durch SPECIFIED in RELATION werden die Relationen in zwei Klassen eingeteilt, da die spezifizierte bzw. spezialisierte Relation nicht mehr in das ursprüngliche Relationenmodell und seiner Normalformenlehre nach Codd (CODD70) hineinpasst. CATEGORY-ATTRIBUTE und CATEGORY-VALUE enthalten die Nummer des zur spezifizierten Relation gehörigen Kategorie- bzw. Gattungsattributes und dessen Wert. Die Metadatenbank selber enthält die Generalisierungen DOMAIN, ATTRIBUTE und RELATION, die den Kern des Metaschemas bilden.

```
RELATION
(REL#, RELATIONNAME,        DBNAME, SPECIFIED)
 1     Nutzer              HKA     no
 2     Nutzer-juristisch   HKA     yes
 ...


SPECIFIED-RELATION
(REL#, CATEGORY-ATTRIBUTE, CATEGORY-VALUE)
 2     Typ                 juristisch
 ...
```

Abb. 7: Verwaltung von Begriffshierarchien

Der Punkt (d) wird durch die in Abb. 8 gezeigten Relationen abgedeckt. PREDICATE in INTEGRITY enthält die zu überprüfende Bedingung. MODALITY legt die Modalität der Integritätsbedingung fest. Eine "starke" Bedingung erhält den Modalwert "notwendig" und eine "schwache" Bedingung den Wert "plausibel". INTEGRITY-SPHERE beschreibt die zu überprüfende Kontrollsphäre, die mehrere Relationen umfassen kann.

Zur Repräsentation von Nullwerten an der Benutzerschnittstelle wird DOMAIN um ein Attribut NULLVALUE erweitert (vgl. Abb. 9), das den gültigen Nullwert eines Werte-

```
INTEGRITY
(INT#, INTEGRITYNAME,      PREDICATE, MODALITY)
 1     Gültige-Anzahl      (vgl. 4.2) necessary
 2     Plausible-Fläche    (vgl. 4.2) plausible
 ...


INTEGRITY-SPHERE
(INT#, RELATION         )
 1     Gerät
 1     Zimmer

 ...
```

Abb. 8: Verwaltung von Integritäts- und Plausibilitätsbedingungen

```
DOMAIN
(DOM#, DOMAINNAME,        ...    NULLVALUE)
 1     W-Anzahl-Geräte             -1
 ...
```

Abb. 9: Verwaltung von Nullwerten

bereichs enthält (vgl. Abschnitt 2.1). Implizit werden Nullwerte bei Schlüssel- und Gattungsattributen verboten. Ansonsten muß das Verbot explizit als Integritätsbedingung formuliert werden.

4.0   BEHANDLUNG VON AUSNAHMESITUATIONEN DURCH DIE METADATENBANK

Ausnahmesituationen in Datenbanken werden durch Operatoren herbeigeführt, die in unerwünschter oder illegaler Weise Datenobjekte manipulieren. Mehrere Operatoren werden zu Transaktionen zusammengefasst. In STEINBAUER83 wurden Transaktionen in ihrem Bezug zu Ausnahmesituationen klassifiziert; er unterscheidet:

- Schematische Transaktionen, die einen Datenbankzustand funktional auf einen anderen abbilden,

- Reglementierte Transaktionen, die einen Datenbankzustand, abhängig von der direkten bzw. indirekten Eingabe weiterer Parameter, auf einen aus einer endlichen Menge von möglichen Folgezuständen abbilden, und

- Freie Transaktionen, die keine gesicherten Aussagen über den Folgezustand erlauben.

Büroarbeit zeichnet sich dadurch aus, daß ein hoher Anteil an Reglementierten und Freien Transaktionen abläuft, deren Auswirkungen und Problematik dem Bediener meist nicht klar sind. Deshalb sind Maßnahmen zur Bereinigung möglicher Ausnahmesituationen von besonderer Bedeutung, wobei man dabei, wie in den vorherigen Abschnitten aufgezeigt, hinsichtlich Transaktionsklassifikation und Art der Ausnahmesituation unterscheiden muß.

Wir betrachten im folgenden:

- Präventive Maßnahmen, die die Entstehung von Ausnahmesituationen verhindern, und

- <u>Korrektive Maßnahmen</u>, die den Versuch unternehmen, eine Ausnahmesituation zu
  beseitigen,

auf ihre Eignung unter den Anforderungen der Büroautomation. In beiden Fällen handelt
es sich um den Versuch eine "Forward Recovery", im Gegensatz zur "Backward Recovery"
der bestehenden Datenbanksysteme, durchzuführen (RANDELL78).

4.1   PRÄVENTIVE MASSNAHMEN

Präventive Maßnahmen sind solche, die vermeiden, daß Integritätsüberprüfungen vorgenommen werden müssen. Entsprechend der obigen Transaktionsklassifikation sind dazu
drei Ansätze möglich.

Zum einen kann man mögliche Zugriffe auf eine Datenbank auf Schematische Transaktionen beschränken. Das bedeutet eine Anwendung Abstrakter Datentypen auf Rela-
tionsgruppen einer Datenbank. Ein solcher Ansatz wird zum Beispiel in (REBSAMEN82)
vorgeschlagen. Die Problematik der Abstrakten Datentypen liegt darin, daß nur eine
sehr beschränkte und willkürliche Auswahl von Zugriffen erlaubt wird, d.h., es wird
mehr verboten, als eigentlich notwendig ist.

Einen Ausweg bieten Freie Transaktionen an, die dem Benutzer völlige Freiheit
ermöglichen. Um sie sicherer zu gestalten, müssen mehrere Maßnahmen ergriffen werden.

- Wertebereichsbedingungen werden sofort nach Eingabe eines Attributwertes
  überprüft. Wird ein Fehler festgestellt, fordert das System den Benutzer
  auf, eine neue Eingabe zu versuchen. Besonders gut können Fehler bei Aufzäh-
  lungstypen vermieden werden, indem alle möglichen Werte auf dem Bildschirm
  zur Selektion angezeigt werden.

- Um referentielle Integritätsverletzungen zu vermeiden, werden Änderungsoperationen im allg. Sinn (also Einfügen, Ändern, Löschen) als <u>zielorien-
  tierte Ausdrücke</u> aufgefaßt. Sollen beispielsweise Zählergeräte in die Relation GERÄT eingetragen werden, übernimmt die Metadatenbank die Dialogsteuerung und verlangt zuerst die Erfüllung der Voraussetzungen, also Einträge in
  die Relationen LIEGENSCHAFT, WOHNUNG und ZIMMER (wenn die entsprechenden
  Werte noch nicht vorhanden sind), bevor der Zähler eingefügt wird.
  Das Löschen von Tupeln läuft analog ab. Ist als Ziel "Wohnung löschen" angegeben, wird das ganze komplexe Objekt, d.h. alle zugehörigen Zimmer und
  Zähler, mitgelöscht.

- Regulative Bedingungen stellen einen Grenzfall dar. Sie können einerseits
  als Voraussetzungen in Zielausdrücke eingehen, andererseits können sie wie
  Plausibilitätsbedingungen behandelt werden.

- Werden "fragwürdige" (bei einigen Integritäts- und allen Plausibilitätsbedingungen) oder gar keine (bei Nullwerten) Informationen angetroffen, werden
  Reparaturaktionen (vgl. Abschnitt 4.2) in Gang gesetzt.

Diese Aufgaben werden zur Laufzeit von einer neuen Datenbanksystemkomponente, einem
Dialogmanager, übernommen. Dagegen steuert bei Reglementierten Transaktionen das
Anwendungsprogramm den Dialog.

4.2   KORREKTIVE MASSNAHMEN

Korrektive Maßnahmen finden in Fällen Anwendung, die Ausnahmesituationen aufgrund des
organisatorischen Umfelds in Kauf nehmen müssen.

Korrektive Maßnahmen in Bezug auf Integritätsbedingungen wurden im Ansatz bereits in
ESWARAN76 vorgeschlagen. Die behandelten Auslösebedingungen wurden dabei allerdings
in Abhängigkeit von den neutralen Änderungsoperationen des Datenbanksystems aufgefaßt. Diese Betrachtungsweise ist für den Einsatz im Büro nicht geeignet. Dort ist
es sinnvoller, sich an der Semantik der Anwendungswelt, d.h. an den Transaktionen, zu
orientieren.

Wir verwenden im folgenden den Begriff "_Legende_" für eine Verfahrensvorschrift in
Ausnahmefällen. Eine (und nur eine) Legende ist assoziiert an ein Attribut, an einen
Wertebereich, der Stellvertreter für die Menge aller auf ihn bezogenen Attribute ist,
oder an eine Integritätsbedingung. Eine Legende wird im Falle der Erkennung einer
Ausnahmesituation aktiviert. Es können innerhalb einer Legende mehrere Handlungstypen
unterschieden werden; als Differenzierungen wären denkbar:

(i)   Art des auslösenden Ereignisses (Nullwert, Widersprüchlichkeit in Bezug auf
      ein anderes Attribut),

(ii) Transaktionsklasse, d.h. Kennzeichnung und Einteilung nach Anspruch auf
      Datenqualität,

(iii) temporale Differenzierungen,

(iv) Differenzierung nach Benutzer und

(v) Art der Reaktion - es kann mehrere Verfahren zur Behebung der Ausnahmesituation geben, die jedoch verschiedene Priorität haben.

Wir werden nun anhand des Beispiels aus Abschnitt 2.0 den sinnvollen Einsatz von Legenden für die beiden nachfolgend definierten Integritätsbedingungen sowie einige
Nullwerte demonstrieren:

1. Definition von Regulativen Integritätsbedingungen bzw. Plausibilitätsbedingungen:

```
assert GÜLTIGE-ANZAHL on ZIMMER:
ZIMMER.ANZAHL-GERÄTE =
count (GERÄT.GNR where GERÄT.STANDORT = ZIMMER.ZNR)


monitor PLAUSIBLE-FLÄCHE on WOHNUNG:
WOHNUNG.GRUNDFLÄCHE < 200
```

Die Integritätsbedingung (assert) GÜLTIGE-ANZAHL ist Qualitätsmaß für das
Datenobjekt ZIMMER, während PLAUSIBLE-FLÄCHE nur Überwachungsfunktion
(monitor) hat.

2. Definition von Legenden:

```
legend for attribute ART within LIEGENSCHAFT:

null value, transaction class is statistics ->
supply temporary "Einfamilienhaus"

null value ->
(1st:   VERANLASSE-PLANMÄSSIGE-NACHERFASSUNG
 2nd:   VERANLASSE-AUSSERPLANMÄSSIGE NACHERFASSUNG)
cancel

end legend


legend for attribute ANZAHL-GERÄTE within ZIMMER:

null value ->
supply count (GERÄT.GNR
             where GERÄT.STANDORT = ZIMMER.ZNR)

end legend


legend for constraint GÜLTIGE-ANZAHL:

->
set ANZAHL-GERÄTE =
    count (GERÄT.GNR where GERÄT.STANDORT = ZIMMER.ZNR)

end legend
```

```
legend for constraint PLAUSIBLE-FLÄCHE:

time 2000h to 0700h ->
message "Sie sind wahrscheinlich übermüdet -
        überprüfen Sie die Eintragung, und
        gehen Sie dann nach Hause !"
accept-confirmation if positive override constraint
                    otherwise cancel

-> 
message "Überprüfen Sie die Eintragung !"
accept-confirmation if positive override constraint
                    otherwise cancel

end legend
```

Es werden also folgende Aktionen in Fehlerfällen eingeleitet:

- im Falle eines Nullwertes für Attribut ART bei statistischen Anwendungen die zeitweise Zuweisung eines Default-Wertes, anderenfalls wird vorzugsweise eine planmäßige Nacherfassung, falls dies aus organisatorischen Gründen nicht möglich ist, eine außerplanmäßige Nacherfassung angesetzt; der Nullwert kann zu diesem Zeitpunkt natürlich noch nicht ersetzt werden.

- im Falle eines Nullwertes für Attribut ANZAHL-GERÄTE Auswertung des zugrundeliegenden Ausdrucks

- bei Verstoß gegen GÜLTIGE-ANZAHL Neuberechnung des Wertes

- bei Verstoß gegen die Plausibilitätsbedingung PLAUSIBLE-FLÄCHE Ausgabe einer zeitabhängigen Warnung, Aufforderung zur Überprüfung und gegebenenfalls Unterdrückung der Bedingung für dieses Objekt, ansonsten Abbruch der Legende und Übergabe der Kontrolle an den Dialogmanager.

Der Sprachumfang innerhalb der Legendenrümpfe umfaßt die primitiven Datenbankoperationen, höhere Operationen, die dem System bekannt sind, sowie Kontrollstrukturen.

Die Abarbeitung einer Legende kann in manchen Fällen wiederum eine Ausnahmesituation herbeiführen; rekurrierende Benutzung von Legenden ist dabei durchaus möglich.

4.3   EINBETTUNG IN DIE METADATENBANK

Zur zentralen Verwaltung der korrektiven Maßnahmen ist es notwendig, die Metadatenbank zu erweitern (vgl. Abb. 10).

Da jeder Wertebereich, jedes Attribut und jede Integritätsbedingung höchstens eine Legende besitzen, werden DOMAIN, ATTRIBUTE und INTEGRITY um den Fremdschlüssel LEG# ergänzt. Ist keine Legende vereinbart, ist der Wert von LEG# unbesetzt. Ansonsten verweist er auf die Relation LEGEND, die allgemeine Angaben enthält. Wird eine Legende aufgerufen, wird eine Menge von Legendenrümpfen in LEGBODY qualifiziert. Durch CRITGROUP ist es möglich, alternative Kriterien für die Ausführung eines Rumpfes anzugeben. Die Kriterien selbst werden in CRITERIA beschrieben. Dort wird verglichen, ob die vorliegenden Werte aus CVAL, je nach CTYPE, mit den im Legendenkopf angeführten Bedingungen, z.B. Initialisierungstyp, Transaktionsklasse, Zeit-, Benutzerbedingungen, übereinstimmen. Der Inititialisierungstyp ermöglicht der Legende, die Art der

```
DOMAIN
(DOM#, ... , LEG#)


ATTRIBUTE
(ATT#, ... , LEG#)


INTEGRITY
(INT#, ... , LEG#)


LEGEND
(LEG#, LEGENDNAME, ... )

LEGBODY
(BOD#, LEG#, PREFERENCE)


CRITGROUP
(CG#, BOD#)


CRITERIA
(CG#, CTYPE, CVAL)


COMMAND
(COM#, BOD#, PREFERENCE, COMMANDTEXT)
```

Abb. 10: Verwaltung von Legenden

Ausnahmesituation zu erkennen. Durch die Transaktionsklasse wird eine Einteilung nach semantischen Kategorien erreicht, die es erlaubt, genau abgestimmte Korrekturmaßnahmen vorzunehmen.

Sind mehrere Rümpfe ausführbar, wird zuerst derjenige mit der höheren Präferenz (PREFERENCE in LEGBODY) ausgeführt. Ein Rumpf besteht nun aus mehreren Kommandos, die in COMMAND festgehalten werden, und deren Reihenfolge durch PREFERENCE bestimmt wird. D.h., es werden Befehle, insbesondere Datenbankbefehle, als Daten abgespeichert und später mit dem Kommando "execute" ausgeführt. Einen ähnlichen Ansatz verfolgt STONEBRAKER84, wobei die Datenbanksprache QUEL als Datentyp eingeführt wird.

5.0   EINSATZMÖGLICHKEITEN IM BÜRO

Ablaufbeschreibungen im Büro (Büroprozeduren) bewegen sich in zwei Bereichen (BARBER83, BARBER84, FIKES80)

- dem Organisationsbereich, der die organisatorische Umgebung des betrachteten Arbeitsbereichs sowie das entsprechende soziale Umfeld umfaßt (in unserem Fall zum Beispiel: "Eine planmäßige Nacherfassung ist kostengünstiger als eine außerplanmäßige Nacherfassung").

- dem Anwendungsbereich, der das Allgemein- bzw. Spezialwissen der Anwendung in diesem Bereich beinhaltet (z.B. "Die meisten Liegenschaften sind Einfamilienhäuser").

Als Aufgabe von Büroprozeduren kann man dabei die Initiierung von Aktionen ansehen, speziell aber

- Versorgung von lückenhafter Information mit sinnvollen Standardvorgaben

- Überwachung des Autorisierungsprozesses innerhalb der vorgegebenen Organisation

- wiederholte Vorlage von Entscheidungen

- Delegierung von Entscheidungen anhand eines vordefinierten Informationsflusses.

Legenden und zielorientierte Ausdrücke sind durchaus geeignet, als Implementierungs-
grundlage für derartige Prozeduren zu dienen, da sie den Bedarf nach korrekter und
vollständiger Information befriedigen und Überwachungsmechanismen dafür zur Verfügung
stellen. Für den Einsatz als Basiskonstrukte für Büroprozeduren in diesen Bereichen
muß jedoch folgendes beachtet werden:

(i) Die Initiierung einer Prozedur erfolgt durch den Zugriff auf einen Nullwert
(bzw. das Einfügen eines geeigneten nullwertigen Datenobjekts in die Datenbasis), das (beabsichtigte oder unbeabsichtigte) Herbeiführen eines
Widerspruchs oder Angabe eines Zieles.

(ii) Es ist in späteren Ausbaustufen eine deduktive Komponente erforderlich, die
bereits getroffene Entscheidungen anhand der vorliegenden Integritäts- und
Legendenbeschreibungen nachvollziehen und ggfs. durch kompensatorische
Maßnahmen rückgängig machen kann, um Auswege aus einer Sackgasse zu finden.

(iii) Das Auflösen von Konflikten kann entweder durch explizite Angabe von Präferenzen erfolgen oder durch simple Heuristiken (sequentielle Behandlung, Auswahl nach Relevanz)

(iv) Bei der Einleitung Präventiver oder Korrektiver Maßnahmen muß ständig gegenwärtig sein, daß wir uns in einer Transaktionsumgebung befinden und daß
ein Fehlschlag zu einem Rücksetzen der jeweils aktiven Transaktion führen
kann.

6.0   SCHLUSSBEMERKUNG

Die Definition von Legenden zur Einleitung korrektiver Maßnahmen bei Ausnahmesituationen ist eng gekoppelt an den Schemaentwurf. Eine ensprechende Erweiterung eines
grafischen Schemaentwurfswerkzeugs (vgl. SCHREIER84) wird derzeit vorgenommen. Parallel dazu wird das Laufzeitsystem des Datenbanksystems unserer VAX/780-Installation
(z.Zt. INGRES/VMS) um eine Schicht erweitert, die die Erkennung von Ausnahmesituationen und das Auslösen der einschlägigen Legenden und Dialoge vornimmt.

Wir danken Herrn Prof. Dr. H. Wedekind für seine wertvollen Anregungen und seine konstruktive Kritik.

7.0   LITERATUR

BARBER82
Barber, G.; de Jong, P.; Hewitt, C.: Semantic Support for Work in Organizations,
Proc. of the 9th IFIP World Computer Congress, Paris 1983

BARBER83
Barber, G.: Supporting Organizational Problem Solving with a Work Station, ACM Transactions on Office Information Systems Vol 1 No 1 (1983)

BABAD84
Babad, Y.M.; Hoffer, J.A.: Even No Data Has A Value, Communications of the ACM Vol 27
No 8 (1984)

CODD70
Codd, E.F.: A Relational Model of Data for Large Shared Data Banks, Communications of
the ACM Vol 13 No 6 (1970)

ESWARAN75
Eswaran, K.P.; Chamberlin, D.D.: Functional Specification of a Subsystem for Data
Base Integrity, IBM Research Report RJ 1601, San Jose 1975

ESWARAN76
Eswaran, K.P.: Specifications, Implementations and Interactions of a Trigger Subsystem in an Integrated Database System, IBM Research Report RJ 1820, San Jose 1976

FIKES80
Fikes, R.E.; Henderson, D.A.: On Supporting the Use of Procedures in Office Work,
Proc. of the 1st Annual National Conference on Artficial Intelligence, Stanford 1980

MÜLLER84
Müller, T.; Steinbauer, D.; Wedekind, H.: Control of Versions in Database Applications, Proc. of the IEEE 1984 Trends and Applications Conference, Gaithersburg 1984

RANDELL78
Randell, B.: Reliable Computing Systems, in: Bayer, R. et al.: Operating Systems, An
Advanced Course, S. 282-391, Berlin 1978

REBSAMEN82
Rebsamen, J.; Zehnder, C.A.: Automatische Erzeugung von konsistenzerhaltenden Trans-
aktionen: Ein Hilfsmittel zur Datenmanipulation auf Arbeitsplatzrechnern, 12.
Jahrestagung der GI, Berlin 1982

SCHREIER84
Schreier, U.: Implementierung eines Werkzeugs zum Entwurf des Konzeptionellen Schemas einer Datenbank, Diplomarbeit Erlangen 1984

SMITH77
Smith, J.M.; Smith, D.C.P.: Database Abstractions: Aggregation and Generalization, ACM TODS Vol 2 No 2 (1977)

STEINBAUER83
Steinbauer, D.: Transaktionen als Grundlage zur Strukturierung und Integritätssicherung in Datenbank-Anwendungssystemen, Dissertation Universität Erlangen-Nürnberg 1983

STONEBRAKER84
Stonebraker, M. et al.: QUEL As A Data Type, SIGMOD RECORD Vol 14 No 2 (1984)

WEBER81
Weber, W.: Ein Subsystem zur Aufrechterhaltung der semantischen Integrität in Datenbanken, Dissertation Karlsruhe 1981

WEDEKIND81
Wedekind, H.: Datenbanksysteme I, Mannheim 1981

WEDEKIND83a
Wedekind, H.: Nullwerte in Datenbanken aus modallogischer Sicht, Softwaretechnik-Trends 3-3 1983

WEDEKIND83b
Wedekind, H.: Datenintegrität der Anwendung aus wissenschaftstheoretischer Sicht, Elektronische Rechenanlagen Bd 8 Nr 25 (1983)

WEDEKIND84
Wedekind, H.: Supporting the Design of Conceptual Schemata by Database Systems, Proc. of the IEEE International Conference on Data Engineering, Los Angeles 1984

MODELLIERUNG KOMPLEXER OBJEKTSTRUKTUREN IN BÜROSYSTEMEN

Winfried Lamersdorf

Universität Hamburg, Fachbereich Informatik
Schlüterstraße 70, D-2000 HAMBURG 13

und

IBM Deutschland, Wissenschaftliches Zentrum
Tiergartenstraße 15, D-6900 HEIDELBERG

1. MODELLIERUNG MODERNER BÜROINFORMATIONSSYSTEME

In einem Projekt am Wissenschaftlichen Zentrum der IBM Deutschland in Heidelberg geht es um die Modellierung moderner Büroinformationssysteme als Anwendungsgebiet für die Dienste höherer Kommunikationsverbindungen in verteilten Arbeitsumgebungen [HKMS84]. Dabei werden moderne *Bürosysteme* als kompliziert aufgebaute Organisationen aus unterschiedlichen Einheiten (Arbeitsstationen) angesehen, die bei der Ausführung von komplexen Büroprozeduren unabhängig voneinander aber dennoch koordiniert zusammenarbeiten. Komplexe Bürosysteme umfassen neben der Verwaltung großer Mengen von verschiedenartig strukturierten Datenobjekten die Durchführung von Operationen darauf, die Zusammenfassung mehrerer Operationen zu einzelnen Büroaktivitäten, komplexen Büroabläufen etc., die Verteilung der Aktivitäten auf unterschiedliche Arbeitsstationen, damit zusammenhängende Kommunikations- und Synchronisationsaspekte usw. Daneben bleibt schließlich noch ein wesentlicher Anteil an Büroarbeit, der letzlich nur von den im Büro arbeitenden Menschen ausgeführt werden kann [Elli83].

Unter *Büromodellierung* wird die Suche nach Konzepten und sprachlichen Hilfsmitteln verstanden, mit denen die Semantik komplexer Bürosysteme auf angemessene Weise abstrakt beschrieben und - demzufolge - mit größerer Wahrscheinlichkeit in korrekten Programmen ausgedrückt werden kann. Verschiedene Bürospezifikations- und -modellierungssprachen definieren die Semantik von Bürosystemen auf unterschiedlichen Abstraktionsniveaus und mit verschiedenartigen sprachlichen Ausdrucksmitteln (vgl. [HaKu80], [Elli83], [GiTs83] etc.). In dem hier vorgestellten, ersten Ansatz einer abstrakten, programmiersprachlichen Beschreibung von Büromodellen wird vor allem auf die *strukturelle* Spezifikation von *Büroinformationssystemen* eingegangen. Die im Zusammenhang damit vorgeschlagenen Operationen auf Bürodatenobjekten bilden einen Ausgangspunkt für weitere Arbeiten, die sich u.a. mit der Spezifikation komplizierter *Büroprozeduren* in verteilten Arbeitsumgebungen befassen sollen.

Hilfsmittel zur automatischen Unterstützung der Erzeugung, Weitergabe, Manipulation und Verwaltung von Informationen im Büro haben neben der Spezifikation von Büroabläufen also zunächst die Repräsentation der *Bürodatenobjekte* zu unterstützen, die die strukturellen Aspekte eines Bürosystems auf abstrakte Weise modellieren. Dabei sind insbesondere adäquate Beschreibungswerkzeuge für die komplexen Strukturierungsprinzipien von Bedeutung, die den kompliziert aufgebauten, in ihren Ausprägungen variierenden und in großen Mengen zu verwaltenden Bürodatenobjekten zugrunde liegen.

2. REKURSIVE REPRÄSENTATION KOMPLEXER OBJEKTSTRUKTUREN

Besondere Probleme der Datenmodellierung stellen sich im Rahmen der Beschreibung komplexer Büroinformationssysteme bei der Repräsentation, Speicherung und Manipulation von Datenobjekten, deren Struktur sich mit den Mitteln herkömmlicher Datenbankmodelle nicht mehr auf direkte Weise beschreiben läßt. Darunter fallen zum Beispiel nicht streng formatierte, variabel strukturierte Texte, Dokumente, Aktensammlungen etc., die zum Teil durch verschiedene Büroaktivitäten in einzelnen Schritten erzeugt worden sind, aus vielen (in der Regel wiederum komplex strukturierten) Einzelteilen bestehen und nur unter Gewährleistung bestimmter semantischer Integritätsbedingungen manipuliert werden dürfen.

Zur adäquaten Beschreibung solcher Datenobjekte wird in dem dargestellten Projekt als ein erster Ansatz die Verwendung *rekursiv* definierter Objektstrukturen untersucht, wie sie in [LaSc83] und [Lame84] für die Modellierung erweiterter Datenbankanwendungen vorgeschlagen sind. Rekursive Datenstrukturen [Hoar75] basieren auf der Bereitstellung einer festen Zahl von *Strukturgeneratoren*, mit deren Hilfe die Erzeugung einer beliebigen Zahl von variabel großen Datenobjekten modelliert werden kann. Spezielle Komponenten rekursiv definierter Datenobjekte können unter Verwendung von - in der Regel rekursiv definierten - *Komponentenselektoren* ausgewählt und durch spezielle Benutzerfunktionen konsistenzerhaltend manipuliert werden.

In einer ersten Erweiterung rekursiver Datenmodelle lassen sich größere Gruppierungen von Datenobjekten zu abstrakten Objekten 'höherer' Ordnung, d.h. zu *Mengen*, *Listen* oder *Abbildungen* zusammenfassen. Auch für derartige Datenobjekte sind elementare Operationen vorgegeben (Konstruktion, Komponentenselektion, -manipulation etc.), und alle vorgeschlagenen Objektstrukturierungsmechanismen lassen sich auf orthogonale Weise frei miteinander kombinieren.

3. OPERATIONEN AUF REKURSIV DEFINIERTEN DATENOBJEKTEN

Der beschriebene Ansatz zur Modellierung von Büroinformationssystemen stellt für die Spezifikation komplexer Büroprozeduren elementare Operationen auf den Datenobjekten bereit, die den semantischen Grundfunktionen des angestrebten Anwendungsbereiches entsprechen. So geht er zunächst davon aus, daß Büroprozeduren zu einem wesentlichen Teil auf der *Konstruktion* komplexer Datenobjekte (z.B. Briefe, Formulare, Dokumente etc.) aus gegebenen Komponenten, auf der *Selektion* derartiger Teilkomponenten (z.B. Addressen, Daten, Text-Fragmente etc.) aus gegebenen komplexen Objekten sowie auf der *Typbestimmung* vorgegebener, mit Hilfe rekursiver Generatoren konstruierter Objektwerte basieren. Die entsprechenden elementaren Operatoren stellen die rekursiv definierten Datentypen implizit zur Verfügung.

Die semantischen Primitive der Objektkonstruktion, Komponentenselektion und der Typbestimmung rekursiv definierter Datenobjekte werden dabei aus Verallgemeinerungen der entsprechenden Modellierungshilfsmittel herkömmlicher Datenmodelle hergeleitet. Es werden so die konventionellen 'flachen' Recordstrukturen zu variabel langen, rekursiv definierten Datenstrukturen ausgeweitet, die eine flexible Darstellung nicht-formatierter und auf vielfältige Weise zusammenhängender komplexer Objekstrukturen erlauben, wie sie zur angemessenen Spezifikation moderner Büroinformationssysteme erforderlich ist.

Einzelnen Operationen auf den Datenobjekten eines Büroinformationssystems lassen sich hierarchisch zu abstrakten *Büroprozeduren und -funktionen* zusammenfassen. Durch Verwendung rekursiver Sprachkonstrukte können so prozedurale Funktionseinheiten abstrahiert werden, die unabhängig sind von den gerade aktuellen Ausprägungen der beteiligten Objekte. Dedizierte Funktionen zur Generierung einzelner Objektausprägungen können auch verwendet werden, um spezielle *anwendungsabhängige Integritätsbedingungen* bei der Konstruktion komplexer Datenobjekte zu gewährleisten.

Erweiterungen rekursiver Datenmodelle für Büroanwendungen in verteilten Systemen befassen sich mit sprachlichen Ausdrucksformen der *Kommunikationsaspekte* von Büroprozeduren [LMS84]. Dazu gehören insbesondere Operationen zum Versenden von Nachrichten an entfernte Arbeitsstationen und zum Empfangen von Nachrichten von dorther. Daneben sind in verteilten Arbeitsumgebungen Ausdrucksmöglichkeiten erforderlich, um die 'parallele' Verarbeitung von unabhängig voneinander ausführbaren Teilaktivitäten zu initiieren oder auch parallell ablaufenden Teilaktivitäten an bestimmten Punkten im Programmablauf wieder zu *synchronisieren*. Unabhängig voneinander ablaufende Teilaktivitäten können prinzipiell sowohl auf den sie initiierenden Arbeitsstationen als auch auch auf anderen, lokal entfernten Arbeitsstationen ausgeführt werden ('remote procedure call').

4. AUSBLICK

Eine früher an der Universität Hamburg entstandene *Prototypimplementation* eines rekursiven Datenmodells bildet die rekursiven Objektrepräsentationen unter Verwendung eines Übersetzer erzeugenden Systems auf die Benutzerschnittstelle eines implementierten relationalen Datenbankverwaltungssystems ab [LaSc84]. Alle Operationen auf rekursiv definierten Datenobjekten werden dabei automatisch in entsprechende Folgen von Operationen auf der relationalen Implementation umgeformt. Die Einhaltung 'referentieller' Integritätsbedingungen [Date81] läßt sich so für die relationale Repräsentation rekursiver Datenmodelle automatisch sicherstellen. Effizientere direkte Implementationen der rekursiven Strukturierungsmechanismen für Bürodatenobjekte können möglicherweise auch auf Erweiterungen herkömmlicher (meist relationaler) Datenbankverwaltungssysteme (wie z.B. [ScPi82], [HaLo82] etc.) aufbauen.

Weitere Arbeiten im Hinblick auf die Erweiterung der *prozeduralen Beschrei-bungsmittel* rekursiver Datenmodelle für Bürosystemanwendungen sollen insbesondere Sprachmittel berücksichtigen, die zusätzlich Operationen anwendungsnaher Schnitt-stellen einer standardisierten ISO/OSI Schichtenarchitektur zur Kommunikation in offenen, verteilten Systemen [IEEE83] zur Verfügung stellen.

5. REFERENZEN

[Date81] : C.J. Date : "Referential Integrity", Proc. 7th Intern. Conf. on VLDB, Cannes, France, September 1981, pp.2-12

[Elli83] : C.A. Ellis : "Formal and Informal Models of Office Activity", in: R.E.A. Mason (Hrsg.): Proc. IFIP Congress 1983, Elsevier Science Publishers B.V. (North Holland), 1983, pp.11-22

[GiTs83] : S. Gibbs, D. Tsichritzis : "A Data Modelling Approach for Office Informa-tion Systems", ACM Transactions on Office Information Systems, vol.1, no.4, Oct. 1983, pp.299-319

[HaKu80] : M.M. Hammer, J.S. Kunin : "Design Principles for an Office Specification Language", Proc. NCC 1980, AFIPS Press, 1980, pp.541-547

[HaLo82] : R.L. Haskins, R.A. Lorie : "On Extending the Functions of a Relational Database System", Proc. ACM SIGMOD Conf., Orlando, Florida, Juni 1982, pp.207-212

[Hoar75] : C.A.R. Hoare : "Recursive Data Structures", Int. Journal of Computer and Information Science, vol.4, no.2, 1975, pp.105-132

[HKMS84] : R. Holliday, D. Kropp, G. Müller, W. Schulz : "Enduser Applications in Open Systems", IBM HDSC Techn. Report Nr. 84.06.007, IBM Heidelberg, Juni 1984

[IEEE83] : Proceedings of The Institute of Electrical and Electronics Engineers, Special Issue on Open Systems Interconnection (OSI) - Standard Architec-ture and Protocols, Dezember 1983

[Lame84] : W. Lamersdorf : "Recursive Data Models for Non-Conventional Database Ap-plications", Proc. Computer Data Engineering Conference (COMPDEC), IEEE Computer Society, Los Angeles, April 1984, pp.143-150

[LMS84] : W. Lamersdorf, G. Müller, J.W. Schmidt : "Language Support for Office Modelling", Proc. 10th Intern. Conf. on VLDB, U. Dayal, G. Schlageter, L.H. Seng (Hrsg.), Singapore, August 1984, pp.280-288

[LaSc83] : W. Lamersdorf, J.W. Schmidt : "Rekursive Datenmodelle", in: J.W. Schmidt (Hrsg.): Proc. Fachgespräch "Sprachen für Datenbanken" der 13. GI Jahrestagung, Hamburg, Informatik Fachberichte, vol. 72, Springer Verlag, Berlin Heidelberg New York, Oktober 1983, pp.148-168

[LaSc84] : W. Lamersdorf, J.W. Schmidt : "Specification and Prototyping of Data Model Semantics", in: R.Budde, K. Kuhlenkamp, L. Mathiassen, H. Züllighoven (Hrsg.): "Approaches to Prototyping", Springer Verlag, Berlin Heidelberg New York Tokyo, 1984, pp.214-231

[ScPi82] : H.-J. Schek, P. Pistor : "Data Structures for an Integrated Data Base Management and Information Retrieval System", Proc. 8th Intern. Conf. on VLDB, Mexico City, September 1982, pp.197-207

A FORM-BASED OFFICE INFORMATION SYSTEM

F. Antonacci [1], P. Dell'Orco [1], M.R. Logozzo [2], M.T. Pazienza [3]

1 - IBM Italy, Rome, Scientific Center
2 - University of Rome, Italy - Department of Mathematics
3 - University of Bari, Italy - Department of Computer Science

1. INTRODUCTION

Forms are the main way of interaction between office workers and the Office
Information System (OIS). A smooth transition to an automated environment requires
that forms act as user-defined views on the contents of the data base supporting
the OIS. We focus our attention on a database built around the relational model
(Codd, 1970) and able to manage forms' contents besides their structure and
organization. While relations are supposed to be normalised, no condition is put
on the forms, which may contain repeating fields coming from several relations,
but the system is provided with mechanisms to maintain both consistency with the
database and transparency for the user. We use the distinction between 'form
schema', 'completed forms' and 'external appearance of forms', much like
Tsichritzis (1982). While (description of) form schema and external appearance
are stored, completed forms are not: they are filled of content coming from the
data base relations each time needed. Retrieval and manipulation of stored forms
are accomplished by means of blank presentation forms, using the concept of
example element (Zloof, 1980). However, the underlying relational structure is
kept transparent to the final user: only the users who can define the form schemas
can view the relations to connect the form schema attributes to relations
columns.
As underlined in Tsichritzis (1982), an OIS should provide the user the
possibility either to create, or store, send and delete forms with a uniform and
flexible interface to the user. In the system, hereafter described, the user can
realize each of these functions by means of a few relations. Moreover the system
is able to activate procedures, according to conditions pre-specified by the user.
A general scheme of this project has already been presented in Antonacci (1983).
This research work has been carried out on the IBM Scientific Center of Rome.

2. ABSTRACTION OF THE CONCEPT OF FORM.

The main purpose of a form is to support information for office activities.
In this idea, there are explicit types of information and implicit procedures
generated by this information. For practical use, it is convenient to give a
structure to the form skeleton; this structure may change, time by time, related
to changed office requirements, also if the information content is the same for
all.
Then we shall distinguish among :
- **abstract form:** the 'idea' of the form, that is a set of attributes (information
  types) and procedures to be matched;
- **presentation form:** any abstract-form template;
- **concrete form:** a mapping between information content and an abstract form.
The information content of some form attributes can support several values as it
is the case of ordinary paper forms repetitive fields. The concrete form can be
considered, therefore, as the union of concrete sub-forms, each of which contains
one instance of the multi-value attributes.
We shall define as 'multiplicity' of a concrete form, the number of sub-forms
which comprise it. The multiplicity of a concrete form will be one, if all its
attributes are single-valued.
Several abstract forms can have common sub-sets of attributes. This allows to
give a tree structure to the set of abstract forms.
The nodes of the tree are those sub-structures which may be common to two or more
forms; each path from the root to a node will indicate a possible abstract form.
We divide the attributes into 'primitive' and 'derived'. We call:
- 'primitive' those form attributes which are matched with attributes of users'
  relations and which can activate procedures,
- 'derived' those attributes whose value is generated by users' procedures and
  stored in any users' relation.
As detailed described in Antonacci (1983), a relational data model is used to
store the tree structure, its joint·contents, the procedures, the constraints
bound to the contents and the access authorizations.
The information content of a form is stored in 'user relations', which are
distinct from the 'system relations' and belong to the office data base. So
automatically, the information content of each form becomes accessible data by any
allowed user for any kind of applications. For example, a final report describing
the activities of the office may access directly to data on customers, goods and
money movements, and so on.

3. DESIGNER'S SUB-SYSTEM

It consists of two parts: the first relative to abstract forms, the second to presentation forms. The designers must know the users' relations in order to match the attributes of the abstract forms to their attributes.

3.1 OPERATIONS ON ABSTRACT FORMS

Although a designer can be authorized to create, change, use, dispose a node of the abstract form tree only creating operation will be described in details. In this system 'to create' means to define sub-trees descending from an existing node. Only a special designer, the Office System Aministrator (OSA) can create the root node and give to others the right to create descending sub-trees.
A creating operation consists of adding one of more nodes to the abstract form tree. The creators of a node can authorize other designers to access it, in order to define descending sub-trees. For each node the designer has to indicate the primitive attributes which compose it and their mapping with the users' relations. He has also to specify if transactions types on these primitive attributes may automatically activate procedures. For example filling in the value of the attribute 'quantity', can activate the procedure to compute the 'total price' of a given product.
A creation operation may be also the union of two already existing forms. In this case a node descending from the first form which contains all the attributes of the second form which do not belong to the first one is created.
A new identifier is given to this node and all its attributes maintain the same connection with the user's relations than before. The same creator can define also constraints on the attributes of this new created node.
Still within the creation phase, a creator can authorize other designers to operate on this node.
A designer can change, among all the attributes of an abstract form, only those for which he is authorized. A change implies a disposal of all the nodes of the abstract form tree, descending from the changed one.
The disposal of a node results in the disposal of all its descendents. The disposed forms no longer appear among the forms upon which opeations can be performed. However, they remain filed withing the system, unless all the concrete forms based on them have been destroyed.
The use of an abstract form is equivalent to allow authorized users filling in the form fields. It implies assigning concrete form identifier to an abstract form.

3.2 OPERATIONS ON PRESENTATION FORMS

Designers can create presentation forms either directly throught functions of
an opportune workspace APL (see IMPLEMENTATION section) or indirectly through
operations on previously existing presentation forms. This second method is
quicker and more practical. Base blocks such as the form frame and rectangular
fields are stored within the system. A new presentation form is created, by
manipulating these base blocks, by means of either one or more of the following
operations:
- horizontal or vertical union of several forms,
- superimposing forms,
- moving, copying and reshaping fields of a given forms.
Any operation on the presentation forms has incidence neither on the abstract form
structure, nor on their information contents.
For a presentation form to be used, its fields must be matched with the attributes
of an abstract form. The presentation form stored in the system's relations is
always void of any information content.

4. USERS' SUB-SYSTEM

The following operations can be performed on concrete forms: writing, updating,
querying, deleting (only querying operation will be described in details).

4.1 WRITING

Values can be filled into a concrete form in various phases and by different
users or can be assigned to attributes automatically by procedures.
The information content of a concrete form is stored in the corresponding user's
relations, only when the filling phase has been completed. The operation of
writing can evolve differently, according to whether it is carried out on a blank
form, or a partially filled form .

4.2 QUERYING

The user can query one or more concrete forms, to which he has access and
which satisfy conditions of selection on one or more fields. In our system, as in
QBE(Zloof, 1975), we indicate the mapping between attributes, through example
values, preceded by the character'__' . The dialogue between user and system is
performed through the chosen presentation form, without content. Only those
fields matching with the abstract form attributes which the user is authorized to

read become accessible to him. The fields, which the user is querying, are
pointed out by '?'. The selection conditions can contain the operators: AND, OR,
$>$, $<$, $\geq$, $\leq$, =,#, and are placed in the fields to which they refer. They can refer
to attribute values either of the same, or different forms. In the last case, a
join attribute, for each distinct form couple, has to be indicated to the system
with the symbol 'U'. The system will display to the user as many different blank
presentation forms as sysmbols 'U' are on the query form. A derived attribute
cannot be the object of a selection condition, but it can be queried. Each query
on the form is changed into one or more queries on the data base. At the same
time, both the user's relations, as well as the system's relations, will be
engaged. In the first, the result of the queries is stored; the last allow the
attributes matching with the presentation form fields return either the attributes
of the user's relations to which they refer, or the tuple identifiers referring to
to the various concrete sub-forms. The result of a query can be displayed in two
different ways: as a dossier of single-valued forms or as table form. The user
chooses one of these two possible forms.

4.3 UPDATING

An updating regards a concrete form or a set of concrete forms satisfying a
query.

4.4 DELETING

The object of this operation is generally a set of forms which match some
particular conditions.

IMPLEMENTATION

This prototype has been built on the IBM 4341 system, using VM/CMS as
operating system. The two-fold need of
- furnishing a powerful and flexible user's interface and
- developing a running prototype in a few months, led us to choice APL as the
language to be used. The relational data base management system we have chosen is
System R (Chamberlin, 1981), along with its language SQL. However the
interpretative nature of APL raised the problem of communicating with the
compilation environment of the chosen data base management system. This problem
was solved through the use of an auxiliary processor (a set of special programs'),
called AP401 (UDO, 1980), which allows access from the APL environment to the VMCF
(Virtual Machine Communication Facility) environment.

The VM/CMS environment gives some advantages, allowing a distinction between the different functions of the system and associating each of them to a different virtual machine: one supports dialogue with the user, and the other, communicating with the previous one through the VMCF system, supports the management of the data base.

6. CONCLUSIONS

The forms processing is an important activity in an office. They add, delete, or update information to the information base of the office. The relational model can be a satisfying data model. From a relational point of view, the forms are interpreted as views on user's relations. The relations are used also to describe the structure and the external aspect of the forms. Mechanisms of authorization (they too are based on relations) check the form operations.

7. REFERENCES

- Antonacci F., Dell'Orco P., Pazienza M.T., 'Creazione e gestione dei moduli in un sistema d'ufficio', Proceedings of Italian Electronic and Electrical Association, Cagliari. 1983 (in Italian).
- Chamberlin D.D., Gilbert A.M., Yost R.A., 'History of System R and SQL Data System', Proceedings of Very Large Data Base Conference, Cannes (France) Sept. 1981, (pp.456-464).
- Codd E.F., 'A Relational Model of Data for Large Shared Data Banks', / Communications of ACM,/ June 1970, vol. 13, n.6 (pp.377-387).
- IBM Corp., APL Language, Form No. GC26-3847, 1978.
- Tsichritzis D., 'Form Management',/ Communications of ACM,/ July 1982, vol. 25, n. 7, (pp.453-478).
- Udo M., Uno S., 'An Experimental Facility for Inter-Virtual-Machine Communication between APL and non-APL Systems', G. van der Linden (Ed.), Proceedings of APL 80 International Conference, (p.63), Noordwijkerhout, 1980.
- Zloof M., 'Query by Example', / Proceedings AFIPS 1975 Nat. Computer Conference/Afips press, Arlington, (pp.431-437).
- Zloof M., 'A Language for Office and Business Automation',/Technical Report RC8091 IBM T.J. Watson Research Center./ Yorktown Heights, NY, 1980.

<u>Das Bürodatenbanksystem als Basis für die Integration von Text, Daten
und Graphik in einem Bürokommunikationssystem</u>

Rainer Zieschang
TRIUMPH ADLER AG Nürnberg

Das Projekt "Bürodatenbanksystem" (BDBS) ist Teil des Projekts "Bürokommunikationssystem" auf Basis von vernetzten Arbeitsplatzrechnern
der TRIUMPH ADLER AG Nürnberg.

Zu Beginn des Projekts BDBS wurden eine Reihe existierender DBS untersucht. Die Untersuchung zeigte, daß diese Systeme mittlerweile für die
kommerzielle Massen-DV einsetzbar waren, aber keinesfalls den Anforderungen von Bürokommunikationssystemen entsprachen /GMD 82/ /Tsich 83/

Die Hauptkritik richtet sich gegen

- die eingeschränkten Modellierungsmöglichkeiten konventioneller Datenmodelle
- die system-like Benutzeroberfläche unter Verwendung unterschiedlicher Sprachen (DDL, DML, QL, host language),
- und die komplizierten Änderungen des DB-Schemas bei den meisten
  Systemen.

Die gravierenden Mängel konventioneller DBS stellten uns vor die Aufgabe, ein DBS zu konzipieren und zu realisieren, das sowohl die Anforderungen aus der Büro-DV als auch kommerziellen Massen-DV befriedigt.
Das BDS soll auf einzelnen Workstations und auf einem zentralen Ser-
verknoten im LAN-Verbund unter UNIX einsetzbar sein.

<u>Schwerpunkte des Projekts</u>

Die erste Stufe des Projekts im Zeitraum von zwei Jahren umfaßte die
Konzeption und Realisierung von folgenden Punkten:

   - ein Datenmodell und eine entsprechende DB-Programmiersprache,

-     das Datenbankmanagementsystem,

-     geeignete Zugriffskontroll-Verfahren.

Die Schwerpunkte berücksichtigen hauptsächlich die Anforderungen aus der Büro-DV.

Grundlage für die Konzeption des Datenmodells und der DB-Programmiersprache bildeten objektorientierte Sprachen, in erster Linie Simula, SMALLTALK 80 /XEROX83/ und Objtalk /Ra82/.

Das Datenmodell basiert auf drei Basiskonstrukten - Objekte, Methoden und Klassen. Die DB-Programmiersprache enthält im Unterschied zu SMALLTALK 80 ein Typkonzept, das ein in konventionellen DBS übliches Maß an Sicherheit bietet.

Für die DB-Programmiersprache wird in einem Parallelprojekt ein Programmiersystem, bestehend aus Compiler, Interpreter (Zwischencode), Testhilfen und Browser realisiert.

Die Architektur des Datenbankmanagementsystems (DBMS) resultiert aus dem gleichzeitigen Einsatz des BDBS auf einzelnen Workstations und auf dem zentralen DB-Serverknoten. Das DBMS besteht aus einem Prozeß-System, das flexibel dem jeweiligen Anforderungsprofil angepaßt werden kann, um CPU-, I/O- und Kommunikationsengpässe zu vermeiden.

Das DBMS enthält in der ersten Projektstufe ein konventionelles Synchronisations- und Transaktionskonzept, das den Anforderungen des kommerziellen Massen-DV genügt. Verschachtelte bzw. lange Transaktionen können unter Verlust von Komfort mit dem entsprechenden Programmieraufwand realisiert werden.

Besondere Bedeutung kommt der Zugriffskontrolle zum Schutz vor nicht-autorisiertem Zugriff in der Büroumgebung zu, da in der Welt von Arbeitsplatzrechnern im LAN-Verbund alle organisatorischen Maßnahmen versagen. Die Informationen unterliegen unterschiedlichen Schutzanforderungen, die in die organisatorischen Abläufe des Büros eingebunden sind. Es werden daher keine Standardverfahren zur Zugriffskontrolle im BDBS realisiert, sondern nur Basismechanismen, auf denen beliebige Schutzanforderungen programmiert werden können.

Das in seiner ersten Ausbaustufe kommerziell einsetzbare BDBS bildet die Basis für die Weiterentwicklung, deren Schwerpunkte kurz vorgestellt werden sollen:

- verteiltes DB-System
- ausfallsichere Systeme
- Transaktionskonzepte für Büro-DV
- benutzerorientiertes Versionenkonzept
- optische Online-Archive.

Die ersten drei Punkte sind nicht unabhängig voneinander zu behandeln. Die HW-mäßigen Voraussetzungen für verteilte Systeme sind erfüllt, der konzeptionelle Aufwand für die SW-Lösung ist relativ hoch anzusetzen.

Die Notwendigkeit großer Online-Archive in Bürokommunikationssystemen ist evident. Wir sind der Meinung, daß sich aufgrund großer Speicher-Kapazitäten bei geringen Kosten optische Speichermedien durchsetzen werden. Die Spezifika dieser Speichermedien als Online-Archiv werden bei der zukünftigen Entwicklung des BDBS berücksichtigt.

/GMD82/KREIFELTS,T.:   Anwenderanforderungen an ein Bürokommunikations-
                      system. Berichte der Gesellschaft für Mathematik
                      und Datenverarbeitung Nr. 137,
                      R. Oldenbourg Verlag, München, Wien, 1982

/Ra82/RATHKE, C.:   ObjTalk-Primer. Universität Stuttgart, 1982

/Tsich83/TSICHRITZIS, D.:
                      Beta Gamma. Computer Systems Research Group
                      Dept. of Computer Science University of Toron-
                      to,
                      Toronto, 1983

/XEROX83/GOLDBERG, A. ROBSON, D.:
                      Smalltalk-80: The Language and its Implementa-
                      tion.
                      Addison-Wesley, 1983

ODIR:
Optical Disc Information Retrieval

H.-J. Appelrath
ETH Zürich
Institut für Informatik
CH-8092 Zürich

Zusammenfassung

Im Rahmen des Projekts ODIR wird z.Zt. in einem ersten Schritt eine Kopplung einer medizinischen Laser-Bildplatte (auf Bildplattenspielern vom Typ Philips VP831 bzw. VP835) mit einem IBM PC XT durchgeführt. Ziel dieses ersten Schrittes ist die Entwicklung eines Retrievalsystems, das Beschreibungen zu den mehr als 40.000 Bildern der Bildplatte in einer Datenbank auf dem PC verwaltet, und auf Abfragen das relevante Bildmaterial auf dem Monitor des Bildplattenspielers zur Verfügung stellt. Über diese spezielle Applikation hinaus sollen im weiteren Verlauf des Projekts generelle Konzepte und Werkzeuge für die Integration von Arbeitsplatzrechner und Bildplatte entwickelt werden.

Absract

In the project ODIR we develop special applications and general tools for the coupling of optical disc players and personal computers. Our first aim is to implement an information retrieval system on an IBM-PC XT which manages in a database descriptors of more than 40.000 pictures of a medical optical disc and shows the relevant pictures if the user asks a corresponding query. Furthermore - independent from this special application - we are going to design and realize general tools for the integration of optical disc and PC's.

1. Optical discs

Die nachfolgende Beschreibung bezieht sich auf das System LaserVision von Philips, das bisher einzige in Europa produzierte optical disc system. Optical discs (nachfolgend auch Bildplatten oder Laser-Bildplatten genannt) sind sehr kompakte (zehnmal dichter als traditionelle magnetische discs), analoge Speichermedien, vor allem eingesetzt für die Speicherung farbiger Einzelbilder und Filme einschliesslich zweier HIFI-Audiokanäle. Die Informationen sind auf ca. 54.000 spiralförmigen Rillen als mikroskopisch kleine Vertiefungen, sogenannte Pits, mit variabler Länge aufgetragen und werden bei 1.500 U/min von einem Laserstrahl abgetastet. Die nicht mit Laserabtastung arbeitenden japanischen und amerikanischen Systeme wie CED von RCA und VHD von JVC sind z.Zt. nur auf die amerikanische "Fernsehnorm" NTCS zugeschnitten, aber untereinander und mit LaserVision nicht kompatibel.
Jede Seite einer Bildplatte kann bis zu 54.000 Einzelbilder speichern, die mit der <u>schnellen Zugriffszeit</u> von 2 bis 5 Sekunden in beliebiger Reihenfolge auswählbar auf dem Monitor des Bildplattenspielers dargestellt werden können. Auf dem bisherigen Entwicklungsstand sind noch keine Updates der Bildplatteninformation möglich, so dass Bildplatten als <u>read only</u>-Medium sich auf Anwendungsbereiche beschränken, in denen die Bildinhalte über eine längere Zeit hin aktuell sind. Für weitere Informationen zum Thema "optical discs", allerdings digitalen Bildplatten, siehe [FUJI].

2. CH-MED

CH-MED ist eine Anfang 1984 gegründete, schweizerische, <u>nonprofit-Interessengemeinschaft</u>, die in interdisziplinären Prokekten folgende Ziele verfolgt ([CH-M]):
- die Produktion der ersten schweizerischen Laser-Bildplatte im Bereich Medizin (inzwischen erreicht),
- die Evaluation der Möglichkeiten und Grenzen der Bildplatte im Verbund mit anderen elektronischen Medien, insbesondere Microcomputern,
- die praktische Auseinandersetzung mit interaktiven audiovisuellen Systemen, insbesondere der Bildplatte, und die Entwicklung entsprechender Methoden und Verfahren.

Die CH-MED-Bildplatte enthält ca. 40.000 Einzel-/ Standbilder und vier Bewegtbildsequenzen von insgesamt ca. 6 Minuten Dauer, die von rund 200 medizinischen Institutionen (Bildlieferanten) der Schweiz zur Verfügung gestellt wurden. Das Bildmaterial wurde <u>thematisch</u> in 26 Kapitel gegliedert (Anatomie, Pathologie, Chirurgie, usw.) und ist nach inhaltlichen und lieferant-bezogenen Kriterien wie folgt <u>hierachisiert</u>:
Ebene 1: <u>Bildbank</u> (komplette Bildplattenseite mit 26 Kapiteln);
Ebene 2: 26 <u>Kapitel</u> (Oberthemen mit durchschnittlich 8 Bildsets);
Ebene 3: ca. 200 <u>Bildsets</u> (Themen mit durchschnittlich 15 Bildsubsets);
Ebene 4: ca. 3.000 <u>Bildsubsets</u> (Subthemen mit durchschnittlich 10 Einzelbildern);
Ebene 5: ca. 40.000 <u>Einzelbilder</u>.
Zur Bildbank existiert bis auf Bildsubset- oder sogar Einzelbild-Ebene eine Beschreibung des Bildmaterials, die jeweils von den Bildlieferanten auf entsprechenden Erfassungsbögen erstellt wurde. Diese Beschreibung enthält

Angaben wie Lieferant, Bildnummer bezüglich eines Lieferanten, Sachgebiet, Erstellungsdatum und evtl. ein kurzes abstract, während inhaltsbeschreibende Deskriptoren (im Hinblick auf ODIR leider) fehlen. Dieser Mangel wird derzeit durch eine gezielte Nacherfassung von inhaltsbeschreibenden Deskriptoren behoben.

Das Suchen nach bestimmten Bildern oder Bildsequenzen erfolgt über das Nachschlagen in einem etwa 200 seitigen Katalog und die nachfolgende Eingabe der Kapitel- bzw. Bildnummer mit evtl. anschliessendem sequentiellen "Durchblättern" der benachbarten Bilder. Kapitel und Bilder sind somit über ihre Nummern adressierbar und bilden anhand ihrer physischen Strukturierung des Bildmaterials die einzige Retrievalhilfe (solange keine Rechnerunterstützung vorhanden ist), während Sets und Subsets nur logische Strukturierungen sind.

3. ODIR

3.1 Grundsätzliche Überlegungen

Das Projekt ODIR beschäftigt sich mit dem Thema "Retrievalsysteme für Laser-Bildplatten" und leistet einen sowohl grundlagen- wie anwendungsorientierten Beitrag im Rahmen von CH-MED. [BYTE] und [FURR] enthalten einige Vorschläge und Konzepte für audiovisuelle Informationssysteme. Die Intention von ODIR liegt einerseits im Bereich der generellen Entwicklung von Grundlagen und Werkzeugen für die Integration von Arbeitsplatzrechner und Bildplatte, andererseits in der bereits angelaufenen prototypischen Implementierung einer speziellen Kopplung eines IBM-PC XT und der VP83x- Bildplattenspieler von Philips am Beispiel der CH-MED-Bildplatte. Ziel ist dabei die rechnergestützte, inhaltsbezogene Recherche des CH-MED-Bildmaterials.

Wir gehen bei unseren Überlegungen davon aus, dass Bildplattenspieler und Arbeitsplatzrechner Medien sind, deren wesentliche Eigenschaften sich gut ergänzen. Die Bildplatte erlaubt die Speicherung von sehr grossen Bildmengen in guter Videoqualität einschliesslich Ton in HIFI-Qualität und schnellen Zugriff auf Einzelbilder und Bewegtbildsequenzen. Die Schwäche der Bildplatte liegt hingegen hauptsächlich in ihrer mangelhaften Recherchierbarkeit (nur Adressen von Kapiteln und Einzelbildern, aber keine inhaltlichen Beschreibungsdaten maschinell verfügbar) und der fehlenden Updatemöglichkeit.

Arbeitsplatzrechner erlauben die Speicherung von verhältnismässig grossen Daten- und Textmengen in einer Datenbank. Die darin enthaltenen Informationen lassen sich effizient verwalten und sind stets aktuell. Darüber hinaus lassen sich dank programmierbarer Ablauf- und Verzweigungslogik interaktive Systeme mit benutzerfreundlichen Dialogen realisieren.

Durch einen Medienverbund - hier Bildbank mit vielen, schnell zugreifbaren, aber konstanten Informationen ohne Beschreibungsdaten, dort eine Datenbank mit gut strukturierten, aktualisierbaren und komfortabel erfragbaren Beschreibungsdaten -   können Probleme angegangen werden, die sich ohne Einbezug der audiovisuellen Darstellung und hoher Interaktivität nicht lösen lassen. Die wichtigsten Anwendungsmöglichkeiten sind wohl in den Gebieten der rechnergestützten Ausbildung und des information retrieval zu sehen.

Zur Unterstützung der von Philips derzeit auf dem Markt angebotenen professionellen Bildplattenspieler VP831 und VP835 werden im Gesamtrahmen von CH-MED unterschiedliche Anwendungen vor allem des rechnergestützten Unterrichts für medizinische Berufe mit unterschiedlichen Rechnertypen realisiert. Wir haben uns bei ODIR im 1. anwendungsorientierten Projektteil auf den IBM-PC XT konzentriert, planen aber auch die Adaption eines in MODULA-2 auf der LILITH implementierten klassischen IR-Systems, so dass dann eine LILITH-Bildplattenspieler-Kopplung verfügbar wäre.

Das ODIR-Retrievalsystem zeichnet sich wegen des Mediums "Bildplatte" (in Abgrenzung zu klassischen IR-Systemen mit Kollektionen von Dokumenten mit bibliographischen Daten und evtl. abstract) durch folgende Punkte aus :

1. Die sequentielle physische Nachbarschaft von Bildern in einem Subset, von Subsets in einem Set und von Sets in einem Kapitel impliziert im Gegensatz zu maschinell verwalteten herkömmlichen Dokumentensammlungen auch eine inhaltliche Verwandtschaft, die man für die Retrievalstrategie nutzen kann.

2. Das Durchblättern (browsing) von Informationen ist wesentlich schneller als in traditionellen IR-Systemen, da das Anschauen von "Bilddokumenten" und Entscheiden, ob ein Bild interessant ist oder nicht, im empirisch festgestellten Mittel nur etwa 1/2 sec dauert, während der gleiche Prozess bei Textdokumenten im Mittel etwa 1/2 min dauert. Dadurch verschiebt sich die Retrievalstrategie vom meist iterativ gestaltetem qualifiziertem Suchen aufgrund von Deskriptoren in Richtung auf ein durch schnelles "Bildblättern" unterstütztes Retrieval.

3. Die inhaltliche Verwandtschaft physisch benachbarter Bilder und die Möglichkeit des schnellen Bilderblätterns erlauben es, eine Deskribierung nur bis auf Bildsubset- oder sogar nur Bildset-Ebene durchzuführen. Die aufgrund einer Abfrage qualifizierten Sets oder Subsets mit in der Grössenordnung 10 bis 150 Bildern kann man in relativ kurzer Zeit anschauen und je nach Relevanz in ein sogenanntes virtuelles Bildset aufnehmen. Diese beschränkte Deskribierung berücksichtigt auch den knappen Speicherplatz von Arbeitsplatzrechnern, da statt ca. 50.000 (bei Einzelbildeskribierung) nur ca. 500 (bei Subset- und Setdeskribierung mit durchschnittlich 100 Einzelbildern) Informationseinheiten zu charakterisieren sind. Hinzu kommt die deutliche Beschleunigung des eigentlichen Deskribierungsaufwandes.

3.2 Software-Stufenkonzept

Um eine Flexibilität bezüglich austauschbarer Hardware zu erreichen, unterstützen wir die dazu notwendige Portabilität der Software durch folgendes Stufenkonzept:
Stufe A mit dem RS 232 C Interface Driver,
Stufe B mit der Steuerung des Bildplattenspielers,
Stufe C für das qualifizierte Retrieval,
Stufe D für spezielle Applikationen.

Stufe A ist ein 8086-Assembler programmierter, interrupt-gesteuerter MS-DOS Device Driver. Zur Stufe B existiert eine MS-PASCAL-Schnittstelle, die rechnertyp-unabhängig ist, so dass bei einem Rechnerwechsel nur die Stufe A neu implementiert werden muss.

Stufe B realisiert die Steuerung des Bildplattenspielers. Sie ist in PASCAL geschrieben und hat eine weitgehend bildplattenspielertyp-unabhängige Schnittstelle zur Stufe C. Zwar bietet derzeit nur Philips Bildplattenspieler auf dem europäischen Markt an, doch sollten von vorneherein saubere, geräteunabhängige Schnittstellen spezifiziert und eingehalten werden.
Die beiden Stufen A und B sind bereits komplett realisiert ([HEUR]) und ermöglichen vom IBM-PC alle Funktionsaufrufe, die bereits ohne PC durch eine Fernbedienung oder am Bildplattenspieler direkt zur Verfügung stehen:
- Auswahl und Anzeige eines Standbildes, einer Standbildfolge oder einer Bewegtbildfolge (durch Angabe entsprechender Bildnummern bzw. von einem Bild ausgehend vorwärts oder rückwärts: einzelbildweise, in Zeitraffer bzw. in Zeitlupe mit oder ohne Ton);
- Sonderfunktionen wie Einblenden der Bild- oder Kapitelnummer und von Texten, Abfragen an den Benutzer, scan des Bildmaterials mit ca. 2.000 Bildern/sec, Sperren eines Teils des Bildmaterials gegen unberechtigten Zugriff.

Stufe C bietet das eigentliche qualifizierte Retrieval. Aufgrund der inhaltsbeschreibenden Daten in einer Datenbank, die auf dem PC verwaltet wird, soll das qualifizierte Zusammenstellen virtueller Bildsets erfolgen. Virtuelle Bildsets sind - im Gegensatz zu den physisch sequentiell abgelegten, "normalen" Bildsets - Mengen von Bildern, die bezüglich einer booleschen Verknüpfung nicht-negierter Deskriptoren relevant sind. Die weiteren Funktionen sind in 3.3 aufgeführt.

Stufe D schliesslich realisiert jene speziellen, benutzerspezifischen Applikationen, die komplexe interaktive Programmabläufe erfordern, die aber i.a. aus kontrollierten Folgen von Funktionen der Stufe C bestehen werden.

ODIR ist auf der Stufe C angesiedelt, nutzt die Schnittstelle zur Stufe B für die konkrete Rechner-Bildplattenspieler-Kopplung und bietet zur Stufe D eine Schnittstelle an, auf der die Applikationen aufsetzen können.

3.3 Realisierung der Stufe C

Im Rahmen zweier Diplomarbeiten (einer 9-wöchigen Diplomarbeit eines Gaststudenten der ETH Lausanne und einer 4-monatigen Diplomarbeit eines Studenten der ETH Zürich), die zeitlich etwas versetzt angelaufen sind, werden folgende erste Schritte zur Realisierung der IBM-VP83x-Kopplung und Implementierung einer Datenbank und eines prototypischen Retrievalsystems unternommen:

1. Grobkonzept und Spezifikation der Stufe C mit Beschreibung der Schnittstellen zu den Stufen B und D unter Berücksichtigung der Interessen der CH-MED-Benutzer.

2. Modellierung der ODIR-Datenbank aufgrund der für CH-MED bereits erfassten Beschreibungen und nachgelieferter Deskriptoren des Bildmaterials. Die Modellierung erfolgt in einem (Codasyl-nahen) entity relationship-Formalismus. In der zur Zeit diskutierten Fassung gibt es neun records. Im bildbezogenen Teil der DB sind dies Bildbank, Kapitel, Bildset, Bildsubset und Einzelbild, im "bibliographischen" Teil bisher nur Lieferant und im beschreibenden Teil Deskriptor, Klasse und Unterklasse, wobei Klassen und Unterklassen CH-MED spezifische Unterteilungen der Deskriptoren nach z.B. technischen (Röntgenbild, "mikroskopisches" Bild, ...), "materiellen" (Organ, Zellkulturen, ...) und symptom- beschreibenden Merkmalen sind. Diese records sind über z.T. reflexive (für synonyme Deskriptoren) und symmetrische (für Deskriptor-Bild-Beziehungen) ausschliesslich 1:n-Beziehungen verknüpft.

3. Implementierung der modellierten Datenbank einschliesslich eines geeigneten Thesaurus, wobei die Problematik gebundener (aus einem vereinbarten Thesaurus stammender), freier (vom Anwender frei gewählter) und synonymer (mehrsprachige, evtl. lateinische Begriffe verwendender) Deskriptoren berücksichtigt werden soll. Der Aufbau des Thesaurus darf sich dabei eng an die Besonderheiten von CH-MED anlehnen, d.h. insbesondere die Eigenart des Mediums "Bildplatte" mit hierarchischen Clusterungen inhaltlich verwandter Daten ausnutzen (siehe Abschnitt 3.1).

4. <u>Implementierung eines prototypischen Retrievalsystems</u>: ausser der bereits in 3.2 aufgeführten zentralen Retrievalfunktion der Zusammenstellung eines virtuellen Bildsets aufgrund einer booleschen Abfrage sollen dem Benutzer u.a. die nachfolgend beschriebenen Funktionen angeboten werden, die in vier Kategorien unterteilt sind.

I. <u>Steuerungsfunktionen</u> (aus der Stufe B "heraufgezogen", um sie direkt dem Benutzer anzubieten)
- Bildsuche über Bild- bzw. Kapitelnummer
- Sperren geschützter Bildplattenteile
- Ein- und Ausblenden der Bild- bzw. Kapitelnummer

II. <u>DB-Abfragefunktionen</u>
- Ausgabe der Bildlieferanten insgesamt oder bezüglich Kapitel oder Bildset
- Auflisten von Deskriptoren, Klassen bzw. Unterklassen von Deskriptoren, Synonyma

III. <u>Einzelbild-bezogene Funktionen</u>
- Angabe von Deskriptoren, Lieferanten zu einem Bild
- Anzeige des ersten, nächsten oder vorhergehenden Bildes bezüglich Kapitel, Set, Subset oder Einzelbild
- Hinweis auf Kapitel, Bildset oder Bildsubset zu einem Einzelbild

IV. <u>Bildmengen-bezogene Retrievalfunktionen</u>
- Zusammenstellung eines virtuellen Bildsets unter einem logischen Namen aufgrund einer booleschen Abfrage
- Iterative Abfrageentwicklung mit Bezug auf bereits vorliegende virtuelle Bildsets
- Zusammenstellung eines virtuellen Bildsets aufgrund manueller Bildauswahl
- Funktionen aus III. bezogen auf ein zusammengestelltes virtuelles Bildset
- Angabe der Kardinalität eines virtuellen Bildsets
- Teilmengen-, Durschnittsmengen- und Vereinigungsmengenbildung virtueller Bildsets
- Einfügen, Löschen und Ersetzen eines Bildes in einem virtuellen Bildset

5. <u>Test des Retrievalsystems</u> und Performance-Untersuchung des Implementierungsergebnisses incl. Hinweise für eine Verbesserung bezüglich Funktion, Effizienz und Benutzerschnittstelle.

Nach einer Evaluation der in den Diplomarbeiten erzielten Ergebnisse und einer Bestandsaufnahme im Kontext von CH-MED ist eine gezielte Fortführung des Projekts im Rahmen einer beim schweizerischen Nationalfond beantragten Förderung geplant.

Danksagung

Ich danke den Mitgliedern der CH-MED-Interessengemeinschaft, G. Furrer und C.A. Zehnder, für die inhaltliche und administrative Unterstützung des Projekts ODIR. Bei den beiden Diplomanden P. Conti und M. Rhiner möchte ich mich für Anregungen und Diskussionsbeiträge bedanken.

Literatur

[BYTE] BYTE Nop.7/ 84: "Video", verschiedene Beiträge zum Thema "Computer und audiovisuelle Medien", Juli 1984, S. 149 - 228.

[CH-M] Interessengemeinschaft CH-MED Laser-Bildplattenarchiv: "Projektbeschreibung", Zürich, 1984.

[FUJI] L. Fujitani: "Laser optical disc: the coming revolution in on-line storage", Communications of the ACM, Vol. 27, No. 6, Juni 1984, S. 546 - 554.

[FURR] G. Furrer: "Interaktive audiovisuelle Informationssysteme mit Bildplatte und Computer", Sonderdruck aus "Technische Rundschau" Nr. 6/84.

[HEUR] C. d'Heuresse/ Snark AG: "Software-Interface IBM-PC <-> VP835", Zürich, 1984.

<u>GOLEM-XT: Ein Information Retrieval System,</u>
<u>aufbauend auf einem Datenbanksystem</u>

Ludwig Wiese
Siemens AG
D ST DB 23
Otto-Hahn-Ring 6
8000 München 83

<u>Zusammenfassung</u>

In dem Projekt GOLEM-XT wird ein klassisches Information Retrieval System
(IRS) um Direktänderungsfunktionen erweitert, die primär Datenbanksystemen (DBS) zuzuordnen sind. Es werden verschiedene Alternativen untersucht,
bei denen auf dem relationalen DBS SESAM aufgesetzt wird. Einige technische Aspekte der gewählten Lösung werden genauer betrachtet. Die bisherigen Ergebnisse, die in den folgenden Projektphasen zu präzisieren sind,
zeigen, daß sinnvoll auf einem DBS aufgesetzt werden kann, wenn passende
Funktionen des DBS effizient genutzt werden.

In the project GOLEM-XT a classical information retrieval system (IRS)
will be extended by on line update functions that are primary functions
of a data base management system (DBMS). Different alternatives to put
the IRS on top of the relational DBMS SESAM are investigated. Some technical aspects of the chosen solution are discussed in detail. The actual
results that will become more precisely in the next phases of the project show, that it is reasonable to put an IRS on top of a DBMS, if well
matched functions of the DBMS are used effectively.

1. <u>Einleitung</u>

Neben den Ausführungen zum Projekt GOLEM-XT werden auch kurz projektun-
abhängige Themen behandelt, um eine Zuordnung zur Umgebung zu erreichen.
Die projektspezifischen Kapitel sind auch ohne folgende allgemeine Teile
verständlich:

- Rest des Kapitels 1: Unterschied IRS zu DBS
- Kapitel 3.1: Tendenz der Schichtenzuordnung

Die Schwerpunkte der IR- und DB-Systeme können aus Sicht der Datenart,
der Anwendung und der Forschungsaktivität betrachtet werden. Die Datenart ermöglicht annähernd folgende Unterscheidung. IR-Systeme speichern
vorwiegend unformatierte Daten, denen intellektuell oder maschinell Such-
begriffe zugeordnet werden, während das Anwendungsgebiet eines DB-Systems
formatierte Daten sind, deren Bedeutung durch das Schema (Format) vordefiniert ist. Diese Schemainformation ermöglicht es, die gewünschten Daten
bei der Abfrage genau bezeichnet anzufordern. In einer IRS-Anwendung existieren zwar auch oft formatierte Teile, die exakt recherchierbar sind,
wie z. B. Autorenname oder Signatur, die dem Text zugeordneten Suchgriffe
sind jedoch bezüglich der Bedeutung in dem Dokument nicht so klar. Das
Stichwort Fachgespräch in einem Abstract könnte z. B. auf ein Fachgespräch über ein bestimmtes Thema hinweisen aber auch Dokumenten zugeordnet sein, die von Methoden zu effizienten Fachgesprächen handeln.

Wegen dieser Unschärfe wird die Wiedergewinnung von Daten eines IR-
Systems aufwendiger als beim DB-System und die Menge der Sekundärdaten
größer. Die Zielrichtung der Fragestellung ist schwer abschätzbar;
daher sind vorbeugend alle Deskriptoren bzw. im Volltextsystem alle um
die Stoppwörter verminderten Textwörter in allen ihren Erscheinungsformen (Flexionen) zu invertieren. Die aufwendigere Recherche im IR-System
wird durch Blätterfunktionen im Wörterbuch und Abbildung von Beziehungen
zwischen den Suchbegriffen unterstützt.

Bereits vor dem Einsatz der EDV wurden Daten, die sich häufig änderten
und die aktuell gehalten werden mußten, z. B. in Formularen formatiert,
um die Bearbeitung zu vereinfachen. So ergab sich bei der Anwendung der
EDV, daß bei DB-Systemen die Direktänderung eine der wesentlichsten Anforderungen ist. Die IR-Systeme übernahmen den anderen Teil, z. B. die
bzgl. Aktualität in der Vergangenheit weniger kritische Literaturdoku-
mentation, so daß die Wiedergewinnung gegenüber dem Änderungsbetrieb
den Vorrang hat. Damit ergab sich auch, daß die IR-Systeme dialogorien-
tiert sind und die DB-Systeme vorwiegend eine Programmschnittstelle und
Transaktionen mit entsprechenden Sicherungsfunktionen bedienen.

Aus Sicht der Anwendungen stehen diese Systemfunktionen im Vordergrund.
Es ist auch denkbar, daß unabhängig von der Datenart aufgrund der gewünschten Funktionen an der Benutzerschnittstelle das System bestimmt
wird. Wenn z. B. unformatierte Daten schnell änderbar sein sollen, ist
der Einsatz eines DBS, mit dem variabel lange Sätze gespeichert werden
können, vorstellbar. Bei den meisten Anwendungen fällt jedoch der primäre Nutzungswunsch mit der entsprechenden Datenart zusammen.

Diese Verteilung entsprechend den Systemfunktionen spiegelt sich auch
in der Forschung wieder. Während die IR-Forschung sich mit der Verbesserung der Rechercheergebnisse befaßt (z. B. Indexierung, Precision/Recall-
Widerspruch), werden in der DB-Forschung z. B. die Themen Schichten eines
DB-Systems, Datenmodelle, verteilte Datenbanken behandelt.

Diese Trennung zwischen IR- und DB-System, die auch in der Vergangenheit
nicht immer eindeutig war, kann nicht mehr aufrechterhalten werden. Viele
DB-Anwendungen wachsen in den IR-Bereich hinein, wie z. B. medizinische
Systeme, die bisher vorwiegend die formatierten Patientendaten speicher-
ten (Name, Geburtsdatum, Daten der Aufnahme) und zukünftig die Texte
der Diagnose zunehmend durch Recherchen auswertbar machen sollen. Aber
auch IR-Anwendungen erhalten DB-Komponenten. Es reicht nicht mehr, die
Texte von Patenten zu speichern und für die Recherchen aufzubereiten,
z. B. erfordert der formatierte Teil "Bearbeitungsstand" größere Aktualität.

Noch deutlicher wird das Zusammenwachsen der Systeme jedoch bei Anwendungen im Büro, bei denen Briefe, Protokolle, Verträge, die nach ihrem
Inhalt indexiert werden sollen, neben Kundendaten und Bestellformularen
in einem Gesamtsystem zu verwalten sind.

2. Voraussetzung und Zielsetzung

Das IR-System GOLEM wird in den unterschiedlichsten IR-Bereichen eingesetzt (siehe auch /SIE1/,/SIE2/,/SIE3/). Als klassisches IR-System
stehen die Wiedergewinnungsfunktionen im Vordergrund. Die Datenerfassung und -änderung erfolgt im Batch-Betrieb, wobei zur Vorbereitung
der Batch-Läufe eine integrierte Unterstützung der Datenaufbereitung
am Bildschirm existiert.

Im Projekt GOLEM-XT soll im Rahmen einer kontinuierlichen Entwicklung
eine Zusammenführung mit den Funktionen des Systems BVS (Bibliotheks-
Verbundsystem, siehe auch /SIE4/) bei Ausbau der bestehenden IR-Funktionen erreicht werden. Im BVS können, entsprechend der DDL beim DBS,
Typen von Dokumenten bzw. Sätzen beschrieben werden. Es besteht die
Möglichkeit, einzelne Eigenschaften von Kategorien (Felder) und der
bis zu vierstufigen Hierarchie in einer Satzstrukturbeschreibung zu
definieren, z.B. beliebige Wiederholbarkeit von Kategorien oder Hierarchiestufen. Dabei sind mehrere Satzstrukturen möglich, die unterschiedliche Satzarten ergeben. Diese können über Verbundkategorien miteinander verknüpft werden. Die Satzstruktur ist nicht eindeutig einem

der bekannten Datenmodelle zuzuordnen. Die Hierarchie der Kategorien
entspricht Elementen des NF2-Modells /SS83/ und anderer rekursiver
Datenmodelle /FWW82/,/LS83/. Zutreffende Merkmale des Codasyl-Modells
sind durch die SET-ähnlichen Strukturen zwischen den Sätzen bzw. Dokumenten gegeben.

Das BVS bietet Direktänderung (online update), d.h. die am Bildschirm
vorgenommenen Aktionen werden ohne Batch-Lauf im Datenbestand wirksam,
wobei die komfortablen Bildschirmfunktionen für Erfassung und Änderung
hervorzuheben sind.

Eine der Kernforderungen im Projekt GOLEM-XT besteht also darin, zusätzlich zu den typischen IR-Funktionen, die DBS-orientierte Funktion
Direktänderung mit ausreichender Performance anzubieten. Um die Direktänderungsfunktionen des BVS ausbauen zu können und die Wirtschaftlichkeit sicherzustellen, sollte ein existierendes DB-System verwendet werden. Dabei wird nicht gefordert, daß sämtliche Funktionen des verwendeten DB-Systems an der Benutzerschnittstelle sichtbar werden. Ein Ziel
des Projekts ist es also, an der Benutzerschnittstelle eine Zusammenführung der wesentlichen GOLEM- und BVS-Funktionen bei Verwendung eines
DB-Systems zu erreichen.

Im einzelnen handelt es sich um folgende GOLEM-Erweiterungen:

- Direktänderung: Im existierenden GOLEM besteht die Möglichkeit,
  Dokumenterstellung und -änderung am Terminal vorzunehmen. Die Änderungen werden durch Batch-Läufe im Datenbestand wirksam. Ziel der
  Weiterentwicklung ist es, Benutzereingaben ohne Batch-Lauf direkt
  in der Datenbank vorzunehmen. Daraus ergeben sich einige der folgenden Forderungen.

- Datensicherung: Über die bestehenden Wiederanlauffunktionen bei Batch-
  Läufen hinaus sind entsprechende Vorkehrungen der Datensicherung für
  die Direktänderung zu schaffen, d.h. Herstellung von konsistenten Datenbeständen bei Abbruch und Datenfehler.

- Transaktionsverwaltung: Die Forderung nach Transaktionen ergibt sich
  unmittelbar aus den beiden voranstehenden Punkten. Durch Transaktionen
  werden die Konsistenzpunkte bestimmt. Entsprechende Sperrmechanismen
  sind für den Schutz gegen konkurrierende Änderungen vorzusehen.

- Pufferverwaltung: Die im System existierende Pufferverwaltung ist an
  die voranstehenden Forderungen anzupassen, d.h. z. B. Berücksichtigung
  von Sperrvermerken.

- Dokumentstrukturen: Die beschriebenen Funktionen des BVS sind zu integrieren.

- kategoriespezifisches Retrieval: Die Selektionsmerkmale der Suchfragen
  sind an die Dokumentstrukturen anzupassen, d. h. auf Hierarchiestufen
  und deren Wiederholungen zu verfeinern. Dabei ist darauf zu achten,
  daß die Ausbaubarkeit zum Freitext-Retrieval ermöglicht wird, da die
  kategoriespezifische Fundstellenbeschreibung ähnliche Elemente wie
  die Volltextinvertierung enthält.

Die von der Datenhaltung im wesentlichen unabhängigen Erweiterungen im
Rahmen von GOLEM-XT, wie z. B. Implementierung der von der Europäischen
Gemeinschaft empfohlenen "Common Command Language" (CCL) für IR-Systeme
und Komfortsteigerung bei der Datenerfassung, werden hier nicht näher
betrachtet.

3. Löungsmöglichkeiten und Auswahl

3.1 Tendenz der Schichtenzuordnung

Um die unterschiedlichen Lösungsmöglichkeiten deutlich zu machen, wird
im folgenden die allgemeine Tendenz der Schichtenzuordnung betrachtet.
In Abb. 1 sind die DV-Schichten global dargestellt. Die Pfeile stellen
eine Verschiebung der Schnittstellen zwischen den Schichten dar. Die
einzelnen Schichten übernehmen im Rahmen der fortschreitenden Entwicklung Funktionen der darüberliegenden Schichten und führen diese effizienter aus.

Die Anwendersoftware kann mehr Anwenderfunktionen bieten. Die system-
nahe Software hat die Anwendersoftware durch logische Datenzugriffsmög-
lichkeiten entlastet, wie z. B. beim Einsatz von DB-Systemen statt einer
Eigenlösung auf Dateiebene oder bei der Verwendung von Endbenutzerspra-
chen zu DB-Systemen ohne eine Speziallösung auf einer Programmschnittstelle. Eine bedeutende Verlagerung der Schnittstelle zwischen der system-
nahen Software und dem Betriebssystem ergab sich durch den logischen
Speicherzugriff. Der Zugriff zu Peripherie-Speicher wurde ohne Angabe
der Speicherphysik möglich. Beim Arbeitsspeicher ergab sich durch die
Taskverwaltung eine automatische Zuordnung zur Task. An der Hardware-/

Betriebssystemschnittstelle zeichnet sich durch Assoziativspeicher und DB-Prozessoren eine wesentliche Funktionsverlagerung ab, die über mehrere Schichten wirken kann.

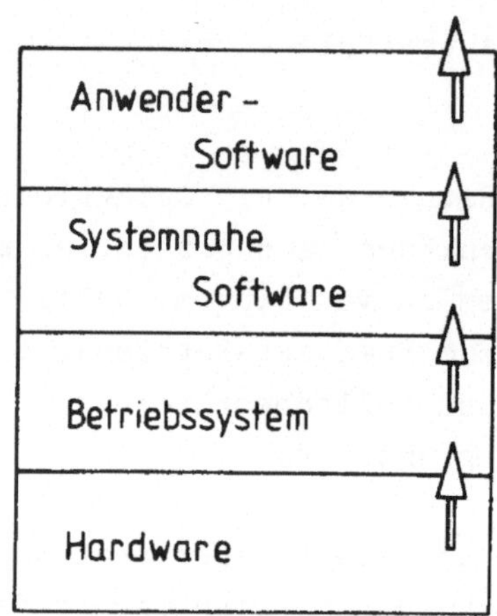

Abb. 1: Veränderung der DV-Schichten

Typische IR- und DB-Systeme lassen sich grob, wie in Abb. 2 gezeigt, den Schichten zuordnen.

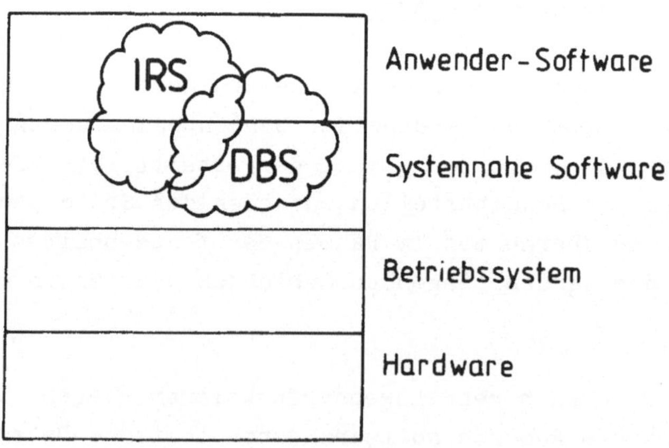

Abb. 2: Zuordnung IRS und DBS zu DV-Schichten

Das IRS liegt z. B. mit den Funktionen Abfragesprache, Ermittlung von Deskriptoren vorwiegend in der höheren Schicht. Die mit der Direktänderung zusammenhängenden Komponenten Transaktions- und Pufferverwaltung des DBS gehören schwerpunktmäßig zur niedrigen Schicht. Die bereits existierende Überschneidung zwischen beiden Systemen verstärkt sich durch die komplementären Forderungen bei den einzelnen Systemen. In DB-Systemen wurden bereits Funktionen integriert, die mit denen, die zunächst im IRS vorhanden waren, vergleichbar sind, z. B. Abfragesprachen, Cursor-Konzept (Blättern in Ergebnismengen von Sätzen bzw. Dokumenten). Durch die Forderung nach voller Direktänderung in IR-Systemen verstärkt sich die Überschneidung zwischen beiden Systemen zusätzlich.

Damit stellt sich die Frage, ob die DB-ähnlichen Eigenschaften im IRS durch Integration in einem System oder analog zur beschriebenen allgemeinen Tendenz durch Aufsetzen einer IR-Komponente auf einem DBS erreicht werden, wobei das DBS in Abhängigkeit von der gewählten Lösung unterschiedlich stark genutzt werden kann.

3.2 Integration in einem System

Zunächst bietet sich an, GOLEM weiterzuentwickeln. Die in Kapitel 2 geforderten Funktionen müßten zusätzlich implementiert werden. Es zeigt sich jedoch, daß besonders die elementaren DB-Funktionen vorwiegend den unteren Schichten zuzuordnen sind aber die restlichen Schichten zusätzlich beeinflußt werden. Die Direktänderung wirkt an der Benutzerschnittstelle und mit der Datensicherung, der Sperrenverwaltung, der erweiterten Pufferverwaltung in der Datenhaltungsschicht. Auch die Kernkomponenten Invertierung und Freiplatzverwaltung müßten verändert werden, da deren Datenstrukturen an die Erfordernisse des unmittelbaren Updates anzupassen wären, z. B. Ausrichtung auf optimale Sperrgranulate. Die nicht unmittelbar mit der Direktänderung zusammenhängende Funktion hierarchische Satzstrukturen läßt sich ebenfalls nicht lokal begrenzt nachträglich einbringen.

Es ist also relativ aufwendig, das IRS um DB-orientierte Funktionen zu erweitern. Der umgekehrte Weg, ein DBS um IR-Funktionen zu ergänzen, führt beim geforderten Zielsystem zu einer starken Belastung des reinen DBS-Nutzers, da sämtliche IR-Funktionen einzubringen wären. Das geforderte System soll den IR- Funktionsumfang voll abdecken und DB-Funktionen ergänzend enthalten, d.h. in das DBS wären entsprechend dieser Forderung sämtliche IR-Funktionen einzubringen. Eine Neuentwicklung ohne Verwendung bestehender Produkte hätte den Nachteil, daß die im DBS bereits implementierten Funktionen parallel zusätzlich entstehen würden. Im konkreten Fall wurde diese Möglichkeit nicht weiter verfolgt (Annahme: Aufwand im Verhältnis zum Ergebnis unverhältnismäßig hoch). Es bietet sich daher an, die Lösungen des DBS möglichst weitgehend zu verwenden und auf einem DBS aufzusetzen.

3.3 Aufsetzen auf einem DB-System

Beim Aufsetzen auf einem DB-System wird es möglich, daß das IRS analog
zum allgemeinen Trend der Schichtenzuordnung Funktionen der unteren IRS-
Schicht an eine auf diese Funktionen spezialisierte Schicht abgibt. Es
sind unterschiedliche Modelle in Abhängigkeit vom Grad der Nutzung des
DBS denkbar.

Eine Lösung mit einer starken Nutzung des DBS soll am Beispiel des relationalen DBS SESAM betrachtet werden (Abb. 3). Die Dokumente könnten in
einzelnen DB-Sätzen abgespeichert werden, da es keine relevante Längen-
beschränkung gibt. Die Kategorien des IRS wären auf DB-Attribute abzubilden. (In SESAM entspricht eine Relation grundsätzlich einer Datenbank. Mehrere Relationen können in einer Datenbank durch Teilqualifi-
zierung im Primärschlüssel erreicht werden).

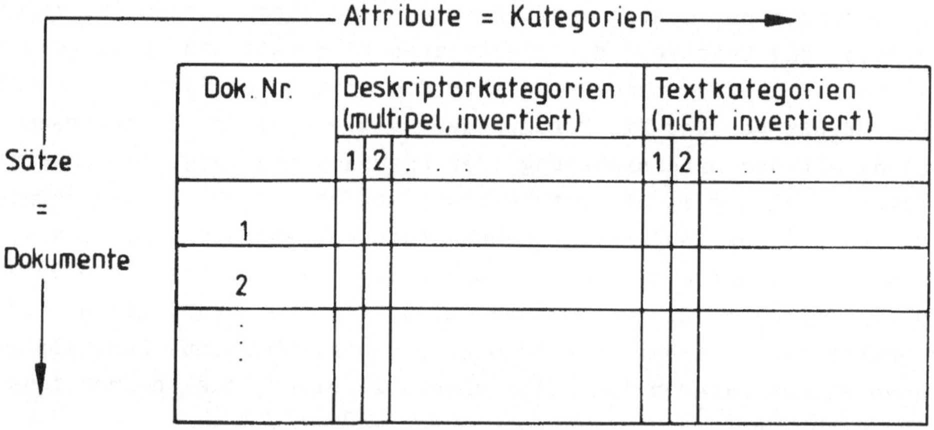

Abb. 3: Weitgehende Nutzung eines relationalen DBS

Für die Deskriptorkategorien, die bei GOLEM Bestandteil der Dokumente
sind, sind grundsätzlich die multiplen Attribute nutzbar, die gegenüber
dem Relationenmodell bereits eine Erweiterung darstellen, die tenden-
ziell bereits vom DBS in Richtung IRS führt. Eine Abspeicherung in
nicht multiplen Attributen hätte zur Folge, daß die Dokumente mit zu-
sammengehörenden Deskriptoren bei Zuordnung zu einem Attribut nicht
effizient gesucht werden könnten und bei Verteilung auf mehrere Attribute der Bezug zum gemeinsamen Oberbegriff eingeschränkt wird. Die einzelnen Textkategorien könnten entsprechend der maximalen Attributlänge
64 KByte lang werden.

Bei dieser Lösung ergeben sich jedoch folgende Funktionseinschränkungen:

- Blättern im Deskriptorbestand ist nicht möglich, da bei einem DBS
  meist keine gesonderte Zugriffsmöglichkeit zur untersten Stufe des
  B*-Baums existiert;

- Beziehungen zwischen Deskriptoren können nicht vereinbart werden;

- Dokumentstrukturen, die komplexer sind als Aufteilung in wahlweise
  multiple Kategorien/Attribute, d.h. mehrstufige, multiple Gruppen-
  bildung (siehe auch /LS83/,/SS83/), fehlen (eine Abbildung über
  compound key wird wegen der Menge der Daten ineffizient);

- eine Fundstellengenauigkeit entsprechend den Dokumentstrukturen ist
  nicht vorhanden, d.h. es fehlt der Bezug des Deskriptors zur Hierarchie der Dokumentstruktur;

Über die Funktionseinschränkungen hinaus ergeben sich Probleme bei den
Systemeigenschaften wie Performance und Speicherbedarf. Die Länge der
Deskriptoren streut stark, so daß die Invertierungslänge kritisch wird.
Ist die Invertierungslänge zu klein, so muß zu oft sequentiell gesucht
werden. Wenn sie zu groß gewählt wird, ergibt sich ein zu großer Speicherbedarf für Sekundärdaten, der ohnehin, wie in Kap. 1 dargestellt, durch
die große Zahl von Deskriptoren gegenüber einem DBS wächst. Beim bestehenden GOLEM wird dieses Problem durch einen variabel langen Sekundär-
schlüssel gelöst.

Die IR-spezifische Endbenutzersprache könnte bei dieser Lösung ansatz-
weise zusätzlich implementiert werden, z.B. die Verwaltung einer Suchprofilliste, in der Suchfragen über mehrere Dialogschritte gesammelt
werden, um Suchstrategien auf Basis früherer Suchfragen zu ermöglichen.
Dabei können jedoch Suchfragen, die sich auf frühere Verknüpfungen beziehen, nicht auf abgespeicherten Ergebnissen aufbauen, da eine entsprechende DB-Unterstützung durch die Cursor-Datei (Blättern in Ergebnismengen von Sätzen) nicht ausreicht.

Wenn die Nachteile dieser Lösung durch Erweiterungen des DBS vollständig
beseitigt werden sollen, führt dies zu umfangreichen Änderungen des DBS
und damit nahezu zur vollen Integration (siehe Kap. 3.2). Statt dieser
Lösung mit DBS-Erweiterungen, soll im folgenden eine geringere Nutzung
des DBS betrachtet werden, die durch eine IR-spezifische Implementierung
ausgeglichen wird. Kern dieser vielfältigen Lösungsmöglichkeiten ist

die vorwiegende Nutzung des DBS als Behältersystem. Die Invertierung
des DBS wird dabei weniger genutzt und zum Teil durch eine IR-spezifische Invertierung auf Basis der Programmschnittstelle des DBS ersetzt.

Auf die Invertierung der Deskriptoren in Abb. 3 wird verzichtet und eine
zusätzliche Relation eingeführt (Abb. 4).

Deskriptor	Adreßverweisliste
ABC	Dok.-nummern der Dok. mit Desk. ABC
ABE	Dok.-nummern der Dok. mit Desk. ABE
⋮	⋮
XYZ	Dok.-nummern der Dok. mit Desk. XYZ

Abb. 4: IR-spezifische Invertierung

Von der Invertierung des DBS wird nur der Primärschlüssel verwendet,
mit dem der Zugriff auf den Deskriptor erfolgt. Die Dokumente erreicht
man über einen 2. Schritt, bei dem mit den Dokumentnummern der Adreßver-
weisliste auf die Dokumentsätze zugegriffen wird, nachdem aus der Dokumentnummer der Primärschlüssel gebildet wurde.

Mit dieser Lösung kann im Deskriptorbestand geblättert werden, da die
Deskriptoren in den Primärdaten des DBS gespeichert werden und darauf
unabhängig von den Dokumenten zugegriffen werden kann. Die Beziehungen
zwischen Deskriptoren könnten mit einer weiteren Relation realisiert
werden, in der die Deskriptoren Fremdschlüssel sind. Die Dokumentstrukturen und die Volltextinvertierung mit der entsprechenden Fundstellengenauigkeit sind ebenfalls als Erweiterung dieser Lösung denkbar. Die
in Abb. 3 dargestellte Dokumentenrelation wäre dann auf Basis einer Be-
hälterlösung auszubauen, bei der die Strukturen Attribut-übergreifend
durch Eigenprogrammierung zu lösen wären. Die Verweislisten der Abb.4
müßten entsprechend verfeinert werden.

Der in der Lösung mit weitgehender DB-Nutzung genannte Nachteil der
kritischen Deskriptorlänge bleibt bestehen. Er könnte durch Einführung
weiterer Relationen vermieden werden, die den B*-Baum der Deskriptoren abbilden. Eine derartige Lösung dürfte jedoch äußerst Performance-kritisch
sein. Sinnvoller ist die folgende Lösung, die im beschriebenen Projekt
gewählt, hier kurz beschrieben und im anschließenden Kapitel näher ausgeführt wird.

Die unterschiedlichen Deskriptorlängen werden durch die Implementierung
des Primärschlüssels mit variabler Schlüssellänge im DBS berücksichtigt.
Die Deskriptor-Relation (Abb.4) wird aufgeteilt, da die Dynamik und Länge
der Adreßverweislisten zu ungünstigem Zugriffsverhalten auf die Deskriptoren führen kann. Der Nachteil, daß bei der Aufteilung auf zwei Relationen für einen Zugriff auf die Verweislisten zweistufig zugegriffen
werden muß, wird durch Verwendung der performanten internen SESAM-Satz-
nummer kompensiert. Der Kommunikationsaufwand an der Schnittstelle zum
DB-System wird u.a. durch geblockte Aufrufe, d.h. mit einem Aufruf werden
mehrere Sätze bearbeitet, gering gehalten.

Die bisherigen Projektergebnisse, die in den folgenden Projektphasen zu
präzisieren sind, zeigen, daß sinnvoll auf der externen Schicht eines
DBS aufgesetzt werden kann, wenn die verwendeten DB-Funktionen effizient
genutzt werden können, d.h. diese nahezu als interne DB-Schicht erreichbar sind (siehe auch /Bi82/).

4.   Technische Aspekte der gewählten Lösung

In diesem Kapitel werden zunächst die Systemarchitektur, anschließend
das DB-Schema und darauf aufbauend einige funktionale Aspekte betrachtet, wie z.B. die IR-spezifische Transaktionsverwaltung.

4.1 Schichtenmodell

Abb. 5 stellt die Schichtenstruktur von GOLEM-XT dar. Die Schnittstelle 0
(SSO) bildet die auf CCL ausgerichtete Benutzerschnittstelle. Durch den
ins BS2000 integrierten Transaktionsmonitor UTM wird die Zuordnung bezüglich Tasks, Programmen, Terminals, Benutzer erreicht und über BTX-End-
geräte ein Zugriff auf GOLEM-Daten ermöglicht. Sicherung und Wiederanlauf sind mit SESAM synchronisiert. Während UTM die teilhaberbezogene
Terminalverbindung abdeckt, behandelt TIAM entsprechend den Teilnehmer-
betrieb.

Die Dialogsteuerung übernimmt im wesentlichen die Syntaxprüfung, die
Terminalaufbereitung und die Funktionsverteilung für die Funktionseinheiten Retrieval und Erfassung/Änderung. In der Einheit Retrieval werden
die Wiedergewinnungsfunktionen verarbeitet, z.B. Blättern im Deskriptorbestand, Deskriptorverknüpfung, Feinrecherche, Ausgabe von Dokumenten.
Die Komponente Erfassung/Änderung ermöglicht die Erfassung und Änderung
von Dokumenten und deren Verknüpfung.

Die Datenverwaltung bildet die Verbindung zum DBS. Sie führt die Invertierung von Deskriptoren und die Aufbereitung der Lese- und Schreiboperationen an das DBS durch. Das Batch-System für die Verarbeitung von Massendaten setzt analog zu den genannten Funktionseinheiten auf der Datenverwaltung auf. Durch die Systemgenerierung, die direkt SESAM aufruft, werden
die Datenbanken eingerichtet, das DB-Schema angelegt und die Initialisierung vorgenommen.

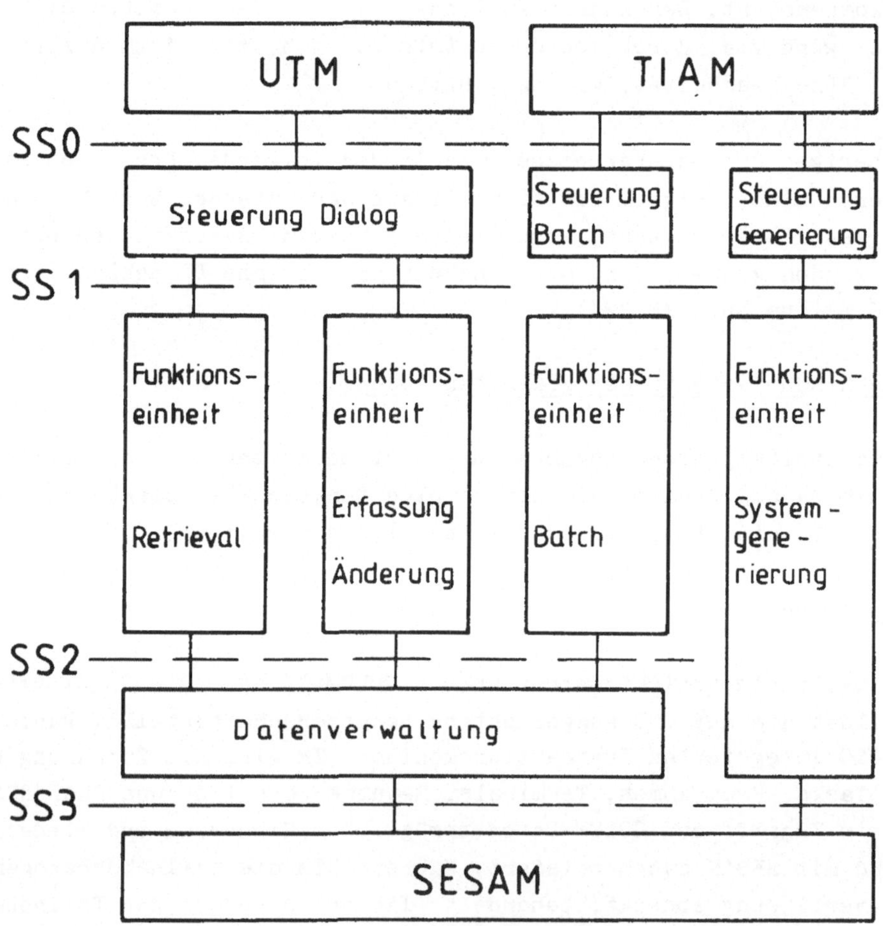

Abb. 5: Schichtenstruktur

4.2 DB-Schema

Da an dieser Stelle nicht sämtliche Einzelheiten vermittelt werden können, muß das DB-Schema stark vereinfacht dargestellt werden. In der Abb.6
werden z.B. die feineren Einheiten Teilwörterbuch und Dokumentart, die
eine Strukturierung des Deskriptor- bzw. Dokumentbestandes ermöglichen,
nicht gezeigt.

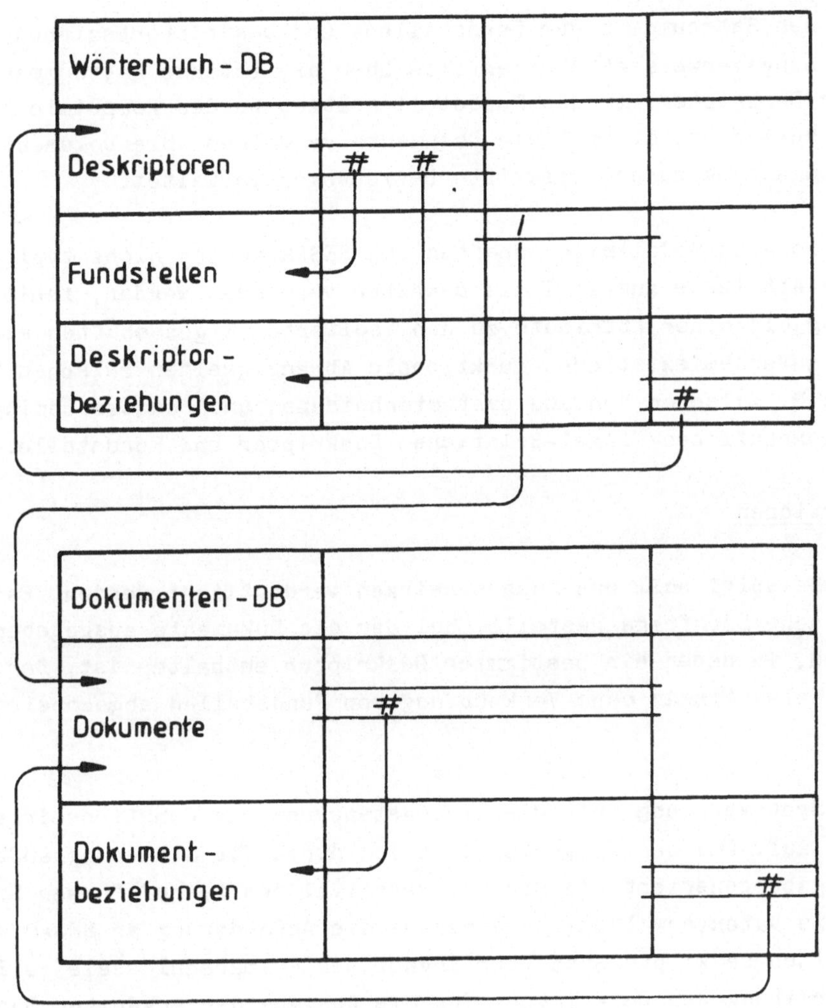

Abb. 6: globales DB-Schema

Um Deskriptor- und Dokumentbestand auch effizient unabhängig voneinander
betreiben zu können, werden sie auf zwei Datenbanken, die in SESAM Sicherungseinheiten sind, verteilt. Die Trennung der Satzarten, d.h. die Abbildung der einzelnen Relationen, wird durch entsprechende Kennzeichnung
im Primärschlüssel erreicht. Die Attribute werden zum Teil objektbezogen
und zum Teil als Behälter verwendet.

Wie in Kapitel 3.3 dargestellt, werden die Deskriptoren als Primärschlüssel des DBS in variabler Länge invertiert. Die Deskriptorsätze enthalten

die internen Satznummern der Fundstellen- und Deskriptorbeziehungssätze.
Der Beziehungsverweis führt ebenfalls über die interne Satznummer zum
bezogenen Deskriptor. In den Fundstellensätzen werden komprimierte Bitlisten gespeichert, die auf die Dokumente verweisen. Die Dokumentbeziehun-
gen werden analog zu den Deskriptorbeziehungen verwaltet.

Die relationalen Modelleigenschaften von SESAM werden nicht typisch ge-
nutzt. Da Attribute zum Teil als Behälter verwendet werden, fehlt die
Verbindung einzelner Attribute zu den isolierten Eigenschaften eines
Objekts. Außerdem existieren funktionale Abhängigkeiten zwischen Rela-
tionen, z.B. zwischen den aus systemtechnischen und benutzerbedingten
Gründen geschaffenen Einzel-Relationen Deskriptor und Fundstelle.

4.3 Funktionen

An einem Beispiel soll das Zusammenwirken verdeutlicht werden. Es wird
eine einfache Suchfrage gestellt, bei der die Dokumente ausgegeben werden sollen, in denen ein bestimmter Deskriptor enthalten ist. Der Auftrag kann also linear ohne Verknüpfung von Fundstellen abgearbeitet werden.

Nach der Syntaxprüfung ruft die Dialogsteuerung die Funktionseinheit
Retrieval auf. Aus der Interpretation der durch die Steuerung aufbereiteten Eingabe generiert die Einheit Retrieval den Aufruf "Lesen Deskriptor" an die Datenverwaltung, die daraus die Anforderung an SESAM weiter-
leitet, einen Deskriptorsatz über Angabe des Primärschlüssels zu lesen.
Die Aufbereitung des Deskriptors für die Ausgabe der ergänzten Suchprofilliste mit der Zahl der Fundstellen erfolgt in umgekehrter Richtung,
wobei die Datenverwaltung den Deskriptorsatz von DB-Formaten befreit,
die Retrieval-Einheit die Suchprofilliste bearbeitet und die Dialogsteuerung über UTM die Ausgabe vornimmt.

Wenn mit dem folgenden Kommando ein Dokument ausgegeben werden soll,
werden an der SS2 (Abb.5) zwei Aufrufe generiert. Mit dem ersten werden
die Dokumentnummern ermittelt, indem an der SS3 über die interne Satznummer der Fundstellensatz angefordert und in der Datenverwaltung die
Dokumentnummer errechnet wird. Das Lesen des Dokuments erfolgt über den
Primärschlüssel beim zweiten Aufruf.

Für die Beurteilung der Performance eines IR-/DB-Systems ist die Zahl
der I/O-Operationen wesentlich, da diese Systeme meist im I/O-Engpaß
laufen. Bei diesem Beispiel ist die Zahl der Aufrufe an der SS3 iden-

tisch zu den analogen DMS-Aufrufen des bestehenden GOLEM. Die durch
SESAM verursachten Zugriffe auf den B*-Baum sind weitgehend gleich zur
heutigen Eigenverwaltung. Bei dem Vergleich der Summe der Aufrufe ans
DMS sind folgende gegenläufige Tendenzen festzustellen. Bei GOLEM-XT
wird die Zahl der Zugriffe erhöht durch die Verwendung der internen
Satznummer des DBS statt einer Blocknummer des DMS, da ein Zwischen-
schritt über eine Tabelle erforderlich ist, die den internen Satznummern die Seitennummern zuordnet. Außerdem wird durch die für das DBS
zusätzlich erforderlichen Daten, z.B. Attributabgrenzung, die Dichte
der IR-Daten geringer. Die daraus resultierenden zusätzlichen Zugriffe
werden voraussichtlich durch die bedeutend effizientere Pufferverwaltung von SESAM ausgeglichen. Die Tabelle der internen Satznummern wird
z.B. mit hoher Wahrscheinlichkeit im Arbeitsspeicher verfügbar sein.
Durch die mit Projektfortschritt verfeinerte Performance-Betrachtung
werden die einzelnen Wirkungen weiterhin verfolgt, so z.B. auch die
im DBS mögliche Sonderbehandlung der Sekundärdaten, die aber IR-spezi-
fisch nicht wirkt, da ein Teil der IR-Sekundärdaten auf DB-Primärdaten
abgebildet wird.

Die Transaktionsverwaltung ist im DB-System bzw. in UTM realisiert. Wird
sie ohne besondere Vorkehrungen für die IR-Schicht verwendet, kann die
Sperrsituation kritisch werden (siehe auch /Sek84/). Dies hat folgende
Gründe:

- Ein IR-Kommando kann mehrere DB-Aufrufe generieren.

- Der IRS-Dialog ist durch die schrittweise Verfeinerung der Suchfrage
  länger als beim DBS.

- Die gesonderten Zugriffe zum Deskriptorbestand haben verschärfende
  Sperrwirkungen.

- Die spezielle Sperrmethode des DBS für Sekundärdaten kann nicht voll
  auf die IRS-Sekundärdaten übertragen werden, da in der IRS-Schicht
  eigenverwaltete Sekundärdaten als DBS-Primärdaten existieren.

In GOLEM-XT wird daher eine Lösung verfolgt, bei der Transaktionen durch
das System definiert werden, d.h. eine Anweisung bzw. sämtliche Anweisungen zu einem Dokument bilden eine Transaktion. Außerdem wird das Lesen
der Deskriptorsätze ohne Transaktionsschutz durchgeführt. Dabei wird jedoch durch satzübergreifende Konsistenzmerkmale sichergestellt, daß ein
paralleler Update erkennbar ist, der die Verbindung zum Fundstellen- oder

Beziehungssatz verändert haben kann. Die kommandospezifischen Transaktionen haben zur Folge, daß nach der Suchfrage beim Kommando zur Dokumentausgabe ein zwischenzeitlich aktualisiertes Dokument ausgegeben werden kann.

Ebenso wie bei den IR-spezifischen Vorkehrungen zur Sperrsituation sind Maßnahmen für die umfangreichen Sekundärdaten erforderlich, die sich durch die Deskriptormenge und die hierarchiespezifischen Fundstellen ergeben. Wegen der Direktänderung werden hier Steuerungsmöglichkeiten nötig. In der Dokumentstrukturbeschreibung, die der DDL eines DBS entspricht, ist die Invertierung folgendermaßen einstellbar:

- Invertierung für einzelne Kategorien;

- Tiefe der Invertierung bezüglich der Dokumenthierarchie;

- Zeitlicher Ablauf der Invertierung, d.h. Änderung soll sofort im Wörterbuch wirksam werden oder erst verzögert nach Ansammeln mehrerer Änderungen;

Die verzögert wirksam werdenden Änderungen können ebenso wie andere Batch-Läufe parallel zu Dialogänderungen und Retrieval ablaufen.

IR-Endbenutzersprachen enthalten im Gegensatz zu DB-Systemen Sprachelemente, die eine schrittweise Verfeinerung der Suchfrage gezielt unterstützen. Da GOLEM-XT primär IR-Funktionen bieten soll, ist eine angepaßte DBS-Endbenutzersprache weniger geeignet, wie z. B. die in /PHH83/ gezeigte Erweiterung von SQL. In GOLEM-XT wird daher CCL implementiert und wo erforderlich (Direktänderung von Dokumenten) darüber hinausgegangen. Besonderes Gewicht wird auf eine komfortable Bedienerführung gelegt, die Benutzern mit unterschiedlichen Systemkenntnissen gerecht wird.

5. Schlußfolgerungen

Der traditionell begründete Unterschied zwischen IR- und DB-Systemen wird geringer. Die seit Bestehen der IR- und DB-Systeme erhobene Forderung nach integrierten Systemen, z.B. die Betrachtung zu den Management Information Systemen (MIS), die bereits Ende der sechziger Jahre begann, erhält zunehmend Gewicht durch verstärkte Anwendungsforderungen, bessere technische Möglichkeiten und eine Diskussion über IR-Datenmodelle. Im Rahmen des Projekts GOLEM-XT wurde nach bisherigem Stand der Planung festgestellt, daß ein IRS mit der wesentlichen DB-Funktion der Direktänderung durch Aufsetzen auf der externen Schicht eines DBS machbar ist, wenn die genutzten

Funktionen in der Wirksamkeit einer internen Schicht entsprechen. Eine
weitergehende Integration von IR-Funktionen ins DBS hinein erscheint
grundsätzlich wünschenswert, ist aber in sinnvollem wirtschaftlichem
Rahmen noch problematisch.

6. <u>Literatur</u>

/Bi82/   Biller, H.: On the Architecture of a System Integrating Data Base
           Management and Information Retrieval, in: Research and Develop-
           ment and Information Retrieval, Proceedings, Berlin, May 82,
           80-97

/FWW82/   Freitag, J., Werner, H.-D., Wilkes, W.: Strukturierte Attribute
           in Relationen zur Unterstützung von IR-Anwendungen, in: Infor-
           matik Fachberichte Bd. 57, 12. GI-Jahrestagung, 82, 623-647

/LS83/   Lamersdorf, W., Schmidt, J.W.: Rekursive Datenmodelle, in: siehe
           /PHH83/, 148-168

/PHH83/   Pistor, P., Hansen, B., Hansen, M.: Eine sequelartige Sprach-
           schnittstelle für das NF2-Modell, in: Sprachen für Datenbanken,
           Informatik Fachberichte Bd. 72, 13. GI-Jahrestagung, Hamburg,
           Okt. 83, 134-147

/Sek84/   Schek, H.-J.: Nested Transaktions in a combined IRS-DBMS Archi-
           tecture, in Research and Development in Information Retrieval,
           Proceedings of the third joint BCS and ACM symposium, Cambridge,
           July 84, 55-70

/SIE1/   Biller, H.: GOLEM BS2000/Ein System zum Speichern und Wieder-
           gewinnen von Informationen, Verfahrensbeschreibung, SIEMENS
           data praxis, Nr. D15/5817-01, 1981

/SIE2/   Hoffmann, D., Mössler, A.: PASSAT BS2000/Automatische Selektion
           von Stichwörtern aus Texten, Verfahrensbeschreibung, SIEMENS
           data praxis, Nr. D15/5040-01, 1980

/SIE3/   Hahn, A., Hoffmann, D.: Informationsverarbeitung mit GOLEM/Bei-
           spiele aus der Praxis, SIEMENS data praxis, Nr. U171-J-Z53-1,
           1981

/SIE4/   Softwareprodukt BVS (BS2000), Bibliotheks-Verbundsystem, Kurz-
           beschreibung V3.0, SIEMENS AG, Nr. U63-J-Z57-2, 1984

/SS83/   Schek, H.-J., Scholl, M.: Die NF2-Relationenalgebra zur einheit-
           lichen Manipulation externer, konzeptueller und interner Daten-
           strukturen, in: siehe /PHH83/, 113-133

FORM FLOW SYSTEMS BASED ON NF^2-RELATIONS

G. Kappel[1]   A M. Tjoa[1]   R.R. Wagner[2]

1) Institut für Statistik und Informatik,
   Universität Wien, A-1010 Wien,
   Liebiggasse 4/3-4

2) Institut für Informatik, Universität
   Linz, A-4040 Linz

0. ABSTRACT

In this paper it will be shown that a conceptual model based on non-first-normal-form (NF^2) relations is well suited for applications in the area of form flow systems. A decomposition technique of NF^2-relations is introduced which allows a semantic interpretation of the decomposed relations in an easy way.

The aim of the paper is:

- to describe the advantages of the NF^2-relational data model for deriving forms in an office environment
- to propose a design methodology for conceptual modelling of NF^2-relations
- to represent the realization of semantic concepts which are needed for form flow systems with NF^2-relations
- to give an overview about the implementation of a prototype of a form flow system (called CBIS) based on the proposed concepts at the University of Vienna.

I. INTRODUCTION

In the last years the relevance of the form-user-interface as an instrument of communication in office information systems has been explored by many database researchers /LUO 81, EMBLEY 82, TSICHRITZIS 80/.
In the OFS (Office Form System) - Model of Tsichritzis the relational model is used for representing forms. However difficulties concerning the representation of multivalued attributes and redundancies in the storage of forms restrict the usage of this model for most practical applications.
Luo and Yao introduce another concept for manipulating forms /LUO 81/ which is based on a hierarchical data modelling approach.

Recently semantic data models have also been used for the logical conception of form-schemas. The advantages of such a model for form-manipulation-systems are shown by /EMBLEY 82/ who uses an extended entity-relationship approach.

In this paper it will be shown that a conceptual model based on non-first-normal-form (NF^2) relations is well suited for applications in the area of form-flow-systems. However, a decomposition technique is chosen which is slightly different from /SCHEK 83/. This approach allows a semantic interpretation of the decomposed NF^2-relations in an elegant manner.

The aim of this paper is:
- to describe the advantages of the NF^2-relational data model for deriving forms in an office environment. (Section 2)
- to propose a design methodology for conceptual modelling of NF^2-relations and to give an exact semantic interpretation of NF^2-relations. (Section 3)
- to represent the realization of semantic concepts (which are needed for form-flow-systems) with NF^2-relations. (Section 4)
- to give an overview about the implementation of a prototype of a form-flow-system (called CBIS) based on the proposed concepts at the University of Vienna. (Section 5)

2. NF^2-RELATIONS AS A DATA MODELLING APPROACH FOR FORM MANIPULATION SYSTEMS

2.1 Basic concepts

A _form_ can be considered as an unnormalized relation /CODD 70/. In analogy to the relational model which distinguishes between the relational schema and the extension of a relation, one can distinguish between the _form schema_ (i.e. description of a form by means of its attributes, domains, and restrictions) and the _form extension ("filled-in" form)._

Example 1: Form schema INSTITUTE given by the following unnormalized relational schema:

```
INSTITUTE (INSTITUTENO, PROFESSOR(PROFESSORNO, PROFESSOR-NAME),
                        STUDENT(STUDENTNO, STUDENT-NAME, (COURSENO)))
```

form schema:

```
┌─────────────────────────────────────────────────┐
│  INSTITUTE FORM                                  │
│  INSTITUTENO:                                    │
│  PROFESSOR OF THE INSTITUTE:                     │
│  PROFESSORNO │ PROFESSOR-NAME                    │
│              │                                   │
│              │                                   │
│  STUDENTS OF THE INSTITUTE:                      │
│  STUDENTNO │ STUDENT-NAME │ COURSENO             │
│            │              │                      │
│            │              │                      │
│            │              │          ⋮           │
│            │              │                      │
│            │              │                      │
│            │              │          ⋮           │
└─────────────────────────────────────────────────┘
```

'filled-in' form:

```
┌─────────────────────────────────────────────────┐
│  INSTITUTE FORM                                  │
│  INSTITUTENO: 00442                              │
│                                                  │
│  PROFESSOR OF THE INSTITUTE:                     │
│  PROFESSORNO │ PROFESSOR-NAME                    │
│    1111      │    Tjoa                           │
│    1112      │    Wagner                         │
│     ⋮        │     ⋮                             │
│  STUDENTS OF THE INSTITUTE                        │
│  STUDENTNO │ STUDENT-NAME │ COURSENO             │
│   7825845  │   Miller     │  111000             │
│            │              │  112345             │
│            │              │  235645             │
│            │              │     ⋮               │
│   7935450  │   Babbage    │  123123             │
│            │              │  111000             │
│            │              │     ⋮               │
└─────────────────────────────────────────────────┘
```

In the following we will consider the usage of a form in the context of
a form-flow-system. In this environment forms are used on the one hand
as a non-procedural interface of a database and on the other hand as a
medium of communication between office work stations.

The user can manipulate office forms in the following way:

a) <u>Filling-in a form schema</u>

a1) <u>Initial filling-in</u>

The system requires from the user the specification of the data to be filled in. In many cases it is neither possible nor desirable that the (initial) user fills in all the attributes defined in the form schema. The initially undefined attributes are interpreted by the system in the following way:

- attribute values are deduced from the given database, if this is possible (resp. authorized)
- remaining attribute values are set <u>unknown</u>

<u>Example 2</u>:

(a)
```
┌─────────────────────┐
│ STUDENT FORM        │
│ STUDENTNO: →        │
│ STUDENT-NAME:       │
│ ADDR.:              │
└─────────────────────┘
```

(b)
```
┌─────────────────────┐
│ STUDENT FORM        │
│ STUDENTNO:  →7825845│
│ STUDENT-NAME:       │
│ ADDR.:              │
└─────────────────────┘
```

(c)
```
┌──────────────────────────┐
│ STUDENT FORM             │
│ STUDENTNO:  →7825845     │
│ STUDENT-NAME: Miller←    │
│ ADDR.: └────────┘        │
└──────────────────────────┘
```

→ means 'expected initial input'

← means 'generated from the data base'

└────────┘ means 'unknown'

Corresponding relation:

STUDENTNO	STUDENT-NAME	ADDRESS
7825845	Miller	
7935450	Babbage	London
7975234	Moore	
⋮	⋮	⋮

a2) <u>Updates on a (partially) "filled-in" form</u>

The user has the possibility to update or to insert attribute values.

<u>Example 2 (cont'd)</u>:

(a)
```
┌─────────────────────────┐
│ STUDENT FORM            │
│ STUDENTNO:   7825845    │
│ STUDENT-NAME: Miller    │
│ ADDR.:                  │
└─────────────────────────┘
```

(b)
```
┌──────────────────────────────┐
│ STUDENT FORM                 │
│ STUDENTNO:   7825845         │
│ STUDENT-NAME: Wagner         │
│ ADDR.: Vienna, Austria       │
└──────────────────────────────┘
```

Corresponding relation after updates:

STUDENTNO	STUDENT-NAME	ADDRESS
7825845	Wagner	Vienna, Austria
7935450	Babbage	London
7975234	Moore	
⋮	⋮	⋮

b) <u>Sending facility</u>

After the manipulation of an office form the user can send this form
to another working station.

c) <u>Filing facility</u>

If a form has its "final state" the user can file the form for future
retrieval purposes.

We distinguish three kinds of attribute values in a form:

- attribute values which have to be initially filled in (called i-type).
These attributes represent the identification components of the objects
to be manipulated by the form. They play the key-role of the form and
are usually left unchanged during the whole life-cycle of the form.

- attribute values which are derived from the database (called d-type)
These attributes are derived from the database relations by an automatically generated query which uses the initially filled-in attribute values
with the key-role property (i.e. i-type attribute values)

- attribute values for further insertions and updates (called <u>u-type</u>).
u-type attribute values are <u>either</u> attribute values which are left unknown
and can be inserted by the user with a given authorization <u>or</u> displayed
attribute values which are automatically derived from the database and
can be updated by an authorized user.

<u>Example 3</u>: Types of attribute values

in station 1:

```
┌─────────────────────────────┐
│ STUDENT FORM                │
│ STUDENTNO: ┌─── i ───┐      │
│ STUDENT-NAME: ┌── d ──┐     │
│ ADDR.: ┌──────────┐         │
└─────────────────────────────┘
```

in station 2:

```
┌─────────────────────────────┐
│ STUDENT FORM                │
│ STUDENTNO: ┌──────────┐     │
│ STUDENT-NAME: ┌── d,u ──┐   │
│ ADDR.: ┌── d,u ──┐          │
└─────────────────────────────┘
```

Send-facility

┌─── i ───┐   expected input for initial identification

┌─── d ───┐   derived from the database

┌─── u ───┐   for updates and insertions

┌─────────┐   no authorization

<u>Forms and documents</u>

One of the controversial themes in office information system literature
is the question whether it is necessary to store forms (with a unique
identification) in a separate database or whether it is practicable to
store form-data solely in the enterprise database. In the author's
opinion and in the prototype implementation described in section 5 it is
not necessary to store the attribute values of the forms in a separate
database.
For this reason we have to deal with the notion of a document which is a
special type of a form. Data of documents which are generated at a certain
date must be retrievable (without any changes) at any moment thereafter.
After the filing of a form with document characteristics all attribute
values of this document must be preserved in the database. In section
4.3.1 a non-forgetting mode of NF^2-relations will be introduced for the
storage of documents.

3. <u>DESIGN METHODOLOGY AND SEMANTIC INTERPRETATION OF NF^2-RELATIONS</u>

In the literature of non-first-normal-form relations it is usually assumed
that the conceptual model consists of one single relation. This approach
is similar to the universal relation approach in the classical relational
theory. Nevertheless, some authors /MAKINOUCHI 77, TJOA 79/ have purposed
conceptual modelling based on normalized NF^2-relations.
In section 3.1 the concept of functional dependencies on NF^2-relations
is introduced. Based on this concept the decomposition of NF^2-relations
is given and compared with the entity type classification of the RM/T-
model.

3.1 <u>Dependencies and normalization of NF^2-relations</u>

It is assumed that the reader is familiar with the definition of NF^2-re-
lations as it is given in /SCHEK 83/. In the following the notion of
functional dependencies on NF^2-relations is introduced (see also
/MAKINOUCHI 77, TJOA 79/).

<u>Functional dependencies on NF^2-relations:</u>

Let $X = \{X_1, X_2, \ldots, X_m\}$ and $Y = \{Y_1, Y_2, \ldots, Y_n\}$ be sets of attributes with
not necessarily atomar domains on an NF^2-relation R.
$X \rightarrow Y$ is a functional dependency iff $(\forall\ g,h \in R)(g[X] = h[X] \Rightarrow g[Y] = h[Y]$
<u>Note</u>: The subtuples $g[X_i]$, $h[X_i]$ with $i=1,2,\ldots,m$ resp. $g[Y_j]$, $h[Y_j]$ with
$j=1,2,\ldots,n$ are not necessarily atomar (i.e. they could contain sets!)

Example 4: NF^2-relation and its functional dependencies

Relation: INSTITUTE

INSTITUTE_NO	INSTITUTE_NAME	PROFESSOR		STUDENT		
		PROFESSOR_NO	PROFESSOR_NAME	STUDENT_NO	STUDENT_NAME	COURSE
00442	Comp.Science	1111 1112	Tjoa Wagner	7825845	Miller	111000 112345 235645
				7935450	Babbage	123123 111000
00443	Mathematics	1122 1144	Gauss Cantor	7825888	Bit	111111 111222 111333
				7944444	Byte	111333 111555

The grade of the relation INSTITUTE is 4 (with the attributes INSTITUTE_NO, INSTITUTE_NAME, PROFESSOR, STUDENT)

The following functional dependencies can be defined:

INSTITUTE_NO → INSTITUTE_NAME

INSTITUTE_NO → PROFESSOR

INSTITUTE_NO → STUDENT

PROFESSOR_NO → PROFESSOR_NAME ⎤

STUDENT_NO → STUDENT_NAME ⎬ in the embedded relation PROFESSOR

STUDNET_NO → COURSE ⎦ resp. STUDENT

Third Normal Forms of NF^2-relations (3NF-NF^2-relations)

A NF^2-relation R on the attribute set ATR is in 3NF (resp. is called a 3NF-NF^2-relation)

iff 1) $(\forall X,Y \subset ATR)(X \rightarrow Y \Rightarrow ((\forall A \in ATR)(X \rightarrow A))$ or $Y \subset X)$(i.e. X has the super-key property)

and 2) if there exists an X with the property given in 1) then for all embedded attributes $\{A_1,\ldots,A_n\}$ of A: property 1) must hold in $\pi[X,A_1,\ldots,A_n](\mu[A;A_1,\ldots,A_n](R))$[1]

and 3) Condition 2) must be applied recursively for A until the attributes on the right hand side of 1) are all atomar.

Note: This definition is equivalent to the definition of 3NF in the case that the relations are flat relations.

Example 4 (cont'd): Relation INSTITUTE is not in 3NF-NF^2, because condition 1) holds (with INSTITUTE_NO → INSTITUTE_NAME, PROFESSOR, STUDENT), but for the embedded attribute PROFESSOR in π(INSTITUTE_NO, PROFESSOR_NO,

---

[1] Note: μ is the unnest operator as defined in /SCHEK 83/

PROFESSOR_NAME) the dependency PROFESSOR_NO → PROFESSOR_NAME does <u>not</u>
imply the dependency PROFESSOR_NO → INSTITUTE_NO (i.e. PROFESSOR_NO is
not a key in this projection).
The relation INSTITUTE in the example above can be decomposed into the
following <u>three 3NF-NF^2-relations:</u>

INSTITUTE_NO	INSTITUTE_NAME	PROFESSOR_NO	STUDENT_NO
00442	Comp.Science	1111 1112	7825845 7935450
00443	Mathematics	1122 1144	7825888 7944444

PROFESSOR_NO	PROFESSOR_NAME
1111 1112 1122 1144	Tjoa Wagner Gauss Cantor

STUDENT_NO	STUDENT_NAME	COURSE
7825845	Miller	111000 112345 235645
7935450	Babbage	123123 111000
7825888	Bit	111111 111222 111333
7944444	Byte	111333 111555

It is an advantage of the 3NF-NF^2-relations that attributes which belongs
to one entity-type are collected in <u>one</u> relation. If we transform the
first relation of the above decomposition into a flat relation in 1NF
this relation is not even in 2NF, because the functional dependency in
the NF^2-relation INSTITUTE_NO → PROF_NO can not be represented as a
functional or even multivalued dependency (because of the complementary
rule of multivalued dependencies) in the flat relation. The same argument
holds also for STUDENT_NO.
A more in-depth analysis of decompositions of non-flat relations with
respect to multivalued and hierarchical dependencies as defined by
Delobel and Armstrong is given in /TJOA 79/.

3.2 Semantic interpretation of NF^2-relations

The semantic interpretation of relational schemas is one of the main
problems for the correct application of the relational theory. One
approach in this direction is the universal relation approach which is
extended by maximal objects /MAIER 84/. For decomposed relations Schmid-
Swenson's approach /SCHMID 75, MÜLLER 78/ was a milestone for the semantic
interpretation of decomposed relations in 3NF. However in Schmid-Swenson's

approach some ambiguities arise which are caused by difficulties in the discrimination between repeating and non-repeating properties of objects. (see section 3.2.1) By using $3NF-NF^2$-relations these ambiguities can be solved easily (section 3.2.2.).

3.2.1 Semantic interpretation of normalized 3NF-relations

A semantic interpretation of normalized 3NF-relations is given by Schmid and Swenson by the following theorem.

<u>Theorem of Schmid and Swenson</u>: Relations that are in optimal third normal form can be subdivided into five different types:

1. Each relation represents <u>an independent object type</u>. The relation then contains all candidate keys of the type, all non-repeating simple characteristics which are directly determined bv all candidate keys, and all non-repeating characteristic keys directly determined by the candidate keys.

2. Each relation represents a <u>repeating characteristic object type</u>. It contains a candidate key, and <u>one</u> repeating simple characteristic or <u>one</u> repeating characteristic key of a complex characteristic object type.

3. Each relation represents <u>a complex characteristic object type</u> with a key. It contains one or more equivalent characteristic keys and all non-repeating simple characteristics and characteristic keys.

4. Each relation represents a <u>repeating complex characteristic object type</u> with a key. It contains a candidate characteristic key, and repeating simple characteristics or <u>one</u> repeating characteristic key.

5. Each relation represents an <u>association</u>. [...]

<u>Example 5</u>: We regard the object INSTITUTE of Example 4 and add an object PROJECT with its attributes PROJECT_NO and PROJECT_NAME. Between these two objects INSTITUTE and PROJECT there exists an association (M:N relationship).

The set of attributes of the "flat-universal relation" is:

ATR = {INSTITUTE_NO,INSTITUTE_NAME,PROFESSOR_NO,PROFESSOR_NAME,
       STUDENT_NO,STUDENT_NAME,COURSE,PROJECT_NO,PROJECT_NAME}

Functional dependencies (in the "flat universal relation"):

INSTITUTE_NO → INSTITUTE_NAME

PROFESSOR_NO → PROFESSOR_NAME

STUDENT_NO → STUDENT_NAME

PROJECT_NO → PROJECT_NAME

Using Schmid-Swenson's approach the resulting 3NF flat relations are:

R_1	(INSTITUTE_NO, INSTITUTE_NAME)	Type 1
R_2	(PROFESSOR_NO, PROFESSOR_NAME)	Type 3
R_3	(STUDENT_NO, STUDENT_NAME)	Type 3
R_4	(INSTITUTE_NO, PROFESSOR_NO)	Type 2
R_5	(INSTITUTE_NO, STUDENT_NO)	Type 2
R_6	(STUDENT_NO, COURSE)	Type 4
R_7	(INSTITUTE_NO, PROJECT_NO)	Type 5
R_8	(PROJECT_NO, PROJECT_NAME)	Type 1

A disadvantage of the decomposition into flat optimal 3NF-relations is
that an independent object type cannot be represented with one single
relation. In the example above the object type INSTITUTE is described
by means of three relations namely R_1, R_4 and R_5. Therefore, a "pure"
interpretation of Schmid-Swenson's theorem that each relation represents
an independent object type does not hold. Furthermore, complex characteristic object types (e.g. in the example the object type STUDENT) must
also be divided into a repeating (e.g. R_6) and a simple component (e.g.
R_3).
The ambiguities result also from the fact that in Schmid-Swenson's basic
model it is not possible to represent "characteristic of characteristics"
in an elegant manner, because of the lack of nested attributes. Implici-
tely it is assumed in their model that either complex characteristic
object types are solely described by repeating characteristics or they
are solely described by non-repeating characteristics. Moreover one big
disadvantage in designing with flat relations is caused by a consequence
of the important loss-less join property which restricts relations of
type 2 and type 4 with at most one repeating characteristic key.
In the next section it will be shown that all these ambiguities can be
solved by using a decomposition approach based on $3NF-NF^2$-relations.

3.2.2 Semantic interpretation of $3NF-NF^2$-relations

The decomposition of the relational scheme of example 2 into $3NF-NF^2$-
relations is as follows:

Example 6: Decomposition into $3NF-NF^2$-relations

The undecomposed NF^2-relation R(INSTITUTE_NO,INSTITUTE_NAME,PROJECT_NO,
PROJECT_NAME,PROFESSOR(PROFESSOR_NO,PROFESSOR_NAME),STUDENT(STUDENT_NO,
STUDENT_NAME,COURSE)) can be decomposed losslessly into the following
$3NF-NF^2$-relations:

R_1 (<u>INSTITUTE_NO</u>, INSTITUTE_NAME, PROFESSOR_NO, STUDENT_NO)
R_2 (<u>PROFESSOR_NO</u>, PROFESSOR_NAME)
R_3 (<u>STUDENT_NO</u>, STUDENT_NAME, COURSE)
R_4 (<u>PROJECT_NO</u>, PROJECT_NAME)
R_5 (<u>INSTITUTE_NO, PROJECT_NO</u>)

Since in NF^2-relations a distinction between repeating and non-repeating characteristics is no more necessary it is possible to aggregate the five types of Schmid-Swenson into only three types:

TYPE I: (complex) independent object type (Aggregation of type 1 and type 2)

TYPE II: (complex) characteristic object type (Aggregation of type 3 and type 4)

TYPE III: Association type (type 5)

The five decomposed $3NF-NF^2$-relations of Example 6 correspond to the following types:

TYPE	RELATION
I	R_1, R_4
II	R_2, R_3
III	R_5

The decomposition into $3NF-NF^2$-relations allows a very natural way of semantic data modelling. All objects (whether simple or complex) can be represented in one relation. All restrictions considering repeating characteristics are no more valid for decompositions in $3NF-NF^2$-relations. Because of the definition of functional dependencies of NF^2-relations which allows to formulate the dependencies of sets (e.g. INSTITUTE_NO $\rightarrow$ STUDENT) it is possible to decompose losslessly into $3NF-NF^2$-relations with semantic unique meanings.

The proposed approach is very similar to the RM/T model of Codd /CODD 79/ and to Chen's entity-relationship model. However Chen's model needs the introduction of weak entity types which existence depends upon (regular) entity types. In section 4 it will be shown that for office form modelling the approach of $3NF-NF^2$ relations allows clearer design of relations than the RM/T-approach caused by the common way of representing repeating and non-repeating properties (resp. characteristics) of entities.

4. <u>PROBLEMS OF DATAMODELLING IN FORM FLOW SYSTEMS AND THEIR SOLUTION WITH NF^2-RELATIONS</u>

Because of the definition of a form as an unnormalized relation we can distinguish between two types of attributes:

(-) single valued attributes

(-) multivalued attributes

While the first type does not cause problems in relational modelling
with flat relations, the multivalued attributes cannot be modelled
conveniently in a relational database (e.g. OFS-model /TSICHRITZIS 80/).
In OFS a filled-in form corresponds to exactly one tuple of a flat relation in the database. Therefore in OFS multivalued attributes are not
supported by the system. In the following some semantic constructs which
are used in CBIS (Computerunterstütztes Büroinformationssystem) which is
implemented as a prototype at the University of Vienna are described.

4.1 The surrogate concept

The relevance of using the surrogate concept in form models results from
the following facts:
(-) it must be possible to create entities by forms without having filled
in the user-controlled key values (e.g. definition of a course by means
of its title and its semester without information about the identification number and the lecturer's name)
(-) different forms can refer to the same object, which is identified by
different key-attribute-sets (e.g. students who are employees at the
university have both the student identification number and the personal
identification number as their user controlled keys).
It is suitable to introduce for each $3NF-NF^2$-relation a surrogate attribute. The advantage of this approach in comparison to Codd's RM/T is that
in RM/T we must introduce surrogates for repeating properties (as characteristic objects' surrogates) even if they are not entities in the common meaning.

Example 7: Comparison of the representation of repeating properties between the RM/T-model and $3NF-NF^2$-presentation with surrogates
Slightly extending the example 6 by introducing an additional (multivalued) attribute for project, the following new $3NF-NF^2$-relation is
defined:

R_4' (PROJECT_NO, PROJECT_NAME, REPORT)

In RM/T this must be designed as follows:
E-Relations: (i.e. Entity-relations containing the surrogates of the
entitiy types)

<table>
<tr><td>PROJECT¢</td></tr>
<tr><td>α
β</td></tr>
</table>

<table>
<tr><td>REPORT¢</td></tr>
<tr><td>α_1
α_2
β_1
β_2</td></tr>
</table>

<u>C-Relation:</u> (i.e. Characteristic relation)

<table>
<tr><td>PROJECT¢</td></tr>
<tr><td>α
α</td></tr>
<tr><td>β
β</td></tr>
</table>

<table>
<tr><td>REPORT¢</td></tr>
<tr><td>α_1
α_2</td></tr>
<tr><td>β_1
β_2</td></tr>
</table>

<u>P-Relations:</u> (i.e. Property relations which describe the non-key attri-
butes of the entity-types)

PROJECT¢	PROJECT_NO	PROJECT_NAME
α β	1 2	DB OFS

REPORT¢	REPORT
α_1 α_2 β_1 β_2	DB_1 DB_2 OFS_A OFS_B

It is noted that although REPORT is not an entity but a repeating property, in RM/T it is necessary to model REPORT as a property of the
(repeating) charcteristic entity represented by the surrogate attribute
REPORT¢.

<u>With 3NF-NF^2-relations</u> this example can be designed by R_4' or if using
the surrogate concept it can be modelled as follows by the relation R_4''.
R_4'' (<u>PROJECT¢</u>,PROJECT_NO,PROJECT_NAME,REPORT)

PROJECT¢	PROJECT_NO	PROJECT_NAME	REPORT
α	1	DB	DB_1 DB_2
β	2	OFS	OFS_A OFS_B

Generally, it can be emphasized that using 3NF-NF^2-relations with surrogate attributes delivers a simple design tool with the same semantic
magnitude as e.g. the RM/T-model; however without any overhead.

4.2 Extensions needed for the flow component of form flow systems

4.2.1 Time dimension and non-forgetting mode of operations on NF^2-relations

To represent documents in a database it is necessary to conserve informations which were valid at a certain moment, even if these informations have been updated afterwards.
A representative example concerning this problem is the generation of birth certificates at any time with the original information e.g. maiden name.
In /KAPPEL 84/ the concept of 'absolute time' and 'entity state' is introduced for form flow systems. For each relation a special attribute for the "absolute time" can be defined and if necessary an additional attribute for the "entity state" (i.e. developing phase of an entity) can be defined. The valid transition from one entity state to another is described by a transition relation (T-relation).

Example 8: NF^2-relation with additional time resp. state attributes
Let us consider the entity type STUDENT with the following entity states:
(Note: this example is probably only typical for Austrian universities)
- matriculation S_0
- 1st degree S_1
- master degree S_2
- ph. D. S_3
For these entity states the following valid transitions exist:
T-Relation:

pre	post
$\emptyset$	S_0
S_0	S_1
S_1	S_2
S_2	S_3

($\emptyset$ means the initial state before an entity is stored)

NF^2-relation with surrogates and entity states:

STUDENT¢	entity-state	absolute time	.....
θ	$\begin{matrix}S_0\\S_1\\\underline{\underline{S_2}}\end{matrix}$	$\begin{matrix}1980/10/10\\1982/09/09\\\underline{\underline{1984/10/09}}\end{matrix}$	
δ	$\begin{matrix}S_0\\\underline{\underline{S_1}}\end{matrix}$	$\begin{matrix}1982/11/10\\\underline{\underline{1984/12/12}}\end{matrix}$	

← actual values

← actual values

In the relation above the underlined values designate the current actual
values in the relation. Usually it would be sufficient for the user to
deal only with this subset of the relation.

It is obvious that the entity state concept is very important for the
integrity considerations in a database (e.g. some courses can only be
attended if a certain degree is obtained by the student).

In the next section this concept will be used for the description of
form flows.

4.2.2 Application of the time dimension component for form flow concepts

In section 2 we considered the notion of a form as a static external view
of the user. In Office Information Systems the life-cycle of a form represents the dynamic flow of information in an office. The components
of a form flow system are:

(1) working stations as active elements.

Working stations are either associated to office workers or trigerred
processes. Office workers deal with forms by receiving forms, filling
forms, filing forms, and sending forms to other working stations.

(2) forms as passive elements.

Identification of a form (or document) in a form flow system

Each document is represented by the following attributes:

- form type
- i-type attributes (which play the key role of the form, see section 2)
- form-state-attributes (which is unique for every station at the beginning and at the end of the manipulation at a working station)

The form flow can be represented by:

- the formstates of the different form-types
- a form flow relation representing the allowed state transitions of the
different form types (FF-relation).

<u>Example 9</u>: Representation of the form flow of different form types

FORM_TYPE¢	FORM_ID	FORM_STATE
υ	F_1	initial filling-in F_1 (FS_1) $update_1$ on F_1 (FS_2) $update_2$ on F_1 (FS_3)
ψ	F_2	initial filling-in F_2 (FS_4) update on F_2 (FS_5)

<u>FF-relation:</u>

POST_STATE	PRE_STATE	STATION
FS_2	FS_1	WS_1
FS_3	FS_2 FS_4	WS_2

This relation represents the following transitions:
In the station WS_1 the form type F_1 with form state FS_1 is handled and after its manipulation its status is FS_2. In other words: the precondition of form state FS_2 is the form state FS_1. With the help of this concept even complex preconditions of form flows can be expressed (e.g. the precondition to generate a form type F_1 with form state FS_3 is the manipulation of form type F_1 with form state FS_2 and the manipulation of form type F_2 with form state FS_4).
A form of a certain type is thus represented by:
- its form type surrogate (e.g. υ in the last example)
- its i-type attributes (surrogates of the objects described in the form e.g. α of example 7)

STUDENT¢	...
$\vdots$ α	

- its form state attribute (e.g. FS_1 of example 9).

5. IMPLEMENTATION OF A FORM FLOW SYSTEM BASED ON NF^2-RELATIONS WITH SURROGATES

A prototype of a form flow system, called CBIS (<u>C</u>omputerunterstütztes <u>Bü</u>ro<u>i</u>nformations<u>s</u>ystem), based on the concepts proposed in this paper has been implemented at the University of Vienna /BÖHM 84/.
The implementation is done on a CDC-CYBER 170/720 machine and is programmed in PASCAL and is supported by the database management system IMF with extensions for the NF^2-relations and the surrogate concept (PASCAL-tools for the mapping of NF^2-relations with surrogates into Nijssen's conceptual model).
The architecture of CBIS is characterized by the following:
(1) the form flow system CBIS consists of two components:
    a) form flow definition system
    b) production system
(2) the unique interface between user (work station) and CBIS is the form concept.
(3) the integration of the database management system IMF in CBIS.
(4) the possibility of dynamical updating of the form flow model (NF^2-forms with pre- and postconditions) with the help of the form definition system by the authorized user (resp. office system administrator).
The form flow definition system provides the definition of a form flow model with the following components:
(a) statical definition of the working stations.
(b) form flow definition between the working stations. Therefore it was necessary:
- to define the form-schemes as logical external views of the NF^2-conceptual model,
- to define the authorization for manipulations on the different form types,
- to define pre- and postconditions of the manipulations at the working stations.
The production system allows the user to define parametric tasks by a user friendly office language (CPL).
The function of the IMF-database is twofold:
(a) to store the NF^2-relations representing the attribute values of the forms
(b) to store and manipulate the <u>structural data</u> of the form flow model.
The practicability of CBIS has been demonstrated on examples from the university administration environment. Performance aspects has been taken into consideration only as a secondary fact of interest in this prototype-implementation.

Acknowledgement:

The authors are very indebted to A. Böhm, J. Klocker and E. Nemez for their hard work on the implementation of the CBIS-prototype and for the discussions concerning the modelling of form flows with NF^2-relations.

<u>REFERENCES</u>

/BÖHM 84/
   Böhm, A., Kappel G., Nemez E., Klocker J., Tjoa A M.
   Systembeschreibung des CBIS
   Technical Report, University of Vienna
/CODD 70/
   Codd, E.F.
   A relational model for data for large shared data banks
   CACM 13, 6, June 1970
/CODD 79/
   Codd, E.F.
   Extending the database relational model to capture more meaning
   ACM TODS 4, 4, December 1979
/GIBBS 82/
   Gibbs, S.J.
   Office information models and the representation of office objects
   in: ACM SIGOA Conf., University of Pensylvania, June 1982
/EMBLEY 82/
   Embley, D.W.
   A natural forms query language - an introduction to basic retrieval
   of office objects.
   in: Improving Database Usability and Responsiveness (ed. P.
   Scheuermann), Academic Press
/KAPPEL 84/
   Kappel G., Tjoa, A M., Wagner, R.R.
   A form modelling approach based on semantic models
   to appear in: North-Holland Publ. Co. (ed. P. Chen)
/LUO 81/
   Luo, P., Yao, S.B.
   Form operation by example: a language for office information pro-
   cessing
   in: Proc. ACM SIGMOD, University of Michigan, 1981
/MAIER 84/
   Maier, D.
   On maximal objects
   Technical Report, University of Oregon
/MAKINOUCHI 77/
   Makinouchi A.
   A consideration on normal form of not-necessarily-normalized rela-
   tions in the relational data model
   Int. Conf. on Very Large Data Bases 1977, Tokyo
/MÜLLER 78/
   Müller, G.
   Informationsstrukturierung in Datenbanksystemen
   Oldenburg, München 1978
/SCHEK 83/
   Schek, H.J., Scholl, M.
   Die NF^2-Relationenalgebra zur einheitlichen Manipulation externer,
   konzeptueller und interner Datenstrukturen.
   in: "Sprachen für Datenbanken", Springer Verlag, 1983

/SCHMID 75/
    Schmid, H.A., Swenson, J.R.
    On the semantics of the relational model
    Proc. ACM SIGMOD 1975
/SCHREFL 83/
    Schrefl, M., Tjoa, A.M., Wagner, R.R.
    Comparison-Criteria for Semantic Data models
    IEEE Int. Conf. on Data Engineering, Los Angeles, 1984
/TJOA 79/
    Tjoa, A M.
    Die Verwendung eines unnormalisierten universellen relationalen
    Schemas als konzeptuelles Schema
    Dissertation, 1979
/TSICHRITZIS 80/
    Tsichritzis, D.
    OFS: An integrated form management system
    Working paper, University of Toronto, 1980.

Architektur von Datenbanksystemen
für Non-Standard-Anwendungen

T. Härder, A. Reuter
Universität Kaiserslautern

Überblick

Ausgehend von einer Zusammenstellung der typischen Anforderungen in einer Reihe
nicht-kommerzieller Anwendungsklassen wie CAD, Büroautomatisierung usw. wird
zunächst dargestellt, inwiefern die existierenden, konventionellen Datenbank-
Verwaltungssysteme zur Datenhaltung in solchen Bereichen nur schlecht oder gar
nicht geeignet sind. Daraus wird eine Liste von Anforderungen an ein besser
geeignetes Datenbanksystem abgeleitet für das verschiedene Architekturvorschläge
betrachtet werden. Für die sogenannte DBS-Kern-Architektur wird ein modifizier-
tes Schichtenmodell zu deren Implementierung vorgestellt. Darauf aufbauend
beschreibt der zweite Teil der Übersicht eine Hardware-Architektur, die zur
Implementierung eines solchen Systems geeignet ist, und die insbesondere die
großen Parallelisierungsmöglichkeiten, welche charakteristisch für alle nichtkommerziellen Verarbeitungsformen sind, auszunutzen erlaubt. Es werden die erforderlichen Eigenschaften der Prozessor- und Prozeß-Strukturen skizziert und
die Realisierungsmöglichkeiten des Systems auf der Basis eines erweiterten
Transaktionskonzeptes diskutiert.

1. Einleitung

Rechneranwendungen im administrativ-betriebswirtschaftlichen Bereich stellten im
Verlauf der letzten 25 Jahre immer höhere Anforderungen an ihre Datenhaltung.
Dadurch entwickelten sich aus einfachen Dateisystemen allgemeine Datenbanksysteme (DBS), die sich vor allem durch einen hohen Grad an Datenunabhängigkeit,
logische Datenmodelle und deskriptive Sprachen auszeichnen. Sie unterstützen in
der Regel den Mehrbenutzerbetrieb, das Transaktionskonzept sowie die Datensicherung durch eine Reihe von Recovery-Maßnahmen [HR83a]. Zur Wahrung der
semantischen Integrität und zur Zugriffskontrolle dagegen bieten sie oft
überhaupt keine oder nur schwache Mechanismen an. Diese Datenbanksysteme werden
heute erfolgreich in sogenannten "kommerziellen" Anwendungen wie zum Beispiel
Produktionsplanung und -steuerung [Sch84] oder Personalverwaltung eingesetzt.
Dabei erreicht man einen beachtlichen Integrationsgrad der Datenhaltung für
Teilbereiche eines Unternehmens. Als DB/DC-Systeme bilden sie den Kern von
Transaktionssystemen, mit denen vor allem Auskunfts-, Buchungs- und Daten-
erfassungsvorgänge interaktiv bearbeitet werden. Bei solchen Systemen zur Platz-
oder Kontenbuchung, Auftragserfassung, aktenlosen Sachbearbeitung werden bei
typischerweise einfachen und kurzen Transaktionen besondere Leistungsanforderungen an Antwortzeit und Verfügbarkeit gestellt. Auf den Hoch-
leistungsbereich zugeschnittene DBS wickeln heute bis zu 180 einfache
Transaktionen pro Sekunde ab (Debit-Credit [Gr78]).
In den letzten Jahren verstärkte sich der Einsatz "nicht-kommerzieller"
Rechneranwendungen, die aus der Sicht heutiger DBS als Non-Standard-Anwendungen
bezeichnet werden. Dabei handelt es sich um
- wissenschaftliche Anwendungen (Versuchsdatenerfassung und -auswertung)
- Bild- und Sprachverarbeitung
- Textverarbeitung und Information Retrieval
- Prozeßdatenverwaltung
- Landinformationssysteme (Geographie, Geodäsie) [GP83]
- Expertensysteme (besser regelbasierte Systeme oder "Entscheidungstabellen-
  Verarbeitung" [Gr84])
und vor allem
- Entwurf und Fertigung (CAD/CAM).
Hinter dem Kürzel CAD/CAM verbergen sich wiederum verschiedenartige Anwendungen.
So gehören beispielsweise die Bereiche Bauingenieurwesen (Tief-, Hoch-,
Stahlbau), Architektur und Elektrotechnik (VLSI-Entwurf) dazu. Der Maschinen-

und Automobilbau fügt eine Vielfalt von komplexen Anwendungen hinzu. Selbst bestimmte Anwendungen aus der Informatik - die Softwarekonstruktion [BL84] - kann man dazu zählen.

In allen Anwendungen gibt es erhebliche Probleme der Datenhaltung. Sie wurden bisher fast ausschließlich auf einer ad hoc-Basis mit Hilfe von separaten Dateien gelöst. Dabei mußten die bekannten Nachteile des Dateikonzeptes wie Redundanz fehlende Integritätskontrolle, mangelnde Datenstrukturierung usw. in Kauf genommen werden. Allein für die Aufgaben des Entwurfs gibt es heute über 300 CAD-Pakete, die alle auf eine DB-Unterstützung (im strengen Sinne) verzichten. Lediglich in Einzelfällen wird in spezieller Weise vom DBS-Ansatz Gebrauch gemacht. Als Beispiel diene das System PHILIKON, das auf PHIDAS [Fi83], einem DBS nach dem CODASYL-Netzerkmodell [CODA73], aufsetzt. Das DBS ist dabei als Unterprogramm (linked-in) eng gekoppelt und unterstützt nur den Einbenutzerbetrieb.

Nach einer Reihe von Pilot-Einsätzen und Untersuchungen von Non-Standard-Anwendungen auf der Basis allgemeiner DBS wird die generelle Gangbarkeit dieses Weges zunehmend in Frage gestellt [Ea80, GP83, Lo81, Loh83, Si80]. Die Hauptargumente gegen den Einsatz allgemeiner DBS bei solchen Anwendungen sind
- mangelnder Anwendungsbezug bei der Datenmodellierung (semantische Daten-modelle)
- zu geringe oder fehlende Datentypunterstützung
- fehlende Mechanismen zur Erhaltung komplexer Integritätsbedingungen
- schlecht angepaßte DB-Operationen, die zu einer umständlichen Programmierung führen
- unbrauchbares Transaktionskonzept, das beispielsweise den Besonderheiten des Entwurfsvorgangs nicht gerecht wird
- schlechtes Leistungsverhalten, das keinen interaktiven Entwurfs- oder Be-arbeitungsvorgang zuläßt.

Das Leistungsargument wiegt natürlich besonders schwer. Um die Dimension des Problems zu skizzieren, sei an eine Reihe von Pilot-Anwendungen erinnert. Beim Vergleich eines CAD-Paketes, basierend auf einem Dateikonzept, mit einer äquivalenten, auf einem relationalen DBS (INGRES[SWKH76]) aufsetzenden Anwendung schnitt die Dateilösung um mindestens einen Faktor 5 [GS82] besser ab. Bei speziellen Operationen wie z.B. räumliche Suche oder Flächenschnitte wurde ein Faktor von 20-50 [Eb84, GS82] zugunsten der zugeschnittenen Lösung ermittelt. Weitere Aussagen zu diesem Leistungsproblem finden sich in [BMW82, Fi83]. Die bisherigen Ausführungen und die zitierten Untersuchungen bestätigen die in [HR83b] aufgestellte Hypothese:

"The general purpose DBMS are general only for the purpose of commercial applications, and their data models are general only for modelling commercial views of the world.

Die grundsätzlichen Überlegungen, die das Herauslösen von Datenverwaltungs-aufgaben aus den Anwendungsprogrammen und die Entwicklung von DBS bewirkten, sind jedoch nicht falsch. Sie haben sich bei den kommerziellen Anwendungen bewährt. Die zunehmende Integration der Anwendungen und Daten erfordert auch für Non-Standard-Anwendungen wegen der vielen offensichtlichen Vorteile den DBS-Ansatz. Neben Integration, Redundanzminderung, zentraler Integritätskontrolle etc. dürften durch einen DBS-Ansatz auch Austausch und Übertragung von komplexen Datenstrukturen verbessert werden. Durch die (angestrebte) Standardisierung von Datenmodellen wird beispielsweise die Konvertierung von geometrischen Daten erleichtert, so daß sie in ein anders strukturiertes DB-basiertes CAD-System überspielt werden können. Dadurch würden Normierungsbemühungen wie IGES [IGES83] weniger dringlich werden. Bei der Realisierung des DBS-Ansatzes müssen jedoch die oben aufgezählten Nachteile und Schwächen herkömmlicher DBS vermieden werden, damit das DBS für Non-Standard-Anwendungen (NDBS) in der Praxis akzeptiert wird. Das erfordert neue Architekturüberlegungen, neue Implementierungs-konzepte und neue Datenmodelle.

Wir wollen in diesem Aufsatz zunächst in knapper Weise darstellen, welche An-forderungen von den verschiedenen Anwendungsklassen an ein NDBS herangetragen werden. In Kapitel 3 diskutieren wir verschiedene Architekturansätze zur Erfüllung dieser Anforderungen. Dabei schält sich als bester Lösungsansatz eine DBS-Kern-Architektur, Speicher-Server genannt, heraus, die für jede Anwendungsklasse durch eine spezielle Modellabbildung [Mi84] ergänzt wird. In Kapitel 4 beschreiben wir die einzelnen Schichten dieser Architektur mit den wichtigsten Implementierungskonzepten. Aspekte des dynamischen Ablaufs werden in Kapitel 5 betrachtet. Dazu gehören die Möglichkeiten der Prozeßstrukturierung und der Zuordnung zu Mehrprozessor-Systemen. Anschließend werden Fragen der Synchronisation, der Recovery und des Einsatzes verschiedener Transaktionsmodelle diskutiert. In Kapitel 7 werden abschließend die verschiedenen Einsatzumgebungen - die Rollen eines NDBS in der Architektur des Gesamtsystems - untersucht.

2. Anforderungen an NDBS

Da das Spektrum der Non-Standard-Anwendungen in sich extrem heterogen ist, ist es aussichtslos, ein monolithisches DBS zu entwerfen, das hinreichend gut alle geplanten Anwendungen unterstützt. Jedoch gilt es die Vielfalt möglicher Lösungen zu begrenzen.
Um angepaßte Konzepte, Architekturen und Schnittstellen entwickeln zu können, muß genügend Wissen über die beabsichtigten Anwendungen mit ihren Datenstrukturen und Operationen, deren Typen, Verteilungen und Mengengerüsten bekannt sein. Die Akquisition dieses Anwendungswissens wird nicht in jedem Fall bis ins Detail gelingen. Aussagen in der Literatur (Anforderungskataloge) sind oft recht allgemein und wenig spezifisch. Prototyp-Entwicklungen [HL82, PSSW84] und Front-End-Ansätze auf der Basis existierender DBS [Ap83, SRG84] können und müssen helfen, dieses Wissen zu ergänzen und zu konkretisieren. Das vorhandene Anwendungswissen erscheint als Ausgangsbasis für erste NDBS-Architekturüberlegungen als ausreichend. Trotz des breiten Spektrums von Anwendungen lassen sich ihre Anforderungen in wenige Klassen einteilen. Sie können aus Platzgründen hier nicht alle vollständig beschrieben werden. Jedoch sollen die wichtigsten Anforderungen dargestellt werden, um einen Eindruck vom erforderlichen Leistungsangebot eines NDBS zu erhalten.

Wissenschaftliche Anwendungen

Unter wissenschaftlichen Anwendungen verstehen wir die Rechnereinsätze bei Experimenten und Simulationen in den Disziplinen der Naturwissenschaften wie Physik, Chemie und Mathematik, aber auch in vielen Bereichen der Ingenieurwissenschaften. Die Anforderungen an die Datenhaltung - oft als "scientific database" bezeichnet - sind vielfältig, da sehr viele stark variierende Anwendungstypen unterstützt werden sollen. In [SOW84] wird der Versuch unternommen, die Daten- und Benutzungscharakteristiken zu prüfen und zu systematisieren, um die gemeinsamen Bedürfnisse der verschiedenen Disziplinen der wissenschaftlichen DB-Anwendungen (WDB) herauszufiltern. In statistischen DB-Anwendungen (SDB [DBE84]) dominieren natürlich vielfältige Auswertungen statistischer Art. Da die Versuchsauswertung in WDB ähnliche Vorgehensweisen verlangt, können die Anforderungen von SDB in die Anforderungsklasse für wissenschaftliche Anwendungen eingeordnet werden. Sie besitzt folgende Charakteristika:
- **Versuchs- und Meßdaten:** Sie werden entweder bei der Beobachtung eines physikalischen Phänomens gemessen oder durch eine Simulation erzeugt. Diese Daten lassen sich klassifizieren und den Kriterien **Regelmäßigkeit** (Abbildung auf Felder durch Berechnung oder unregelmäßige räumlich/zeitliche Erfassung durch explizite Koordinaten), **Dichte** (Werte für jeden Koordinatenpunkt oder dünne Besetzung mit Kompression von Nullwerten) und Zeitvariation (Anwendung von adaptiven Gittertechniken, Verwaltung von Zeitreihen). Der Datenumfang ist gewöhnlich enorm: Er reicht von 10^{3-4} Bytes pro Versuch oder Auswertungseinheit bis zu 10^{10-12} Bytes pro WDB.
- **zugehörige beschreibende Daten:** Die Konfigurationsdaten bleiben während der Versuchsdurchführung unveränderlich. Zusätzlich ist zur vollständigen Erfassung des Versuchsablaufs eine Beschreibung der Geräte und ihrer zeitlichen Veränderungen (Druck, Temperatur, Spannung) erforderlich. Schließlich

entstehen bei der Auswertung vielfältige numerische Ergebnisdaten, die einen
Versuch oder eine Versuchsreihe in abstrakterer Weise beschreiben.
Beschreibungskataloge zur Darstellung von Materialeigenschaften etc. ent-
halten Texte, Bilder und graphische Daten. Der Umfang der Konfigurations- und
Gerätedaten kann 10^6-10^7 Bytes, der der abgeleiteten Ergebnisdaten 10^8-10^9
Bytes erreichen.

- **Integration von Versuchs- und Beschreibungsdaten:** Beide Datenarten sollten
  explizit strukturiert und beschrieben werden, so daß sie über eine einheitliche DB-Schnittstelle verwaltet werden können. Für die meisten
  Beschreibungsdaten reichen die herkömmlichen Datenmodelle (relationale
  Strukturen) aus. Aggregation und Generalisierung [SS77] erlauben oft eine
  natürlichere Abbildung. In Sonderfällen sind zusätzlich geometrische Objekte
  und graphische Strukturen zu modellieren. Zur Verwaltung der Versuchsdaten
  sind nichtskalare Datentypen wie Vektoren und Matrizen sowie Listen und Mengen
  erforderlich.
- **Verwaltung abgeleiteter Daten:** Die Analyse der Versuchsdaten erzeugt
  in großem Umgang aggregierte Daten (AVG, SUM etc.), die in hierarchischer
  Weise weiter verdichtet werden können. Diese aggregierten Daten müssen selbst
  wieder explizit beschrieben und organisiert werden (Metadaten), da zur
  weiteren Auswertung und Interpretation eine Reihe von Operationen auf ihnen
  auszuführen sind. Solche Operationen sind das Suchen eines speziellen Wertes,
  das Browsing durch verschiedene Versuchsreihen oder die Ähnlichkeitssuche bei
  Histogrammen. Für die Interpretation ist es außerdem wichtig, daß die
  Beziehung zu den ursprünglichen Versuchsdaten gewartet wird.
- **Mehrdimensionale Daten:** Die Versuchsdaten besitzen typischerweise einen zusammengesetzten Schlüssel (Raumkoordinaten, Zeit), dessen Werteverteilungen
  eine große Schiefe besitzen können. Deshalb sind effiziente Methoden für
  Zugriff und Verwaltung von komprimierten Daten erforderlich.
- **Lokalität der Suche:** Eine häufige Art des Zugriffs ist die Nachbarschafts-
  suche; aufeinanderfolgende Fragen zeigen deshalb oft eine hohe Lokalität in
  ihrem Referenzverhalten. Eine Partitionierung und Clusterbildung nach solchen
  Zugriffsbereichen stellt die wirksamste Art der Zugriffsoptimierung dar.
- **Zerlegung in unabhängige Einheiten:** das Datenvolumen einer WDB kann oft
  in kleine, unabhängige Einheiten zerlegt werden (z.B. bei der Datenreduktion),
  was die parallele Verarbeitung wesentlich erleichtert.
- **Geschichtsaspekte:** Die Wartung von historischen Daten ist eine wichtige
  Forderung wissenschaftlicher Anwendungen, was die Integration eines Zeit-
  modells in eine WDB impliziert. Damit sollte beispielsweise die Erfassung von
  Zeitreihen bei den Versuchsdaten, die Darstellung der zeitlichen Variation der
  Gerätedaten und die Zusammenfassung von zeitlichen Folgen abgeleiteter Daten
  möglich sein.
- **Stabilität der Daten:** Die Aktualisierung gespeicherter Daten ist selten
  (Fehlerkorrektur). Dadurch vereinfacht sich die Verwaltung von Geschichts-
  daten. Diese Stabilität impliziert weiterhin, daß der Optimierung des
  Retrievals beim Entwurf der Speicherungsstrukturen in einer WDB absolute
  Vorrang einzuräumen ist.

Büroanwendungen

Systeme zur Büroautomatisierung (Büroinformationssysteme) sollen alle Aspekte
der Büroarbeit unterstützen. Zur Informationsbearbeitung und -verwaltung bei der
Büroarbeit gehören das Editieren von Texten, Formularen und Nachrichten, das
Speichern und Wiederauffinden von Dokumenten, die Analyse und Verifikation von
Information, die Durchführung von einfachen Transformationen und Berechnungen
sowie die Kommunikation innerhalb eines Büros und zwischen Büros [EN80]. Als
Aufgaben der Datenhaltung fallen dabei die Verwaltung unformatierter Dokumente,
die Speicherung von Texten, Bildern und Graphiken auch in kombinierter Form
(multimedia databases), die Darstellung von Sprache sowie die zugehörigen
Funktionen des Information Retrievals an. Im einzelnen sind folgende Anforderungen besonders wichtig [Gü83]:

- **Modellierung komplexer Objekte:** Texte, Formulare (hierarchische Relationen), Nachrichten und Dokumente sollten als strukturierte Objekte abbildbar sein. Dazu benötigt man semantische Datenmodelle zur Modellierung; neben domainbezogenen, einfachen Datentypen werden als neue Datentypen Liste, Tabelle und langes Feld erforderlich. In [GT83] werden beispielsweise unformatierte Datentypen audio, image, text und digital vorgeschlagen.
- **Anhängen von Ergänzungen:** Es sollte möglich sein, einem Objekt – einem Bürovorgang – eine Anzahl von formalen Anweisungen oder informellen Anmerkungen wie Merkzettel, Gesprächsprotokoll oder Aktennotiz anzuhängen. Formale Anweisungen dienen beispielsweise zur Kontrolle der Verarbeitung (Zuständigkeit, Reihenfolge, Zeitpunkt) des Dokumentes oder zur Beschreibung seines externen Formats (Layout). Informelle Anmerkungen zu umlaufenden Formularen, Nachrichten und Dokumenten sind sehr häufig; ihre "Sichtbarkeit" sollte für bestimmte Benutzer eingeschränkt werden können.
- **Verwaltung von Büroprozeduren:** Für Routinevorgänge sind bestimmte katalogisierte Prozeduren zu halten, die über Prädikate aktiviert werden müssen. Insbesondere ist ein mächtiges Trigger-Konzept in einer Büroumgebung nützlich. Es sollte nicht nur zur Behandlung von Integritätsverletzungen eingesetzt werden; vielmehr sollte es alle Büroprozeduren auf Grund von Ereignissen oder von vorgegebenen Zeitschranken aktivieren und kontrollieren.
- **Darstellung von Geschichte:** Objekte und Beziehungen sind als zeitliche Folge von Zuständen oder Ereignissen zu modellieren. Eine Änderung erzeugt eine neue Version des Objekts; es gibt kein update-in-place [Sch77]. In einer Büroumgebung ist natürlich der alte Buchhalter-Grundsatz, daß in den Büchern nicht radiert werden darf, besonders zu berücksichtigen. Ggf. könnte eine automatische Lebenszeit-Kontrolle nützlich sein, die Objekte nach Ablauf von gesetzlich vorgeschriebenen Fristen oder, sobald sie nicht mehr referenziert werden, löscht.
- **Suche in Dokumenten:** Neben der Schlüsselsuche sind Ähnlichkeitssuche (best match, nearest neighbor) oder Synonymsuche bei <u>allen</u> Arten von Objekten besonders zu unterstützen. Weiterhin benötigt man Suchfunktionen, die alle Dokumente zu einem Vorgang, alles zu einem Stichwort, die zeitliche Entwicklung eines Objektes (Umsatz) etc. liefern.
- **Mächtiges Autorisierungskonzept:** Fälschung von Dokumenten und Unterschriften oder Mißbrauch (Diebstahl) von wichtigen Unterlagen können verheerende Folgen haben. Zugriffskontrolle und sichere Autorisierung sind deshalb in einer Büroumgebung besonders wichtig. Dabei ist das "least priviledge principle" anzustreben, was eine starke Differenzierung bei den Zugriffsrechten und variable, wertabhängige Objekte impliziert.
- **Revisionsunterstützung:** Die Grundsätze ordnungsgemäßer Buchführung sind auch bei rechnergestützten Verarbeitungsvorgängen zu beachten. Zur Überprüfung ihrer Einhaltung müssen nachträglich Zulässigkeit, Korrektheit und Vollständigkeit aller Vorgänge festgestellt werden können. Inbesondere sollte es eine Versionshaltung oder ein "audit trail" gestatten, zu jedem Dokument herauszufinden, welche Person, Organisation oder Prozedur es erzeugt oder geändert hat. Oft wird zusätzlich die Kontrolle der Wirtschaftlichkeit und Stabilität des Betriebs angestrebt.

Bild- und Sprachverarbeitung (Bildanalyse, Auswertung bewegter Bilder, Spracherkennung, Sprachsynthese (aus Text)) stellen sicher noch weitergehende Anforderungen an die Datenhaltung. Sie sollen hier jedoch nicht untersucht werden.

Technische Anwendungen

Im Ingenieurbereich entwickelten sich rechnergestützte Verfahren für isolierte Teilaufgaben [Vö84], so z.B. zur Darstellung und Analyse geometrischer Sachverhalte (CAD), zur Berechnung von statischen und dynamischen Objekt- und Materialeigenschaften (finite Elemente), zur Versuchsautomatisierung (Datenerfassung bei Experimenten im Realzeitbetrieb) und zur rechnergestützten Fertigung (CAM). Da bei allen Aufgaben Produktdaten benötigt werden, erzwingt die isolierte Vorgehensweise ein hohes Maß an Redundanz und führt vielfältige Möglichkeiten für Inkonsistenzen ein. Ein Datenbankansatz, der eine redundanz-

freie Zusammenfassung aller Produktdaten erlaubt, ist für die aus wirt-
schaftlichen und organisatorischen Gründen immer dringlichere Integration dieser
Systeme Voraussetzung. Durch die standardisierte Darstellung der Daten würde
auch ein Austausch der Produktdaten innerhalb des Unternehmens und mit
Kunden/Lieferanten wesentlich erleichtert werden. Idealerweise sollte das
Integrationskonzept alle Aufgaben im Ingenieurbereich umfassen, d.h. die Entwicklung mit Produktkonzeption, Konstruktion, Versuch/Musterbau und Fertigungsvorbereitung sowie die Produktion mit Fertigung und Qualitätskontrolle. Die
wesentlichsten der dabei anfallenden Anforderungen an die Datenhaltung [DKML84]
seien hier kurz skizziert. Lockemann untersucht den technischen und ingenieur-
wissenschaftlichen Bereich in weitaus größerem Detail [Lo85]: - **Komplexe
Objekte:** Kennzeichen vieler Anwendungen sind komplexe Objekte, deren
  Abbildung auf umfangreiche und stark strukturierte Datenstrukturen führt (z.B.
  Getriebe, VLSI-Schaltkreis). Bei der Konstruktion solcher Objekte wird auf
  komplexe (Teil-)Objekte zurückgegriffen, die als Bausteine (aus einer
  Bibliothek) mehrfach verwendet werden.
- **Mehrere Beschreibungsformen:** Ein Objekt besitzt oft mehrere unterschied-
  liche Beschreibungen, die sich als einzelne Aspekte zu einer
  Gesamtbeschreibung ergänzen. So setzt sich das Produktstrukturmodell [Eb84]
  aus dem Produktmodell, dem Geometriemodell, dem physikalischen und technischen
  Modell zusammen. Es kann zusätzlich in mehreren hierarchisch angeordneten
  Repräsentationen, die jeweils eine andere Sicht auf das Objekt ergeben, be-
  schrieben werden. Für einen elektronischen Schaltkreis (VLSI-Chip) existieren
  beispielsweise die Repräsentationen funktionale Spezifikation, Schalt-
  kreisdiagramm, Layout oder Darstellung in Hardware-Beschreibungssprache.
- **Konstruktionsaspekte:** Die Entwicklung eines Produkts ist ein evolutionärer
  Vorgang, in dessen Verlauf Zwischenergebnisse und Änderungsstände als
  Versionen festgehalten werden müssen. Solche Versionen, auf die ggf. später
  zurückgegriffen werden kann, spiegeln als Fixpunkte den zeitlichen Verlauf der
  Konstruktion wider, so daß auch hier eine Objektgeschichte zu warten ist.
  Unterschiedliche Technologien, verschiedene Lösungsphilosophien etc. führen in
  der Praxis dazu, daß von einem (Teil-)Produkt mehrere Alternativen nebeneinander konstruiert und ausprobiert werden. Jede Alternative kann wiederum
  Versionen besitzen.
- **Vielfalt der Strukturen:** Kommerzielle DB-Anwendungen zeichnen sich durch
  eine relativ geringe Anzahl von Strukturen mit jeweils sehr vielen Ausprägungen aus. Ingenieuranwendungen besitzen dagegen sehr viele Strukturen mit
  jeweils relativ wenigen Datenobjekten als Ausprägungen.
- **Zugriffs- und Aktualisierungsoperationen:** Viele Zugriffe beziehen sich auf
  das momentane Konstruktionsobjekt. Durch einfache Fragen werden Einzelheiten
  des komplexen Objekts (oder das Gesamtobjekt) angefordert. Die dabei entstehende Lokalität des Zugriffs läßt sich durch Clusterbildung besonders gut
  unterstützen. Zusätzlich sind räumliche Anfragen auf flächen- oder raumbezogene Daten zu erwarten. Wünschenswert wären auch Ähnlichkeitsfragen (best
  match) mit komplexen Objekten als Suchargument. Aktualisierungsoperationen
  sind zwar häufig, aber sie verändern nicht bestehende Datenstrukturen (Sätze);
  sie fügen vielmehr neue Strukturen und Beziehungen zum bestehenden Konstruktionsobjekt hinzu.
- **Entwurfstransaktionen:** Konstruktionsvorgänge dauern Wochen und Monate. Deshalb taugt der herkömmliche Transaktionsbegriff [Gr81] nicht zu ihrer Unterstützung. Denkbar ist eine Anpassung des Transaktionskonzeptes mit einer
  Unterscheidung von langen Entwurfstransaktionen und darin enthaltenen kurzen
  Recovery-Transaktionen [KLMP84].
- **Komplexe Integritätsbedingungen:** Die meisten Non-Standard-Anwendungen fordern die Einhaltung von recht komplexen Integritätsbedingungen. Im
  Ingenieurbereich fallen diese Integritätsbedingungen noch um einige Grade
  komplizierter aus. Sie betreffen sowohl die zulässigen Zustände eines
  komplexen Objektes (Widerspruchsfreiheit von unterschiedlichen Beschreibungs-
  formen) als auch seiner Beziehungen zu anderen Objekten oder Repräsentationen
  (Folgeänderungen). Weiterhin sind Zustandsübergänge auf Zulässigkeit zu über-

wachen (Einhaltung von Konstruktionsvorschriften). Vorgegebene Verfahrens-
ablaufpläne können sogar die Kontrolle langer Operationsfolgen erzwingen.
Geographie- und Geodäsie-Anwendungen besitzen ähnliche Charakteristika [Fr83],
wobei allerdings die aus den Konstruktionsaspekten resultierenden Anforderungen
wegfallen. Wir gehen deshalb nicht näher auf sie ein.
Prozeßdatenverwaltung ist ebenfalls ein breiter und anspruchsvoller Bereich der
technischen Anwendungen. Sie bringt zu den Anforderungen der Ingenieuranwendungen vor allem noch die Aspekte der hohen Verfügbarkeit und Fehlertoleranz
hinzu. Außerdem werden oft extreme Ansprüche an die Reaktions- und Antwortzeit
gestellt. Wir verzichten hier auf eine genaue Darstellung dieser Anforderungen
und verweisen auf die systematische Untersuchung in [Ad83].
DB-basierte Expertensysteme [Ap83, SWA83, VJC83] können auch zu den betrachteten Non-Standard-Anwendungen gezählt werden. Konkrete Analysen ihrer
spezifischen Anforderungen an die Datenhaltung liegen bisher noch nicht vor. Es
ist jedoch klar, daß sie neben der Verwaltung einer großen Datenbasis (Fakten),
die sich in verschiedenen Anwendungen schnell ändert,
- effiziente heuristische Suchverfahren
- die Behandlung von unscharfen Werten
- die Verwaltung einer Regelmenge, die sich ggf. auch ändert, und
- einen leistungsfähigen Inferenzmechanismus
unterstützen müssen.
Dieser Überblick über die Anforderungen an NDBS ist noch durch einige allgemeine
Merkmale zu ergänzen. Jede Anwendung erfordert in unterschiedlichem Ausmaß eine
Autorisierung (Zugriffskontrolle) und Integritätsüberwachung. Weiterhin müssen
an die jeweiligen Objektdarstellungen und Benutzungscharakteristika angepaßte
Synchronisations- und Recovery-Verfahren [HR83c] bereitgestellt werden. Ebenso
werden die verfügbaren Transaktionskonzepte über die Akzeptanz der NDBS
mitentscheiden.

3. Architekturvorschläge für NDBS

Die Fülle der Anforderungen wirft naheliegende Fragen auf. Kann sie durch ein
alle Anwendungen integrierendes NDBS bewältigt werden? Wie sollte ein solches
System strukturiert werden? Läßt sich ein ausreichendes Leistungsverhalten für
alle Anwendungen garantieren? Da für den Entwurf eines NDBS keine Erfahrungen
vorliegen und da momentan zunächst Pilot-Implementierungen durchgeführt werden,
können diese Fragen nicht definitiv beantwortet werden. Das nächste Ziel unserer
Untersuchungen wird es deshalb sein, einen allgemeinen Beschreibungsrahmen für
die Architektur von NDBS zu entwerfen. Wir nähern uns dieser Aufgabenstellung,
indem wir Vorschläge für verschiedenartige Grobarchitekturen [LS83, Mi84]
betrachten und bewerten, um einen gangbaren Weg aufzuzeigen.
Bild 1 veranschaulicht vier Grobarchitekturen, bei denen die Darstellungs-
reihenfolge gleichzeitig eine schrittweise Verbesserung der Systemstruktur auf
ihre Tauglichkeit für Non-Standard-Anwendungen hin beschreibt. Die einfachste
Möglichkeit besteht darin, ein konventionelles DBS um eine mächtige Zusatzebene
(Front-End-Ansatz) zu erweitern und alle neuen Anforderungen in dieser Schicht
mit Hilfe der Primitive des DBS zu realisieren. Die angepaßte Benutzerschnittstelle mit komplexen Objekten und Operationen läßt sich so zwar
erreichen, aber die Modellierung wird dabei ausschließlich der Zusatzebene
aufgebürdet. Da keine spezielle Unterstützung von tieferen Ebenen des DBS
verfügbar ist, wird bei vielen Operationen eine dramatische Leistungsver-
schlechterung eintreten [Eb84, SP82]. Aus diesen Gründen braucht diese Idee
nicht weiter verfolgt werden.
Die Kombinations-Architektur verbindet ein konventionelles DBS mit voneinander
unabhängigen Spezialsystemen über eine Verwaltungskomponente und eine gemeinsame
Schnittstelle. Bei diesem Vorschlag können schon existierende (Sub-)Systeme
unverändert übernommen werden. Modellierungsaspekte lassen sich in einer
erweiterten Benutzerschnittstelle unterstützen. Die Verwaltungskomponente könnte
jedoch sehr komplex werden, da sie alle Kommunikations- und Datenaustausch-
vorgänge durchführen muß und außerdem die Konsistenz der verteilten Daten zu
gewährleisten hat. Bei unterschiedlich mächtigen Subsystemschnittstellen muß sie

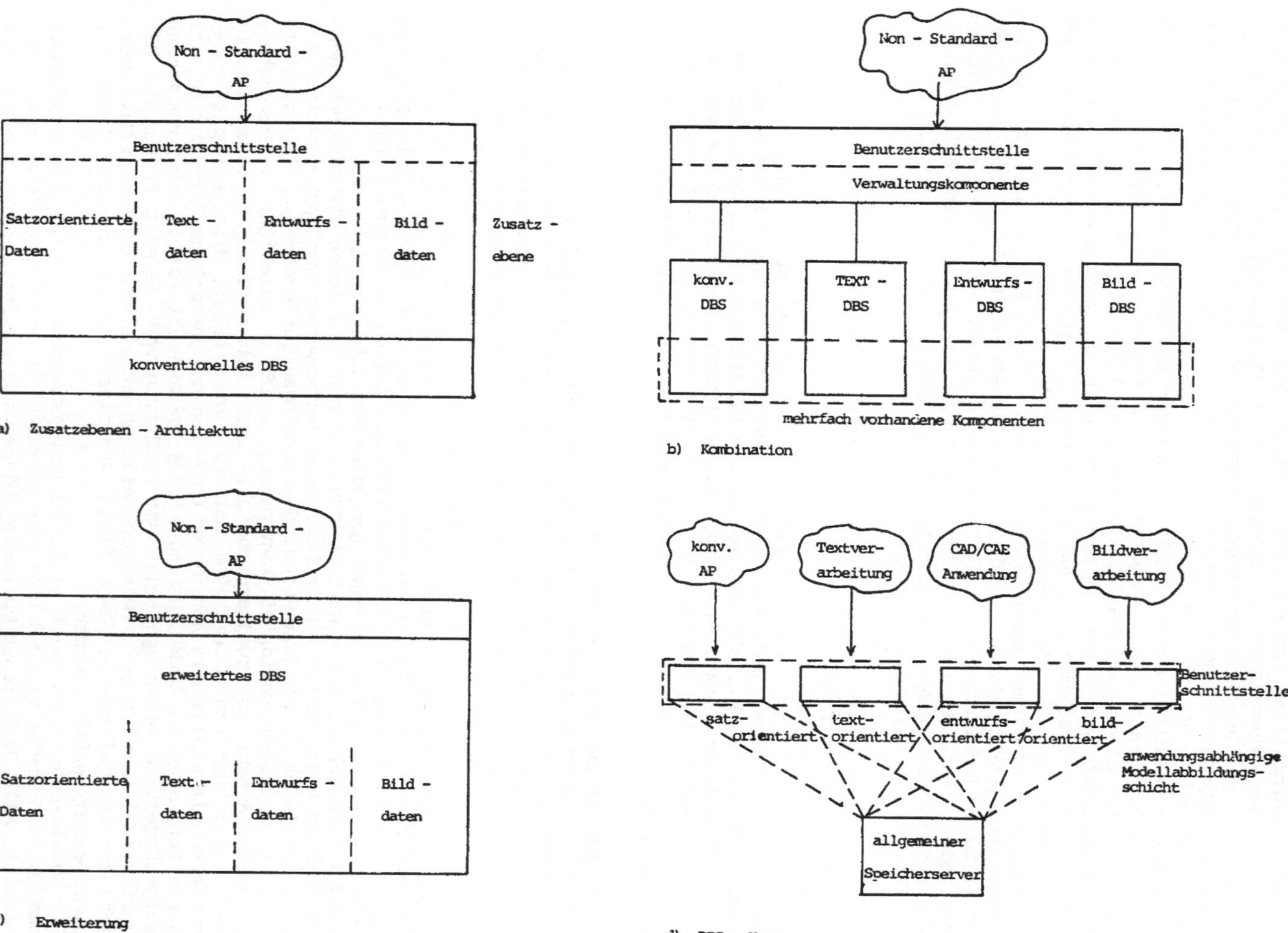

Bild 1: Architekturvorschläge für Non-Standard-DBS

zusätzlich Abbildungsfunktionen übernehmen. Ein weiterer Nachteil ist die Funktionsredundanz in den verschiedenen Subsystemen. Wegen des Einsatzes von Spezialsystemen mit zugeschnittenen Operatoren ist trotz des hohen Aufwandes in der Verwaltungskomponente mit einer geringen Leistungssteigerung gegenüber der Zusatzebenen-Architektur zu rechnen.

Die Erweiterungs-Architektur läßt sich als konsequente Fortentwicklung des vorigen Ansatzes auffassen. Das konventionelle DBS wird in "horizontaler" Richtung um die Darstellungs- und Verwaltungskomponenten für spezielle Strukturen und Operationen erweitert. Dieses additive Vorgehen ist "open ended" und führt auf ein komplexes, schlecht strukturiertes Gesamtsystem mit vielen redundanten Funktionen. Da man nicht a priori für alle denkbaren Anwendungsklassen eine Komponente bereitstellen kann, erzwingt eine inkrementelle Erweiterung die Modifikation des Gesamtsystems. Bei diesem Ansatz stehen gewisse Leistungssteigerungen im Vergleich zu den beiden ersten Vorschlägen den höheren Entwicklungs-, Implementierungs- und Wartungskosten gegenüber.

Alle bisherigen Vorschläge ließen erkennen, daß die Anwendungen prinzipiell durch angepaßte Objekte und Operatoren an der Benutzerschnittstelle besser unterstützt werden können. Jedoch impliziert die Vereinigung aller anwendungsspezifischen Sichten mit den zugehörigen Objekten und Operatoren eine sehr unübersichtliche und ausufernde Benutzerschnittstelle. Da die betrachteten Architekturen, die alle auf ein allgemeines NDBS abzielen, allgemeingültige, und damit komplexe und träge Systeme hervorbringen (diese Analogie zu Betriebssystemen sei erlaubt), bleibt es fraglich, ob das erforderliche hohe Leistungsvermögen zu erreichen ist. Als Konsequenz ergibt sich die Notwendigkeit, zugeschnittene NDBS zu entwickeln, die jeweils Objekte und Operationen einer Anwendungsklasse in optimaler Weise unterstützen. Um jedoch ein unabhängiges Nebeneinander dieser Systeme zu vermeiden und um Redundanz und Entwicklungskosten einzusparen, sollte dabei die Idee des DBS-Kerns oder Speicherservers als (weitgehend) anwendungsunabhängiges System aufgegriffen werden. Wie in Bild 1d illustriert, resultiert daraus eine Zweiteilung der NDBS-Architektur. Eine anwendungsorientierte Systemebene - Modellabbildung genannt - realisiert jeweils für eine Anwendungsklasse die gewünschten Objekte und Operatoren. Idealerweise ließen sich dann optional mehrere anwendungsbezogene Schnittstellen durch die sogenannte Benutzerschnittstelle zusammenfassen. Die durch Unverträglichkeit der anwendungsbezogenen Transaktions-, Synchronisations- und Recovery-Konzepte sich ergebenden Probleme müssen allerdings erst geklärt werden.

Die Vorteile der DBS-Kern-Architektur liegen vor allem darin, daß sich im Speicherserver alle geeigneten, allgemein verwendbaren Darstellungs- und Zugriffstechniken redundanzfrei vereinigen lassen. Diese könnten beispielsweise in Abhängigkeit von den zu unterstützenden Modellabbildungen bausteinartig (konfigurierbar) dazugebunden werden. Voraussetzung dafür ist jedoch das Vorhandensein geeigneter interner Schnittstellen, die einen Austausch oder eine Ergänzung solcher interner Objekte erlauben. Der Speicherserver (SS) verkörpert das Datenmodell, auf dem die mit noch mehr Semantik ausgestatteten Datenmodelle der verschiedenen Anwendungsklassen aufbauen. Für jede Benutzersicht ist durch die Modellabbildung eine optimale Transformation auf die SS-Schnittstelle zu leisten. Auf diese Weise kann dem Benutzer ein anwendungsbezogenes, einfaches Modellierungswerkzeug bei gleichzeitiger Optimierung des Leistungsvermögens zur Verfügung gestellt werden.

4. Die DBS-Kern-Architektur für NDBS

Die bisherigen Überlegungen zeigten, daß es sicher nicht ein optimales NDBS für alle Anwendungen geben kann. Jedoch erlaubt es die Idee des DBS-Kerns prinzipiell, ein NDBS sowohl zugeschnitten auf eine Anwendung als auch für die Integration mehrerer Anwendungen zu konstruieren. Definitive Aussagen über seine Leistungsfähigkeit können an dieser Stelle noch nicht gemacht werden.

Wir verfeinern zunächst die Grobarchitektur des DBS-Kern-Ansatzes. Das dazu gewählte Schichtenmodell in Bild 2 beschreibt die statischen Aspekte eines

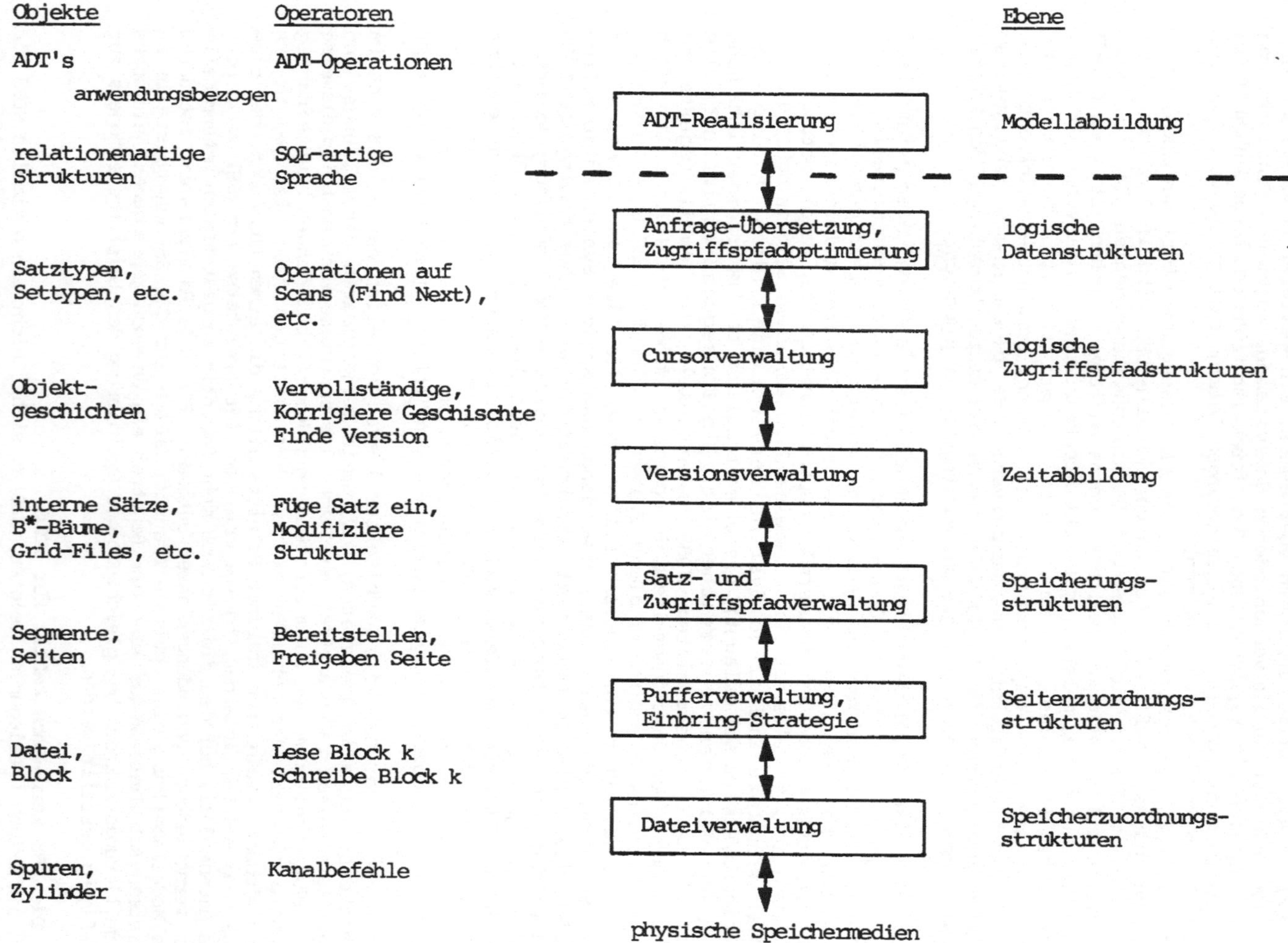

Bild 2: Abbildungshierarchie in einem NDBS

solchen NDBS mit seinen hierarchisch geordneten Datenabbildungen. Es dient uns
als allgemeiner Beschreibungsrahmen zur Systemstrukturierung und zur Einführung
geeigneter Implementierungskonzepte, die eine Erfüllung der in Kap. 2
aufgestellten Anforderungen gewährleisten sollen. Das gewählte Schichtenmodell
baut auf dem in [HR83a, Hä85] dargestellten Modell zur Realisierung eines
datenunabhängigen Datenbanksystems auf. Die dort dargestellten und bewerteten
Stukturen, Operationen und Funktionen werden hier nicht erneut im Detail
beschrieben. Es wird vielmehr versucht, in allen Schichten die zusätzlichen
Basismechanismen zu identifizieren, die NDBS-Anwendungen besser unterstützen.
Die auf jeder Ebene des Schichtenmodells verfügbaren Objekte und Operationen
werden eingesetzt, um die Objekte und Operatoren der nächst höheren Ebene zu
implementieren. Idealerweise werden diese als Primitive **benutzt**; d.h., die
Schnittstelle soll ihre Implementierung geheimhalten. Der Entwurf dieser
Schnittstellen ist nicht einfach, da drei wesentliche Forderungen erfüllt werden
müssen:
- Es ist eine "günstige" Zerlegung in "nicht beliebig viele" Schichten vor-
  zunehmen.
- Eine implementierungsunabhängige und möglichst allgemeine Beschreibung der
  Funktionen ist bereitzustellen.
- Die darüberliegende Schicht ist mit ihren Aufgaben optimal zu bedienen.
Für die Zerlegung und für die Wahl der Objekte/Operationen läßt sich kein
Algorithmus angeben. Dieser Entwurfsschritt wird sich in der Regel auf "Er-
fahrung" abstützen. Durch das Geheimnisprinzip lassen sich Änderungen von
Implementierungstechniken und (bis zu einem gewissen Grad) ihre Ergänzungen oder
Erweiterungen "nach außen" verbergen. Es ist Voraussetzung für die geforderte
Anpassung und Erweiterbarkeit des Speicherservers, damit er auf die speziellen
Aspekte und Anforderungen des Einsatzgebiets hin optimiert werden kann [De85].
Diesen Argumenten zur Datenunabhängigkeit und ästhetischen Systemstruktur ist
jedoch die Frage nach der Laufzeiteffizienz gegenüberzustellen. Die All-
gemeinheit der Strukturen, die Reichhaltigkeit der Schichten (Funktionalität)
und die Komplexität der Schnittstellen werden nicht ohne Rückwirkung auf die
Leistungsfähigkeit bleiben. Ein konkreter Systementwurf wird deshalb Kompromisse
eingehen.
Bei der Implementierung geht man überlicherweise "von unten nach oben" vor. Wir
werden deshalb bei der Darstellung möglicher Implementierungskonzepte für die
Abbildungshierarchie nach Bild 2 ebenfalls diese Richtung wählen.

4.1 Speicherzuordnungsstrukturen (Schicht 1)
Die unterste Schicht realisiert die Speicherzuordnungsstrukturen und bietet der
nächst höheren Schicht eine einfache Dateischnittstelle mit direktem Zugriff auf
Blöcke fester Länge. Sie sollte die Ein-/Ausgabe mehrerer Blöcke durch eine
Operation (chained I/O) unterstützen. Neben der Verwaltung und Kontrolle der
externen Speichermedien führt sie die Zuordnung und Abbildung der Dateien und
Blöcke zu diesen Speichern durch. Kenntnisse über Geräteeigenschaften sind dabei
allen datei- und blockbezogenen Operationen an ihrer Schnittstelle zu verbergen.
Eine flexible Dateiverwaltung sollte
- eine große Anzahl von Dateien, die dynamisch wachsen können, unterstützen
- Clusterbildung von Blöcken auf benachbarten Spuren und Zylindern gewährleisten
- definierbare Blockgrößen pro Datei (~ 2 - 32 K) erlauben.
Hinreichende Flexibilität der Abbildung bei erträglichen Zugriffskosten bietet
die Dateizuordnung mit Hilfe einer Extent-Tabelle [HR83a]. Da die Dateischnittstelle oft mit fester Blockgröße durch das Betriebssystem vorgegeben ist,
könnten auf der nächst höheren Schicht "große" Seiten durch chained I/O simuliert werden.
Zusätzlich kann eine Speicherhierarchie [LM79] zur Überbrückung der
"Zugriffslücke" zwischen Hauptspeicher und Externspeicher in der Schicht der
Speicherzuordnungsstrukturen realisiert werden. Ebenso lassen sich hier Maßnahmen zur Erhöhung der Fehlertoleranz wie das Prinzip des stabilen Speichers
für einzelne Blöcke [LS79], Spiegelplatten etc. transparent für die höheren

Systemschichten vornehmen.

4.2 Seitenzuordnungsstrukturen (Schicht 2)

Idealerweise sollte die nächste Abbildungsschicht einen "unendlichen" linearen Adreßraum verfügbar machen, so daß die höheren Komponenten der Benutzt-Hierarchie alle Objekte der Datenbank virtuell adressieren können. Verschiedene Probleme dieses Ansatzes wurden in [Tr82, St84] diskutiert. Vor allem aus Gründen der Effizienz der Abbildung und des Einsatzes selektiver und zugeschnittener Recoveryalgorithmen wird der lineare Adreßraum unterteilt in eine Menge von Segmenten mit sichtbaren Seitengrenzen; die Seiten selbst werden auf Anforderung in einem Systempuffer bereitgestellt. Segmente verschiedenen Typs (und unterschiedlichen Wartungsaufwandes) unterstützen eine kostenoptimale Ausführung der verschiedenartigen DB-Anforderungen.

Die explizite Trennung von Segment und Datei sowie Seite und Block erlaubt unter der Kontrolle von Seitenzuordnungsstrukturen größere Freiheiten beim Einbringen geänderter Seiteninhalte in die DB [HR83a]. Durch eine direkte Zuordnung der Seiten zu Blöcken läßt sich die unterbrechbare Einbringstrategie "Update-in-place" ($\neg$ATOMIC) implementieren. Durch Indirektion der Zuordnung ist es möglich, n Seiten atomar in die DB einzubringen (ATOMIC). Bekannte Beispiele dafür sind das Schattenspeicher- und Zusatzdateikonzept [Lo77, SL76]. Die Realisierung eines stabilen Speichers für n Seiten in einem NDBS auf der Basis des DB-Cache-Verfahrens [El82] wurde in [De85] vorgeschlagen. Die Vorzüge und Nachteile der einen oder anderen Vorgehensweise sind für die Bearbeitung komplexer Objekte bisher jedoch noch nicht geklärt worden. Da die Wahl der Einbringstrategie entscheidenden Einfluß auf den Einsatz von Logging- und Recoveryalgorithmen [HR83c] hat, greifen wir ihre Diskussion bei der Untersuchung der Recoveryaspekte in Kap. 7 wieder auf.

Neben der Seitenabbildung hat die betrachtete Systemschicht einen DB-System-puffer endlicher Größe (< 12 MB) im Hauptspeicher (virtueller Speicher) zu verwalten. Die dabei anfallenden Standard-Aufgaben wie
– effiziente Suche einer Seite im Puffer
– optimale Zuordnung von Pufferrahmen für konkurrierende Transaktionen und
– an die Referenz-Charakteristika angepaßte Seitenersetzungsstrategie
sind für herkömmliche DBS in [EH84] beschrieben. Darüberhinaus sollte in einem NDBS stärker den Eigenarten der Objektverarbeitung Rechnung getragen werden. Beispielsweise könnte das Anwendungswissen bei der Referenz oder der Verarbeitung eines komplexen Objektes ausgenutzt werden. Durch einen PREPARE-Aufruf könnte die Pufferverwaltung (asynchron) in der Art eines Prepaging die Seitenstrukturen eines komplexen Objektes bereitstellen und die zusammengehörigen Seiten im Puffer verwalten, so daß die nachfolgenden Referenzen (mit hoher Wahrscheinlichkeit) keine Seitenersetzung erfordern. Das Einbeziehen einer solchen Anwendungssemantik bei der Pufferverwaltung erlaubt eine auf Lokalität basierende Optimierung der Zugriffsalgorithmen. Weiterhin ist zu überlegen, ob nicht bestimmte Objekte wegen ihrer Darstellung und Verarbeitungscharakteristik spezielle Puffer erfordern. Jedenfalls dürfte die Standard-Pufferverwaltung erhebliche Probleme bekommen, wenn ein Objekt vom viel zitierten Typ "LONG FIELD" mit chained I/O eingelesen werden soll.

4.3 Speicherungsstrukturen (Schicht 3)

In dieser Abbildungsschicht müssen verglichen mit den bisher eingeführten Block- und Seitenstrukturen weit komplexere Objekte mit den dazugehörigen Operationen realisiert werden. Ihre Aufgabe ist die Implementierung von physischen Sätzen und Zugriffspfaden in seitenadressierten Segmenten. Dabei bleiben an ihrer oberen Schnittstelle Kenntnisse über Seiten und Segmente verborgen.

Wie in jeder Schicht sind eine Reihe von Beschreibungs- und Abbildungsdaten wie physische Objektbeschreibungen, Freiplatz-Information usw. zu verwalten. Diese werden benötigt, um die physischen Objekte speichern und manipulieren zu können. Wegen der verschiedenartigen Anwendungsanforderungen scheint die ausschließliche Bereitstellung von "flachen" Sätzen mit Begrenzung auf Seitenlänge nicht ausreichend zu sein. Prinzipiell sollten Felder variabler Länge gespeichert werden können. Werden diese Felder sehr lang (LONG FIELD), muß entweder ein "spanned record facility" über Seitengrenzen (mit allen Implikationen) vorgesehen werden oder sie erfahren über eine Indirektion eine Sonderbehandlung. Durch die Einführung von variabel langen Vektoren oder Wiederholungsgruppen lassen sich Datentypen wie LISTE, MENGE, MATRIX abbilden. Es ist eine offene Frage, ob diese Typen auf der Ebene der Speicherungsstrukturen schon bekannt sein sollen oder ob sie auf einer höheren Ebene mit Hilfe eines variabel langen Bytestrings simuliert werden sollen (ADT-Konzept [SAHR84]). In einigen Systemen möchte man auf dieser Ebene bereits rekursive relationenwerte Attribute abspeichern. Vorschläge von Satzformaten für solche hierarchischen Strukturen sind in [DGW85] unterbreitet.

Eine einfache Implementierung des Typs LONG FIELD ordnet den variabel langen Bytestring einer separaten Datei zu, auf die vom zugehörigen Satz aus über Zeiger verwiesen wird. Als Operatoren könnten neben allgemeinen Verwaltungsfunktionen (CREATE/DROP, OPEN/CLOSE) cursorgesteuertes Lesen und Schreiben, Verkürzen, Verlängern und Kopieren (TRUNC/EXPAND/COPY), die Bestimmung der Länge (LENGTH) und das Suchen nach einem vorgegebenen Muster (SEARCH) in einer Bytestring-Datei zur Verfügung gestellt werden [VDN84].

Die gespeicherten Sätze müssen von Zugriffspfaden aus und untereinander referenziert werden. Die gewählte Adressierungstechnik sollte die Geschwindigkeit einer relativen Byteadresse mit den Vorteilen einer Indirektion beim Änderungsdienst verknüpfen. Als eine Standard-Technik hat sich das TID-Konzept [As76] herausgebildet, die jedoch nur eingesetzt werden kann, wenn die referenzierten Sätze nicht in Strukturen eingebettet sind, die Split-Vorgängen unterliegen. Solche Strukturen sind beispielsweise B*-Baum, Erweiterbares Hashing und Grid File. In diesen Fällen muß eine andere Art der Indirektion, wie sie z.B. das DBK/PPP-Konzept [Hä85] bietet, herangezogen werden.

Als Zugriffspfade sind zunächst grundsätzlich die in kommerziellen DBS üblichen Typen zu unterstützen. Sie erlauben
- den direkten Primärschlüsselzugriff auf alle Sätze eines Typs (B*-Baum, Hashing, Erweiterbares Hashing)
- den sequentiellen Zugriff auf alle Sätze eines Typs in sortierter Primärschlüsselreihenfolge (B*-Baum)
- den direkten Sekundärschlüsselzugriff auf alle Sätze eines Typs (B*-Baum mit Zeiger- oder Bitlisten)
- den navigierenden Zugriff auf hierarchisch zusammengehörige Sätze verschiedenen Typs (POINTER-ARRAY, CHAIN, LIST).

Bestimmte Suchoptionen in Bäumen wie die Bereichssuche, Maskensuche und phonetische Suche sollten sich als sehr hilfreich in bestimmten Non-Standard-Anwendungen erweisen. Jedoch treten beispielsweise in geometrischen (CAD) oder geographischen Anwendungen zusätzliche Anforderungen auf, die mit Hilfe der Standard-Zugriffspfade nur sehr ineffizient abgewickelt werden können [Kr84]. Die wesentlichen Merkmale der dabei zu verwaltenden Daten sind:
- Darstellung von flächenartigen oder räumlichen Ausschnitten der realen Welt
- Speicherung und Zugriff über Positions- und Ortsangaben
- vergleichsweise geringer Änderungsdienst (weitgehend statische Daten)
- extreme Variation der Objektdichte pro Bereich.

Als wichtigste Operationen sind die Bereichsanfrage (range query) und die Nachbarschafts- oder Ähnlichkeitsanfragen (proximity query) anzusehen. Sie werden bei jeder Art des räumlichen Zugriffs auf raumbezogene Daten, bei Datenaggregationen in bestimmten Bereichen, bei der Überprüfung komplexer räumlicher Integritätsbedingungen und bei der Abwicklung von geometrischen Algorithmen (POINT IN POLYGON, NEAREST NEIGHBOR, INTERSECTION, CONTAINMENT) eingesetzt.

Es ist also ein Mehrattribut-Zugriff mit Bereichsspezifikation (Suchfläche, -raum) auf wirksame Weise zu unterstützen. Um diese neuartigen Anforderungen erfüllen zu können, sollten durch die Speicherungsstruktur möglichst viele topologische und geometrische Eigenschaften wie Lage von räumlichen Objekten und räumliche Begrenzungen zu anderen Objekten bewahrt werden (physische Clusterbildung). Weitere wichtige Aspekte sind die Art der zulässigen Objekt-

Zugriffspfad-struktur / Anforderung	Quandranten-Baum (quad tree [FB74])	Mehrattribut-Hashing (multi-key hashing [Bo79])	Mehrdim. bin. Such-baum [Be79, CF81] (extended k-d tree)	Mehrdim. B-Baum (kB-tree [GK80, SO82])	Grid File [NHS84,HN83]	R-Baum (R-Tree[Gu84])
Zugriff mit gesamtem Schlüssel (exact match query)	$\log_4 n$ (balanc. Struktur)	1	$\log_2 n$ (balanc. Struktur)	$\log_c n$	2	$\log_m n$
Zugriff zu Bereichen (range query)	rekursive Baumsuche nach Elementen	nicht möglich (seq. Suche)	rekursive Baum-suche nach Buckets	rekursive Baum-suche nach Buckets	Berechnung der Buckets	über Indexstruktur mit räumlicher Information
Erhaltung der topolog. Struktur (Clusterbildung)	N	N	J	N	J	N
Art der Objekt-darstellung	nur Punkt-objekte	nur Punkt-objekte	nur Punkt-objekte	nur Punkt-objekte	Punkt- und Raumobjekte	Punkt- und Raumobjekte
Dynamische Reorganisation	N	N	im Baum: N in Buckets: J	J	J	J
Eignung für Sekundärspeicher	N	J	J	J	J	J

Tabelle 1: Vergleich verschiedener Zugriffspfadstrukturen für die räumliche Suche

darstellung (Punkt- oder Raumobjekte), die Zuordnung von variabel großen Bereichen zu Speichereinheiten (Buckets) und ihre dynamische Reorganisation und die Eignung für Sekundärspeicher (Trennung von Zugriffsstruktur und Daten). Speziell mit dieser Zielsetzung wurden in den letzten Jahren eine Reihe von Zugriffspfadstrukturen vorgeschlagen, die jedoch alle noch nicht in der Praxis erprobt sind. Tabelle 1 versucht eine grobe Bewertung dieser Strukturen, die eine Auswahl tauglicher Verfahren erleichtern soll.
Die Aufzählung von Strukturen für den mehrdimensionalen Zugriff ist nicht vollständig. Jedoch dürften die Kandidaten, die am ehesten die praktischen Anforderungen erfüllen, in der Tabelle 1 enthalten sein. Als nicht geeignet erweisen sich Quadranten-Baum und Mehrattribut-Hashing. Mehrdimensionale binäre Suchbäume sind wegen ihrer mangelnden Balancierungsmöglichkeit und wegen ihrer möglicherweise ungünstigen Zugriffstiefe (undefinierte Seitenzuordnung) ebenfalls nur bedingt zu empfehlen. Von den restlichen drei Kandidaten erfüllt nur die Grid File das wichtige Kriterium von der Erhaltung der Topologie. Ein Leistungsvergleich zwischen mehrdimensionalem B-Baum und Grid File findet sich in [Kr84].
Physische Clusterbildung ist für jede Art von DB-Anwendung das wichtigste Hilfsmittel zur Optimierung des Leistungsvermögens. Bei homogenen Objekten kann sie durch geeignete Wahl einer mehrdimensionalen Zugriffspfadstruktur garantiert werden. In Non-Standard-Anwendungen ist jedoch auch die Clusterbildung von in einer Hierarchiebeziehung stehenden Objekten von großer Bedeutung. Zweistufige Hierarchie-Cluster sind relativ einfach zu realisieren. (Sets); ihre Erhaltung erfordert jedoch bei Wachstum öfter das vollständige Umspeichern eines Clusters. Falls solche Wartungsoperationen asynchron ausgeführt werden können, lassen sich allzu große Leistungsverluste vermeiden. Die Erweiterung der Clusterbildung auf n-stufige Objekthierarchien ist für den allgemeinen Fall noch ungeklärt. NF^2-Tupeln bieten jedoch durch Zusammenfassung der hierarchisch abhängigen Objekte und durch ihre zusammenhängende Implementierung [DGW85] neben einem hierarchischen Zugriffspfad auch die physische Clusterbildung der Objekte. Durch Zuordnung aller zu einem komplexen Objekt gehörenden Tupeln zu einem Segment hat Fischer [Fi83] eine einfache Methode zur Erhaltung der Clustereigenschaft bei allgemeinen Netzwerk-Beziehungen gefunden.

4.4 Zeitabbildung (Versionsverwaltung, Schicht 4)
Die verschiedenen Anforderungsprofile in Kap. 2 zeigten, daß der Zeitaspekt eine wichtige Rolle bei den Non-Standard-Anwendungen spielt. Daher müssen optional zustands- und ereignisorientierte Informationen in einem NDBS zeitbezogen dargestellt und interpretiert werden können.
Als Voraussetzung dazu ist die Einführung eines Zeitmodells erforderlich. Wir skizzieren seine wichtigsten Eigenschaften, um die benötigten Funktionen und Aufgaben zu charakterisieren [Hä84].
Die zeitliche Entwicklung eines Objektes läßt sich durch zeitbezogene Aussagen, die Zustände oder Ereignisse beschreiben, als geordnete und lückenlose Folge von Versionen - der Objektgeschichte - abbilden. Für die Manipulation und Interpretation einer Geschichte sind bestimmte Regeln in Abhängigkeit von der Art der Geschichte festzulegen. Um praktischen Anwendungen gerecht zu werden, muß das Zeitmodell nicht nur "ideale" Geschichten nachbilden können, sondern es muß zur Behandlung unvollständiger Geschichten und zur Korrektur fehlerhafter Informationen in der Lage sein. Insbesondere ist es wichtig, eine Geschichte rückwirkend oder vorausschauend durch Aussagen ergänzen zu können.
Nach dem jeweiligen Änderungsmuster von Objekt/Beziehung lassen sich verschiedene Arten von Geschichten unterscheiden [Kl83]. Bei der
- **zustandserhaltenden Geschichte** bleibt der Wert einer Aussage bis zum nächsten Änderungsereignis erhalten
- **zustandsverändernden Geschichte** sind die aufgezeichneten Werte Momentaufnahmen eines sich kontinuierlich ändernden Objekts
- **ereignisorientierten Geschichte** nimmt das Objekt nur für den Zeitpunkt der Ereignisse einen bestimmten Wert an
- **ableitbaren Geschichte** ändert sich der Wert eines Objektes zwischen zwei

Änderungsereignissen in definierter Weise nach einer vorgegebenen Funktion.
Sicher sind noch andere Arten von Geschichten denkbar. Zur hinreichend genauen
Abbildung von zeitlichen Änderungsvorgängen sollte ein NDBS wenigstens die
skizzierten vier Grundmuster unterstützen.

Bei der Aufzeichnung eines Zustandes/Ereignisses sind drei Zeitpunkte – Gültigkeitszeit t_g, Bestimmungszeit t_b und Aufzeichnungszeit t_a – zu unterscheiden.
Die **Gültigkeitszeit** beschreibt den für den Benutzer relevanten Zeitaspekt und
ist deshalb in jeder Aussage explizit mitzuführen. Über das Speichern der
anderen Zeiten t_b und t_a entscheiden andere Kriterien (z.B. Revisions-
anforderungen). Bezogen auf t_b oder t_a kann t_g in der Vergangenheit, Gegenwart
oder Zukunft liegen.

Deshalb sollte das Zeitmodell die nachträgliche und vorausschauende Bestimmung
von Zuständen und ihre Aufzeichnung erlauben. Als Konsequenz ist zu berücksichtigen, daß die zeitliche Reihenfolge der Zustände in der Miniwelt und die
zeitliche Reihenfolge ihrer Aufzeichnung vollkommen unabhängig voneinander sein
können; die Aufzeichnungsfolge der Gültigkeitszeiten von Objektzuständen ist im
allgemeinen zeitlich nicht geordnet [Hä84].

Neben dem Hinzufügen (zeitliches Einordnen nach t_g) von neuen Aussagen sollte
die Korrektur von Aussagen (fehlerhafte Beobachtung) in einer Geschichte möglich
sein. Selbst Löschungen sind in Ausnahmefällen (irrtümliche Übernahme)
vorzusehen. Die Retrieval-Funktionen von temporalen DBS müssen die Referenz
eines beliebigen Zeitpunktes in einer Geschichte erlauben (AS OF-Query), je nach
Art der Geschichte ist dann der entsprechende Wert mit Hilfe von Ableitungs- und
Approximationsfunktionen zu ermitteln. Es ist oft nützlich, einen zweiten
Fragetyp, mit der Möglichkeit ein Zeitintervall zu spezifizieren (WALK THRU
TIME-Query), zu unterstützen.

Die Zeitverwaltung implementiert in unserem Schichtenmodell einige der vom
Zeitmodell geforderten Eigenschaften und Funktionen. Dabei soll sie keine allgemeine Zeitbehandlung aufgrund deskriptiver Sprachen [We83, MS83] oder für
komplexe Objekte durchführen. Sie soll vielmehr die satzorientierten Basis-
funktionen im Umgang mit Zeitversionen von Sätzen für einfache oder
strukturierte Objekte bereitstellen. Solche Funktionen sind z.B. das Aufsuchen
und die "Rekonstruktion" eines Objektes zu einem beliebigen Zeitpunkt in
Abhängigkeit von der Art der Geschichte und das Einbringen einer zeitbezogenen
Aussage in eine Geschichte. Mengenorientierte Anfragen (mit mehrfacher
Zeitreferenz) sind dann in höheren Schichten unter Benutzung dieser Primitive zu
erledigen.

In der Regel wird auf die aktuelle Version eines Objektes mit höherer Wahrscheinlichkeit zugegriffen als auf seine Geschichtsversionen. Um die Bearbeitung
der aktuellen Versionen ähnlich effizient wie bei ihrer zeitfreien Darstellung
zu gewährleisten, sollte bei der Speicherung eine Separierung von aktuellen und
alten Versionen vorgenommen werden. Insbesondere kann nur so eine definierte
Clusterbildung der aktuellen Versionen zu jedem Zeitpunkt aufrechterhalten
werden. Detaillierte Vorschläge zur Darstellung solcher Objektgeschichten finden
wir in [De85, Lu84].

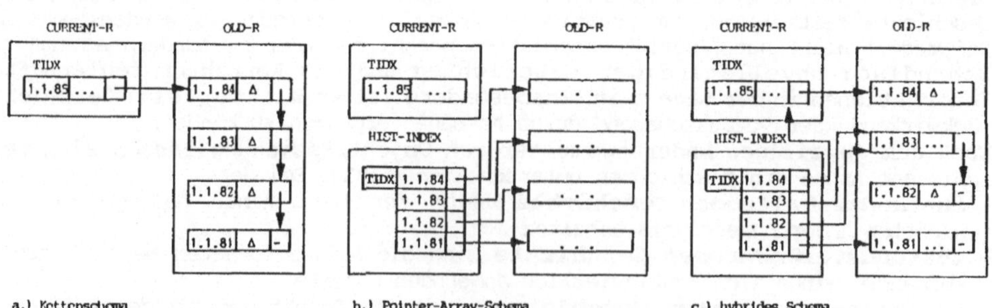

Bild 3: Speicherungsschemata für Versionen

Die prinzipiellen Ansätze dazu sind in Bild 3 zusammengefaßt. Alle Speicherungsschemata unterstützen die Clusterbildung in CURRENT-R. Die Wahl eines individuellen Schemas bestimmt jedoch den Speicherplatzbedarf und die Zugriffszeit zu einer beliebigen Version. Beim Kettenschema dient die aktuelle Version als Anker einer zeitlich rückwärts verketteten Liste von Objektversionen, die komprimiert als sogenannte Rückwärtsdifferenzen gespeichert werden können [DLW84, We83]. Da beim Zugriff auf eine Geschichtsversion alle jüngeren Versionen des Objekts in ihrer zeitlichen Folge rekonstruiert werden müssen, dauert der Zugriff auf eine Objektversion um so länger, je älter sie ist.

Beim Pointer-Array-Schema kann über einen als B*-Baum organisierten HIST-INDEX auf jede Version etwa gleich schnell zugegriffen werden, da man durch den Pointer-Array eine zeitlich geordnete Folge von Verweisen auf die nicht komprimierten Objektversionen erhält. Da Differenzenverfahren wegen des direkten Indexeinstiegs nicht anwendbar sind, verbraucht dieses Schema den meisten Speicherplatz. Eine Kombination beider Schemata versucht einen Ausgleich zwischen Zugriffszeit und Speicherplatz zu schaffen. Beim hybriden Schema zeigen Indexverweise immer auf eine vollständig gespeicherte Version. Die tatsächlich gesuchte Version wird über die Rekonstruktion von komprimierten Versionen in der referenzierten Teilkette gefunden. Da die Teilkettenlänge ein freier Parameter ist, lassen sich sowohl Ketten- als auch Pointer-Array-Schema als Grenzfälle realisieren [De85].

Zur Unterstützung des gewählten Speicherungsschemas können als Zugriffspfade für beliebige Attribute B*-Bäume herangezogen werden. Um den Zeitbezug ausdrücken zu können, besitzen diese Strukturen ebenfalls Zeitversionen für ihre Verweislisten [Lu84]. Aus Gründen der Stabilität der Verweise ist es oft ratsam, stets das "stabile" TID der aktuellen Version als Anker zu nehmen. Damit ist der Aufsuchweg (ggf. über HIST-INDEX) abhängig vom Speicherungsschema; Verschiebungen in OLD-R haben jedoch keine Rückwirkungen auf die versionenbehafteten Zugriffspfade.

Das Zeitmodell sollte die Gültigkeitszeit von Aussagen abbilden [Hä84]. Dabei sind rückwirkende Ergänzungen oder vorausschauende Einfügungen nicht auszuschließen. Das bedeutet, daß das Speicherungsschema das Einbringen von Versionen in OLD-R erlauben muß, was beim Kettenschema mit einem hohen Aufwand verbunden sein kann. Ebenso sollten Korrekturen und Löschungen prinzipiell durchführbar sein. Einfügungen in die Zukunft bringen weitere Schwierigkeiten mit sich, die hier nicht diskutiert werden sollen.

Es ist zu beachten, daß die Trennung zwischen den Schichten 3 und 4 nicht dieselbe Art von Abstraktion bedeutet wie bei den übrigen Schichten des Modelles. Bei "zeitlosen" Objekten wird die Zeitabbildungs-Schicht übergangen; bei der Verwendung von Versionen sind dagegen die Aufgaben der Schicht 4 als eine funktionelle Erweiterung der Schicht 3 anzusehen.

4.5 Logische Zugriffspfadstrukturen (Cursorverwaltung, Schicht 5)
Durch die nächste Abbildungsschicht werden satzorientierte Strukturen, die durch Zugriffspfade implementierungsunabhängig verknüpft werden können, mit den dazugehörigen Operatoren realisiert. Sie bietet also den höheren Systemschichten logische Zugriffspfade zur satzweisen Navigation an. Alle Objekte stellen Abstraktionen der physischen Objekte dar, die zur Laufzeit von ihnen abgeleitet bzw. auf sie abgebildet werden.
Die wichtigsten Funktionen dieser Schicht sind:
- die Abbildung von logischen Sätzen und Zugriffspfaden auf die entsprechenden physischen Strukturen, wobei für die Wartung zeitlicher Beziehungen die Zeitverwaltung eingeschaltet wird
- satzweise Suchoperationen auf Zielmengen, die durch die Zugehörigkeit ihrer Sätze zu bestimmten Speicherungsstrukturen definiert sind (Scan-Technik)
- Maßnahmen zur Unterstützung höherer Operationen (z.B. Verbund).
Die explizite Trennung von externem und internem Format der Sätze führt Freiheitsgrade ein, die eine Realisierung benutzerbezogener Anforderungen wie
- Anpassung der gespeicherten Datentypen an die Datentypen einer Wirtssprache

- selektive Auswahl und Permutation von Attributen eines Satztyps
- Abbildung eines externen Satzes auf interne Sätze eines oder mehrerer
  Satztypen

in einfacher Weise gestatten. Zusätzlich erlaubt sie die Ausnutzung von
leistungssteigernden Maßnahmen auf der Ebene der Speicherungsstrukturen wie
- Aufteilung und Zuordnung der Felder eines internen Satzes auf Speicherbereiche
  nach Zugriffshäufigkeiten
- redundante Speicherung von internen Sätzen beispielsweise nach verschiedenen
  Sortierkriterien
- Verdichtung von Feldern und Sätzen durch Komprimierungsmethoden oder Tabellen-
  ersetzungen.

Auf logischen Zugriffspfaden sind Operationen wie direkter Zugriff auf Grund von
Schlüsselwerten oder sequentielles Aufsuchen einer Folge von Sätzen bereitzustellen. Dabei lassen sich die satzbezogenen Operationen in einfacher Weise auf
die Primitive der Speicherungsstrukturen abbilden. Zur Verwaltung einer durch
einen Zugriffspfad verknüpften Satzmenge eignet sich die Scan-Technik [As76],
die eine Abstraktion von ihrer aktuellen Implementierung erlaubt.

Ein Scan läßt sich dynamisch erzeugen und vernichten (OPEN/CLOSE SCAN). Er
spezifiziert eine Menge von Sätzen, die mit seiner Hilfe in vorgegebener
Zugriffsreihenfolge (NEXT TUPLE) aufgesucht und satzweise bereitgestellt werden
können. Folgende Scan-Typen lassen sich wirksam auf der Ebene der logischen
Zugriffspfadstrukturen einsetzen:
- Relationen-Scan zum Aufsuchen aller Sätze eines Satztyps in der Speicherungs-
  reihenfolge des Systems (in einem Segment)
- Index-Scan zum Aufsuchen von Sätzen in wertabhängiger Sortierreihenfolge nach
  einer eindimensionalen Indexstruktur (B*-Baum)
- Link-Scan für Satzzugriffe nach einer benutzer- oder systemkontrollierten
  Reihenfolge in einer Linkstruktur (OWNER-MEMBER)
- Hierarchie-Scan als Erweiterung dieses Scan-Typs auf beliebige hierarchische
  Strukturen (z.B. NF^2-Tupel)
- Räumlicher Scan zum raumbezogenen Satzzugriff auf mehrdimensionalen Strukturen
  (z.B. R-Baum)
- Geschichts-Scan zur Auswahl aller Werte in einer Geschichte in der Reihenfolge
  ihrer Gültigkeitszeit (VON-BIS).

Die Anreicherung eines Scans mit expliziten Start-, Stop- und Suchbedingungen
und Suchreihenfolge (vorwärts/rückwärts) zur selektiven Auswahl von Sätzen
steigert die Leistungsfähigkeit dieses Cursor-Konzeptes entscheidend. Scans sind
mit Hilfe von Scan-Kontrollblöcken (über Typ, Status, momentane Position usw.)
dynamisch für die Transaktionen zu verwalten.

Höhere Operationen verlangen oft eine Sortierreihenfolge von bestimmten Werten,
um in linearer Zeit abgewickelt zu werden. Ein integrierter Sort-Operator ist
eine unabdingbare Voraussetzung für die effiziente Ausführung vieler
Operationen. [Hä77] diskutiert diese Fragen ausführlicher.

4.6 Logische Datenstrukturen (Schicht 6)

Die oberste Abbildungsschicht des Speicherservers verbirgt alle Aspekte des
navigierenden Zugriffs von ihren Benutzern - den Modellabbildungen für die verschiedenartigen Anwendungsklassen. Sie hat somit ein logisches Datenmodell mit
einer deskriptiven (mengenorientierten) Sprache zu realisieren.

Als wichtigste Entwurfsentscheidung ist in dieser Schicht das logische Datenmodell mit einer Reihe von notwendigen Charakteristika zu bestimmen. Es muß als
Standard-Schnittstelle alle geplanten Anwendungen hinreichend gut unterstützen.
Katz weist in [Ka82] auf eine dominierende Eigenschaft bei CAD-Anwendungen hin:
"There seems to be little disagreement that design systems should exploit
hierarchy". Aber auch in anderen Bereichen, die komplexe Objekte zu verwalten
haben, ist die Forderung nach einer effizienten Unterstützung der Hierarchiebildung unabdingbar. Der Zugriff auf ein komplexes Objekt oder seine Komponenten
(Holen, Kopieren) als häufige Operation verlangt eine schnelle Ableitung und
Bereitstellung aller zugehörigen heterogenen Sätze (Tupel), die in netzwerk-
artiger Weise miteinander in Beziehung stehen können. Dazu sind satztypüber-

greifende Operationen, die eine wirksame Verknüpfung Fremdschlüssel - Primärschlüssel in beiden Richtungen gestatten, erforderlich.
Das logische Datenmodell umfaßt die Beschreibung der Datenstrukturen, die
Operationen und die Zugriffs- und Integritätsbedingungen. Modellbedingte
Integritätsbedingungen werden automatisch gewartet; für die Einhaltung einfacher
anwendungsbezogener Integritätsbedingungen, die durch die verfügbare Sprache
formuliert werden können, wird an der Schnittstelle eine Garantie übernommen. Es
ist nicht klar, ob die Verknüpfungsstruktur für netzwerkartige Beziehungen im
logischen Datenmodell sichtbar sein soll oder nicht. Satztypübergreifende Operationen über "unabhängige" Satztypen könnten auch durch geeignete Speicherungsstrukturen effizient abgewickelt werden.
Die drei Standard-Datenmodelle genügen diesen Anforderungen nur unzureichend:
- Das Relationenmodell erlaubt die Darstellung von netzwerkartigen Strukturen
  über die Primärschlüssel-Fremdschlüssel-Beziehung. Der Verbund über mehrere
  Hierarchiestufen ist in der Regel sehr langsam, da in den vorhandenen
  relationalen Systemen keinerlei Unterstützung auf der Ebene der Speicherungsstrukturen vorhanden ist.
- Das Netzwerkmodell erlaubt eine sichtbare Darstellung der Strukturbeziehungen
  (Sets) und prinzipiell einen schnellen Wechsel des Satztyps. Es verlangt
  jedoch eine satzweise Navigation.
- Das hierarchische Modell weist starke Beschränkungen der Abbildungsmächtig-
  keit auf; die satzweisen Operationen sind richtungsbezogen und nur längs des
  hierarchischen Pfades auszuführen.
Eine bessere Anpassung an die gegebenen Anforderungen soll durch Modifikation
existierender Datenmodelle erreicht werden. Viele Vorschläge beruhen dabei auf
Ergänzungen oder Abwandlungen des Relationenmodells [Ha81, Lo81]. Als aussichtsreiche Kandidaten für das logische Datenmodell des Speicherservers können
gelten:
- Die Relationenmodell-Erweiterung nach Lorie [HL82]: Im Datenmodell werden
  Attribute vm Typ COMP_OF und REF sichtbar gemacht, mit denen hierarchische
  Beziehungen innerhalb einer komplexen Struktur sowie zu Sätzen außerhalb
  dieser Struktur als externe Referenz beschrieben werden. In beiden Fällen
  handelt es sich um die explizite Formulierung von Fremdschlüssel-Primär-
  schlüssel-Beziehungen; es erfolgt eine explizite Garantieübernahme für diese
  Integritätsbedingungen. Durch zugeschnittene Speicherungsstrukturen lassen
  sich damit effiziente Operationen innerhalb eines komplexen Objektes gewährleisten. Eine Erweiterung von SQL gestattet eine implizite Verbund-Formu-
  lierung längs eines hierarchischen Pfades [ML83].
- Das NF^2-Relationenmodell nach Schek [SP82]: In einer Relation sind
  relationenwertige Attribute rekursiv zugelassen. Dadurch entstehen
  hierarchische Tupel, die hierarchische Beziehungen in einem komplexen Objekt
  vollständig darstellen können. Da die Datenstruktur durch hierarchisch
  organisierte Speicherungsstrukturen abgebildet wird (Zugriffspfad und
  Clusterbildung, siehe 4.3), lassen sich alle Operationen längs des
  hierarchischen Pfades sehr effizient ausführen. Es bleibt einer speziellen
  Implementierung vorbehalten, den Nachweis für die schnelle Verarbeitung
  externer Referenzen zu erbringen. Die Sprache auf NF^2-Relationen ist sehr
  ausdrucksstark und erlaubt sehr kompakte Bezüge innerhalb einer Hierarchie
  [SS83].
- Das Modell zur Darstellung komplexer Objekte (KO-Modell), das z.Zt. an der
  Universität Kaiserslautern untersucht wird. Hierbei handelt es sich um eine
  Erweiterung relationaler externer Schemabeschreibungsmittel (VIEWS-
  Definitionen), die es erlaubt, sowohl hierarchische als auch komplexe
  Beziehungen dynamisch auf einfache hierarchische Datenstrukturen mit
  Wiederholungsgruppen abzubilden. Durch einige Einschränkungen bzgl. der
  Rekursionstiefe lassen sich die syntaktischen Konstrukte und die Semantik-
  Definitionen sehr einfach und übersichtlich halten.
Die Operationen auf den Objekten des für die Speicherserver-Schnittstelle aus-
gewählten Datenmodells müssen durch die betrachtete Schicht auf die Ebene der
logischen Zugriffspfade, auf der im wesentlichen satzweise Operationen und

Navigationsmöglichkeiten über verschiedene Scan-Typen zur Verfügung stehen,
abgebildet werden. Die dabei anfallenden zentralen Aufgaben sind
- die Anfrage-Übersetzung und
- die Zugriffspfad-Optimierung.
Über Einzelheiten der dabei auftretenden Probleme wurde in [Hä85, JK84, LN79,
LW79, Se79] berichtet. Grundsätzlich kann die Übersetzung mit Hilfe der
Interpretation oder der Compilation vorgenommen werden. Im ersten Fall fungiert
die betrachtete Schicht als Interpreter, der als allgemeines Programm die
einzelnen Anforderungen unter Ausnutzung der aktuellen Zugriffspfade optimal
ausführt. Dieser Ansatz hat jedoch generell den Nachteil, daß zur Laufzeit hohe
Kosten für Syntaxprüfung, Namensauflösung, Optimierung usw. anfallen, die bei
Wiederholung (in einer Schleife) erneut zu erbringen sind.
Vor allem aus Performance-Gründen ist ein Compilations-Ansatz vorzuziehen, der
für jede Anforderung einen zugeschnittenen Zugriffsmodul mit Operationen der
logischen Zugriffspfade als Primitive erzeugt. Da die Übersetzungskosten zur
Laufzeit nicht anfallen, sondern für einzelne Anforderungen optimierte
Zugriffsmodule abgewickelt werden, ist mit erheblichen Zeiteinsparungen zu
rechnen. Da die Bindung und Optimierung der Zugriffsmodule zur Übersetzungszeit
stattfindet, sind sie ggf. bei Schemaänderungen erneut zu übersetzen [LW79].
Ein Überblick über die Probleme der Zugriffspfad-Optimierung wird in [JK84] ge-
geben. In NDBS dürften für Operationen auf komplexen Objekten einige neue
Optimierungsprobleme auftreten, die sich aus den verwendeten Datenmodellen und
Speicherungsstrukturen ergeben. Dazu gehören beispielsweise
- die Verknüpfung mehrerer NF^2-Strukturen und
- die Wahl eines hierarchischen Pfades über mehrere separate Cluster.
Die Schilderung der grundsätzlichen Aufgaben dieser Schicht sollte nicht den
Eindruck erwecken, als seien alle Probleme schon im Detail gelöst.

4.7 Modellabbildung
Die Modellabbildung als oberste Schicht eines NDBS ist jeweils auf eine Anwendungsklasse zugeschnitten. Sie soll durch angepaßte Objekte und Operationen
nützliche Modellierungswerkzeuge für eine spezifische Anwendung zur Verfügung
stellen. Beispielsweise könnten in einer Grundstücks-DB das Objekt PARZELLE und
die zugehörigen Operatoren TEILE_PARZELLE und VEREINIGE_PARZELLEN vorgesehen
sein. Zur Spezifikation solcher komplexen Objekte ist ein geeignetes
semantisches Datenmodell heranzuziehen, das eine stärkere objektbezogene
Strukturierung etwa durch Generalisierung, Aggregation, Komponenten- oder
Hierarchiebildung erlaubt. Eine Diskussion der dazu in der Literatur
vorgeschlagenen Modelle findet sich in [DKML84]. Als vielversprechenden Ansatz
sehen wir in unserem Architekturvorschlag abstrakte Datentypen (ADT) an der
Benutzerschnittstelle eines NDBS vor.
An der unteren Schnittstelle der Modellabbildung sind die komplexen Objekte der
Anwendung durch das Datenmodell des Speicherservers zu repräsentieren. Bei einem
hierarchischen Datenmodell (NF^2) lassen sich durch Modellkonstrukte direkt
komplexe Objekte oder ihre Komponenten zusammenhängend darstellen. Bei einem
(mehr oder weniger) flachen Relationenmodell können trotzdem durch Sichten-
bildung mit Hilfe von SQL (oder einer geeigneten Variante) hierarchische Sichten
erzeugt werden, so daß aus der Sicht der Modellabbildung ebenfalls komplexe
Objektrepräsentationen referenziert werden können.
Die Speicherserver-Schnittstelle ist mengenorientiert, was nicht zuletzt ein
wichtiger Leistungsaspekt ist (siehe Kap. 5). Es können sowohl homogene als auch
heterogene Satzmengen durch eine SQL-artige Sprache ausgewählt werden. Ihre
Bereitstellung für die Modellabbildung sollte aus Leistungsgründen nicht satzweise unter Kontrolle eines Cursors (As76) erfolgen; sie sollte vielmehr
ebenfalls mengenorientiert abgewickelt werden. Dazu machte Stonebraker einen
ersten Vorschlag (Portals [SR84]). Die Spracheinbettung einer solchen Schnittstelle dürfte relativ komplex werden, da durch eine Anforderung mehrere aus-
gewählte komplexe Objektrepräsentationen (zusammengehörige heterogene
Satzmengen) bereitzustellen sind; alleine die Übergabe der Beschreibungs-
information für die Modellabbildung ist nicht trivial.

Im Vergleich zu herkömmlichen DB-Anwendungen zeichnen sich Non-Standard-Anwendungen durch sehr komplexe Integritätsbedingungen aus. Ihr vollständiges prädikatives Aufschreiben ist unmöglich oder extrem aufwendig [DKML84], so daß sie häufig operational durch Algorithmen formuliert werden müssen. Durch das ADT-Konzept lassen sich bei der Spezifikation ohnehin nur "interne", den Typ betreffende Integritätsbedingungen angeben. Externe Bedingungen müssen durch eine geeignete Erweiterung oder durch die Implementierung übernommen werden. Die Überprüfung der Integritätsbedingungen sollte aus Effizienzgründen möglichst tief im NDBS angesiedelt sein. Da aber nur die Modellabbildung die objekt-bezogenen Integritätsbedingungen kennt und ihre Prüfreihenfolge sowie ihre potentielle parallele Ausführung bestimmen kann, muß sie mit Hilfe der Primitiven des Speicherservers und seiner Basismechanismen zur Integritäts-kontrolle durchgeführt werden. Da dabei sehr häufig umfangreiche Suchoperationen anfallen, übertrifft der Aufwand für die Integritätsüberwachung nicht selten den der auslösenden Manipulationsoperation um den Faktor 100 und mehr.
Neben der Abbildung der an der Benutzerschnittstelle sichtbaren ADT's auf die Objektrepräsentationen auf der SS-Schnittstelle hat die Modellabbildung alle erforderlichen Integritätsbedingungen abzuwickeln. Sie hat beispielsweise auch das Varianten- und Alternativenproblem [NH82] bei technischen Anwendungen zu kontrollieren. Versionen komplexer Objekte sind hier mit Unterstützung der Zeitverwaltung zu bilden. In der einfachsten Form kann die Modellabbildung durch ein Prozedurkonzept realisiert werden, wobei jede ADT-Operation durch eine Prozedur verkörpert wird. Ihre formalen Parameter beschreiben die betroffenen Daten des ADT. Die Programmierung kann "manuell" erfolgen, wobei ein festes Schema an der SS-Schnittstelle vorausgesetzt wird. Ggf. sind dabei die einzelnen Operationen in parallel ausführbare Aktionsfolgen zu zerlegen (siehe Kap. 5). Bei dieser Vorgehensweise entscheidet die Geschicklichkeit des Entwicklers bei der Manipulation, Integritätskontrolle und Parallelisierung über die Leistungs-fähigkeit des Systems. Wegen der Datenabhängigkeit würde eine Änderung des Schemas eine Umprogrammierung der ADT-Prozeduren erzwingen.
Wesentlich vorteilhafter, aber auch ungleich schwieriger ist der Ansatz, die ADT-Operationen durch einen speziellen Interpreter oder Compiler auf die SS-Schnittstelle abzubilden. Neben der Übersetzung und Optimierung der Referenzen auf die komplexen Objektrepräsentationen fallen hier vor allem die effiziente Abwicklung der Integritätsüberwachung und die Erkennung (semantische Analyse) und Generierung von parallellisierbaren Aktionen an. Bei diesem Ansatz kann ein sich änderndes Schema angenommen werden. Ein Interpreter berücksichtigt ohnehin jeweils das aktuelle Schema. Bei einem Compiler-Ansatz, der aus Performance-Gründen zu bevorzugen ist, würde eine Schemaänderung eine Wiederholung der Übersetzung implizieren.

5. Aspekte des dynamischen Ablaufs

Der durch einen allgemeinen Speicher-Server realisierte DBS-Kern zur Unter-stützung einer großen Zahl von Anwendungsklassen (siehe Bild 1d) soll komplexe, anwendungs-spezifische Datenmodelle zu implementieren erlauben und dabei gegenüber den auf konventionellen Datenbank-Verwaltungssystemen beruhenden Lösungen folgende Vorteile aufweisen:
- effiziente Überwachung umfangreicher Integritätsbedingungen;
- effiziente Abbildung neuartiger Datenstrukturen;
- parallele Abwicklung der internen Speicherabbildungsfunktionen.
Welche Arten von Problemen dabei zu lösen sind, ist in Kap. 4 anhand des erweiterten Schichtenmodelles (siehe Bild 2) erläutert worden. In diesem Kapitel soll nun mit Hilfe eines einfachen Beispieles skizziert werden, welche Architektur-Merkmale ein Speicher-Server und die Schnittstelle zur Modellab-bildungs-Schicht aufweisen müssen, damit die obigen Forderungen erfüllt werden können. Wir wollen uns dabei insbesondere auf die Frage nach der parallelen Abwicklung komplexer Operationen auf verschiedenen Ebenen konzentrieren.
Die hier vorgestellte Architektur weicht deutlich von den Implementierungs-formen konventioneller Datenbanksysteme ab. Diese sind stets in Form eines Prozesses mit multi-tasking oder durch mehrere Prozesse mit single-tasking

[HP84] realisiert, wobei die Aufrufe der Anwendungs-Programme seriell und synchron abgearbeitet werden. Diese Formen der BS-Einbettung sind ausführlich untersucht; ihre Eigenschaften ändern sich auch bei Einsatz des DBMS in neuen Anwendungsgebieten nicht. Außerdem belegen die mittlerweile sehr umfangreichen Leistungsuntersuchungen an solchen Systemen eindeutig, was im folgenden auch intuitiv klar werden sollte, daß nämlich solche Betriebsformen zur Erfüllung der obigen Forderungen sehr schlecht geeignet sind.

5.1 Die Schnittstelle zwischen dem Speicher-Server und der Schicht zur Modellabbildung

Zur Illustration der folgenden Ausführungen wollen wir eine Anwendung aus dem Bereich der geographischen Datenhaltung betrachten, und zwar die Verwaltung und Manipulation von Parzellen in einer Gemeinde. Jede Parzelle möge durch die sie umschließenden Kanten definiert werden; die Kanten werden durch ihre Endpunkte beschrieben. Bild 4 zeigt das Schema mit den drei hier betrachteten Satztypen

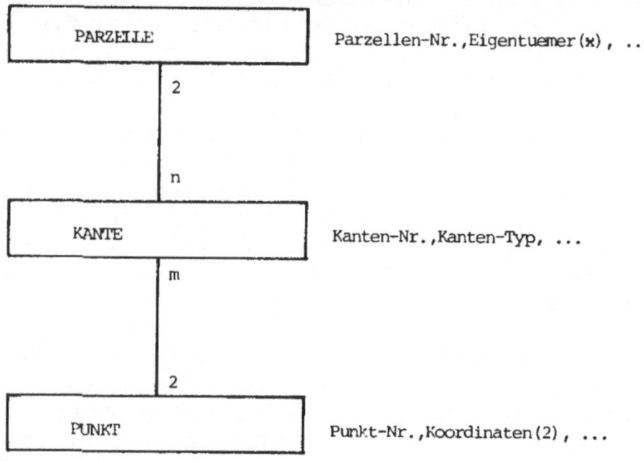

Bild 4: Beispielschema für geographische Datenhaltung

und dem jew. Beziehungs-Typ. Annahmen über das auf der Ebene der Modellabbildung zu verwendende Datenmodell (Lorie-Modell, NF^2-Modell, KO-Modell) brauchen nicht getroffen zu werden; die folgenden Überlegungen behalten unabhängig vom Datenmodell ihre prinzipielle Gültigkeit. Betrachten wir nun einen Parzellenausschnitt gem Bild 5a. Für den Anwender des hypothetischen NDBS, z.B. den Katasterbeamten, sind die Parzellen die primären Objekte seiner Arbeit, und die meisten Operationen werden sich auf eine oder mehrere der gespeicherten Parzellen als ganze beziehen.[1] Die Einzelheiten der Repräsentation durch Kanten und Punkte sind für ihn nicht von Belang, obwohl natürlich Auskünfte über die geographische Lage und die Form einer Parzelle zum Vorrat seiner Anfragemöglichkeiten gehören müssen. Typische Operationen, die ein solcher Benutzer ausführen möchte, sind (ohne Anspruch auf Vollständigkeit):
a) Besitzerwechsel einer Parzelle; Eintragen und Löschen von Hypotheken usw;
b) Teilen einer Parzelle in zwei neue;
c) Vereinigen zweier Parzellen zu einer (dies ist in Bild 5b dargestellt);
d) Fragen nach den Nachbarparzellen einer gegebenen Parzelle;
e) Ermitteln der von einem gegebenen Streckenzug (ebenfalls definiert durch Kanten) berührten Parzellen;
f) Ermitteln der innerhalb des Radius x von einem gegebenen Punkt liegenden Parzellen.

---

[1] Operationen wie z.B. die Nachvermessung eines Gebietes, die zu neuen Begrenzungskanten und -punkten führen kann, sollen hier nicht berücksichtigt werden.

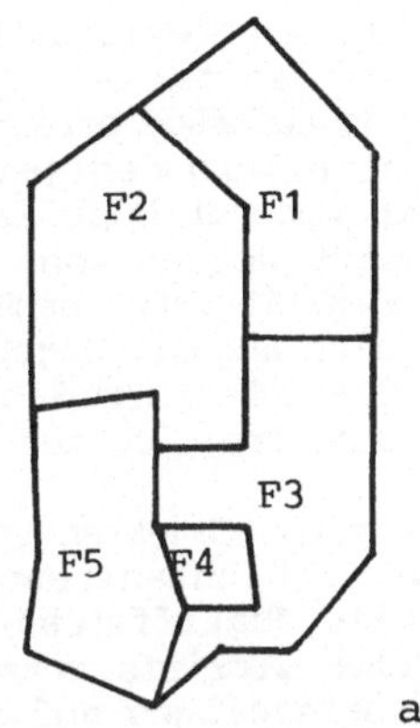

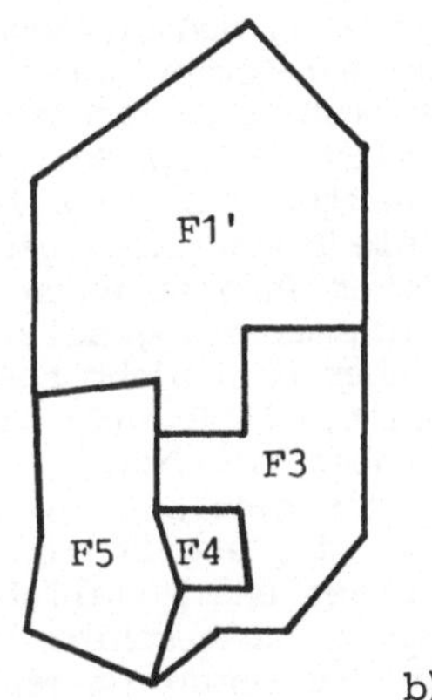

Bild 5: Parzellen dargestellt durch die begrenzenden Kanten

Obwohl die Art der Repräsentation der Parzellen für den Benutzer uninteressant ist, muß gewährleistet sein, daß alle aus den geometrischen Eigenschaften der Parzellen sich ergebenden Integritätsbedingungen bei Änderungsoperationen erhalten bleiben. Die wichtigsten geometrischen Konsistenzbedingungen sind:
- Der Kantenzug einer Parzelle muß geschlossen sein.
- Parzellen dürfen sich weder teilweise noch vollständig überlappen.
- Innerhalb des parzellierten Gebietes darf es keine Flächen geben, die nicht einer Parzelle zugeordnet sind.

Integritätsbedingungen für eine reale Katasteranwendung sind natürlich wesentlich umfangreicher und komplexer als die obigen drei, doch für unsere Zwecke reichen sie aus.

Welche Konsequenzen ergeben sich nun aus der in Bild 1d angedeuteten Architektur eines NDBS für die Abwicklung der oben aufgezählten Operationen a - d über die Schnittstelle zwischen Modellabbildung und Speicher-Server?

Operation a ist eine normale Satzänderungs-Operation, wie sie von jedem konventionellen DBMS unterstützt wird. Ein Attribut in einer Satzausprägung muß geändert werden, wobei alle Aspekte der geometrischen Repräsentation irrelevant sind; wir werden hierauf nicht weiter eingehen.

Bei den Operationen b und c müssen die geometrieabhängigen Integritätsbedingungen überprüft werden um sicherzustellen, daß nach der Teilung bzw. Vereinigung wiederum eine gültige Parzellierung entsteht. Diese Prüfung muß auf der Ebene der Modellabbildung erfolgen, da nach den Voraussetzungen unseres Architektur-Konzeptes der Speicher-Server zwar komplexe Objekte, wie z.B. die aus Kanten und Punkten zusammengesetzten Parzellen verwalten kann, die Semantik der komplexen Objekte jedoch nicht kennt. Der Speicher-Server ist zuständig für die Speicherungsstrukturen, die der Satz-Repräsentation für ein Parzellen-Tupel n interne Sätze für Kanten-Tupel zuordnen [HR83a]; daß damit die Geometrie eines Grundstückes beschrieben wird, ist erst auf der Ebene der Modellabbildung von Bedeutung. Aus dieser Annahme eines semantisch neutralen Speicher-Servers ergeben sich einige wichtige Konsequenzen:
- Wie oben schon erwähnt, müssen alle komplexen, von der Semantik der Anwendung bestimmten Integritätsbedingungen auf der Ebene der Modellabbildung überprüft werden. Genauer: Auf dieser Ebene müssen die zur Überprüfung nötigen Operationen auf den (versionen-behafteten oder statischen) Speicherungs- strukturen generiert werden.
- Da die Parallelisierbarkeit von Einzelschritten bei der Abarbeitung komplexer Operationen (wie z.B. der Teilung einer Parzelle), wozu ja durchaus auch die Prüfung von Integritätsbedingungen gehört, ausschließlich durch die Regeln der jeweiligen Anwendung bestimmt ist, kann die Entscheidung über parallelisier- bare Teilschritte auch nur auf der Ebene der Modellabbildung erfolgen. Wenn damit aber eine wirkliche, zeitparallele Verarbeitung in tieferen Schichten

möglich sein soll, muß die Schnittstelle zwischen der Modellabbildungs-Schicht
und dem Speicher-Server notwendig asynchron sein, so daß der Speicher-Server
nacheinander mehrere, gleichzeitig abzuarbeitende Aufträge erhalten kann, ohne
daß die Modellabbildungs-Schicht auf die Fertigstellung des jeweils vorigen
Auftrages warten muß. Im allgemeinen sollten von der Modellabbildung aus
beliebig viele Teilaufträge gleichzeitig abgesetzt werden können, wobei der
Speicher-Server Informationen über deren Präzedenz-Struktur erhält. Auf diese
Weise können später abgesetzte Teilaufträge sich auf die Ergebnisse früher
erzeugter, aber noch nicht beendeter, beziehen. Solche Aufruf-Strukturen sind
in herkömmlichen DBMS nicht vorhanden; wir können freilich auf diesen Aspekt
hier nicht näher eingehen.

- Bei Fragen, die sich auf die räumliche Struktur von Objekten beziehen (siehe
  Beispiele d - f), ergibt sich ein Problem der Schichtentrennung zwischen
  Speicher-Server und Modellabbildung. Spezielle Zugriffspfad-Strukturen im
  Speicher-Server zur Beschleunigung des räumlichen Zugriffs setzen eigentlich
  voraus, daß die Semantik der geometrischen Darstellung auf der Ebene des
  Speicher-Servers bekannt ist - was n.V. nicht zutrifft. Andererseits würde die
  vollständige Verlagerung des räumlichen Zugriffes in die Modellabbildungs-
  Schichten alle derartigen Anfragen sehr ineffizient manchen, was unakzeptabel
  ist. Eine Lösung ergibt sich aus der sinngemäßen Erweiterung der Rolle
  "klassischer", attributbezogener Zugriffspfade in einem DBMS; hier gibt es ja
  auch Zugriffspfad-Strukturen für Abteilungs-Nummer, Artikel-Name usw., ohne
  daß die zuständige Schicht, die Speicherungsstrukturen, etwas mit der Semantik
  der Attribute zu tun hat. Übertragen auf ein NDBS bedeutet dies, daß im
  Speicher-Server für bestimmte komplexe Objekte Zugriffspfad-Strukturen für den
  räumlichen Zugriff verwaltet werden, wie z.B. R-Bäume, Feld-Bäume o.ä. [Fr83,
  Gu84, Ta82]. Die Tatsache, daß ein räumlicher Zugriff erfolgen soll, wird
  dagegen in den Aufrufen der Modellabbildung durch eine spezielle Klausel im
  Auswahlprädikat angezeigt. Als Resultat liefert der Speicher-Server mit Hilfe
  der entsprechenden Zugriffspfad-Strukturen eine Treffer-Menge nach oben ab,
  die im Unterschied zu den üblichen attribut-bezogenen Zugriffspfaden nur eine
  (u.U. viel zu große) Obermenge der tatsächlichen Treffer enthält, was durch
  die Zugriffstechnik mit Hilfe umschließender Rechtecke o.ä. bedingt ist. Die
  Auswahl der wirklichen Treffer muß dann offenbar in den Modellabbildungs-
  Schichten erfolgen. Hierzu ist an der Schnittstelle zum Speicher-Server ein
  Cursor-Konzept zum Navigieren über Treffer-Mengen erforderlich, dessen genaue
  Ausformung noch weiterer Untersuchungen bedarf.

Wem die hier unterstellte Neutralität des Speicher-Servers hinsichtlich der
Anwendung des NDBS zu voreilig oder zu restriktiv erscheint, der möge sich
vergegenwärtigen, daß dies die unmittelbare Konsequenz der DBS-Kern-Architektur
gem. Bild 1d ist. Eine Spezialisierung schon auf dieser Ebene liefe auf die
Mehrfach-Implementierungen nach Bild 1b und 1c hinaus - mit allen genannten
Nachteilen. Der folgende Abschnitt wird zeigen, daß mit den oben skizzierten
Schnittstellen-Eigenschaften keine Effizienz-Verluste hinsichtlich der Paral-
lelisierung von Teiloperationen eintreten, auch wenn die Zerlegung komplexer
Operationen ausschließlich in den höheren Ebenen erfolgt.

5.2 Parallelisierung bei der Abarbeitung komplexer Operationen

Um einen Eindruck von Art und Ausmaß der Parallelisierbarkeit bei der Durchführung komplexer Operationen des Anwenders zu bekommen, wollen wir die unter
Punkt c im vorigen Abschnitt aufgeführte Vereinigung der beiden Parzellen F1 und
F2 zu der neuen Parzelle F1´ in Operationen zerlegen, wie sie ein Speicher-
Server der hier unterstellten Art typischerweise ausführen könnte. Auch bei
diesem Beispiel ist zu bedenken, daß es sich um eine Darstellung des grundsätzlichen Vorgehens und nicht um eine vollständige, präzise Lösung handelt. Die
erforderlichen Einzeloperationen zur Realisierung der Flächenvereinigung (inkl.
der Konsistenzprüfungen) sind:

a) Suche F1
b) Suche F2
c) Ermittle die gemeinsamen Kanten

d) Prüfe den gemeinsamen Kantenzug auf Lückenfreiheit
e) Lösche alle gemeinsamen Kanten
f) Lösche nicht mehr benötigte Punkte
g) Erzeuge den Beschreibungssatz für F1ʹ
h) Speichere F1ʹ
i) Erzeuge und speichere die geometrische Darstellung von F1ʹ aus den restlichen Kanten von F1 und F2
k) Lösche F1
l) Lösche F2

Dieses Vorgehen dürfte anschaulich ohne weiteres klar sein. Eine Operation wie "Suche F1" schließt selbstverständlich die Prüfung auf das Vorhandensein von F1 mit ein. Die Prüfung unter Punkt d ist erforderlich, um den Fall zu verhindern, daß "Inseln" entstehen, wie dies der Fall wäre, wenn man die Parzellen F3 und F5 (siehe Bild 5a) vereinigte. Dann wäre F4 vollständig in der neuen Parzelle enthalten, was einer der eingangs unterstellten Konsistenzbedingungen widerspricht, wonach Parzellen einander weder teilweise noch vollständig überlappen dürfen.
Es ist ebenfalls leicht nachzuvollziehen, welche Teiloperationen abhängig voneinander in dem Sinne sind, daß die eine Ergebnisse der anderen zur unmittelbaren Voraussetzung hat. Alle Schritte, die nicht strikt voneinander abhängen, können parallel ausgeführt werden – zumindest kann ihre Ausführung gleichzeitig angestoßen werden. Für unser Beispiel kommen wir so zu dem folgenden Ausführungs-Szenarium:

Modellabbildung		d		g			
Speicher-Server		a b c	e f		h	i	k l

⟶ Zeit

Wie man sieht, werden die Schritte e und f parallel zum Schritt d ausgeführt, was deswegen möglich ist, weil alle für diese Teiloperationen benötigten Daten vorliegen. Andererseits bezeichnet d aber die Konsistenzprüfung, deren negativer Ausgang alle weiteren Schritte überflüssig macht, so daß die Ausführung von e und f nur unter der Annahme sinnvoll ist, daß keine Konsistenzverletzung vorliegt. Diese Beobachtung läßt sich auf alle komplexen Integritätsbedingungen ausdehnen: Wenn diese parallel zu den eigentlichen Lese- und Änderungsoperationen erfolgen sollen, müssen sie in den meisten Fällen **asynchron** erfolgen, auch auf die Gefahr hin, daß u.U. einige "voreilig" durchgeführte Änderungen rückgängig gemacht werden müssen (siehe Kap. 6). Es ist jedoch zu erwarten, daß der potentielle Gewinn durch Parallelisierung wesentlich höher ist als die Kosten eines gelegentlichen Rücksetzens, wenn nicht sehr häufige Konsistenzverletzungen auf-treten. Bei Konsistenzprüfungen, die sich auf die Serialisierbarkeit des Mehr-benutzerbetriebs beziehen, hat sich jedenfalls die in der asynchronen Prüfung zum Ausdruck kommende optimistische Haltung als sehr vielversprechend erwiesen [PR83].
Die an dem obigen Beispiel dargestellten Parallelisierungsmöglichkeiten betreffen ausschließlich die Ausnutzung der den komplexen Operationen inhärenten Parallelität bei der Zerlegung in einfachere Operationen. Dies zu erkennen und die entsprechenden Aufrufe an den Speicher-Server zu erzeugen, ist – wie bereits ausgeführt – Sache der Modellabbildungs-Schichten.[1] Für den Speicher-Server sind die von einer Transaktion asynchron abgesetzten, parallelen Aufrufe (z.B. für die Teilschritte a, b und c im Prinzip nicht anders als die Aufrufe verschiedener, parallel ablaufender Transaktionen an die Speicherungsstruktur-

---

[1] Ob die Erkennung der Parallelisierungsmöglichkeiten durch Compiler bzw. Interpreter bei der Umsetzung der ADTs auf höheren Ebenen automatisch erfolgt oder durch den Programmierer vorgeschrieben werden muß, ist hier ohne Belang.

Schicht in einem konventionellen DBMS. Lediglich für die Synchronisation ergeben sich aus der Tatsache, daß die Aufrufe von derselben Transaktion stammen, einige neue Aspekte, auf die in Kap. 6 eingegangen wird. Parallelität im Speicher-Server bedeutet somit zunächst die gleichzeitige (überlappende) Ausführung der Aufrufe von verschiedenen Transaktionen und der parallel ausführbaren Aufträge der jeweils selben Transaktion. Darüber hinaus gibt es jedoch noch weitere Möglichkeiten zur Parallelisierung durch Asynchronität bei der Verwaltung der Speicherungsstrukturen innerhalb des Speicherservers. Einige davon sind eher konventionell und schon in verschiedenen Systemen erprobt, andere sind bislang noch nicht näher untersucht worden. Die folgende Aufzählung nennt einige der interessantesten Punkte:

- Bei Suchoperationen mit einer großen erwarteten Treffermenge kann der Such-vorgang parallel auf allen Externspeichern angestoßen werden.
- Das Einbringen von Änderungen aus dem DB-Puffer kann asynchron zu allen Trans-aktionen ablaufen.
- Die Änderung von Zugriffspfad-Strukturen kann asynchron zur ändernden Trans-aktion erfolgen, sobald die Art der erforderlichen Änderung an einem sicheren Platz gespeichert ist.
- Die Wartung der Speicherungsstrukturen zur Repräsentation langer Objekte, komplexer Objekte, Cluster usw. kann asynchron zur ändernden Transaktion er-folgen, sobald sicher ist, daß die Änderung zulässig und möglich ist.
- Die Migration der physischen Repräsentationen aller Objektversionen kann - wie alle anderen globalen Reorganisationsmaßnahmen - asynchron zu allen Trans-aktionen ablaufen.

Die Ausnutzung dieser Parallelisierungsmöglichkeiten innerhalb des Speicher-Servers setzt eine Reihe neuartiger Architektur- und Implementierungs-Konzepte voraus, die wir im folgenden nur skizzieren können.

5.3 Anforderungen an die Hardware-Konfiguration für ein NDBS

Die bisher diskutierten Implementierungs-Konzepte für ein NDBS, insbesondere im Hinblick auf die Parallelisierung von Teil-Operationen auf verschiedenen Ebenen, sind nicht auf herkömmlichen Rechnern und mit konventionellen Mehrbenutzer-Betriebssystemen realisierbar - jedenfalls nicht, wenn dabei eine Leistungs-steigerung gegenüber normalen DBMS erzielt werden soll. Das liegt daran, daß für die angestrebte hohe Zahl asynchroner Teilschritte bei der Abwicklung einer komplexen Operation eine entsprechende Zahl aktiver Einheiten (Prozessoren) vorhanden sin muß, um eine wirklich zeitparallele Verarbeitung zu ermöglichen. Abgesehen von Suchoperationen bieten sich, wie auch das Beispiel im vorigen Abschnitt illustriert, kaum Möglichkeiten, Parallelität durch Überlappung von Ein-/Ausgabeoperationen zu erzeugen; sollte im Rahmen der Abarbeitung einer komplexen Operation zu häufig eine Fehlseitenbedingung im DB-Puffer auftreten, so deutet dies eher auf einen zu kleinen DB-Puffer als auf eine Möglichkeit zur Parallelisierung. Wir machen daher im folgenden eine Annahme, die angesichts der Preisentwicklung der Hardware-Komponenten selbstverständlich sein sollte, daß nämlich der im Speicher-Server verwaltete DB-Puffer **sehr groß** ist. Die tat-sächliche Größe hängt natürlich von der Art der unterstützten Anwendungen und der Zahl der von einem Speicher-Server bedienten Anwender ab; als Richtwert kann man aber 50 - 100 MB annehmen.

Bild 6 zeigt die prinzipielle Prozessor-/Prozeß-Konfiguration für ein NDBS. Wir unterstellen einen Prozessor, der die Software zur Realisierung der Modellabbildung ausführt. Dies kann, je nach Anwendungsumgebung, ein normaler Großrechner oder ein Arbeitsplatz-Rechner sein, wobei der erstere mehrere Anwender mit möglicherweise verschiedenen Anwendungspaketen unterstützt, die alle über den Speicher-Server dieselbe Datenbank benutzen. Die Parallelisierung bei der Abarbeitung der Operationen eines Anwenders erfolgt jeweils durch die Überlappung der asynchronen Speicher-Server-Aufrufe im MA-Prozeß. Die Aufrufe durch den AP-Prozeß werden als synchron angenommen.

Die darunter liegende Schicht stellt den Speicher-Server inkl. der Extern-speicher dar. Er besteht aus den schon erläuterten Gründen aus einer größeren Anzahl von Prozessoren, die alle auf einen großen gemeinsamen Speicher, den DB-

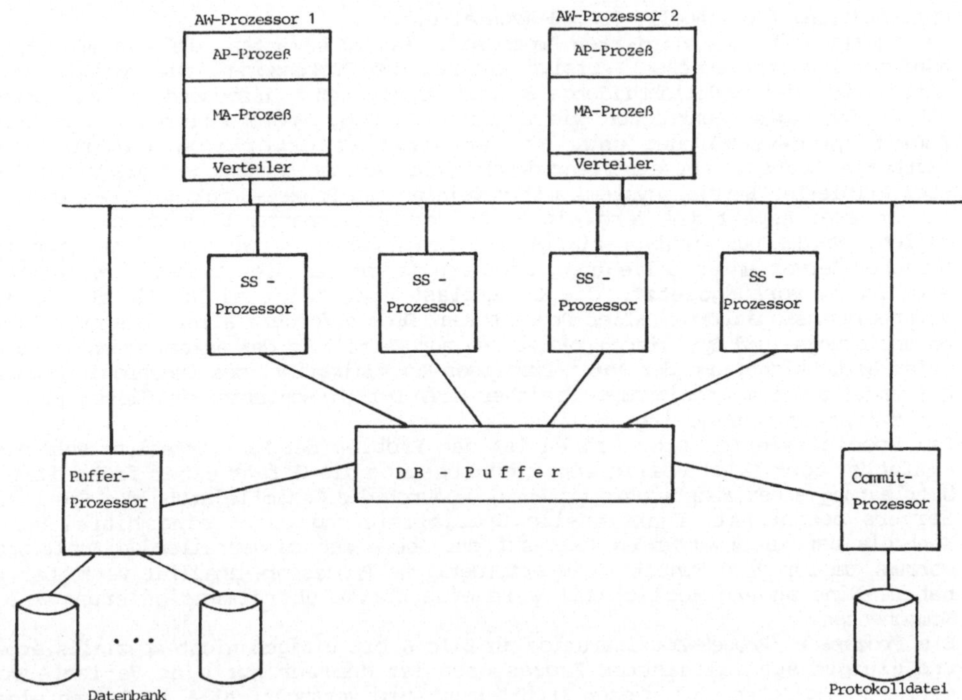

Bild 6: Mögliche Prozessor-Architektur eines NDBS

Puffer zugreifen. Damit ergibt sich zwangsläufig das Problem der Synchronisation des Zugriffs dieser Prozessoren auf den gemeinsamen Speicher – eine Partitionierung scheidet ja aus naheliegenden Gründen aus. Nach bisherigen Erfahrungen mit Mehrprozessor-Architekturen ist zu erwarten, daß eine Synchronisation über Nachrichten bei der häufig notwendigen Synchronisation auf kleinen Datenelementen zu erheblichen Leistungseinbußen führt. Wenn eine solche Architektur die erreichbare Parallelität wirklich ausnutzen soll, ist eine direkte Synchronisation der Prozessoren auf dem gemeinsamen Speicher durch geeignete Maschineninstruktionen (compare-and-swap) erforderlich.

Die Zugriffscharakteristika der Prozessoren auf den DB-Puffer und damit auch der Synchronisierungsaufwand hängen von der Prozeßstruktur des Betriebssystems auf den Prozessoren und der BS-Einbettung der funktionalen Komponenten des Speicher-Servers ab. Hier sind zwei grundsätzliche Varianten zu unterscheiden:
- Ein Prozessor enthält sämtlichen Code des Speicher-Servers, ist also in der Lage, jede Teilfunktion zu bearbeiten.
- Ein Prozessor ist spezialisiert in dem Sinne, daß er nur eine Teilfunktion oder eine Untermenge bearbeiten kann. Das heißt nicht unbedingt, daß es sich auch um einen bzgl. der Maschineninstruktionen spezialisierten Prozessor handelt; beide Betriebsarten können auf demselben Prozessor-Typ, z.B. einem leistungsfähigen 32-Bit-Mikroprozessor realisiert werden.

In ein und demselben Speicher-Server können durchaus beide Prozessor-Betriebsarten nebeneinander verwendet werden.

Im ersten Fall muß der den Speicher-Server-Code enthaltende Prozeß ein möglichst effizientes multi-tasking durchführen, um mehrere Anforderungen nebeneinander asynchron verarbeiten zu können. Denkbar wären auch n Prozesse mit single-tasking, die alle auf dem gemeinsamen Speicher-Server-Code arbeiten, doch ist i.a. eine Prozßumschaltung teurer als ein interner Task-(oder Thread-)Wechsel [HP84]. Welche Variante tatsächlich die günstigere ist, hängt von den Eigenschaften des verwendeten Betriebssystems und des Prozessors ab (Hardware-

Unterstützung für schnelle Prozeß-Wechsel u.ä.).
Bei funktionell spezialisierten Prozessoren ist zu erwarten, daß ein wesentlich
häufigerer Auftragswechsel erfolgt als bei den Prozessoren, die jeweils ganze
Aufrufe von der Modellabbildungs-Schicht abarbeiten - insbesondere bei kurzen,
häufig benötigten Funktionen wie Synchronisierung, Protokollierung, asynchrone
Zugriffspfad-Verwaltung usw. Es ist daher erforderlich, daß Kontext-
(Auftrags-)Wechsel sehr effizient durchgeführt werden können, was die Verwendung
spezialisierter Betriebssysteme mit vereinfachten Prozeß-Strukturen nahelegt.
Ein anderer Aspekt des Vergleiches beider Betriebsarten betrifft die Lastverteilung. Werden nur nicht-spezialisierte Prozessoren verwendet, dann kann der
Speicher-Server unter beliebigen Anforderungsprofilen die bestmögliche Leistung
erbringen, vorausgesetzt, die Gesamtlast übersteigt nicht die Summe der
Verarbeitungskapazitäten aller Prozessoren. Dies erfordert allerdings gute Last-
balancierungs- und Optimierungsverfahren zur Verteilung der ankommenden Anfragen
unter Berücksichtigung der Inter-Prozessor-Kommunikation, des Synchronisierungs-
aufwandes auf dem gemeinsamen Speicher usw. Der Wissensstand in diesem Bereich
ist z.Zt. noch sehr gering.
Bei spezialisierten Prozessoren ist das Problem der Lastverteilung sehr viel
einfacher oder fällt völlig weg, dafür besteht die Gefahr einer frühzeitigen
Überlastung einer Funktionskomponente, wodurch die Gesamtleistung des Speicher-
Servers beschränkt. Funktionelle Spezialisierung setzt eine hinreichende
Kenntnis der zu erwartenden Last auf der Ebene der zu verteilenden Funktionen
voraus, um für jede Funktion die erforderliche Prozessor-Kapazität verfügbar zu
haben. Eine andere Möglichkeit wäre eine starke Überdimensionierung aller
Komponenten.
Die Prozessor-/Prozeß-Konfiguration in Bild 6 mit einigen nicht-spezialisierten
und einigen spezialisierten Prozessoren ist demnach nur eine Variante von
mehreren möglichen. Bei dieser Architektur wird versucht, alle im Rahmen eines
Aufrufs unmittelbar abzuwickelnden Funktionen in den nicht-spezialisierten
Prozessoren auszuführen, während die Funktionen, die asynchron zu allen Aufrufen
und Transaktionen ablaufen, durch spezialisierte Prozessoren auch bezüglich der
Hardware völlig autonom sind.

6. Die Rolle der Transaktion in einem NDBS

Es ist an vielen Stellen erklärt worden, daß und warum die einfachen "Alles-
oder-Nichts"-Transaktionen, wie sie von kommerziellen DBMS unterstützt werden,
in etlichen der neuen Anwendungsbereich entweder nicht ausreichen oder gar
völlig unangemessen sind [DKML84, Eb84, Fr83, GP83, Gr81, Lo85, Mo82, Wa84].
Dabei ist keineswegs nur die Kürze der typischen kommerziellen Transaktionen
Gegenstand der Kritik; je nach Anwendungsbereich wird die eine oder andere der
klassischen Transaktionseigenschaften als zu restriktiv empfunden. Diese
Eigenschaften sind [HR83c]: Atomicity, Consistency, Isolation, Durability. Im
CAD-Bereich ist die erste Eigenschaft in vielen Fällen nicht erreichbar, da
Entwurfsprozesse sehr lange Zeit dauern können und die zugehörige Transaktion
entsprechend lange offen bleiben muß - unabhängig von Abschaltzeiten, System-
ausfällen usw. Damit ist aber auch die strikte Abschirmung der von der langen
Transaktion bearbeiteten Daten (Isolation) nicht mehr haltbar; es soll vielmehr
möglich sein, auch "dirty data" in kontrollierter Weise nach außen mitzuteilen.
Ein Ansatz, solche weitergehenden Forderungen zu befriedigen, sind die sog.
"nested transactions", hierarchisch ineinander geschachtelte Transaktionen, wie
sie etwa in [Mo82] und [Wa84] behandelt werden. Je nach Enge der Beziehung
zwischen Eltern- und Kind-Transaktionen ist aber das Überleben der letzteren an
den Erfolg der übergeordneten Transaktion geknüpft, d.h., sie haben nicht mehr
die Eigenschaft der Durability. Gleichzeitig verlieren sich auch die
"Consistency"-Eigenschaft, denn i.a. können einige der globalen Konsistenzbedingungen, auch wenn sie von untergeordneten Transaktionen beeinflußt werden,
erst am Ende der äußersten, umschließenden Transaktion überprüft werden. Zum
Zugriff auf Änderungen noch nicht beendeter Transaktionen gibt es einige
Ansätze, die auf der Verwendung von Objekt-Versionen beruhen, doch können wir
diesen Aspekt nicht weiter diskutieren [KLMP84].

Für den Entwurf eines NDBS bleibt festzuhalten, daß von den Transaktionen wie sie hier auf verschiedenen Ebenen unterstützt werden müssen, die Aspekte
- **Synchronisierung**
- **Recovery**
- **Integritätskontrolle**
wesentlich stärker gekoppelt sind, als dies bei herkömmlichen Transaktionen der Fall ist. Transaktionen sind zwar immer noch Strukturierungseinheiten des dynamischen Ablaufs in allen Schichten des NDBS, doch sie sind nicht mehr die Einheit schlechthin für alle Zustandsübergänge, wie dies bei einem konventionellen DBMS der Fall ist.
Wir wollen an dieser Stelle nicht darüber spekulieren, welches Transaktionsmodell auf der obersten, der Anwendungsebene am angemessensten ist, nach welchen Kriterien nicht freigegebene Daten nach außen sichtbar gemacht werden können, ob das System verschiedene Objekt**repräsentationen** und ihre Konsistenzbeziehungen [NH82] verwalten soll u.ä. Die Antworten hierauf dürften für jeden Anwendungsbereich verschieden ausfallen, und demnach müssen alle semantischen Aspekte der Transaktionsverwaltung in den Modellabbildungs-Schichten erfolgen. Es kann somit sein, daß eine komplexe Operation wie die im vorigen Kapitel behandelte Parzellenvereinigung eine eigenständige Transaktion darstellt oder in eine längere Transaktion eingebettet ist. Wegen der im Vergleich zu herkömmlichen Datenbanksystemen wesentlich komplexeren Inter-aktionen zwischen den Modellabbildungs-Schichten und dem Speicher-Server ist aber auch hier eine mehrstufige Strukturierung des dynamischen Ablaufes er-forderlich, und hierfür bietet sich das Konzept der "nested transactions" an. Wir können also jeden Funktionsaufruf des Anwenders als eine Transaktion ansehen (auf der obersten Stufe oder eingebettet), die in eine Reihe von (teilweise unabhängigen) Sub-Transaktionen, die Aufrufe an den Speicher-Server, zerlegt wird. Das Überleben dieser Sub-Transaktionen ist offensichtlich an den letztlichen Erfolg der übergeordneten Transaktion gebunden. Da im Auftrag einer Transaktion mehrere Aufrufe im Speicher-Server parallel abgearbeitet werden können, müssen hierfür spezielle Synchronisierungsmethoden entwickelt werden, die
a) verschieden sind von denen für konkurrierende Transaktionen,
b) weniger restriktiv sind als die z.B. in [Mo82] vorgeschlagenen.
Die Argumente hierfür sind unmittelbar einleuchtend: Da diese Parallelität vorgeplant ist (in der Modellabbildung), ist gewährleistet, daß unverträgliche Zugriffe auf der Objektebene nicht vorkommen – andernfall wären die Aufrufe nicht unabhängig. Konflikte können also nur bei der Verwaltung der Speicherungs-strukturen entstehen, doch hier ist eine effizientere Synchronisierung möglich, da deren Semantik im Speicher-Server vollständig bekannt ist.
Werden Speicher-Server-Aufrufe intern weiter in Unterfunktionen zerlegt, ergeben auch diese Sub-Transaktionen auf der nächst tieferen Stufe. Deren einzig relevante Eigenschaft für den Aufrufer ist die **Atomicity**, d.h., im Falle eines Scheiterns der Funktion kann der Aufrufer davon ausgehen, daß keine Neben-effekte zurückbleiben – eine für den Entwurf des Speicher-Server-Systems sehr wichtige Eigenschaft.
Die vollständig asynchronen Funktionen im Speicher-Server, wie z.B. die Reorganisation und die Migration, können ebenfalls als Sub-Transaktionen realisiert werden, deren Überleben freilich nicht mehr vom Ausgang der initiierenden Transaktion abhängt [Wa84].
Die Recovery dieser relativ einfachen Sub-Transaktionen im Speicher-Server bietet keine neuen Probleme. Bei dem als sehr groß unterstellten DB-Puffer ist ein UNDO problemlos; ein REDO ist für solche Transaktionen nicht unmittelbar erforderlich, da ihre Änderungen zunächst Eigentum der (weiter existierenden) Eltern-Transaktion werden. Neuartige Recovery-Konzepte werden dagegen zur Unter-stützung der von der Modellabbildung verwalteten komplexen Benutzertransaktionen erforderlich. Hier müssen Funktionen realisiert werden wie:
- inkrementelles Rücksetzen,
- Rücknahme teilweise freigegebener Daten,
- Rücksetzen auf bestimmte frühere Versionen,

- Rücksetzen auf den jüngsten Zustand mit bestimmten Konsistenzbedingungen.
Recovery-Aktionen dieser Art können sicher nur teilweise mit Hilfe der Standard-
Recovery-Funktionen des Speicher-Servers realisiert werden, da in diesem n.V.
keine semantischen Aspekte bekannt sind. Soll eine Recovery etwa der zuletzt
genannten Art durchgeführt werden, so ist dies aus der Sicht des Speicher-
Servers wiederum eine - durch eine komplexe Operation ausgelöste - Sub-Trans-
aktion. In diesem Bereich ist noch viel Forschungsarbeit zu leisten.

7. Zusammenfassung

Dieser Artikel ist in gewissem Maße spekulativ; er beschreibt die Architektur-
Prinzipien einer Klasse von Datenbank-Verwaltungssystemen, für die bislang kein
einiges Exemplar existiert. Wohl gibt es für verschiedene Einzelanwendungen
zugeschnttene Lösungen, doch ein allgemeines Basissystem zur Unterstützung
mehrerer neuartiger Anwendungsbereiche, wie es hier unter dem Kürzel NDBS
skizziert wurde, gibt es nicht und wird es auch in unmittelbarer Zukunft nicht
geben. Trotzdem ist diese Übersicht mehr als eine bloße Hypothesensammlung über
den Aufbau eines derartigen Systems. Aus den Erfahrungen mit konventionellen
Datenbanksystemen und aus den Problemen, die sich bei deren Übertragung auf sog.
Non-Standard-Anwendungen ergeben haben, kann man sehr genau die Konsequenzen
ableiten, die beim Entwurf besserer, angemessenerer Lösungen beachtet werden
müssen. Wir haben versucht, die wichtigsten Konsequenzen aufzuzählen und daraus
ein plausibles Architektur-Konzept abzuleiten. In Schlagworten zusammengefaßt
sind die Unterschiede zwischen einem konventionellen DBMS und einem NDBS:
- Mit mehr Semantik und Integritätsbedingungen angereicherte Datenmodelle an der
  Benutzerschnittstelle.
- Stärkere Trennung zwischen den logischen Datenmodellen und den internen
  Repräsentations-Techniken.
- Größerer Vorrat an Speicherungsstrukturen zur Unterstützung neuartiger
  Objekte; z.B. Fragmentierung, Replikation, Mehrfach-Clusterbildung, Parti-
  tionierung usw.
- Mächtigere Suchverfahren, wie Mehrattribut-Suche, räumliche Suche, Ähnlich-
  keitssuche, heuristische Suche usw.
- Behandlung von Zeit und damit Objekt-Versionen auf mehreren Abbildungsebenen.
- Unterstützung neuartiger Transaktionskonzepte, abhängig von der Semantik der
  Anwendung.
- Ausnutzung der inhärenten Parallelität bei der Ausführung komplexer Opera-
  tionen.
Aus diesen notwendigen Forderungen ergeben sich einige weitere Eigenschaften,
die ein NDBS aufweisen muß.
1. Wegen der Entkopplung zwischen logischem Datenmodell und physischen
   Speicherungsstrukturen ist der Entwurf des physischen Schemas nicht mehr
   durch einen DBA zu leisten; dies muß in Abhängigkeit von der geplanten Last
   das System automatisch tun.
2. Aus denselben Gründen müssen der Compiler, der komplexe Operationen in
   Speicher-Server-Aufrufe zerlegt und der Interpreter in diesem wesentlich
   effizientere Optimizer haben als die gegenwärtig in relationalen DBMS verwendet werden.
3. Bezüglich der Speicherungsstrukturen muß das System selbstreorganisierend und
   -optimierend arbeiten.
4. Zur effizienten Ausnutzung der Parallelisierungsmöglichkeiten muß das System
   über Lastbalancierungs-Mechanismen auf verschiedenen Ebenen verfügen; dies
   ist ein Problem, das im Zusammenhang mit DBMS bisher so gut wie gar nicht
   untersucht worden ist.
Zur Zeit werden an verschiedenen Stellen Versuche unternommen, Prototypen eines
mehr oder weniger allgemein ausgelegten NDBS zu entwerfen und zu implementieren.
Bis ein wirklich lauffähiges System verfügbar ist, über das realistische
Funktions- und Leistungsaussagen gemacht werden können, dürften noch ca. 4-5
Jahre vergehen. Welcher Weg dabei zu beschreiten ist und welche Probleme bis
dahin gelöst werden müssen - das zu verdeutlichen war Anliegen dieses Aufsatzes.

Literaturverzeichnis

AIM84 AIM-Projektdarstellung, IBM Wissenschaftliches Zentrum Heidelberg, Feb. 1984.

Ad83 Adams, M. et al.: Datenhaltungssysteme in der Prozeßdatenverarbeitung: Ein Anforderungsprofil, Universität Karlsruhe, Fakultät für Informatik, Interner Bericht 16/83, April 1983.

Ap83 Appelrath, H.-J.: Konzepte der Wissensbereitstellung in Expertensystemen: Inferenzmechanismen auf relationalen Datenbanken, Dissertation, Uni Dortmund, 1983.

As76 Astrahan, M.M. et al.: System R: Relational Approach to Database Management, in: ACM TODS, Vol. 1, No. 2, June 1976, pp. 97-137.

Be79 Bentley, J.L.: Multidimensional Binary Search Trees in Database Applications, in: IEEE TSE, Vol. SE-5, No. 4, July 1979, pp. 333-340.

BL84 Bever, M., Lockemann, P.C.: Database Support for Software Development, in: Proc. Fachtagung Programmierumgebungen und Compiler, Teubner Verlag, 1984.

BMW82 Beetem, A., Milton, J., Widerhold, G.: Performance of Database Management Systems in VLSI Design, in: IEEE Database Engineering, Vol. 5, No. 2, June 1982, pp. 15-20.

Bo79 Bolour, A.: Optimality properties of multiple key hashing functions, in: Journal of the ACM, Vol. 26, No. 2, 1979, pp. 196-210.

CF81 Chang, J.-M., Fu, K.-S.: Extended K-d Tree Database Organization: A Dynamic Multiattribute Clustering Method, in: IEEE TSE, Vol. SE-7, No. 3, May 1981, pp. 284-290.

CODA73 Codasyl DDL Journal of Development, June 73 Report, erhältlich bei IFIP Administrative Data Processing Group, 40 Paulus Potterstraat, Amsterdam.

DGW85 Deppisch, U., Günauer, J., Walch, G.,: Speicherungsstrukturen und Adressierungstechniken für komplexe Objekte des NF^2-Relationenmodells, in: Proc. GI-Fachtagung – Datenbanken für Büro, Technik und Wissenschaft, Informatik-Fachberichte, Springer Verlag 1985.

DLW84 Dadam, P., Lum, V., Werner, H.-D.: Integration of Time Versions into a Relational Database System, in: Proc. 10th Int. Conf. on VLDB, Singapore, 1984, pp. 509-522.

DBE84 IEEE Database Engineering, Vol. 7, No. 1, March 1984.

De85 Deppisch, U., Obermeit, V., Paul, H.-B., Schek, H.-J., Scholl, M., Weikum, G.: Ein Subsystem zur stabilen Speicherung versionenbehafteter, hierarchisch strukturierter Tupel, in: Proc. GI-Fachtagung-Datenbanken für Büro, Technik, Wissenschaft, Informatik-Fachberichte, Springer-Verlag, 1985.

DKML84 Dittrich, K.R., Kotz, A.M., Müller, J.A., Lockemann, P.C.: Datenbankkonzepte für Ingenieuranwendungen: eine Übersicht über den Stand der Entwicklung, in: Proc. GI-14. Jahrestagung, Braunschweig, IFB88, Springer Verlag, 1984, S. 175-192.

Ea80 Eastman, C.M.: System Facilities for CAD-Database, in: Proc. 17th Design Automation Conf., Minneapolis, 1980, pp. 50-56.

Eb84 Eberlein, W.: Architektur technischer Datenbanken für Integrierte Ingenieursysteme, Dissertation, Arbeitsberichte des IMMD, Bd. 17, Nr. 1, Universität Erlangen, 1984

EH84 Effelsberg, W., Härder, T.: Principles of Database Buffer Management, in: ACM TODS, Vol. 9, No. 4, Dec. 1984.

El82 Elhardt, K.: Das Datenbank-Cache: Entwurfsprinzipien, Algorithmen, Eigenschaften, Dissertation, TU München, 1982.

EN80 Ellis, C.A., Nutt, G.J.: Office Information Systems and Computer Science, in: ACM Computing Surveys, Vol. 12, No. 1, March 1980, pp. 27-60.

FB74 Finkel, R.A., Bentley, J.L.: Quad-Trees – A Data Structure for Retrieval on Composite Keys, in: Acta Informatica 4, 1974, pp. 1-9.

Fi83 Fischer, W.E.: Datenbanksystem für CAD-Arbeitsplätze, Informatik-Fachberichte 70, Springer Verlag, 1983.

Fr83 Frank, A.: Datenstrukturen für Landinformationssysteme – semantische, topologische und räumliche Beziehungen in Daten der Geo-Wissenschaften,

Dissertation, ETH Zürich, 1983.

GK80   Güting, H., Kriegel, H.P.: Multidimensional B-trees: An Efficient Dynamic File Structure for Exact Match Queries, in: Proc. 10. GI-Jahrestagung, Informatik-Fachberichte 33, Springer, 1980, pp. 375-388.

GP83   Gründig, L., Pistor, P.: Land-Informationssysteme und ihre Anforderungen an Datenbank-Schnittstellen, in: Informatik-Fachberichte 72, Sprachen für Datenbanken, Springer-Verlag, 1983, S. 61-75.

Gr78   Gray, J.: Notes on Database Operating Systems, in: Operating Systems: an Advanced Course, Bayer, R., Grahan, R.M., Seegmüller, G. (eds.), Lecture Notes on Computer Science 60, Springer Verlag, 1978, pp. 393-481.

Gr81   Gray, J.: The Transaction Concept: Virtues and Limitations, in: Proc. 7th Int. Conf. on VLDB, Cannes, 1981, pp. 144-154.

Gr84   Gray, J.: Report on Trip to MIT, DB Extravaganza at Wang Institute and IBM Yorktown Research Lab., 1984, private communication.

GS82   Guttman, A., Stonebraker, M.: Using a Relational Database Management System for Computer Aided Design Data, in: IEEE Database Engineering, Vol. 5, No. 2, June 1982, pp. 21-28.

GT83   Gibbs, S., Tsichritzis, D.: A Data Modeling Approach for Office Information Systems, in: ACM TODIS, Vol. 1, No. 4, Oct. 1983, pp. 299-319.

Gu84   Guttman, A.: R-Trees: A Dynamic Index Structure for Spatial Searching, in: Proc. ACM SIGMOD '84 Conf., Boston, June 1984, pp. 47-57.

Gü83   Günther, D.K.: Database Requirements of Computer-aided Office-Procedures, GMD-Arbeitspapier Nr. 54, 1983.

Hä77   Härder, T.: A Scan-driven Sort Facility for a Relational Database System, in: Proc. 3rd Int. Conf. on VLDB, Tokyo, Oct. 1977, pp. 236-243.

Ha81   Haynie, M.N.: The Relational/Network Hybrid Data Model for Design Automation Databases, in: Proc. 18th Design Automation Conf. (IEEE), June 1981, pp. 646-652.

Hä84   Härder, T.: Überlegungen zur Modellierung und Integration der Zeit in temporalen Datenbanksystemen, Forschungsbericht, SFB 124, Uni Kaiserslautern/Saarbrücken, 1984.

Hä85   Härder, T.: Realisierung von operationalen Schnittstellen, in: Datenbank-Handbuch, Springer Verlag, 1985.

HL82   Haskin, R.L., Lorie, R.A.: On Extending the Functions of a Relational Database System, in: Proc. ACM SIGMOD Conf., Orlando, Fl., 1982.

HN83   Hinrichs, K., Nievergelt, J.: The Grid File: a Data Structure Designed to Support Proximity Queries on Spatial Objects, in: Proc. 9th Conf. on Graphtheoretic Concepts in Computer Science (WG83), Carl Hanser Verlag, München, 1983.

HP84   Härder, T., Peinl, P.: Evaluating Multiple Server DBMS in General Purpose Operating System Environments, in: Proc. of the 10th VLDB-Conference, Singapur, 1984, pp. 129-140.

HR83a   Härder, T., Reuter, A.: Concepts for Implementing a Centralized Database Management System, in: Proc. ICS 83, Nürnberg, Teubner Verlag, 1983, pp. 28-59.

HR83b   Härder, T., Reuter, A.: Database Systems for Non-Standard Applications, in: Proc. ICS83, Nürnberg, Teubner Verlag, 1983, pp. 452-466.

HR83c   Härder, T., Reuter, A.: Principles of Transaction-Oriented Database Recovery, in: ACM Computing Surveys, Vol. 15, No. 4, Dec. 1983, pp. 287-317.

IGES83 Initial Graphics Exchange Specification (IGES), Vesion 2.0, U.S. Department of Commerce, NBS, Washington, DC 20234, USA, Feb. 83

JK84   Jarke, M., Koch, J.: Query Optimization in Database Systems, in: ACM Computing Surveys, Vol. 16, No. 2 June 1974, pp. 111-152.

Ka82   Katz, R.N.: A Database Approach for Managing VLSI Design Data, in: Proc. 19th Design Automation Conf., June 1982.

Kl83   Klopprogge, M.R.: Gegenstands- und Beziehungsgeschichten: Ein Konzept zur Beschreibung und Verwaltung zeitveränderliche Informationen in Datenbanken, Dissertation, Uni Karlsruhe, 1983.

KLMP84 Kim, W., Lorie, R.A., McNabb, D., Plouffe, W.: A Transaction Mechanism for Engineering Design Databases, in: Proc. 10th Int. Conf. on VLDB, Singapore, 1984, pp. 355-362.

Kr84 Kriegel, H.-P.: Performance Comparison of Index Structures for Multi-Key Retrieval, in: Proc. ACM SIGMOD '84 Conf., pp. 186-196.

LM79 Lam, Ch., Madnick, S.E.: Properties of Storage Hierarchy Systems with Multiple Page Sizes and Redundant Data, in: ACM TODS, Vol. 4, No. 3, Sept. 1979, pp. 345-367.

LN79 Lorie, R.A., Nilsson, J.F.: An Access Specification Language for a Relational Data Base System, in: IBM journal of Research and Development, Vol. 23, No. 3, May 1979, pp. 286-298.

Lo81 Lories, R.A.: Issues in Databases for Design Applications, in: Proc. IFIP Conf. on CAD Data Bases, File Structures and Data Bases for CAD, Encarnacao, J. and Krause, F.L. (eds.), North Holland Publ. Comp., 1981, pp. 214-222.

Lo77 Lorie, R.A.: Physical Integrity in a Large Segmented Database, in: ACM TODS, Vol. 2, No. 1, March 1977, pp. 91-104.

Lo85 Lockemann, P.C. et al.: Anforderungen technischer Anwendungen an Datenbanksysteme, in: Proc. GI-Fachtagung-Datenbanken für Büro, Technik und Wissenschaft, Informatik-Fachberichte, Springer Verlag 1985.

Loh83 Lohman, G., et al.: Remotely-Sensed Geophysical Databases: Experience and Implications for Generalized DBMS, in: Proc. of the SIGMOD 83 Conference, San Jose, 1983, pp. 146-160.

LS83 Lum, V., Schek, H.-J.: Position Paper, in: Proc. 9th Int. Conf. on VLDB, Florence, 1983, Panels pp. 12-16.

LS79 Lampson, B.W., Sturgis, H.E.: Crash Recovery in a Distributed Data Storage System, XEROX Research Report, Palo Alto, April 1979.

Lu84 Lum, V., Dadam, P., Erbe, R., Günauer, J., Pistor, P., Walch, G., Werner, H., Woodfill, J.: Designing DBMS Support for the Temporal Dimension, in: Proc. ACM SIGMOD84 Conf., pp. 115-130.

LW79 Lorie, R.A., Wade, B.W.: The Compilation of a High Level Data Language, IBM Research Report RJ 2598, San Jose, Calif., 1979.

ML83 Meier, A., Lorie, R.: Implicit Hierarchical Joins for Complex Objects, IBM Res. Report RJ3775, San Jose, 1983.

Mi84 Mitschang, B.: Überlegungen zur Architektur von Datenbanksystemen für Ingenieuranwendungen, in: Proc. GI-14. Jahrestagung, Braunschweig, Informatik-Fachberichte 88, Springer Verlag, 1984, S. 318-334.

Mo82 Moss, J.E.B.: Nested Transactions and Reliable Distributed Computing, in: Proc. of the 2nd Group on Reliability of Distributed Software and Database Systems, 1982, pp. 33-39.

MS83 Müller, Th., Steinbauer, D.: Eine Sprachschnittstelle zur Versionen-kontrolle in CAM-Datenbanken, in: Informatik-Fachberichte 72, Sprachen für Datenbanken, Springer Verlag, 1983, S. 76-95.

NH82 Neumann, T., Hornung, C.: Consistency and Transactions in CAD Databases, in: Proc. 8th Int. Conf. on VLDB, New Mexico, 1982

NHS84 Nievergelt, J., Hinterberger, H., Sevcik, K.D.: The Grid File: an Adaptable, Symmetric Multi-Key File Structure, in: ACM TODS, Vol. 9, No. 1, 1984, pp. 38-71.

PR83 Peinl, P., Reuter, A.: Empirical Comparison of Database Concurrency Control Schemes, in: Proc. of the 9th VLDB-Conference, Florenz, 1983, pp. 97-108.

PSSW84 Paul, H.-B., Schek, H.-J., Scholl, M., Weikum, G.: Überlegungen zur Architektur eines "Non-Standard"-Datenbanksystems, Arbeitsbericht Nr. DVSI-1984-A2, Technische Hochschule Darmstadt, 1984.

SAHR84 Stonebraker, M., Anderson, E., Hanson, E., Rubenstein, B.: QUEL as a Data Type, in: Proc. ACM SIGMOD 84, Conf., pp. 208-214.

Sch77 Schueler, B.-M.: Update Reconsidered, in: Architecture and Models in Data Base Management Systems, Nijssen, G.M. (ed.), North-Holland Publ. Comp., 1977.

Sch84 Scheer, A.-W.: Schnittstellen zwischen betriebswirtschaftlicher und technischer Datenverarbeitung in der Fabrik der Zukunft, in: Proc. GI-14. Jahrestagung, Braunschweig, Informatik-Fachberichte 88, Springer Verlag, 1984, S. 56-79.

Se79   Selinger, P.G. et al.: Access Path Selection in a Relational Database Management System, in: Proc. ACM-SIGMOD Int. Conf. on Management of Data, Boston, Mass., 1979, pp. 23-34.

Si80   Sidle, T.W.: Weakness of Commercial Data Base Management Systems in Engineering Application, in: Proc. 17th Design Automation Conf., Minneapolis, 1980, pp. 57-61.

SL76   Severance, D.G., Lohman, G.M.: Differential Files: Their Application to the Maintenance of Large Databases, in: ACM TODS, Vol. 1, No. 3, Sept. 1976, pp. 256-267.

SL83   Schek, H.-J., Lum, V.: Position Paper and Panel on "Complex Data Objects", in: Proc. 9th Conf. on VLDB, Florence 1984, Panels, pp. 12-16.

SO82   Scheuermann, P., Onksel, M.: Multidimensional B-Trees for Associative Searching in Database Systems, in: Information Systems, Vol. 7, No. 2, 1982, pp. 123-137.

SOW84   Shoshani, A., Olken, F., Wong, H.K.T.: Characteristics of Scientific Databases, in: Proc. 10th Int. Conf. on VLDB, Singapore, 1984, pp. 147-159.

SP82   Schek, H.-J., Pistor, P.: Data Structures for an Integrated Data Base Management and Information Retrieval System, in: Proc. 8th Int. Conf. on VLDB, New Mexico, 1982, pp.

SRG83   Stonebraker, M., Rubenstein, B., Guttman, A.: Application of Abstract Data Types and Abstract Indices to CAD Data Bases, in: Proc. 1983 Data Base Week: Engineering Design Applications, San Jose, 1983, pp. 107-113.

SS77   Smith, J.M., Smith, D.P.C.: Database Abstractions: Aggregation and Generalization, in: ACM TODS, Vol. 2, No. 2, June 1977, pp. 105-133.

SS83   Schek, H.-J., Scholl, M.: Die NF^2-Relationenalgebra zur einheitlichen Manipulation externer konzeptueller und interner Datenstrukturen, in: Informatik-Fachberichte 72, Sprachen für Datenbanken, Springer Verlag, 1983, S.

St84   Stonebraker, M.: Virtual Memory Transaction Management, in: Operating Systems Review, Vol. 18, No. 2, Apr. 1984, pp. 8-16.

SR84   Stonebraker, M.R., Rowe, L.A.: Database Portals - A New Application Program Interface, in: Proc. 10th Int. Conf. on VLDB, Singapore, 1984, pp. 3-13.

SWA83   Stonebraker, M., Woodfill, J., Anderson, E.: Implementation of Rules in Relational Database Systems, in: IEEE Database Engineering, Vol. 6, No. 4, Dec. 1983, pp. 65-74.

SWKH76   Stonebraker, M., Wong, E., Kreps, P., Held, G.: The Design and Implementation of INGRES, in: ACM TODS Vol. 1, No. 3, 1976, pp. 189-222.

Ta82   Tamminen, M.: Efficient Spatial Access to a Data Base, in: Proc. of the '82 SIGMOD-Conference, Orlando, 1982, pp. 200-206.

Tr82   Traiger, I.: Virtual Memory Management for Database Systems, in: Operating Systems Review, Vol. 16, No. 4, Oct. 1982, pp. 26-48.

VCJ83   Vassiliou, Y., Clifford, J., Jarke, M.: How Does an Expert System Get Its Data?, in: Proc. 9th Int. Conf. on VLDB, Florence, 1983, pp. 70-72.

VDN84   Verteilte Datenbanken Nixdorf, VDN-Leistungsbeschreibung, Nixdorf Computer AG, 1984.

Vö84   Vöge, E.: Zum Einsatz rechnergestützter Verfahren in der Produktentwicklung; in: Proc. GI-14. Jahrestagung, Braunschweig, Informatik-Fachberichte 88, Springer Verlag, 1984, S. 121-142.

Wa84   Walter, B.: Nested Transactions With Multiple Commit Points: An Approach To The Structure Of Advanced Database Applications, in: Proc. of the 10th VLDB-Conference, Singapur, 1984, pp. 161-171.

We83   Weikum, G.: Entwurfsüberlegungen für einen Versionen-Manager zur Realisierung eines Temporalen Datenbanksystems, TH Darmstadt, Arbeitsbericht DVSI-1983-A1.

Hardwareunterstützung für Datenbanken in Büro, Technik und Wissenschaft

H. Schweppe *
Siemens AG, München
Zentrale Forschung und Entwicklung, ZTI

Zusammenfassung

Es wird eine Übersicht über den Stand der Entwicklung datenbankspezifischer Rechnerarchitekturen bei besonderer Berücksichtigung von Anwendungen im Bürobereich gegeben. Für drei Klassen von Architekturen wird diskutiert, welches Leistungsverhalten sie in verschiedenen Typen von Anwendungen haben. Ferner werden Firmware- und Hardwaremaßnahmen zur Systembeschleunigung miteinander verglichen. Nach einer Übersicht über den Leistungsstand von Peripheriespeichern werden Leistungsanforderungen und mögliche leistungsverbessernde Maßnahmen für Operationen auf wenig strukturierten Objekten, insbesondere Texten, behandelt.

1 Einleitung

Seit Mitte der siebziger Jahre werden in einer Vielzahl von universitären wie industriellen Forschungsprojekten große Anstrengungen unternommen, Leistungsprobleme von Datenbanksystemen (DBS) durch gezielte Hardwaremaßnahmen zu entschärfen. Die zum erstenmal von Slotnick (/Slot 70/) formulierte Grundidee ist die folgende: Operationen sind häufig auf Teile einer Datenbank (DB) anzuwenden, die auf einem im Vergleich zum Hauptspeicher langsamen Peripheriespeicher abgelegt sind. Statt nun die Daten auf herkömmliche Weise dem Prozessor durch Transport in den Hauptspeicher verfügbar und damit erst verarbeitbar zu machen, wird der Peripheriespeicher mit Funktionswerken versehen, die die Ausführung der Operationen **unabhängig vom Hauptprozessor** ermöglichen. Die in diesem Zusammenhang wohl typischste Operation ist die **Suche** in Datenbeständen aufgrund inhaltsbezogener Kriterien. Wir werden auf diese Suchoperationen noch mehrfach zurückkommen.

----

* Die Arbeit basiert zu wesentlichen Teilen auf der Tätigkeit des
  Autors im Projekt "Relationale Datenbankmaschine" an der
  TU Braunschweig; jetzige Adresse: Siemens AG, ZTI Inf 3,
  Otto-Hahn-Ring 6, 8000 München 83

Der Begriff "Hardwareunterstützung von Datenbanken" deckt ein weites
Spektrum von Ansätzen ab. Neben der in frühen Projekten verfolgten
Zielsetzung, Einzelfunktionen in die Speicherperipherie zu verlagern
(RAP /SNOS 79/, SURE /LSZe 78/, CASSM /SuLi 75/, CAFS /Mite 74/)
bekam die Verlagerung des vollständigen DBS in einen separaten
Rechner zunehmende Bedeutung. Das Hauptargument für eine solche
Backend-lösung, bei der Haupt- und Datenbankrechner eine enge
Kopplung, z.B. über eine Kanalschnittstelle, aufweisen, ist der
Kapazitätsgewinn auf Seiten des Hauptrechners. Inwieweit dieses
Argument stichhaltig ist, wird noch zu diskutieren sein.

Backend-Systeme (BE) für die Datenbankverwaltung weisen selbst eine
erhebliche Vielfalt auf. Handelt es sich bei dem BE um eine speziell
auf Datenbankbedürfnisse hin entworfene Architektur, die in der
Regel spezielle HW-Werke zur zeiteffizienten Ausführung von
Einzeloperationen aufweist, so spricht man von einer
Datenbankmaschine (DBM). Beispiele findet man fast ausschließlich
in Forschungsprojekten (z.B. SABRE /Gard 81/, DBC /BHKa 79/, RDBM
/SZHL 83/). Kommerziell angebotene Systeme stützen sich fast immer
auf Standardhardware (z.B. der Intel Datenbankprozessor iDBP
/Inte 82/ oder der Adabas-Backend ADM). Ein hybrides System
ist die IDM der Firma Britton-Lee /Brle 82/ (in Deutschland
vertrieben von der GEI), die neben der Standard-Hardware und
-Datenbank-Software als Option eine Spezialhardwarekarte
('Accelerator') aufweist, der die Suche innerhalb einer Datenseite
beschleunigen soll.

Offenbar haben DBM die in sie gesetzten Erwartungen nur sehr unzureichend erfüllt. Der eindeutige Nachweis von Leistungssteigerungen
konnte bisher nicht erbracht werden, die angebotenen Produkte
stellen allem Anschein nach keinen kommerziellen Erfolg dar (*).
Vielmehr wurden mehrere Produkte frühzeitig wieder vom Markt
genommen, so auch die oben genannten Systeme iDBP und ADM.

Im zweiten Kapitel werden wir diskutieren, welches die Ursachen für
die bisher kaum überzeugenden Leistungen von DBR in herkömmlichen
Datenbankanwendungen sind. Dem wird der erheblich erweiterte
Funktionsumfang und Leistungsbedarf von Nichtstandard-Datenbanken,
insbesondere in Büroapplikationen, gegenübergestellt. Ehe in Kapitel 4 eine Reihe von möglichen Hardware-Komponenten mit besonderer
Relevanz für diese neuen DB-Anwendungen vorgestellt werden, soll
in Kapitel 3 über Stand und sich abzeichnende Tendenzen der
(Peripherie-)Speichertechnologie referiert werden.

----

* Wir klammern hier bewußt den Datenbankrechner IBM/38 (Utle 78/)
  aus. Zwar werden bei diesem System auch Datenbankfunktionen durch
  Firmware unterstützt, die konsequente objektorientierte Architektur
  weist jedoch weit über reine Datenbankaufgaben hinaus.

2 Hardwareunterstützung für Standard-Datenbanken

D. Hsiao, einer der Datenbankmaschinen-Pioniere, betitelte 1979 eine
Einführung in die Thematik "Database Computer" optimistisch mit
"Database machines are coming" (/Hsiao 79/). 1983 stellte D. DeWitt
provokativ die These auf: "Database machines are dead" (/BoDe 83/).
In der Tat hat die Euphorie der späten siebziger Jahre, effiziente
Spezialhardware für die Datenverwaltung bereitstellen zu können, einer
differenzierteren Betrachtungsweise Platz gemacht. Spezifische Hard-
ware/Firmware-Lösungen werden für verschiedene Anwendungen kommerziell erfolgreich eingesetzt: Beispiele sind Vektorrechner, Signal-
und Sprachprozessoren (speziell Lispmaschinen). Trotz des wesentlich
größeren Marktpotentials gilt das nicht für Datenbankanwendungen. Eine
Ursache dafür ist darin zu sehen, daß es **die** Datenbankanwendung
nicht gibt. Numerische Probleme weisen immer eine Regularität - ange-
fangen bei den Datentypen - auf, die parallele Verarbeitungsformen
unmittelbar nahelegen; die Manipulation von Listenstrukturen ist die
zentrale Aufgabe eines Lisp-Prozessors.
Dagegen stellen sich bei einem Datenbanksystem mit hoher Frequenz
einfacher Transaktionen, z.B. ändernder Einzelsatzzugriffe, völlig
andere Probleme als in einer Einbenutzerumgebung, in der aufwendige
relationale Operationen dominieren.

Das Spektrum verbreitert sich noch deutlich, wenn Nichtstandard-DB-
Anwendungen in die Betrachtung einbezogen werden. Damit bietet sich
auch eine Vielfalt von systemtechnischen Lösungen mit einer Leistungsfähigkeit an, die jeweils wesentlich von der dominierenden An-
wendungsart abhängt.

2.1 Architekturmaßnahmen zur Leistungssteigerung

Die beiden Hauptfaktoren, die zur Arbeitsrichtung "Datenbankmaschinen" beigetragen haben, sind

o   die stürmische Entwicklung der LSI Technologie
o   die beobachteten Leistungsengpässe von Softwaredatenbanksystemen.

Unglücklicherweise stand der erste Gesichtspunkt bei vielen For-
schungsansätzen im Vordergrund: die kostengünstige Verfügbarkeit
elektronischer Bausteine führte zu der undifferenzierten Auffassung,
der Einsatz von Spezialhardware für einige als zentral angesehene
Operationen, wie die Selektion, werde die Leistungsfähigkeit insgesamt
entscheidend verbessern. Eine sorgfältige Analyse der Engpässe
unterblieb lange Zeit.

Leistungsverbessernde Maßnahmen lassen sich auf verschiedenen Systemebenen treffen. Einmal können, wie beim Systemtuning generell üblich,
kritische Teile besonders effizient gestaltet werden. Dabei kann es
sich um auf einer sehr tiefen Systemschicht angesiedelte elementare
Operationen handeln - die Adressumsetzung für ein in einem sehr großen
virtuellen Adressraum ablaufenden DBS ist ein Beispiel - oder um an
der Oberfläche sichtbare Operationen wie die inhaltsorientierte
Suche.

Auf der Architekturebene lassen sich ebenfalls leistungsfördernde
Maßnahmen treffen. Der effektiv erzielbare Gewinn hängt sehr vom
dominierenden Anwendungstyp ab. Zur Verdeutlichung wählen wir verschiedene Typen, die allerdings in dieser Ausschließlichkeit kaum in
echten Anwendungssituationen anzutreffen sind.

a) Einzelsatzzugriffe über vordefinierte Zugriffspfade mit geringem Verarbeitungsaufwand

b) Mengenzugriff ohne Zugriffspfadunterstützung mit ausschließlich satzinternem Verarbeitungsaufwand

c) Mengenzugriff und satzübergreifende Operationen ohne eigene Zugriffspfade.

Obwohl die Unterscheidung in lesende und ändernde Transaktionen für das Leistungsverhalten von DBS von großer Bedeutung sein kann, besonders unter dem Gesichtspunkt der Atomizität von Transaktionen, muß hier auf eine ausführliche Diskussion der Problematik verzichtet werden (siehe dazu /Reut 82/). Man muß im übrigen auch kritisch anmerken, daß der Schwerpunkt der Untersuchungen zu Datenbankmaschinen bisher eindeutig bei ausschließlich lesenden Operationen lag.

2.1.1 Architekturtypen

Abstrahiert man von der konkreten Struktur der Vielzahl von Entwürfen von DBM, so lassen sich die folgenden Architekturtypen erkennen.

1) Mehrprozessorsysteme mit Parallelisierung durch Replikation von Funktionswerken oder Pipelining (Abb. 2.1)

2) verteilte Architekturen (Abb. 2.2)

3) Datenfilterarchitekturen (Abb. 2.3)

Sehr unkonventionelle Entwürfe wie hochparallele, reguläre Strukturen werden zunächst aus der Betrachtung ausgeklammert.

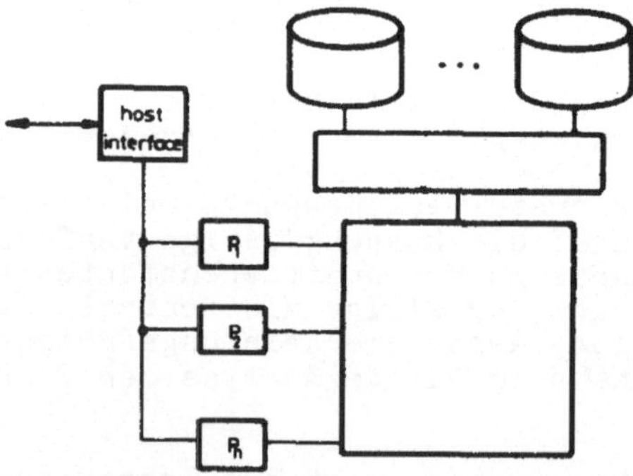

Abb. 2.1: Mehrprozessor-DBM-Architektur

Sowohl bei Mehrprozessorsystemen als auch in verteilten Architekturen ist die Leistungssteigerung durch Parallelisierung das wichtigste Ziel.

Im ersten Fall wird entweder eine Teilaufgabe mit mehreren Prozessoren bearbeitet (z.B. DIRECT /DeWi 79/) oder die verschiedenen dafür auszuführenden Operationen werden gemäß dem zugrunde liegenden Präzedenzgraphen parallel bearbeitet. Beispiele sind DBC /BHKa 79/ RDBM /SZHL 82/, Delta /Shiba 84/, Sabre /Gard 81/ oder bis zu einem gewissen Grade auch IDM /Brle 82/. Die relationale Datenbankmaschine RDBM

verfügt beispielsweise über Prozessoren zur Datenfilterung, Sortie-
rung, Formatkonversion sowie über Prozessoren zur Speicherverwaltung
und für satzübergreifende Operationen, insbesondere den relationalen
Verbund (siehe /SZHL 82/). Es ist aus Architektursicht unerheblich,
ob es sich um universelle Prozessoren oder solche mit dedizierter
Hard-/Firmware handelt. Unerheblich ist auch die technische Realisierung der Kommunikation zwischen den Instanzen. Meistens ist ein gemeinsamer Pufferspeicher vorgesehen, prinzipiell ist auch eine physische Prozessorpipeline möglich (siehe z.B. /BHKa 79/). Die charakteristischen Merkmale sind zum einen die kooperative Ausführung von
Transaktionen durch das Prozessorensemble (dies ist ein Unterschied
zu Multiprozessor-DBS, bei denen die Bearbeitung einer kompletten
Transaktion jeweils einem Prozessor übertragen wird) zum anderen die
Tatsache, daß jedem Prozessor prinzipiell die gesamte Datenbasis zugänglich ist. Im Unterschied dazu ist das Charakteristikum einer verteilten Architektur die Partionierung der Datenbasis.

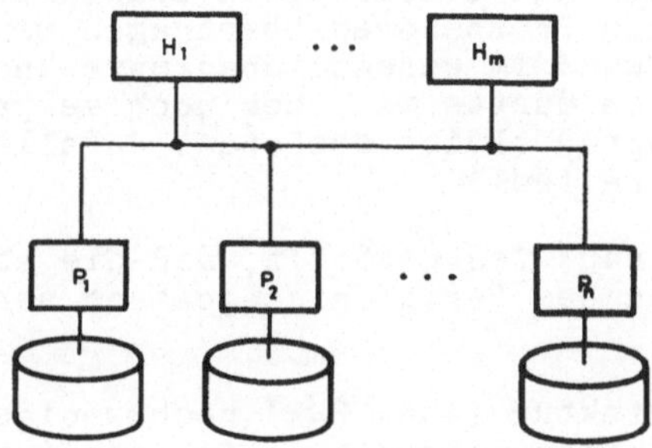

Abb. 2.2: Verteilte DBM-Architektur

Die Verarbeitungsprozessoren P_i führen dabei soweit möglich Operatio-
nen autonom auf dem zugeordneten Datenbestand durch. Die Transak-
tionssteuerung und die Realisierung nichtlokaler satzübergreifender
Operationen obliegt einem Hauptprozessor H. Micronet /Su 78/ ist ein
Beispiel für eine verteilte Architektur. Ebenso die Anfang 84 als
Produkt vorgestellte Datenbankmaschine DBC/1012 der Firma Teradata.
Inc. /ShNe 84/. Im Unterschied zu Micronet hat das verbindende
Bussystem bei DBC/1012 (nicht zu verwechseln mit der von Hsiao vor-
geschlagenen Architektur "DBC") nicht reine Transportfunktionen.
Vielmehr handelt es sich um ein Sortiernetzwerk. Der Hauptrechner
mit dem DB-Anwendungsprogramm gehört nicht zur Konfiguration, die
Koordination von satzübergreifenden Operationen obliegt sogenannten
Interfaceprozessoren (in Abb. 2.2 den H entsprechend). Der Zielmarkt
liegt eindeutig bei Großdatenbanken (z.Zt. ist die DBM nur an IBM-Haupt-
rechner unter MVS anschließbar).
Der dritte Architekturtyp realisiert keine Backend-Lösung. Vielmehr
werden Filteroperationen in der Peripherie abgewickelt.

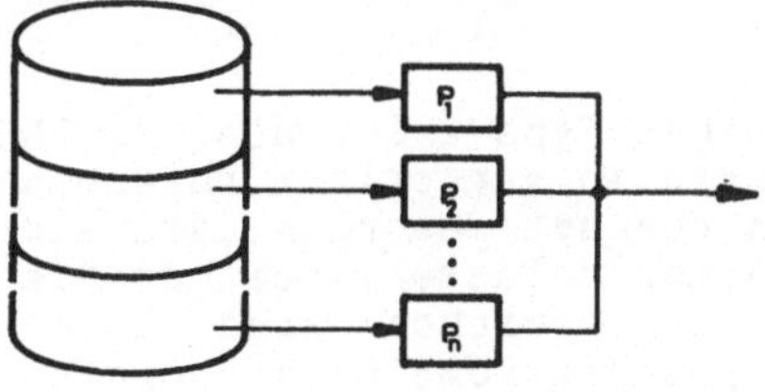

Abb. 2.3: Datenfilterarchitektur

In Abschnitt 4 werden wir hierauf ausführlich eingehen.

Es soll jetzt diskutiert werden, welches Leistungsverhalten der
skizzierten Architekturtypen jeweils für die oben beschriebenen Anwendungsklassen zu erwarten ist.

2.1.2 Leistungsverhalten der Architekturtypen

Bei Datenbanken mit höchsten Lastanforderungen sind die Transaktionen
häufig sehr einfach. Sie bestehen aus wenigen Einzelsatzzugriffen mit
vordefinierten Zugriffspfaden (entsprechend Anwendungssituation a)).
Klassisches Beispiel sind Flugbuchungssysteme. Die Verwaltung der unabhängigen Transaktionen sowie die hohe Anzahl direkter Speicherzugriffe stellen den wesentlichen Engpaß dar. Mehrprozessor-DBM leisten
für diesen Anwendungstypus praktisch keinen leistungssteigernden Beitrag:
- da nur Teilfunktionen, aber keine kompletten Transaktionen, zur
  Ausführung an die einzelnen Prozessoren übertragen werden können,
  bleibt der Verwaltungsaufwand im wesentlichen unverändert (die
  Interprozessorkommunikation dürfte ihn eher noch vergrößern)
- der Hintergrundspeicherengpaß bleibt bestehen, da alle Transaktionen auf einen Bestand zugreifen.

In /BoDe 83/ wird darüber hinaus festgestellt, daß die effektive Ausnutzung der Prozessoren wegen des Peripherieengpasses sehr schlecht
ist.

Offenbar ist die Filterarchitektur (Abb. 2.3) noch weniger geeignet,
einen leistungssteigernden Beitrag für diesen Anwendungstyp zu
leisten.
Da die Adresse des Blocks mit dem gesuchten Satz wegen des angenommenen existierenden Zugriffspfads bekannt ist, reduziert sich die
Filterfunktion auf das Herauslösen des Satzes aus dem Block. Dies kann
jedoch auch mit bekannten Techniken in wenigen Zyklen realisiert
werden.

Eine verteilte DBM-Architektur dagegen wirkt sich auf den Peripherie-
speicherengpaß aus: die effektive Zugriffszeit verringert sich, vorausgesetzt der Zugang zu den Speichereinheiten und die Satzzugriffe sind
unabhängig. Ein wichtiges Problem ist die effiziente Ermittlung der
relevanten Datenbankpartition. Bei ausschließlichem Primärschlüsselzugriff kann dieses leicht über eine Hash-Abbildung geschehen (wie bei dem
Teradata-System), andernfalls hängt die Effektivität auch von der Datenverteilung ab. Die Zugriffspfade werden für jede Partition durch die lokalen, peripherienahen Prozessoren verwaltet, dagegen tritt kaum Verarbeitungsaufwand im engeren Sinne auf, da die Zielsätze praktisch unmodi-
fiziert an das Anwendungsprogramm weitergegeben werden. Kritisch sind
bei der betrachteten Konfiguration Folgezugriffe auf Sätze in fremden
Partitionen. Dies kann z.B. beim Durchlauf eines CODASYL-Set auftreten,
wenn ein Satz zu verschiedenen Sets gehört, die ihrerseits verschiedenen
Partitionen zugeordnet sind.

Die verteilte Architektur obigen Typs 2 ist also mit ähnlichen Problemen behaftet, wie sie allgemein in verteilten Datenbanken auftreten.
Bisher sind keine Ergebnisse bekannt geworden, die einen Vergleich mit
einer Mehrprozessorkonfiguration zulassen, bei der die Peripheriespeicher
dynamisch von allen Prozessoren erreichbar sind. Solche Systeme, bei
denen die Peripherieprozessoren die komplette Verwaltung der E/A-Aufträge
einschließlich Zugriffsoptimierung und die Auswahl der (meist redundant

ausgelegten) Datenpfade übernehmen sowie Zugriffskollisionen verhindern
(z.B. DEC HSC 50), gewinnen in Mainframe-Sektor zusehends an Bedeutung.
Mit Ausnahme des CAFS-Controllers, auf den in Abschnitt 4 eingegangen
wird, werden jedoch keinerlei Verarbeitungsfunktionen durchgeführt; die
Schnittstelle zum Betriebssystem ist mit kleinen Ausnahmen identisch mit
der physikalischen E/A-Schnittstelle traditioneller Mainframes (/Duga 83/).

Die Anwendungstypen b) und c) sind verarbeitungsintensiv. Alle Architekturtypen bieten hier Leistungsgewinne, sofern die Verarbeitungsleistung
vorwiegend für die assoziative Suche im Datenbestand gefordert wird. Der
'Accelerator' der IDM, ein Koprozessor mit vorwiegend Datenfilterungsauf-
gaben, bewirkt bei einfachen Suchaufträgen eine Beschleunigung um den Faktor 8, bei komplexeren Anfragen bzw. Änderungen ist der Leistungsgewinn
marginal (/Brle 83/).

DeWitt berichtet über Experimente mit der Mehrprozessor-DBM DIRECT
/DeHa 81/. Die Erhöhung der Parallelität durch Vergrößerung der Anzahl
von Prozessoren (mit gleicher Funktion) von drei auf vier ergab keine
nennenswerte Reduktion der Antwortzeit. Als entscheidender Engpaß erweist
sich die E/A-Schnittstelle /BoDe 83/. Begriffe wie CPU-Überlast ("cpu
bound") bzw. E/A-Überlast("I/O- bound") geben jedoch nur ein grobes, oft
unzutreffendes Bild der tatsächlichen Situation. So kann eine CPU-Über-
lastung eines Systems durch die mit den I/O-Vorgängen verbundenen CPU-
Aktivitäten entstehen.

Die verteilte DBM-Architektur läßt also auch in den Anwendungsfällen
b) und c) desto mehr Leistungsgewinn erwarten, je mehr durch die E/A
geforderte CPU-Leistung in die Peripherieprozessoren verlagert wird.
Während im Anwendungsfall b) der Verarbeitungsmodus rein lokal ist,
werden bei satzübergreifenden Operationen Interaktionen zwischen den
Partitionen einer verteilten DBM-Architektur nötig. Dies beeinträchtigt
die Verarbeitungsleistung der beteiligten Prozessoren: der oft umfangreiche Datentransport belastet selbst bei DMA-Verkehr indirekt die
CPU (cycle stealing); ferner ist die direkte Belastung der Prozessoren
wegen des mit einem Transport verbundenen Protokollaufwands bekanntlich
erheblich.

Der Zwang zur Interaktion wegen notwendiger Synchronisierungsmaßnahmen
besteht aber auch beim Anwendungstyp b) mit lokalen Verarbeitungsopera-
tionen, wenn diese nicht rein lesend sind.
Datenfilterarchitekturen bieten Vorteile, wenn der Verarbeitungsaufwand
pro Satz hoch im Vergleich zum sonstigen Aufwand ist bzw. die Anzahl der
zu prüfenden Sätze groß ist. Dies gilt in den klassischen Datenbankanwendungen selbst bei Mengenzugriffen nur bedingt, da sich die satzinterne
Verarbeitung meist auf Vergleiche und einfache Arithmetik beschränkt.

Obwohl das Filtern eines Datenstroms eine typisch lineare Operation
ist, lassen sich auch manche nichtlineare Operationen mit modifizierten
Datenfilterarchitekturen effizient realisieren. Ein Beispiel für die
Unterstützung des Halbverbunds (semi join) gibt Babb /Babb 79/.

Die bisher betrachteten DBM-Typen orientieren sich deutlich an traditionellen Architekturkonzepten. Einige neuere Entwürfe gehen von einem
sehr viel höheren Parallelitätsgrad aus, der mit Hilfe von kundenspezifischen Bausteinen realisiert werden soll. Die Probleme dieser 'exoti-
schen' Architekturen sollen kurz am Beispiel einer VLSI-DBM diskutiert
werden, die in /KuLe 80/ beschrieben ist. Es wird ein regulär strukturiertes Prozessorfeld vorgeschlagen, das als VLSI-Implementierung relationale Operationen über Datenbestände in Megabyte-Größenordnung in
wenigen Millisekunden ausführen soll. Die entscheidende Voraussetzung

für die Modellrechnung ist jedoch im Datenbankkontext unrealistisch.
Wegen der Regularität des 'systolischen Array' wird angenommen, daß
alle Daten in kodierter Form als ganze Zahlen vorliegen. Dies ließe sich
nur mit aufwendigen Kodier- und Dekodiertabellen mit erheblichem externem
Speicheraufwand erreichen (jeder Wert muß kodiert werden). Allein die dadurch bedingten Peripheriespeicherzugriffe machen verarbeitungsorientierte
Leistungsgewinne zunichte. Überhaupt wird das Problem der Bereitstellung
der Daten vom Hintergrundspeicher ausgeklammert. Dennoch wird der VLSI-
Entwurf einen Einfluß auf die DB-Technologie haben. Dabei stehen aber
spezifische Teilkomponenten wie intelligente Controller oder Verarbei-
tungswerke, wie sie unten noch behandelt werden, im Vordergrund.

2.2 Hardware- und Firmwareunterstützung von Einzelfunktionen

Die meisten Bemühungen, die Laufzeiteigenschaften eines DBS durch
Techniken der vertikalen Migration zu verbessern, gingen von nicht
verifizierten Annahmen über die relative Bedeutung der Einzeloperationen
aus. Die Überbetonung der satzinternen Suchfunktionen ist ein Beispiel
dafür. Stonebraker /SWRM 83/ berichtet über Untersuchungen zur Wirkung
von Firmwaremaßnahmen, Sekino /STMD 83/ zusätzlich über spezifische
Hardwareimplementierungen. In /SWRM 83/ wurden durch Instrumentierung
von Ingres die Routinen mit höchstem CPU-Bedarf (high traffic routines)
ermittelt. Bedingt durch die Art der Interpretation von Datenbank-Aufru-
fen erwies sich die Manipulation von Tupeln gemäß Qualifikationsbedingung
neben Umspeicherungsoperationen und Betriebssystemaufrufen als besonders
aufwendig. Für den Fall der Mikrocodierung der beiden laufzeitintensivsten
Routinen wurde als Gesamtverbesserung ein Prozentsatz von weit unter 10
ermittelt. Eine wichtige Rolle spielt allerdings der Basisinstruktions-
satz des verwendeten Prozessors. Stehen im Instruktionssatz geeignete
Befehle zur Byte- und Bitlistenmanipulation sowie zur effizienten Ausführung von Hochsprachenkonstrukten zur Verfügung, so wird der Nutzen
der Mikroprogrammierung verneint.

Sekino /SWRM 83/ vergleicht Software-, Firmware- und Hardwareimplementierungen für folgende Basisoperationen: Suche eines Schlüssels in einem
B-Baum, Suche des nächst größeren Schlüssels (Index scan), Bit-map Operationen für die Manipulation von Mengen und die Speicherverwaltung,
internes Sortieren, logisch-physikalische Adressumsetzung sowie das Lesen
eines Tupels mit bekannter physikalischer Adresse.

Entscheidenden Einfluß auf die Effizienz der internen Verarbeitung hat
die Anzahl der Speicherzugriffe. Der Hauptspeicher hat typisch eine um
den Faktor 3 höhere Zykluszeit als ein Mikroprogrammspeicher. Da durch
die Mikrokodierung die Befehlsholzeiten wesentlich reduziert werden (beim
Index-Scan: Faktor 4), erweist sich die Firmwareimplementierung bei allen
Operationen mit vielen Speicherzugriffen als vorteilhaft. Ferner läßt
sich ein höherer Parallelitätsgrad in der Ausführung der mikroprogram-
mierten Routine erreichen. Sekino stellt bei allen untersuchten Basisoperationen eine Laufzeitreduktion um den Faktor 3-4 fest. Der Unterschied zu den Ergebnissen von Stonebraker ist einmal mit den verschieden
verwendeten Basisinstruktionssätzen zu erklären, außerdem erfolgt die
Verdichtung von Operationen zu Mikroinstruktionen im ersten Fall sehr
viel exakter als in /SWRM 83/, wo pauschal angenommen wird, daß je 6 Ma-
schinenbefehle durch eine Mikroinstruktion ersetzt werden.
Hardwareimplementierungen werden als wenig sinnvoll angesehen, wenn
die Anzahl von Speicherzugriffen den Engpaß darstellt. Nur sehr reguläre Operationen, auf die die Charakteristik der Operanden praktisch keinen Einfluß hat, gelten als Kandidaten von Hardwaremaßnahmen.
So ist etwa die Schlüsselsuche in einer Indexseite mit vielen Daten-
zugriffen verbunden, außerdem treten viele Parameter auf, die in einer

Hardwarelösung endgültig zu fixieren wären, etwa die Schlüssellänge,
Seitengröße, Verzweigungsgrad usw.. In /STMD 83/ sind deshalb lediglich
für die Adressumsetzung und Bit-map-Operationen Hardwarelösungen untersucht worden. Hier ergibt sich ein Leistungsgewinn in mindestens der
Größenordnung, die beim Übergang zu Firmwareimplementierungen erzielt
wurde. Die folgende Tabelle gibt einen Eindruck von der erzielten Leistungssteigerung:

	Firmware	Hardware
Bit-map Operation	4	16
Sortierung	2,8	-
Tuple	2,9	-
Schlüssel in Indexseite suchen	3,6	-
Index scan	4,5	-
Adress-Umsetzung	3,8	22

Tab. 3.1: Faktor der Leistungssteigerung gegenüber einer
Softwareimplementierung

2.3 Grenzen und Perspektiven von Datenbankmaschinen für Standard-Datenbanken

Eine Reihe von Gesichtspunkten sind für die Beantwortung der Frage,
warum DBM bisher nicht wesentlich zur Lösung des Leistungsproblems von
Datenbanken beigetragen haben, bedeutsam. Wie oben ausführlich diskutiert, sind zu nennen

o die ungenügende Abstimmung von Anwendungstyp und DBM-Architektur
o die fast ausschließliche Konzentration auf Retrieval-Operationen
   (gilt für Forschungsprototypen)
o die mangelnde Berücksichtigung des Hintergrundspeichersystems
o die geringe Kenntnis des Leistungsbedarfs DBS-interner Abläufe
   (und damit der Engpässe)

Daneben gibt es auch nicht-technische Gründe, die die Verbreitung von
DBM beeinträchtigt haben. Besonders ist das zur Genüge bekannte Problem der Systemmigration zu erwähnen. Obwohl ein erklärtes Ziel der
der DBM-Entwicklungen die volle Kompatibilität zu existierenden Software-
systemen war (z.B. SQL-Anwendungsprogrammierer-Schnittstelle), ist das
in vielen Fällen nicht konsequent verfolgt worden. Ein weiteres Problem
ist die für Produktionssysteme mangelnde technische Reife mancher ange-
botener DBM. Die Konzentration auf die klassischen DB-Operationen hat
dazu geführt, daß wichtige Dienste nicht oder in unzureichender Form
angeboten wurden (z.B. schnelles Laden/Entladen der DB). Das sogenannte
Backend-Konzept, d.h. die Verlagerung des gesamten DBS auf einen eng
gekoppelten Rechner, weist Schwächen auf (siehe z.B. /DrSc 83/). Der Kommunikationsaufwand kann leicht die erzielte Entlastung des Hauptsystems
kompensieren. Eine enge Kopplung zwischen Haupt- und Backendrechner geht
auf eine Datenbankphilosophie zurück, bei der die zentrale Datenhaltung
im Vordergrund steht. Dem steht die deutliche Verschiebung zu dezentralen, kooperativen Datenhaltungs- und -verarbeitungssystemen entgegen,
besonders bei Anwendungen in Büro und Wissenschaft. Integrierte Datenverwaltung - ein Primärziel der Datenbanktechnik - und Dezentralisierung
schließen sich keineswegs aus. Die Anforderungen an Datenbanksysteme/
Maschinen in einer dezentralen Umgebung z.B. einem Bürokommunikationssystem machen andere Lösungen als in Host-Backend-Systemen erforderlich.
Wir kommen hierauf nach einem Exkurs über die Speicherperipherie zurück.

3 Speicherperipherie

Während die Hardwareunterstützung von datenbankinternen Verarbeitungsvorgängen zur Behebung von Leistungsschwächen untersucht und teilweise
realisiert wurde, entwickelt sich die Speichertechnologie meist unabhängig von datenbankspezifischen Anforderungen - sieht man einmal von
der immer aktuellen Forderung nach größeren Volumina und geringerer
Zugriffszeit ab. Dennoch wird die Architektur und die Effizienz der
Datenbankverwaltung mindestens ebenso stark von der verfügbaren Peri-
pheriespeichertechnologie geprägt wie von speziellen internen Verar-
beitungswerken.

Eine Büroarchitektur mit zentralem Fileserver und Arbeitsplatzrechnern
mit lokalem Speicherraum etwa wäre ohne preiswerte Magnetplattenspei-
cher von hoher Zuverlässigkeit und geringen äußeren Abmessungen nicht
denkbar.

Im folgenden werden deshalb der Stand und sich abzeichnende Tendenzen
der Sekundärspeichertechnologie diskutiert.

3.1 Magnetplattenspeicher

Magnetplatten sind nach wie vor das dominierende permanente Speichermedium. Dies wird sich auf mittlere Sicht nicht ändern. Langfristig
könnten sie an Bedeutung verlieren, wenn ein technologischer Durch-
bruch bei magneto-optischen Aufzeichnungsverfahren erreicht wird. Über
diese Technologie wird unten noch zu sprechen sein.

Der leistungsentscheidende variable technische Parameter ist die Aufzeichnungsdichte. Mechanisch bedingte Größen, insbesondere Umdrehungs-
und Positionierzeit sind seit vielen Jahren relativ konstant. Die langfristig erreichbare mittlere Zugriffszeit wird kaum unter dem schon
heute von Hochleistungsplatten erreichten Wert von ca 15 msec liegen.
Die Aufzeichnungsdichte hat für die Datenhaltung in einer Büroumgebung
in zweierlei Hinsicht Bedeutung. Erst die Miniaturisierung der Geräte
hat den Einsatz von Magnetplattenspeichern am Arbeitsplatz ermöglicht.
Während bis 1979 Plattendurchmesser von 14-Zoll die Regel waren, sind
seitdem 8-Zoll und seit 1980 5 1/4-Zoll Platten handelsüblich. Für den
lokalen Permantspeicher am Arbeitsplatz werden künftig hauptsächlich
3 1/2-Zoll-Systeme mit einer Speicherkapazität zwischen 5 und 40 MB
oder 5 1/4 Zoll-Geräte mit bis zu 300 MB eingesetzt. (Der neue Siemens
5 1/4-Zoll Plattenspeicher MEGAFILE besitzt z.B. eine Kapazität von
300 MB bei einer mittleren Zugriffszeit von 25 msec). Die für die
Miniaturisierung wichtige Kapselung von Zugriffssystemen und Speichermedium (Winchestertechnologie) hat zusätzlich den Vorteil, recht unem-
pfindlich gegenüber Umgebungseinflüssen und damit für einen Büroein-
satz tauglich zu sein.

Der zweite von der Aufzeichnungsdichte betroffene Aspekt ist die
Transporteinheit zwischen Platte und Schnellspeicher. Bei größeren
Blöcken werden mehr irrelevante Daten gelesen, als bei kleinen, die
z.B. über eine Indexstruktur gezielt als Trefferblöcke adressiert
werden können. Andererseits nimmt der durch den Direktzugriff verur-
sachte Aufwand pro gelesenem Datum bei größeren Einheiten ab. Legt
man vereinfacht eine lineare Abhängigkeit $r*x$ der irrelevanten zu
lesenden Daten von der Blockgröße x zugrunde, wobei r den Redundanz-
faktor darstellt, so ist x so zu wählen, daß der folgende Ausdruck
minimiert wird:

$$T = c*(t*m)/x + (t*m + r*x)/y$$

mit : c = Direktzugriffszeit für einen Block (msec), y = Transferzeit
(B/msec), m= Datenobjektgröße (B) t = Anzahl Treffer.
Daraus ergibt sich die optimale Blockgröße proportional zur Wurzel der
Transferzeit und damit zur linearen Aufzeichnungdichte:

$$x = SQR(y*c*(t*m)/r)$$

Damit steigt aber auch der intern zu erbringende CPU-Aufwand zur Ermittlung von relevanten Objekten in dem gelesenen Datenblock. (Die mit
jedem E/A-Vorgang verbundene CPU-Leistung, die ebenfalls für größere
Blöcke spricht, sei hier vernachlässigt). Damit gewinnen die Techniken
an Bedeutung, die den Vorgang des Suchens nach relevanten Daten in
speziellen Peripherie-Koprozessoren, also unabhängig vom Hauptrechner
unterstützen. Wir kommen auf diesen Aspekt später ausführlich zurück.

Der starke Anstieg der Aufzeichnungsdichte, der in Abbildung 3.1.
dargestellt ist, führt dazu, daß das Verhältnis von mittlerer
Zugriffszeit und Hauptspeicherzykluszeit trotz der Leistungsexplosion
von Speicherbausteinen vergleichsweise stabil ist und in der Größenordnung 7*10**4 liegt (siehe Abbildung 3.2).

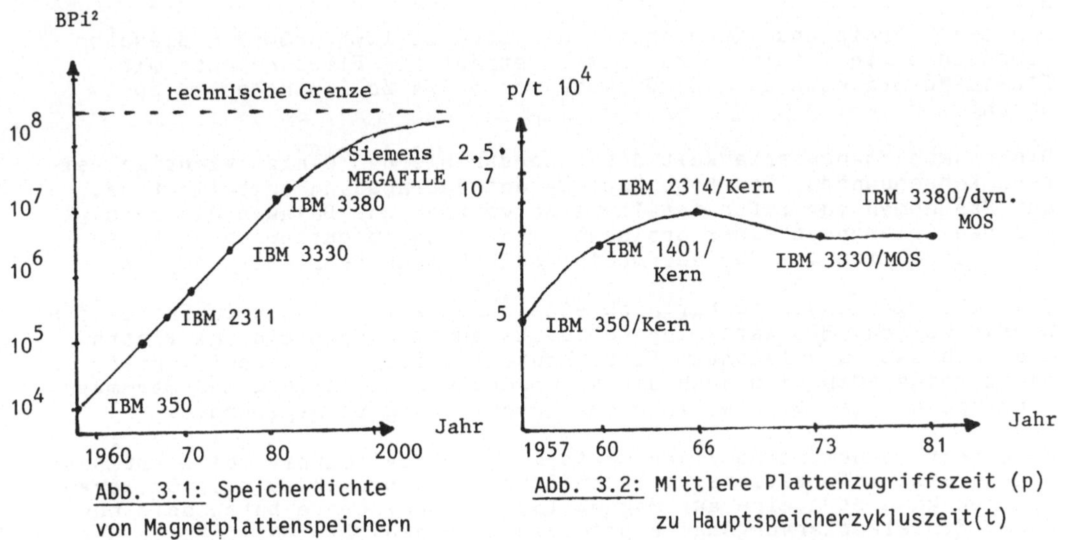

Abb. 3.1: Speicherdichte von Magnetplattenspeichern

Abb. 3.2: Mittlere Plattenzugriffszeit (p) zu Hauptspeicherzykluszeit(t)

Die sogenannte 'Zugriffslücke' zwischen flüchtigen Halbleiterspeichern
und permanenten Plattenspeichern hat die Entwicklung einer Vielzahl
von Speichertechnologien gefördert. Zu nennen sind besonders Charge-
Coupled Devices (CCD) und Magnetblasenspeicher (Bubbles). Mit Ausnahme
der Bubblespeicher besitzen diese Technologien praktisch keine Relevanz. Auch die Magnetblasenspeicher sind bisher kaum marktwirksam geworden. Ein wesentlicher Grund ist die äußerst günstige Entwicklung
des Preis-Leistungsverhältnisses von Halbleiter- und auch Magnetplattenspeichern. Die Diskrepanz der Zugriffszeiten läßt sich bei hinreichend lokalem Zugriffsverhalten durch Vergrößerung des Hauptspeichers
erreichen. Aus diesem Grund gewinnen Pufferspeicher mit billigen RAM-
Bausteinen relativ hoher Zykluszeit als Bestandteil des Plattenspei-
chersystems an Bedeutung (Disk Cache). Eine ausführliche Diskussion
dieser derzeit noch auf Großsysteme ausgerichteten Technik findet sich
in /Smit 81/.

3.2 Optische Speicherverfahren

Optische Verfahren zur Permanentaufzeichnung von Daten stellen eine
Ergänzung zu rein magnetischen Speichertechniken dar. Sie werden in
den nächsten Jahren eine große Bedeutung als komplementäre Speicherungsformen zu Magnetplatten erhalten. Datenbankanwendungen in Büro,
Technik und Wissenschaft erfordern bekanntlich häufig sehr hohe Speicherkapazität. Deshalb werden optische Speicher gerade in diesem
Anwendungsbereich eine wichtige Rolle spielen.

Der für die Eigenschaften des optischen Speichers entscheidende Faktor ist die punktgenaue Fokussierbarkeit des Lese- bzw. Schreib-
strahls. Die Feldstärke des Lese-Schreibkopfes einer Magnetplatte
nimmt schnell mit der Entfernung ab. Um eine hohe lineare Aufzeichnungsdichte zu erreichen, muß der Abstand zwischen Aufzeich-
nungsmedium und Kopf möglichst gering sein. Er beträgt bei Hochleistungsplatten nicht mehr als $0,2\,\mu$m. Dagegen sind die Fokussierein-
richtungen optischer Speicher so ausgelegt, daß der Zwischenraum
zwischen Linse und Datenträger 1 - 2 mm betragen kann. Trotzdem ist
die lineare Bitdichte fast doppelt so hoch (14500 bpi bei dem System Optimen 1000 /MaTe 83/) wie bei den meisten 5 1/4 Zoll Winchester
Platten.
Der exakt kreisrunde Querschnitt des Strahls läßt außerdem dieselbe
Spurdichte wie Bitdichte zu. Damit beträgt die Flächendichte mit
210*10**6 BPi etwa das 10-30-fache von 5 1/4 Zoll-Winchester Speichern.

Die exakte Fokussierbarkeit des Laserstrahls hat einige wichtige weitere Konsequenzen. Der hohe Kopf-Datenträgerabstand ermöglicht es,
auf Maßnahmen zur Luftreinhaltung zu verzichten. Da auch die mecha-
nischen Toleranzen einer optischen Platte damit entsprechend höher
sind, läßt sich das Speichermedium selbst ohne Probleme wechseln.

Die hohe Flächendichte hat auch eine reduzierte Leistungsaufnahme des
Laufwerks (ca. 300 Watt) zur Folge. Es muß nur eine einzige Platte,
die noch dazu aus leichtem Plastikmaterial besteht, bewegt werden.
Damit reduzieren sich auch die Anforderungen an Kühlung und Stromver-
sorgung, was dem Betrieb in einer Büroumgebung entgegenkommt.

Eine weitere nützliche Eigenschaft ist die Möglichkeit, eine optische
Platte samt Informationsgehalt im Produktionsprozeß zu reproduzieren.
Dagegen kann etwa eine auf Magnetplatte gespeicherte Datenbasis nur
durch Einzelkopiervorgänge reproduziert werden. Die Möglichkeit der
billigen Massenproduktion stellt künftig eine Alternative zur Distribution über Netze dar.

Die maschinelle Reproduzierbarkeit ist allerdings nur eine Begleiter-
scheinung des entscheidenden Nachteils heutiger optischer Speicher:
der Schreibvorgang ist irreversibel. Während bei magnetischer Auf-
zeichnungstechnik ein starkes Magnetfeld lokal eine Orientierung der
magnetisierbaren Trägersubstanz bewirkt, hat ein energiereicher Laserstrahl beim optischen Schreiben eine permanente Materialveränderung zur
Folge. Das Lesen der Information erfolgt in beiden Fällen nichtdestruk-
tiv. Die Intensität der Reflexion eines kontinuierlichen Lesestrahls
geringer Energie erlaubt die Unterscheidung zwischen binär 0 und 1.

Ein zweites gravierendes Handicap heutiger optischer Platten gegenüber Magnetplatten ist die um bis zu eine Größenordnung höhere Zugriffszeit (60-500 msec) bei vergleichbaren Datenraten. Die folgende Tabelle
gibt einige charakteristische Daten wieder.

	Kapazität (GB)	Datenrate (MB/sec)	Zugr.zeit (msec)	Durchmesser (Zoll)	Preis(OEM) ($)
STC	4	1,5/3,0	62	14	?
Panasonic	0,7	0,6	500	8	?
Shugard (Optimen)	1	0.6	100	12	6 K
Thompson-CSF	1	0.6	100	12	< 9 K
Fujitsu WDD-474 Winchester-platte zum Vergleich	0,475	1,8	25	10,5	9 K

Tabelle 3.1: Charakteristiken marktreifer optischer Speicher

Die Aufstellung zeigt, daß heutige optische Platten kein deutliches
Übergewicht im Preis/Leistungsverhalten gegenüber modernsten Festplat-
ten besitzen. Als Wechselspeicher stellen sie heute eine, wenn auch
noch nicht besonders preisgünstige (ein Datenträger kostet noch ca.
200-300 $) Alternative zu Backup-Geräten wie Streamer-Tapes und magne-
tischen Wechselplatten dar.

Die typische Anwendung optischer Platten ist heute die Archivierung
großer Datenmengen. Dabei kann es sich um die elektronische Aktenab-
lage eines Bürosystems handeln oder um die Aufzeichung sehr großer Be-
stände wie seismische oder medizindiagnostische Daten.

Da bisher praktisch noch keine Anwendungssoftware für diese neue Speichertechnik existiert, wird es einige Jahre dauern, bis der Markt sich
voll entfalten kann. In dieser Zeit wird sich auch das Preis/Leis-
tungsverhältnis optischer, nichtlöschbarer Permanentspeicher wesentlich verbessern.

Einen großen Einfluß auf die Magnetplattentechnologie dürften löschbare
optische Speicher haben, die jedoch erst gegen Ende des Jahrzehnts eine
Marktbedeutung erhalten werden. Man macht sich bei dieser Technologie
sowohl die exakte Fokussierbarkeit des Laserstrahls als auch die Re-
versibilität der Magnetisierung zunutze. Bei bestimmten Materialien
ist die Magnetisierung temperaturabhängig. Erhitzt man das Material
lokal durch einen energiereichen Laserstrahl und setzt es einem Magnetfeld aus, so wechselt in dem erhitzten Bereich die Magnetisierungsrich-
tung und bleibt nach Abkühlung erhalten. Man spricht von thermomagneti-
scher Speicherung. Gleichzeitig wird eine Verdrehung der Polarisierungsrichtung des Lichtstrahls erreicht. Dieser Effekt wird beim Auslesen genutzt. Beleuchtet man den Träger mit linear polarisiertem Licht,
so läßt sich an der Polarisierungsrichtung des empfangenen Strahls die
Binärinformation ablesen. Problematisch ist bisher unter anderem die
wegen der nötigen hohen Temperaturen erhebliche Zeit zum Schreiben
(etwa 3 μsec pro Punkt).

Eine ausführliche Würdigung der optischen Speichertechnik und ihrer zu
erwartenden künftigen Entwicklung findet sich in /Fuji 84/.

4 Hardwareunterstützung für Datenbanken in Büroapplikationen

Die Datenverwaltung in Bürosystemen ist ein repräsentatives Beispiel für
Nichtstandard-Datenbankanwendungen, auf das wir uns in diesem Abschnitt
konzentrieren werden. Zwar werden damit keineswegs alle Aspekte solcher
Anwendungen abgedeckt - z.B. geschachtelte Transaktionen -, die Anforderungen an Bürosysteme sowie die Möglichkeiten zur Leistungssteigerung
sind jedoch recht typisch.
Es wird sich zeigen, daß die Unterschiede zur bisher im Vordergrund
stehenden transaktionsorientierten Datenbanktechnik erheblich sind und
daß dadurch spezifische Hardwaremaßnahmen eine größere Bedeutung bekommen können.

4.1 Anforderungen an Büro-Datenbanken

Heutige Büroarbeitsplatzrechner gehen von einer Dateiorganisation der
Datenhaltung aus. Der Begriff 'File Server' belegt das auch terminolo-
gisch. Selbst wenn der Endbenutzer nicht die Betriebssystemkommandos
kennen muß, um seine Dateien anzusprechen, so sind die in modernen
Bürosystemen, z.B. dem Arbeitsplatzrechner Siemens EMS 5800 (/Fisc 82/),
anzutreffenden Benutzersprachen doch noch klar vom Dateibegriff geprägt.
Archive, Aktenschränke oder Dokumente sind nichts wesentlich anderes
als Abstraktionen von Dateien und Dateiverzeichnissen.

Die Forderung nach **inhaltsorientierten Operationen** wird viel nach-
drücklicher erhoben, als in einer Standard-Datenbankumgebung (z.B.
/TTRC 84/ oder /Tayl 83/). Selbst in einem privaten Archiv ist die Anzahl zu verwaltender Einzeldokumente oft so groß, daß die Suche nach
einem Dokument bestimmten Inhalts allein über Dateiverzeichnisse meist
hoffnungslos ist.
Erschwerend kommt hinzu, daß Objekte sehr verschiedener Qualität und
Struktur (Text, Grafik, Bilder, Sprache) der Datenbasis angehören. Inhaltsorientierte Suche bedeutet also nicht nur Deskriptorsuche, sondern
schließt - zumindest langfristig - auch grafische und akustische Elemente mit ein.

Büro-Anwendungen sind inhärent verteilt, also muß es auch die Datenbasis
sein (/Tayl 83/). Wegen unterschiedlicher Anwendungserfordernisse kommen erschwerend unterschiedliche Darstellungsformen desselben Objekts
hinzu. Im einfachsten Fall können das z.B. unterschiedliche Repräsentationen desselben Texts sein, die durch den Zeichensatz bedingt sind,
etwa bei Teletex-Anwendungen. Damit wird die effiziente Transformation
von Objekten zu einer wichtigen Forderung.

Obwohl der zentrale Datenhaltungsservice in einem Verbundsystem einen
Mehrbenutzerbetrieb zwingend macht, werden die Anforderungen hinsichtlich Nebenläufigkeit als weniger wichtig angesehen, als in transaktionsorientierten Systemen. Tatsächlich ist der unmittelbare Durchgriff
auf den Zentralbestand nicht sehr häufig. Stattdessen wird eine lokale
Arbeitsumgebung aufgebaut, die meistens ein Schnappschuß der DB ist.

Die Manipulation der Objekte ist anspruchsvoller und vielfältiger als
einfache Feldwertvergleiche oder -änderungen, wie sie in konventionellen DB üblich sind. Dadurch stellt sich die Leistungsfrage anders als
in einer traditionellen Umgebung. Spezielle Einzeloperationen - Suche
nach inhaltsbezogenen Kriterien, Konversion der Objektdarstellung,
Extraktion von Teilobjekten, Kondensierung eines Objekts usw. - haben
einen hohen Stellenwert und sind rechenintensiv. Es ist deshalb trotz
der bisher nicht befriedigenden Ergebnisse bei konventionellen DB sinnvoll, sich mit effizienzsteigernden Maßnahmen zu befassen.

Datenbanken in Nichtstandard-Anwendungen lassen sich nicht isoliert
ausschließlich unter dem Gesichtspunkt der Datenhaltung sehen. Die
im Umfeld zur Verfügung gestellten anwendungsbezogenen Funktionen
(z.B. Ausgabe- oder Editierfunktionen) sind nicht nur Ergänzungen, sondern integraler Bestandteil des Gesamtsystems und deshalb auch in Leistungsuntersuchungen unmittelbar mit einzubeziehen.

4.2 Beispiele für Hardwaremaßnahmen

Im Gegensatz zu den bisherigen DBM-Aktivitäten geht es nicht um eine
Gesamtarchitektur für ein hardwaregestütztes DBS, sondern um Einzelfunktionen. Dabei stellt sich wieder die Frage, ob und wie effizienzstei-
gernde Maßnahmen in das Gesamtsystem integriert werden können. Die relativ lose Bindung der Funktionen, im Gegensatz etwa zu den Kernfunk-
tionen eines DBS, vereinfacht das Problem. Auf der Ebene der Hardwareimplementierung liegen außerdem mittlerweile ausreichende Erfahrungen
mit Koprozessoren, meistens allerdings numerischen, vor.

Hardwarelösungen sind bisher besonders für
die Datenfilterung vorgeschlagen worden. Das
gilt einmal wegen des hohen Stellenwerts
der inhaltsorientierten Operationen im
hier diskutierten Anwendungsfeld, zum anderen wegen der umfangreichen Erfahrungen
mit diesen Architekturen.
Man kann sogar eine regelrechte Renaissan-
ce der Filterarchitekturen feststellen.
Ein typisches Beispiel ist der Content
Addressable Filestore (CAFS) von ICL.
Nachdem das System bereits 1974 beschrieben
wurde (/Mitc 74/), und lange Zeit unklar
war, ob es in die Produktlinie eingeglie-
dert werden sollte, wird es nach Auskunft
von ICL Standardbestandteil einer neuen
Serie von Plattencontrollern sein.

4.2.1 CAFS

Abbildung 4.1 zeigt die CAFS-Konfiguration.
Ein assoziativer Suchmodul ist an ein
Plattenspeichersystem angeschlossen.
Die sogenannten 'key channels' können insgesamt 16 feldbezogene Qualifikationsprä-
dikate, im einfachsten Fall der Form
(Feldtyp-Deskriptor, Komparator,Komparand),
aufnehmen. Maskierungen und Vergleiche zwischen Feldern eines Satzes sind ebenfalls
möglich. Der Datenstrom wird parallel an
allen Vergleichsprädikaten vorbeigeführt.
Die 'Search Evaluation Unit', ein mikroprogrammierter Prozesor, verknüpft die
Einzelresultate und entscheidet, nachdem
das Satzende gefunden wurde, ob der Satz
als Treffer, evtl. nach zusätzlicher Transformation oder Feldeliminierung, an den
Hauptrechner weitergegeben werden soll.
Einfache satzübergreifende Operationen,
wie Summation oder die Ermittlung der
Trefferanzahl, werden in der 'Search Eval-

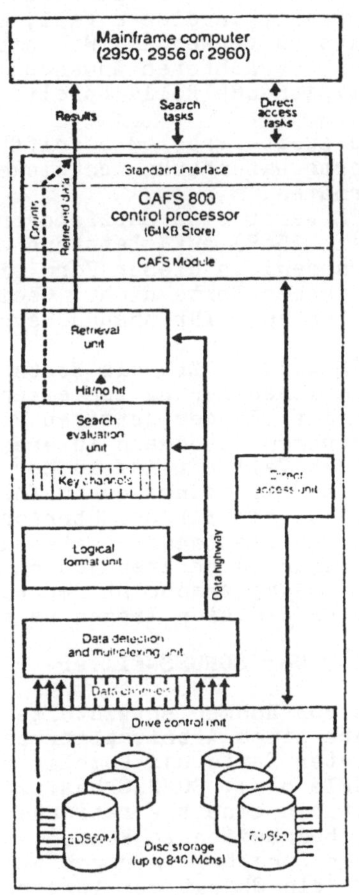

Abb. 4.1: CAFS (nach /ICL 79/)

uation Unit' bzw. mit der 'Retrieval unit', einem Standardmikropro-
zessor, ausgeführt. Die Funktionsweise ist der des Suchrechners
(SURE), einem 1975-79 an der TU Braunschweig entwickelten System
(/LSZe 78/), sehr ähnlich. Bei letzterem wurde durch Modifikation der
Leseelektronik des Magnetplattenspeichers und dadurch mögliches
paralleles Auslesen aller Spuren eines Zylinders eine wesentliche höhere
Datenrate als üblich und damit eine kürzere Suchzeit erreicht.

Der Datenbestand bei CAFS ist segmentiert. Die Segmentgröße kann an-
wendungsabhängig variiert werden und liegt zwischen einer Spur und
einem vollen Zylinder. Eine Software-Indexierung sorgt für die Ermittlung der für eine Anfrage relevanten Segmente.

Zwei Probleme sind gravierend. Das erste gilt generell für Datenfilterarchitekturen und betrifft die gleichzeitige Nutzung des Datenbestands
im Transaktions- und Datenfiltermodus. Eine Filteroperation belegt den
Kanal bei feinster Segmentierung für eine Umdrehung, also etwa 0,2 sec.
Für hohe Raten kurzer Transaktionen ist das völlig inakzeptabel. ICL
empfiehlt in diesem Fall, eine Kopie des Datenbestands für den Filter-
modus zu verwenden. Wir haben jedoch bereits festgestellt, daß in dem
hier betrachteten Anwendungsgebiet die Transaktionsverarbeitung keine
dominierende Rolle spielt.

Das zweite Problem betrifft die Adaption von Systemen, die für formatierte Datenbanken entwickelt wurden, an Anwendungen mit freien Objekt-
formaten.
CAFS weist eine Satzfeldstruktur mit festen und variablen Feldlängen
(max. 256B) auf. Letztere sind mit Identifikatoren und Längenschlüsseln
versehen. In dieser Form eignet sich die Struktur selbst zur Bearbeitung
einfacher Texte nicht. Geeignete Zusatzsoftware wird jedoch das CAFS-
System auch für anspruchsvolle Textverarbeitung einsetzbar machen.

CAFS wird z. Zt. als Bestandteil von Großsystemen angeboten, obwohl die
Reimplementierung für einen Büro-Arbeitsplatzrechner attraktiv erscheint. In der jetzigen Form ist der Einsatz für statistische DB-Aus-
wertungen besonders interessant. Die Statistikfunktionen können zum
großen Teil offline in der Peripherie zur Ausführung kommen. Bei CAFS
dürfte allerdings der dafür verantwortliche Mikroprozessor ('Retrieval
Unit'), ein IAPX86, überfordert sein, diese Funktionen schritthaltend
mit der Plattendatenrate zu verarbeiten. Offenbar ist dies bei den
heutigen Datenraten jedoch kein prinzipielles Problem.
Die Lösung erscheint recht kostengünstig; die Kosten eines Controllers
mit CAFS-Option liegen um ca. 10 % über denen herkömmlicher Controller.

4.2.2 Der SCHUSS-Filter

Das von Rohmer entwickelte System wurde im Gegensatz zu CAFS als Komponente eines Arbeitsplatzrechners entworfen. Die Bearbeitung unformat-
tierter Texte und komplex strukturierter Objekte stand im Vordergrund
(/GRTe 84/). SCHUSS besitzt im Gegensatz zu vielen anderen Filterarchitekturen eine theoretische Fundierung. Um möglichst allgemeine Strukturen bearbeiten zu können, werden die Datenobjekte als Sätze einer formalen Sprache, Anfragen als die zugehörige Grammatik interpretiert.
Wenn ein Objekt der in der Anfrage spezifizierten Syntax genügt, ist es
ein Treffer. Eine Benutzeranfrage wird in einen endlichen Automaten
überführt. Die Überprüfung, ob ein Objekt der Anfrage genügt, vollzieht
sich im Prinzip genauso wie die Prüfung, ob ein Eingabewort von einem
endlichen Automaten akzeptiert wird.
Die Übersetzung der Anfrage in einen endlichen Automaten ermöglicht im
Gegensatz zu rein sequentiellen Suchprogrammen eine Teilstringsuche

in Deskriptoren. Da diese Operation in unformatierten Objekten, wie
Texten, sehr wichtig ist, können die für formatierte Datenbasen entwickelten Filtertechniken nicht unmittelbar übernommen werden.

Ein Nachteil der Automatendarstellung ist der erhebliche Speicherplatzbedarf, da die Zustandsmenge sehr groß sein kann und jedes Zeichen einer zu suchenden Zeichenkette einen Zustandsübergang bewirkt. Außerdem
kann bei vielen möglichen Zustandsübergängen ein Laufzeitproblem entstehen. Wird etwa disjunktiv nach 'alpha', 'arpa', 'asaa' gesucht, so
beträgt die maximale Anzahl von Übergängen 5 (z.B. kann nach Erkennen
von 'asa' das nächste Zeichen ein a, l, s oder r sein; der fünfte
Übergang, der bei beliebigem anderen Zeichen gemacht wird, führt auf
den Ausgangszustand zurück).

Eine Filterung des vom Hintergrundspeichers kommenden Datenstroms mit
konventionellen Mikroprozessoren ist nicht mehr möglich: bei üblichen
Datenraten steht höchstens eine Mikrosekunde pro Zeichenvergleich zur
Verfügung. Selbst bei einem geringen Verzweigungsgrad wäre eine Mikro-
prozessorimplementierung ungeeignet.

Zwei Lösungen bieten sich an. Einmal kann man den zu durchsuchenden
Datenstrom zwischenpuffern; im Mittel läßt sich bei hinreichend lei-
stungsstarkem Prozessor ein schritthaltendes Arbeiten erreichen. Diese
Lösung wurde in RDBM (/SZLe 83/) gewählt. Ein Nachteil besteht darin,
daß die Größe des Pufferspeichers die Länge der zu durchsuchenden
Zeichenkette begrenzt oder aber Probleme durch Zerlegung der Objekte
entstehen.

Für SCHUSS wurde ein Bit-Slice-Prozessor mit speziell auf Suchoperationen ausgerichtetem Instruktionssatz entwickelt. Die wichtigste In-
struktion, die die Zustandsübergänge bewirkt, hat die Form:
        (Dicho_Branch, Char, Addr<, Addr>, Addr=)
bei der die Adressen Sprungziele abhängig vom Ausgang des Vergleichs
des Eingabezeichens mit dem ersten Operanden sind.
Trotz dedizierter, mikroprogrammierter Instruktionen kann eine schritt-
haltende Verarbeitung des Plattendatenstroms nicht immer garantiert
werden . Die Konfiguration (siehe Abbildung 4.2) enthält deshalb auch
einen Doppelpuffer für je einen Plattensektor.

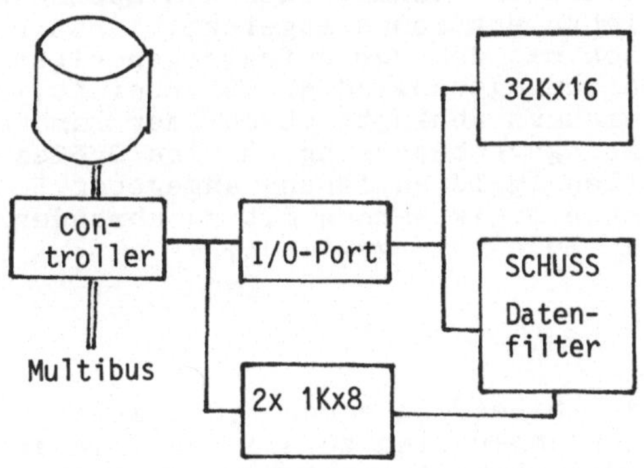

Abb. 4.2: SCHUSS Datenfilter Architektur
          (nach /GRTe 84/)

Der oben erwähnte Suchrechner (/LSZe 78/) ist dagegen in diskreter
Logik aufgebaut und benötigt pro Zeichenvergleich ca. 100 ns; dabei
sind Befehlsholzeiten, laden der Register, Fortschalten von Zeigern
usw. eingeschlossen. Ein Nachteil besteht, wie allgemein bei reinen
Hardwarelösungen, in der praktisch nicht vorhandenen Flexibilität gegenüber veränderten Randbedingungen, z. B. höheren Datenraten. Der Vorteil ist eindeutig die extreme Leistungsfähigkeit.

Während dem SCHUSS-Filter das Konzept eines erkennenden, deterministi-
schen Automaten zugrunde liegt, haben Hollaar und Haskin Filterarchitekturen für die Volltextsuche entwickelt, die auf reduzierten, nichtdeter-
ministischen Automaten beruhen. Eine ausführliche Beschreibung findet
sich in /HSCE 83/.

4.2.3 Datenfilter für Zugriffsstrukturen

Die Volltextsuche, von der wir bisher ausgegangen sind, ist oft selbst
mit Segmentierungstechniken wie in CAFS angewendet, zu aufwendig, um
brauchbare Antwortzeiten zu erreichen. Die beiden wesentlichen zugriffs-
unterstützenden Verfahren für Datenobjekte, die sich durch Deskriptoren
beschreiben lassen, sind Invertierung und Superposition von Codewör-
tern (superimposed coding). Zur effizienten Bearbeitung von Invers-
listen wurde eine Architektur von Stellhorn vorgeschlagen (/Stel 77/),
aber offenbar nie realisiert. Der Hauptnachteil der Invertierung, der
hohe Speicherplatzbedarf, wird beim zweiten Verfahren vermieden. Jedem
Deskriptor wird durch eine Hash-Transformation eine m-stellige Bitkette
zugeordnet. Die logische Disjunktion der Deskriptoren eines Objekts
stellt das superpositionierte Codewort (SCW) dar. Die SCWs aller Objekte bilden den kodierten Index. Sucht man nach Objekten mit bestimmten Deskriptoren, so werden diese in gleicher Weise verschlüsselt. Nur
die Objekte, deren SCWs in mindestens den Positionen eine 1 haben, wie
das SCW der Anfrage, können zur Antwortmenge gehören und werden gelesen und im Klartext überprüft (siehe z.B. /Knuth 73/).

Im Vergleich zu anderen Verfahren stellt sich die Verwendung von Code-
wörtern als die beste Methode heraus (/TTRC 84/). Der Nachteil liegt in
dem relativ hohen Aufwand für die Suche in der Codewortdatei. Roberts
schlägt die Verwendung eines hybriden Assoziativspeichers vor
(/AhRo 80/). Die SCW-Datei ist in einem großen RAM-Speicher mit Rand-
logik für einfache Vergleichsoperationen abgelegt. Durch paralleles Auslesen und direkten Vergleich mit dem zur Anfrage gehörigen SCW wird für
die SCW-Datei eine Verarbeitungsgeschwindigkeit erreicht, die nur von
der Zykluszeit des RAM-Speichers abhängt. Obwohl der Hardwareaufwand
gering ist, wird eine Leistungsverbesserung um eine Größenordnung gegenüber einer konventionellen Implementierung angegeben.
RAM-Speicher mit integrierter Logik werden mit zunehmender Reife der
VLSI-Entwurfstechnologie an Bedeutung gewinnen.

5 Schlußfolgerungen

Entscheidend für Erfolg oder Mißerfolg eines Systems ist das Preis-Lei-
stungsverhältnis. Datenbankrechner sind zu allererst an diesem Kriterium
zu messen. Ob spezifische Hardware eingesetzt wird oder nicht, ist unerheblich.
Die Kosten liegen auch bei hardwaregestützten Systemen nicht unter dem
von konventionellen Systemen, da der Entwicklungs- und Wartungsaufwand
für die Software - einer der Hauptkostenfaktoren - nicht geringer ist.
Damit wird die Leistungsfähigkeit zum wichtigsten Kriterium.

Backend-Lösungen konnten bisher, besonders im einer transaktionsorientierten Umgebung, nicht überzeugen. Datenbankanwendungen in Büro, Technik und Wissenschaft weisen andere Merkmale als Transaktionssysteme
auf. Operationen auf unstrukturierten Objekten und solchen hoher Komplexität erfordern eine höhere Verarbeitungsleistung als einfache Manipulationen formatierter Sätze. Andererseits ist die Belastung durch kurze Transaktionen geringer. Die typische Systemkonfiguration besteht aus
Arbeitsplatzrechnern mit lokaler Speicherkapazität und einem (oder mehreren) zentralen Datenbank-Servern. Teile der Datenbasis werden bei Bedarf in den privaten Speicher kopiert. Effizienzkritisch sind besonders
die inhaltsorientierte Adressierung, die hier eine wesentlich größere
Rolle spielt als in klassischen formatierten DBS, die Formatkonversion
von Datenobjekten, das Übertragungsprotokoll sowie der Hintergrundspei-
cherzugriff. Letzteres gilt für herkömmliche Datenbanken in gleicher
Weise.

Obwohl systematische Engpaßanalysen für Datenbank-Server noch ausstehen,
ist erkennbar, daß sich die kritischen Operationen leichter separieren
lassen, als in einem zentralen Hochleistungs-DBS. Je einfacher eine
Funktion ist, insbesondere je einfacher ihre Schnittstelle zur Umgebung
ist, desto eher eignet sie sich für eine Hardwareimplementierung. Dieser Aspekt wurde bei der Entwicklung von DB-Maschinen häufig nicht beachtet.
Eine solche separierbare Funktion ist die inhaltsorientierte Suche.
Datenfilterarchitekturen besitzen deshalb, obwohl bereits in den siebziger Jahren entwickelt, wieder einen größeren Stellenwert.

Datentransporte sind nach wie vor entscheidend für Engpaßsituationen.
Das gilt für Hauptspeicherzugriffe wie für die Peripherie.
Mit modernen Hintergrundspeichern lassen sich wegen der größeren Speicherdichte höhere Datenraten erzielen und damit in gleicher Zeit grös-
sere Datenmengen filtern. Eine Zugriffsunterstützung durch Partitionierung ist aber bei realistischem Datenvolumen unerläßlich. Generell
gilt, daß die Architektur des Peripheriespeichers lange Zeit vernachlässigt worden ist. Intelligente Controller, die weitgehend autonom
arbeiten, die einen Halbleiterspeicher als Platten-Cache aufweisen und
die flexibel definierbare Datenfilterfunktionen auf beliebig strukturierten Datenobjekten ausführen können, werden künftig eine wichtige
Rolle spielen.

Interne Verarbeitungsprozesse lassen sich dann beschleunigen, wenn Spei-
cherzyklen gespart werden. Das ist häufiger durch Firmware- als durch
Hardwareimplementierungen zu erreichen.
Das Konzept des Koprozessors hat sich unabhängig von DB-Anwendungen bewährt. Ein konventioneller DB-Hauptprozessor mit spezialisierten Koprozessoren ist besonders für die funktionelle Vielfalt von Operationen auf Nichtstandard-DB-Objekten geeignet. Neben Filterprozessoren
sind solche zur Objekttransformation von Bedeutung, da ein Objekt von
verschiedenen Applikationen oft in unterschiedlicher Darstellung erwartet wird.

Bisher gibt es außer Datenfiltern und mit Abstrichen Sortierern kaum
Ansätze für Koprozessoren für die Datenverwaltung. Ein Grund ist, daß
es keine allgemein akzeptierten Objektdarstellungen gibt. Selbst die
Architektur von Dokumenten ist bisher nicht befriedigend beschreibar,
obwohl gerade in diesem Bereich große Anstrengungen werden, eine allgemeine Dokumentarchitektur zu definieren.
Ein weiterer Grund ist die Inflexibilität reiner Hardwarelösungen. Die
hardwaremäßige Festlegung von Separatoren in Datenobjekten ist z.B. nicht
akzeptabel, da hierdurch externe Darstellungen betroffen sein können.

Eine effiziente Hardwareunterstützung für Datenbanken ist wichtig und bleibt ein relevantes Forschungsthema. Die Schwerpunkte werden sich aber von Entwurf und Implementierung vollständiger Datenbankmaschinen hin zu dedizierten Komponenten für Einzelfunktionen entwickeln, die vom Rest des Systems einfach separierbar sind. Standardbausteine wie Mikroprozessoren und RAM-Speicher werden wegen ihrer flexiblen Einsetzbarkeit noch auf längere Sicht eine größere Bedeutung haben, als kundenspezifische VLSI-Bausteine.

6 Literatur

/AhRo 80/   Ahuja, S.; Roberts, C.: An Associative/Parallel Processor for Partial Match Retrieval Using Superimposed Codes, Proc. Workshop on Comp. Arch.,IEEE, 1980

/Babb 79/   Babb, E.: Implementing a Relational Database by Means of Specialized Hardware, ACM Trans. on Database Syst., 1979

/BDeT 83/   Bitton-Friedland, D.; DeWitt, D.; Turbifil, C.: Can Database Machines Do Better? A Comparative Performance Evaluation, Proc. VLDB, 1983

/BHKa 79/   Banerjee, J.; Hsiao, D.K.; Kannan, K.: DBC - A Database Computer for Very Large Databases, IEEE Trans. on Computers, Vol. 28(6), 1979

/BoDe 83/   Boral, H.; DeWitt, D.: "Database Machines: An Idea whose Time has passed", in "Database Machines", (ed.: H.O. Leilich M. Missikoff) Springer Verlag, 1983

/Brle 82/   Britton-Lee: IDM 500 - Intelligent Database Machine, Product Description, Britton-Lee, Inc., Los Gatos, Cal., USA

/Brle 83/   Britton-Lee: A Benchmark Oracle vs The Intelligent Database Machine, Britton-Le, Los Gatos, Cal. USA, 1983

/DeHa 81/   DeWitt, D.; Hawthorn, P.: "Performance Evaluation of Database Machine Architectures", Proc. VLDB 1981

/DeWi 79/   DeWitt, D.: DIRECT - A Multiprocessor Organization for Supporting Relational Database Management Systems, IEEE Transactions on Computers 28(6), 1979

/DrSc 83/   Drawin, M.; Schweppe, H.: A Performance Study on Host-Backend Communication, in "Database Machines" (ed.: H.O. Leilich, M. Missikoff) Springer Verlag, 1983

/Duga 83/   Dugan, R.: System/370 Extended Architecture: A program view of the channel subsystem, Proc. Comp. Architecture, ACM,1983

/Fisc 82/   Fischer, K.-J.: Kommunikationssystem EMS 5800 DOCUMENT - Arbeitsplatz-und Service-Einheiten für Fach- und Führungskräfte im Büro, Telecomp. Reports, p. 285 ff., 1982

/Fuji 84/   Fujitani, L.: Laser Optical Disk: The coming revolution in on-line storage CACM 27(6), June 84.

/Gard 81/   Gardarin, G.: An Introduction to Sabre: a Multi-Micropro-
              cessor Database Machine, Proc. 6th. workshop Comp. Arch.
              non-numerical proc., Hyeres, 1981

/GRTe 84/   Gonzales-Rubio, R.; Rohmer, J.; Terral, D.: The SCHUSS
              Filter: A Processor for non-numerical Data Processing
              Bull, Centre de Researche, 78430 Louveciennes, to be
              published

/Hsio 79/   Hsiao, D.: Vorwort zu: Computer 12(3), 1979

/HSCE 83/   Hollaar, L. et al.: "Architecture and operation of a large,
              full-text information-retrieval system, in: "Advanced Data-
              base-Machine Architecture" (ed. D. Hsiao), Prentice Hall, 1983

/IBM 78/   Utley, B. et al.: IBM System/38-Technical Development,
              IBM 1978

/ICL 79/   CAFS 800, ICL World Headquarters, Putney, London, 1979

/Inte 82/   Guide to iDBP, Order No. 222140-001, Intel Corporation, CMO
              Phoenix, 1982

/Knut 73/   Knuth, D.: The Art of Computer Programming, Sorting and
              Searching (vol.3), Addison-Wesley, 1973

/KuLe 80/   Kung, H.T.: Lehmann, P.L.: Systolic (VLSI) Arrays for
              Relational Database Operations Proc., ACM-SIGMOD, 1980

/LSZe 78/   Leilich, H.-O.; Stiege, G., Zeidler, H.Ch.: A Search Pro-
              cessor for Database Management Systems, Proc. VLDB 1978

/MaTe 83/   Markt und Technik 51/52: Speicherkapazität im Überfluß,
              p. 42 ff. Dez. 1983

/Mitc 74/   Mitchell, R.W.: New Hardware For Information Systems, IERE
              "Computer - Systems and Technology", Conf. Proc., Okt. 1974

/Reut 82/   Reuter, A.: Performance Analysis of Recovery Techniques,
              Informatik Bericht Univ. Kaiserslautern, 1982,
              erscheint demnächst

/Shiba 84/   Shibayama et al.: A Relational Database Machine with large
              Semiconductor Disk and Hardware Relational Algebra Processor,
              New Generation Computing 2(184)

/ShNe 84/   Shemer, J.; Neches, P.: The Genesis of a Database Computer
              (Interview) Computer 17(11), 1984

/Slot 70/   Slotnick, D.: Logic per Track Devices, in: "Advances in
              Computers", Vol 10 (ed.: J. Tou), Academic Press, 1970

/Smit 81/   Smith, A.: Optimization of I/O systems by catch disk and
              file migration: a summary, Performance, VLDB, 1975

/SNOS 77/   Schuster, S.A.; Nguyen, H.B., Ozkarahan, E.A., Smith, K.C.:
              RAP.2 -An Associative Processor for Databases, Proc. of the
              5th Ann. Symp on Comp. Architecture, 1978

/STEL 77/   Stellhorn, W.: An Inverted File Processor for Information
             Retrieval, IEEE Trans. on Computers 26(12), 1977

/STMD 83/   Sekino, A.; Tacheuchi, K.; Makino, T.; Doi, T.; Goto, T.;
             Hakozaki, K.: Design Considerations for an Information Query
             Computer, in :"Advanced Database-Machine Architecture"
             (ed. D. Hsiao), Prentice Hall, 1983

/Su 78/   Su, S.Y. et al.: "Micronet: A Microcomputer Network System
             for Managing Distributed Relational Databases" Proc. 4th Int.
             Conference on VLDB, Berlin, 1978

/SuLi 75/   Su, S.; Lipovski, J.: CASSM: A Cellular System for Very Large
             Data Bases, Proc. VLDB, 1975

/SWRM 83/   Stonebraker, M. et al.: Performance Enhancements to a
             Relational Database System TODS 8(2), 1983

/SZHL 83/   Schweppe, H.; Zeidler, H.Ch.; Hell, W.; Leilich, H.-O.;
             Stiege, G.; Teich, W.; RDBM - A Dedicated Multiprocessor
             System for Database Management, in: "Advanced Database-
             Machine Architecture" (ed. D. Hsiao), Prentice Hall 1983

/Tayl 83/   Taylor, R.: Databases for Office Workstations, IBM Res. Rep.
             RJ 4091, 1983, erscheint demnächst

/TTRC 84/   Tsichritzis, D. et al.: Design Issues of a File Server for
             Multimedia Documents, Esprit Pilot Pro. No. 28, Report, 1984

Ein Transaktionskonzept zur Unterstützung komplexer Anwendungen in integrierten Systemen

P. Klahold, G. Schlageter
R. Unland, W. Wilkes

FernUniversität
Postfach 940

D-5800 Hagen

ABSTRACT

The use of database systems in new applications, e.g. computer aided design, software engineering, etc, leads to new requirements for the transaction management. Main characteristics of such environments are long duration of transactions and teamwork.

In this paper we introduce a concept for long transactions which especially supports cooperative work of users on a common set of data. The transaction model has two levels: on the one hand the team has to be protected from the outside world, on the other hand mechanisms are required which allow controlled teamwork on common objects. In the latter case rigid synchronisation mechanisms as used in database systems are not applicable.

A main concept for the support of teamwork and for design databases in general is a user-oriented version mechanism. This paper presents such a mechanism and its integration into our transaction model.

1. EINLEITUNG

Anwendungsgebiete wie CAD/CAM, Büroinformationssyteme, Software-Produktion u.a. verlangen in schnell steigendem Maße Unterstützung durch Datenbanksysteme. Die herkömmliche Datenbanktechnologie war jedoch primär auf kommerzielle Anwendungen ausgerichtet und unterstützt daher solche Anwendungsbereiche nur sehr unvollkommen.

Diese Arbeit befaßt sich mit einem der wesentlichen Probleme neuer Datenbankanwendungen, der Unterstützung langer Transaktionen in kooperativen Umgebungen. Mit derartigen Transaktionen arbeiten Benutzer(gruppen) kooperierend über Wochen oder Monate auf einem relativ großen Datenbestand.

Bisher publizierte Lösungen für lange Transaktionen, z. B. /HaLo81, LoPl83, KaWe83/, erlauben es lediglich, einzelnen Benutzern Objekte für längere Zeit zuzuweisen. Umgebungen, in denen die Benutzer kooperativ auf ein gemeinsames Ziel hin zusammenarbeiten, werden nicht betrachtet.

Im folgenden wird ein Konzept für lange Transaktionen vorgestellt, das insbesondere kooperatives Arbeiten auf einer gemeinsamen Menge von Objekten unterstützt. Das Transaktionsmodell ist zweischichtig: zum einen muß die Benutzergruppe nach außen hin abgeschirmt werden, zum anderen müssen Mechanismen zur Verfügung gestellt werden, die innerhalb der Gruppe ein kontrolliertes Zusammenarbeiten auf gemeinsamen Objekten erlauben. Im letzteren Falle sind rigide Synchronisationsverfahren, wie sie beim Transaktionsmanagement in Datenbanksystemen angewandt werden, nicht brauchbar. (Tatsächlich kann das Transaktionsmodell leicht zu einem mehrschichtigen Modell verallgemeinert werden; aufgrund des verfügbaren Platzes stellen wir die Hauptidee in Form des zweischichtigen Modells vor.)

In das Transaktionskonzept sind Versions- und Alternativenkonzepte integriert, wie sie für die Unterstützung von Entwicklungsprozessen wesentlich sind. Es wird gezeigt, daß diese Mechanismen die Flexibilität des Transaktionsmanagements besonders in bezug auf Parallelität erhöhen. Als Konsequenz wird die Einführung neuer Sperrmechanismen erforderlich, insbesondere deshalb, weil ein Objekt nicht alleine durch Modifikation seiner Werte, sondern auch durch Ableitung von Versionen bearbeitet werden kann.

Ein Gesamtkonzept für lange Transaktionen muß verschiedene Aspekte berücksichtigen, die alle noch forschungsrelevant sind. Natürlich können in dieser Arbeit nicht alle interessanten Probleme detailliert behandelt werden. Hauptziel ist es daher, einen Weg für eine vollständige Lösung aufzuzeigen und nur ausgesuchte Probleme detaillierter zu diskutieren.

2. NEUE ANFORDERUNGEN AN DAS TRANSAKTIONSMANAGEMENT

Merkmal komplexer Anwendungen ist es, daß über einen langen Zeitraum an einer größeren, im Kern festen Menge von Objekten gearbeitet wird. Die dabei zu verrichtenden Tätigkeiten lassen sich in eine Anzahl eigenständiger Arbeitseinheiten gliedern, die jeweils nur eine Teilmenge der Objekte benötigen.

Typischerweise arbeiten Gruppen von Bearbeitern an der Lösung einer Aufgabe (CAD, Softwareproduktion, etc.). Jedes Mitglied der Benutzergruppe besitzt dabei einen wohldefinierten Aufgabenbereich, den es innerhalb der Anwendung zu bearbeiten hat. Die Mitglieder der Gruppe arbeiten kooperativ, nicht konkurrierend, sie stimmen ihre Arbeit ab. Insbesondere wissen die Benutzer selbst, in welcher Weise sie überlappt oder parallel arbeiten können, ohne die Konsistenz der zugrundeliegenden Objektmenge zu gefährden.

In einer Umgebung dieser Art muß demzufolge das Datenbanksystem nicht nur - wie in heutigen Systemen - für die Synchronisation von Benutzertransaktionen sorgen, sondern es muß darüberhinaus die Kooperation innerhalb der Benutzergruppe unterstützen. Wir betrachten die Arbeit der Gruppe als Transaktion, an deren Beginn und Ende die von der Gruppe berührten Objekte konsistent sind, da eine korrekte Synchronisation durch das Datenbanksystem garantiert wird. Innerhalb einer solchen **Gruppentransaktion** starten die einzelnen Benutzer ihre eigenen Transaktionen, im folgenden **Benutzertransaktionen** genannt.

Das System sollte dem Benutzer gestatten, mit der für ihn gewohnten Flexibilität zu arbeiten. Es ist bisher keine Lösung aufgezeigt worden, wie diese Flexibilität zu erreichen ist. Unserer Meinung nach sollte der Benutzer das Setzen und Freigeben von Sperren beeinflussen können, um so flexibler mit anderen Gruppenmitgliedern zu kooperieren und zu kommunizieren. Selbstverständlich kann das Transaktionsmanagement in Fällen, in denen der Benutzer von diesen Möglichkeiten Gebrauch macht, keine vollständige Konsistenz im Sinne der Serialisierbarkeit einzelner Benutzertransaktionen mehr garantieren.

Es ist nicht erstaunlich, daß diese allgemeinen Anforderungen an das Transaktionsmanagement spezielle Änderungen des Sperrmechanismus nach sich ziehen.

Eine weitere wichtige Forderung ist die Existenz eines mächtigen Versionsmechanismus' zur Dokumentation des Designprozesses und zur Erstellung und Verwaltung von Konstruktionsalternativen. Wie gezeigt wird, bestehen Verbindungen zwischen dem Versionsmanagement und dem Transaktionsmanagement.

3. DAS GRUPPENORIENTIERTE TRANSAKTIONSMODELL

Ein Modell zur Handhabung langer Transaktionen, die ändernd auf einer relativ festen Objektmenge arbeiten, wurde von Haskin/Lorie in /HaLo81/ und /LoP183/ beschrieben. Ähnliche Vorstellungen finden sich auch bei anderen Autoren (z.B. das "Bibliotheks-Modell" in /KaWe83/).

Nach diesem Konzept werden Änderungen nicht direkt auf den Daten der Datenbank durchgeführt, sondern in einem eigenständigen Datenbankbereich (Benutzer-Bereich). Komplexe Objekte werden durch CHECKOUT von der Datenbank in den Benutzer-Bereich kopiert, dort von der Transaktion bearbeitet und nach Beendigung der Arbeit (die Tage oder Wochen dauern kann) mit CHECKIN wieder in die Datenbank eingebracht. Bis zu diesem Zeitpunkt sind die alten Versionen der zu ändernden Objekte in der Datenbank mit langlebigen Sperren belegt, können jedoch von anderen Transaktionen gelesen werden (siehe Abb. 1).

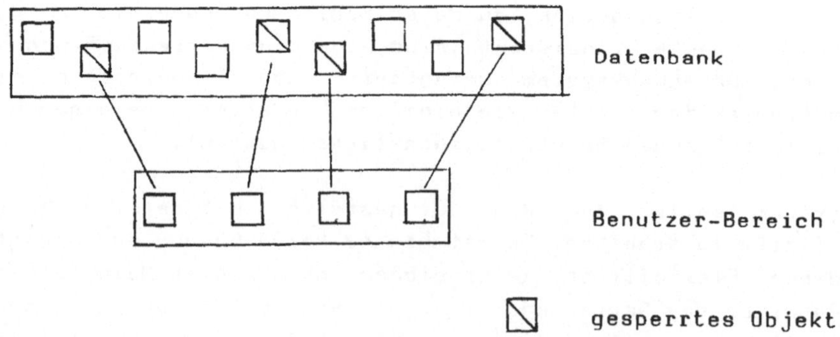

Abb. 1: Transaktionsmodell aus /HaLo81/

Das CHECKOUT/CHECKIN-Modell bietet folgende Vorteile:

- Parallel zur Bearbeitung können die zuvor gültigen Versionen gelesen werden.

- Die Bearbeitung selbst findet im Single-User-Betrieb statt und ist abgeschirmt vom sonstigen Datenbankbetrieb.

- Die einzigen kritischen Phasen bezüglich der Concurrency Control der ganzen Transaktion sind die Operationen CHECKOUT und CHECKIN.

Dieses Modell ist hervorragend geeignet, wenn Objekte von einer Person bearbeitet werden. Für den wesentlich häufigeren Fall, daß die Arbeit in Gruppen durchgeführt wird, bietet es jedoch keine Unterstützung an.

Um diesen ständigen Prozeß gemeinschaftlichen Arbeitens zu unterstützen, muß den Gruppenmitgliedern Gelegenheit gegeben werden,

- unfertige Ergebnisse innerhalb der Gruppe sichtbar zu machen,

- Teillösungen von Mitarbeitern für die eigene Problemstellung nutzen zu können,

- Zwischenzustände direkt an Kollegen weiterzugeben, um diesen die Weiterarbeit bzw. kurzzeitige Zwischenarbeiten zu ermöglichen.

- parallel mit anderen an einer gemeinsamen Objektmenge zu arbeiten, z.B. um alternative Lösungen zu erstellen.

Diese Anforderungen führen zu einem zweistufigen, gruppenorientierten Transaktionsmodell, das aus einer **Gruppentransaktion** (GT) und ihren Subtransaktionen, den **Benutzertransaktionen** (BT) gebildet wird. Die Gruppentransaktion stellt die Umgebung für die Arbeiten der Benutzergruppe dar. Die Arbeiten eines Benutzers werden innerhalb der Benutzertransaktion durchgeführt, die wiederum innerhalb einer Gruppentransaktion gestartet und beendet wird (siehe Abb.2).

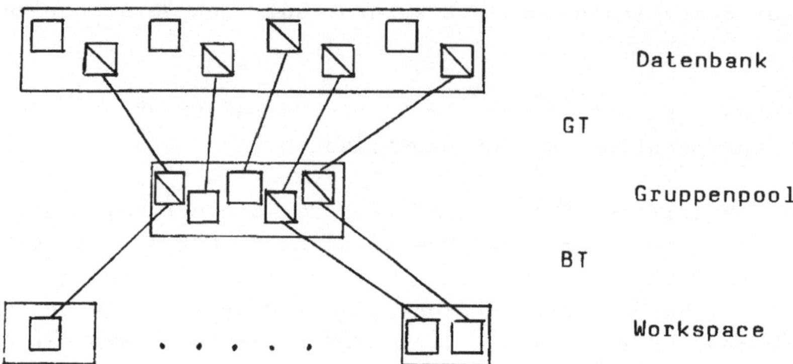

Abb. 2: Schema des zweistufigen
        Transaktionsmodells

Dieses Transaktionsmodell ist durch folgende Merkmale gekennzeichnet:

(1) Die GT ist einer Benutzergruppe zugeordnet.

(2) Die GT arbeitet auf der Datenbank wie Transaktionen im CHECKOUT/
CHECKIN-Modell, d.h. sie kopiert Objekte aus der Datenbank in den
Gruppenpool und schreibt sie nach Beendigung der Bearbeitung
zurück. Durch CHECKOUT werden langlebige Sperren in der Datenbank
gesetzt. GTs sind wohlgeformt und zweiphasig und damit serialisier-
bar.

(3) Jeder GT ist ein Gruppenpool zugeordnet, der dem Benutzer-Bereich
des CHECKOUT/CHECKIN-Modells entspricht, d.h. er ist ein temporärer
Datenbankbereich, der nur für die Dauer der GT existiert. Er stellt
die Umgebung für die Subtransaktionen der GT, die Benutzertransaktionen (BTs), dar. Der Gruppenpool kann nur von den BTs und der GT
selbst gesehen werden, andere Transaktionen haben keine Zugriffsmöglichkeiten. Wegen der möglichen Parallelität der BTs ist es
erforderlich, im Gruppenpool Concurrency-Control-Maßnahmen zu
ergreifen.

(4) BTs sind Subtransaktionen der GT in dem Sinne, daß sie nur solche
Objekte anfassen können, die von der GT aus der Datenbank ausgecheckt wurden und sich dadurch im Gruppenpool befinden. Sie
arbeiten parallel zueinander, sind wohlgeformt, und - solange der
Benutzer nicht eingreift - zweiphasig. Sie geben den Benutzern
Möglichkeiten der Einflußnahme auf die Concurrency Control. Analog
zur GT erwerben sie Objekte durch CHECKOUT.

(5) Die Objekte der BT werden im Workspace oder in der privaten
    Datenbank des einzelnen Benutzers bearbeitet.

ABLAUF EINER TRANSAKTION

Eine Transaktion nach diesem Modell läuft etwa folgendermaßen ab (die
im folgenden verwandte Syntax ist beispielhaft und soll dem Leser
helfen, die Bedeutung der Befehle zu verstehen):

Da GTs an Benutzergruppen gebunden sind, muß dem System zuerst die
Gruppe bekannt gemacht werden durch

CREATE_USER_GROUP <group_name> <user_id_list> .

Sie kann jederzeit - auch während einer laufenden GT - verändert werden
durch :

$$
\text{CHANGE\_USER\_GROUP} \ \langle group\_name \rangle \begin{bmatrix} \text{ADD} \\ \text{REMOVE} \end{bmatrix} \langle user\_id\_list \rangle \ .
$$

Die Gruppe (bzw. ein beliebiges Mitglied) kann eine oder mehrere GTs
starten:

BEGIN-TRANS <GT_name> FOR <group_name>

Dabei wird gleichzeitig der Gruppenpool erzeugt. Die GT kann zu einem
Zeitpunkt nur von einem Gruppenmitglied aktiviert sein. Dieser Benutzer
hat die Möglichkeit, mit Hilfe von CHECKOUT Objekte aus der Datenbank
in den Gruppenpool zu kopieren, und die Datenbank schließlich durch
CREATE_VERSION oder UPDATE_VERSION (siehe Kapitel 4 und 5) zu verändern. Der Urheber der GT kontrolliert sie, bis er entweder eine eigene
Benutzertransaktion startet oder die GT explizit suspendiert. Um die GT
zu benutzen muß ein Benutzer seine BTs explizit suspendieren und die GT
aktivieren (Die GT wird also nur zur Kommunikation zwischen Datenbank
und Gruppenpool benutzt; die eigentlichen Arbeiten des Designers finden
im Gruppenpool statt). Für dieses Aktivieren und Passivieren der GT
werden die Operationen SUSPEND und CONTINUE eingeführt.

SUSPEND-TRANS   suspendiert die derzeit aktive Transaktion
                             des Benutzers (GT oder BT)

CONTINUE_TRANS <GT_name>   reaktiviert die GT

```
CONTINUE_TRANS <BT_name> WITHIN <GT_name>
                              reaktiviert die spezifizierte BT.
```

Sobald die GT gestartet ist, können die Gruppenmitglieder BTs auf dem Gruppenpool initiieren, die parallel zueinander und parallel zur (aktiven oder passiven) GT laufen:

```
BEGIN <BT_name> WITHIN <GT_name>
```

Ein Benutzer darf mehrere BTs gleichzeitig besitzen. Dadurch hat er die Möglichkeit, an verschiedenen Aufgaben zu arbeiten, indem er seine BTs alternativ benutzt (Suspendieren der einen BT und Aktivieren einer anderen). Wegen der Gleichzeitigkeit der BTs müssen geeignete Concurrency-Control-Maßnahmen auf Gruppenpoolebene ergriffen werden. Daher muß auch die BT Sperren erwerben, wozu ein CHECKOUT-Befehl analog zum CHECKOUT der GT existiert. Allerdings werden aufgrund des kooperativen Verhaltens der Gruppenmitglieder Mechanismen für eine explizite Lockerung des Zwei-Phasen-Sperrprotokolls bereitgestellt (siehe Kap. 5.3).

Eine BT wird durch END_TRANS beendet.

Ist das Arbeitsziel der Gruppe insgesamt erreicht, so bringt sie ihre Ergebnisse (ebenso wie jeden möglichen Zwischenzustand, den sie anderen Gruppen sichtbar machen will) durch Aktivierung der GT in die Datenbank (CREATE_VERSION, siehe Kap. 4). Falls keine BT mehr existiert, kann die GT ebenfalls mit END-TRANS beendet werden.

4. VERSIONEN

Um den speziellen Bedürfnissen in der Design-Umgebung gerecht zu werden und um einen höheren Grad an Parallelität zwischen Benutzertransaktionen zu ermöglichen, wird ein Versionskonzept eingeführt. Durch dieses Konzept soll erreicht werden, daß

- der Design-Prozess festgehalten wird (Dokumentation),

- Redesign von einer früheren Version aus ermöglicht wird,

- das System alternative Entwürfe verwalten kann,

- parallele Änderungen auf einem Objekt ermöglicht werden und

- Ergebnisse von Benutzertransaktionen schnell der Benutzergruppe
  bekannt gemacht werden können.

Unser Versionsmodell basiert auf einem Versionsgraphen. Da unser Ziel in der Diskussion des Transaktionsmanagementes liegt, betrachten wir keine fortschrittlicheren Modelle, die alle Arten von Versionen unterstützen oder Objektbeziehungen mit berücksichtigen (z.B. zwischen verschiedenen Repräsentationen eines Objektes wie in /Neum83/ oder /Katz84/).

Was unter dem Begriff Version zu verstehen ist, wird vom Benutzer definiert: ein Benutzer arbeitet mit einem Objekt A und entscheidet irgendwann, eine neue Version von A zu erzeugen. Die Ursprungsversion von A sei v0(A), die neue Version sei v1(A). Neue Versionen werden mit dem Kommando CREATE_VERSION erzeugt. Die Versionen v0(A) und v1(A) repräsentieren die gleiche semantische Einheit der Benutzerwelt in verschiedenen Zuständen.

Die übliche Beschreibung von Versionen als "Folge von Zuständen über der Zeit" ist jedoch nicht ausreichend, da z.B. ein Redesign von einer früheren Version aus oder die Verwaltung alternativer Entwürfe nicht ermöglicht. Daher führen wir einen **Versionsgraphen** VG ein; die Knoten v0,...,vn stellen die Versionen dar, die Kanten zeigen die Ableitungsfolge auf. Die Version v2 heißt abgeleitet von der Version v1, falls v2 durch Veränderung von v1 entstanden ist. Der Graph hat genau eine Wurzel und ist azyklisch.

Der Versionsgraph hat in der Benutzerwelt einen Namen (der gewöhnlich die semantische Einheit bezeichnet, für die Versionen erzeugt wurden). Daher ist der Versionsgraph ebenfalls ein benanntes Objekt.

Für die separate Einführung von **Alternativen** besteht keine Notwendigkeit: Alternativen sind gerade die Versionen mit gleichem Vaterknoten (bzw. gleicher Menge von Vätern).

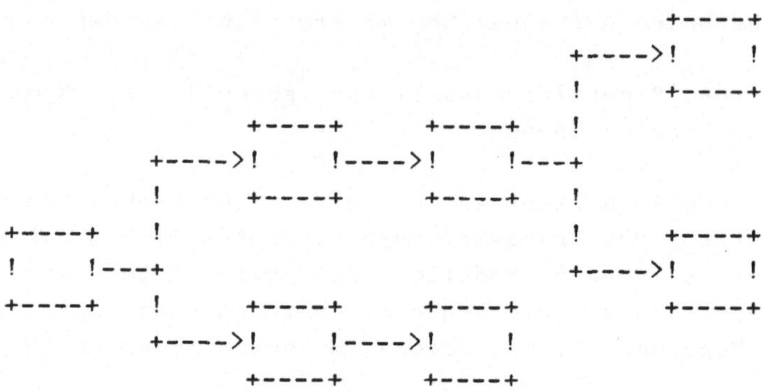

Abb. 4: Versionsgraph

4.1 MANIPULATION VON VERSIONEN

Ein Versionsgraph kann auf zweierlei Art und Weise geändert werden:
- Durch Modifikation existierender Versionen.
- Durch Löschen oder Erzeugen von Versionen.

Die Modifikation einer Version ändert nur den spezifizierten Knoten, wogegen das Löschen oder Erzeugen von Versionen die Struktur des Versionsgraphen verändert.

Erzeugen einer neuen Version

Der folgende Befehl erlaubt das Erzeugen einer neuen Version:

```
CREATE_VERSION   <v> NAMED   <vers_name>

            ⎡<graph_name>⎤              ⎡⎡<version_name>⎤    ⎤
       FOR  ⎢            ⎥  AS_SUCC_OF  ⎢⎢              ⎥ ...⎥
            ⎣<graph_id>  ⎦              ⎣⎣<version_id>  ⎦    ⎦
```

v zeigt auf die neu erstellte Version, die in den durch die FOR-Klausel spezifizierten Graphen eingefügt werden soll. Sie wird vom System automatisch mit einem eindeutigen Versionsidentifikator belegt, kann jedoch zusätzlich noch mit einem Namen versehen werden (NAMED-Klausel). Die AS_SUCC_OF Klausel bestimmt die Versionen, von denen v als Nachfolger abgeleitet wurde.

In der Praxis kann das Zusammenmischen von Versionen ein wichtiger Punkt sein. Falls verschiedene Benutzer parallel mit einem Knoten v des Graphen arbeiten wollen, wird jeder von ihnen eine eigene Version vi von v ableiten und auf dieser Version seine Arbeiten ausführen. Sobald alle Parallelarbeiten beendet sind, muß eine gemeinsame Version vg von den Versionen v1...vn abgeleitet werden. Dieser Mischvorgang kann nicht durch ein allgemeines Versionsmanagement durchgeführt werden, sondern muß auf Anwendungsebene oder durch den Benutzer selber vorgenommen werden.

Überschreiben einer bestehenden Version

Der folgende Befehl überschreibt eine bestehende Version:

$$\text{UPDATE\_VERSION} \ <v> \ \text{OF} \ \begin{bmatrix} <\text{graph\_name}> \\ <\text{graph\_id}> \end{bmatrix} \cdot \begin{bmatrix} <\text{version\_name}> \\ <\text{version\_id}> \end{bmatrix}$$

Die Parameter identifizieren die Version, die überschrieben werden soll. UPDATE_VERSION darf nur auf Blättern des Versionsgraphen ausgeführt werden, da durch die Veränderung von inneren Knoten auch die davon zwischenzeitlich abgeleiteten Versionen betroffen würden. Es sind Möglichkeiten denkbar, solche sich fortpflanzenden Änderungen zu verwalten (z.B. durch Benachrichtigungsmechanismen); hierauf gehen wir in diesem Papier jedoch nicht ein.

Löschen von Versionen

Das Löschen einzelner Versionen erlaubt ein "Ausdünnen" des Versionsgraphen. Dies ist besonders wichtig bei der Erstellung eines Versionsgraphen zu Dokumentationszwecken. Oft läßt sich erst im Nachhinein die Bedeutung eines Zwischenschritts für den weiteren Verlauf der Entwicklung abschätzen. Mit Hilfe des DELETE-Befehls können nicht mehr benötigte Versionen aus dem Versionsgraphen eliminiert werden:

$$\text{DELETE\_VERSION} \ \begin{bmatrix} <\text{graph\_name}> \\ <\text{graph\_id}> \end{bmatrix} \cdot \begin{bmatrix} <\text{version\_name}> \\ <\text{version\_id}> \end{bmatrix}$$

DELETE_VERSION verknüpft alle von der zu löschenden Version v abgeleiteten Versionen mit allen Vorgängern von v.

Das Erzeugen einer neuen Version wie auch das Überschreiben einer betehenden schafft einen bleibenden Tatbestand, d.h. die Änderung im

Versiongraphen kann nicht implizit durch Zurücksetzen der Transaktion rückgängig gemacht werden. Die einzige Möglichkeit besteht in einem "Zurücksetzen unter Benutzerkontrolle" durch explizite Versionsoperationen.

4.2 VERSIONSGRAPHEN IM ZWEISTUFIGEN TRANSAKTIONSMODELL

Entsprechend der Zweistufigkeit des Transaktionsmodells muß zwischen zwei Versionsgraphen als semantischer Einheit unterschieden werden:

    Datenbankebene: globaler Graph aus Datenbank-Versionen
    Gruppenpoolebene: lokaler Graph aus Pool-Versionen

Der lokale Versionsgraph dient hauptsächlich zur Kommunikation innerhalb der Benutzergruppe und zur kurzfristigen Dokumentation der Gruppenarbeit innerhalb einer langen Transaktion. Er ist daher in der Regel feiner, d.h. er besteht aus mehr Versionen, als für die Dokumentation in der Datenbank erforderlich sind.

Durch CHECKOUT in einer GT wird eine einzelne Version eines globalen Versionsgraphen aus der Datenbank in den Gruppenpool kopiert. Die Kopie bildet die Wurzel für einen lokalen Versionsgraphen (siehe Abb. 5a).

Durch BTs wird der lokale Graph verändert bis die Gruppe ihr Arbeitsziel erreicht hat. Um das Ergebnis dauerhaft zu machen, muß sie es in die Datenbank übertragen. Dies geschieht, indem die GT aktiviert wird (CONTINUE_TRANS) und anschließend passende CREATE_VERSION oder UPDATE_VERSION Befehle abgesetzt werden.

321

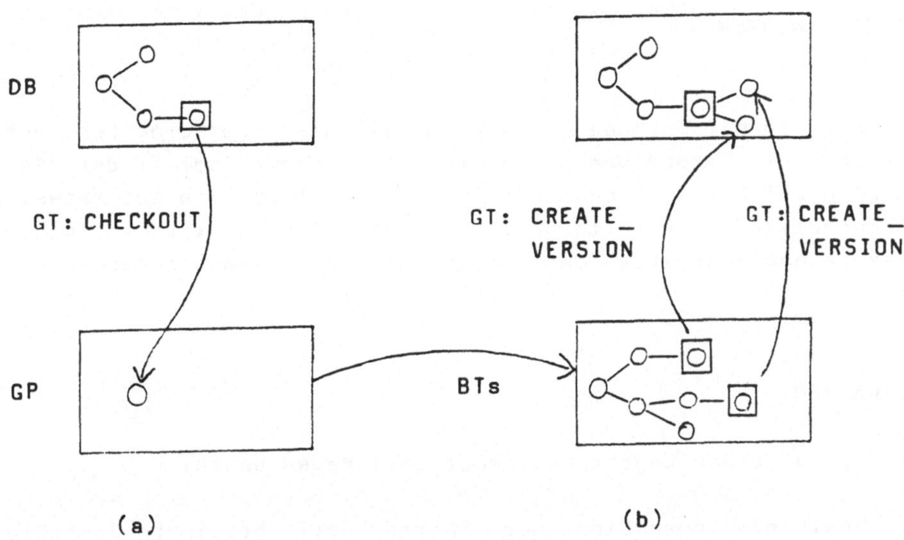

Abb. 5: Globaler und lokaler Versionsgraph

Einschränkungen bei Manipulation lokaler Versionsgraphen

Einschränkung der zulässigen Operationen:
Eine Version v wird beim CHECKOUT aus der Datenbank durch die GT mit einer bestimmten Sperre versehen. Diese Sperre bestimmt, welche Operationen auf v von den Gruppenmitgliedern angewendet werden dürfen. Z.B. darf eine Version, die aus der Datenbank nur zum Lesen ausgecheckt wurde, im Gruppenpool durch keinen Benutzer verändert werden. Die ausführbaren Operationen sind dem Verschärfungsgraphen (s.u.) zu entnehmen.

Einschränkung beim Überschreiben:
Werden einzelne Versionen des lokalen Graphen bereits während der Gruppenarbeit durch die GT mit CREATE_VERSION oder UPDATE_VERSION in den globalen Versionsgraphen eingebracht, so zerstört jedes weitere Überschreiben die Konsistenz zwischen dem lokalen und dem globalen Graphen. Daher besteht eine sinnvolle Einschränkung des UPDATE-Befehles darin, jede weitere Modifikation einer Version zu verbieten, nachdem sie in die Datenbank eingebracht wurde.

Diese strengen Einschränkungen können gemildert werden, wenn in "gefährlichen" Fällen vorher Warnungen ausgegeben werden. Diese Möglichkeit soll jedoch nicht näher betrachtet werden.

5. SPERRMECHANISMEN

Ebenso, wie in der Datenbank GTs parallel zueinander arbeiten, unterliegt auch der Gruppenpool dem konkurrierenden Zugriff der BTs. Es
müssen also auf beiden Ebenen der Transaktion Maßnahmen zur Verwaltung
der gleichzeitigen Zugriffe getroffen werden. Daher wird im folgenden
ein Sperrmechanismus für das vorgestellte Transaktionsmodell eingeführt.

5.1 SPERRARTEN

Eine Sperre auf einem Objekt hat immer zwei Bedeutungen:

(1) Die Besitzer-Transaktion der Sperre darf bestimmte Operationen
durchführen (um eine Operation durchzuführen, muß die Transaktion
vorher eine passende Sperre erwerben).

(2) Alle anderen Transaktionen werden - abhängig von der Art der Sperre
- in ihren Möglichkeiten eingeschränkt, ebenfalls mit diesem Objekt
zu arbeiten. (Kompatibilität von Sperren).

Bei der Konstruktion eines Sperrmechanismus auf Versionsebene sind drei
Operationen zu berücksichtigen:

- Lesen einer Version
- Ableiten einer neuen Version
- Ändern einer Version

Die Löschoperation bedarf in unserem Modell keiner besonderen Betrachtung. Beim Löschen von Versionen können nur Probleme auftreten, falls
andere Transaktionen gleichzeitig den Graphen durchlaufen. Das notwendige Sperren der Vorgänger und der Nachfolger der zu löschenden Version
muß vom System durch das Setzen kurzzeitiger Sperren gewährleistet
werden.

Es ist klar, daß zum Ändern der Version v bzw. zum Ableiten einer neuen
Version die ursprüngliche Version v gelesen wird. Somit schließt das
Recht zum Ändern oder zum Versionsableiten immer das Recht zum Lesen
mit ein. Außerdem umfaßt das Recht, eine Version zu ändern, auch das
Recht, neue Versionen davon abzuleiten.

Trotz dieser drei Operationen könnte man auf den ersten Blick vermuten, daß man auch in diesem Fall - wie in herkömmlichen Datenbanken - mit zwei Sperren auskommt: Sowohl beim Lesen einer Version als auch beim Ableiten einer neuen kommt es im Prinzip nur darauf an, die Version vor einer gleichzeitigen Änderung zu schützen. Die Parallelität von Lesern untereinander als auch zu Ableitern wird durch das Versionsmodell gestattet, und es wird auch nicht ausgeschlossen, daß mehrere Transaktionen gleichzeitig neue Nachfolger zu einer Version ableiten. Somit könnte eine R-Sperre (shared-Sperre) definiert werden, die sowohl das Lesen der Version als auch das Ableiten neuer Versionen erlaubt und nur solche Transaktionen ausschließt, die die Version selbst ändern wollen.

Bei der Integration eines Versionsmodelles reicht jedoch das konventionelle R, X Sperrschema nicht aus: das Ableiten einer neuen Version stellt - bezogen auf den gesamten Graphen - ebenfalls eine Änderungsoperation dar; die Struktur des Versionsgraphen wird verändert. Daher ist es wünschenswert, einer Transaktion das exklusive Ableitungsrecht für eine Version v zu geben; andere Transaktionen dürfen v nur lesen, aber keine neuen Versionen ableiten. In Übereinstimmung mit den drei Operationsarten wird damit ein dritter Sperrmodus - die Ableitungs-(D)-Sperre - benötigt. Es sei bemerkt, daß im Falle eines rein zeitorientierten Versionsmodells diese "exklusive" Art der Ableitung die einzige Form ist, die das System erlaubt.

Aufgrund der Rechte, die anderen Transaktionen gewährt werden, müssen in dem hier vorgestellten Sperrschema die D- und die R-Sperre weiter aufgeteilt werden. Zum einen soll anderen nur das Lesen des gesperrten Knotens erlaubt werden, im anderen Fall dürfen auch neue Versionen abgeleitet werden. Dies führt zu den folgenden fünf Sperren:

R-Sperre: - erlaubt dem Eigentümer zu lesen
           - erlaubt anderen Transaktionen paralleles Lesen

RD-Sperre: - erlaubt dem Eigentümer zu lesen
           - erlaubt anderen paralleles Lesen und Ableiten

DS-Sperre: - erlaubt dem Eigentümer zu lesen und abzuleiten
           - erlaubt anderen paralleles Lesen und Ableiten

DX-Sperre: - erlaubt dem Eigentümer das Lesen und Ableiten
           - erlaubt anderen nur paralleles Lesen

X-Sperre: - erlaubt dem Eigentümer Lesen, Ableiten und Update
           - verhindert jede parallele Operation

Die DX-Sperre (exklusive D-Sperre) ist nötig, um exklusives Ableiten zu ermöglichen. Um anderen paralleles Ableiten zu erlauben, muß die DS-Sperre (D-shared) verwandt werden. Zum Lesen ohne parallele Veränderungen dient die R-Sperre. (Natürlich kann ein unveränderbarer Zustand auch mit Hilfe einer X- oder DX-Sperre erreicht werden; in diesem Fall würde jedoch das parallele Lesen verhindert.) Um parallel zum eigenen Lesen anderen das Ableiten neuer Versionen zu erlauben, muß die RD-Sperre verwandt werden. (Wiederum könnte hier die DS-Sperre verwandt werden, welche jedoch paralleles Lesen und exklusives Ableiten verhindert.)

Damit ergibt sich folgende Kompatibilitätsmatrix:

	RD	R	DS	DX	X
RD	x	x	x	x	o
R	x	x	o	o	o
DS	x	o	x	o	o
DX	x	o	o	o	o
X	o	o	o	o	o

Aufgrund der zwei Dimensionen "Version" und "Beziehung zwischen Versionen (Ableitung)" bilden die Sperren keine totale Ordnung, wie es bei konventionellen Sperrschemata der Fall ist. Es muß klar unterschieden werden zwischen den "Außenwirkungen", d.h. den Rechten, die anderen Benutzern nach dem Setzen der Sperre bleiben, und den "Innenwirkungen", d.h. den Rechten, die dem Eigentümer übertragen werden. Z.B. unterscheiden sich die DS- und die RD-Sperre nur in dem, was sie dem Eigentümer erlauben, während anderen Transaktionen die gleichen Rechte gewährt werden (hier das Lesen und Ableiten). Andererseits bieten die DX und DS Sperre dem Eigentümer die gleichen Rechte und unterscheiden sich nur in dem, was anderen Transaktionen erlaubt ist. Diese vorgenommenen Differenzierungen der Sperren sind besonddrs wichtig für den Grad der möglichen Parallelität.

5.2 Änderungen des Sperrmodus

Folgender Befehl steht zum Ändern einer Sperre zur Verfügung:

```
                                                              RD
                 <graph_name>      <version_name>             R
CHANGE_LOCK FOR                                         TO    DS
                 <graph_id>        <version_id>              DX
                                                              X
```

Für den Benutzer ist es wichtig zu wissen, welche Änderungen mit dem Zwei-Phasen-Sperrprotokoll kompatibel ist, d.h. welche Umwandlung eine gegebene Sperre abschwächt oder verschärft. Bezogen auf die "Außen-" und "Innenwirkungen" von Sperren kann folgende partielle Ordnung aufgestellt werden:

Eine Sperre vom Typ S1 ist schärfer als eine Sperre vom Typ S2 (S1 <> S2)

         : <===>

S1 gibt dem Besitzer der Sperre mehr oder die gleichen Rechte wie S2
                 und
S1 gibt anderen weniger oder die gleichen Rechte wie S2

Mit dieser Definition erhalten wir folgenden "Verschärfungsgraphen", der die Relation "...ist schärfer als..." veranschaulicht:

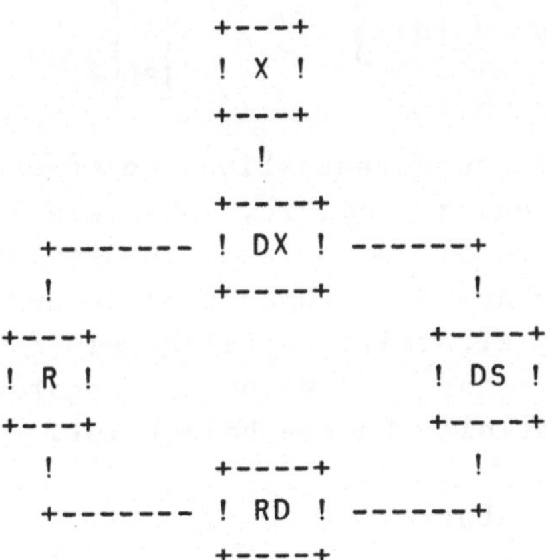

Abb. 6: Verschärfungsgraph
       Sperre S1 ist schärfer als Sperre S2 <==>
       S1 steht höher als S2

Bemerkenswert ist, daß R und DS nicht miteinander vergleichbar sind, d.h. weder R ist eine Verschärfung von DS noch umgekehrt. Dies kommt daher, daß R bzgl. der Außenwirkung schärfer als DS ist, bzgl. der Innenwirkung jedoch schwä cher.

Das Zwei-Phasen-Sperrprotokoll wird eingehalten, falls Sperren nur entlang der Kanten des Verschärfungsgraphen geändert werden.

An dieser Stelle kann auch eine genauere Formulierung der **Einschränkung für zulässige Operationen** (siehe Kap. 4.2) gegeben werden: Falls Version v mit einer Sperre vom Typ S1 aus der Datenbank ausgecheckt wurde, kann ein Gruppenmitglied nur Operationen anwenden, die gleiche oder schwächere (wie im Verschärfungsgraphen definiert) Sperren erfordern als S1.

5.3 ZUGRIFF AUF VERSIONEN

Erwerben von Versionen

Die Sperren werden beim Erwerben einer Version gesetzt. Zu diesem Zweck steht der CHECKOUT-Befehl zur Verfügung:

$$
\text{CHECKOUT} \quad \begin{bmatrix} \langle \text{graph\_name} \rangle \\ \langle \text{graph\_id} \rangle \end{bmatrix} \begin{bmatrix} \langle \text{version\_name} \rangle \\ \langle \text{version\_id} \rangle \end{bmatrix} \dots \quad \text{WITH} \begin{bmatrix} X \\ DX \\ DS \\ R \\ RD \end{bmatrix} \text{LOCK}
$$

Erfolgt der Aufruf in einer Gruppentransaktion, so werden die angegebenen Versionen in den Gruppenpool kopiert, wobei sie in der Datenbank mit der angeforderten Sperre belegt werden. In Benutzertransaktionen bewirkt CHECKOUT ein Kopieren aus dem Gruppenpool in den Arbeitsbereich des einzelnen Benutzers bei gleichzeitigem Setzen einer Sperre im Pool. Voraussetzung ist natürlich immer, daß keine der angeforderten Versionen bereits mit einer inkompatiblen Sperre belegt ist.

Lesen mit niedriger Konsistenzstufe

Wegen der Länge von Transaktionen werden Sperren oft sehr lange gehalten, wodurch einzelne Versionen während dieser Zeit anderen Benutzern nicht zugänglich sind. Um unnötige Verzögerungen für solche Leser zu vermeiden, denen es nicht auf die völlige Korrektheit der gelesen Daten ankommt, wird durch einen speziellen READ-Befehl das Lesen gesperrter Versionen zu jedem beliebigen Zeitpunkt erlaubt.

$$
\text{READ} \quad \begin{bmatrix} \langle \text{graph\_name} \rangle \\ \langle \text{graph\_id} \rangle \end{bmatrix} . \begin{bmatrix} \langle \text{version\_name} \rangle \\ \langle \text{version\_id} \rangle \end{bmatrix} \dots
$$

Ein READ-Befehl beachtet keine Sperre und setzt auch keine. Beim Lesen einer Version wird jedoch mit der gelesenen Version deren Sperrmodus gemeldet, so daß der Benutzer Rückschlüsse auf die Konsistenz der Version ziehen kann.

5.4. FREIGABEMECHANISMEN

Während beim Setzen von Sperren keine Unterschiede zwischen der GT und ihren BTs existieren, ergibt sich bei der Freigabe ein anderes Bild: Da der Gruppenpool vor allem als Kommunikationsmedium zwischen den einzelnen Mitgliedern der Benutzergruppe dient, muß für Versionen im Gruppenpool eine flexiblere Freigabestrategie als bei Datenbankversionen verfolgt werden.

Freigabe von Versionsmengen

Nachdem Versionen mit Hilfe von CREATE_VERSION oder UPDATE_VERSION in die Datenbank (bzw. den Gruppenpool) eingebracht worden sind, können darauf liegende Sperren freigegeben werden:

$$\text{RELEASE} \begin{bmatrix} \text{<graph\_id>} \\ \\ \text{<graph\_id>.<vers\_id>} \end{bmatrix}$$

Durch RELEASE werden alle Versionen, die eine Transaktion von einem Graphen gesperrt hält bzw. die angegebene Version des Graphen freigegeben.

Freigabemöglichkeiten der GT

Die GT arbeitet auf der Datenbank und ist zweiphasig. Um die Zweiphasigkeit nicht zu unterlaufen, müssen folgende Regeln für das Ändern der Sperrmodi beachtet werden:

(1) Sperren dürfen nur in der Anforderungsphase verschärft werden.

(2) Sperren dürfen nur in der Freigabephase gelockert werden.

Üblicherweise geben Transaktionen geänderte Objekte erst zum EOT-Zeitpunkt frei, um fortgepflanztes Rollback zu vermeiden. Im vorliegenden Konzept gilt diese Restriktion nicht, d.h. Objekte dürfen zu beliebigen Zeitpunkten innerhalb der Freigabephase durch RELEASE freigeben werden. Gemäß der in Abschnitt 4.1 bereits angesprochenen Regel gibt die Benutzergruppe bereits durch die Erzeugung einer Version (UPDATE _VERSION oder CREATE_VERSION) das Recht auf Rücksetzbarkeit der

Arbeiten auf, so daß bei vorzeitiger Freigabe kein fortgepflanztes Rollback auftreten kann.

Auf neu erzeugte oder veränderte Versionen wird automatisch eine X-Sperre gesetzt. Daher werden Modifikationen des globalen Versionsgraphen (UPDATE_VERSION, CREATE_VERSION) - solange keine Sperre explizit abgeschwächt oder gelöst wird - erst sichtbar, falls der gesamte Graph durch RELEASE freigegeben wurde oder die Transaktion beendet wurde.

Mit Hilfe dieses Konzeptes kann die Arbeitsgruppe wichtige Zwischenergebnisse oder vollendete Teilaufgaben früh in die Datenbank einbringen, ohne sie anderen Gruppen bereits zur Weiterarbeit anzuvertrauen oder als endgültiges Ergebnis sichtbar machen zu müssen. Werden keine Sperren abgeschwächt oder vorzeitig freigegeben, so sind andere Gruppen nur in der Lage, die neue Version mit READ zu lesen, und wissen daher, daß die Version inkonsistent in Bezug auf andere Objekte der Datenbank sein kann.

Freigabemöglichkeiten der BT

Für die BTs sind folgende Aspekte wichtig: BTs sind wohlgeformt (Anforderung entsprechender Sperren vor dem Zugriff) aber nicht notwendigerweise zweiphasig. Sperren können zu beliebigen Zeitpunkten freigegeben oder gelockert werden.

Durch diese Lockerung der strengen Transaktionsregeln erhalten die BTs eine sehr große Flexibilität, die die Gruppe verantwortungsbewußt nutzen kann. Natürlich kann das System keine Konsistenz mehr garantieren, falls der Benutzer von dieser Flexibilität Gebrauch macht.

Wie in der Datenbankebene werden neu erzeugte Versionen im Gruppenpool mit einer X-Sperre versehen. Soll die neue Version mit einer anderen Sperrart belegt werden, so kann der Benutzer den Sperrmodus explizit ändern. Daher ist die BT solange zweiphasig, wie der Benutzer nicht in die Concurrency-Control eingreift.

5.5 BEHANDLUNG ERFOLGLOSER SPERRANFORDERUNGEN

Bei Locking-Verfahren in ihrer üblichen Form werden Transaktionen, die auf gesperrte Objekte stoßen, in einen Wartezustand versetzt. Da allerdings in unserer Datenbankwelt Objekte über einen sehr langen Zeitraum gesperrt sein können, ist ein Warten nicht sinnvoll.

Fordert eine Transaktion ein Objekt an, das bereits mit einer inkompatiblen Sperre belegt ist, so wird die Anforderung daher zurückgewiesen. Systemintern kann somit kein Wartezustand und deshalb auch kein Deadlock auftreten. Der Benutzer hat zu entscheiden (z.B. nach Befragung des derzeitigen Besitzers), ob er seine Arbeit ohne das angeforderte Objekt weiterführen möchte, ob es sich für ihn lohnt, auf die Freigabe zu warten oder ob er die Transaktion abbrechen will. In vielen Fällen kann es nützlich sein, daß das System einen Benutzer darüber informiert, daß ein von ihm angefordertes Objekt freigegeben worden ist.

5.6 GRANULARITÄT DER SPERREN

In der bisherigen Darstellung des Konzeptes wurde von der Version als Sperreinheit ausgegangen. Diese Wahl des Sperrgranulates erweist sich aus zwei Gründen als vorteilhaft: Zum einen entsprechen Versionssperren der üblichen Arbeitsweise des Designers; zweitens bietet das Sperrgranulat "Version" ein hohes Maß an Parallelität.

Andere Arbeitsweisen erfordern jedoch auch gröbere Sperrgranulate. Dies ist immer dann der Fall, wenn der Benutzer bei der Anforderung die benötigte(n) Version(en) des Graphen nicht genau spezifizieren kann oder diese sogar erst in Abhängigkeit schon bearbeiteter Versionen bestimmt werden können.

Die Notwendigkeit eines gröberen Sperrgranulates macht das folgende Beispiel deutlich. Eine Transaktion TR wird mit dem Auftrag gestartet, alle Blätter eines Versionsgraphen mit dem Konsistenzlevel 3 zu lesen. Ein Durchlaufen durch den Graphen und das Belegen der vorhandenen Blattknoten mit einer R-Sperre (siehe CHECKOUT) würde nicht ausreichen. Gleichzeitig könnte nämlich eine andere Transaktion TD aktiv sein, die von einem inneren Knoten des Graphen eine neue Version ableitet. TD erzeugt also während des Ablaufs von TR einen neuen Blattknoten, welcher für TR zu einem Phantomproblem führt. Dieses Problem kann nur durch das Sperren des gesamten Versionsgraphen vermieden werden.

Zwischen den beiden extremen Sperreinheiten (Versionssperre, Graphsperre) kann auch eine mittlere Größe des Sperrgranulates sinnvoll sein. Benötigt die Lesetransaktion TR des Beispiels etwa nur die Blattknoten eines bestimmten Teilbaumes des Versionsgraphen, so wäre die Sperrung des ganzen Graphen unnötig. Sinnvoll wäre hier, nur den benötigten Teilbaum durch Bezeichnen seiner Wurzel zu sperren. Da auch das Sperren des gesamten Versionsgraphen in dieser Form erreicht werden kann (durch

Angabe der Wurzel), wird das beschriebene Sperrkonzept um folgenden Befehl erweitert:

$$\text{LOCK} \begin{bmatrix} \langle\text{graph\_name}\rangle \\ \langle\text{graph\_id}\rangle \end{bmatrix} \text{STARTING FROM} \begin{bmatrix} \langle\text{version\_name}\rangle \\ \langle\text{version\_id}\rangle \end{bmatrix} \text{WITH} \begin{bmatrix} X \\ DX \\ DS \\ R \\ RD \end{bmatrix}$$

Der LOCK-Befehl sperrt ausgehend von einer Startversion alle ihre Nachfolger im Versionsgraphen im angegebenen Sperrmodus. Ist eine Nachfolgerversion schon mit einer inkompatiblen Sperre belegt, so wird die Sperranforderung zurückgewiesen.

Diese Form der Sperrvergabe favorisiert das Anfordern von Einzelsperren, da die Kosten für das Setzen der Sperren abhängig von der Anzahl der zu sperrenden Versionen sind. Ist damit zu rechnen, daß oft große Teile des Graphen gesperrt werden, so sind Sperrstrategien sinnvoller, die Intention-Locks verwenden. Dies soll hier nicht weiter verfolgt werden.

Durch die Einführung des LOCK Befehls wird dem Benutzer die Möglichkeit gegeben, das Sperrgranulat an seinen speziellen Bedarf anzupassen und so in allen Fällen eine korrekte Synchronisation mit hoher Parallelität zu ermöglichen. Will der Benutzer mit bestimmten Versionen arbeiten, so kann er durch die implizite Sperranforderung im CHECKOUT Befehl ein entsprechend kleines Sperrgranulat wählen. Sind die benötigten Versionen nicht vorab bekannt, so kann er die entsprechenden Teilbäume des Graphen sperren und so die Größe des Sperrgranulates speziell auf seine Anforderungen abstimmen.

6. GEZIELTE WEITERGABE VON VERSIONEN

6.1 VERLEIHEN VON VERSIONEN

Durch die Länge der Benutzersperren kann ein Benutzer B1 von der Bearbeitung einer Version v ausgeschlossen sein, obwohl der Benutzer B2, der eine exklusive Sperre auf v gesetzt hat, momentan nicht auf v arbeitet. Sofern die Arbeit von B1 auf v die Arbeit von B2 nicht stört, ist es nützlich, wenn B1 und B2 alternierend auf v arbeiten können, ohne die Sperre auf v aufzugeben. Diesem Zwecke dient das Verleihen von

Versionen. Durch eine Ausleihe werden dem Entleiher (B1) sämtliche Bearbeitungsrechte übertragen, nicht jedoch das Recht der Übertragung der Version in den Gruppenpool. Sobald B1 seine Arbeiten beendet hat, gibt er die Kontrolle über v wieder an den Besitzer der Sperre, also an B2, zurück.

Der Verleiher benutzt die Operation

```
GRANT <v>  NAMED <name>  TO  <user_id>
```

Durch GRANT wird die zu verleihende Version in ihrem aktuellen Zustand dem Benutzer <user_id> zur Verfügung gestellt. Dieser kann dann mit Hilfe des Kommandos

```
FETCH <name>  FROM <user_id>
```

die verliehene Version in seinen Workspace kopieren. Nachdem der Entleiher seine Arbeit beendet hat, gibt er die geänderte Version durch

```
RETURN  <v>
```

für den ursprünglichen Besitzer frei. Dieser kann sie jetzt (ebenfalls mit FETCH) in seinen privaten Arbeitsbereich zurückholen.

6.2 WEITERGABE VON VERSIONEN

Ist der Besitzer B1 der Version nicht daran interessiert, später die Version zurückzuerhalten (z.B. weil ein anderer seine Arbeitseinheit fortführt), so kann er sie gezielt einem anderen Benutzer B2 übergeben. B2 darf anschließend beliebig damit weiterarbeiten und sie insbesondere in den Gruppenpool zurückschreiben.

Die Weitergabe erfolgt durch

```
PASS  <v>  NAMED <name>  TO <user_id>,
```

wobei die von B1 auf v gesetzte Sperre an B2 übergeht. Der Empfänger <user_id> greift wiederum mit dem FETCH-Kommando auf die für ihn freigegebene Version zu.

6.3 MASSNAHMEN BEI EOT

Für ausgecheckte wie für ausgeliehene Versionen gilt das Prinzip: Nur diejenigen Versionen, die explizit zurückgeschrieben werden (RETURN, CREATE_VERSION), überleben das Ende der Transaktion.

Die EOT Bearbeitung muß dieses Prinzip beachten: Falls die Transaktion einzelne Versionen mit GRANT an andere ausgeliehen hat, ohne sie zurückgeholt zu haben, so wird END_TRANS zurückgewiesen, da die ausgeliehene Version sonst nicht mehr in einen endgültigen Zustand gebracht werden könnte. Alle Versionen, die die Transaktion durch FETCH von anderen Benutzern ausgeliehen und noch nicht wieder zurückgegeben hat, werden bei END_TRANS zurückgegeben. In diesem Fall verfallen die durchgeführten Änderungen und der Verleiher erhält die Version im ursprünglichen Zustand zurück.

7. SCHLUSSBEMERKUNGEN

Diese Arbeit stellt ein Transaktionskonzept vor, welches den Anforderungen in einer Designumgebung angepasst ist und vor allem die kooperative Arbeit unterstützt. Auf der Datenbankebene garantiert es die Sicherheit, die konventionelle Datenbanken durch Verwendung eines Zwei-Phasen Sperrprotokolls erreichen. Innerhalb der Gruppe stellt es Werkzeuge zur Kommunikation und Kooperation zur Verfügung, die dem Benutzer eine größere Flexibilität bieten. Es wurde gezeigt, wie ein Versionskonzept in das Transaktionsmodell integriert werden kann und wie vorteilhaft es sich für die kooperative Arbeit der Gruppe erweist.

Diese Arbeit soll einen Anfangpunkt für eine Gesamtlösung darstellen und nicht schon alle in diesem Zusammenhang interessanten Probleme lösen.

Ein entscheidender Punkt ist der Gruppenpool. Die Verantwortung für die Korrektheit von Versionen darin liegt vorwiegend bei den Mitgliedern der Gruppe. Da der Gruppenpool sowohl Kommunikations- als auch Dokumentationsmedium ist, kann bei den darin liegenden Versionen nicht immer die gleiche "innere" Konsistenz , d.h. der gleiche Grad der Fertigstellung erwartet werden.

Um den Zustand einer Version im Hinblick auf die Fertigstellung transparenter zu machen, bieten sich zwei Vorgehensweisen an:

1. Typisierung von Versionen. Jedem Typ wird (von der Benutzergruppe) ein bestimmter Konsistenzgrad mit zulässigen Folgeoperationen zugeordnet.

2. "Schwarzes Brett." Jede Version erhält ein "Schwarzes Brett", an dem Informationen über Zustand und empfohlene Folgetätigkeiten "angeheftet" werden.

Der erste Weg ist restriktiver als der zweite: Es muß von vornherein festgelegt werden, welche Zustände auf welchen Versionstyp abgebildet werden und welche Operationen anschließend durchführbar sind. Dagegen werden am "Schwarzen Brett" textuelle Informationen eingetragen, die im Moment der Versionserstellung auf den Einzelfall bezogen werden können. Die Einhaltung von Vorschriften des "Schwarzen Bretts" kann allerdings nicht vom System überwacht werden, während die Einhaltung der Regeln, die mit einzelnen Versionstypen verknüpft sind, durch das System garantiert werden kann.

Es erscheint durchaus sinnvoll, beide Arten der Informationsweitergabe einzusetzen, wobei allgemeine "Konsistenzbedingungen" durch eine Versionstypisierung bekannt gemacht werden, während spezielle Informationen durch das "Anschlagbrett" weitergegeben werden.

Als Beispiel für einen nützlichen Versionstyp können "Zwischenversionen" genannt werden. Die Bearbeitungsdauer von Versionen im Workspace des Designers kann beliebig lang werden. Wird während der Bearbeitungszeit keine neue Poolversion erzeugt, so haben andere Gruppenmitglieder keine Möglichkeit, sich einen aktuelleren Objektstand zu verschaffen. Hier könnte der Bearbeiter einen Typ "Zwischenversion" in den Pool einbringen, der alle Leser über die Vorläufigkeit der "Version" und ihren niedrigeren Konsistenzgrad informiert. Die Einschränkung der Bearbeitungsmöglichkeit anderer Gruppenmitglieder (hier z.B. nur READ) könnte dabei anstelle eines expliziten Setzens von Sperren direkt an den Typ gebunden sein.

Ein wichtiger Aspekt eines Transaktionsmodells für Designanwendungen ist das Sicherungskonzept. Da eine Transaktion wesentlich länger als in konventionellen Datenbanken andauert, kann sie nicht Einheit der Recovery sein. Es ist stattdessen notwendig, eine nicht beendete Benutzertransaktion erneut zu starten und sie in einen Zustand zu bringen, der möglichst nahe am Abbruchpunkt liegt.

Dieses kann mit Hilfe **transaktionsorientierter Savepoints** geschehen, welche den Zustand einer Transaktion entweder auf Anforderung des Benutzers oder automatisch sichern. Andererseits sind **versionsorientierte Savepoints** erforderlich, die den trial-and-error Prozeß des Benutzers unterstützen: er kann jederzeit für eine einzelne Version einen derartigen Savepoint anlegen. In diesem Fall kann der Benutzer nur einen Teil der Transaktion zurücksetzen, indem er einen früheren Zustand (Savepoint) eines Teils seiner Objekte benutzt, während alle anderen in ihrem letzten Zustand erhalten bleiben. Aufgrund des zur Verfügung stehenden Platzes wird auf eine detaillierte Untersuchung der Beziehungen zwischen diesen Arten von Savepoints sowie eines integrierenden Konzeptes verzichtet.

Schließlich kann das vorgestellte Modell - wie schon erwähnt - zu einem **mehrschichtigem Modell** verallgemeinert werden. Durch Einführung weiterer Poolebenen wird eine Anpassung an eine tatsächliche Designumgebung, die sehr oft hierarchisch organisiert sind, leicht möglich.

Ein Hauptpunkt weiterer Untersuchungen ist die Verallgemeinerung des Konzeptes bezüglich der Einbeziehung **zusammengesetzter Objekte** und **anspruchsvollerer Versionsmodelle**. Gegenwärtige Arbeiten beschäftigen sich mit den Problemen, die sich durch diese komplexen Strukturen ergeben, sowie einer Verallgemeinerung des vorgestellten Transaktionsmodells.

8. LITERATUR

/EGLT76/   K. P. Eswaran,   J. N. Gray,   R. A. Lorie,
            I. L. Traiger
            The notions of consistency and predicate locks
            in a database system
            Comm. ACM 19, No. 11, Nov.76

/GLPT76/   J. N. Gray,   R. A. Lorie,   G. R. Putzolu,
            I. L. Traiger
            Granularity of locks and degrees of consistency
            in a shared database
            Modelling in Database Management Systems,
            G. M. Nyssen (ed.), 1976

/Gray78/   J. Gray
              Notes on database operating systems
              Operating Systems, Lecture Notes in Computer
              Science 60, 1978

/HaLo81/   R. L. Haskin, R. A. Lorie
              On extending the functions of a relational
              database system
              IBM Research Report RJ3182, 1981

/KaWe83/   R. H. Katz, S. Weiss
              Transaction management for design databases
              Computer Sciences Department, University of
              Wisconsin-Madison
              Technical Report No.496, 1983

/Katz84/   R. H. Katz
              Information management for engineering design
              to appear: Springer-Verlag Surveys in Computer
              Science Series

/LoPl83/   R. A. Lorie, W. Plouffe
              Complex   objects   and   their   use   in   design
              transactions
              Engineering Design Applications, Database Week
              San Jose 1983, p. 115-121

/Neum83/   Th. Neumann
              On representing the design information in a
              common database
              Engineering Design Applications, Database Week
              San Jose 1983, p. 81-87

MULTI-LEVEL SYNCHRONIZATION AND NESTED TRANSACTIONS
IN ADVANCED INFORMATION SYSTEMS

Bernd Walter

University of Stuttgart
Azenbergstr. 12, D-7000 Stuttgart-1

ABSTRACT. The integration of the two hierarchical concepts 'Multi-Level Synchronization' and 'Nested Transactions' is discussed in the context of so-called 'Advanced Information Systems'. Multi-Level Synchronization means, that, in order to increase concurrency, the synchronization mechanisms are allocated to multiple levels of abstraction. Nested Transactions are transactions that can be structured in the same modular way as the application system on which they are executed. An Advanced Information System is a modular, multifunctional system that has been constructed using various types of application systems as building blocks. The internal structure of the application systems will be modelled by means of shared abstract data types.

ZUSAMMENFASSUNG. Die Integration der beiden hierarchischen Konzepte 'Synchronisation auf mehreren Ebenen' und 'Genestete Transaktionen' wird diskutiert im Rahmen von sogenannten 'Fortgeschrittenen Informationssystemen'. Synchronization auf mehreren Ebenen bedeutet, daß, um die Parallelität zu erhöhen, Synchronisationsmechanismen mehreren Abstraktionsebenen zugeordnet werden. Genestete Transaktionen sind Transaktionen, die genauso modular strukturiert werden können wie die Anwendungssysteme, auf denen sie ausgeführt werden. Ein fortgeschrittenes Informationssystem ist ein modulares, multifunktionales System, das verschiedene Typen von Anwendungssystemen als Bausteine beinhaltet. Die innere Struktur von Anwendungssystemen wird mit Hilfe abstrakter Datentypen mit interner Synchronisation modelliert.

1. INTRODUCTION

This chapter contains the definition of the essential terms used throughout this paper, a short description of the context of our work, and an overview of the main contributions of this paper.

Today's application systems are mostly monolythic, i.e. they serve for just one application. Our opinion is, that in the future such systems will also be used as building blocks for constructing more complex systems. Assume for instance a database system, a document management system, a calendar system and a message management system (electronic mail). Then it might be possible to construct a higher level application "Preparation of Business Reports" by using the database system and the document storage system as building blocks. Another higher level application could be the "Arrangement of Meetings" using the calendar system and the message management system as building blocks. And, of course, it would even be possible to use these two higher level applications as building blocks in another application "Preparation of Business Meetings". Such hierarchical systems are called "Advanced Information Systems" (AIS). A detailed discussion of AIS in general as well as of this example can be found in /Wa84/. Here we will just mention some of the main features of an AIS:

- The general structure of an AIS can be given by an acyclic directed graph, where the nodes are application systems (or for short: applications). An arc from node A to node B denotes, that A has been implemented on top of B.
- Each application provides its own interface to be utilized either by end users or by higher level applications implemented on top of this interface.
- Operations over multiple applications may be atomic or non-atomic.

Nested transactions with multiple commit points, as introduced in /Wa84/, are suitable for structuring sets of actions to be executed in an AIS. A transaction is a partially ordered set of actions that logically belong together. Transactions are executed atomically, i.e. their sets of actions are executed 'all or nothing' (guaranteed by a two-phase commit protocol and adequate recovery mechanisms) and the execution is isolated from the execution of other transactions (guaranteed by adequate synchronization mechanisms). Actions can be defined in dependence of the discussed level of abstraction, usually each action represents one operation of the corresponding level. One talks about nested transactions if at least one of the internal actions possesses the transaction property of atomicity, otherwise one talks about flat transactions.

Since each higher level action may be mapped to a set of lower level actions, the nesting of a transaction may be arbitrarily deep. The general nesting structure is a tree, where each node represents a transaction and the root represents the so-called top-level transaction. If lower level transactions are permitted to commit before their top-level transaction has committed, one talks about nested transaction with multiple commit points. Transactions have for instance been discussed in /Es76, Gr78/ and nested transactions in /Mo81, Al83, Be83, Li84, Sc84, Wa84, We84/.

Multi-level synchronization means that synchronization mechanisms are located at multiple levels of abstraction. As an example consider a paperless office information system in a travel agency. The typical data structures provided by such a system are forms, a typical application in a travel agency is seat reservation, e.g. for air-planes. The straightforward solution would be to store for each flight a form con-taining the assignment information for all seats of the corresponding plane and to lock the complete form in order to synchronize concurrent reservations (provided that synchronization is performed by means of locking). However, if the office of the travel agency is a set of counters at the airport, then seat reservation may sometimes be highly concurrent, e.g. shortly before boarding. In order to increase concurrency, it would be better just to lock single entries instead of the complete form, i.e. entries that just contain the assignment information for a single seat. These locks would in fact be higher level locks, since now an user sees only single seats and thus 'abstracts' from complete forms. The problem with locking just entries is, that, as will be seen in a later chapter of this paper, additionally synchronization is necessary at the form level and since several forms may be mapped to the same storage page also at the level of storage structures. The basic idea behind multi-level synchronization is that at higher levels of abstraction more semantic knowledge is available, such that the synchronization mechanisms can be better adapted to the actual needs of individual transactions. In our example more concurrency is possible since we know that seat assignment is done in fragments of one or two seats. Another strategy for increasing concurrency could have been based on the knowledge that there are three independent classes of seats (first, business, and tourist class).

Several papers discuss the problems of increasing concurrency (e.g. /Ga83, We83, Sw84, We84/) but without describing systematic design aids for a proper allocation of the synchronization mechanisms to the different levels of abstraction.

In /Wa84/ the internal structure of an application in an AIS was widely left uninter-preted. In this paper, however, a framework for modelling the internal structure is needed in order to be able to discuss multi-level synchronization also within an application. For the sake of high generality we have selected a framework based on shared abstract data types. That is, information is stored in typed data objects and manipulated only by operations that are specific to a particular type of data objects. In a programmed implementation of a type, the programmed operations are collected together in what is called the specification or definition of an abstract data type (one uses the term abstract since the operations define an abstraction of the 'real' object). New abstract data types can be specified using existing ones. Objects that can be manipulated concurrently on behalf of different users are instances of so-called shared abstract data types. Shared abstract data types will usually include rules for synchronizing concurrent operations on an object. An introduction to the notion of objects and types can be found in /Jo78/. Shared types are discussed in /Sw84, We83/.

The general objective of our work is to develop operating system services for supporting the implementation and operation of AIS. Since AIS are transaction-oriented systems, the basic idea is to integrate transaction management into operating systems. In this context a transaction could also be interpreted as an abstraction of a collection of processes. Based on the transaction model introduced in /Wa84/ this paper discusses multi-level synchronization in the context of an AIS with a type-oriented architecture. The main contributions of the paper are:
- A structuring method for application systems based on shared abstract data types. Five kinds of types are identified as being useful for structuring applications.
- A discussion of multi-level synchronization in single application systems.
- A practical method for checking the correct allocation of synchronization mechanisms in a hierarchy of shared abstract types.
- A method for applying multi-level synchronization even over multiple applications and thus in combination with nested transactions.
Our intention is not to provide a theoretical framework, but rather to provide ideas and algorithms of practical use.

The remainder of the paper is organized as follows. In the following chapter multi-level synchronization by locking will be discussed in the context of a simple example. A further chapter contains a type-oriented architecture for single application systems and a method for checking the correct allocation of synchronization mechanisms in such an architecture. Then we will show how to apply multi-level synchronization by locking over multiple levels of abstraction. Finally some open problems will be discussed.

2. ABSTRACT DATA TYPES AND MULTI-LEVEL SYNCHRONIZATION: AN EXAMPLE

In this chapter we will discuss the basic ideas of multi-level synchronization in hierarchies of abstract data types. For this purpose, a simple application system will be taken as an example. In this context we will first discuss hierarchies of types as well as the corresponding mapping of operations and objects. Although this might include some facts well-known to the reader, we think that a detailed description of some properties is absolutely necessary for an easier understanding of the further discussions. We will then discuss various possibilities for allocating synchronization mechanisms in a type hierarchy and show that multi-level synchronization can increase concurrency. Based on these discussions some kinds of shared abstract data types will be identified as being relevant for structuring our application systems. Finally, we will discuss the difference between transactions and actions in the context of type hierarchies.

2.1 AN EXAMPLE SYSTEM

In the remainder of this paper a simple office information system will be taken as
an example. In a paperless office the most common data structures at the user interface are documents consisting of a sequence of forms. Any form contains a number of
entries. Documents, forms, and entries can be of various types. For the sake of
simplicity we will now assume, that in our office only one type of form and one type
of entry is used. This will be sufficient for discussing all basic concepts.

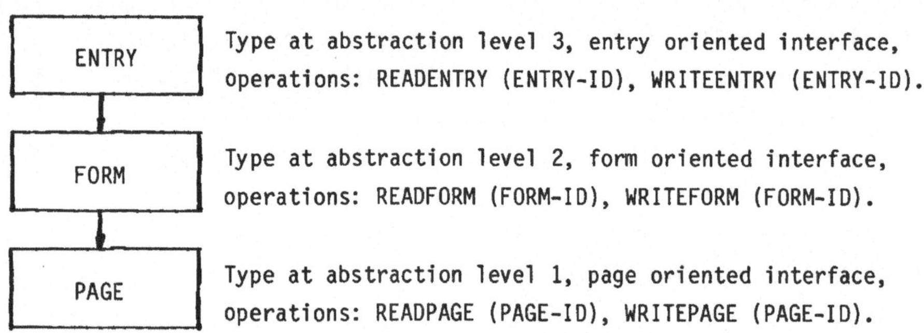

Type at abstraction level 3, entry oriented interface,
operations: READENTRY (ENTRY-ID), WRITEENTRY (ENTRY-ID).

Type at abstraction level 2, form oriented interface,
operations: READFORM (FORM-ID), WRITEFORM (FORM-ID).

Type at abstraction level 1, page oriented interface,
operations: READPAGE (PAGE-ID), WRITEPAGE (PAGE-ID).

Fig. 1: A system constructed as a hierarchy of types

Figure 1 shows our system which has been constructed by using three types at three
different levels of abstractions. PAGE, i.e. the type at level 1, provides operations
for reading (READPAGE) and writing pages (WRITEPAGE). The value of PAGE-ID identifies
the page on which the operation should be performed. Other parameters have been
omitted from our specification, since they are of no interest for our discussions.
The type FORM at level 2 has been defined on top of PAGE, it provides operations for
reading (READFORM) and writing (WRITEFORM) a complete form identified by FORM-ID. In
reality there might exist additional types between PAGE and FORM, for instance could
forms be first mapped to the records of a database system. However, since this mapping
should usually be one-to-one /Sc84/, such intermediate mappings will not be considered
in our example. The type ENTRY at level 3 provides operations for reading (READENTRY)
and writing (WRITEENTRY) single entries within a form, the entry (as well as the
corresponding form) is identified by ENTRY-ID.

The entry/form/page hierarchy is typical for an AIS in an office environment. Applications could include the already mentioned seat reservation system but also a lot
of others, such as an information system for a supermarket. In such a system information about all types of a given good or of all goods delivered by a given supplier
could be stored in a form. If this information is sometimes updated very frequently,
i.e. by the cashiers, then again it will make sense to additionally provide operations that are synchronized at the entry level.

In an AIS various hierarchies could co-exist with our entry/form/page hierarchy, for instance message/mailbox/page, if the AIS includes an electronic mail service, or field/record/page, if the AIS includes a record oriented database system. PAGE, however, is always the type at the lowest level of abstraction, since pages are the usual units of transportation between secondary storage and main storage. Hierarchies are typical for AIS in any environment, for instance a database server for "non-standard"-applications with data structures based on the $(NF)^2$ relational data model /Ja82/ could provide the hierarchy subtuple/complex-tuple/page where in fact a complex tuple could directly represent a form and a subtuple could represent an entry.

2.2 THE MAPPINGS IN THE EXAMPLE SYSTEM

Of particular interest for our discussions are the mappings between the different levels of abstraction. We will define the mappings for operations and data objects in the top-down as well as in the bottom-up direction.

Concerning operations, the following mappings exist in our example:
- In the bottom-up direction READENTRY abstracts from READFORM which in turn abstracts from READPAGE. Of course, READENTRY also abstracts from READPAGE, however, in the following "A abstracts from B" means that A is defined directly on top of B (no matter whether A and B identify operations or data objects).
- In the top-down direction READPAGE implements READFORM which in turn implements READENTRY, where "B implements A" means that B directly implements A.
- Since a write operation always requires the preceeding read of the appropriate 'container' (page, form), WRITEENTRY must be implemented by a READFORM followed by a WRITEFORM which in turn is implemented by a READPAGE followed by a WRITEPAGE.
- In the bottom-up direction WRITEENTRY abstracts from READFORM and WRITEFORM which in turn abstracts from READPAGE and WRITEPAGE.

These mappings define a many-to-many relationship, multiple lower level operations can be necessary for implementing one higher level operation and multiple higher level operations may abstract from the same lower level operation.

Concerning data objects, the following mappings exist in our example system:
- Entries are implemented by forms and forms are implemented by pages. However, since usually many entries, many forms, and many pages exist, we must analyze the mapping in more detail. Following usual conventions, each form implements multiple entries. If we assume that the forms stored in our system are similar to the forms used in typewriters, then in many cases a page will implement several forms. To make this clear, consider that forms will in most cases not contain more than 2000 characters (about 35 lines containing up to 60 characters with some lines being empty), whereas pages may often contain about 4000 characters. However, forms that are implemented

by multiple pages will also be considered in this paper (such cases may occur in the case of 'over size'-forms or if only 512-byte-pages are available). So we can say, that the ENTRY-IDs of different entries can map to the same FORM-ID and that the FORM-IDs of different forms can map to the same PAGE-ID.
- In the bottom-up direction the notion of entries abstracts from the notion of forms which in turn abstracts from the notion of pages. As a consequence of the implementation the abstraction mapping allows that one PAGE-ID can map to different FORM-IDs, each of which may map to different ENTRY-IDs.

So in our example the mapping between the objects is one-to-many in the top-down direction. As indicated in the context of forms and pages, a many-to-many relationship could also be possible, however, as will be seen later on, it is the one-to-many implementation which enables higher concurrency by multi-level synchronization.

Considering the type PAGE at the lowest level of abstraction, the term "abstract" data types seems to be not quite suitable since pages are often assumed as being the physical data objects, i.e. as being "real". Also READPAGE and WRITEPAGE could be considered as being "real" since they manipulate real objects. However, it could also be argued that the term "abstract" is correct, since a page is an abstraction of some portions of a disc. For didactic reasons we will follow the first philosophy, i.e. the operations and objects of the types at the lowest level (in our case the page level) will be called "real", whereas the operations and objects of all types at higher levels of abstraction will be called "abstract".

2.3 SYNCHRONIZATION IN A HIERARCHY OF TYPES

In the case of shared abstract types, synchronization is specified type-oriented, i.e. the synchronization rules for the operations of a type are defined in the specification of the type. Because of the isolation property of types no synchronization takes place between operations of different types. This is usually a realistic stragegy since types do not share local data. However, types may share global data by sharing lower level types. For instance, different types could be defined on top of PAGE. Pages are then global structures for all these types.

2.3.1 SYNCHRONIZATION AT THE LEVEL OF 'REAL' OBJECTS AND OPERATIONS

In order to provide for synchronization in our system, PAGE can be defined as a shared abstract type. Synchronization rules must then be specified for solving all write/write and write/read conflicts , i.e. conflicts between WRITEPAGE (x) and WRITEPAGE (x) and between WRITEPAGE (x) and READPAGE (x). In the following we will assume, that synchronization is done by locking. In a transaction-oriented environment a consistent 2-phase locking protocol /Es76/ would be suitable, i.e. objects are locked before they are accessed and all locks are kept until the end of the transaction, hence no locks can be set after the first have been released. Locks can be set in two modes, EXCLUSIVE (only one writer is allowed) and SHARED (only readers are allowed). In the remainder of the paper this strategy will be called TO-locking (TO = Transaction Oriented). TO-locking guarantees the serializability of transactions.

If TO-locking is performed for object P of the type PAGE, no additional locking would be necessary for those higher level objects of the types FORM or ENTRY that map to P. FORM and ENTRY only specify abstract operations on abstract objects and of course abstract operations can not be harmful to each other. One might argue that the latter statement is not quite true in the case of the phantom problem /Be81, Es76/, which is usually solved by locking not only objects that do really exist, but also objects, that may potentially come into existence by being inserted (this strategy assures, that objects with certain characteristics cannot be inserted as long as the corresponding locks are set). However, if the pages are known, to which new elements are mapped, the phantom problem can be solved at the page level. Nevertheless, this does not mean, that locking at higher levels does not make sense at all.

2.3.2 SYNCHRONIZATION AT AN ABSTRACT LEVEL

If we assume, that the mapping between forms and pages is one-to-one or one-to-many, then it is possible to perform synchronization exclusively at the form level. In the type FORM we have to specify rules for synchronizing any pairs WRITEFORM (x) / WRITE-FORM (x) and WRITEFORM (x) / READFORM (x). Now, if two transactions T1 and T2 both try to execute WRITEFORM (x), one of the transactions, say T1, will be the first and hence x will be locked exclusively on behalf of T1. Since TO-locking is used, until the end of T1 no other transaction can successfully request either WRITEFORM (x) or READFORM (x). Since in our example system the mapping from forms to pages is assumed to be one-to-one or one-to-many and since no other form operations can map to operations on the page(s) that implement form x, no conflicts can occur at the page level. Hence, it is possible to allocate the synchronization mechanisms also to higher levels of abstraction, provided, that all conflicts of the level of "real" objects and operations are resolved at the higher level. However, as will be seen, this is not always as simple as in this example.

2.3.3 SYNCHRONIZATION AT MULTIPLE LEVELS AND INCREASED CONCURRENCY

Now assume that the mapping between forms and pages is many-to-one, i.e. two operations WRITEFORM (x) and WRITEFORM (y) with x ≠ y may map to the same operation WRITEPAGE (z) (of course, the same can happen to read operations). If now synchronization should be allocated in FORM, this becomes more difficult, since usually synchronization is only specified for operations accessing the same object. However, as pointed out, operations accessing different forms may also be in a conflict at the page level. Since it would be to complicated to check each time whether two forms are mapped to the same page, a mixed solution where additional synchronization is specified in the type PAGE would be more suitable.

To understand the mixed solution, it is necessary to realize, that if two forms are mapped to the same page, they are not mapped to the same portions of the page. Thus, there is only a partial conflict, because two page operations conflict only as long as the page is actually accessed (which might include reorganisation of the page, updates of the header and so on). This means, that in order to solve the conflict, these locks need not to be kept until the end of the transaction. For the remainder of this paper locking of this type, where locks are only kept for the time of the operation, will be called ME-locking (ME for Mutual Exclusion). As in the case of TO-locking, ME-locking can be done by means of the usual SHARED- and EXCLUSIVE-LOCKS. ME-locking guarantees the serializability of operations. In the literature such action oriented locks have for instance been described in /Be83/ and /We84/.

Figure 2 shows the possible locking intervals for two transactions T1 and T2 writing different forms that, however, are mapped to the same page. Figure 2a shows the intervals for a mixed solution of TO-locking at the form level and ME-locking at the page level, figure 2b shows the intervals for the case of TO-locking at the page level.

```
Figure 2a:            | T1 TO-locks form x (until EOT) |
  Mixed Solution       | T2 TO-locks form y (until EOT) |     form-level


                      T1 ME-locks      T2 ME-locks
                       | page z |       | page z |             page-level


Figure 2b:
  Solution with   |    T1 TO-locks page z    | |    T2 TO-locks page z    |
  page-locking only
```

The mixed solution provides higher concurrency than the solution based solely on TO-synchronization at the page level. Since the form operations do not interfere, they can be executed in parallel, only for the time of the page operation one transaction must wait for the other. However, since the mixed solution uses ME-locking for page operations, the time a transaction has to wait is considerably shorter as in the case of pure page locking where all locks are kept until EOT (End Of Transaction).

The principle is, that concurrency can be increased, when a conflict abstracts to a non-conflict. In our example for instance, the conflict WRITEPAGE (z) / WRITEPAGE (z) may abstract to the non-conflict WRITERECORD (x) / WRITERECORD (y). A more systematic approach to the construction of so-called conflict abstractions can be found in 3.2.

In our example system concurrency could be increased further by allocating TO-locking to the type ENTRY, and ME-locking to the types FORM and PAGE.

2.3.4 MULTI-LEVEL SYNCHRONIZATION AND RECOVERY

The allocation of synchronization mechanisms to abstract levels also effects the allocation of recovery mechanisms. If for instance our mixed solution with multi-level locking is combined with the usual page oriented logging scheme, this could lead to difficulties. If T1 first changes page z and thus enforces the pre-image of z to be written to the log and then T2 performs the same operation, then the backing-out of T1 at a later point of time would lead to the loss of T2's update (backing-out of T1 means that the current page version is replaced by T1's pre-image). Hence, the recovery meachanisms must be allocated to the same level (to the same type) where TO-locking takes place. Backing out a form update would then result in a compensation operation which would in the current page replace the updated portion representing the corresponding form by its pre-image. However, since an error during a disk write may cause the destruction of a complete page, additional recovery mechanisms are necessary at the page level (provided that multiple forms may map to the same page). Hence, multi-level synchronization requires multi-level recovery. For the remainder of this paper recovery mechanisms will not be discussed any more. The reader interested in a survey of such mechanisms is referred to the literature, e.g. /Ha83/.

2.4 KINDS OF SHARED ABSTRACT TYPES

So far we have seen, that concerning locking three different kinds of abstract data types can occur:
1 Types without any locking.
2 Types with ME-locking. The specification of these types is similar to the first kind of type with the only exception, that synchronization rules must be specified.
3 Types with TO-locking. In addition to the specification of the second kind of types, operations must be specified for telling that the calling transaction prepares and commits or backs out.
All three kinds of types are shared abstract data types. For distinguishing between the three kinds we will used the terms Types (first kind), ME-Types, and TO-Types.

In our example system with multi-level locking ENTRY should be a TO-type, FORM and PAGE should be ME-types.

2.5 ACTIONS VS. TRANSACTIONS

Before in the next chapter we will give rules for a proper combination of these three kinds of shared abstract data types, we will at first clarify some points about the relationship between transactions and actions.

In our example system we have a nesting of actions, each action on the entry level maps to lower level actions at the form level which in turn map to actions at the page level. The backing out of actions at the field level leads to the execution of so-called compensation actions at the record and at the page level. In the literature sometimes any such action is considered as a complete transaction of its own, such that lower level transactions commit at their end and compensating transactions are needed at the lower levels when a transaction backs out at a higher level (see for instance /We84/). In order to judge whether this is a good idea for any configuration we have to remember the difference between actions and transactions:
- Transactions possess the property of atomicity which requires additional mechanisms for synchronization and recovery, such as storing a transaction's current state on stable storage (e.g. the state COMMIT as discussed in /Gr78/).
- Actions normally do not possess the property of atomicity and so do not require the same expensive mechanisms as transactions (e.g. bookkeeping on stable storage).

In our example system, all actions at the entry level are part of transactions. Actions executed at lower levels of abstraction normally either return the requested results or an error message. In the first case, the calling transaction can proceed in its operations, in the second case the calling transaction must call a recovery action for compensating the operations of the failed action. We assume, that a third case, where nothing is returned by an action, can only happen when the system crashes. In the latter case, backing out is performed at the entry level. The recovery actions at the entry level will then result in recovery actions at the form and the page level. This means, that the lower level actions are managed by higher level actions and hence need not to possess the transaction property of atomicity. Hence, within a single application (on a one-processor system, see below), flat transactions are a sufficient structure. The actions of such a flat transaction may nevertheless be nested, however, atomicity is guaranteed at the transaction level which in our case is the level of entries. Real nested transactions (see chapter 1), are only needed if a transaction works in a hierarchy of applications (see chapter 4) or in computer networks or multiprocessor systems (not to be discussed in this paper).

Our opinion is, that the term 'nested transaction' should only be used when at least one inner action can really be considered as being a transaction of its own, i.e. a separate execution of this action must bear all the characteristics of the execution of a transaction. In the above example with TO-locking at the entry-level a WRITEFORM action does not possess the transaction properties. No bookkeeping is done within WRITEFORM, such that after a crash it cannot be detected in what state this action was when the crash occured, also no recovery mechanisms are included in WRITEFORM which would enable to undo the effects of an update. So, since the 'all-or-nothing' property is not guaranteed, WRITEFORM is just a simple action and not a transaction. An implementation of WRITEFORM as a transaction would require additional mechanisms.

So far, in our simple centralized example system, only flat transactions are needed. At the entry level such transactions consist of action calls to objects of the type ENTRY. Possible action calls would be READENTRY, WRITEENTRY, and, in order to implement adequate transaction protocols, PREPARE, COMMIT, and BACKOUT. All these calls would result in calls READFORM and/or WRITEFORM to lower level objects of the type FORM, which in turn would result in the even lower level actions READPAGE and/or WRITEPAGE on objects of the type PAGE.

It should be clear, that the type FIELD must provide operations like PREPARE, COMMIT and BACKOUT, even if TO-locking is performed at lower levels of abstraction. However, if FIELD does not provide TO-locking and hence no recovery mechanisms, such calls will just be forwarded to the next lower level.

3. MULTI-LEVEL SYNCHRONIZATION WITHIN SINGLE APPLICATIONS

In the preceeding chapter we discussed the basic ideas of multi-level synchronization in the context of a simple example. In this chapter we will at first introduce an architecture for single application systems and then present algorithms for testing the correct allocation of the synchronization mechanisms in a type hierarchy.

3.1 A TYPE-ORIENTED ARCHITECTURE FOR SINGLE APPLICATION SYSTEMS

We have already identified three kinds of shared abstract types to be used for structuring application systems. However, for structuring an application system that is a part of an Advanced Information Systems (AIS) additional kinds of shared abstract types are necessary. For this purpose we will shortly summarize the relevant features of an application system. Each application system provides
- its own transaction management (which nevertheless may be allocated in the operating system),
- its own interface which can be used by end users and higher level applications.

So we introduce two additional kinds of type:
- I-Type (I for interface), which is defined on top of all those types of an application providing operations that should be visible to the user. This type provides the complete interface of an application. The main purpose of objects of this type is to distribute the various calls to the appropriate objects of the other types. Each application contains exactly one object of the I-type.
- TM-Type (TM for Transaction Management), which includes the basic functions for transaction management and maintains the transaction state in stable storage (PRE-PARED-state, COMMIT-state, and so on). For reasons which will be discussed in the next chapter, the functions of transaction management cannot be included in the I-Type. Each application contains exactly one object of this type.

Now the general type structure of an application can be given as an acyclic directed graph with the I-Type being the source (root) of this graph. As will be seen in the next chapter, the TM-type will be an leaf in this graph (a node without successor) and also a direct successor of the I-Type. Figure 3 gives an example of a possible type architecture of an application.

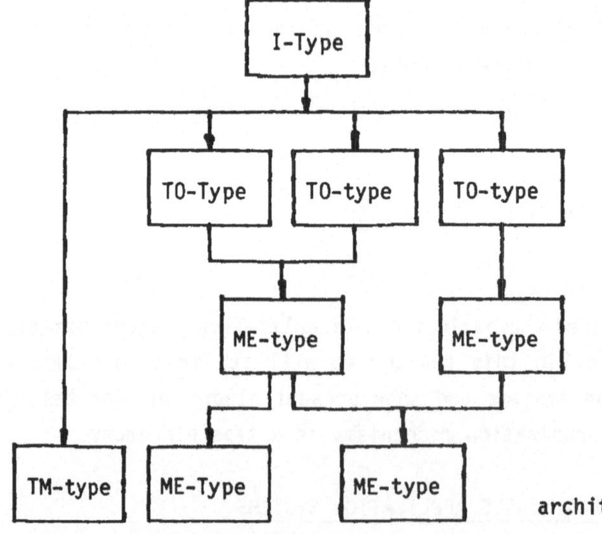

Figure 3: Example for the type architecture of a single application

The main difference between the generalized type architecture and the example discussed in the previous chapter is, that the abstraction and implementation mapping is more complicated. So each operation of a given type can be abstracted to operations of different higher level types and operations of different types can be abstracted to operations of the same higher level types. In the following we will give an algorithm for testing the allocation of the synchronization mechanisms in a given application structure for correctness.

3.2 TESTING MULTI-LEVEL SYNCHRONIZATION FOR CORRECTNESS

We will start by describing a basic version of the algorithm (extensions will be discussed later on). The basic version is based on the following assumptions:
- The abstraction mapping of the data objects is one-to-many.
- Data objects, that are mapped to the same lower level data object do not map to the same portion of this lower level object, i.e. the implementations do not overlap.
- Synchronization is type-oriented, i.e. synchronization takes only place between operations that belong to the same type, there is no synchronization between operations belonging to different types.
- Synchronization takes only place between operations accessing the same data objects.
- Types do not share "real" data objects. If this would be permitted, synchronization between operations of different types would be necessary.
- Names of types, objects, and operations are unique.
We think that these assumptions are realistic for a wide variety of systems, nevertheless, more generalized solutions will be discussed later on.

Our algorithm works along a so-called conflict abstraction graph. Such a graph is constructed for any conflict occuring at the level of "real" operations and objects. The correctness test is performed during each construction step. The test stops if a failure is detected or if the correctness has been shown.

At first we will show how to construct the abstractions of a given conflict. For this purpose let us again consider our basic example of Figure 1 in the chapter 2.1. The conflicts between "real" operations are (Z is an identifier of a page):

$$WRITEPAGE \ (Z) \ / \ WRITEPAGE \ (Z) \quad and$$
$$WRITEPAGE \ (Z) \ / \ READPAGE \ (Z),$$

If these pairs of conflicting operations (or for short: these conflicts) are TO-synchronized (by means of TO-locking), anything would already be correct. If, however, these conflicts are ME-synchronized (by means of ME-locking) or are not synchronized at all, we have to check their abstractions. For constructing these abstractions we have to consider the abstractions of the operations as well as of the data objects. Both conflicts can be abstracted to form-oriented operations either on the same form or on different forms (see figure 4).

Let us consider the abstraction of the WRITEPAGE/WRITEPAGE abstractions in more detail. In principle, we have to distinguish between two cases:
1 WRITEPAGE (Z) / WRITEPAGE (Z) is ME-synchronized. In this case we have to consider only those abstractions that map to form operations on the same form, i.e. the conflict WRITEFORM (X) / WRITEFORM (X). If this conflict is TO-synchronized, anything is okay, otherwise we have to check its abstractions. It is not necessary

```
PAGE-Level:                         FORM-Level:

READPAGE (Z) / WRITEPAGE (Z)        WRITEFORM (X) / WRITEFORM (X)
                                    WRITEFORM (X) / WRITEFORM (Y)
                                    READFORM (X) / WRITEFORM (X)
                                    READFORM (X) / WRITEFORM (Y)


WRITEPAGE (Z) / WRITEPAGE (Z)       WRITEFORM (X) / WRITEFORM (X)
                                    WRITEFORM (X) / WRITEFORM (Y)
```

Figure 4: Conflict abstraction in the example system (Note: X and Y do not identify specific records, rather they denote "the same form" (X in both operations) or "different forms" (X in one operation, Y in the other))

to consider WRITEFORM (X) / WRITEFORM (Y) since this is a non-conflict at the form-level and the conflict in their implementation has already been resolved at the page level (remember that different forms mapping to the same page are assumed to map to different portions of the page).

2 WRITEPAGE (Z) / WRITEPAGE (Z) is not synchronized. In this case we have additionally to consider the abstraction to operations on different forms. However, since we have assumed, that synchronization takes only place between operations on the same object, there will be no synchronization of the conflicting operations WRITEFORM (X) / WRITEFORM (Y). In fact, since we have assumed a data abstraction mapping of one-to-many, an unsynchronized conflict can always abstract to operations on different objects. Hence, if conflicting operations are neither TO- nor ME-synchronized at one level, then at least some of their abstractions will not be synchronized at the higher level.

This simple example should be sufficient for outlining the basic ideas behind our testing procedure. Before we give our algorithm, we will shortly discuss one of its principles: It is not necessary to consider abstractions of non-conflicts. This is because the implementation of a conflict always leads to at least one conflict. To understand this, we have to remember, that conflict means accessing the same object, so, since we have assumed a many-to-one implementation any conflict will also occur in the next lower level of abstraction. So, any higher level conflict is an abstraction of a lower level conflict.

Now we can give the algorithmic definition of our procedure for testing the correct allocation of synchronization mechanisms in an application with type-oriented structuring (we use an informal definition with well-known constructs from programming languages, NULL means 'no operation'):

```
STOP, CORRECT: BOOLEAN
PROCEDURE ABSTRACTIONCHECK:
   Construct all abstractions for the given conflict pair.
   If no abstraction exists THEN STOP := TRUE
   Delete all non-conflicts.
   FOR any conflict DO
      IF the conflicting operations are TO-synchronized
         THEN NULL
         ELSE IF the conflicting operations are ME-synchronized
               THEN CALL ABSTRACTIONCHECK
               ELSE STOP := TRUE (END FOR)
   END PROCEDURE


BEGIN
   STOP := CORRECT := FALSE
   UNTIL STOP = TRUE OR UNTIL any conflict has been checked PERFORM FOR any conflict
   at the level of "real" operations and objects the following steps:
      IF the conflicting operations are TO-synchronized
         THEN NULL
         ELSE IF the conflicting operations are ME-synchronized
               THEN CALL ABSTRACTIONCHECK
               ELSE STOP := TRUE (END UNTIL)
   IF STOP = FALSE THEN CORRECT := TRUE
END
```

The algorithm works in a depth-first manner. If a path leads to a TO-synchronization or to a non-conflict, the next path is examined. If the path leads to a non-
synchronized conflict or if it ends with a ME-synchronized conflict, then the procedure stops with the indication, that the checked system does not perform proper
synchronization (CORRECT = FALSE). If any path leads to a conflict with TO-synchronization or a non-conflict, then the system is correct (CORRECT = TRUE).

We do not consider additional synchronization performed by the system above the level
of the first TO-oriented synchronization. This is not necessary, since synchronization does never introduce new conflicts. Our intention is to show the correctness
and not the efficiency of a given allocation of synchronization mechanisms.

Clearly, higher concurrency can be achieved by moving the TO-synchronization up-
wards to higher level types as long as there is any abstraction of a conflict to a
non-conflict. However, one has also to consider whether the achieved increase of
concurrency is a sufficient compensation for the increased synchronization overhead.

In the following section we will shortly discuss some modifications of the algorithm for systems that do not fulfill all of the above assumptions.

3.3 POSSIBLE MODIFICATIONS OF THE TESTING PROCEDURE

At first assume, that different data objects may map to the same portions of a lower level object. In this case ME-synchronization will not be sufficient to solve conflicts at the lower level of abstraction and TO-synchronization must be used instead. Since not any data object of the lower level will abstract to multiple data objects at the higher level, one could think that it would be a good idea to use TO-synchronisation only for those individual objects that do abstract to multiple higher level objects. However, this is unacceptable since it would require a considerable amount of additional computation.

In order to enable the testing procedure to handle the case where TO-synchronization must occur in certain types more semantical information is needed about the mapping of the data objects. If this information is available, i.e. in the form of a mapping graph for the types, then the testing procedure could detect whenever TO-synchronization is a must. An example of such an mapping would be a system where higher level types define different views of the same lower level type, i.e. in our super market example (see 2.1) all items could be 'seen' in forms describing all types of a given good as well as in forms describing goods delivered by the same supplier. Obviously, in this case different forms would map to the same portions of a page.

As a second case assume, that the abstraction mapping between data objects may be not only one-to-many, but also many-to-one and one-to-one (see 2.3.2). In the latter two cases it is impossible that a conflict abstracts to a non-conflict. Hence, it would be allowed that a lower level conflict is not synchronized at all if the higher level conflict is at least ME-synchronized. Again, the testing procedure could be adapted to accept different mappings by providing more semantical information, perhaps in the form of an annotated mapping graph.

The already mentioned phantom problem (see 2.3.1) can be solved by synchronizing conflicts between different objects of the same type (e.g. such that no new object may be inserted as long as a certain set of the others is accessed). Of course, a test for a proper solution of these conflicts could be combined with our testing procedure.

Because of space limitations we will not discuss further cases in this paper. However, the basic principle is always to adapt the testing procedure by providing additional semantical information about the application system to be tested.

4. MULTI-LEVEL SYNCHRONIZATION OVER MULTIPLE APPLICATIONS

In this chapter we will discuss how to apply multi-level synchronization over multiple applications in order to increase concurrency. At first we come back to the type-oriented architecture of single applications. As already pointed out in a previous chapter, applications are defined hierarchically on top of already existing applications. In /Wa84/ it was demonstrated, that when a transaction executed on a higher level application wants to make use of the services of a lower level application, this is done by executing a lower level transaction on this application, i.e. now we need real nested transactions. To achieve a proper flow of control we require that any call to a transaction at a lower level application is channeled through an object of the type TM in the calling application. Since in the hierarchy all calls are passed top-down and since the TM object must be reachable from all other objects, it must be a leaf (in fact the sink) in the graph that represents the type structure of an application.

In order to explain the problem of applying multi-level synchronization over multiple applications we will again consider the example of Figure 1. However, now we will assume, that we do not have three different types but three different applications, one providing a page-oriented interface, one providing a form-oriented interface, and one with an entry-oriented interface. The problem now is, that end-users can execute transactions via all of these three interfaces. Now assume, that there are two transactions T1, T2 manipulating forms and another transaction T3 manipulating pages, assume further that the mapping from forms to pages is many-to-one (but not to overlapping portions).

In order to permit high concurrency between T1 and T2, it would be desirable to have TO-synchronization at the record level and ME-synchronization at the page level. However, since T3 executes directly at the page level and must hence use TO-synchronization at this level (in order to satisfy the requirements of a consistent 2-phase locking protocol /Es76/), no efficient solution seems to be possible - at a first sight. A careful anylysis of the problem shows, that the following solution is possible:
- Transactions executing at the page level set TO-oriented locks on the pages they need (SHARED- and EXCLUSIVE-locks).
- Transactions executing at the form level set TO-oriented locks on the forms they need (SHARED- and EXCLUSIVE-locks). Additionally they set
  -- so-called TO-oriented I-locks (I for Intention) on the pages that must be accessed (I-SHARED- and I-EXCLUSIVE-locks). These locks are needed for the synchronization against transactions executing at the page level.
  -- ME-locks (SHARED and EXCLUSIVE) on the accessed pages. These locks are needed

for the synchronization against transactions executing via higher level interfaces.

- The compatibility of the lock-modes can be given as followed (C = Compatible, N = Non-compatible):

	I-SHARED	I-EXCLUSIVE	SHARED	EXCLUSIVE
I-SHARED	C	C	C	N
I-EXCLUSIVE	C	C	N	N
SHARED	C	N	C	N
ECLUSIVE	N	N	N	N

This solution permits to utilize the benefits of multi-level abstraction even when transactions are executed at multiple levels of abstraction. The use of I-locks is a little bit similar to their use in the hierarchical locking scheme described in /Gr78/. However, there all transactions are executed at the same level of abstraction and all transaction must follow the same hierarchy of locks, whereas in our system transactions may execute at different levels of abstraction and may enter the locking hierarchy at arbitrary levels.

5. CONCLUSIONS AND DIRECTIONS OF FURTHER RESEARCH

The problems of multi-level synchronization in combination with nested transactions have been discussed in the context of Advanced Information Systems. For this purpose a type-oriented framework was introduced. It was shown how to apply multi-level synchronization by locking within single applications and how to test the correctness of the allocation of the locking mechanisms to types at various levels of abstraction. It was also shown, that, by using additional modes, multi-level synchronization can also be applied over multiple applications, where one application is implemented on top of the other.

We think, that our ideas are a step forward to a more comprehensive understanding of AIS as well as to an efficient design of such systems. We also think that some of the discussed mechanisms are suitable for being included into an operating system. In an object (type) oriented environment, where each object belongs to an application, it would be possible to include all locking mechanisms in the operating system. This would also be quite useful for reasons not discussed in this paper, for instance for coordinating a proper scheduling of concurrent transactions and for detecting and handling deadlocks. However, efficient implementation techniques for object oriented scheduling and for deadlock detection in the context of object-oriented synchronization are still subjects to further research. Also a subject to further research is to adapt all these techniques to distributed systems.

REFERENCES

/Al83/ Allchin, J.E., "An Architecture for Reliable Decentralized Systems", Ph.D. Thesis, Technical Report GIT-ICS-83/23, Georgia Institute of Technology, Atlanta.Georgia, 1983.

/Be83/ Beeri, C., P.A. Bernstein, N. Goodman, M.Y. Lai, D.E. Shasha, " A Concurrency Control Theory for Nested Transactions", Proc. 2nd Symp. on Principles of Distributed Computing, Ottawa, 1983.

/Be81/ Bernstein, P.A., N. Goodman, M.Y. Lai, "Laying Phantoms to Rest", Proc. IEEE COMPSAC, 1981.

/Es76/ Eswaran, K.P.. J.N. Gray, R.A. Lorie, I.L. Traiger, "The Notion of Consistency and Predicate Locks in a Database System", CACM 19:11, 1976.

/Ga83/ Garcia-Molina, H., "Using Semantic Knowledge for Transaction Processing in a Distributed Database", ACM Transactions on Database Systems 8:2, 1983.

/Gr78/ Gray, J.N., "Notes on Data Base Operating Systems", in: "Operating Systems: An Advanced Course", Lecture Notes in Computer Science 60, Springer Verlag, 1978.

/Ha83/ Haerder, T., A. Reuter, "Principles of Transaction-Oriented Database Recovery", ACM Comp. Surveys 15:4, 1983.

/Ja82/ Jaeschke, G., H.-J. Schek, "Remarks on the Algebra of Non First Normal Form Relations", Proc. ACM Symp. on Principles on Database Systems", Los Angeles, 1982.

/Jo78/ Jones, A.K., "The Object Model: A Conceptual Tool for Structuring Software", in: "Operating Systems: An Advanced Course", Lecture Notes in Computer Science 60, Springer-Verlag, 1978.

/Li84/ Liskov, B., "Overview of the ARGUS Language and System", Programming Methodology Group Memo 40, MIT, 1984.

/Mo81/ Moss, J.E.B., "Nested Transactions: An Approach to Reliable Distributed Computing", Ph.D. Thesis, MIT-LCS TR-260, 1981.

/Sc84/ Schek, H.-J., "Nested Transactions in a Combined IRS-DBMS Architecture", Proc. of the 3rd Joint BCS and ACM Symposium on Research and Development in Information Retrieval, Cambridge University Press, 1984.

/Sw84/ Schwarz, P.M., A.Z. Spector, "Synchronizing Shared Abstract Types", ACM Transactions on Computer Systems 2:3, 1984.

/Wa84/ Walter, B., "Nested Transactions with Multiple Commit Points: An Approach to the Structuring of Advanced Database Applications", Proc. 10th Int. Conf. on Very Large Data Bases, Singapore, 1984.

/We83/ Weihl, W.E., "Data-Dependent Concurrency Control and Recovery", Proc. 2nd Symp. on Principles of Distributed Computing, Ottawa, 1983.

/We84/ Weikum, G., H.-J. Schek, "Architectural Issues in Transaction Management in Multi-Layered Systems", Proc. 10th Int. Conf. on Very Large Data Bases, Singapore, 1984.

A Database System for Engineering Design

R. Lorie, D. McNabb, W. Plouffe and K. Dittrich

IBM Research Laboratory
San Jose, California 95193

1. INTRODUCTION

Advantages claimed for the relational model in the classical data processing domain include ease of use, data independence, increased productivity, and multi-file correlation. These advantages also hold for design applications. However, engineering applications impose several additional requirements.

A project was started at IBM Research, San Jose, in 1981 to study the use of System R[1] in an engineering domain. We have proposed three extensions to System R to support engineering and design: complex objects, long fields, and long-duration transactions. Complex objects have been discussed in [4, 7]; long fields are described in [4]; and long duration transactions are also discussed in [7]. This paper summarizes the important features of these extensions and their implementation in the prototype system. Furthermore, a version concept currently under development is briefly presented.

2. COMPLEX OBJECTS

2.1 User View

A complex object is a hierarchical cluster of tuples comprising a single root tuple that defines the object, and one or more dependent tuples that describe the object. Thus, the complex object can be seen as a group of tuples that are likely to be used together. It happens that in many applications such a cluster is inherently hierarchical. The complex object concept implements such hierarchies in a relational framework.

---

[1]System R is a prototype relational system that was developed at IBM Research in San Jose and served as the base for the development of the commercial products SQL/DS and DB2.

The structure of a complex object is specified using two new column types: IDENTIFIER and COMPONENT OF. A column of type IDENTIFIER is the primary key of the relation; the IDENTIFIER value of a tuple is generated by the system when the tuple is created, and saved as the value in the IDENTIFIER column. Component relations are distinguished by the presence of a COMPONENT OF column which specifies the parent relation. The value in a COMPONENT OF column is the IDENTIFIER value of the parent tuple. Further, one tuple may reference another tuple by specifying the IDENTIFIER value of the referenced tuple. If the reference is within the same complex object, then it is an INTERNAL REFERENCE; otherwise, it is an EXTERNAL REFERENCE.

Since the structure is specified by introducing new column types, extensions to the SQL language [1] are minimal. Figure 1 defines the structure of a complex object with CELL as the root relation, INSTANCES and PATHS as component relations of CELL, and RECTANGLES as a component relation of PATHS.

```
CELL        CID          type = IDENTIFIER
            CDATA        other data for CELL


INSTANCES   IID          type = IDENTIFIER
            ICELL        type = COMPONENT_OF(CELL)
            ISUBCELL     type = EXTERNAL REFERENCE(CELL)
            IDATA        other data for INSTANCES


PATHS       PID          type = IDENTIFIER
            PCELL        type = COMPONENT_OF(CELL)
            PDATA        other data for PATHS


RECTANGLES  RID          type = IDENTIFIER
            RPATH        type = COMPONENT_OF(PATHS)
            RDATA        other data for RECTANGLES
```

Figure 1: CELL Schema Using a Complex Object

2.2 Complex Object Operations

Since the system knows the definition of the structure, it can enforce various semantic integrity constraints. A tuple can not be inserted into a non-root relation without specifying the identifier of a valid parent; thus one can not have orphans. Identifiers of root tuples are not reused, so external references to wrong objects are not possible.

Engineering applications tend to require a large volume of data to be moved from the database into the application's data areas for use in the design and analysis work. The usual method to accomplish this with a complex object is to code several nested loops that fetch the root tuple, each of its component tuples, each of their component tuples, and so on, one tuple at a time until the necessary data have been retrieved. Again due to the system's knowledge about the structure of a complex object, the application should be able to declare which data it wants from an object. Then the system can return all the desired data in one request, which in turn can considerably simplify data area management in the application program.

Our approach comprises a complex fetch operation for just that purpose. Furthermore, single operations for complex deletion (cascade deletion of all component tuples of a given one), copying and moving are provided.

2.3 Implementation

The parent-child structure is implemented using links to connect two tuples that belong to the same object. A common implementation of a link consists in storing the identifier of the to-tuple within the from-tuple. If the identifier corresponds to a physical location, any reorganization requires the reconstruction of all links. Our scheme for assigning identifiers avoids this problem and also provides new and useful access paths for retrieval involving identifiers.

A root tuple is assigned a 10-byte identifier obtained by concatenating an 8-byte unique identifier with two null bytes. There is an index on the root identifiers to allow direct access. A non-root tuple is assigned a logical 10-byte identifier obtained by combining the 8 significant bytes of the root identifier with a unique 2-byte number identifying the tuple in the complex object. To control the allocation of 2-byte identifiers, one uses a MAP associated with each root tuple that implements a mapping from a 2-byte identifier to a TID (the virtual address of a tuple in System R).

The map introduces a level of indirection that, among other advantages, implements stable identifiers that are not affected by database reorganization, permits the use of small 2-byte identifiers, and allows copying a complex object without any relocation other than adjusting the physical addresses in the map. It actually implements an index on non-root identifiers in a very compact way, and permits getting all the tuples in an object without traversing any lists.

The map also offers an opportunity to expedite the execution of queries involving the complex object. We have extended the System R optimizer [8] to consider the map as an additional access path when generating a plan for a statement involving a complex object. For example, the map can be effective in evaluating predicates of the form "X = value" where X is the name of an IDENTIFIER column. The value consists of a 10-byte identifier. To locate a tuple that satisfies this type of predicate, the system first retrieves the map identified by the 8-byte identifier of the complex object and then finds the desired map entry using the 2-byte internal identifier. The map entry provides the TID of the desired tuple.

3. LONG FIELDS

A database system that manages engineering data requires the ability to store items of arbitrary length. This requires access methods that allow piecewise storage and retrieval of long, unformatted fields. Furthermore, appropriate mechanisms for recovery and secondary storage space management are needed.

Our approach uses specific pools of different size pages together with a best-fit storage allocation algorithm. The value of a long field attribute in a relation is essentially the pool address where the long field data itself can be found. The user is provided with cursor-based operations that hide all these details and allow to use long fields as sequential or random access files.

4. LONG TRANSACTIONS

Transaction management has been extensively studied in the context of classical database applications [2]. In such an environment, a transaction is generally defined as the unit of both consistency and recovery. In a design environment, one needs the notion of transaction for controlling the consistency, but the time needed to arrive at a new consistent state is much longer, maybe days or weeks. Therefore, classical use of locks, waits, and deadlock resolution techniques is not suitable.

One rather simple approach [4, 7, 6] is to emulate what engineers have done manually in the past; that is, to make copies of the data so that they can work independently of others. Thus, an engineer would CHECK OUT an object from the shared (public) database and store it in a private database, leaving a nonvolatile lock in the shared database. This is the start of a long transaction. When the design has reached a consistent state, the engineer CHECKs IN the changed consistent data, releasing the nonvolatile lock. Each engineering transaction may encompass several such CHECK OUT and CHECK IN actions.

5. VERSIONS AND SUPPORT FOR THE COOPERATION OF DESIGNERS

In a design environment one usually keeps data on several design alternatives and/or design stages. To facilitate the management of such a database, we introduce the notion of a DESIGN OBJECT consisting of an arbitrary number of VERSIONS that are all complex objects adhering to the same relational schema. A design object as such is represented by another system-generated complex object holding all necessary bookkeeping information. Operations include the creation and deletion of an entire design object and of versions of it as well as version-oriented access.

The most important feature, however, deals with the frequent situation that an external reference should be automatically "re-routed" when a new version of the referenced object becomes available. We solve this problem by permitting GENERIC REFERENCES that go to design objects instead of specific versions. Additional user-specific information can then be used at access time to determine what version is actually wanted (e.g. the newest one, the last released one).

Furthermore, a number of engineers usually cooperates in real world design processes. Within one project, "semi-consistent" designs will be exchanged liberally while only consistent versions will be made publicly available. To cope with this situation without unnecessarily overloading the long transactions concept, we augment versions by a mechanism to freeze them and to authorize access to them on a group-oriented basis.

6. VALIDATION AND FUTURE WORK

To validate the use of our system, we have implemented a VLSI layout editor [3] which makes extensive use of complex objects. Each VLSI cell is represented by one or more complex object instances in a structure similar to that in Figure 1. Another validation is reported in [5].

The results we have seen so far are promising. The approach provides the user with valuable functions. It should also improve the performance because of special access paths for complex objects, special long field management, and high level support for long transactions.

But we believe that improvement in performance could also come from the fact that, in an engineering environment, much of the work is done on private data. This suggests the development of engineering workstations that would support the private processes and provide full relational capability. However, because the size of the workstation database is smaller, and because capabilities like full multi-user support, authorization, and extensive transaction recovery are not necessary in a private environment (in communication with the central, shared database), one can expect to be able to speed up the processing substantially.

Our current efforts are focussed on implementing the communication between the workstation database and the public database, developing and implementing the protocols for CHECK OUT and CHECK IN, including nonvolatile locks on the public database, and implementing the version concept mentioned above. Besides, we are studying the possibility of providing a set of functions or macros that might assist the user in the management of his object buffer.

ACKNOWLEDGEMENTS

Gary Hallmark implemented the VLSI layout editor mentioned in the section on validation, and in the process helped us test major sections of the database system.

REFERENCES

[1] Chamberlin, D. D., et. al., "SEQUEL 2: A Unified Approach to Data Definition, Manipulation, and Control," IBM J. Res. Dev. 20, 6 (November 1976), pp. 560-575.

[2] Gray, J., "The Transaction Concept: Virtues and Limitations," Proc. 7th Intl. Conf. on Very Large Data Bases (ACM), September 1981, pp. 144-154.

[3] Hallmark, G., and Lorie, R., "Towards VLSI Design Systems Using Relational Databases," Proc. Spring Compcon 84 (IEEE), February 1984.

[4] Haskin, R., and Lorie, R., "On Extending the Functions of a Relational Database System," Proc. Intl. Conf. on Management of Data (ACM), June 1982, pp. 207-212.

[5] Hollaar, L., Nelson, B., Carter, T., and Lorie, R., "Structure and Operation of a Relational Database System in a Cell-Oriented Integrated Circuit Design System," Proc. ACM IEEE 21st Design Automation Conference, June 1984, pp. 117-125.

[6] Katz, R., and Weiss, S., "Transaction Management for Design Databases,", Working Paper, Computer Sciences Dept., Univ. of Wisconsin, Madison, Wisconsin, 1983.

[7] Lorie, R., and Plouffe, W., "Complex Objects and Their Use in Design Transactions," Proc. Annual Meeting - Database Week: Engineering Design Applications (IEEE), May 1983, pp. 115-121.

[8] Selinger, P. G., et al., "Access Path Selection in a Relational Database System," Proc. Intl. Conf. on Management of Data (ACM), May 1979, pp. 23-34.

DESIGN OF AN INTEGRATED DBMS TO
SUPPORT ADVANCED APPLICATIONS

V. Lum, P. Dadam, R. Erbe, J. Guenauer, P. Pistor,
G. Walch, H. Werner, J. Woodfill
IBM Wissenschaftliches Zentrum
D6900 Heidelberg

Abstract

New applications of DBMS's in areas of sciences, engineering and offices have produced new requirements that are not satisfied in current DBMS's. Included among these requirements are support for both the normalized and non-normalized models directly at the system interface level, support for text processing, and support of the temporal domain. To provide these supports, one can try to build additional functions on top of or into an existing DBMS. This approach has been deemed to be inefficient. It is believed that much can be gained by designing a new system to satisfy the new requirements more directly.

This paper describes the specific design of a DBMS directed to satisfy the three requirements just cited. The authors first discuss the overall architecture before proceeding to discuss some aspects of its internal data management. Included here is the internal data structure and how they are used to provide the necessary supports. Summarized in the conclusion are the features of the system that are not available generally in current DBMS's. In addition, the status and planned enhancements are also outlined.

1. Introduction

In recent years the use of DBMS's has moved from the traditional area of commercial applications such as inventory control and banking to include many new areas such as engineering (e.g. CAD/CAM) and office applications (e.g. Di84, GP83, HL82, HR82, KL82, Lo82, LP83, Lue83, Lu84, SP82, St82, St83). As a result, new requirements for DBMS's have been discovered and current DBMS's have been found to be lacking in support of these new applications.

The Advanced Information Management (AIM) project in the IBM Heidelberg Scientific Center, established several years ago in anticipation of some of these advanced applications, originally saw the need to incorporate textual retrieval into the normal data management facility in a DBMS. The need for such a capability has not only been established in office document retrieval, but has also been found in engineering applications as well (IBM82). Since then, other basic facilities necessary to support the divergent applications have been uncovered.

Our initial thought has been to build a system on top of an existing DBMS. Our analysis soon showed that this is not a good approach as the constraints to fit into a given system are too restrictive, the modifications required to achieve our objectives are too much and that the resulting system will likely perform unsatisfactorily (see Lu84). These observations and analyses led us to the decision that a completely new design is needed, with all constraints removed. This paper describes the design of such a system to meet the objectives discussed below. Moreover, while some of the objectives is similar to those in the paper by Deppisch (De85), these two papers are different in in the following way: Our paper describes a system intended to have normal level DB interface, the other paper emphasizes on the construction of a low level kernel data management system that can be integrated into the file and data management portion of an operating system.

One objective in the design of our system is to support non-atomic data types and relations with complex - i.e. non-flat or non-normalized - tuples in addition to normalized relations and simple data types. Recent applications of DBMS have shown that a non-normalized form of relations (also referred to as hierarchical structure) can be used to advantage (e.g. GP83, HL82, KL82, KTT83, Lo82, Lue83, Lu84, SP82, St82, St83). Some researchers feel that a hierarchical structure built with normalized relations would be sufficient. However, we think there is considerable merit in implementing a system which directly supports normalized and non-normalized relations at the same time.

Part of the attractiveness of normalized relations lies in their mathematical soundness and tractability. The non-normalized form has similar appeal, as recent theoretical work (Ja84, JS82, SS84) has indicated that algebra for non-normalized relations, which include normalized relational algebra as a special case, is now available. This provides us with mathematical soundness as a foundation on which to construct such a system. Further, Shu and Housel (SHL75, HS76) and Pistor (PHH83) have demonstrated that high level languages similar to the relational languages for normalized forms can be defined. The question, then, is how to construct a system to have the flexibility and efficiency similar to relational systems based on the normalized form.

Another objective is to have a database system for supporting history data. Bubenko (Bu77), Clifford (CW83), among others (e.g. Gu83, Ki83, KL83, MSW83) have stated the desirability of having the temporal domain information. For example, temporal information has always been used for tracking and control purposes in office applications. One can, however, easily see applications beyond the office for such a facility. Thus, the second major objective is to incorporate time information or history data in the databases of the system.

Generally, when the temporal aspect of the information is needed and when this function is not available in the DBMS as in current systems, the users themselves explicitly manage this part by introducing an additional "time" attribute as part of their data. We believe, as do Clifford (CW83) and others, that the time aspect should be included directly in the system right from the beginning. This approach would make the system easier to use, more efficient, more uniform and more consistent. Further, when history data is kept, the need to have temporal information for the system's catalog can also be established. This cannot be easily done as catalog information management is deeply embedded into the internals of any DBMS. The papers by Lum (Lu84) and Dadam (DLW84) discussed this aspect sufficiently and it will not be reiterated here.

While other requirements have been uncovered, we have decided to concentrate on the above ones. The decision is mostly pragmatic, because we think that these are basic functions needed in many applications, and because we are limited by resources and other constraints. Further, it is not clear to us whether one can in fact build an efficient system to support too many requirements. Frequently systems die from their own weight when too much is to be included.

Thus the three main objectives for us are: to integrate textual retrieval support into a database management system, to support normalized and non-normalized relations concurrently, and to provide history data support. In the following sections , we will first discuss the overall architecture of the system; then we will describe the internal data structures, and how they are used to provide support for the defined objectives.

2. Architecture Overview

In pursuit of our goals as given in the previous section, we have decided to consider normalized relations as a special case of non-normalized (NF2) forms. As already said, the theoretical results for non-normalized relational algebras allow one to use this approach with a solid foundation. Designing a system to support this approach with good performance is a different matter. We should define the system with operations such that

- the relational operations are a subset of the whole set of operations,
- relations can be manipulated to form non-normalized tables and vice versa,
- users of either model would be minimally, if at all, penalized with respect to the performance of their tasks.

In an attempt to localize the different problems to a limited number of modules in the system, the architecture of our system has been laid out as shown in the schematic diagram (Figure 1). The Buffer Manager, the Segment Manager, the Catalog Manager,

AIM SYSTEM ARCHITECTURE

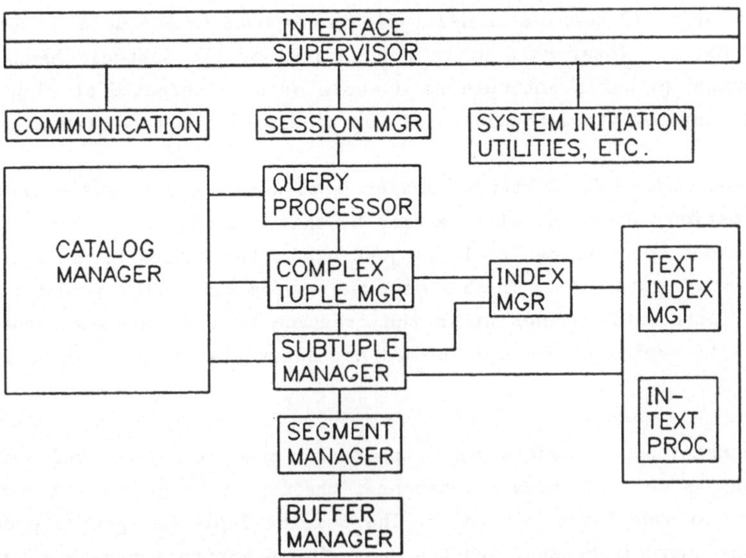

Figure 1.   Schematic Architecture

the Session Manager, the Supervisor, and the Communication Manager perform the usual functions. We shall not go into further details about them. The other components, however, contain functions that are not so obvious and we shall now briefly describe them.

Although the architecture of the Query Processor has been defined to allow a number of operations to be executing at the same time as in a multi-tasking mode, the discussion of this aspect is beyond the scope of this paper. However, in the next section, we will give an overall description of the Query Processor operations, as it is believed that such a description provides our readers with a better understanding of the system.

The Index Manager has been designed to provide threefold functions: First, it provides the conventional access support as secondary indexes. Second, it provides the indexing support for textual data search, using the special search technique called Fragment String Index as described in Sc78 and KW81. Although this indexing technique is different from the normal secondary index organization, the same index access mechanism can be used as the basis for constructing the Fragment String Index support. Finally, when no primary key has been defined for a table, the system will create an index structure using the Index Manager to support sequential scan.

As will be seen later, a unit of data access is a subtuple, which can be an instance of a relational (normalized) tuple, an instance of an element in a repeating group, or a structural unit. (A complex or NF2 tuple is composed of subtuples of both kinds, structural and data.) These data units are managed by the Subtuple Manager, which delivers on demand either a subtuple as a whole or only selected attribute values. It will qualify data at the subtuple level for a certain class of predicates.

Another important task of the Subtuple Manager is to create and maintain history data. All time information management will be done by this component. In fact, the system is so designed that the catalog itself is just one of the tables in the system. Thus, it will have history data, too. In this way, the system will allow structural changes of data in an incremental manner after the creation of a database without even the need to update the tuples, a feature deemed necessary when history data is kept in the databases.

The Subtuple Manager also provides some support for concurrency control and recovery for transactions as well as index maintenance, the latter by giving the modified attribute values to the Index Manager. The Complex Tuple Manager component works closely with the Subtuple Manager and the Query Processor to manage complex tuples. Its responsibility to the Query Processor includes relieving the Query Processor's concern about the physical aspect of data placement and retrieval. It determines how a piece of data required by the Query Processor is to be realized and invokes the proper components to write a selected part of this data on secondary storage when space is needed, and to retrieve it when that data is needed again. Naturally, it must provide suitable catalog entry information to the Catalog Manager during this process.

In cooperation with the Subtuple Manager, the Complex Tuple Manager places the data on disk in a way that improves performance. For example, as the subtuples in a complex tuple have a strong inter-relationship and they are likely to be processed together, the Complex Tuple Manager will try to place this data close together if possible (physical clustering). Since a complex tuple may be very large, storing the subtuples contiguously may be impossible. If so, this component must make the decision which subtuples should be placed together to maximize the chance of achieving good performance.

3. Internal Data Structure and Management

3.1 System Interface

In an earlier paper Pistor (PHH83) has demonstrated that a high level language similar in structure to SQL (Ch76) can be constructed to operate on the non-normalized model. In even earlier work (HS76, SHL75), a language of such a level has been shown to be specifiable. Since the emphasis of this paper does not include the discussion of language aspects, we shall not go deeper into this topic. It suffices to say here that a high level system interface can be and has been constructed on which applications can be built.

It is worthwhile, however, to mention that users of a NF2 system may process their data using views which are different from the structure of the stored data. In particular, a user may see the data as relational tables whereas the data is stored in NF2 forms. In this case, the necessary mappings can be described in the NF2 operations. The problem of lossless transformations in the operations has been investigated (Sc82) and useful results have been obtained.

3.2 Internal Data Management

3.2.1 Basic Structure of Complex Tuples

Although the mathematical analysis indicates that the relational model is a special case of the NF2 relational model, it is not a simple matter at all to find a design which satisfies our various goals, particularly with respect to performance. Conceptually one may store NF2 tables with NF2 tuples as one stores relational tables. However, such a design makes processing of complex tuples very difficult. In a paging environment, we see that the separation of the structural information and data can give us complete flexibility without performance degradation. Thus, we have pursued this approach in the design of our system.

The basic structure for storing a complex tuple is shown in Fig. 2 (a more detailed analysis of this structure and an alternative method is given in DGW85). It is composed of two classes of records, data records (or data "subtuples") and structural records (or "Mini-Directory subtuples"). The data subtuples correspond to tuples of flat relations. The mini-directory subtuples (or MD subtuples for short) are essentially pointer lists which combine data subtuples to form complex objects. In essence, MD subtuples consist of pointers to data subtuples ("D" in Fig. 2b), and of pointers to other MD subtuples ("C"), each representing a repeating group (e.g. "EQUIPMENT" in Fig. 2). Except for the root level, a MD subtuple contains as many "DC...C" sequences as there exist child instances under a given parent data subtuple.

As can be seen from Fig. 2, MD subtuples representing tuples of a "flat" repeating group (e.g. "EQUIPMENT") will be composed entirely of "D" pointers. On the other hand, a MD subtuple can have all "C"'s, indicating that there is no attribute with atomic values at that level. In the case that some parent instances have no child data for that NF2 tuple (empty repeating group), the corresponding C's will be set to null.

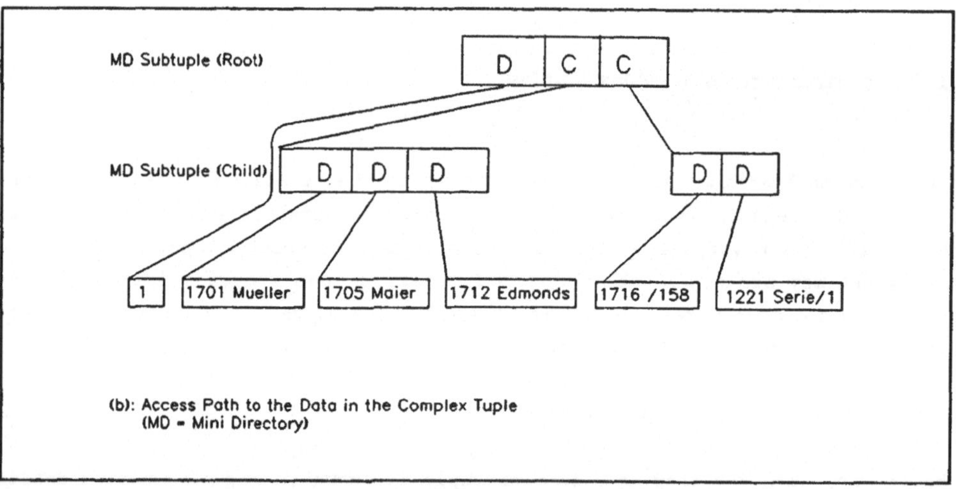

Project #	Employee		Equipment	
	Empl #	Empl Name	Equ #	Equ Descr
1	1701 1705 1712	Mueller Maier Edmonds	1716 1221	/158 Serie /1

(a): Complex Tuple of NF2 Relation Projects

(b): Access Path to the Data in the Complex Tuple
(MD = Mini Directory)

Figure 2. Basic Structure for Storing a Complex Tuple

Though not shown in the Fig. 2, each subtuple contains a pointer to its parent MD subtuple and a pointer to the root subtuple (naturally, these two pointers will be absent for the root subtuple). Thus a mini-directory is an access path structure for an instance of a NF2 table, i.e. for a complex tuple of that table. It describes the hierarchical structure of this given instance, and it supports navigational hierarchical access to all subparts of it, as well as direct access to instances of specific repeating groups. By following the "D" pointers, we obtain the user data for a complex or NF2 tuple. By following the "C" pointers, we are traversing the hierarchies without directly touching the data.

The mini-directory even supports ordered repeating groups, since the MD subtuples can be used to specify the sequence in which the instances are to be accessed. The data subtuple instances are physically stored in manners that contain no information on the logical sequence.

As already indicated above, the data of a NF2 tuple is stored such that all *atomic* attributes of an instance in a repeating group are put together as an addressable unit (the data subtuple). For example (see Fig. 2), PROJECT data and EQUIPMENT data are put into different subtuples. This schema allows access to specific parts of one complex tuple without reading it as a whole. Secondary indexes will directly point to the single subtuples and to the root of an NF2 tuple.

For addressing a data subtuple we use the concept of tuple identifiers (TID's) as in System R (AS76). A TID is a stable address which consists of a logical page-id and a slot-id. The slot-id points to a slot in a page where the actual position of the subtuple in that page is stored. This allows the shifting of a subtuple within a page without changing the TID. In fact, a TID is not changed even when a page overflow occurs.

The MD subtuples can be accessed in the same way as data subtuples via their TID's. Thus, both the "D" and the "C" entries of a MD subtuple are are essentially TID's.

Conceptually, sharing of subtrees by several NF2 tuples can be implemented by sharing MD subtuples. In fact one can use this mechanism for defining several structures on the same set of data. It will be very useful for supporting access to data being differently viewed in different applications. However, in these cases the semantics of operations must be made clear. This topic is being explored and will be reported later.

In the case that tables are normalized relations, the mini-directories are not needed. The system can see this from the catalog information and it will then perform just like an ordinary relational system.

3.2.2 History Data Management

As mentioned before, history data management is completely done inside the Subtuple Manager. It maintains history for both structural subtuples and user data subtuples. Every subtuple along with all its predecessors (i.e. history data of the subtuple) is associated with a unique tuple-id (TID). The addressing of a particular subtuple has to be done via this TID and the appropriate time (though not included explicitly in Fig. 2, all subtuples have timestamps stored in them). Current and 'old' subtuples (history data) are addressed in the same way with the default being current.

Current data and history data are stored in physically separate areas to enhance the performance of accessing the current data (Fig. 3). However, when dealing with his-

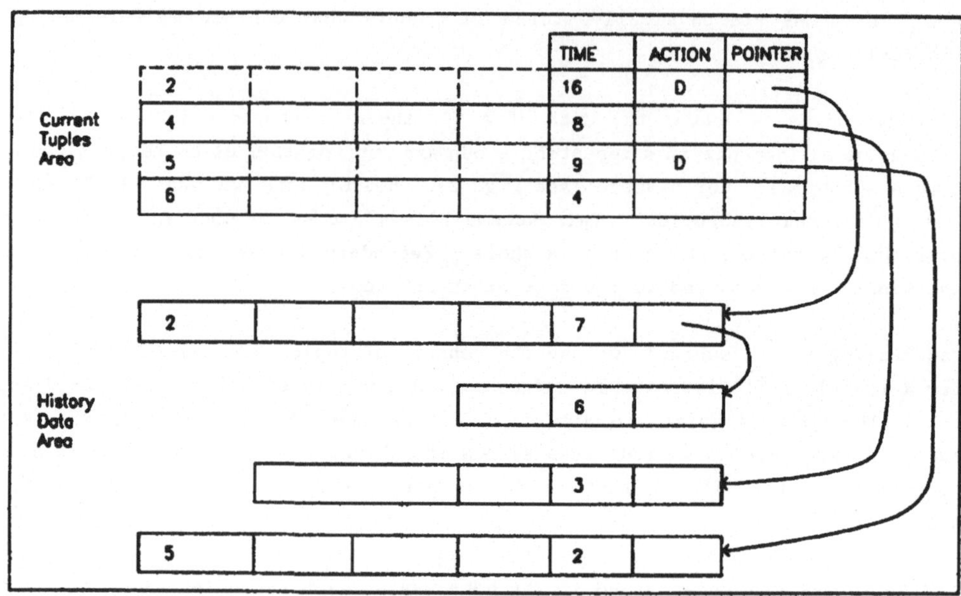

Figure 3.   Basic Structure for Time Support

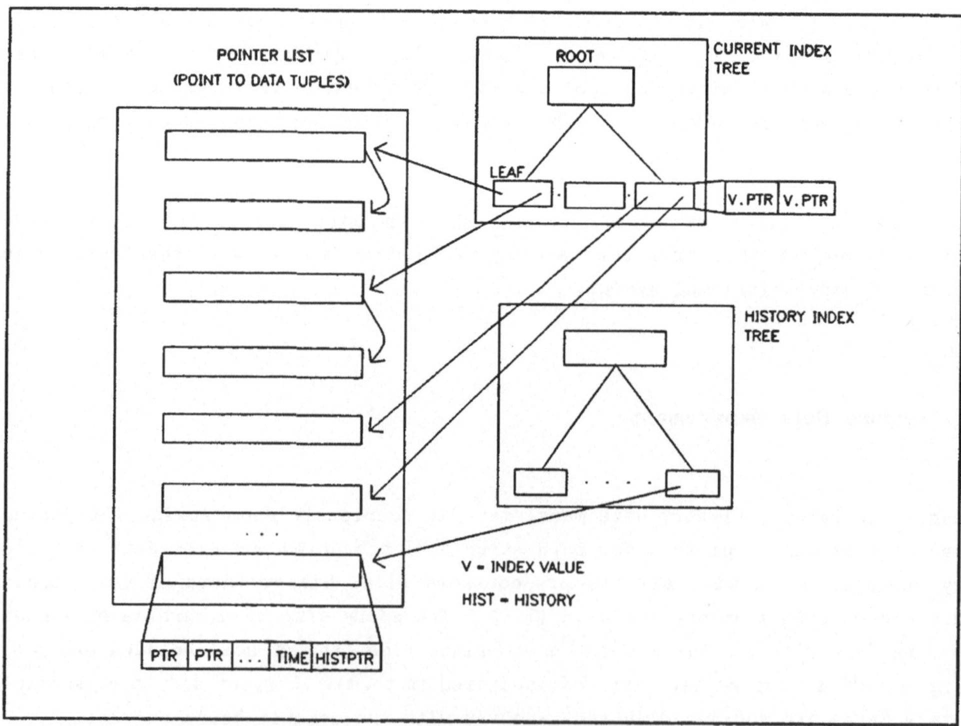

Figure 4.   Index Structure for History Paths

tory data, one cannot completely neglect the problem of storage space. Therefore, we have chosen the approach of recording only those attribute values which have changed. If 'in-field' operations (e.g. deletion within a field of variable length, or partial update of a field) are used to manipulate an attribute value, even less than an attribute value may be stored in many cases. In addition, we allow the users to explicitly define the attributes for which history information is to be kept. In so doing, the amount of 'useless' history data is under the control of users (or database administrators). The history information is stored as 'undo' information, i.e. the system stores all the changes required to generate from a subtuple value the next older one. All changes to a subtuple performed in one transaction are collected in one history subtuple. All history subtuples belonging to the same tuple-id are chained in descending order of time and the anchor to this chain is contained in the current subtuple (see Fig. 3). Several alternatives have been analyzed and this one was chosen because we think it is reasonable for one to pay a higher price for older history information and pay no penalty for current data.

When a subtuple, for which history is kept, is to be deleted, the subtuple is transformed into a history subtuple (with complete attribute values) and only a small 'deletion mark' with a pointer to the deleted tuple in the history area remains in the current database (subtuples 2 and 5 in Figure 3). A detailed description of the way history data is maintained is given in a paper by Dadam (DLW84).

Separation of current and history data alone can not satisfy the required performance. To allow fast processing of history data, index support must be provided not only for current data but also for history data. Our solution to this problem is illustrated in Fig. 4.

As shown in the diagram, the 'current' index contains all keys which occur in the current data, and the 'history' index contains all the keys that existed in the past but exist no longer in any current tuple in the corresponding NF2 table. Hence, history queries using an index may have to look up both index trees, while queries addressing the actual state need only to look up the "current" index tree. The pointer lists associated with the index tree are maintained in versions and contain pointers to the tuples in the NF2 table, whether current or historical.

Briefly stated, the system accesses history data as follows: It will first search the appropriate version of the catalog to see whether any index on the qualifying attributes of a query exists. If so, then the current index tree and the history index tree are searched, and the corresponding pointer lists are fetched to retrieve (in case of current state queries) or to generate (in case of history queries) the pointer lists matching the time period defined in the query. Once the appropriate index pointer list is available, the system can retrieve the associated data subtuples, either in their current or in some historical state.

Simple algorithms have been developed to maintain the current and the history indexes and the pointer lists. The maintenance of the indexes can be done in a manner similar to the maintenance of normal secondary indexes, and the maintenance of the pointer lists is similar to the maintenance of an NF2 table (Lu84). Thus, the method used in our system will process queries of current data with practically no performance penalty and queries of history data with some small penalty.

3.2.3 Support for Textual Data

Handling textual data means allowing tuples in tables to become large. Although a long text can be structured in a hierarchical fashion, this does not solve all the problems. For example, one must provide mechanisms for handling a long text even in cases where a user buffer is not large enough to hold the entire text. The Subtuple Manager has been designed to allow the system's users to retrieve any part of an attribute value. Further, when text data is not formatted, processing any textual query requires a search in the entire text data to determine which tuples satisfy the predicate in a query, when no indexing terms are provided. This kind of search would be prohibitive in performance.

To support text data processing, we are incorporating the Fragment String Index technique into the system (Sc78, KW81). Basically, the method works as follows: a sample of text data to be stored in the database is analyzed and strings of characters of all lengths are tabulated with their statistical occurrences. From information retrieval research, it is known that strings with medium frequencies are the most useful. A threshold is selected and strings meeting the desired frequencies are selected to become index terms to the text. Provisions are created to handle the rejected strings in such a way that all strings of length 2 or greater can be searched in the resulting set of index terms. The detailed algorithm is beyond the scope of this paper and interested readers are referred to the papers just cited.

The text processing component in the system has the capability to search for appropriate data given any partial string or combinations of strings (e.g. adjacent, before, after, within the same sentence, distance, etc.). For example, one can ask for '@comput@' meaning that one would accept minicomputer, microcomputer, computerization, computer, etc. Or one can ask for 'control ADJ system' meaning that the two words must be adjacent to each other and in the order specified. The text processing component works closely with the Subtuple Manager and the Index Manager to provide the support needed in the system.

3.2.4 Query Processor

The emphases in determining the architecture and design of the Query Processor are flexibility and extendibility. As a result, the Query Processor not only supports processing of high level queries like the ones specifiable in relational languages,

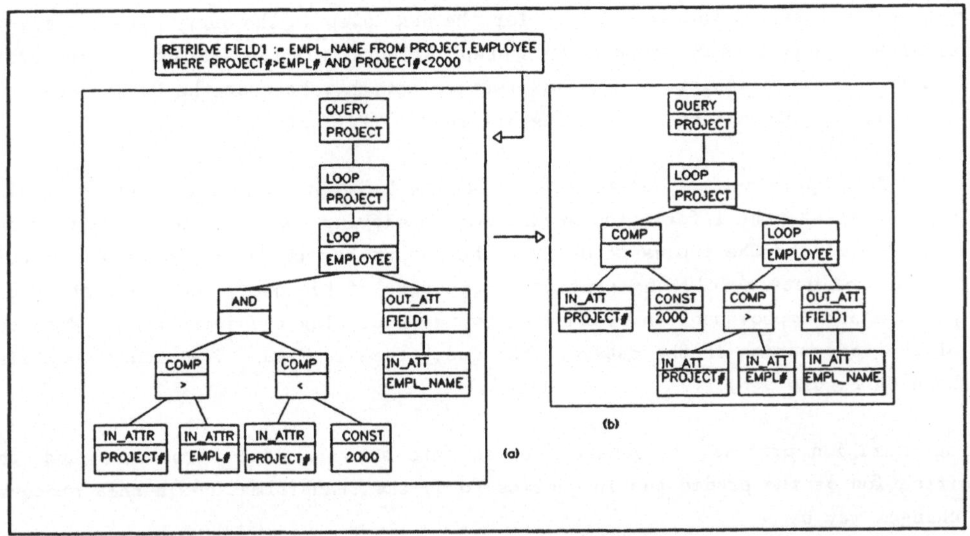

Figure 5. Example Query Tree

for example, but also lower level operations for the traversal of a hierarchical data
instance as in IBM IMS's DL/1 (Da81). This is done for the following reasons: (1)
We wish to avoid getting into a constraint where we may find difficulty in accommo-
dating certain applications not expected at this time, (2) we believe that host language processing of hierarchical data is simplified in certain cases, (3) the delivery
of data in small pieces is more manageable than the delivery in units of complex tuples, and (4) this provision can avoid excessive buffer size requirements.

The Query Processor is composed mainly of four major components: the Parser, the
Query Tree Optimizer, the Query Tree Evaluator, and the Walk Manager. We shall now
briefly discuss them in the following. First, however, for easier understanding, we
should briefly state our notion of a query tree.

A query tree is a tree representation of a query where each node contains information
defining operations to be done at that node. Operations at each node may be

- getting/putting a value from/into the current data subtuple,
- looping over a repeating group, whose data is contained in the subtuples, to
  perform certain tasks,
- evaluating basic expressions (Boolean, arithmetic, comparison).

A query tree is evaluated in the order of top to bottom and left to right. As a rule,
it is advantageous to perform the most discriminatory evaluation at the earliest
suitable time.

The Parser accepts queries on NF2 tables in linear syntax. Basically it does preliminary name resolution and semantic checks, and converts queries into preliminary

query trees in internal representations for the next step in the query tree optimizer. A preliminary query tree obtained in this step reflects only the syntactical structure of a query and is incomplete in its information content, because the Parser does not use the catalog information in deriving its result (Fig. 5(a)).

The Query Tree Optimizer's first task is to obtain information from the system catalog tables to complete the information needed for specifying a query tree. This tree can be used to evaluate the tuples to deliver the output as specified. However, as this query tree reflects merely the syntactic structure of the query, we see that we can get performance improvement in most cases by restructuring the query tree. With the use of the information in the catalog, the query tree in Figure 5(a) can be modified as shown in Figure 5(b).

The optimization process, in general, takes into account data structures and the specification of the predicates in queries to do the transformation in this process. The changes may be

- loop reordering and predicate shifting for join optimization,
- separating predicates that are more efficiently evaluated by other components in the system (e.g. evaluation by the Subtuple Manager),
- operation specific optimization.

In some cases, the preliminary query trees can be quite close to the transformed tree; in other cases, they are quite different.

The details of the algorithm is beyond the scope of this paper. However, one can see intuitively in this example that the evaluation of a predicate defined for the data at a level closer to the root of the data structure of the complex tuples is more efficient. After a query tree has been transformed, the Query Tree Evaluator, an interpretive component, is invoked to process the tree recursively.

The Walk Manager is a collection of functions providing access to hierarchically structured tuples. Its main purpose is to package Complex Tuple Manager services in a way tailored to the Query Processor's needs. Some of the functions for traversing the hierarchical data as mentioned at the beginning of this section, are almost directly exposed at the Query Processor interface.

3.2.5 Basic Transaction Support

In addition to the functions mentioned above, the Subtuple Manager component is also designed to provide some basic transaction support like transaction undo (rollback) and transaction redo in case of a crash. The method to do this is outlined in the following:

Every completed update transaction consists of a work phase (insert, update, delete operations), a commit phase, and a write phase (propagation phase). At the beginning of the work phase a private workspace, called TWS (transaction's workspace) is assigned to it. During the work phase, all updates and deletions of a transaction are reflected only in its TWS, while inserts of new subtuples into a database are performed directly in the database - but not necessarily forced to disk immediately - to get their database TID's. (These database TID's are needed at insertion time to update or construct the corresponding mini-directory subtuples). In addition the TWS collects all of the update and delete information necessary to compute the history data when the write phase is to be performed.

When a transaction reaches its COMMIT phase, the TWS is forced to an associated disk segment, the newly inserted tuples are forced to the database disks, and an appropriate COMMIT entry is put into the log file. By doing so, the subsequent write phase is made repeatable. That is, the transaction is no longer vulnerable against system crashes (the TWS serves from now on as a transaction oriented redo logfile). If the write phase fails due to a crash it is simply repeated by restoring the TWS from the associated disk segment.

To avoid I/O, the pages are not forced to disk during the write phase. As in System R (As76), pages are forced to disk only when performing a checkpoint but not during the write phase - thus reducing I/O. For this reason a TWS will not be immediately reused after the completion of the write phase but will be kept until the next checkpoint.

If a transaction has to be rolled back due to an ABORT command or due to a crash which has occurred before the completion of the commit phase, only the inserted tuples have to be removed from the database using undo log information.

The approach described above offers the potential for some additional functions with only some relatively small extensions. For example, user defined save points can be provided rather easily. This can be done by simply copying the TWS at a given point in time to disk (and by refetching it if necessary). Further, the approach of separating commit and write phases fits well into a distributed environment where a two-phase commit protocol has to be supported. In the case of a distributed database, updates may be prepared at a place different from the one where the updated data is finally stored.

Another point worthy of note is that this approach is a good starting point for deferred update strategies. Sometimes an update may be a lengthy task in advanced information system applications and the system must adopt this strategy to satisfy the performance requirements. For example, the maintenance of the Fragment String Indexes may be such an example. The decoupling of the index update is a reasonable way from the logical view-point of transaction management.

Finally our approach fits also best for timestamping the updated tuples with the transaction's commit timestamp. As opposed to other approaches (see DLW84 for an extensive discussion of this point), the timestamping of updated tuples can be done here without any additional overhead. Thus, the write phase can be used to stamp the subtuples 'on the fly' with their transaction's commit timestamp while moving them from the TWS to the database buffer. Only newly inserted subtuples which are no longer available in the database buffer have to be separately refetched from the database to assign the final timestamp to them.

3.2.6. System Generated Tuple-Names

Although the system as described can have tables of tuples that are hierarchically structured, there remain occasions where tables must be connected to form more complex tuples. One can use the 'key' property to join tables as normally done in relational systems. As discovered and discussed in Lo84, for example, in many applications it is better to have the system build and maintain connections between tables. Tuple names are such a mechanism.

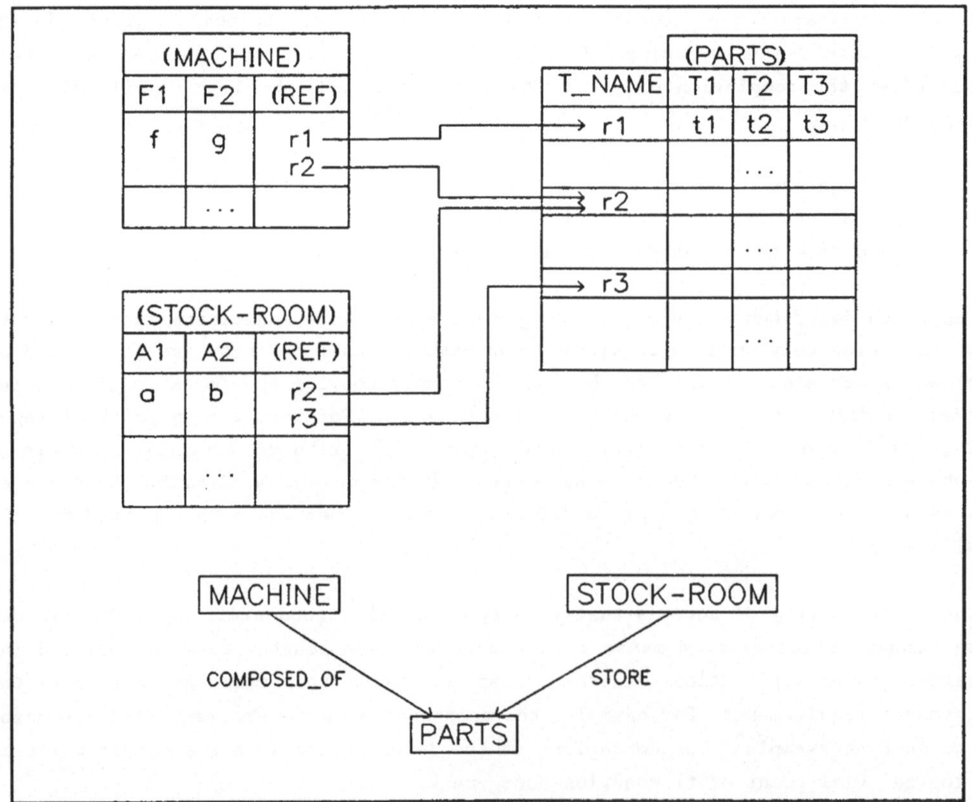

Figure 6.   Tuple-Name Usage

Briefly stated, tuple names are system generated keys for each tuple. No two tuple names are the same across the whole database. Tuple names can be used as references to other tables in lieu of explicit keys. However, tuple name values cannot be changed by users although they can be accessed and searched. Internally tuple names are actually a form of addresses. Thus the main advantage of using tuple names for connection is speed. By using tuple names instead of keys, joins can be performed much faster. Of course, one also has the benefit of not having to maintain the key property. Figure 6 shows an application of using tuple names (T-NAME in PARTS table) for connecting MACHINE and STOCK_ROOM to it. The term REF is a system reserved keyword, indicating that only tuple names can be entered there.

While the users can use tuple names to build more complex objects, the system must maintain additional catalog information on any of these complex structures. In this way, the users' task of database maintenance is reduced.

4. Conclusion

The system as described has not only been designed but a version of the prototype is actually operational. The prototype, though partially done with only a small subset of the planned functions, already has many features not found in other database systems. Included among these features are:

1. The ability to support both the normalized and non-normalized relational models in such a way that users of the system can change from one to another without penalty. Further, it is expected that as a relational system, there is hardly any penalty paid as a result of the dual model support. The same is true for the non-normalized case.

2. The system can process history data as well as current data. When processing only current data, there is little penalty as compared to normal database systems. Moreover, users of the system can dictate whether history data is to be kept, or on which attributes history data is not to be kept. Thus, additional processing time would be imposed only when history data is needed.

3. The system can process textual data as well as formatted data in that content search of text fields can be handled efficiently through the use of indexing as opposed to brute force search. As a result, queries that require join operation of a substring of text can be handled. For example, suppose one wishes to find, from two tables which have 'NAME' common to both but stored in different formats (like one with first name then last name and the other the opposite), one can use this system to do the join operation even if the name formats are different.

4. Query operation allows processing of sets (especially: repeating groups) in ways
   that are not generally available in other DBMS's.

5. With the use of the history data handling capability, changes in data structures
   in a table can be supported dynamically, within certain constraints.

These are some sophisticated capabilities that are expected to be useful in supporting
advanced applications in science, engineering and offices. From various investi-
gations, we have found that these functions are basic and are indeed needed.

There are many other functions that will be needed, but are not yet implemented. Included among these are multi-user management, security control, recovery, complex data
types like lists of sets and lists of lists, etc., long fields that run into millions
of bytes, abstract data type, and others. Some of these have been planned and others
are being studied at this time.

Even with all the planned functions implemented, we wish to state that the system
being constructed is meant to provide a foundation on which further development can
be done. For example, objects of certain engineering applications (e.g. car models)
need to be maintained in different versions. While versions can be handled in many
different ways, we think that a good basis to generate versions is based on time.
The system mentioned here does not directly support version management. However, it
is believed that with the history data handling capability and the capturing of timestamps, one can provide such capabilities using the functions provided.

Another design challenge untackled so far is the end-user interface. At this time we
plan to design an application program interface. Later, we will work on an end-user
oriented one. Because of limited space we have not discussed the system interface in
this paper. However, the papers (SP82, PHH83) provide an idea of the direction we
are pursuing. We feel that, because of the diversified possible applications, different interfaces may be needed for different applications, as opposed to the single
query interface in today's systems. In fact, it is quite uncertain at this time
whether a single database management system can be constructed to satisfy all the
diversified applications!

Another area to be explored relates to the development of techniques to optimize the
placement of data. Much work has been done in the database area on the problem of
clustering data for better performance. It is hoped that some of these techniques and
other new ones may be applicable to enhance the Complex Tuple Manager component for
fine tuning the performance of the system.

Still another problem area to be addressed is the execution of joins. Much work has
been done for normalized relational joins; hardly anything has been done for joining
complex tuples of NF2 tables. Since joins are very complex and time-consuming, extreme
care is necessary to achieve the desired performance level. Considering that complex
tuples contain repeating groups, that joins should be allowed at any level, and that

inversion of hierarchies should also be permitted, intolerable performance problems may arise unless good solutions are found.

In the history data handling facility, further work is needed to find an efficient method for migrating aged history data to off-line devices and to recall off-line data to be available on-line. Again we are looking for a method that not only allows us to do migration in batch mode, but also in an incremental fashion. We believe that, when this can be accomplished, a DBMS of the kind discussed here will become generally applicable in all normal environments.

Acknowledgement

The authors wish to thank their management, specifically Dr. A. Blaser, for the support of this project, and Prof. H.-J. Schek who not only started this project but has continued to provide stimulating discussions in formulating the architecture and design of the system.

References

As76   Astrahan, M.M. et al.: System R: Relational Approach to Database Management, ACM Trans. on Database Systems, Vol. 1, No. 2, June 1976. pp. 97-137.

Bu77   Bubenko, J. A.: The Temporal Dimension in Information Processing. Architecture and Models in Database Management, G.M. Nijssen, Ed. North Holland, 1977, pp. 93-118.

Ch76   Chamberlin, D.D. et al: SEQUEL 2: A Unified Approach to Data Definition, Manipulation, and Control, IBM Journal of Research and Development, Nov. 1976. pp. 560-575.

CW83   Clifford, J., Warren, D.S.: Formal Semantics of Time in Databases. ACM TODS, Vol. 8, No. 2, 1983. pp. 214-254.

Da81   Date, C. J.: An Introduction to Database Systems, Addison-Wesley Publishing Company, 1981.

Di84   Dittrich, K.R.; Kotz, A.R.; Muelle, J.A; Lockemann, P.C: Datenbankkonzepte fuer Ingenieur-Anwendungen: Eine Uebersicht ueber den Stand der Entwicklung (Data Base Concepts: A State of the Art Overview), GI Jahrestagung, 1984.

DLW84 Dadam, P.; Lum, V; Werner, H.-D.: Integrating Time Versions into a Relational Data Base System. Proceedings of the 1984 VLDB Conference, August 27-31, Singapore.

De85   Deppisch, U et. al.: Ein Subsystem zur stabilen Speicherung versionenbehafteter hierarchisch strukturierter Tupel. Proceedings of the German Informatik Conference on DB Systems for Science, Engineering, and Office, March 20-22, 1985, Karlsruhe, W. Germany.

DGW85 Deppisch, U.; Guenauer, J.; Walch, G.: Speicherungsstrukturen und Adressierungstechniken fuer komplexe Objekte des NF2-Relationenmodells. Proceedings of the German Informatik Conference on DB Systems for Science, Engineering, and Office, March 20-22. 1985, Karlsruhe, W. Germany.

GP83 Gruendig, L; Pistor, P.: Landinformationssysteme und ihre Anforderungen an Datenbankschnittstellen (Geographic Information Systems and Their Requirements Regarding DB Interfaces). J.W. Schmidt (ed.): Sprachen fuer Datenbanken (Data Base Languages). Informatik Fachberichte 72, Springer Verlag, Berlin-Heidelberg- New York. 1983.

Gu83 Guenther, K.D.: PLOP - A Predicative Programming Language for Office Automation. Proc IEEE Workshop on Languages for Automation, Chicago, Nov. 7- 9, IEEE computer Society Press, p. 94 - 101.

HL82 Haskin, R.L.; Lorie, R.A.: On Extending the Functions of a Relational Database System. Proc. SIGMOD 82, Orlando, June 1982. pp. 207-212.

HR82 Haerder, T.; Reuter, A.: Data Base Systems for Non-Standard Applications. Universitaet Kaiserslautern, Fachbereich Informatik, Interner Bericht 54/82, 1982.

HS76 Housel, B.C.; Shu, N.C.; A High-Level Data Manipulation Language for Hierarchical Data Structures. Proc. Conf. on Data Abstraction, Definition and Structure, Salt Lake City, Utah, March 1976.

IBM82 Das allgemeine Abfrage-System STAIRS/VS-MIKE in der Fertigungsindustrie (The General Purpose Query System STAIRS/VS MIKE in Assembly Industries). IBM Deutschland GmbH, 1982.

Ja84 Jaeschke, G.: Recursive Algebra for Relations with Relation Valued Attributes. HDSC Technical Report 84.01.003, 1984.

JS82 Jaeschke G.; Schek, H.-J.: Remarks on the Algebra of Non First Normal Form Relations. Proceedings of the ACM SIGACT-SIGMOD Symposium on Principles of Database Systems, Los Angeles, March, 1982.

Ki83 Kinzinger, H.: Erweiterungen einer Datenbank-Anfragesprache zur Unterstuetzung des Versionenkonzepts (Query Language Extensions to Support Time Version Concepts). J.W. Schmidt (ed.): Sprachen fuer Datenbanken (Data Base Languages). Informatik Fachberichte 72, Springer Verlag, Berlin-Heidelberg-New York. 1983.

KL82 Katz, R.H.; Lehman, T.J.: Storage Structures for Versions and Alternatives. Computer Science Report #479, July 1982, University of Wisconsin-Madison.

KL83 Klopprogge, M.R.;Lockemann, P.C.: Modelling Information Preserving Databases: Consequences of the Concept of Time. Proc. VLDB 1983, Florence, Italy, Oct./Nov. 1983.

KTT83 Kambayashi, Y.; Tanaka, K; Takeda, K.: Synthesis of Unnormalized Relations Incorporating more Meaning. International Journal of Information Sciences, Special Issue on Databases, 1983.

KW81 Kropp, D.; Walch, G.: A Graph Structured Text Field Index based on Word Fragments. Information Processing and Management, Vol. 17, No. 6, 1981.

Lo82   Lorie, R.: Issues in Databases for Design Applications. File Structures and
       Databases for CAD. (J. Encarnacao and F.-L. Kraus, ed.), North Holland Pub-
       lishing Company, 1982.

Lo84   Lorie, R.; Kim, W.; McNabb, D.; Plouffe; Meier, A.: User Interface and Access
       Techniques for Engineering Databases. IBM Research Technical Report RJ 4155
       (45943) January 1984.

LP83   Lorie, R.; Plouffe, W.: Complex Objects and Their Use in Design Transactions.
       Proc. Engineering Design Applications of ACM-IEEE Database Week, San Jose, Ca.,
       May 23-26,1983.

Lue83 Lueke, B.: DANTE: Ein semantisches Datenmodell fuer Anwendungen aus dem Kon-
       struktionsbereich (DANTE: A Semantic Data Model for Mechanical Engineering Ap-
       plications). Universitaet Karlsruhe, Fakultaet fuer Informatik, Interner
       Bericht 17/83, 1983.

Lu84   Lum, V; Dadam, P; Erbe, R.; Guenauer, J.; Pistor, P.; Walch, G; Werner, H.-D.;
       Woodfill, J.: Designing DBMS Support for the Time Dimension. Proceedings of the
       1984 SIGMOD Conference, June 18-21, Boston, Mass.

MSW83 Mueller, T.; Steinbauer, D.; Wedekind, H.: Control of Versions of Data Base
       Applications. HDSC Technical Repoert TR 83.09.003, September 1983; J.W. Schmidt
       (ed.): Sprachen fuer Datenbanken (Data Base Languages). Informatik Fachberichte
       72, Springer Verlag, Berlin-Heidelberg-New York. 1983.

PHH83 Pistor, P.; Hansen, B.;Hansen, M.: Eine sequelartige Schnittstelle fuer das NF2
       Modell (A SEQUEL Like Interface for the NF2 Model). J.W. Schmidt (ed.): Spra-
       chen fuer Datenbanken (Data Base Languages). Informatik Fachberichte 72,
       Springer Verlag, Berlin- Heidelberg-New York, 1983.

Sc78   Scheck, H.-J.: The Reference String Indexing Method. Information System Meth-
       odology (Editors: G. Bracchi & P. Lockemann), Springer Verlag, LNCS 65, 1978.

Sc82   Scholl, M.: Algebraische Frageoptimierung in Datenbanksystemen mit nichttri-
       vialen Abbildungen zwischen konzeptuellem und internem Datenmodell (Algebraic
       Query Optimization in Data Base Systems with Non-Trivial Transformation Between
       Conceptual and Internal Data Model). University of Darmstadt Master thesis,
       August 1982.

SHL75 Shu, N.; Housel, B.C.; Lum, V.: Convert: A High Level Translation Definition
       Language for Data Conversion. Comm. of ACM, Oct., 1975. Vol. 18, No. 10.

SP82   Schek, H.J.; Pistor, P.: Data Structures for an Integrated DB Management and
       Information Retrieval System. Proceedings of the VLDB Conference 1982, Mexico
       City, September 8-10, 1982.

SS84   Schek, H.-J.; Scholl, M.: An Algebra for the Relational Model with
       Relation-Valued Attributes, Tech. University Darmstadt Technical Report DVSI-
       1984-T1.

St82   Stonebraker, M. et. al.: Support for Document Processing in a Relational Data-
       base System. Electronics Research Laboratory, Memo M82/15, March 1982.

St83   Stonebraker, M. et. al.: Application of Abstract Data Types and Abstract Indices
       to CAD Databases. Proc. Engineering Design Applications of ACM-IEEE DataBase
       Week, San Jose, Ca, May 1983.

Charakteristiken des Komplex-Objekt-Begriffs und Ansätze
zu dessen Realisierung

Bernhard Mitschang
Universität Kaiserslautern, Fachbereich Informatik
Erwin-Schrödinger-Straße
D-6750 Kaiserslautern

Überblick:

Die Modellierung und Verwaltung von komplexen Objekten stellt eines der Hauptprobleme für den effektiven Einsatz von Datenbanksystemen in den sog. nichtkonventionellen Anwendungsgebieten dar. Unter dem Begriff "Komplex-Objekt" wird dabei die Sicht der Anwendung auf den betreffenden Realitätsausschnitt verstanden (etwa Entwurfs- und Konstruktionsobjekte im CAD/CAM/CAE-Bereich, Objekte in der Computergrafik, Texte in der Büroautomatisierung etc.).
Für eine adäquate Modellierung bzw. zur Konzeption von geeigneten Datenmodellen müssen die Anforderungen der Komplex-Objekt-Sicht erkannt und aufgegriffen werden. Hier werden nun zum einen die obigen Anforderungen in Form von inhärenten Charakteristiken dieser Komplex-Objekte ermittelt und anhand einleuchtender Beispiele klar herausgearbeitet. Zum anderen werden bestehende Lösungsansätze in dem vorgegebenen Rahmen erörtert sowie erste Hinweise zum Entwurf von auf den Komplex-Objekt-Begriff zugeschnittenen Datenmodellen angegeben.

Abstract:

One of the main problems encountered when using database systems for non-standard applications is modeling and managing of complex objects. The notation "complex object" encompasses the application´s view of the interesting part of the real world (for instance design objects in CAD/CAM/CAE or computer graphic, text objects in office automation, etc.). For adequate modeling and also for the development of proper data models, one has to realize and to comprise the requirements of the complex object view.
This work analyses the above requirements as inherent complex object characteristics. Subsequently some existing solutions to the complex object problem are considered and lastly a few general hints for complex object data models are given.

1. Einleitung

Die stetige Erweiterung und Vergrößerung von rechnergestützten Anwendungen in den Spezialbereichen wie z.B. Prozeßdatenverarbeitung, geographische Datenhaltung, Bild- und Textverarbeitung sowie CAD/CAM/CAE erfordern in wachsendem Maße Datenbankunterstützung. Die Brauchbarkeit herkömmlicher Datenbanksysteme (DBS) für einen Einsatz in solchen Non-Standard-Anwendungsgebieten wird aber zunehmend in

Frage gestellt (/Ea80/, /GP83/, /Lo81/, /Lo83/, /Si80/). Die wichtigsten Problem-
punkte umfassen adäquate Modellierungsmöglichkeiten, bessere Datentypunterstützung, anwendungsgerechte (Zugriffs-)Operationen, Erhaltung der Datenintegrität, angepaßtes Transaktionskonzept und das insgesamt extrem schlechte Leistungsverhalten.

Schaut man sich nun obige Problembereiche im Umfeld der Anwendungen genauer an, so
erkennt man (siehe auch /PS84/ Seite 5), daß das eigentliche, zentrale Problem in
der anwendungsgerechten Modellierung und Verwaltung der Anwendungsobjekte liegt.
Unter dem Begriff (Anwendungs-)Objekt wird hierbei die Sicht der Anwendung auf den
betreffenden Realitätsausschnitt subsumiert. Diese "Sicht" umfaßt deshalb sowohl
die objektbeschreibenden Daten selbst, als auch die korrekten, konsistenten
Operationen auf dem Objekt bzw. auf dessen Beschreibungsdaten. Dabei spielt es
prinzipiell keine Rolle, ob man es mit den
- aus verschiedenen dreidimensionalen Teilobjekten zusammengesetzten Entwurfs- und
  Konstruktionsobjekten im Anwendungsgebiet CAD/CAM/CAE, mit den
- punkt-, linien- und flächenartigen Objekten (Straßenkreuzung, Wasserleitung,
  Grundstück) in der geographischen Datenverarbeitung oder aber mit den
- langen Texten in der Büroautomatisierung bzw. mit den matrixartigen Bildern bei
  der Bildverarbeitung zu tun hat.

Aus diesem Grunde befaßt sich das nachfolgende Kapitel noch etwas genauer mit dem
intuitiv schon gebildeten "Komplex-Objekt"-Begriff, bevor in Kapitel 3 eine mehr
formalisierte und verallgemeinerte Vorstellung des Begriffs aufgezeigt wird. Die
dort eingeführten Charakteristiken des Komplex-Objekts repräsentieren gleichzeitig
eine Anforderungsliste für geeignete Datenmodelle. In diesem Sinne werden dann in
Kapitel 4 einige existierende oder geplante Realisierungskonzepte für Komplex-
Objekte vorgestellt und eine Zielvorstellung erarbeitet, die in einige
vielversprechende und weiterführende Lösungsansätze mündet. Zum Schluß wird,
anschließend an eine kurze Zusammenfassung der Ergebnisse, noch ein Ausblick auf
weitere Arbeiten gegeben.

2. Einführung des Komplex-Objekt-Begriffs

Als Grundlage für die nachfolgenden Diskussionen und Überlegungen und auch als
Beschreibung unseres Verständnisses von Komplex-Objekten, werden im folgenden
einige anschauliche Beispiele aus verschiedenen Non-Standard-Anwendungsbereichen
angegeben.

<u>Beispiel 1:</u> Komplex-Objekte in Landinformationssystemen (/Fr83/, /GP83/)

Die Daten von Landinformationssystemen der geographischen Datenhaltung (siehe
<u>Abbildung 1</u>) lassen sich unterteilen in nicht-geometrische und geometrische
Sachverhalte. Dabei stellen die nicht-geometrischen Sachverhalte herkömmliche,
einfach strukturierte Daten dar (z.B. Personalinformationen, Nutzungsdaten,

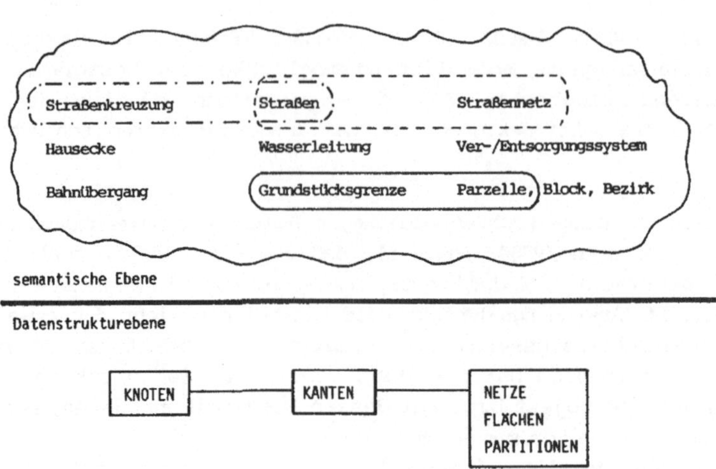

<u>Abbildung 1</u>: Datenausschnitt eines geographischen Informationssystems zur Stadtplanung

statistische Daten), die mit konventionellen Datenmodellen existierender DBS ausreichend zu beschreiben und zu verwalten sind. Hingegen repräsentieren die geometrischen Daten fast ausschließlich graphische, in Plänen und Karten darzustellende Sachverhalte, die nur schwierig und umständlich zu handhaben sind. Die wichtigsten dieser geometrischen Daten sind Knoten, Kanten, Flächen(-Partitionen) und Netze.

KNOTEN und KANTEN sind aus Benutzer- oder Anwendungssicht keine selbständigen Objekte, sondern nur Komponenten der komplexeren Objekttypen FLAECHE und NETZ. Die Knotenobjekte sind extrem einfach und tragen die metrische Information als Koordinatenwerte. Die Kantenobjekte bestimmen die Form der Linien und sind aus Knotenobjekten zusammengesetzt. Flächenobjekte sind entweder aus Kantenobjekten oder direkt aus Knotenobjekten aufgebaut, wohingegen Netzobjekte sichtbar aus einzelnen Kantenobjekten zusammengesetzt sind. Eine (Flächen-)PARTITION ist die Einteilung einer Gesamtfläche in Teilfächen, so daß sich keine zwei Teilflächen überdecken und alle Teilflächen zusammen genau wieder die Gesamtfläche ergeben. Die Partition ist also ebenfalls von komplexem Aufbau und besteht definitionsgemäß aus Flächenobjekten.

<u>Beispiel 2</u>: Komplex-Objekte im Schaltungsentwurf (/DK84/, /Ka83/, /Ne83/)

Der VLSI-Chip-Entwerfer sieht einen elektronischen Schaltkreis in verschiedenen Repräsentationen, z.B. in einer funktionalen Spezifikation, als Schaltkreisdiagramm oder als Layout (siehe <u>Abbildung 2</u>). Jede Repräsentation ist einer unterschiedlichen Entwurfsphase angepaßt und zugeordnet. Es muß immer sichergestellt sein, daß die verschiedenen Repräsentationen auch das gleiche Entwurfsobjekt beschreiben. Da der Entwurfsprozeß als versuchend, vorläufig und provisorisch anzusehen ist, gibt

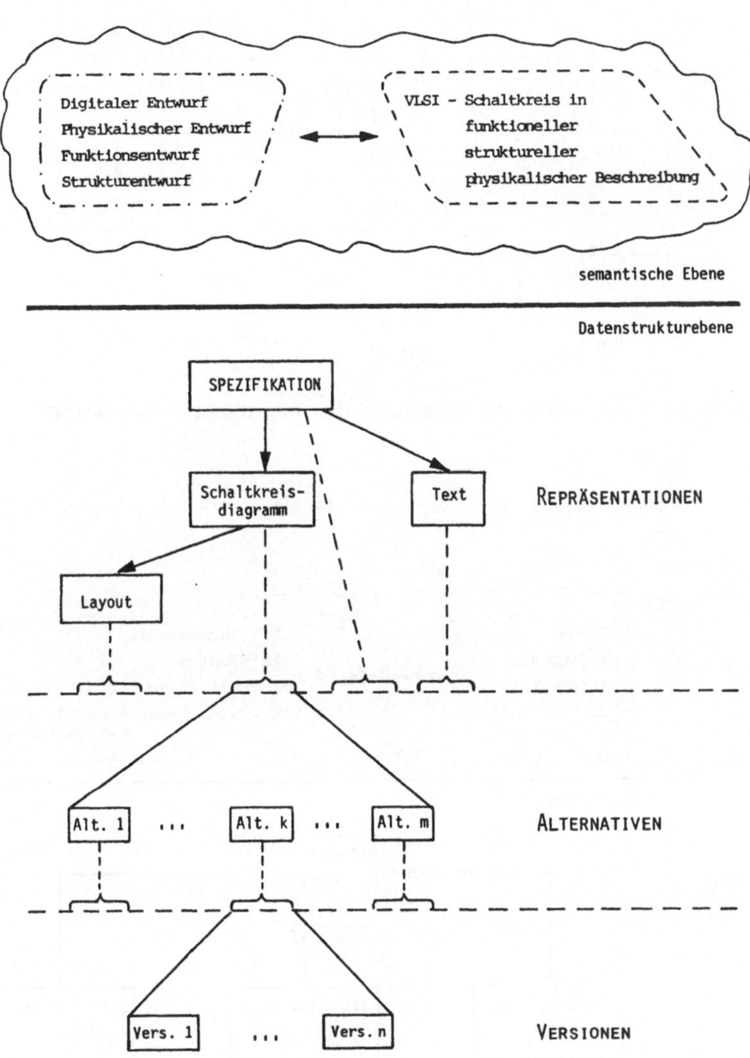

<u>Abbildung</u> <u>2</u>: Datenausschnitt im VLSI-Schaltungsentwurf

es Alternativen und Versionen unterhalb der Repräsentationsebene. Die Versionen
erlauben einen Einblick in die frühere und momentane Entwurfsabsicht und stellen
oft Verbesserungen und Korrekturen am Entwurfsobjekt dar. Hingegen ermöglichen die
Alternativen ein Experimentieren mit verschiedenen Realisierungen der gleichen
Funktion. Im Gegensatz zu den Repräsentationen, die für die Anwendung von
vornherein feststehen, sind die Alternativen und Versionen variabel, wobei
zusätzlich die Alternativen optional und die Versionen zeitlich geordnet sind. Am
Ende des Entwurfsprozesses wird die favorisierte Lösung, auch Konfiguration
genannt, durch Auswählen der besten Alternativen und Versionen festgelegt.

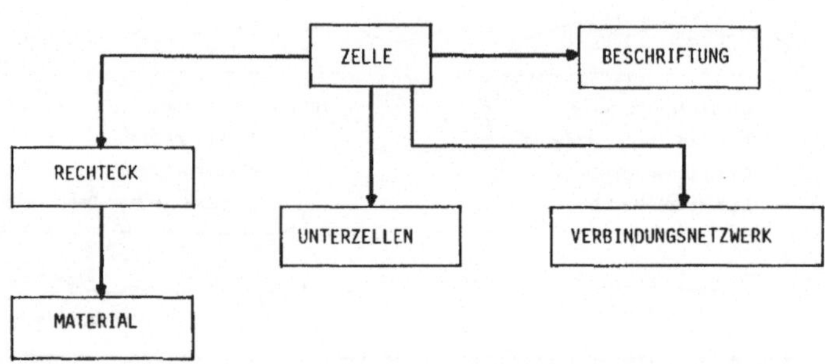

Abbildung 3: Strukturierung innerhalb der Repräsentation LAYOUT

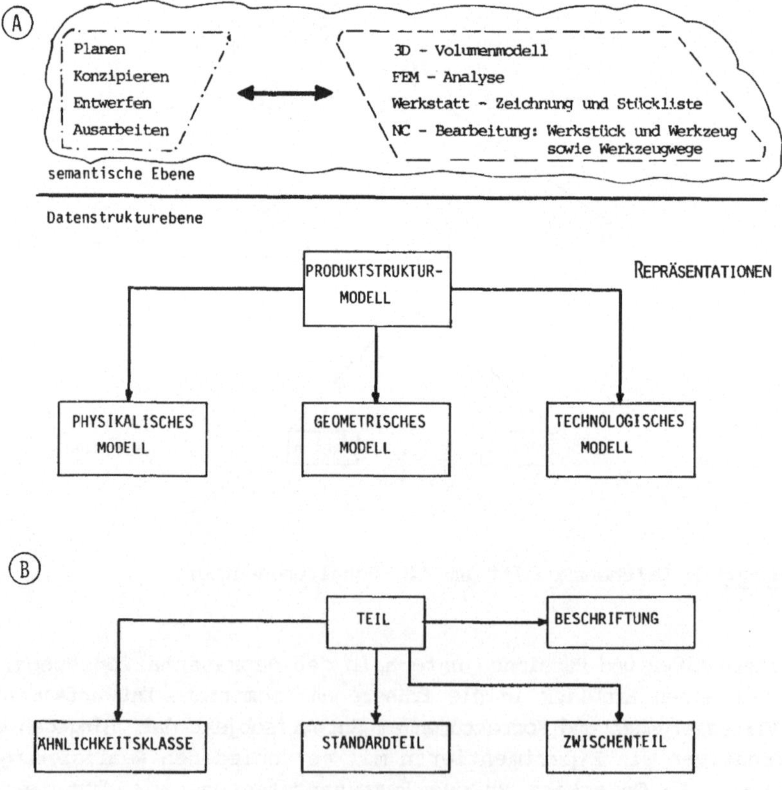

Abbildung 4:   a) Datenausschnitt aus dem Maschinenbau
              b) Interne Strukturierung des PRODUKTSTRUKTURMODELLS

Zusätzlich zu dieser komplizierten Entwurfsstruktur, bestehend aus den Repräsentationen, Alternativen und Versionen, kommt noch eine komplexe Strukturierung innerhalb der Repräsentationen hinzu. Abbildung 3 stellt diesen Sachverhalt beispielhaft für das Layout dar. Dabei beinhaltet der Objekttyp RECHTECK und MATERIAL die geometrische Information, wohingegen der Objekttyp VERBINDUNGSNETZWERK die topologische Information bezüglich der Nachbarzellen enthält. Zur näheren Beschreibung der Zelle dient der BESCHRIFTUNGS-Objekttyp. Jede Zelle kann wiederum aus (Unter-)Zellen – Objekttyp UNTERZELLEN – aufgebaut sein, die natürlich analog oben dargestellt sind. Dieser Zellenhierarchie entspricht eine Funktionshierarchie innerhalb der Repräsentation Spezifikation und eine sogenannte Strukturhierarchie innerhalb der Repräsentation Schaltkreisdiagramm. Dadurch, daß sich die einzelnen Hierarchieebenen nicht immer einander eindeutig zuordnen lassen, werden die Beziehungen zwischen den verschiedenen Repräsentationen und damit auch der gesamten Entwurfsstruktur zusätzlich verkompliziert.

Beispiel 3: Komplex-Objekte im Maschinenbau (/Eb83/, /EW81/)

Im Anwendungsgebiet rechnergestütztes Entwerfen und Konstruieren im Maschinenbau entsprechen die Entwurfsobjekte dreidimensionalen Körpern. Gemäß der physikalischen, geometrischen, technologischen und strukturellen Eigeschaften dieser technischen Objekte kann man die Daten in einzelne Teilbereiche, die Repräsentationen, aufspalten (siehe Abbildung 4a). So umfaßt der physikalische Bereich etwa die Materialeigenschaften, Massen- und Volumeneigenschaften usw., während im geometrischen Bereich die Geometrie und Topologie der technischen Objekte sowie deren Zeichnungsinformation verwaltet wird. Der technologische Teil enthält Werkzeug- und Maschineninformationen, Bearbeitungshinweise oder NC-Programme, Toleranzinformation etc. Im strukturellen Teilbereich wird die Objektstruktur festgehalten, wie z.B. das Wissen über den Aufbau eines technischen Objekts (siehe Abbildung 4b). Ein dreidimensionaler Körper besteht aus einzelnen ZWISCHENTEILen, die ihrerseits aus TEILen zusammengesetzt sind, welche wiederum entweder ZWISCHENTEILe oder STANDARDTEILe repräsentieren. Den Informationsgehalt der Repräsentation Produktstrukturmodell kan man zum einen noch durch Hinzufügen von BESCHRIFTUNGS- und Bemaßungsangaben erweitern. Zum anderen können zusätzlich Informationen über Produktvarianten und ÄHNLICHKEITSKLASSEn, die dann Teilefamilien bilden, beigefügt werden. Aus Übersichtlichkeitsgründen fehlen hier die Alternativen- und Versionenebenen, die, analog zur Abbildung 2, ebenfalls unterhalb der Repräsentationsebene anzusiedeln sind.

In den Bereichen Bildverarbeitung und Büroautomatisierung kommt zusätzlich zu den u.U. schon komplex zusammengesetzten Bild- bzw. Textobjekten (überlagerte Teilbilder oder einzelne Kapitel eines Artikels) noch deren langer und unstrukturierter Datentyp (im MByte-Bereich) hinzu.

Betrachtet man obige Beispiele etwas genauer, so erkennt man, daß in den verschiedenen Anwendungsgebieten jeweils verschiedene Interpretationen/Ansichten des Komplex-Objekt-Begriffs vorherrschen:
- der (rekursiv) aus einfacheren (Teil-)Objekten zusammengesetzte Komplex-

Objekttyp (siehe Beispiel 1)
- der aufgrund des Entwurfsprozesses entstandene Komplex-Objekttyp (siehe
  Beispiel 2) und
- der wegen seines besonderen Datentyps so benannte Komplex-Objekttyp (siehe
  Bild- und Textverarbeitung).
Es können aber auch, wie oben in Beispiel 2 und auch in Beispiel 3 angegeben,
Mischformen entstehen, die zu einer weiteren Komplexitätserhöhung führen.

Diese vielfältigen Nuancen des Komplex-Objekt-Begriffs verursachen zum einen eine
Begriffsüberladung und zum anderen eine extreme Begriffsvielfalt, die eine wissen-
schaftliche Bearbeitung der bereits in Kapitel 1 angesprochenen Komplex-Objekt-
Problematik sehr behindert. Aus diesem Grunde sollen nun im nächsten Kapitel die
charakteristischen Eigenschaften der Komplex-Objekte ermittelt und als geeignete
Klassifikationskriterien zu einer schärferen Begriffsbildung benutzt werden.

3. Charakteristiken des Komplex-Objekt-Begriffs

In diesem Kapitel wird eine gegenüber dem vorigen Kapitel stärkere Formalisierung
des Komplex-Objekt-Begriffs in dem Maße durchgeführt, daß dessen inhärente
Eigenschaften deutlich zum Vorschein kommen. Des weiteren werden auch die mit der
Einführung von Komplex-Objekten direkt zusammenhängenden Auswirkungen operationaler
und konsistenzbezogener Art kurz angesprochen, bevor im vierten Kapitel
Realisierungskonzepte für Komplex-Objekte vorgestellt und untersucht werden.

Schaut man sich die Beispiele in Kapitel 2 nochmals genauer an, so erkennt man zum
einen, daß die Komplex-Objekte nicht nur (evtl. auch rekursiv) "verschachtelte
Strukturen", sondern auch Strukturen zum Beschreiben der gewünschten
Entwurfsmethodologie enthalten. Ein Beispiel für eine verschachtelte Struktur ist
etwa das folgende: Ein Partitionsobjekt aus Kapitel 2 Beispiel 1 besteht aus
einzelnen Flächenobjekten, von denen jedes aus den berandenden Kantenobjekten
zusammengesetzt ist. Jedes Kantenobjekt wiederum ist aus Knotenobjekten aufgebaut.
Ein VLSI-Chip beispielsweise besteht aus einzelnen Funktionseinheiten, die
ihrerseits aus Zellen zusammengesetzt sind, welche wiederum aus Gattern und
Transistoren bestehen.
Die im vorigen Kapitel in Beispiel 2 (und auch in Beispiel 3) eingeführten
Strukturen Repräsentation, Alternative und Version erlauben den gesamten
Entwurfsprozeß inklusive aller Entwurfsphasen, d.h. also die gesamte Entwurfsmethode, besser zu beschreiben. Diese Strukturen (siehe Abbildug 2) werden deshalb
auch im folgenden Entwurfsinformationsstrukturen genannt.
Zum anderen ist in dem detaillierteren Beispiel 1 deutlich sichtbar geworden, daß
es unterschiedliche Typen von Verschachtelungsstrukturen gibt. Beispielsweise ist
es für den Flächenobjekttyp irrelevant, ob dieser direkt aus dem Knotenobjekttyp
oder indirekt über den Kantenobjekttyp modelliert wird. Hingegen muß der
Netzobjekttyp aus dem Kantenobjekttyp aufgebaut werden. In diesem Fall muß
gegenüber dem vorherigen die Verschachtelungsstruktur des Komplex-Objekts sichtbar
sein.

Tabelle 1 (A) Charakteristika der (Komplex-)Objekte aus Kapitel 2 Beispiel 1:

KNOTEN - Objekttyp	atomar (Normalobjekt), nicht-eigenständig
KANTAN - Objekttyp	komplex (Komplexobjekt), sichtbar, nicht-eigenständig, aber mehrfachbenutzbar
FLÄCHEN - Objekttyp	komplex (Primitivobjekt), nicht-sichtbar, eigenständig
PARTITION - Objekttyp	komplex (Komplexobjekt), sichtbar, eigenständig
NETZ - Objekttyp	komplex (Komplexobjekt), sichtbar, eigenständig

(B) Beschreibung obiger (Komplex-)Objekte inklusive interner Objektstruktur:

KNOTEN	*beschreibung*	KNO_NUMMER, X_KOORDINATE, Y_KOORDINATE;
KANTEN	*beschreibung*	KAN_NUMMER, ⋮
	struktur	ENDPUNKTE: LIST(KNOTEN);
FLÄCHEN	*beschreibung*	FLA_NUMMER, ⋮
	struktur	BERANDUNG: LIST(KNOTEN);
or	*struktur*	BERANDUNG: SET(KANTEN);
NETZ	*beschreibung*	NRT_NUMMER, ⋮
	struktur	LINIEN: LIST(KANTEN);
PARTITION	*bescreibung*	PAR_NUMMER, ⋮
	struktur	PARZELLEN: SET(FLÄCHEN);

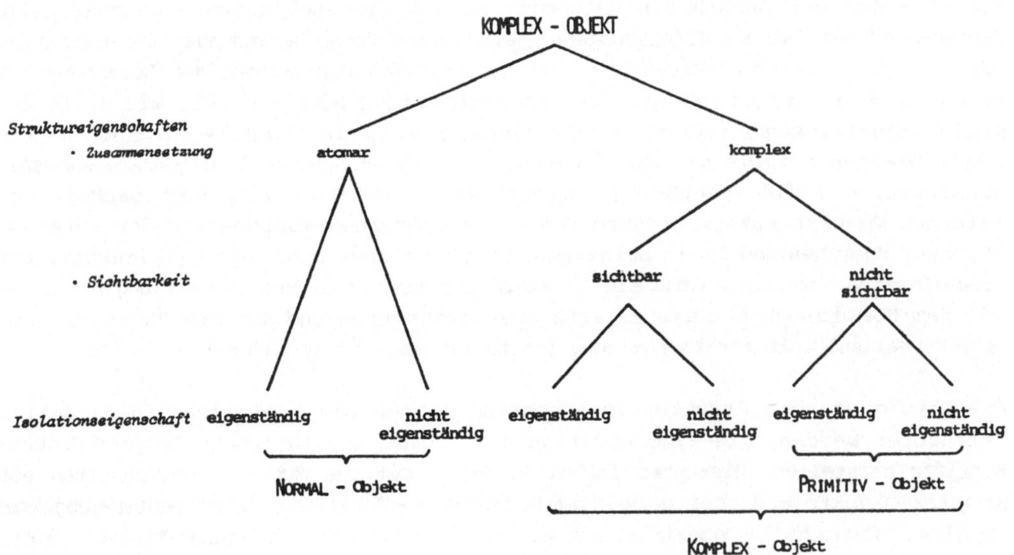

Abbildung 5: Einige Charakteristika von Komplex-Objekten

Abstrahiert man nun von den in dieser Kurzanalyse erkannten Beobachtungen, so gelangt man direkt zu den in Abbildung 5 enthaltenen wichtigen Eigenschaften von Komplex-Objekten. Die ebenfalls charakterisierenden Entwurfsinformationsstrukturen wurden aus Abbildung 5 aus Übersichtlichkeitsgründen weggelassen. Im folgenden werden diese wichtigen Komplex-Objekt-Eigenschaften detaillierter erörtert. Dazu wird ständig auf den vorigen Absatz und auf Tabelle 1 bzw. auf deren umgangssprachliche Beschreibung in Kapitel 2 Beispiel 1 bezug genommen.

Die Struktureigenschaft beschreibt den Aufbau und die Sichtbarkeit eines Komplex-Objekts bzw. eines zugehörigen Objekttyps und teilt sich in die Zusammensetzungs- und die Sichtbarkeitseigenschaft auf. In der Zusammensetzungseigenschaft wird der Aufbau des Komplex-Objekts, d.h. die eigentliche Strukturinformation, angegeben (siehe Tabelle 1b). Man unterscheidet dabei komplexe Objekte, die eine Verschachtelungsstruktur – im folgenden interne Objektstruktur genannt – besitzen, von den atomaren Objekten, die keine solche Struktur aufweisen, allerdings analog den konventionellen Objekttypen durch Attributbeschreibungen näher spezifiziert sind. Die interne Objektstruktur besteht nun aus Komponenten, die wiederum atomare oder komplexe Objekttypen repräsentieren können. Damit ist auch eine rekursive Komponentenbeziehung möglich. In diesem Zusammenhang spricht man häufig vom Komponentenobjekttyp im Gegensatz zum Gesamtobjekttyp und von einer übergeordneten bzw. einer untergeordneten internen Struktur (oder von einem Super- bzw. Subgraph).

Die Sichtbarkeitseigenschaft bezieht sich auf die Sichtbarkeit bzw. Nicht-Sichtbarkeit der internen Objektstruktur und regelt somit die Sicht auf das Komplex-Objekt. (Beachte: die anderen Eigenschaften aus Abb. 5 beziehen sich direkt auf das Komplex-Objekt und nicht wie hier auf die zugehörige interne Struktur). Aus anwendungsspezifischen Gründen – etwa um Wege im Netz erkennen und bearbeiten zu können – muß der Aufbau von Netzobjekten aus Kantenobjekten erkennbar sein. Hingegen müssen für die Flächenobjekte jeweils nur deren Berandungen sichtbar sein. D.h., für den Flächenobjekttyp bzw. zur Konstruktion der zugehörigen Berandung ist es egal, ob dieser direkt aus dem Knotenobjekttyp oder indirekt mit Hilfe des Kantenobjekttyps modelliert wird. Deshalb sind in Tabelle 1b auch beide Möglichkeiten aufgezeigt. Dabei besagt das LIST-Konstrukt im Gegensatz zum SET-Konstrukt, daß die zugehörige (Objekt-)Menge geordnet ist. Sichtbarkeit der internen Objektstruktur bedeutet, daß die einzelnen Komponenten der internen Struktur zu sehen und damit prinzipiell verarbeitbar sind. Die Möglichkeit, auf diese Interna zuzugreifen und sie zu manipulieren, hat direkte Auswirkungen auf die mit dem Komplex-Objekt assoziierte Operationsmenge und auf die Maßnahmen zur (strukturellen) Integritätserhaltung (siehe Kapitelende und nächstes Kapitel).

Unabhängig von den Struktureigenschaften können die Isolationseigenschaften betrachtet werden, die eine wichtige Erweiterung des intuitiven Komplex-Objekt-Begriffs darstellen. Hierunter fallen Aussagen über die Zugriffsmöglichkeiten auf Komplex-Objekte und über gemeinsam benutzbare – "shared" – (Komponenten-)Objekte. Um diese Eigenschaften spezifizieren zu können, wird eine "Existenz"-Klausel in der Komplex-Objekt-Definition benötigt. Mit Hilfe dieser Klausel wird der Gültigkeits-bereich des Objekttyps festgelegt. Die Existenzabhängigkeit bedeutet dann, daß der betreffende Objekttyp nur als Komponentenobjekttyp verwendet werden darf. Diese

Klasse von Objekttypen bezeichnet man deshalb auch als abhängig (dependent), lokal oder auch nicht-eigenständig. Eine Zusatzoption erlaubt/verbietet dann zusätzlich eine Mehrfachbenutzung der Komponentenobjekte dieses Typs innerhalb der übergeordneten Objekte des Gesamtobjekttyps.

Damit kann man z.B. die gemeinsamen Kantenobjekte benachbarter Flächenobjekte im Komponentenobjekttyp KANTE als nicht-eigenständig (also vom Gesamtobjekttyp FLAECHE existenzabhängig), aber mehrfachbenutzbar definieren und somit zu einer expliziten nichtredundanten Darstellung gelangen. In diesem Fall weiß das zugrundeliegende System über das evtl. Vorkommen von gemeinsamen Kantenobjekten Bescheid. Dadurch, daß der Kantenobjekttyp auch in der internen Objektstruktur des Netzobjekttyps vorkommt (siehe Tabelle 1b), hat das System zusätzliche Kenntnis über gemeinsam verwendete Komponentenobjekttypen in unterschiedlichen Gesamtobjekttypen. Allerdings sind die Kantenobjekte innerhalb von Netzobjekten (für das System) verschieden von den Kantenobjekten der Flächenobjekte. Dieses zusätzliche Wissen des Systems über den Aufbau der Komplex-Objekte kann/sollte zur systemgarantierten (strukturellen) Integritätserhaltung ausgenutzt werden (siehe Kapitelende und nächstes Kapitel).

Die Eigenständigkeit eines Objekttyps definiert einen globalen Gültigkeitsbereich und ermöglicht eine Mehrfachbenutzung der zugehörigen Objekte sowohl innerhalb eines Gesamtobjekttyps als auch zwischen unterschiedlichen Gesamtobjekttypen. Kommt ein globaler Objekttyp mehrfach als Komponentenobjekttyp in verschiedenen Gesamtobjekttypen vor, so sind etwaige gemeinsame Komponentenobjekte dem System ebenfalls bekannt. D.h., es sind dann analog oben auch Integritätsgarantien vom System erbringbar. Unter der Eigenständigkeit eines (Komplex-)Objekttyps wird stets vorausgesetzt, daß die zugehörigen (Komplex-)Objekte mittels eines eindeutigen Bezeichners (u.U. ein Surrogat) als Einheit ansprechbar sind.

Zwischen der Existenz-Klausel und der oben angesprochenen Zugriffs- und Strukturüberschneidung besteht nun folgender Zusammenhang: Die Eigenständigkeit eines (Komplex-)Objekttyps gestattet die Möglichkeit, sowohl explizit über diesen Objektbezeichner als auch implizit über die evtl. existierende übergeordnete Struktur auf die Objekte dieses Typs zuzugreifen. Umgekehrt erlaubt die Nicht-Eigenständigkeit eines (Komplex-)Objekttyps den Zugriff auf die zugehörigen Objekte ausschließlich über die übergeordnete Struktur. Aus diesem Grunde ist die Nicht-Eigenständigkeit nur bei Komponentenobjekttypen spezifizierbar. Eine Besonderheit für Gesamtobjekttypen bzw. für die Gesamtobjekte, die zudem direkte Auswirkungen auf die Integritätsmaßnahmen hat, stellt der Seitenzugriff auf die Objekte der Komponentenobjekttypen dar. Darunter versteht man, daß mehrere Zugriffsmöglichkeiten - entweder indirekt über interne Objektstrukturen oder direkt über explizite Referenzen aufgrund der Eigenständigkeit des Objekttyps - zu einem Komponentenobjekttyp existieren. Bezogen auf das Beispiel in Tabelle 1 bedeutet dies, daß die Flächenobjekte einmal über die zugehörige Partition zugreifbar und manipulierbar sind und zusätzlich noch direkt. Analog oben sollten auch hier vom System Kontrollmechanismen für einen konsistenten Zugriff angeboten werden (siehe unten).

In Beispiel 2 und 3 aus dem vorigen Kapitel kam der Einfluß des anwendungsabhängigen Entwurfsaspekts auf die Komplex-Objekt-Begriffsbildung deutlich zum Vorschein. Die das Komplex-Objekt ebenfalls charakterisierenden Entwurfsinformationsstrukturen (/DK84/, /Eb83/, /Ka83/, /Ne83/) sind:

- _Repräsentationen_ als gewählte Formen der Darstellung des Entwurfsobjekts. Man unterscheidet dabei die Repräsentationsform (im Beispiel 2 SPEZIFIKATION→SCHALTKREISDIAGRAMM→LAYOUT), die das gleiche Entwurfsobjekt auf verschiedenen hierarchisch angeordneten Ebenen jeweils vollständig beschreibt, von der Ergänzungsform   (im Beispiel 2 SPEZIFIKATION→TEXT und SPEZIFIKATION→SCHALTKREISDIAGRAMM; im Beispiel 3 PRODUKTSTRUKTURMODELL(PSM)→PHYSIKALISCHES_MODELL, PSM→ TECHNOLOGISCHES_MODELL, PSM→GEOMETRISCHES_MODELL), die jeweils komplementäre, sich gegenseitig ergänzende Darstellungen von Teilaspekten des Entwurfsobjekts beschreibt.
- Für eine Repräsentation eines Entwurfsobjekts können gleichzeitig mehrere, a priori voneinander unabhängige _Alternativen_ existieren, die (hoffentlich) eine gewisse Kontinuität in Richtung auf eine bessere/optimale Lösung einer Teilaufgabe des Entwurfs darstellen.
- Die _Versionen_ beschreiben die zeitliche Entwicklung der zugehörigen Alternative. Die aktuelle/gültige Version zeigt den momentanen Ausgabe- oder Bearbeitungsstand (design state) an. Meistens ersetzt die "neue" Version die vorherige.
- Die _Konfiguration_ beinhaltet eine Zusammenfassung der Daten (Alternativen und Versionen), die die favorisierte Lösung des zu entwickelnden Entwurfsobjekts darstellt.

Von der u.U. komplexen Objektstruktur - im Sinne von Abb. 5 - des Repräsentationsbzw. Versionsobjekts kann abstrahiert werden (siehe Abb. 3 zu Beispiel 2 bzw. Abb. 4 zu Beispiel 3 sowie /DK84/ und /Ne83/). D.h., alle Entwurfsinformationsstrukturen stellen neue Eigenschaften der Komplex-Objekte dar und sind unabhängig von den zuvor eingeführten Struktur- und Isolationseigenschaften.

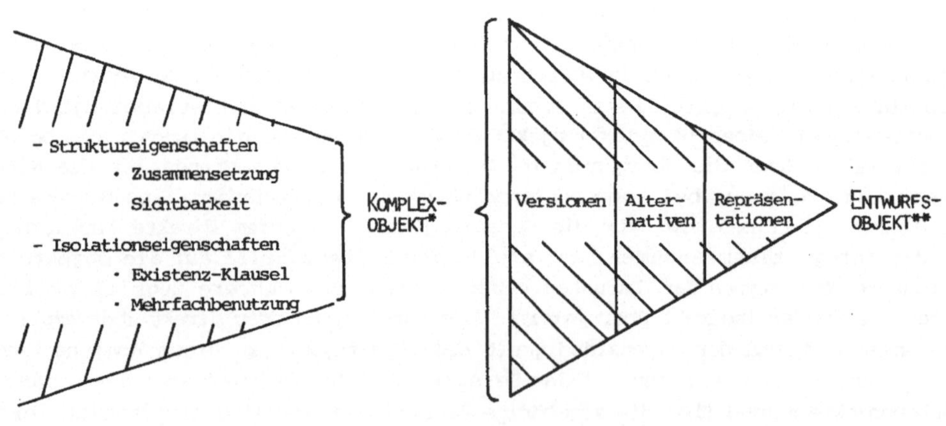

Abbildung 6: Zusammenstellung der wichtigsten Komplex-Objekt-Eigenschaften

In <u>Abbildung</u> 6 sind die wichtigsten Komplex-Objekt-Charakteristiken nochmals zusammengefaßt. (Falls im folgenden von Komplex-Objekten die Rede ist, so werden darunter grundsätzlich alle Eigenschaften aus Abbildung 6 subsumiert). Die dort aufgeführten, jeweils voneinander unabhängigen Eigenschaften lassen nun die in Kapitel 2 geforderte scharfe Begriffsbildung zu. Ein einfacher Vorschlag dafür ist in Abbildung 5 enthalten: Die atomaren Objekte werden NORMALobjekte und die komplexen KOMPLEXobjekte genannt, während die noch zusätzlich mit "nicht-sichtbar" charakterisierten Objekte als PRIMITIVobjekte bezeichnet werden. Wendet man die soeben angegebenen Begriffsdefinition zusammen mit den oben eingeführten Charakteristiken auf die in Kapitel 2 Beispiel 1 beschriebenen geometrischen Daten an, so kann, wie in Tabelle 1 aufgezeigt, eine semantisch hochstehende und genaue Datenstrukturdefinition gemacht werden.

Versucht man die oben eingeführten und genau beschriebenen Komplex-Objekt-Charakteristiken vom semantischen Standpunkt aus zu analysieren und zu begründen, so gelangt man zu folgenden Aussagen: Die Zusammensetzungseigenschaft liefert bzw. modelliert ausschließlich Information bezogen auf die interne Objektstruktur, d.h. reine "Aufbaudaten". Durch die Hinzunahme der Sichtbarkeitseigenschaft hat man jetzt die Möglichkeit, "Primitiv"-Objekte zu bilden. Damit kann eine Prioritäts-verschiebung zugunsten des Gesamtobjekts und eine stärkere Zusammengehörigkeit der Komponentenobjekte erzielt werden. Mit Hilfe der Isolationseigenschaften besteht nun zusätzlich noch die Möglichkeit, zwischen reinen "Aufbau-Komponentenobjekten" und wichtigen mehr informationstragenden (Komponenten-)Objekten zu unterscheiden. Erstere dienen ausschließlich zur Bildung des Gesamtobjekts, während letztere oft wichtige Direktzugriffsobjekte bzw. mehrfachbenutzbare Komponentenobjekte bezeichnen. Diese Aussagen - natürlich in detaillierterer Form - lassen sich relativ einfach zu allgemeineren Schemaentwurfsregeln für das zugrunde gelegte Komplex-Objekt-Datenmodell erweitern.

Der hier eingeführte Komplex-Objekt-Begriff hat, wie oben schon mehrfach erwähnt, direkte Auswirkungen sowohl operationaler als auch konsistenzbezogener Art: Das Komplex-Objekt ist nun gleichermaßen Verarbeitungseinheit wie auch Konsistenz-einheit. Mittels der hier betrachteten Charakteristiken werden dem System genauere Angaben über die von ihm zu verwaltenden (Komplex-)Objekte zur Verfügung gestellt. Dieses zusätzliche Wissen sollte dann vom System dazu benutzt werden, um zum einen erweiterte Integritätsgarantien und zum anderen konsistente Operationen (siehe nächstes Kapitel) anzubieten.

Die in diesem Kapitel herausgearbeiteten Eigenschaften von Komplex-Objekten stellen gleichzeitig Anforderungen an geeignete Datenmodelle dar. Aus diesem Grund befaßt sich das nachfolgende Kapitel mit dem momentanen Stand existierender Modellierungs-und Realisierungskonzepte für Komplex-Objekte.

4. Datenmodelle und Realisierungskonzepte für Komplex-Objekte

In diesem Kapitel wird die Untersuchung bestehender bzw. geplanter Ansätze, Konzepte und Methoden zur Lösung der Komplex-Objekt-Problematik – das heißt der anwendungsgerechten Modellierung und Verwaltung der benutzernahen Objekte –, wie sie hier und beispielsweise auch in /GP83/, /Mi84/ und /SP82/ beschrieben wurde, durchgeführt. Zuvor wird aber eine möglichst optimale Wunschlösung skizziert, die als Referenzsystem herangezogen werden kann.

Dieser Lösungsvorschlag gliedert sich natürlicherweise in zwei Teile auf: Der erste Teil besteht aus einem anwendungsbezogenen Datenmodell, welches die Natürlichkeit und Einfachheit in der Darstellung sowie entsprechend höhere Operationen anbieten und die Formulierbarkeit aller Integritätsbedingungen gewährleisten sollte. Der zweite Teil entspricht einer möglichst optimalen Realisierung dieses Datenmodells durch das zugrundeliegende DBS und umfaßt deshalb hauptsächlich Architektur- und Implementierungsaspekte. Zur tieferen Behandlung dieser Thematik kann auf /HR84/ verwiesen werden. Im folgenden werden daher die Datenmodellaspekte schwerpunktmäßig und etwas ausführlicher betrachtet.

Ein Datenmodell (DM), welches eine vollständige, natürliche und einfache Modellierung der in der Anwendung vorkommenden Objekte ermöglichen soll, muß die in Kapitel 3 erarbeiteten Charakteristiken eines Komplex-Objekts (siehe Abb. 6) zu beschreiben erlauben. Damit ist gleichzeitig ein Großteil der objektbezogenen Integritätsbedingungen schon implizit in den modellinhärenten Konsistenzbedingungen enthalten und kann vom zugrundeliegenden DBS automatisch überprüft werden. Die strukturelle Integrität umfaßt größtenteils Bedingungen an die internen Objektstrukturen, wie z.B. die Gesamtobjekt-Komponentenobjekt-Konsistenz, und wird daher als lokale Konsistenz bezeichnet. Hingegen dienen die Abhängigkeiten auf der Entwurfsebene zur Konsistenzerhaltung zwischen Versionen, Alternativen und Repräsentationen und werden daher oft globale Konsistenz genannt. Die Regeln zur Konsistenzwahrung definieren ein sog. Konsistenzmodell (siehe /Ne83/), welches untrennbar zum anwendungsbezogenen Datenmodell gehört. Da die nun definierbaren Komplex-Objekte auch Einheit der Verarbeitung sind, gehören sowohl Operatoren zur Verwaltung der internen, lokalen Struktur als auch Operatoren für die globale Struktur zum Datenmodell.

Operatoren zum Verwalten der globalen Struktur, d.h. der Versionen, Alternativen und Repräsentationen der Entwurfsebene, sind u.a. die folgenden:
    CREATE (design_object / representation / alternative / version)
    CONTINUE, RESET, RELEASE (version)
    SELECT (representation / alternative / version)
    DEFINE (configuration).
Alle Operationen auf der Entwurfsebene beziehen sich auf den vom DBS verwalteten Abhängigkeitsgraphen zwischen den Entwurfsinformationsstrukturen Repräsentation, Alternative und Version. Die CREATE-Operation baut entweder einen neuen Graphen für ein zu kreierendes Entwurfsobjekt auf oder führt einen schon bestehenden Graphen fort. CONTINUE, RESET und RELEASE führen eine spezifizierte Version fort oder setzen diese zurück bzw. geben sie frei. Die SELECT-Operation aktiviert eine

bestimmte Repräsentation, Alternative und/oder Version gemäß den Regeln des Konsistenzmodells (s.o.). Schließlich wird durch die DEFINE-Operation eine neue Konfiguration definiert. D.h., der Abhängigkeitsgraph wird festgeschrieben und die ausgewählten Alternativen und Versionen markiert.

Die lokale Struktur, d.h. die interne Objektstruktur, wird beispielsweise mittels nachstehender Operationen verarbeitet:
  INSERT, DELETE, MODIFY, FETCH (complex_object / component_object)
  SELECT (child or component_object / parent_object)
  COPY, REPLACE (complex_object / component_object).
Das besondere an diesen Operationen im Vergleich zu den (gleichnamigen) Operationen in herkömmlichen Datenmodellen sind die Objekte, auf die bezug genommen wird sowie die dem Datenmodell innewohnenden bzw. vom System garantierten Integritätszusagen. Es können sowohl Komplex-Objekte als auch Komponentenobjekte konsistent verarbeitet werden. Für unsere Geographie-Anwendung aus Kapitel 2 bzw. Tabelle 1 bedeutet dies folgendes (die hier gewählte Syntax ist stark vereinfacht und daher in großem Maße selbsterklärend):
- Holen eines vollständigen Komplex-Objekts inklusive der gesamten dazugehörigen
  internen Objektstruktur
      FETCH complex_object PARTITION inclusive
      WHERE PAR_NUMMER = ´999´
- Holen eines Komponentenobjekts innerhalb eines spezifizierten Gesamtobjekts
      FETCH component_object FLAECHE
      FROM complex_object PARTITION
      WHERE PAR_NUMER = ´999´ AND ...

Zusätzlich sollte das Datenmodell noch die Möglichkeit zur Definition von speziellen, anwendungsbezogenen Operationen auf der Komplex-Objekt-Ebene (z.B. teile/vereinige Parzelle, Test auf Schnitt zwischen KANTEN- und KANTEN- bzw. FLAECHEN-Objekt) sowie von allgemeinen, datenmodell-fernen Operationen, wie z.B. numerische oder geometrische Operationen (Abstands- und Winkelberechnungen), vorsehen. In letzter Konsequenz zielen diese Forderungen darauf ab, operationale Schnittstellen bzw. entsprechende Definitionsmöglichkeiten im Stile abstrakter Datentypen (ADT) anzubieten (siehe auch /GP83/ und /Lü83/).
Dann könnte die Beispieloperation "Test, ob sich zwei Flächen überschneiden bzw. berühren" wie folgt vereinfacht werden:
- Test, ob beide Flächen in der gleichen Ebene liegen.
  Hierzu sind nur die direkten Attribute (speziell die Flächennormalen) der betreffenden Flächenobjekte zu betrachten.
- Falls ja: Holen der jeweiligen vollständigen Komponentenobjekte BERANDUNG
            Gegenseitiges Verschneiden der Kanten der einen Berandung mit jeder
            der anderen.
- Falls Schnittmenge nicht leer, dann Überschneidung oder Berührung.
(Eine detailliertere Behandlung der hier nur punktuell skizzierten Operationen ist zweifelsohne notwendig, würde aber den Rahmen dieser Arbeit sprengen und zudem eine thematische Schwerpunktverlagerung bewirken).

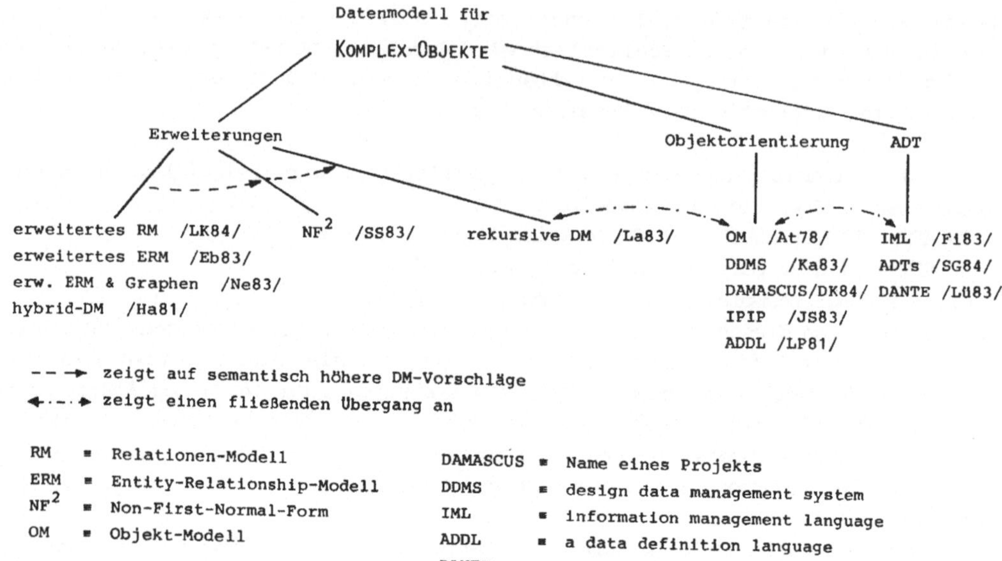

__Abbildung 7__: Klassifikation von Datenmodellvorschlägen für Komplex-Objekte

Das zuvor skizzierte Datenmodell zusammen mit seinen erweiterten Integritätsgarantien sowie Modellierungs- und Operationsmöglichkeiten repräsentiert unsere favorisierte Lösung und dient im folgenden als Referenzsystem.

__Abbildung 7__ zeigt eine einfache Klassifikation der hier aufgezeigten Datenmodellvorschläge für Komplex-Objekte. Der Übergang zwischen den einzelnen Klassifikationspunkten ist fließend. Dies bedeutet insbesondere, daß die Konzepte basierend auf abstrakten Datentypen, Objektorientierung und semantisch hohen DM-Erweiterungen ziemlich gleichmächtig sind, jedoch unterschiedliche Schwerpunkte besitzen.

Ein fundierter Vergleich der DM-Vorschläge aus Abb. 7 mit unserem Referenzmodell würde den engen Rahmen dieser Arbeit bei weitem sprengen. Zudem erscheint eine Beurteilung sowohl kozeptionell als auch von der Implementierungsseite her sehr problematisch, da die einzelnen DM-Konzepte oft unterschiedlichen Systemebenen zuzuordnen sind oder gar manche sich gerade im Definitionsstadium befinden bzw. nie darüberhinausgekommen sind. Deshalb werden im folgenden die unserer Meinung nach wichtigsten Aspekte der interessantesten DM-Konzepte kurz beschrieben, die dennoch einige wichtige Aussagen abzuleiten erlauben.

Der NF²-Vorschlag (/PS84/ und /SS83/) umfaßt ein elegantes, um den Komplex-Objekt-Aspekt erweitertes, relationales Datenmodell und eine effiziente Implementierung desselben. Das NF²-Relationenmodell ist charakterisiert durch die Zulassung nichtatomarer Attributwerte, d.h. durch die Aufgabe der 1. Normalform. Damit sind relationenwertige Attribute zulässig, was einer expliziten Darstellung von hierarchisch gegliederten (Komplex-)Objekten gleichkommt. Die Modellierung nicht-hierarchischer Beziehungen ist jedoch nur mit entsprechender Redundanz möglich. Zur

Verarbeitung dieser NF^2-Hierarchien wird eine erweiterte, rekursive Relationen-
algebra bereitgestellt, die sowohl den Zugriff auf die übergeordnete Relation (im
Sinne des Gesamtobjektzugriffs) als auch auf die relationenwertigen Attribute (im
Sinne des Komponentenobjektzugriffs) erlaubt.

DANTE (/Lü83/) bezeichnet ein semantisches Datenmodell und zeigt einen
operationalen Ansatz zur Modellierung/Verarbeitung technischer Objekte aus dem
Anwendungsbereich Konstruktion. Zusammen mit der Definition von Komplex-Objekten
soll die Spezifikation anwendungsabhängiger Operatoren zur Manipulation der Objekte
und zur Selektion von Daten über die Objekte ermöglicht werden. DANTE wird
realisiert als Programmiersprachenerweiterung von MODULA-2 (siehe /Wi82/) und kommt
der geforderten ADT-ähnlichen DBS-Schnittstelle ziemlich nahe.

Die in /La83/ beschriebenen rekursiven Datenmodelle ermöglichen die Definition und
Verarbeitung von Komplex-Objekten, die nicht notwendig gleiche (Objekt-)Strukturen,
wie bei den klassischen Datenmodellen, sondern nur noch gleichartige Strukturierungsprinzipien haben müssen. Sie bauen auf rekursiven Typdefinitionen mit jeweils
verschiedenen elementaren Strukturgeneratoren und Komponentenselektoren auf. Der
Ansatz integriert Erfahrungen aus den Bereichen Programmiersprachen und
(klassische) Datenmodelle.

Manche Vorschläge sind nur für genau einen Aspekt des Komplex-Objekts geeignet,
d.h. entweder für die Objekt- oder für die Entwurfsstrukturen.

Das in /LK84/ beschriebene erweiterte Relationenmodell und dessen Implementierung
im relationalen DBS SYSTEM R (/As76/) zeigt nur für die Objektstrukturen eine sehr
gute Bewertung. Die anderen Aspekte werden dagegen nur rudimentär unterstützt. Der
Ansatz stellt die Objektstrukturen, d.h. die Struktur- und Isolationseigenschaften,
sowohl logisch auf semantischer Ebene als auch physisch auf Implementierungsniveau
vor. Die Modellierungskonzepte erlauben ziemlich alle in Kap. 3 aufgeführten
Nuancen von Komplex-Objekten darzustellen. Auch werden dort Zugriffspfadstrukturen
zu den Komplex-Objekten angegeben sowie Operationen auf Komplex-Objekten, die eine
höhere Verarbeitungsschnittstelle bereitstellen.

Ein anderer Ansatz, der speziell für die Entwurfsstrukturen geeignet erscheint,
wird in /Ne83/ vorgestellt. Dieser basiert auf einem Zweiebenenmodell. Die
Entwurfsebene enthält das sog. Entwurfsschema in Form von Abhängigkeiten zwischen
verschiedenen Repräsentationen. Die Entwurfsobjekte sind die Ausprägungen dieses
Schemas und werden als Graphstruktur über den Versionen und Alternativen der
Repräsentationen dargestellt. Die Repräsentationsebene beschreibt die Struktur der
im Schema definierten Repräsentationen, die u.U. vom Typ Komplex-Objekt sein kann.
Die Darstellungsmöglichkeiten dieser zweiten Ebene erscheinen allerdings gegenüber
anderen Vorschlägen ziemlich dürftig (vgl. etwa /SS83/, /Lü83/). Die Abhängigkeiten
zwischen Versionen, Alternativen und Repräsentationen auf der Entwurfebene dienen
zusammen mit den von der Entwurfsmethodologie abhängigen Integritätsregeln der
Konsistenzerhaltung. Die Verwendung der allgemeinen Graphstruktur erlaubt eine
elegante Realisierung und Einhaltung des gültigen Konsistenzmodells.

Die hier grob analysierten Konzepte zeigen die prinzipiell möglichen Ansatzpunkte
zur Lösung der anfangs aufgestellten Komplex-Objekt-Problematik. Die Palette der
Vorschläge reicht von erweiterten bzw. neuen und semantisch hohen Datenmodellen bis
zu Implementierungs- und Optimierungsvorschlägen. Die weitestgehend voneinander
getrennten Ansätze müßten integriert werden. Erst dann kann, wie oben schon
bemerkt, die auf DM-Ebene verfügbare (semantische) Information vollständig
ausgenutzt werden. Sinnvolle Verknüpfungsmöglichkeiten bestehen zum einen zwischen
den Relationenmodell-Erweiterungen aus /LK84/ und höheren DM-Vorschlägen, wie z.B.
in /La83/ oder in /LP81/. Zum anderen kann man auch die Kombination der Ansätze aus
/LK84/ und /Ne83/ mit den o.g. höheren DM-Vorschlägen noch zusätzlich verknüpfen.
Diese Vorschläge sind für eine Realisierung auf herkömmlichen DBS geeignet. Damit
kann relativ schnell und mit vertretbarem Aufwand ein Prototyp zum "Kennenlernen"
bzw. zum "Sammeln von Erfahrungen" entwickelt werden. Das Arbeits- und
Leistungsverhalten sowie etwaige Engpässe des Prototyps sind dann analysierbar. In
Form von Verbesserungshinweisen und Entwicklungsrichtlinien sind diese
Informationen dann nutzbar für die Entwicklung von neuen und den Anforderungen
angepaßten Non-Standard-DBS.

5. Zusammenfassung

Die Motivation zur Behandlung dieser Thematik lag in der Notwendigkeit der
anwendungsgerechten Modellierung und Verarbeitung der komplexen (Anwendungs)-
Objekte in Datenbanksystemen, die für den Einsatz in Non-Standard-Anwendungen
vorgesehen sind.

Die vielfältigen Nuancen des Komplex-Objekt-Begriffs verursachen eine extreme
Begriffsüberladung und Begriffsvielfalt, die eine wissenschaftliche Diskussion der
Komplex-Objekt-Verwaltung sehr erschweren. Durch die Erarbeitung der inhärenten
Komplex-Objekt-Charakteristiken wird eine Begriffsklärung erreicht. Unter
Verwendung dieses formalisierten Komplex-Objekt-Begriffs wird ein Komplex-Objekt-
Datenmodell inklusive des zugrundeliegenden Datenbanksystems stichpunktartig
vorgestellt. Dieses Referenzsystem kann als Bewertungsmaßstab für bislang
existierende bzw. geplante Realisierungskonzepte dienen.

Die hier vorgestellte Formalisierung des Komplex-Objekt-Begriffs muß weiter
verfeinert werden. Ebenso sind die vielfältigen Abhängigkeiten zwischen Komplex-
Objekt-Datenmodell und Realisierung desselben im darunterliegenden Datenbanksystem
detaillierter zu untersuchen.

Ich danke Herrn Prof. Dr. T. Härder für die Anregung, mich mit diesem Thema zu
befassen sowie für seine hilfreichen Anmerkungen während der Entstehungsphase
dieser Arbeit. Bei meiner Kollegin Frau Andrea Sikeler und bei meinem Kollegen
Herrn Klaus Küspert möchte ich mich für das sorgfältige Korrekturlesen des
Manuskripts bedanken sowie bei den Referees für die hilfreichen Anmerkungen und
Verbesserungsvorschläge.

Literaturverzeichnis

As76   Astrahan, M. M., et. al.: SYSTEM R: Relational Approach to Database Manage-
       ment, in ACM Trans. on Database Systems Vol. 1, No. 2, 1976, pp. 97 – 137

At78   Athay, R. J.: Object Models for Computer Aided Design: An Overview, in
       Computer Graphics, Vol. 12, No. 3, 1978, pp. 239 – 244

DK84   Dittrich, K., Kotz, A.: DAMASCUS – Projektvorstellung, Vortrag beim Treffen
       der "Regionalgruppe Südwest", Heidelberg, 1984

DP84   Dadam, P., Pistor, P.: AIM-Projektüberblick, Vortrag beim Treffen der
       "Regionalgruppe Südwest", Heidelberg, 1984

Ea80   Eastman, C. M.: System Facilities for CAD-Databases, in: Proc. of 17th Design
       Automation Conf., Minneapolis, 1980, pp. 50 – 56

Eb83   Eberlein, W.: Architektur technischer Datenbanken für Integrierte
       Ingenieursysteme, Dissertation, Technische Fakultät der Universität Erlangen-
       Nürnberg, 1983

EW81   Eberlein, W., Wedekind, H.: A Methodology for Embedding Design Databases into
       Integrated Engineering Systems, in: Proc. of the IFIP Conf. on CAD Data
       Bases, North-Holland Publ. Co., 1981

Fi83   Fischer, W. E.: Datenbanken für CAD-Arbeitsplätze, Informatik-Fachberichte
       Nr. 70, Springer-Verlag, 1983

Fr83   Frank, A.: Datenstrukturen für Landinformationssysteme – Semantische,
       topologische und räumliche Beziehungen in Daten der Geo-Wissenschaften,
       Dissertation, ETH Zürich, 1983

GP83   Gründig, L., Pistor, P.: Land-Informations-Systeme und ihre Anforderungen an
       Datenbank-Schnittstellen, in: Informatik Fachberichte 72, Sprachen für Daten-
       banken, Fachgespräch auf der 13. GI-Jahrestagung in Hamburg, 1983, S. 61 – 75

Ha81   Haynie, M. N.: The Relational/Network Hybrid Data Model for Design Automation
       Dababases, in Proc. of the 18th IEEE Design Autom. Conf., 1981, pp. 646 – 652

HR85   Härder, T., Reuter, A.: Architektur-Konzepte von Datenbanksystemen für nicht-
       kommerzielle Anwendungen, erscheint in diesem Tagungsband

JS83   Johnson, H. R., et. al.: A DBMS Facility for Handling Structured Engineering
       Entities, in Proc. of the Engineering Design Application at the Data Base
       Week, 1983, pp. 3 – 11

Ka83   Katz, R.: Managing the Chip Design Database, Computer Sciences Technical Rep.
       No. 506, University of Wisconsin-Madison; auch in IEEE Computer, Dec. 1983

La83   Lamersdorf, W.: Rekursive Datenmodelle, in: Informatik Fachberichte 72,
       Sprachen für Datenbanken, Fachgespräch auf der 13. GI-Jahrestagung in
       Hamburg, 1983, S. 148 – 168

LK84   Lorie, R., Kim, W., et. al.: Supporting Complex Objects in a Relational
       System for Engineering Databases, IBM Research Report, IBM Research
       Laboratory, San Jose California, 1984

Lo81   Lorie, R.A.: Issues in Databases for Design Applications, in: Proc. of the
       IFIP Conf. on CAD Data Bases, North-Holland Publ. Co., 1981

Lo83   Lohman, G.: Remotely-sensed Geophysical-Databases: Experience and Implica-
       tions for Generalized DBMS, IBM Res. Rep., No. RJ3794, 1983

LP81   Lacroix, M., Pirotte, A.: Data Structures for CAD Object Description, in
       Proc. of the 18th IEEE Design Automation Conf., 1981, pp. 653 – 659

Lu83   Lum, V.: Advanced Information Management (AIM) Projektüberblick, Vortrag beim "Non-Standard DB Workshop", Heidelberg, 1983

Lü83   Lüke, B.: DANTE - Ein semantisches Datenmodell für Anwendungen aus dem Konstruktionsbereich, Interner Bericht, Universität Karlsruhe, 1983

Mi84   Mitschang, B.: Überlegungen zur Architektur von Datenbanksystemen für Ingenieursanwendungen, im Tagungsband der 14. GI-Jahrestagung in Braunschweig, 1984, S. 318 - 334

Ne83   Neumann, Th.: On representing the design information in a common database, in Proc. of the Engineering Design Applications at the Data Base Week, 1983, pp. 81 - 87

PS84   Paul, H.-B., Schek, H.-J., Scholl, M., Weikum, G.: Überlegungen zur Architektur eines "Non-Standard"-Datenbankkernsystems, Arbeitsbericht DVSI1984-A2, TH Darmstadt

Si80   Sidle, T. W.: Weaknesses of Commercial Data Base Management Systems in Engineering Application, in: Proc. of 17th Design Automation Conf., Minneapolis, 1980, pp. 57 - 61

SG84   Stonebraker, M., Guttman, A.: Using a Relational Database Management System for Computer Aided Design Data - An Update, in IEEE Database Engineering, Vol. 7, No. 2, 1984. pp. 56 - 60

SP82   Schek, H.-J., Pistor, P.: Data Structures for an Integrated Data Base Management and Information Retrieval System, in: Proceedings of the 8th VLDB-Conf., 1982

SS83   Schek, H.-J., Scholl, M.: Die NF^2-Relationenalgebra zur einheitlichen Manipulation externer, konzeptieller und interner Datenstrukturen, in: Informatik Fachberichte 72, Sprachen für Datenbanken, Fachgespräch auf der 13. GI-Jahrestagung in Hamburg, 1983, S. 111 - 133

Wi82   Wirth, N.: Programming in MODULA-2, Springer Verlag Berlin, Heidelberg, New York, 1982

Diese Arbeit entstand im Rahmen eines Projektes innerhalb des von der Deutschen Forschungsgemeinschaft geförderten Sonderforschungsbereichs 124.

Repräsentation und Verwaltung
verschiedenartiger konzeptueller Schemata

Sabine Just

Institut für Angewandte Informatik
und Formale Beschreibungsverfahren
Universität Karlsruhe (TH)
Kollegium am Schloß, Bau IV
7500 Karlsruhe

Abstract

Softwaretools to support conceptual modelling require a component for the managemant of the being designed schemata. This paper presents the realisation of such a component in the project MICODD. It is based on a low specialized conceptual schema, which is the metaschema of SHM- and ER-Schemata. For handling the different schematypes views are created – one for each type. The views are implemented as modules with integrity-preserving operations specific to the respective schematype.

Zusammenfassung

Softwarewerkzeuge zur Unterstützung des Entwurfs konzeptueller Schemata benötigen eine Komponente zur Verwaltung dieser Schemata. Im vorliegenden Beitrag wird die Realisierung dieser Komponente im Projekt MICODD vorgestellt. Ihr Kern ist ein wenig spezialisiertes Metaschema für Datenstrukturschemata, die auf verschiedenen Datenmodellen beruhen können. Darauf werden für die Verwaltung von ER- und SHM-Schemata Sichten formuliert. Diese Sichten werden als modellspezifische Module realisiert, die integritätserhaltende Operationen zur Manipulation der Entwurfs-Schemata beinhalten.

Diese Arbeit wurde von der Deutschen Forschungsgemeinschaft unter der Nummer STU 98/3-1 gefördert.

1. Einleitung

Um ein interessierenden Realitätsausschnitt in einer Datenbank darstellen zu können, ist es notwendig, von bestimmten Ausprägungen dieses Ausschnittes abstrahierend sich ein Modell zu erstellen, das alle relevanten statischen und dynamischen Eigenschaften dieser "Miniwelt" erfaßt. Um die Fülle der Modellierungsmöglichkeiten auf ein handhabbares Maß einzuschränken wurden verschiedene Datenmodelle entwickelt. Ein auf einem solchen Datenmodell basierendes Modell der Realität wird konzeptuelles Datenschema genannt.

Zur Unterstützung des schwierigen und aufwendigen Entwurfsprozesses von Datenschemata wurden verschiedene Softwarewerkzeuge entwickelt. Bei den meisten dieser Systeme wird davon ausgegangen, daß ein Datenmodell, das sich für die konzeptuelle Modellierung eignet, auch ein geeignetes Mittel für die endgültige Strukturierung des Datenbestandes in der Datenbank darstellt. So unterstützt GAMBIT /REB 83/ die Erstellung eines auf dem erweiterten Relationenmodell basierenden Schemas und INCODD ein erweitertes ER-Modell /ATC 83/. Schon in /LUM 79/ wurde jedoch zwischen einer Phase des Datenbanksystem-unabhängigen konzeptuellen Entwurfs und einer Phase des Implementierungsentwurfs unterschieden. Letzterer hat die Definition eines Datenschemas zum Ziel, das erlaubt, die Daten in einer von einem Datenbanksystem verarbeitbarer Form zu strukturieren. In Datenbanksystemen mit drei-Schichten-Architektur wird ein solches Schema auch Logisches Schema genannt (/SLS 83/). Dieser Ansatz, zwischen konzeptuellem und logischem Schema zu unterscheiden, ist oft vorteilhaft, weil es mächtige und dem intuitiven Verständnis entgegenkommende Datenmodelle (z.B. semantisch-hierarchische Modelle) gibt, die sich für den Prozeß der Datenmodellierung gut eignen, jedoch bisher von keinem Datenbanksystem unterstützt werden und deshalb als Grundlage für das logisches Schema nicht in Frage kommen.

Im Projekt MICODD (Method for Interactive Conceptual Database Design), das ebenfalls die Erstellung eines Softwarewerkzeuges für den Entwurf eines konzeptuellen und logischen Datenschemas zum Ziel hat, wurde aus diesen Überlegungen heraus die Beschränkung auf ein einziges Datenmodell aufgegeben. Das Konzept sieht vor, daß der Designer ausgehend von einer funktionalen Spezifikation des zu entwickelnden Systems in Form einer Hierarchie von Datenflußdiagrammen mit System-unterstützung ein semantisch-hierarchisches Datenschema entwirft (siehe dazu /LAS 84/, /LAU 85/). Dieses konzeptuelle Schema kann anschließend - ebenfalls mit Rechnerunterstützung - in ein Entity-Relationship-Schema als logisches Schema umgewandelt werden (/LSJ 84/).

In den oben erwähnten Systemen wird das während des Entwurfsprozesses erstellte Schema (es wird im folgenden Entwurfs-Schema genannt) selbst ebenfalls in einer Datenbank verwaltet, wozu wiederum ein Schema - genauer gesagt ein Metaschema - herangezogen wird. Im Gegensatz zu GAMBIT und INCODD hat das Metaschema von MICODD nicht nur die Aufgabe, die Datenbescheibung von Schemata eines einzigen Modelles zu ermöglichen, sondern sowohl die Beschreibung von ER- als auch von SHM-Schemata zu unterstützen. Um den Entwurfsprozeß nicht zu stark zu reglementieren muß außerdem die Möglichkeit vorgesehen sein, in der Entwurfsdatenbank auch "unsaubere" Zwischenergebnisse abzulegen, wobei jedoch auch bei ihnen nur gewisse wohldefinierte Abweichungen von korrekten (d.h. der Syntaxdefinition eines Datenmodells entsprechenden) Schemata zugelassen sein sollten.

Ein Metaschema, das die Integritätsbedingungen für alle diese Fälle - vorläufiges und endgültiges SHM-Schema, vorläufiges und endgültiges ER-Schema - durch einfache Vereinigung von Spezialmetaschemata realisiert, wäre sehr umfangreich und schwer handhabbar (vergleiche dazu die in INCODD und GAMBIT verwendeten Metaschemata für Schemata eines Typs). Daher entschieden wir uns, Gemeinsamkeiten der Modelle in einem einzigen einfachen Metaschema darzustellen und ihre Besonderheiten als Sichten auf dieses Metaschema zu realisieren. Dieser Ansatz soll für den Entwurf eines Datenstrukturschemas in diesem Beitrag dargestellt werden.

Das Softwarewerkzeug von MICODD ist unter Verwendung des Datenbanksystems Datenbank-Pascal (DB-Pascal) (/KA 84/) auf dem Personal-Computer Corvus Concept implementiert. DB-Pascal akzeptiert ER-Schemata als logische Schemata, sodaß das logische Metaschema und das Zielschema des Entwurfsprozesses auf dem gleichen Datenmodell beruhen. Die Implementierungssprache ist SVS-Pascal, eine im Wesentlichen UCSD-Pascal entsprechende Sprache.

Im Folgenden werden zunächst die benötigten Begriffe kurz erklärt. Anschließend wird in Abschnitt 3 das logische Metaschema der Entwurfsschemata entwickelt und diskutiert. Der darauf folgende Abschnitt behandelt die Technik der Realisierung der Metaschemata für verschiedene Datenmodelle (die modellorientierten Sichten) als Schemamodule und die Beschreibung ihrer Realisierung (Abschnitt 4). In Abschnitt 5 werden die mit dieser Technik gemachten Erfahrungen noch einmal zusammengefaßt und bewertet.

2. Begriffsbestimmung

Die in einer Datenbank enthaltenen DATEN beschreiben Objekte und Beziehungen zwischen Objekten der realen Welt. Diese Ebene ist in unserem Zusammenhang jedoch nicht von Interesse. Hier geht es um die Beschreibung der Daten, um die METADATEN. Ihre Darstellungsform ist ein SCHEMA , das eventuell durch zusätzliche INTEGRITÄTSBEDINGUNGEN ergänzt wird. Dem KONZEPTUELLEN SCHEMA, das eine allgemeine, implementierungsunabhängige Beschreibung der Daten darstellt, entspricht innerhalb eines Datenverwaltungssystems das LOGISCHE SCHEMA.

Im Allgemeinen besteht ein Schema aus einem DATENSTRUKTURSCHEMA, das die statischen Eigenschaften der Daten wiederspiegelt und den auf den Daten definierten OPERATIONEN. In diesem Beitrag wird jedoch lediglich die Darstellung und Verwaltung von Datenstrukturschemata behandelt. Die Beschreibung der auf den Daten definierten Operationen durch ein Metaschema wird ausgeklammert. Analog ist, wenn von einem DATENMODELL, das einem Schema zugrundeliegt, gesprochen wird, nur der Teil gemeint, der die Formulierung von Datenstrukturen und eventuellen Integritätsbedingungen betrifft. Für Datenstrukturschemata gibt es eine - je nach Datenmodell verschiedene - graphische Repräsentation. Die in MICODD den Entwurfsschemata zugrundeliegenden Datenmodelle sind das SEMANTISCH-HIERARCHISCHE DATENMODELL (SHM-MODELL) für den konzeptuellen und das ENTITY-RELATIONSHIP-MODELL (ER-MODELL) für den logischen Datenbankentwurf.

Ein auf dem Semantisch-hierarchischen Datenmodell beruhendes Schema (SHM-SCHEMA) besteht aus Strukturen von mit Namen versehenen Abstrakten Objekten, wobei jedes ABSTRAKTE OBJEKT eine Klasse von Objekten darstellt. Strukturierungsmöglichkeiten sind:

- AGGREGATION: Ein Abstraktes Objekt ("Aggregat") wird aus Abstrakten Objekten niedrigeren Abstraktionsgrades ("KOMPONENTEN") zusammengesetzt. (Umgekehrter Vorgang: Komponentenbildung)

graphische Darstellung:

- GENERALISIERUNG: Ein Abstraktes Objekt wird gebildet durch Zusammenfassung von Abstrakten Objekten ("Subtypen") unter einem Gattungsbegriff höherer Abstraktion. Umkehrung dieses Vorgangs ist die Subtyp-Bildung. Da die Generalisierung bzw. Subtyp-Bildung unter verschiedenen Aspekten erfolgen kann, wird ihr jeweils ein Aspekt-Name zugeordnet.

graphische Darstellung:

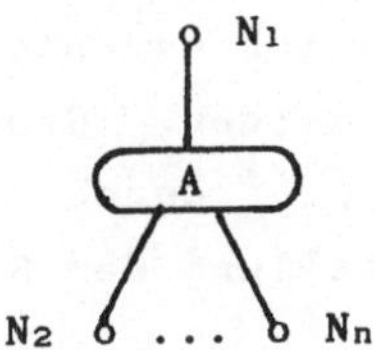

- ASSOZIATION: Ein Abstraktes Objekt ("Mengenobjekt") wird als Menge von Objektmengen eines anderen Abstrakten Objekts gebildet.

graphische Darstellung:

N_i, $1 \leq i \leq n$, sind Namen von Abstrakten Objekten, A der Name eines Aspekts.

Ähnliche Konstrukte finden sich in /SS 77/,/BR 81/,/SC 83/.

Im folgenden werden obige Strukturen einschliesslich der an ihr beteiligten Abstrakten Objekte als STRUKTURELEMENTE bezeichnet. Beispiel 1 zeigt ein SHM-Schema.

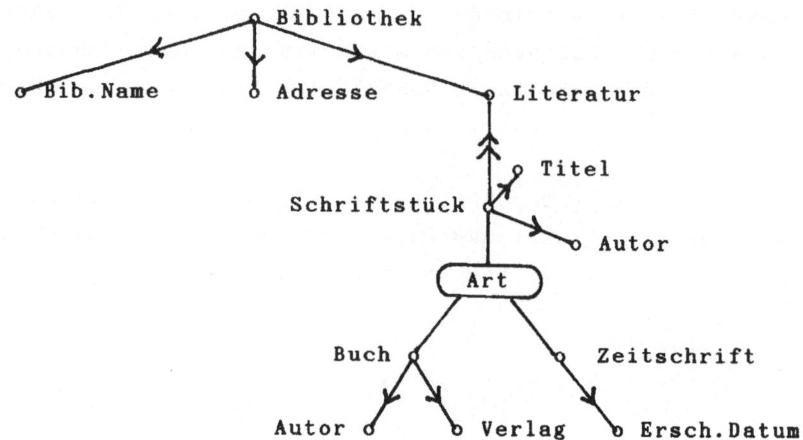

Beispiel 1: SHM-Schema

Ein ENTITY-RELATIONSHIP-SCHEMA (ER-SCHEMA), wie es in unserem Projekt verwendet wird, beruht auf dem in /CHE 76/ beschriebenen Datenmodell, das um die Möglichkeit der Subtypenbildung erweitert wurde. Es besteht aus ENTITYTYPEN und BEZIEHUNGSTYPEN zwischen Entitytypen, auch RELATIONSHIPTYPEN genannt. Beiden können ATTRIBUTE zugeordnet sein. Entitytypen können, ähnlich den Abstrakten Objekten des SHM-Schemas, in Subtypen unterteilt werden. Graphisch werden Entitytypen durch Rechtecke, Beziehungstypen durch Rauten und Attribute durch Kreise dargestellt. Die Darstellung der Subtypebildung entspricht der des SHM-Modells.

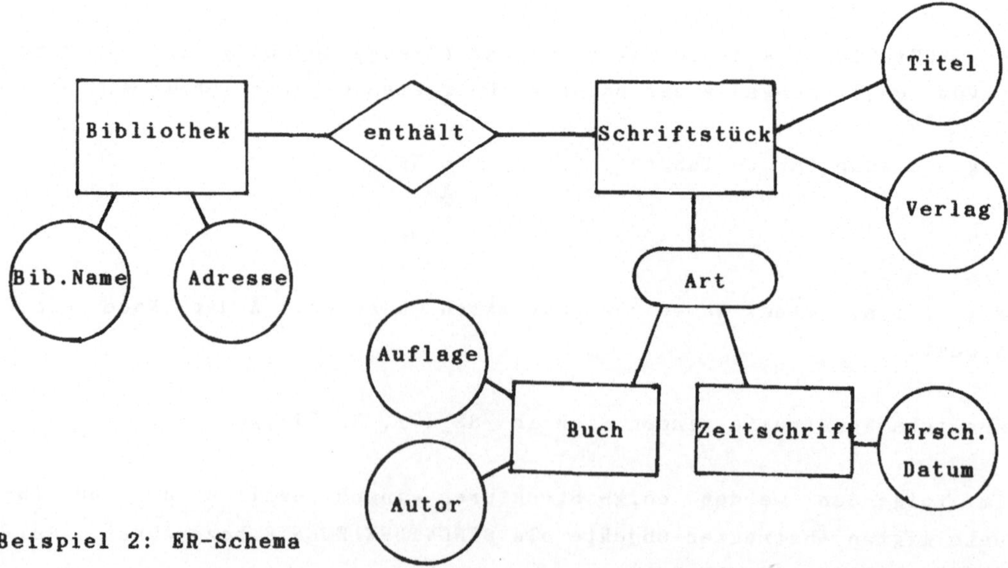

Beispiel 2: ER-Schema

Für die Verwaltung der durch solche SHM- oder ER-Schemta dargestellten Metadaten, für die Verwaltung der Entwurfs-Schemata also,
wird ein METASCHEMA erstellt. Es besteht aus einem METADATENSTRUK-
TURSCHEMA und den auf ihnen definierte METADATEN-OPERATIONEN. Die
durch dieses Metaschema strukturierte Datenbank, die eine Ausprägung
des Metaschemas darstellt und Schemata beschreibt, wird DESIGN-
DICTIONARY (DD) genannt.

Der Designer des konzeptuellen oder logischen Schemas ist der
BENUTZER DES DESIGN-DICTIONARYS, in das er das Entwurfs-Schema ab-
legt. Der ENDBENUTZER hingegen benutzt die Datenbank, deren logisches Schema vom Designer zuvor entworfen wurde. Wenn nicht ausdrücklich anders vermerkt ist mit Benutzer der Datenbankdesigner gemeint.

3. Das Design-Dictionary

Die Entwurfsschemata sind SHM- oder ER-Schemata oder auch unvollständige Teilschemata. Im Design-Dictionary sind für jedes Schema
Beschreibungen seiner graphischen Repräsentation, sowie weitere Sta-
tusinformationen, z.B. um welches Schema und um welchen Schematyp es
sich handelt, abgespeichert.

Im folgenden werden zunächst graphische Repräsentationen von SHM- und
ER-Schemata verglichen und Analogien aufgezeigt. Diese werden ausgenutzt für die Konzipierung eines für beide Schematypen gemeinsamen
Metaschemas, dessen Strukturschema und Operationen im Anschluß vorgestellt und diskutiert werden.

3.1. Modellierung des Metaschemas als markierter Graph

Betrachtet man die Beispiele 1 und 2, so kann man feststellen, daß
beide Schemata aus verschiedenen Symbolen, die jeweils mit einem
Namen versehen sind, und verschiedenen Kanten, die diese Symbole
verbinden, bestehen.

Codiert man die Symbol- und Kantentypen durch unterschiedliche Zeichenketten, so lassen sich beide Schemata darstellen durch ein Tupel

S = (G,NTY,ETY). Dabei ist G = (N,E) ein gerichteter Graph mit Knoten N und Kanten E ⊆ NxN und NTY und ETY sind Abbildungen wie folgt:

1.   NTY: N - >   {AO,ASP,ET,RT,AT}

2.   ETY: E - >   {AGG,ASS,GEN,ER}

NTY weist den Knoten Typbezeichnungen zu: Abstrakte Objekte werden mit 'AO' codiert, ein Aspekt mit 'ASP', Entitytypen mit 'ET', Beziehungstypen mit 'RT' und Attribute mit 'AT'. Durch ETY werden die Kantentypen unterschieden: 'AGG', 'ASS' und 'GEN' bezeichnen die verschiedenen Kantentypen der SHM-Schemata, 'ER' den (einzigen) Kantentyp in ER-Schemata.

NTY und ETY können als Markierungen der Kanten und Knoten dargestellt werden. In Form eines solchen markierten Graphen repräsentierte Schemata werden im Folgenden als SCHEMA-GRAPHEN bezeichnet.

Anmerkung:
  Weitere Markierungen an Schemagraphen können z.B. die Angabe von Beziehungs-Komplexitäten oder die Vergabe von Rollennamen an Kanten sein (siehe als Beispiel Abbildung 1.). Obwohl implementiert, würde ein Eingehen auf all diese Besonderheiten den Rahmen diese Berichts sprengen, ohne wesentlich Neues zu bieten, da keine grundsätzlich anderen Konstruktionen als die hier geschilderten zu ihrer Realisierung verwendet wurden.

Damit sind nun alle Anforderungen an das Metaschema, soweit sie hier von Interesse sind, festgelegt und es kann das logische Metaschema entwickelt werden. Zu ihm gehört das Metadaten-Strukturschema und die Metadaten-Operationen.

3.2. Das logische Metaschema

Das logische Metaschema beruht - wie auch das Zielschema des Entwurfsprozesses - auf dem ER-Modell.

3.2.1. Das Metadaten-Strukturschema

Es besteht aus jeweils einem Entitytyp für die Knoten (NODE) und Kanten (EDGE) des Schema-Graphen. Attribute des Entity-Typs "NODE" sind NTY für die Knotentyp-Markierungen der Schemagraphen und NAME für deren Knotennamen. Da die Knotennamen während des Design-Vorgangs nicht notwendig als eindeutig angenommen werden können (/LAS 83/), erhält jeder Knoten außerdem eine interne Nummer NNO als Schlüsselattribut. Auch die Kanten erhalten eine interne Nummer ENO als Schlüsselattribut zusätzlich zu dem Attribut ETY zur gleichnamigen Markierung im Schemagraphen.

Jede Kante des Schemagraphen hat einen Anfangs- und einen Endknoten. Dieser Zusammenhang wird durch den Beziehungstyp CON (=connection) ausgedrückt. Durch eine Ausprägung von CON ist eine Kante des Schema-Graphen mit ihrem Anfangs- und Endknoten verbunden. Welche Rolle die jeweiligen Knoten dabei einnehmen, ist durch die Rollennamen START und END ausgedrückt. Ein Beispiel für die Darstellung eines SHM-Schemas findet sich in Anhang A.1.

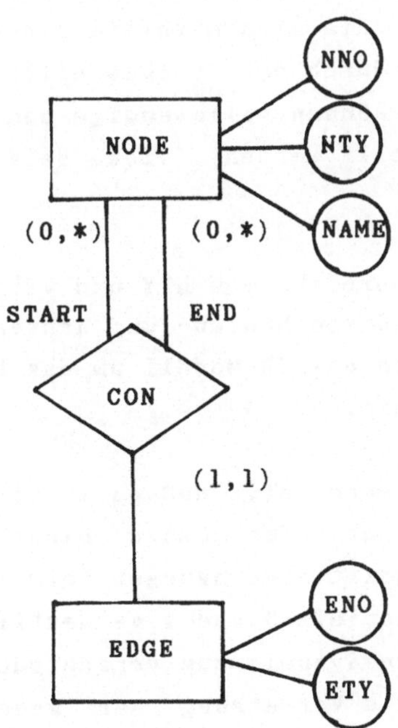

Abbildung 1: Strukturschema des Metaschemas

3.2.2. Die Metadaten-Operationen

Objekte der Metadatenbank sind die Knoten und Kanten der Schema-Graphen. Auf diese Objekte beziehen sich die Metadaten-Operationen. Sie setzen sich zusammen aus den Datenbank-Grundoperationen "insert", "update", "delete" und "fetch". Jede Änderungsoperation betrifft genau ein Datenobjekt (z.B. einen Knoten) und ist AKTION im Sinne von /BRS 82/, d.h. sie berücksichtigt alle für dieses Objekt geltenden Integritätsbedingungen. Eine solche Integritätsbedingung für eine Kante ist z.B. daß bei ihrem Einfügen ihre Anfangs- und Endknoten definiert sein müssen. (Vorbedingung). Änderungsoperationen auf dem Metaschema sind z.B. das Einfügen und Löschen von Knoten unter Angabe ihres Typs und ihres Namens und das Einfügen von Kanten zwischen bestimmten Knoten. Die Implementierung dieser Operationen entspricht der Implementierung der für die einzelnen Schematypen spezifischen Aktionen und kann dem Kapitel "Schemamodule" entnommen werden.

3.2.3. Möglichkeiten und Grenzen des Metaschemas

Alle Typen von Entwurfs-Schemata, die sich mithilfe eines Schemagraphen darstellen lassen, können durch das vorgestellte Metaschema beschrieben werden. Insbesondere können vollständige und unvollständige SHM- und ER-Schemata dargestellt werden (siehe Beispiel A.1 und A.2 im Anhang).

Durch eine Erweiterung der Wertebereiche von NTY und VTY lassen sich auf einfache Weise Graphen mit anderen Knoten- und Kantentypen einführen. Beispielsweise ließe sich das ER-Modell um das Konzept von sogenannten "weak entitys" erweitern.

Ein Nachteil des gewählten Metaschemas ist, daß es in vielen Fällen syntaktische Inkorrektheiten der Entwurfsschemata nicht verhindern kann, da in ihm nur wenige Integritätsbedingungen formuliert sind. Dieser Mangel soll anhand der Beispiele 3 und 4 verdeutlicht werden. In Beispiel 3 sind in einem Schema Symbole aus verschiedenen Modellen gemischt, Beispiel 4 zeigt die Verletzung der modellinhärente Integritätsbedingung von ER-Schemata, daß zwei Entities nur über Beziehungen miteinander verbunden sein dürfen.

Schema: Schemagraph:

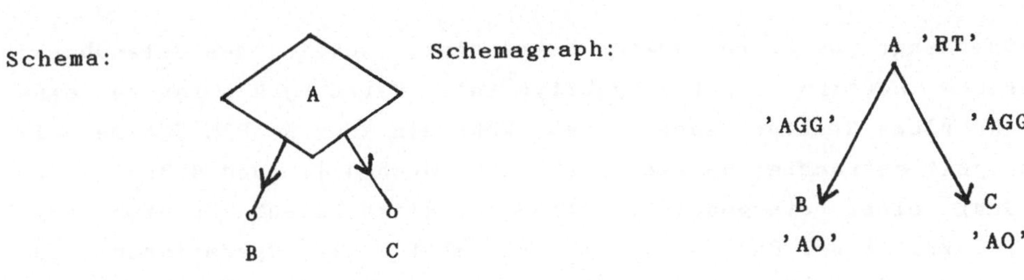

Beispiel 3

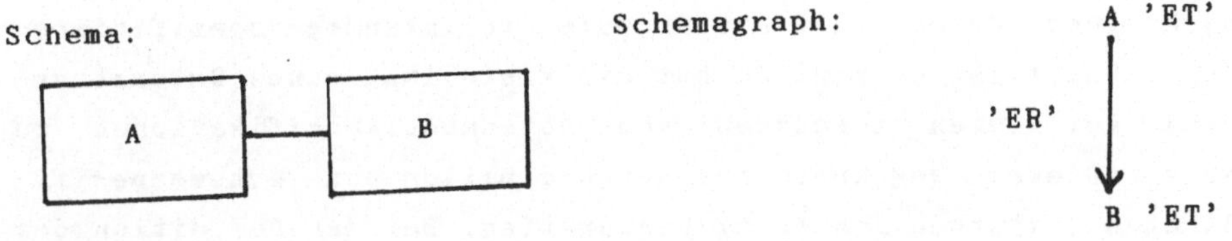

Beispiel 4

Um diese Inkorrektheiten zu verhindern, muß die saubere Trennung der verschiedenen Schematypen möglich sein und es müssen modellinhärente Integritätsbedingungen, die für die verschiedenen Schematypen gelten, sicher gestellt werden.

Aus diesen Gründen werden zu dem Metaschema eine SHM- und eine ER-Sicht angeboten. Diese schemaspezifischen Sichten stellen Benutzerschnittstellen für die Eingabe und Manipulation von SHM- bzw. ER-Schemata dar und zeige das Metaschema entweder als Metaschema von ER- oder von SHM-Schemata. Die durch sie gewährleistete Integritätsbedingung ist die syntaktische Korrektheit der jeweiligen Entwurfsschemata. Sie wird erreicht durch die Bereitstellung von Datenmodulen.

3.2.4. Gewährleistung der Datenintegrität durch die Formulierug von Datenmodulen

Verschiedene Methoden der Gewährleistung von Datenintegrität wurden u.a. in /REB 83/ ausführlich diskutiert. Seiner Argumentation folgend wählten wir die Methode der objektabhängigen Datenmanipulation mit Hilfe von Datenmodulen. Ein DATENMODUL enthält alle für einen Datenobjekttyp relevanten Operationen. Der Inhalt der Datenbank wird dabei als eine Menge von Datenobjekten betrachtet, wobei jedes Datenobjekt von einem bestimmten Datenobjekttyp ist. Datenobjekte können eine sehr komplexe Stuktur haben, z.B. kann ein ganzes SHM-Schema als Datenobjekt betrachtet werden (siehe dazu auch 4.1. und 4.3.). Durch Anwendung einer Datenmodul-Operation auf einen Datenbankzustand wird die Integrität der Datenbank nicht verletzt. Die Operationen sind integritätserhaltend für die Datenobjekte und sind somit Aktionen im Sinne von /BRS 82/.

Ähnlich der Spezifikation von Abstrakten Datentypen lassen sich die Datenobjekttypen durch ihre Datenmodule vollständig spezifizieren (/WEB 78/). Damit ist es möglich auf die Erstellung eines Datenstrukturschemas vollkommen zugunsten von Datenmodulspezifikationen zu verzichten. Dieser Weg wurde bei der Definition von schemaspezifischen Sichten (externen Schemata) beschritten. Bei der Definition des logischen Metaschemas (siehe 3.2.1. und 3.2.2.) wurden jedoch, wie schon dargestellt, nicht nur Datenmodule sondern auch ein Strukturschema erstellt.

Mithilfe von Datenmodulen werden also sowohl die Aktionen des Metaschemas, als auch die gesammten ER- und SHM-Schemasichten auf das Metaschema definiert. Bei letzteren sprechen wir, da es sich um Module für spezielle Schema-Typen handelt, von SCHEMA-MODULEN, zur Spezifikation von SCHEMA-OBJEKT-TYPEN, bei den in diesen Modulen formulierten Aktionen von SCHEMA-AKTIONEN.

Der Zusammenhang zwischen Datenbanksystemen, Metaschema und Schemasichten soll im folgenden noch einmal überblickartig dargestellt werden.

3.2.5. Die Schichten des Design-Dictionary-Systems

Ähnlich wie in ACM/PCM (/BRR 84/) läßt sich die Transaktionsebene (=Benutzerebene), die konzeptuelle Ebene und die Datenbankebene unterscheiden (siehe Abbildung 2).

Zur Transaktionsebene gehören alle Module, die Aktionen und Transaktionen zur Manipulation von und zum Suchen in SHM-(ER-)Modulen bereitstellen. Eine Transaktion umfaßt einen vom Rechner und/oder Designer durchgeführten Modellierungsschritt. (Zur Problematik von

Transaktionen siehe /STE 83/ oder /BRR 84/). Von der Transaktionsebene werden hier allerdings nur die Schema-Aktionen - sie sind die
Grundoperationen der Transaktionen - betrachtet. Die Transaktionen
selbst sind nicht Gegenstand dieser Arbeit. Die Logische Ebene enthält alle Aktionen auf dem Metaschema sowie das Metaschema selbst.

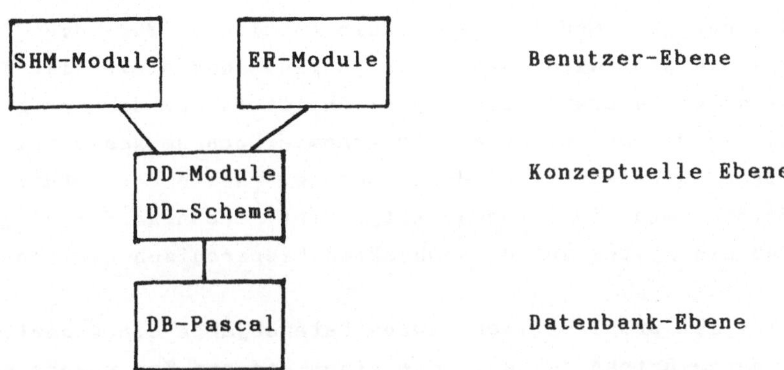

Abbildung 2

Wir wollen nun die Realisierung der Schemamodule näher betrachten.

4. Die Schemamodule

Dieses Kapitel beschreibt die Realisierung der Datenmodule und insbesondere der Schemamodule. Zunächst werden die Schwierigkeiten bei der
Festlegung der durch die Datenmodule zu spezifizierenden Objekttypen
diskutiert. Es folgt eine allgemeine Beschreibung der Aktionen der
Schemamodule und zum Schluß wird exemplarisch auf die SHM-Module
eingegangen.

4.1. Entwurf der Datenmodule

Der Entwurf der Datenmodule ist gleichbedeutend mit dem logischen
Entwurf der Metadaten-Aktionen und der externen Schemata. Während
sich die DD-Module an der Struktur des Metaschemas und an der
Struktur von Schema-Graphen orientieren, sollen die Schema-Module
bzw. die durch sie definierten Schema-Objekttypen der Semantik der

jew iligen Daten-Modelle angepaßt sein. Ferner ist anzustreben, kom-
plexe Datenobjekttypen in einfache Objekttypen zu zergliedern, um die
Datenmodule klein und überschaubar zu machen und eine strukturierte
Sicht auf die Entwurfs-Schemata zu ermöglichen.

Zur Manipulation eines zusammengesetzten Datenobjektes benutzt das
zugehörige Modul die Module (Aktionen) für die Teilobjekte. Im
Allgemeinen wird davon ausgegangen, daß diese "ist Teil" Beziehung
zwischen Datenobjekten azyklisch ist (siehe dazu auch /WE 78/). Auch
die in MICODD verwendete Programmiersprache gestattet keine gegenseitigen Aufrufe verschiedener Module. Neben der intuitiven Vorstellung
davon, was ein Datenobjekttyp "ist" muß also darauf geachtet werden,
daß ein System von Datenobjekten hierarchisch gegliedert ist.

Dies ist problematisch, wenn Datenobjekte eines bestimmten Typs von
anderen Datenobjekten, die einem anderen Typ angehören, referenziert
werden. Impliziert beispielsweise die Existenz eines Datenobjektes a
vom Typ A die Existenz eines Datenobjektes b vom Typ B, so kann diese
Integritätsbedingung auf zweierlei Weise aufrechterhalten werden:

1. durch trigger-Funktionen, d.h. eine Aktion stößt eine andere
   Aktion an, in unserem Fall:

        insert a   triggers   insert b
        delete b   triggers   delete a

2. durch die Forderung nach Einhaltung von Vorbedingungen (preconditions), in unserem Fall:

        insert a   precondition: b exists
        delete b   precondition: a does not exist

Im ersten Fall ruft eine Änderungsaktion eines Datenmoduls eine
Änderungsaktion eines anderen Datenmoduls auf und umgekehrt. Im zwei-
ten Fall muß lediglich die Einhaltung der Vorbedingungen durch eine
Anfrage an die Datenbank überprüft werden.

Es ist möglich, das in der ersten Variante auftretende Problem des
gegenseitigen Aufruf von Modulen zu lösen, indem man im obigen Fall
einen Datenobjekttyp C einführt, der die Objekttypen A und B um aßt.
Dies bedeutet auf Modulebene die Vereinigung der Einzelmodule.

Referenzierungen kommen jedoch durch die vernetzte Struktur der Schemagraphen so häufig vor, daß dieser Weg zu einem einzigen großem Schemamodul für jeden Schematyp führen würde. Da dies aus oben genannten Gründen nicht wünschenswert ist, wurde folgendes, an der zweiten Variante orientiertes Vorgehen gewählt: Aktionen beinhalten keine trigger, d.h. sie stoßen keine anderen Aktionen an, sondern brechen im Fall einer Verletzung von Vorbedingungen mit einer Fehlermeldung ab. Das Anstoßen einer Aktion zur Herstellung einer korrekten Vor-Situation wird von der umgebenden Transaktion - eventuell vom Benutzer - vorgenommen. Suchaktionen sind z.T. objektunabhängig und unterliegen daher nicht der strengen Modulhierarchie. Sie können von jedem Modul der gleichen und der darüberliegenden Ebenen benutzt werden, beispielsweise, um die Erfüllung bestimmter Vorbedingungen zu überprüfen.

Mit dieser Vorgabe ist es möglich, dem Benutzer Datenobjekte anzubieten, die seinen intuitiven Vorstellungen entsprechen und die Datenmodule klein und überschaubar zu machen. Beispielsweise ist ein Modul "AGGREGATION" ausschließlich für die Spezifikation von Strukturelementen vom Typ "AGGREGATION" zuständig (siehe dazu auch das Beispiel im Anhang A.3).

Jedes Schema wird als Schema-Objekt vom Typ SHM- bzw. ER-Schema betrachtet. Es gliedert sich in Schema-Objekte verschiedenen Typs (siehe als Beispiel die Schema-Objekttypen im SHM-Modell, beschrieben in 4.3).

4.2. Die Aktionen der Schemamodule

Durch Benutzung der Aktionen im Rahmen der Transaktionen soll der Designer entlastet werden vom Wissen über die konkrete Realisierung des Entwurfs-Schemas im DD. Er soll mit modellspezifischen Aktionen arbeiten, die modellinhärente Integritätsbedingungen berücksichtigen und die vom Designer entworfenen Schemata auf das Metaschema abbilden.

Die Datenintegrität wird von den Aktionen gewährleistet, indem die Einhaltung von Vorbedingungen und die Korrektheit von Eingabeparametern überprüft wird und die Schemaobjekte umkehrbar eindeutig in DD-Daten-Objekte abgebildet werden.

Nachdem nun der prinzipielle Aufbau der Schemamodule erläutert wurde, sollen im nächsten Abschnitt exemplarisch die SHM-Module dargestellt werden.

4.3. Module für SHM-Schemata

Ein SHM-Schema wird als zusammengesetztes Datenobjekt ("SHM-Schema") betrachtet, das aus Datenobjekten vom Typ "Abstraktes Objekt" und "Strukturelement" besteht, wobei zwischen den Strukturelementtypen Aggregation, Assoziation und Generalisierung (siehe 2.) unterschieden wird. Strukturelemente bestehen ebenfalls aus Abstrakten Objekten.

Die Aktionen des SHM-Moduls sind: Kreieren und Löschen von abstraten Objekten und Strukturelementen, sowie Suchen im Schema über die Grenzen von Strukturelementen hinaus (z.B. Suchen aller abstrakten Objekten, die eine Hierarchiestufe über einem gegebenen Abstrakten Objekt sind).

Die Aktionen der Strukturelement-Module übernehmen die Feinstrukturierung der im SHM-Schema kreierten Strukturelemente. Z.B. kann eine neue Komponente in eine Aggregation eingefügt werden. Die entsprechende Aktionsspezifikation findet sich in Anhang A.3.

Mit Hilfe der Aktionen werden SHM-Schema-Objekte in DD-Objekte abgebildet. Ein Beispiel für eine solche Abbildung wird im Anhang A.1 gegeben.

5. Zusammenfassung der Ergebnisse und Diskussion

In diesem Beitrag wurde eine Methode vorgestellt, verschiedenartige Entwurfsschemata mit einem einzigen, einfachen Metaschema darzustellen. Da ein solches Metaschema jedoch nicht alle Integritätsbedingungen beinhaltet, die für die syntaktische Korrektheit von Entwurfsschemata garantieren, wurden jeden Schematyp Sichten in Form von Schema-Modulen definiert.

Die Strategie, ein wenig spezialisiertes Metaschema als konzeptuelles Schema zu wählen erzeugt viele Freiheitsgrade bei der Spezifikation der modellspezifischen Sichten auf das Metaschema. Nachträgliche Änderungen des Modells, z.B. Erweiterungen um zusätzliche Konzepte schlagen sich nicht im Metaschema nieder, sondern können lokal in den Schema-Modulen realisiert werden. Erkauft wird diese Flexibilität durch einen größeren Aufwand bei der Programmierung der Aktionen, da im Gegensatz zum herkömmlichen Ansatz, bei dem für jedes Modell ein spezielles Metaschema existiert, jetzt ein großer Teil der Verantwortung zur Einhaltung der Integritätsbedingungen bei den Aktionen liegt. Bei einer weitergehenden Formalisierung der Spezifikation wird es jedoch möglich sein, die Aktionen rechnergestützt zu erstellen, sodaß der Erstellungsaufwand gesenkt und die Fehlerhäufigkeit reduziert wird.

Da die Aktionen in MICODD objektspezifisch konzipiert sind, orientiert sich die Logik der Transaktionen an der Logik der Aktionen. Für den Benutzer bzw. den Programmierer der Transaktionen ist die Verwendung objektspezifischer Aktionen angenehm, solange sie seinen intuitiven Vorstellungen entgegenkommen und die Menge der angebotenen Aktionen überschaubar bleibt. Hier ist ein Kompromiß zwischen Standardisierung, durch die die Handhabung der Aktionen weniger fehleranfällig wird, und Spezialisierung, die wenig Abstraktionsvermögen vom Benutzer verlangt, gefunden worden.

Danksagungen
Mein besonderer Dank gilt Herrn Lausen und Herrn Karszt, die mich in vielen anregenden Diskussionen bei dieser Arbeit unterstützt haben. Ich möchte mich außerdem bei Frau Marlik und den Referenten für ihre Anregungen und ihre konstruktive Kritik, sowie bei Frau Beck für die technische Überarbeitung des Manuskripts herzlich bedanken.

Literatur

/ATC 83/   P. Atzeni, E. Carboni: INCOD (a System for interactive conceptual Design), in: Entity-Relationship-Approach to Software-Engineering, Elsevier Science Publishers B.V. 1983.

/BRO 81/   M. L. Brodie: Association: A Database Abstraction for Semantic Modelling, in: Proc. 2nd. Int. ER-Conf., 1981.

/BRR 84/   M. L. Brodie, D. Ridjanovic: On Design and Specification of Database Transactions, in: On Conceptual Modelling, Springer Verlag 1984.

/BRS 82/   M. L. Brodie, S. Silva: Active and Passive Component Modelling: ACM/PCM, in: Inf. Systems Design Methodologies, IFIP 1982, North Holland publishing Company.

/CHE 76/   P. Chen: The Entity-Relationship-Modell - Towards a Unified View of Data, in: ACM Transactions on Database Systems, Vol.1, No. 1, März 1976.

/KAR 84/   J. Karszt: Datenbank-Pascal: Ein ausbaubares Datenbanksystem nach einem Entity-Relationship-Datenmodell, Dissertation Universität Karlsruhe, 1984.

/LAS 83/   G. Lausen, W. Stucky: A Practical Approach to Computer Assisted Initial View Modeling, in: Proc. IEEE 7th Computer Software and Application Conference, COMPSAC 83.

/LAS 84/   G. Lausen, W. Stucky: From Functional Flowcharts to Data Abstraction Hierarchies, in: Proc. of the seventeenth International Hawaii Conference on System Science 1984, vol.1.

/LAU 85/   G. Lausen: Conceptual Modelling based on Net Refinements, to appear in: R. Meersman, T.B. Steel (eds): IFIP TC-2 Working Conference on Data Base Semantics, Hasselt, North Holland Publ. Co., 1985.

/LSJ 84/   G.Lausen, W.Stucky, S.Just: MICODD: Ein computergestützter Arbeitsplatz für den Entwurf Konzeptioneller Datenstrukturen, Internes Papier.

/LUM 79/   Lum et al.: 1978 New Orleans Data Base Design Workshop Report, in: Proc. of 5th Int. Conference of VLDB.

/REB 83/   J. Rebsamen: Datenbankentwurf im Dialog - integrierte Beschreibung von Strukturen, Transaktionen und Konsistenz, Dissertation ETH Zürich, 1983.

/SCH 83/   U. Schiel: An Abstract Introduction to Temporal-Hierarchic Data Model (THM), in: Proc. 9th Int. Conf. VLDB, 1983.

/SLS 83/   G. Schlageter, W. Stucky: Datenbanksysteme: Konzepte und Modelle, Teubner Studienbücher Informatik 1983.

/STE 83/   D. Steinbauer: Transaktionen als Grundlage zur Strukturierung und Integritätssicherung in Datenbank-Anwendungssystemen, Dissertation Univ. Erlangen, 1983.

/SMS 77/   J.M. Smith, D.C.P. Smith: Database Abstractions: Aggrega-
            tion and Generalization, in: ACM TODS, Vol.2, No.2, 1977.

/WEB 78/   H. Weber: A Software Engineering view of Data Base Sys-
            tems, in: Proc. of 4th Int. Conference of VLDB.

Anhang

A.1:

SHM-Schema: Schemagraph:

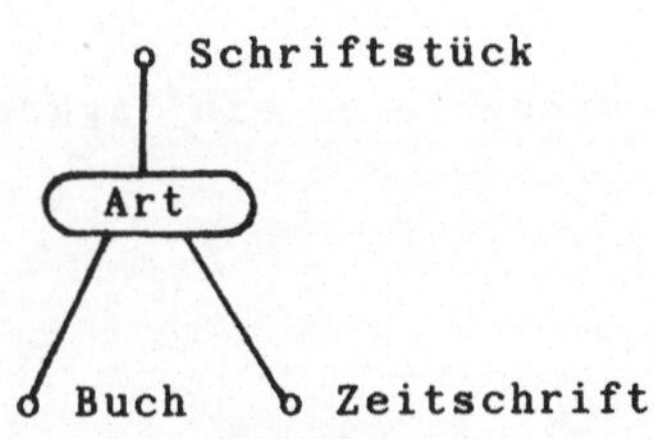

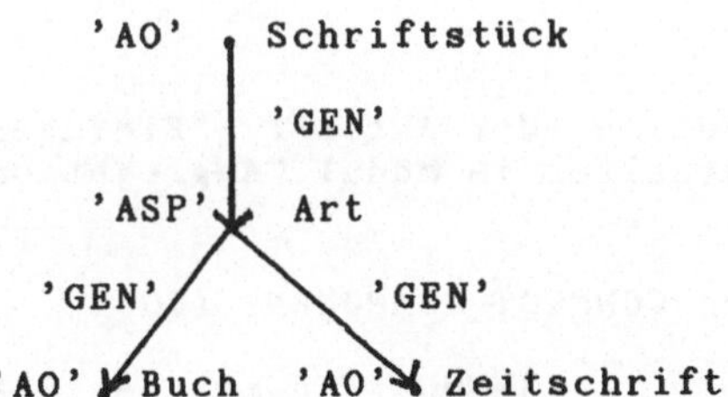

Design-Dictionary:

NODE:

NNO	NTY	NAME
1	AO	Schriftstück
2	ASP	Art
3	AO	Buch
4	AO	Zeitschrift

EDGE:

ENO	ETY
5	GEN
6	GEN
7	GEN

CON:

NODE(START)	NODE(END)	EDGE
1	2	5
2	3	6
2	4	7

A.2:

ER-Schema:

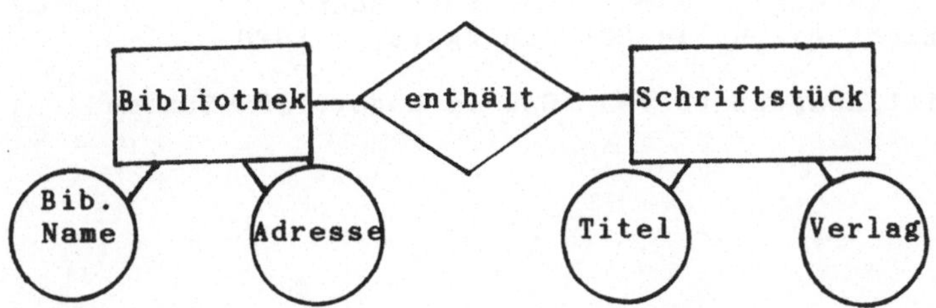

Schemagraph:

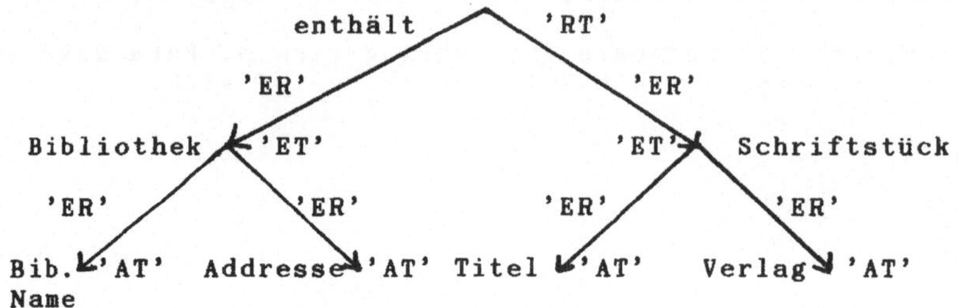

<u>A.3:</u>

Spezifikation der Aktion: "Einfügen einer Komponente an ein Aggregat", enthalten im Modul "Aggregation"

procedure CONNECT_COMPONENT (CC)

```
input:          SHMNO : Nummer des Schemas
                AGNO  : Nummer des Aggregats bzw. der Aggregation
                CONO  : Nummer der einzufügenden Komponente (muß im
                        Schema schon als Abstraktes Objekt (AO) vorh.
                            sein)
                ROLE  : Rolle dieser Komponente bzgl. des Aggregats
                        (eine Komponente kann verschiedene Rollen
                        bzgl. eines Aggregats einnehmen)

output:         FE  : Fehler

error:          FE  = 1 - SHMNO existiert nicht als SHM-Schemanummer
                            in DD
                      2 - AGNO nicht in DD
                      3 - CONO nicht in DD
                      4 - AGNO nicht als AO im SHM-Schema
                      5 - CONO nicht als AO im SHM-Schema
                      6 - AGNO nicht Nummer einer Aggregation
                      7 - CONO schon als Komponenten-Nummer mit
                          Rolle ROLE in Aggreggation AGNR in diesem
                          SHM-Schema

effect:         fügt CONO als Komponente im Schema mit Nummer SHMNO
                an das Aggregat AGNO an

precondition:   AGNO und CONO als AOs und AGNO als Aggregat-Struktur-
                element im angeg. SHM-Schema vorhanden;
                CONO nicht mit Rolle ROLE an Aggregat AGNO

postcondition: CONO ist Komponente von AGNO im angeg. SHM-Schema
```

EIN SUBSYSTEM ZUR STABILEN SPEICHERUNG VERSIONENBEHAFTETER, HIERARCHISCH STRUKTURIERTER TUPEL

U. Deppisch, V. Obermeit, H.-B. Paul, H.-J. Schek, M. Scholl, G. Weikum

Technische Hochschule Darmstadt
FB Informatik
FG Datenverwaltungssysteme I
Alexanderstr. 24
D-6100 Darmstadt

KURZFASSUNG

Das hier beschriebene Speichersystem unseres Darmstädter Datenbankkernsystems kann als Erweiterung der Dateiverwaltung von Betriebssystemen um Grundfunktionen eines Datenbanksystems betrachtet werden: Es dient der stabilen Speicherung von strukturierten Datensätzen unter Einschluß einer Transaktionsverwaltung und optionaler Versionierung. Zur Strukturierung werden ausschließlich Relationen mit atomaren oder relationenwertigen Attributen zugelassen. Zur Manipulation erlauben wir im wesentlichen eine geschachtelte Projektion und mengenorientierte Änderungsoperationen. Eine solche Schnittstelle relativ weit unten in der Systemarchitektur erlaubt es, gezielt auf einzelne Daten und gleichzeitig effizient auf Datenmengen zuzugreifen. Dementsprechend ist die direkt darunterliegende Pufferschnittstelle (seiten-) mengenorientiert angelegt. Für die Transaktionsverwaltung verwenden wir das Konzept der offenen geschachtelten Transaktionen bereits innerhalb des Speichersystems. Dieses Konzept soll dann auch für die höheren Systemschichten angewandt werden.

ABSTRACT

The storage subsystem of our Darmstadt database kernel system is described here. We regard it as an extension of the file management of operating systems: It supports stable storage of structured records, transaction management, and optionally time versions. As the only data structure we allow relations with atomic or relation valued attributes. For data manipulation we support a nested relational projection and set oriented update as basic functions. Such an interface at a low level of the system architecture will allow efficient access to both single data items and sets of data. Accordingly the next deeper buffer interface supports access to sets of pages. For transaction management we apply the concept of open nested transactions already within the subsystem. This concept will then be extended for higher levels too.

1 ANFORDERUNGEN UND ZIELSETZUNGEN

Die Datenbankforschung versucht augenblicklich, auf neuartige Anwendungsgebiete zu reagieren, die gemeinhin unter dem Begriff "Nicht-Standard-Anwendungen" subsummiert werden (/DKML84/, /HR83/, /SP82/). Dabei werden vor allem Informationssysteme im Ingenieurbereich, geographische Informationssysteme und Büroinformationssysteme oder allgemein die Verwaltung von Dokumenten als Einsatzgebiete zukünftiger Datenbanksysteme genannt. Konventionelle Datenbanksysteme sind für die Verwaltung der in diesen Gebieten auftretenden "komplexen Objekte" (/HL82/) nicht gerüstet.

Ein Ausbau durch eine weitere Schicht, eine sogenannte Preprocessor-Lösung, verbietet sich wegen der damit verbundenen Performance-Einbuße, die wiederholt befürchtet und festgestellt wurde (/Eb84/, /SP82/, /GP83/). Den Grund hierfür kann man sich wie folgt klarmachen: In der Architktur eines aus Preprocessor und konventionellem DBMS bestehenden Gesamtsystem muß die untere Schicht (das konventionelle DBMS also) die Anforderungen der oberen Schicht **effizient** ausführen. Das konventionelle DBMS wird daher zur **internen** Schnittstelle im Sinne der Drei-Schichten-Architektur. Dies war aber nicht die oberste Entwurfsmaxime bei einem System wie System R (/As76/). Im Gegenteil, die übergeordnete Zielsetzung für solche Systeme war die leichte Anwendbarkeit bei klassischen Anwendungen. Nun führt aber die Zielsetzung der **Effizienz** für die Ausführung von Operationen der **Nicht-Standard-Anwendungen** und die Zielsetzung des **Komforts** für Standard-Anwendungen zu unterschiedlicher Systemstruktur.

Unser Ansatz besteht nun darin, ein Datenbank**kern**system, das DArmStädter DatenBankSystem (DASDBS) zu entwickeln (/PSSW84/), das als gemeinsame Basis für verschiedene Anwendungsgebiete geeignet ist und jeweils unterschiedlich ausgebaut werden kann. Ein solches Kernsystem soll wesentliche Komponenten eines Datenbanksystems enthalten, die jeweils um einzelne Aspekte erweitert bzw. auf die speziellen Anforderungen bzw. Einsatzgebiete hin, etwa in Server-Workstation-Umgebungen, optimiert werden können. Dazu ist als oberste Maxime eine Schichtenarchitektur erforderlich, bei der klar definierte Schnittstellen der einzelnen Moduln bei geheimgehaltener Implementierung es erlauben, je nach Anforderung die eine oder andere Implementierungstechnik für die gleichen Funktionen auszuwählen.

Über die Ideen der Modularisierung und des Kernsystemansatzes hinaus erscheint es uns wichtig, die Funktionen von DASDBS nochmals in zwei große Bereiche aufzuteilen. Die innere Ebene ist das Speicherungssubsystem (COS), das im folgenden beschrieben wird, auf dem dann eine Datenmodellschicht (NAS) aufgesetzt ist, vergleichbar mit der Teilung von System R in RDS und RSS (/As76/). Wir betrachten das COS als eine erweiterte idealisierte Dateischnittstelle, ähnlich wie "Database File Systems" (/Ro82/) oder "Speicher Server" (/MI84/). Im Gegensatz zu einem konventionellen Dateiverwaltungssystem enthält das COS Datenstrukturen und Transaktionsverwaltung, also Grundfunktionen eines Datenbanksystems.

Datenmodelle für die Unterstützung der "Nicht-Standard"-Anwendung werden zur Zeit heftig diskutiert (z. B. /SLTC82/, /Neu83/, /LS83/). In unserem System und in dieser Arbeit wird das NF^2-Relationenmodell (/JS82/) zugrunde gelegt, das durch die relationenwertigen Attributwerte für die Modellierung von komplexen Objekten geeignet erscheint (/HL82/, /SP82/) und in den theoretischen Grundlagen mittlerweile weiter entwickelt wurde (/Ja84/, /SS84/). Charakteristisch für das Modell ist, daß Relationen als Attributwerte auftreten können. In DASDBS sind **alle** Objekte, die verwaltet werden, speziell auch Objekte im Subsystem, als NF^2-Tupel beschrieben und werden mit den Operationen der NF^2-Algebra manipuliert. Dadurch zieht sich durch alle Ebenen des Subsystems die Mengenorientierung der Schnittstellen, vom Pufferverwalter bis hin zum

Versionen-Manager. Auf diese Art sollen sowohl gezielte Zugriffe auf Teile der gespeicherten NF^2-Tupel als auch globale Zugriffe auf Tupel oder gar Relationen (etwa für die Datenextraktion aus dem Server in eine Workstation) in gleichem Maße unterstützt werden.

Ein weiteres wichtiges Charakteristikum von DASDBS ist die Anwendung des Prinzips der "offenen geschachtelten Transaktionen" für die Transaktionsverwaltung durch unsere Schichten (/WS84/, /Wei84/). Im Gegensatz zu den geschachtelten Transaktionen aus /Wa84/, die als Hilfsmittel zur Strukturierung von Anwendungen verstanden werden, oder /Mo82/, wo die speziellen Probleme verteilter Systeme im Vordergrund stehen, ist der hier beschriebene Typus geschachtelter Transaktionen stets starr an eine Schichtenarchitektur gekoppelt. Die unterste Schicht, der stabile Speicher (SMM), enthält bereits ein (Sub-) Transaktionskonzept. Dieses wird angewandt für die Implementierung eines Transaktionskonzeptes auf der CRM-Ebene. Mit jeder Ebene, um die unser Kernsystem erweitert wird, kann dabei auch die Transaktionsverwaltung nach oben gewissermaßen "mitwachsen" (/Sch84/).

Die im Subsystem (s. Abb. 1) integrierten Funktionen werden in den Kapiteln 3 bis 5 näher beschrieben. Dabei handelt es sich im wesentlichen um drei Aspekte: die unterste Schicht im COS umfaßt Pufferverwaltung und den sog. stabilen Speicher SMM (s. Kapitel 5), die zusammen den Unterschied zwischen stabiler (peripherer) und flüchtiger Speicherung (im Hauptspeicher) nach oben hin verbergen und damit einen Beitrag zur Implementierung des Transaktionskonzeptes erbringen.

Als nächstes folgt der Complex Record Manager (CRM) (s. Kapitel 3), der die Abbildung zwischen NF^2-Tupeln und dem linearen, seitenstrukturierten Adreßraum des SMM leistet. An der Schnittstelle des CRM gibt es nur einen einzigen Typ von Daten, nämlich die NF^2-Relation. Wir haben bewußt diesen puristischen Standpunkt bezogen, alle Daten – auch Verwaltungsinformation, wie etwa den Katalog – im Modell auszudrücken, um mit möglichst wenigen Konzepten zur Klarheit und Handhabbarkeit des Systems beizutragen. Zu dieser "Schlankheit" des System gehören sowohl Datenmodellaspekte (wir erlauben nur relationenwertige nicht etwa auch listen- oder tupelwertige Attribute, vgl. /PHH83/) als auch Implementierungsgesichtspunkte. So gibt es nur einen Seitentyp, also keine Trennung von Daten- und Zugriffspfadseiten. Zugriffspfade sind nicht einmal Bestandteil des Speicherungssystems, sondern werden erst darauf implementiert, dann ebenfalls als NF^2-Relationen (hierin liegt ein wichtiger Unterschied zur Trennung RDS-RSS, da RSS Zugriffspfade wartet!). Dies erlaubt die Anpassung von Zugriffstechniken an die speziellen Anforderungen des jeweiligen Einsatzgebietes.

Die letzte Schicht des Subsystems schließlich, der Versionen-Manager, bietet die Möglichkeit, für einzelne Relationen optional zeitliche Veränderungen aufzuzeichnen. Dazu wird bei Änderungsoperationen der neue Zustand des betroffenen Objekts gespeichert, ohne den jeweiligen alten Zustand zu überschreiben. Die aufgezeichneten Werte bilden eine zeitlich geordnete Folge von **Versionen** eines Objekts; jede Version trägt die Zeitmarke ihrer Entstehung.

Die Notwendigkeit, Versionen zu führen, gibt es u.a. im Bereich des CAD/CAM (/KaLe84/,/MS83/), bei der Speicherung von Dokumenten in Bürosystemen (/Gü83/) und allgemein zur Unterstützung der Revision bei Buchungssystemen jeglicher Art. In konventionellen Datenbanksystemen finden Versionen für Concurrency Control und Recovery Verwendung (z. B. /Re83/). Entsprechend der Gesamtkonzeption unseres Kernsystems werden primär Versionen von NF^2-Tupeln unterstützt, woraus Versionen einer ganzen Relation abgeleitet werden können. Näheres über den Versionen-Manager ist in Kapitel 4 zu finden.

2 EINORDNUNG DES SUBSYSTEMS IN DIE UMGEBUNG

2.1 DAS SUBSYSTEM IN DER GESAMTARCHITEKTUR

Nachdem wir uns einen Überblick über die Funktionen des Speichersubsystems und ihre Implementierungen verschafft haben, geben wir nun zur Orientierung und Einordnung eine Übersicht über die Architektur der zweiten Komponente von DASDBS, des NF^2-Algebra-Systems (NAS). Die Aufgabe des NAS besteht im wesentlichen aus der Erweiterung des Funktionsumfanges des Speichersystems im Hinblick auf die Unterstützung des vollen Spektrums der NF^2-Algebra, ein Anwendungs-Transaktionskonzept, die Wartung von Zugriffspfaden und die Unterstützung von verschiedenen Sichten auf die gespeicherten Daten, insbesondere Datentypen. Da es sich auch an der äußeren Schnittstelle des NAS noch um ein Kernsystem handelt, ist vorgesehen, auf dieser Schicht verschiedene, jeweils anwendungspezifische, Moduln zu implementieren, so daß letztlich vollständige Datenbanksysteme für die jeweiligen Anforderungsprofile entstehen können. Der modulare Aufbau aller drei Komponenten ist in Abb. 1 dargestellt.

Direkt auf der Speicherschnittstelle operiert der "Single-Pass-Query-Processor" (SPQP), der eine Ein-Relationen-Schnittstelle mit Zugriffspfadunterstützung und -wartung bietet, auf der eine eingeschränkte Klasse von algebraischen Abfragen und Änderungsoperationen angeboten werden. Es handelt sich dabei um solche Operationen, die in einem Durchlauf (Scan) durch eine Relation bearbeitbar sind.

Komplexere, insbesondere zweistellige Operationen auf NF^2-Relationen werden durch Iteration auf solche SPQP-Aufrufe abgebildet. Dies ist die Aufgabe des Moduls Query Processor (QP), der außerdem die Auswahl der Zugriffsstrategie zur Laufzeit der Anfragen trifft. Die Auswertung des gewählten Zugriffpfads dagegen ist Sache des SPQP, soweit es sich um Ein-Relationen-Zugriffspfade handelt. Der Query Processor ist außerdem diejenige Schicht von DASDBS, die Datentypen als Domains von Attributen kennt, bzw. aus den Bytefolgen der darunterliegenden Schichten interpretiert. Ähnlich wie RSS in System R kennen also die unteren Schichten in unserer Architektur nur einen Datentyp "Bytestring".

Im weiteren Ausbau soll die Möglichkeit geboten werden, zwischen konzeptuellem und internem Schema einer Datenbank zu unterscheiden, evtl. sogar noch externe Sichten (Views) auf das konzeptuelle Schema ermöglichen (3-Schichten Architektur nach ANSI/SPARC). Durch diese Schichtenbildung können häufig vorkommende, teure Operationen – wie etwa Joins – "materialisiert" werden, was zu wesentlichen Performanceverbesserungen führt. Für den physischen Datenbankentwurf wird es eine eigene Komponente geben, die das Schema der internen Relationen inklusive den Zugriffspfaden allein aus Performanceaspekten festlegt. Das Subsystem arbeitet dann nur noch mit diesen internen Relationen. Eine Voraussetzung für die nichttrivialen Abbildungen zwischen den Schichten ist allerdings, daß die Anfragen, die sich durch Einsetzen der Transformationsgleichungen ergeben, effizient algebraisch optimiert werden können (vgl. /SS83/, /Scho82/). Die beiden Teilgebiete Schichtentransformation und Algebraische Optimierung sind im Modul NF^2-Algebra-Transformation und Optimierung (NATO) zusammengefaßt.

Das Prinzip der offenen geschachtelten Transaktionen wird im NAS entsprechend den Operationen des Query Processors durch eine prädikatenorientierte Concurrency Control fortgesetzt.

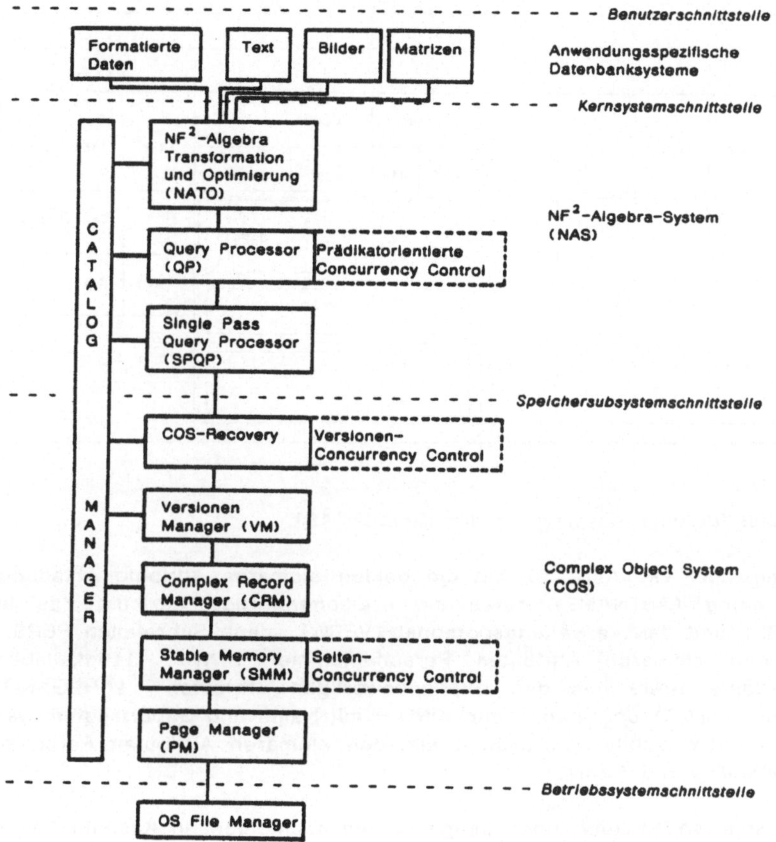

<u>Abb. 1:</u> Architektur von DASDBS (DArmStädter DatenBankSystem)

2.2 DAS NF^2-RELATIONENMODELL

Das in DASDBS verwendete erweiterte sog. NF^2-Relationenmodell baut auf dem bekannten Relationenmodell auf. Es wird jedoch, wie der Name NF^2 = Non-First-Normal-Form schon sagt, die Erste-Normalform-Bedingung aufgegeben, d. h. als Domains für Attribute werden nicht nur Mengen mit atomaren Werten sondern wiederum Relationen, also Elemente von Potenzmengen, zugelassen. Als einfaches Beispiel dient folgendes Abteilungsschema:

```
ABT(ANR, ABTNAME,
        PERS(PNR, TBEZ, NAME, LEHRGANG(LNR, JAHR), KIND(NAME, GEBDAT)),
        VERW(PNR, TBEZ, NAME))
```

<table>
<tr><th colspan="12">ABT</th></tr>
<tr><th rowspan="3">ANR</th><th rowspan="3">ABTNAME</th><th colspan="7">PERS</th><th colspan="3">VERW</th></tr>
<tr><th rowspan="2">PNR</th><th rowspan="2">TBEZ</th><th rowspan="2">NAME</th><th colspan="2">LEHRGANG</th><th colspan="2">KIND</th><th rowspan="2">PNR</th><th rowspan="2">TBEZ</th><th rowspan="2">NAME</th></tr>
<tr><th>LNR</th><th>JAHR</th><th>NAME</th><th>GEBDAT</th></tr>
<tr>
<td rowspan="3">1</td><td rowspan="3">Forschung</td>
<td>511</td><td>Programmierung</td><td>Knut</td>
<td>1
4
6</td><td>78
79
81</td><td>Helga
Tom</td><td>160781
010479</td>
<td>112</td><td>Sekretariat</td><td>Rüber</td>
</tr>
<tr>
<td>552</td><td>Grundlagen</td><td>Bond</td>
<td>1
2</td><td>81
79</td><td>Julia</td><td>030878</td>
<td>121</td><td>Bibliothek</td><td>Meier</td>
</tr>
<tr>
<td>648</td><td>Planung</td><td>Hurtig</td>
<td>1
2
3</td><td>80
81
82</td><td></td><td></td>
<td></td><td></td><td></td>
</tr>
</table>

<u>Abb. 2:</u> Beispiel für eine Ausprägung der Relation ABT

Jedes Abteilungstupel (s. Abb. 2) hat die beiden atomaren Attribute Abteilungsnummer (ANR) und -name (ABTNAME) sowie als relationenwertige Attribute das technische Personal (PERS) und das Verwaltungspersonal (VERW). Jede Subrelation PERS ihrerseits besteht aus den atomaren Attributen Personalnummer (PNR), Tätigkeitsbezeichnung (TBEZ) und Name sowie aus den relationenwertigen Attributen LEHRGANG – mit Lehrgangsnummer (LNR) und Jahr – und KIND – mit Name und Geburtsdatum des Kindes. Die Subrelation VERW schließlich besteht aus den atomaren Attributen Personalnummer, Tätigkeitsbezeichnung und Name.

An diesem Beispiel sollen auch noch einige in den nachfolgenden Kapiteln beschriebenen Begriffe erläutert werden: Elemente einer NF^2-Relation werden im folgenden Strukturierte Tupel (Kosename: Strupel) oder NF^2-Tupel genannt. ABTNAME ist ein atomares Attribut (AV-Attribut), PERS ein relationenwertiges Attribut (RV-Attribut) von ABT. PERS ist damit eine Subrelation und die Tupel von PERS heißen Subtupel. Das gleiche gilt für LEHRGANG und KIND, nur eine Hierarchiestufe tiefer.

Die Operationen auf NF^2-Relationen sind ebenfalls eine Erweiterung der Operationen auf flachen Relationen und in /SS84/ formal beschrieben.

3 SPEICHERVERWALTUNG STRUKTURIERTER TUPEL

Die zentrale Komponente in unserem Subsystem ist der "Complex Record Manager" (CRM). Er führt die Abbildung zwischen den internen NF^2-Relationen und den Seiten des "Stable Memory Managers" durch, d. h. alle Module oberhalb des CRM kennen nur noch Relationen bzw. Tupel, aber keine Seiten mehr.

3.1 KONZEPTION DER SPEICHERUNG

Über den CRM können ausschließlich Daten verwaltet werden, die eine NF^2-Tupel-Struktur besitzen und auf Seiten gespeichert werden. Für Schichten weiter oben dient der CRM daher zur Verwaltung von internen Relationen, Zugriffspfadrelationen, Versionenrelationen sowie Katalogrelationen. Dies hat den Vorteil, daß man gleiche Funktionen für verschiedene Typen von Relationen nur einmal implementieren muß, was zu weniger Moduln führt. Die Gleichbehandlung der Relationen führt dazu, daß der CRM als eine Art Speicherserver dient, der über die Bedeutung und die Beziehungen zwischen den Relationen nichts weiß.

Bei der Behandlung komplexer Tupel gibt es im wesentlichen 3 Möglichkeiten, bis zu welcher Ebene diese bekannt sind: nur auf Benutzerebene, auch auf konzeptueller Ebene, bis zur internen Ebene.

Die erste Möglichkeit erreicht man durch eine Preprocessor-Lösung: Auf ein vorhandenes Datenbanksystem, das nur flache Tupel kennt, wird ein System aufgesetzt, das Operationen auf komplexen Objekten verarbeiten kann und diese auf Operationen für flache Tupel abbildet. Überlegungen und Untersuchungen hierzu werden u. a. mit System R gemacht (/Lo84/).

Bei der zweiten Möglichkeit kennt zwar das System komplexe Objekte, verwendet dann aber weiter unten bei der Abbildung auf Seiten flache Tupel bzw. IMS-artige Segmente. Der Zusammenhang zwischen diesen atomaren Fragmenten und dem gesamten NF^2-Tupel wird dann über ein Directory, das mit einer Linkstruktur vergleichbar ist, hergestellt. Diese Richtung wird z. Zt. im AIM-Projekt verfolgt (/AIM84/, /Lu85/).

Bei der dritten Möglichkeit dagegen, die wir weiter verfolgen wollen, werden NF^2-Tupel direkt ohne die Zwischenstufe der flachen Tupel auf Seiten abgebildet. Dabei sollen ganze NF^2-Tupel möglichst dicht zusammen abgespeichert werden, unter Einhaltung folgender Regeln:

- Wenn ein Tupel kleiner als eine Seite ist, dann soll es auch auf einer Seite abgespeichert sein.
- Wenn ein Tupel mehrere Seiten umfaßt, sind auf diesen Seiten nicht noch andere Tupel , d. h. ein seitenübergreifendes Tupel soll auf möglichst wenigen Seiten stehen.
- Auf einer Seite stehen immer nur Tupel bzw. Tupelteile von **einer** NF^2-Relation.
- Die ersten beiden Regeln sollen rekursiv auch auf Tupel von Subrelationen, d. h. relationenwertigen Attributen, angewendet werden.

Die Adressierung und Speicherung Strukturierter Tupel ist so ausgelegt, daß sowohl komplette Tupel bzw. Subtupel als auch Mengen von Tupeln adressiert werden können. Ein (ganzes) Tupel einer NF^2-Relation belegt im allgemeinen eine Menge von Seiten, die als dynamischer Adreßraum des NF^2-Tupels betrachtet wird. Die erste Seite (Wurzelseite), die u. a. den Header eines Tupels enthält, identifiziert diese Seitenmenge. Der strukturelle Zusammenhang der einzelnen Subtupel soll am Beginn eines NF^2-Tupels bereits ersichtlich sein. Dies hat den Vorteil, daß bei einem Zugriff auf ein Subtupel eine Traversierung vieler Seiten vermieden wird. Die Seitennummern der Seitenmenge werden ebenfalls am Tupelanfang gespeichert. Auf diese Weise kann man häufig mit zwei Aufrufen des SMM auf das komplette Strupel zugreifen. Der erste Aufruf liefert die benötigte Strukturinformation und die Nummern der betroffenen Seiten, die im zweiten Aufruf (via chained I/O) vom mengenorientierten SMM bereitgestellt werden.

Eine detaillierte Darstellung findet sich in /DGW85/. Die Adressierung komplexer Strupel orientiert sich am TID-Konzept, während für den inneren Zugriff auf Subtupel eine relative Adressierung in Art des Database-Key-Konzepts verwendet wird.

3.2 FUNKTIONEN DES COMPLEX-RECORD-MANAGERS (CRM)

3.2.1 LESEOPERATIONEN DES CRM

Die Leseoperation des CRM muß eines unserer Hauptziele, nämlich schnellen Zugriff (d.h. möglichst wenig Aufrufe des SMM) für vollständige Strupel als auch direkten Zugriff auf Teilbäume bis hin zu den Blattknoten des hierarchischen Tupels verwirklichen. An der Schnittstelle äußert sich dies durch die geschachtelte Projektion als konsequenter Verallgemeinerung der im flachen Relationenmodell angebotenen Projektion zum Auswählen von Attributwerten. Diese π-π-Operation ist charakteristisch für den CRM. Angereichert wird die Schnittstelle durch einfache Selektionsfilter, die auf jeder Ebene des hierarchischen Tupel im Stile von "searchable arguments" des System R mitgegeben werden können. An der Schnittstelle zum SMM wird dann mit der π-π-Spezifikation und den Adressen im Tupel-Header die Menge der Seiten berechnet, auf die zugegriffen werden muß, um die π-π-Operation zu befriedigen.

In der entsprechenden Implementierung in DASDBS sind folgende Operationen vorgesehen:

    RETRIEVE
    NEXT
    CLOSE

Es werden immer Tupelmengen von einer Relation des CRM in den Übergabebereich (s. Abschnitt 3.3) übertragen. Ist genügend Platz für die Ergebnismenge vorhanden, wird der gesamte Lesebebefehl mit einer RETRIEVE-Operation ausgeführt. Ist dies nicht der Fall, wird mit RETRIEVE implizit ein Scan geöffnet. Darauf kann man sich dann in einer anschließenden Folge von NEXT-Operationen beziehen. Selbstverständlich können andere Scans auf diese oder weitere Relationen gleichzeitig geöffnet sein. Mit CLOSE wird ein geöffneter Scan abgebrochen.

Grundlage der RETRIEVE-Operation ist die NF^2-Algebra, wie sie in /SS84/ detailliert beschrieben ist. Das allgemeine Format der RETRIEVE-Operation sieht so aus:

π[<A-Liste>] (σ[<σ-Formel>] (π[<π-Liste>] (ψ[<Adreß-Relation>] (<Relation>))))

Dabei ist <Relation> der Name einer im Katalog beschriebenen NF^2-Relation. Die ψ-Operation schränkt die überhaupt in Frage kommenden Strupel (und die dazugehörigen Sub-Tupel) durch die Vorgabe von Adressen ein. Die innere π-Operation dient dazu, um in der Hierarchie des NF^2-Tupels "hinabzusteigen", d.h. in der π-Liste werden Operationen auf Attributen von RV-Attributen der <Relation> (Subrelationen) angegeben. Die Selektionsbedingung – spezifiziert durch die σ-Formel – und die Attributliste der Projektion schränkt das Ergebnis in bekannter Weise ein.

Die Elemente der π-Liste können eines der beiden folgenden Formate haben (E steht jeweils als vorgegebener Name für das Ergebnisschema):

    <Attribut>: E
        Name eines AV- oder RV-Attributs der Relation, das vollständig übernommen wird.

    π[<A-Liste>] (σ[<σ-Formel>] (π[<π-Liste>] (<RV-Attribut>))): E
        Hier gilt das gleiche wie allgemein auf der Relationsebene nur eine Hierarchiestufe

429

tiefer für die Subrelation ‹RV-Attribut›. Da π-Liste rekursiv wieder eines der beiden Formate haben kann, kann man so in der gesamten NF^2-Relation bis zu RV-Attributen, die nur noch aus AV-Attributen bestehen, herunterprojizieren. Das Format von A-Liste und σ-Formel ist das gleiche wie in der gesamten RETRIEVE-Operation und wird unten erklärt. Jedes der drei Elemente A-Liste, σ-Formel und π-Liste kann weggelassen werden. Sind die Selektionsformel und die Attributliste nicht angegeben, handelt es sich um die einleitend erwähnte π-π-Operation.

Als Beispiel hierfür liefert der π-π-Ausdruck

$Q := \pi [ABTNAME, \pi [NAME, KIND] (PERS) : PK] (ABT)$

der sich auf das Schema von Abschnitt 2.2 bezieht, den Abteilungsnamen von jeder Abteilung sowie von deren technischen Angestellten den Namen und alle Kinder. Das Ergebnisschema ist $Q(ABTNAME, PK(NAME, KIND(NAME, GEBDAT)))$.

Ist die π-Liste nicht spezifiziert, so können weder in der A-Liste noch in der σ-Formel Attribute von Subrelationen erscheinen, d.h. diese können nur komplett oder überhaupt nicht übernommen werden.

Die σ-Formel entspricht der üblichen Selektionsformel der flachen Relationenalgebra. Für die Selektionsatome der Form 'A op B' sind zwei Fälle zu unterscheiden:

A ist AV-Attribut oder ein Ergebnisschema mit atomarem Domain. Dann gilt:
op $\in \{=, \neq, <, \leq, >, \geq\}$ und
B ist AV-Attribut oder eine Konstante $\in$ domain(A)

A ist RV-Attribut oder ein Ergebnisschema mit relationenwertigem Domain. Dann gilt:
op $\in \{=, \neq\}$ und
B $= \phi$.

Es sind also der übliche Vergleich von atomaren Attributen mit Konstanten sowie bei Subrelationen der Vergleich mit der leeren Menge zur Realisierung eines Existenzquantors möglich. Allgemeine Vergleiche zwischen Subrelationen und nichtleeren Mengen können hier nicht zugelassen werden, da sie keine Single-Pass-Ausdrücke darstellen. Ist die Selektionsliste nicht spezifiziert, so werden von allen ausgewählten Tupeln die angegebenen Attribute ohne weitere Selektion übertragen.

Für die Elemente der A-Liste gibt es zwei Möglichkeiten: zum einen können es Attribute der Relation bzw. im π-π-Fall des RV-Attributs sein. Andererseits sind Ergebnisschemata, die in der nachfolgenden π-Liste definiert werden, zugelassen. Ist die A-Liste nicht spezifiziert, so werden alle Attribute aller Hierarchiestufen der ausgewählten und selektierten Tupel übernommen.

Die Adreßrelation wird angegeben, um damit direkt bestimmte Tupel und Subtupel zu adressieren. Mit dem ψ-Operator wird also eine Adreßselektion durchgeführt, was in /SS83/ auch als "TID-Join" bezeichnet wird. Die Adreßrelation kann z.B. aus einem Zugriffspfad gewonnen werden und hat einen hierarchischen Aufbau analog zur Schachtelung der spezifizierten Relation. Der CRM-Aufruf

$\psi [\{\langle 14, 2, \{\langle 1, 1\rangle, \langle 1, 3\rangle\}\rangle\}] (ABT)$

liefert beispielsweise den ersten und dritten technischen Angestellten inklusive den Lehrgängen und Kindern der Abteilung mit dem TID $\langle 14, 2\rangle$.

Ist die Adreßrelation bei der RETRIEVE-Operation nicht spezifiziert, so wird ein sequentieller Scan über die gesamte Relation durchgeführt.

Ein weiteres Beispiel zeigt die Mächtigkeit der RETRIEVE-Operation:

π [ANR,
   π [NAME, π [LNR] (σ [JAHR $\geq$ 81] (LEHRGANG)) , KIND]
      (σ [TBEZ='Programmierung'] (PERS)) ,
   σ [TBEZ='Sekretariat'] (VERW)]
        (σ [ABTNAME='Forschung'] (ABT))

Über die Forschungsabteilung soll neben der Abteilungsnummer folgende Information gewonnen werden: Von den technischen Angestellten, die programmieren, interessieren deren Name, die Lehrgangsnummer ihrer seit 1981 besuchten Lehrgänge sowie Name und Geburtsdatum aller ihrer Kinder. Außerdem sollen die Personalnummer, die Tätigkeitsbezeichnung und der Name aller Verwaltungsangestellten im Sekretariat dieser Abteilung übergeben werden.

Gegenüber der allgemeinen NF^2-Projektion in /SS84/ sind hier deutliche Beschränkungen auferlegt: Nestung, Entnestung, Vereinigung, Differenz und Kartesisches Produkt sowie Hintereinanderschalten sind hier nicht erlaubt; diese sollen in weiter oben liegenden Schichten mittels der o. g. Bausteine implementiert werden. Verglichen mit konventionellen Dateiverwaltungssystemen und im Hinblick auf das intendierte Subsystem eines Datenbankkerns erscheint die zur Verfügung gestellte Mächtigkeit angemessen. Genauere Überlegungen zu den Beschränkungen befinden sich in /Sch85/.

3.2.2 AENDERUNGSOPERATIONEN DES CRM

Der CRM bietet die Änderungsoperationen INSERT, DELETE und UPDATE an. Bei der INSERT-Operation wird eine Menge von NF^2-Tupeln mit allen ihren Subrelationen, die im Übergabebereich bereitgestellt wird, in die angegebene Relation eingefügt und die Adreß-Relation für die neuen Tupel zurückgegeben. Mit der DELETE-Operation werden alle NF^2-Tupel komplett gelöscht, die über eine Adreß-Relation adressiert werden und sich über eine Selektionsformel qualifiziert haben. Die hier notwendigen Operationen π und σ entsprechen denen der RETRIEVE-Operation. Diese beiden Operationen INSERT und DELETE beziehen sich nur auf Mengen von kompletten NF^2-Tupeln. Wenn man jedoch an bestehenden Tupeln etwas ändern will, z. B. ein Subtupel hinzufügen, muß man die UPDATE-Operation benutzen. Dabei werden wieder über eine Adreß-Relation und eine Selektions-Formel die NF^2-Tupel ausgewählt, bei denen etwas geändert werden soll. Eine Änderungsliste beschreibt, welche Attribute (einschließlich den relationenwertigen) wie geändert werden sollen. Es gibt dabei die Möglichkeit, eine Menge von Subtupeln einer Subrelation hinzuzufügen bzw. zu löschen oder atomare Attribute durch eine Konstante zu überschreiben. Diese Änderungsoperationen kann man rekursiv auf allen Hierarchieebenen anwenden.

Es gibt also zwei Ziele für die Änderungsoperationen des CRM: Zum einen soll man durch eine geschachtelte UPDATE-Operation analog zum π–π-Konstrukt der RETRIEVE-Operation schnell und gezielt einzelne Teile eines Tupels direkt ändern können. Zum anderen soll es aber durch eine Mengenorientierung auch möglich sein, mit einem Aufruf sehr viele Tupel bzw. Subtupel einzuspeichern, zu löschen oder zu ändern. Detaillierte Beschreibungen sowie Beispiele der Änderungsoperationen sind in /DVSI85/ angegeben.

3.3 UEBERGABEBEREICHE FUER STRUKTURIERTE TUPEL

Eine wichtige Zielsetzung unseres Systems ist die konsequente Mengenorientierung. Es sollen nicht nur Mengen von Seiten vom externen Speicher auf einmal in den Hauptspeicher gebracht werden können, sondern auch zwischen den einzelnen Moduln sollen Mengen von Strupeln übergeben werden. Dies erscheint besonders wichtig in einer (verteilten) Server-Workstation-Umgebung, wo zu den Kosten für eine Schnittstellenüberquerung noch die Kommunikationskosten hinzukommen.

Herkömmliche DBMS bieten i. a. eine "One-tuple-at-a-time"-Schnittstelle an. Bei CODASYL-DBMS ist dies schon durch das Datenmodell festgelegt, aber auch relationale Systeme wie SQL/DS erlauben nur, einzelne Tupel zu übergeben. Ergebnismengen werden durch einen vom Benutzer verwalteten Scan ("open cursor", "fetch",...., "close cursor") abgearbeitet, wobei immer nur ein Tupel die Schnittstelle passiert.

Ein neuerer Ansatz sind die "Database Portals" (/SR84/), die es erlauben, ganze Relationen oder Ausschnitte daraus auf einmal zur Verfügung zu stellen und zu manipulieren. Das Portal ist quasi ein Puffer mit darauf definierten Funktionen wie Vor- und Zurückblättern, Ändern, Einfügen usw.. Die in /SR84/ vorgeschlagene Realisierung als <u>array</u> [1..k] <u>of</u> <u>record</u> reicht für unsere Anforderungen nicht aus.

Die CRM-Schnittstelle ist nämlich doppelt mengenorientiert: Es werden nicht nur Mengen von Strupeln übergeben, sondern auch einzelne Strupel können, falls sie relationenwertige Attribute haben, eine Menge von Subtupeln enthalten. Es ist demnach nicht möglich, den Übergabebereich exakt der Struktur des Ergebnisses entsprechend im voraus anzulegen. Es bietet sich daher an, die Tupel als Bytestrings darzustellen und Interpretationsinformationen mitzugeben. Eine mögliche Kodierung, die sich an den Speicherstrukturen des CRM orientiert, wird in /HW84/ beschrieben.

Das Wissen über diese Kodierung kann man in einem Interpretationsmodul verbergen, der den Übergabebereich nach oben zum abstrakten Datentyp (ADT) werden läßt. Objekte dieses ADT sind Strupel (oder Subtupel) und darauf sind vor allem Retrievalfunktionen definiert, z. B. "gebe Strukturbeschreibung für nächste(s) Strupel", "lese das (die) nächste(n) Strupel (oder Subtupel)", "bestimme Kardinalität des Ergebnisses", "extrahiere bestimmte(s) Subtupel".

Zur Realisation dieses "logischen" Übergabebereichs muß man auf die realen Übergabebereiche (d. h. physische Puffer) zurückgreifen. Da Ergebnismengen oder gar einzelne Tupel so groß werden können, daß sie nicht auf einmal in den größten verfügbaren Bereich passen, ist es nötig, die Ergebnismenge zu portionieren und die Größe der Übergabebereiche mit dieser Portionierung abzustimmen. Zur Extraktion dieser Portionen benutzt man die CRM-Funktionen RETRIEVE, NEXT, CLOSE (siehe Abschnitt 3.2). Die erste Portion wird sofort als Ergebnis von RETRIEVE zurückgegeben, die weiteren Pakete können durch Aufrufen von NEXT erhalten werden. Ist die letzte Portion verarbeitet oder benötigt der Verbraucher das Restergebnis nicht mehr (z. B. weil bei einer "exists"-Anfrage schon ein Treffer gefunden wurde), so ruft er CLOSE auf. Der Erzeuger kann nun den Übergabebereich freigeben und sämtliche damit verbundene Verwaltungsinformation (Scan-Block) wegwerfen.

Bei der Frage der Portionierung wird in DASDBS versucht, soweit als möglich, an den Grenzen logischer Einheiten (Strupel, Subtupel) zu zerteilen; wenn aber ein bestimmter Füllgrad unterschritten wird, spaltet man. Atomare Attribute werden nur im Extremfall gespalten, wenn sie alleine nicht mehr in eine Bereichsfüllung passen.

3.4 DER KATALOG

Für die hier beschriebene Speicherverwaltungskomponente dient der Katalog der Speicherung derjenigen Metadaten, die von Versionenmanager und Complex Record Manager (CRM) benötigt werden. Dazu zählen vor allem die Beschreibung des Schemas der gespeicherten Relationen, die gewählten Speicherungsstrukturen , Angaben über die Versionierung der Relationen sowie im Hinblick auf ein Gesamtdatenbanksystem die Erfassung von Performanceparametern, etwa Zugriffsstatistiken für das Tuning durch Änderungen des physischen Datenbankentwurfs.

Schon bei (flachen) relationalen Datenbanksystemen werden auch die Metadaten in Form von Katalogrelationen geführt, um redundante Implementierungen von Funktionen zur Manipulation von Benutzer- und Systemdaten zu vermeiden und dynamische Änderungen der Katalogeinträge zu unterstützen. Gemäß unserer Maxime, ein "schlankes" System möglichst ohne Spezialkonstrukte zu implementieren, wollen wir folglich einen Katalog in Form von NF^2-Relationen implementieren, die – wie alle anderen Relationen – vom CRM verwaltet und mittels NF^2-Algebra manipulierbar werden (siehe hierzu das später folgende Beispiel).

Um endlose Rekursionen durch wechselseitiges Aufrufen von Katalogverwalter und CRM beim Lesen von Kataloginformationen zu vermeiden, muß das Schema mindestens einer Katalogrelation fest im Programmcode verankert werden, andernfalls wäre folgendes Szenario denkbar: Wenn der CRM einen Auftrag ausführen soll, so holt er sich dazu aus dem Katalog die Beschreibung der zugrundeliegenden Relation. Der Katalog ist nun aber ebenfalls als Relation in der Datenbank gespeichert, d.h. zunächst ergeht vom Katalogverwalter ein Leseauftrag an den CRM zurück. Kennt nun der CRM nicht die Struktur dieser "Urstrupel" des Katalogs, so würde er wiederum im Katalog nachsehen, usw.

Im folgenden werden drei Varianten für die feste Struktur der zentralen Katalogrelation diskutiert, dabei kommt es uns weniger auf eine vollständige Auflistung der Attribute im Katalog an, als vielmehr auf die Darstellung der grundsätzlich verschiedenen Strukturierungsmöglichkeiten. Jede dieser Varianten erlaubt die Abspeicherung der Schemainformation aller weiteren vom DBS verwalteten Relationen:

```
1. CATALOG1 ( RELNAME, ATOMIC-ATT ( ANAME, SEQNO, DOMAIN ),
                       RV-ATT ( RVANAME, SEQNO, LEVELNO ) )


2. CATALOG2 ( RELNAME, ATOMIC-ATT ( ANAME, SEQNO, DOMAIN ),
                       RV-ATT ( RVANAME, FATHERNAME, SEQNO, LEVELNO,
                       ATOMIC-ATT ( ANAME, SEQNO, DOMAIN ) ) )


3. CATALOG3 ( RELNAME, ATOMIC-ATT0( ANAME0, SEQNO0, DOMAIN0 ),
                       RV-ATT0 ( RVANAME0, ATOMIC-ATT1 (...),
                                 RV-ATT1 ( ....,
                                           RV-ATT2 ( ... ))))
```

Ein Kontrollstrupel dieser Relation enthält jeweils bei Variante 1: die Beschreibungen einer (Sub-) Relation einer bestimmten Schachtelungstiefe mit atomaren Attributen (ATOMIC-ATT) sowie "Verweise" (RVANAME) auf die Beschreibungen ihrer relationenwertigen Attribute. Jede Relation und jede Subrelation (aller Schachtelungstiefen) der Datenbank ist in CATALOG1 durch ein Strupel beschrieben (vgl. /AIM84/). Bei Variante 2 gibt es nur ein Strupel je (äußerer) Relation in CATALOG2, dieses enthält jeweils alle atomaren Attribute (ATOMIC-ATT) der ersten Ebene, sowie alle relationenwertigen Attribute, jeweils mit ihren atomaren Unterattributen, aller Schachtelungstiefen (RV-ATT). Die Struktur des Schemas wird durch Verweise (FATHERNAME) innerhalb der RV-Attribute dargestellt. Auch in der letzten Variante ist eine Relation durch genau ein Strupel aus CATALOG3 beschrieben. Dieses enthält, in gleicher Weise geschachtelt wie die beschriebene Relation, zu jeder Schachtelungsebene die atomaren Attribute und die RV-Attribute, jeweils als eine Subrelation.

Ein Nachteil dieser letzten Strukturierung ist offensichtlich: die maximale Schachtelungstiefe ist durch die vorgegebene Struktur des Katalogs begrenzt. Gemeinsam mit der Variante 2 hat sie gegenüber Variante 1 den Vorteil, daß die Beschreibung einer Relation hier kompakt in einem Strupel enthalten ist, also auch mit einem einzigen CRM-Aufruf selektiert werden kann, was speziell in Server-Workstation-Umgebungen – je nach funktionaler Verteilung – an Bedeutung noch gewinnt. Die ersten beiden Varianten haben gegenüber der dritten jedoch den großen Nachteil, daß zur Rekonstruktion der Beschreibung einer (Sub-) Relation die Bildung der transitiven Hülle über die Abarbeitung von Verweisketten erforderlich ist, eine Operation, die nicht mittels NF^2-Algebra beschreibbar, also auch nicht vom CRM durchzuführen ist. Daher erscheint uns die dritte Möglichkeit trotz ihrer Einschränkung – bei geeigneter Wahl der maximalen Schachtelungstiefe ist sie praktisch irrelevant – am geeignetsten, zumal sie sehr einfach erlaubt, aus der Beschreibung einer Relation und einem spezifizierten π-π-Ausdruck die Beschreibung der Ergebnisstrupel abzuleiten. Diese Operation wird sicher bei der Übergabe von Zwischenergebnissen die Bearbeitung beschleunigen können. So kann etwa zu dem CRM-Aufruf

$$\pi[\text{ABTNAME}, \pi[\text{NAME}](\text{PERS})](\text{ABT}) \text{ mittels}$$

$$\pi[\sigma[\text{ANAME0='ABTNAME'}](\text{ATOMIC-ATT0}), \pi[\sigma[\text{ANAME1='NAME'}](\text{ATOMIC-ATT1})]$$
$$(\sigma[\text{RVANAME0='PERS'}](\text{RV-ATT0}))](\sigma[\text{RELNAME='ABT'}](\text{CATALOG3}))$$

die Beschreibung der Ergebnisstrupel aus der Beschreibung des ABT-Strupels berechnet werden.

Zur Unterstützung des Zugriffs auf die Relation CATALOG wird eine Bootstrapping-Tabelle mit den Adressen des CATALOG-Strupels jeder Relation angelegt, um sequentielle Scans zu vermeiden. Diese Tabelle steht an einer festen Adresse in einem Systemsegment.

Neben der Katalogrelation gibt es keine weiteren "festverdrahteten" Relationen. Weitere Systemrelationen werden wie Benutzerrelationen im Katalog beschrieben. Zur Freispeicherverwaltung werden etwa die folgenden Relationen angelegt:

    FPA (SEGMENTNO, PAGESIZE, FREEPAGES (PAGENO))

    RELFPA (RELID, FREESPACE (PAGENO, FREEBYTES))

FPA enhält zu jedem Segment die Menge der (ganz) leeren Seiten, RELFPA gibt zu jeder Relation den freien Platz (unscharf!) auf den Wurzelseiten; nur in diesen kann ja evtl. noch ein weiteres Tupel eingefügt werden. Die zweite Relation wird natürlich auch für Relationenscans benutzt, so daß nie ein Segmentscan erforderlich wird. Die Freispeicherinformation für die einzelnen Seiten befindet sich jeweils im Page-Header.

4 KOMPLEXE OBJEKTE: VERSIONEN STUKTURIERTER TUPEL

4.1 OPERATIONEN AUF UND MIT HILFE VON VERSIONEN

Der Versionen-Manager unseres Kernsystems soll kein allgemeines "Zeit-Verständnis" etwa im Sinne von /KILo83/ haben. Er kennt eine einzige, linear geordnete Zeit bis zur jeweiligen Gegenwart. Die Operationen des Versionen-Managers bilden keine temporale Sprachschnittstelle (/Ki83/,/MS83/), sondern stellen lediglich Grundfunktionen im Umgang mit (Zeit-) Versionen von Strupeln dar.

Eine Alternative zu Strukturierten Tupeln als Granulat wäre es, Versionen jeweils des atomaren Teils eines Subtupels zu bilden (/AIM84/). Prinzipiell ist dieser Ansatz genauso mächtig wie der von uns verfolgte, jedoch ist dabei ein größerer Aufwand zu erwarten, wenn oft auf Versionen eines gesamten NF^2-Tupels zugegriffen wird.

Wir nehmen an, daß jedes Objekt des Versionen-Managers, im folgenden "Komplexes Objekt" genannt, einen für seine Lebensdauer stabilen, eindeutigen "Complex Object Identifier" (Abk.: COID) hat. Der CRM als Basisimplementierungsschicht des Versionen-Managers kennt nur TID's als Identifizierungskriterium. Aufgabe des Versionen-Managers ist es folglich, ein Komplexes Objekt auf Strupel des CRM abzubilden. Wenn **COID** die Menge aller COID's, **TS** die Menge aller Zeitmarken und **TID** die Menge aller TID's bezeichnet, so hat er die Funktion

$$\tau:\ \mathbf{COID}\ \times\ \mathbf{TS}\ \rightarrow\ \mathbf{TID}$$

zu implementieren. Diese Funktion τ kann sowohl als Mechanismus verstanden werden, Versionen abzuspeichern, als auch als Retrievaloperation. Sie ist partiell, d.h. außerhalb der "Lebensspanne" eines Komplexen Objekts undefiniert. Zwischen zwei Objektänderungen interpoliert τ durch Annahme eines konstanten Objektzustandes im dazwischenliegenden Zeitraum (vgl. /KILo83/).

Alle Änderungsoperationen sind mit denen des CRM identisch, jedoch wird als zusätzlicher Parameter jeweils eine Zeitmarke verlangt, die mit den erzeugten Versionen bzw. einem Löscheintrag verknüpft wird. Beim Einfügen eines neuen Objekts gibt der Versionen-Manager einen COID zurück. Die Retrievalfunktion des Versionen-Managers ist die RETRIEVE-Operation des CRM, angereichert durch eine Zeitangabe, d.h. entweder einen Zeitpunkt oder ein Zeitintervall. Im Falle einer Zeitpunktangabe wird der Zustand der ausgewählten Objekte gemäß der o.a. Interpolationsvorschrift ermittelt. Bei Angabe eines Intervalls sind diejenigen Objektversionen Treffer, die innerhalb der Intervallgrenzen gültige Zustände waren und die Selektionsbedingung erfüllt haben.

4.2 SPEICHERUNG VON VERSIONEN

Oberste Maxime für den Versionen-Manager ist es, keinen Overhead für den Zugriff auf aktuelle Versionen zu verursachen. Insbesondere muß eine vorgesehene Clusterung aktuell gültiger Strupel zu jedem Zeitpunkt erhalten bleiben. Diese Forderung führt zwangsläufig dazu, aktuelle und alte Versionen separat zu speichern (/KaLe84/). Overhead erhält man allerdings trotzdem, wenn der Zusammenhang zwischen den verschiedenen Versionen eines Objekts über einen expliziten COID hergestellt wird und der Zugriff auf die aktuelle Version über eine COID-TID-Umsetzungstabelle erfolgt (z.B. /KaLe84/). Vermeiden können wir diese Indirektion, indem wir den COID eines Objekts als TID seiner aktuellen Versionen definieren; d.h. wir vereinbaren:

$$\tau(\text{Coid, NOW}) = \text{Tid} \implies \text{Coid} = \text{Tid} \qquad (\text{Coid} \in \text{COID, Tid} \in \text{TID})$$

Möglich ist diese Festsetzung, da wir bislang keinerlei Annahmen bezüglich der Natur eines COID's getroffen haben!

Eine weitere Forderung, die sich mit dem Konzept impliziter COID's leicht verbinden läßt, ist, daß COID's nach dem "logischen" Löschen eines Objekts wiederverwendbar sein sollen, d.h. daß insbesondere der Speicherplatz des entsprechenden TID's wieder verfügbar wird (vgl. /Lu84/). Wir schließen damit "Reinkarnationen" eines Objekts aus (z.B. Angestellte, die nach einer Kündigung später wieder in die Firma eintreten). Diese sind sauberer auf einer semantischen Ebene, z.B. über gleiche Primärschlüssel, handzuhaben.

Die zweite Maxime für den Versionen-Manager in DASDBS ist Flexibilität bezüglich des Tradeoffs zwischen Speicherplatz und Zugriffszeit. Das naheliegendste Speicherungsschema für Versionen eines Objekts ist eine zeitlich rückwärts verkettete Liste mit der aktuellen Version als Kettenanker (/Re83/). Diese Struktur hat die wünschenswerte Eigenschaft, daß der Zugriff auf eine Objektversion umso länger dauert, je älter diese ist. Das Schema ist auch vom Speicherplatz her recht günstig, da außer der aktuellen Version alle Versionen komprimiert in Form sogenannter Rückwärtsdifferenzen (UNDO-Information für die entsprechende Änderungsoperation) gespeichert werden können (/DLW84/, /Wei83/).

Ein alternatives Speicherungsschema, das gleichschnellen Zugriff auf alle alten Versionen unterstützt, basiert auf der Struktur eines Pointerarrays mit zeitlich geordneten Verweisen auf die einzelnen Versionen. Die Pointerarrays der verschiedenen COID's sind dabei in Form eines B^*-Baums organisiert (/KaLe84/). Diese Speicherorganisation hat allerdings den Nachteil, daß sie sich nicht mit der angesprochenen Differenzentechnik kombinieren läßt.

Es liegt darum nahe, die beiden skizzierten Verfahren zu verbinden, um die angestrebte Flexibilität bei der Speicherverwaltung von Versionen zu erreichen. Aus den im folgenden "HIST-INDEX" genannten Pointerarrays wird ausschließlich auf vollständig gespeicherte Versionen verwiesen, während in "Deltaform" vorliegende Versionen untereinander rückwärts verkettet sind. Einträge im HIST-INDEX, die sich auf solche Versionen beziehen, verweisen auf den jeweiligen Kettenanker. Wenn COID's wiederverwendet wurden, so enthält der HIST-INDEX natürlich entsprechende Löschvermerke. Die gesamte Speicherungsstruktur eines Objekts ist im folgenden Bild exemplarisch dargestellt.

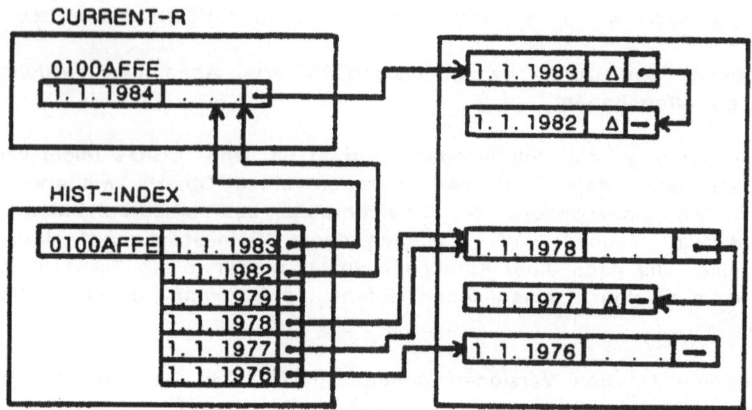

<u>Abb. 3:</u> Speicherungsschema für Versionen

Die Entscheidung, ob eine Version vollständig oder in Form einer Differenz gespeichert wird, wollen wir vor allem abhängig machen von der Größe einer vollständigen Version im Vergleich zur Größe des entsprechenden Deltas. Weitere Einzelheiten zur gewählten Speicherungsform von Versionen sind /DVSI85/ zu entnehmen.

5 GESCHACHTELTE TRANSAKTIONEN IN EINER SCHICHTENARCHITEKTUR

DASDBS bietet an seiner Schnittstelle die Transaktionsklammern BOT und EOT an, mit denen Operationsfolgen kenntlich gemacht werden, die unteilbar, dauerhaft und isoliert von anderen Transaktionen ablaufen sollen. Die übliche Implementierung der Transaktionsverwaltung findet in einer niedrigen Systemschicht statt. Die Vorteile, die man sich davon verspricht, sind zum einen potentielle Performancegewinne bedingt durch bessere Anpassung an die I/O-Struktur eines Systems und zum anderen natürlich die vereinfachte Programmierung höherer Schichten.

Es liegt daher nahe, Recoveryfunktionen und – sofern auch eine Mehrbenutzerumgebung unterstützt werden soll – Concurrency Control bereits im Kernsystem zu realisieren und Anwendungstransaktionen auf diese Basisimplementierung in geeigneter Weise abzubilden. Derartige Basis-Transaktionskonzepte wurden in jüngster Zeit sowohl für Programmiersprachen als auch für Betriebssysteme (z.B. /SSp84/,/Tr83/) vorgeschlagen. Der entscheidende Nachteil aber ist, daß Betriebssysteme oder allgemeiner Systemkerne notgedrungen einen semantisch ärmeren Objekt- und Operationsbegriff haben als anwendungsnahe Schichten. Konkret bedeutet dies in der Regel Seiten als Granulat für Concurrency Control und Recovery. Seitenorientierte Sperrverfahren wiederum führen zumindest bei klassischen Datenbankanwendungen zu vergleichsweise hohen Konfliktwahrscheinlichkeiten und damit zu einer potentiellen Einschränkung der Parallelität. Dieselben Überlegungen gelten auch für Optimistische Verfahren.

Wenn aber schon mit relativ vielen Behinderungen gerechnet werden muß, so besteht die einzige Chance zur Erhöhung der Parallelität in der Verkürzung der Sperrzeiten. Es gibt eine Reihe von Vorschlägen, in Verbindung mit speziellen Zugriffspfadstrukturen vom Zweiphasenprotokoll abzuweichen und bestimmte Sperren frühzeitig freizugeben. Wenn man indes die jeweiligen Freigabezeitpunkte als "Commitment" bestimmter Verarbeitungsphasen interpretiert, so erhält man einen fließenden Übergang zu einem anderen Ansatz, den wir als allgemeineren Rahmen ansehen: den der geschachtelten Transaktionen.

Eine einfache Variante dieses Mechanismus findet sich in System R, bei dem Seitensperren nur für die Dauer jeweils einer RSS-Aktion gehalten werden (/As76/). RSS-Aktionen sind also gewissermaßen Subtransaktionen eines Anwendungsprogramms. Wegen der Freigabe von Seitensperren vor EOT der eigentlichen Benutzertransaktion wird dieser Ansatz als "offene geschachtelte Transaktion" bezeichnet (/Tr83/). Tupelsperren werden bis EOT gehalten, so daß Serialisierbarkeit gewährleistet ist.

Die Frage stellt sich, wie unser Kernsystem aus derartigen Überlegungen Nutzen ziehen kann. Bisherige Studien zum Performancevergleich verschiedener Concurrency Control-Verfahren (z. B. /PR83/) zeigen, daß die Güte eines Verfahrens stark von den Lastcharakteristika, d. h. vom Referenzverhalten eines Systems abhängt. Da Referenzmuster Funktionen der jeweils betrachteten Objekte und Operationen, d. h. schichtenspezifisch sind, ist die Qualität einer Concurrency Control-Methode folglich eng mit der Systemebene verknüpt, auf der sie angewendet werden soll.

Die Konsequenz daraus ist, daß jede Ebene einer Schichtenarchitektur ihre eigene Concurrency Control durchführen sollte. Um Anomalien wie "Lost Update" oder "Domino-Effekt" zu verhindern, hat jede Systemschicht auch selbst Recovery durchzuführen – eine Idee, die bereits in /Ve79/ propagiert wurde. Im Gesamtbild erhalten wir damit pro Schicht eine Transaktionsverwaltungskomponente, deren Transaktionen jeweils Subtransaktionen der nächsthöheren Schicht sind. Diese Architektur gestattet den Austausch der jeweils implementierten Concurrency Control- und Recoveryalgorithmen, was im Hinblick auf die Anpaßbarkeit unseres Kernsystems wichtig erscheint.

In dem hier beschriebenen Subsystem von DASDBS gibt es zwei wohlunterscheidbare Objektebenen, die der Seiten und die der Strukturierten Tupel bzw. deren Versionen. Wir wollen deshalb bereits innerhalb dieses Kerns den Mechanismus der offenen geschachtelten Transaktionen anwenden. Mittels eines durch den "Stable Memory Manager" (SMM) implementierten Transaktionskonzepts auf der Seitenebene werden einzelne Operationen auf Strukturierten Tupeln "stabil" gemacht. Mehrere CRM-Operationen aber sollen ebenfalls transaktionsartig geklammert werden können. Dies kann nun einerseits klassisch durch Benutzung des SMM, d. h. mit seitenorientierter Recovery und Concurrency Control oder andererseits mit der Einführung einer CRM-spezifischen Transaktionsverwaltung zweistufig realisiert werden. Da der Versionen-Manager bereits eine Art Logdatei führt, ist es sinnvoll, diese zweite Transaktionsebene oberhalb davon anzusiedeln. Aufgrund der Charakterisierung von Strukturierten Tupeln als interne Objektrepräsentationen eines Datenbanksystems (siehe Kapitel 2) hat schließlich auch das über diesem Subsystem geplante NAS eine eigene Objektsicht mit spezifischen Operationen und konsequenterweise auch eine eigene Transaktionsverwaltung. Wir wollen dafür die Tauglichkeit sogenannter Signatursperren (/DPS83/) in künftigen Arbeiten untersuchen.

Die Vorteile der mehrstufigen Transaktionsverwaltung sind näher in /WS84/ erläutert; weitere Entwurfsüberlegungen zur Implementierung in DASDBS sind in /Wei84/ und /DVSI85/ zu finden.

6 AUSBLICK

Bei der Beschreibung eines Kernsystems, in unserem Fall sogar des Subsystems eines solchen, kommt naturgemäß die Diskussion der Anwendungen etwas kurz. Die Diskussion einer Schicht, die zwischen Anwenderebene und Kernsystemebene eingeschoben werden muß, wurde hier bewußt ausgeklammert.

Eine solche Schicht scheint im Bereich der konventionellen Datenbankanwendungen realisierbar. Abbildungen vom klassischen Relationenmodell, das für konventionelle Anwendungen konzipiert und erprobt ist, auf unser Subsystem werden durch die NF^2-Relationenschnittstelle direkt unterstützt. Die flexiblere Gestaltung von internen Datenstrukturen als NF^2-Relationen müßte zu höherer Effizienz für konventionelle Anwendungen führen. Dies wäre bereits ein Fortschritt.

Inwieweit auch die Nicht-Standard-Anwendungen von unserem Kernsystem profitieren können, müssen weitere Untersuchungen zeigen. Es muß ja immerhin nachgewiesen werden, daß die Verwendung eines Datenbankkernsystems einfach und effizient ist. Gemessen werden wir anhand vieler Spezialentwicklungen aus dem Nicht-Standardbereich. Es ist zu hoffen, daß die Vorteile bei der Verwendung eines (Kern-) Datenbanksystems (einheitliche Datenstrukturen und Datenbeschreibung, Transaktionskonzept, Stabiler Speicher) größer sind als die befürchteten Nachteile, nämlich daß ein allgemein verwendbares System zwangsläufig umständlicher in der Handhabung und unbefriedigend im Laufzeitverhalten sein müsse.

Die zur Klärung dieser Fragen notwendigen Pilotimplementierungen und -Erprobungen scheinen spannend zu werden !

<u>Danksagung</u>

Zur Architektur eines zukünftigen Datenbanksystems haben viele Diskussionen mit Herrn V. Lum und seiner Gruppe stattgefunden, wofür wir uns herzlich bedanken möchten. Unser Vorhaben wird auch in seinem für "Datenverwaltung in Arbeitsplatzrechnern" relevanten Teil durch einen Forschungsauftrag des Wissenschaftlichen Zentrums der IBM Heidelberg gefördert. Viele Anregungen, speziell auch zur "Zeit in Datenbanken", erhielten wir durch Herrn T. Härder, dem wir ebenfalls herzlich danken möchten.

7 LITERATUR

/AIM84/ AIM-Projektdarstellung, IBM Wissenschaftliches Zentrum Heidelberg, Februar 1984

/As76/ M. M. Astrahan et al., System R: Relational Approach to Database Management, TODS Vol. 1 No. 2, 1976

/DGW85/ U. Deppisch, J. Günauer, G. Walch, Speicherungsstrukturen und Adressierungstechniken für komplexe Objekte des NF^2-Relationenmodells, GI-Fachtagung Datenbanksysteme für Büro, Technik und Wissenschaft, Karlsruhe 1985, Springer Verlag 1985

/DKML84/ K. Dittrich, A. Kotz, J. Müller, P. Lockemann, Datenbankkonzepte für Ingenieuranwendungen: eine Übersicht über den Stand der Entwicklung, in: H.-D. Ehrich (Hrsg.), Proc. GI-14. Jahrestagung Braunschweig 1984, IFB 88, Springer Verlag 1984

/DLW84/ P. Dadam, V. Lum, H.-D. Werner, Integration of Time Versions into a Relational Database System, VLDB 1984

/DPS83/ P. Dadam, P. Pistor, H.-J. Schek, A Predicate Oriented Locking Approach for Integrated Information Systems, Proc. of the IFIP Conference, Paris 1983

/DVSI85/ U. Deppisch, V. Obermeit, H.-B. Paul, H.-J. Schek, M. Scholl, G. Weikum, The Storage Component of a Data Base Kernel System, Technical Report DVSI-1985-T1, FB Informatik, TH Darmstadt 1985

/Eb84/ W. Eberlein, Architektur technischer Datenbanken für integrierte Ingenieursysteme, Dissertation, Arbeitsberichte des IMMD, Band 17, Nr. 1, Universität Erlangen, 1984

/GP83/ L. Gründig, P. Pistor, Flächenbezogene Informationssysteme und ihre Anforderungen an Sprachschnittstellen, in: J. W. Schmidt (Hrsg.), Sprachen für Datenbanken, IFB 72, Springer Verlag 1983

/Gü83/ K. D. Günther, Database Requirements of Computer-Aided Office Procedures, GMD-Arbeitspapier Nr. 54, 1983

/HL82/ R. L. Haskin, R. Lorie, On Extending the Functions of a Relational Database System, ACM SIGMOD Conf., 1982

/HR83/ T. Härder, A. Reuter, Database Systems for Non-Standard Applications, Proc. Int. Computing Symposium, 1983

/HW84/ D. Horn, A. Wolf, Strukturen zur Darstellung von NF^2-Tupeln in internen Übergabepuffern von Datenbanksystemen, TH Darmstadt, Arbeitsbericht DVSI-1984-A11, 1984

/Ja84/ G. Jaeschke, Recursive Algebra for Relations with Relation Valued Attributes, Technical Report 84.01.003, IBM Heidelberg, 1984

/JS82/ G. Jaeschke, H.-J. Schek, Remarks on the Algebra of Non First Normal Form Relations, ACM Symposium on Principles of Database Systems 1982

/KaLe84/ R. H. Katz, T. J. Lehman, Database Support for Versions and Alternatives of Large Design Files, IEEE Transactions on Software Engineering Vol. SE-10 No. 2, 1984

/Ki83/ H. Kinzinger, Erweiterungen einer Datenbank-Anfragesprache zur Unterstützung des Versionenkonzepts, in: J. W. Schmidt (Hrsg.), Sprachen für Datenbanken, IFB 72, Springer-Verlag 1983

/KlLo83/ M. R. Klopprogge, P. C. Lockemann, Modelling Information Preserving Databases: Consequences of the Concept of Time, VLDB 1983

/Lo84/ R. Lorie et al., User Interface and Access Techniques for Engineering Databases, IBM Research Report RJ 4155, San Jose, 1984

/LS83/ W. Lamersdorf, J. W. Schmidt, Rekursive Datenmodelle, in: J. W. Schmidt (Hrsg.), Sprachen für Datenbanken, IFB 72, Springer Verlag 1983

/Lu84/ V. Lum et al., Designing DBMS Support for the Temporal Dimension, SIGMOD Conference 1984

/Lu85/ V. Lum et al., Design of an Integrated DBMS to Support Advanced Applications, GI-Fachtagung Datenbanksysteme für Büro, Technik und Wissenschaft, Karlsruhe 1985, Springer Verlag 1985

/Mi84/ B. Mitschang: Überlegungen zur Architektur von Datenbanksystemen für Ingenieuranwendungen, in: H.-D. Ehrich (Hrsg.), Proc. GI-14. Jahrestagung Braunschweig 1984, IFB 88, Springer Verlag 1984

/Mo82/ J. Moss, Nested Transactions and Reliable Distributed Computing, Proc. 2nd IEEE Symposium on Reliability of Distributed Software and Database Systems, 1982

/MS83/ T. Müller, D. Steinbauer, Eine Sprachschnittstelle zur Versionenkontrolle in CAM-Datenbanken, in: J. W. Schmidt (Hrsg.), Sprachen für Datenbanken, IFB 72, Springer-Verlag 1983

/Neu83/ T. Neumann, On Representing the Design Information in a Common Data Base, Proc. Database Week – Engineering Design Applications, San Jose 1983

/PHH83/ P. Pistor, B. Hansen, M. Hansen, Eine Sequelartige Sprachenschnittstelle für das

NF^2-Modell, in: J. W. Schmidt (Hrsg.), Sprachen für Datenbanken, IFB 72, Springer Verlag 1983

/PR83/ P. Peinl, A. Reuter, Empirical Comparison of Database Concurrency Control Schemes, VLDB 1983

/PSSW84/ H. -B. Paul, H. -J. Schek, M. Scholl, G. Weikum, Überlegungen zur Architektur eines "Non-Standard"-Datenbanksystems, Arbeitsbericht Nr. DVSI-1984-A2, Technische Hochschule Darmstadt, 1984

/Re83/ D. P. Reed, Implementing Atomic Actions on Decentralized Data, ACM Transactions on Computer Systems Vol. 1 No. 1, 1983

/Ro82/ M. J. Rochkind, Structure of a Database File System for UNIX Operating Systems, The Bell System Technical Journal Vol. 61 No. 9, 1982

/Sch84/ H. -J. Schek, Nested Transactions in a Combined IRS-DBMS Architecture, in: Proc. 3rd BCS/ACM Symp. on Research and Development in Information Retrieval, Cambridge 1984

/Sch85/ H. -J. Schek, Towards a Basic Relational NF^2-Algebra Processor, Proc. International Conference on Foundations of Data Organization, Kyoto, Japan, 1985

/Scho82/ M. Scholl, Algebraische Frageoptimierung in Datenbanksystemen mit nichttrivialen Abbildungen zwischen konzeptuellem und internem Datenmodell, Diplomarbeit, Technische Hochschule Darmstadt, 1982

/SLTC82/ N. C. Shu, V. Y. Lum, F. C. Tung, C. L. Chang, Specification of Forms Processing and Business Procedures for Office Automation, IEEE Transactions on Software Engineering Vol. SE-8, No. 5, 1982

/SP82/ H. -J. Schek, P. Pistor, Data Structures for an Integrated Data Base Management and Information Retrieval System, VLDB 1982

/SR84/ M. Stonebraker, L. A. Rowe, Database Portals: A New Application Programm Interface, VLDB 1984

/SS83/ H. -J. Schek, M. Scholl, Die NF^2-Relationenalgebra zur einheitlichen Manipulation externer, konzeptueller und interner Datenstrukturen, in J. W. Schmidt (Hrsg.), Sprachen für Datenbanken, IFB 72, Springer Verlag 1983

/SS84/ H. -J. Schek, M. Scholl, An Algebra for the Relational Model with Relation-Valued Attributes, Technical Report DVSI-1984-T1, Technische Hochschule Darmstadt, 1984

/SSp84/ P. M. Schwarz, A. Z. Spector, Synchronizing Shared Abstract Types, ACM Transactions on Computer Systems, Vol. 2 No. 3, 1984

/Tr83/ I. L. Traiger, Trends in Systems Aspects of Database Management, Proc. 2nd Int. Conf. on Databases (ICOD-2), Cambridge 1983

/Ve79/ J. S. M. Verhofstad, Recovery Based on Types, in: G. Bracchi/G. M. Nijssen (eds.), Data Base Architecture, North-Holland Publ. 1979

/Wa84/ B. Walter, Nested Transactions with Multiple Commit Points: An Approach to the Structuring of Advanced Database Applications, VLDB 1984

/Wei83/ G. Weikum, Entwurfsüberlegungen für einen Versionen-Manager zur Realisierung eines Temporalen Datenbanksystems, TH Darmstadt, Arbeitsbericht DVSI-1983-A1

/Wei84/ G. Weikum, Transaktions-Recovery in Datenbanksystemen mit Schichtenarchitektur: Neue Ansätze zu einer Systematik, TH Darmstadt, Arbeitsbericht DVSI-1984-A1

/WS84/ G. Weikum, H. -J. Schek, Architectural Issues of Transaction Management in Multi-Layered Systems, VLDB 1984

SPEICHERUNGSSTRUKTUREN UND ADRESSIERUNGSTECHNIKEN
FÜR KOMPLEXE OBJEKTE DES NF^2-RELATIONENMODELLS

Uwe Deppisch [1]
Jürgen Günauer [2]
Georg Walch [2]

[1] Fachgebiet Datenverwaltungssysteme I der TH Darmstadt
[2] Wissenschaftliches Zentrum Heidelberg der IBM Deutschland

Kurzfassung

Viele Non-Standard-Anwendungen erfordern die Verwaltung komplexer Objekte in
Datenbanksystemen. Die Modellierung solcher Objekte wird sich daher oft am
NF^2-Relationenmodell orientieren. Dabei stellt sich die Frage, wie diese Objekte auf
der internen Ebene eines Datenbanksystems zu verwalten sind. Die hier beschriebenen
Konzepte, hierarchisches TID-Konzept und Minidirectory Konzept, stellen neue Ansätze
zur Speicherung und Adressierung komplexer Objekte dar. Sie sind beide
unterschiedliche Erweiterungen des TID-Konzeptes und erfüllen die wesentlichen
Anforderungen hinsichtlich Speicher-, Retrieval-, Update- und Reorganisationskosten.
Eine genauere Analyse und ein Vergleich soll die Eignung dieser Adressierungskonzepte
für unterschiedliche Anwendungen beurteilen helfen.

Abstract

Many non-standard applications require the management of complex objects in database
systems. Hence, the modelling of those objects will be oriented by the NF^2 relational
model. Besides, there is an open question, how to manage these objects within the
internal level of a database system. This paper describes two new proposals, the
hierarchical TID concept and the minidirectory concept, for storage structures and
addressing of complex objects. Both are different extensions of the TID concept and
fulfill the essential requirements with respect to storage, retrieval, update, and
reorganization costs. Finally an analysis and comparison should help to discuss the
suitability of these concepts for different applications.

1. EINLEITUNG

In jüngster Zeit sind Erweiterungen des Relationenmodells vorgeschlagen worden, die
eine wirksame Unterstützung von Non-Standard-Anwendungen wie Computer Aided Design
(CAD), Büroautomatisierung sowie die Integration von Datenbanksystemen und
Information Retrieval Systemen ermöglichen sollen (z.B. /SchP82/, /GP83/). Eine
wichtige Erweiterung ist die Zulassung nicht atomarer, komplexer Attribute, im
besonderen relationenwertiger Attribute, im NF^2-Relationenmodell ("NF^2" =
"Non-First-Normal-Form" /SchS84/). Relationenwertige Attribute werden im folgenden
auch Subrelationen und die Ausprägungen ihrer Elemente Subtupel genannt. Ein
komplexes Tupel kann auch als hierarchische Struktur (Baum) betrachtet werden. Das
NF^2-Relationenmodell soll auch auf das interne Schema eines Datenbanksystems
angewendet werden, wobei die komplexen Tupel gleichzeitig die gewünschte Clusterung
beschreiben und damit zur Optimierung der Speicherungsstrukturen dienen.

Im Folgenden sollen die Anforderungen an ein NF²-Datenbanksystem (siehe /Lum85/, /De85/) hinsichtlich geeigneter Speicherungsstrukturen und Adressierungstechniken erörtert werden. Nach einer Übersicht über die möglichen Techniken werden zwei Konzepte, das hierachische Tuple-ID Konzept und das Minidirectory Konzept näher beschrieben und miteinander verglichen.

2. ANFORDERUNGEN AN SPEICHERUNGSSTRUKTUREN UND ADRESSIERUNG

Ein wesentlicher Gesichtspunkt bei der Einführung komplexer Objekte im Datenbankmodell war der Wunsch, logisch zusammengehörende Informationsteile auch physisch zusammen (benachbart) zu speichern, um den Zugriff sowohl in der Formulierung zu erleichtern als auch in der Ausführung zu beschleunigen. Die hierfür zu entwerfende Speicherungsstruktur und Adressierungstechnik muß nach den Kriterien der Speicher- Retrieval- und Update-Kosten, sowie unter dem Aspekt einer gegebenenfalls notwendigen Reorganisation beurteilt werden.

2.1 Speicherkosten

Die im Vergleich zu einem 1NF-Relationenmodell notwendigerweise zusätzlich auftretende Struktur- und Adressierungs-Information soll in ihrem Speicherbedarf im Vergleich zu dem der eigentlichen Nutzdaten gering sein, um die Speicherkosten niedrig zu halten. Wichtiger als die Kosten für ihren Speicherplatz ist jedoch ihr direkter Einfluß auf die Retrievalkosten: Je geringer der Anteil der Nutzdaten auf einer Transporteinheit (Seite) ist, desto mehr Seiten müssen im Mittel transportiert werden, um eine Datenbank-Anforderung zu befriedigen. Es ist daher zu fordern, daß die Speicherkosten einer Adressierungstechnik, die sich aus den unmittelbar von ihr verursachten Kosten pro Tupel, einer möglichen Indirektheit, sowie den Speicherkosten für alle Adresszeiger (Index-Daten) zusammensetzen, gering zu halten sind.

2.2 Retrievalkosten

Retrieval-Operationen können in Verbindung mit Projektion und Selektion verschiedene Forderungen nach geringen Zugriffskosten für folgende Zugriffsarten nach sich ziehen:

- wahlfreier Zugriff
    - auf die Wurzel eines komplexen Tupel,
    - auf ein Subtupel beliebiger Tiefe von außen,

- sequentieller Zugriff
    - auf komplexe Tupel einer NF²-Relation,
    - auf Subtupel innerhalb eines komplexen Attributes,

- hierarchischer Zugriff
    - von der Wurzel auf Subtupel beliebiger Tiefe,
    - vom (Sub-) Tupel auf direktes Subtupel,
    - vom Subtupel auf direktes Vater-Tupel,
    - vom Subtupel auf die Wurzel.

Die Zugriffskosten werden in den Fällen, in denen ganze komplexe Tupel oder doch mehrere Teile davon angefordert werden, günstig beeinflusst, wenn die atomaren und relationenwertigen Felder eines Tupels beliebiger Tiefe nicht verstreut, sondern benachbart abgespeichert werden (Clusterung), damit möglichst wenig DB-Seiten benötigt werden.

Da die Kosten eines Externspeicherzugriffs 10^4- bis 10^5-mal höher sind als die Kosten eines Hauptspeicherzugriffs, ist es gerechtfertigt, die Anzahl der notwendigen Seitenzugriffe als Maß der Retrievalkosten zu verwenden (vgl. /Hä78/).

2.3 Updatekosten

Der Begriff 'Update' steht hier generell für alle die Datenbank verändernden Operationen, also auch für 'Insert' und 'Delete' von komplexen Tupeln oder von Subtupeln in komplexen Attributen.

Um die Anzahl der Seitenzugriffe gering zu halten, müssen geänderte Tupel möglichst in ihrer bisherigen Seite untergebracht und neue Subtupel möglichst auf der Seite der Wurzel oder von Subtupeln des gleichen Attributes gespeichert werden.

Aus der Zielsetzung geringer Updatekosten - es sollen u. a. die in einem Index gespeicherten Adressen ihre Gültigkeit behalten - ergibt sich die Forderung nach Stabilität der Adressen gegen Verschiebungen von Tupeln innerhalb von Seiten und über Seitengrenzen hinweg, wie sie aus dem Wachsen der Tupel beim Update resultieren können. Diese Forderung wird bei der Auswahl der Adressierungstechnik eine wesentliche Rolle spielen.

2.4 Reorganisation

Neben den oben aufgeführten Kriterien soll eine Adressierungstechnik nur eine geringe Reorganisationsfrequenz erfordern. Auch bei dynamischem Wachstums- und Schrumpfungsverhalten der Daten soll eine hinreichend lange Aufrechterhaltung einer globalen bzw. anwendungsbezogenen Performance angestrebt werden.

3. ÜBERBLICK ÜBER ADRESSIERUNGSTECHNIKEN

3.1 Adresse

Prinzipiell ist eine Adressierung von Tupeln und Subtupeln über ihre relative Byteadressen im Segment, welches den logischen Adressraum darstellt, möglich. Wegen der Instabilität relativer Byteadressen gegen Verschiebungen der Tupel ist jedoch eine flexiblere Adressierungstechnik gefordert, insbesondere wenn man den Aufwand zur Wartung der Adressen in Zugriffspfaden betrachtet (vgl. Abschnitt 2.3, /Hä78/).

Bezüglich Tupel von NF^2-Relationen bezieht sich eine Adresse immer auch auf alle in relationenwertigen Attributen enthaltenen Subtupel. Hinsichtlich der Adressierung einzelner Subtupel können die möglichen Adressierungstechniken in direkte und hierarchische Techniken unterschieden werden (/De84b/). Formal können die Adressen auf der internen Ebene eingeführt werden, indem eine NF^2-Relation um Adress-Attribute erweitert wird, die selbstverständlich nicht mit abgespeichert werden (/SchS83/).

Auf diese Weise erhält man aus der Relation

ABT(ANR,AL,P(PBEZ,PL,MITA(PNR,NAME))),INV(INR,IBEZ))

die interne Relation

IABT(A0,ANR,AL,P(P0,PBEZ,PL,MITA(M0,PNR,NAME))),INV(I0,INR,IBEZ)),

wobei A0, P0, M0, I0 die Adress-Attribute bezeichnen (siehe Abb.1). Da die Techniken vom direkten Adressierungstyp die Zugehörigkeit eines Subtupels zum Vatertupel nicht in der Subtupel-Adresse ausdrücken, ist ein Zeiger zum Vatertupel bei jedem Subtupel zu speichern. Daher muß bei direkter Adressierung das interne Schema um die entsprechenden Adress-Attribute (AOV, POV) erweitert werden, die aber jetzt mit abgespeichert werden müssen.

IABT'(A0,ANR,AL,P(P0,AOV,PBEZ,PL,MITA(M0,POV,PNR,NAME))),INV(I0,AOV,INR,IBEZ)).

Für unser nachfolgendes Beispiel besitzt dann ein Zugriffspfad XIBEZ für das Attribut Inventar-Bezeichung IBEZ bei direkter Adressierung folgendes Schema XIBEZ(IBEZ,IOS(I0)), wobei IOS eine Menge Adressen I0 darstellt (siehe Abb. 2 mit Bezug auf Abb.1).

IABT										
A0	ANR	AL	PROJEKTE						INVENTAR	
			P0	PBEZ	PL	MITARBEITER				
						M0	PNR	NAME	I0	INR	IBEZ
a0-1	123	Blaser	p0-1	AIM	Lum	m0-1	007	Dadam	i0-1	2310	CPU-XYZ
						m0-2	201	Erbe	i0-2	8519	Disk
						m0-3	124	Guenauer	i0-3	8520	Disk
						m0-4	456	Pistor	i0-4	7152	Tape
						m0-5	561	Walch	i0-5	7200	Printer
									i0-6	6510	Disk-Drive
									i0-7	6511	Disk-Drive
			p0-2	EUA	Mueller	m0-6	457	Holliday	i0-8	9401	T 3277
						m0-7	120	Kropp	i0-9	9402	T 3278
						m0-8	678	Schulz	i0-10	9403	T 3279
									i0-11	9404	T 3279
a0-2	124	Meier	p0-3	OIS	Weiss	m0-9	815	Dietner	i0-12	9405	T 3279
						m0-10	471	Wolft	i0-13	9406	T 3279

Abb. 1: Beispiel einer Ausprägung der Relation IABT

Die hierarchische Adressierung akzentuiert den Attributwert-Charakter der Subtupel, in der Weise, daß eine Adresse eines Subtupels immer auch sämtliche Adressen der Vatertupel enthält, die dem adressierten Subtupel übergeordnet sind. Die 'inneren' Adressen besitzen demnach nur eine lokale Gültigkeit. Ein Zugriff zu einem Subtupel läuft über den Weg von der Wurzel bis zum adressierten Subtupel, wenn man ein Tupel einer NF^2-Relation als Baum betrachtet. Die Adresse enthält dann die Wegweiser durch den Baum. Die mit diesen Adressen aufzubauenden Zugriffspfade sind dann konsequenterweise auf den hierarchischen Typ beschränkt. Für unser Beispiel besitzt ein hierarchischer Zugriffspfad der Tiefe 2 dann folgendes Schema: XIBEZ'(IBEZ,AOS(A0,IOS(I0))) (s. Abb. 3).

Beide Adressierungstypen können auch kombiniert werden. Einen interessanten Ansatz derartiger hybrider Adressierungstechniken liefert das Minidirectory-Konzept (siehe Kap. 5).

Orthogonal zur Unterscheidung der Adressierungstypen, die den Rahmen einer
Adressierung bestimmen, können die Adressierungstechniken nach dem inhaltlichen
Aufbau der Adressen in positionale, symbolische und numerale Techniken eingeteilt
werden. Diese Adressierungsarten bestimmen den Domain der Adress-Attribute. Eine
positionale Adressierungstechnik indiziert über eine Numerierung von Speicherobjekten
(Segment, Seite, Byte) unmittelbar oder mittelbar die Position von Tupeln.
Demgegenüber besitzen die beiden anderen Adressierungsarten immer eine Form der
Indirektheit. Bei der symbolischen Adressierung besteht eine Adresse aus
Relationenname und Primärschlüssel. Die Adressierung wird an die Zugriffspfade der
Primärschlüssel gebunden. Bei der numeralen Adressierung werden die Relationen und,
relativ zu jeder Relation, die Tupel numeriert und die Adressierung über eine
Zuordnungstabelle organisiert.

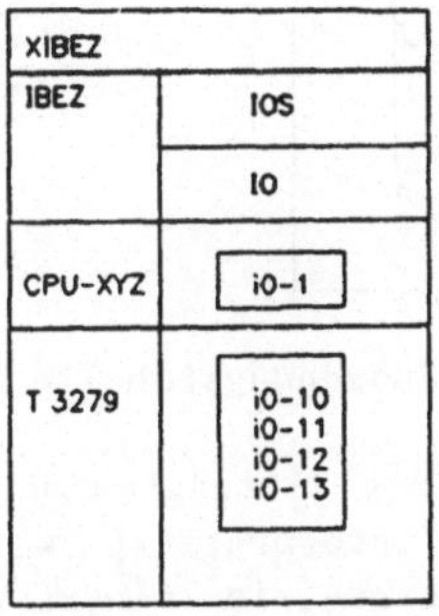

Abb. 2: Zugriffspfad für Subtupel   Abb. 3: Hierarchischer
       bei direkter Adressierung   Zugriffspfad der Tiefe 2

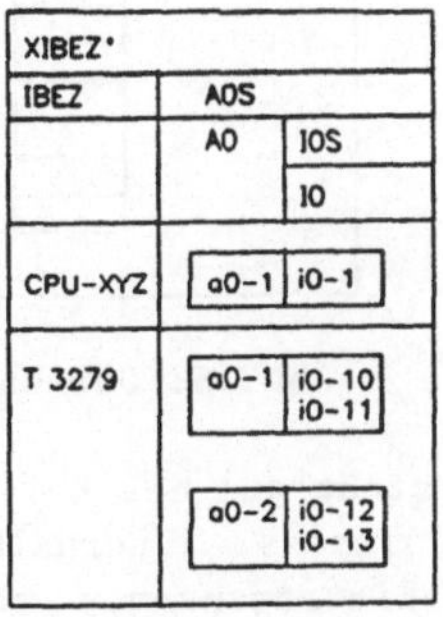

3.2 Zwei Techniken der direkten Adressierung

Von den möglichen direkten Adressierungsverfahren (vgl. /De84a/) wollen wir hier nur
das TID-Konzept (eine mittelbare positionale Adressierung) und das (numerale)
Database-Key-Konzept mit Zuordnungstabelle betrachten, da sie uns als Ausgangsbasis
geeignet erscheinen.

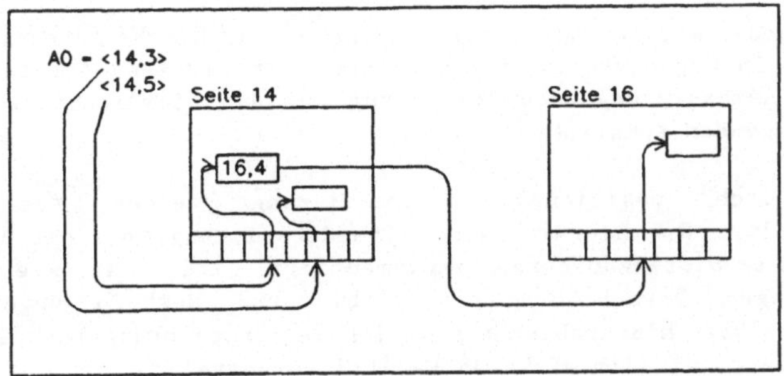

Abb. 4: TID-Konzept

Beim TID-Konzept besteht die Adresse eines Tupels aus der Seitennummer und einer
Eintragsnummer bezüglich einer seiteninternen Tabelle, welche die seitenrelative
Byteadresse des Tupels enthält (/As76/). Beim Verschieben von Tupeln innerhalb einer
Seite sind jeweils nur die seitenrelativen Byteadressen der betroffenen Tupel zu
aktualisieren. Beim Umspeichern auf eine andere Seite wird die seitenrelative
Byteadresse auf einen Stellvertreter gesetzt, der die neue Adresse enthält. In beiden

Fällen bleibt die Seitennummer und die Eintragsnummer des Tupels nach außen unberührt, d.h. die Adresse bleibt stabil. Die Speicherkosten des direkten TID-Konzepts sind vertretbar. Die Retrievalkosten betragen im Überlaufsfall zwei Seitenzugriffe, sonst genügt ein Seitenzugriff. Wenn durch den Anteil umgespeicherter Tupel eine nicht akzeptable Verringerung der Performance erreicht wird, empfiehlt es sich eine Reorganisation durchzuführen.

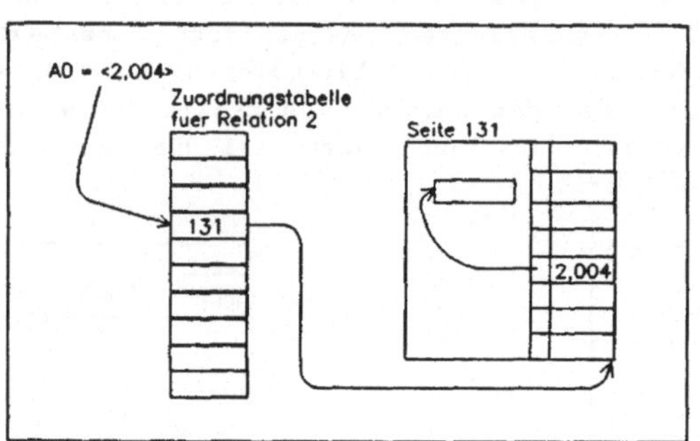

Abb. 5: Database-Key-Konzept mit Zuordnungstabelle

Der Database-Key besteht aus der Relationennummer und einer Eintragsnummer, die als Folgenummer eines Tupels innerhalb einer Relation interpretiert werden kann (/DBTG71/). Die Eintragsnummer zeigt auf einen Eintrag in einer expliziten Zuordnungstabelle, der einen Zeiger auf das Tupel enthält (/UDS82/). Als Zeiger wählt man zweckmässigerweise die Seitennummer des Tupels (/Hä78/). Innerhalb einer Seite wird für den Database-Key ein Index angelegt. Beim Umspeichern eines Tupels auf eine andere Seite wird die Seitennummer in der Zuordnungstabelle aktualisiert. Die verursachten Speicherkosten sind höher als beim TID-Konzept (/De84a/). Die Kosten eines Zugriffs betragen i.d.R. zwei Seitenzugriffe, da die Zuordnungstabelle nicht permanent im Puffer gehalten werden kann. Die Tupeladressen sind stabil gegen Verschiebungen aller Art.

3.3 Hierarchische Adressierung

Im Prinzip kann zu jeder Art der Adressierung eine hierarchische Adressierungstechnik entwickelt werden. Im Gegensatz zu den Konzepten der direkten Adressierung nehmen die hierarchischen Adressierungstechniken Bezug auf die hierarchische Struktur der jeweils zugrunde liegenden Konstrukte.

Bei der hierarchisch positionalen Adressierung werden die Adressräume ineinandergeschachtelt. Die hierarchische Byteadressierung, bei der der Pfad durch die Baumstruktur als Distanzadressen implementiert wird, ist wie die direkte Byteadressierung gegen Verschiebungen instabil und deshalb ungeeignet. Eine aussichtsreiche mittelbare hierarchische positionale Adressierungstechnik, welche auf dem TID-Konzept aufbaut, wird im nächsten Kapitel vorgestellt.

Bei einer hierarchischen symbolischen Adressierung werden die Adressen ähnlich wie die hierarchischen Reihenfolgeschlüssel (concatenated keys) in IMS aufgebaut (vgl. /MG77/, /Da81/, /Lo84/). Sie ist jedoch wegen der hohen Speicherkosten der Adressen abzulehnen.

Die hierarchische numerale Adressierung baut auf einer relativen Numerierung der Relationen auf, welche die Basis der jeweils ersten Komponente eines Adress-Attributs bildet. Relative Relationennummern dienen zur Identifizierung der relationenwertigen

Attribute im internen Datenbank-Schema. Eine Tupelnummer dient der Identifikation der Tupel einer Subrelation. Die zur Umsetzung der Numerierung benötigte Zugriffshilfe besteht in ihrer Struktur aus einem Digitalbaum, der auf der Basis der relativen Relationennummern aufgebaut und über die Zuordnungstabellen aufgefächert wird (/De84a/). Da ein relationenwertiger Attributwert (Subrelation) i.a. geringere Kardinalität besitzt als die Relation im 1NF-Entwurf, die durch entsprechendes Entnesten der gesamten NF^2-Relation entsteht, ist es möglich ab der Hierarchie-Tiefe 1 den Baum der Zuordnungstabellen auf wenigen Seiten konzentriert zu speichern. Wegen der Zuordnungstabelle für die NF^2-Relation auf der ersten Stufe ist jedoch mit größeren Retrievalkosten zu rechnen (vgl. 3.2).

4. HIERARCHISCHES TID-KONZEPT

4.1 Seitenmenge eines Tupels

Unabhängig von der Speicherungsstruktur folgt aus der Zulassung komplexer Attribute im NF^2-Relationenmodell, daß ein Tupel im allgemeinen eine Menge von Seiten belegt. Dabei soll sichergestellt sein, daß eine möglichst große Teilmenge dieser Seitenmenge exklusiv von einem Tupel belegt wird, um eine dichte Speicherung zu erreichen (siehe /De85/). Kleinere Tupel einer NF^2-Relation können selbstverständlich zusammen auf einer Seite plaziert werden. Eine Seite wird jedoch nur einer NF^2-Relation zugeordnet.

Die Adressierung und die Speicherungsstruktur der Tupel und Subtupel muß dieser komplexen Beziehung zwischen Tupel und Seiten Rechnung tragen. Die Seitenmenge, die ein Tupel belegt, wird als dynamischer Adressraum zwischen den Adressraumtypen Seite und Segment eingefügt. Die Elemente der Seitenmenge können als Tabelle (Liste) von Seitennummern in den Header eines Tupels abgelegt und über eine Eintragsnummer (Seitenindex) adressiert werden (siehe 4.2). Der Identifier des Tupels ist gleichzeitig Identifier dieser Seitenmenge. Die Seiten selbst sind ähnlich wie in SQL/DS (/SQL82/) strukturiert.

4.2 Speicherungsstruktur der Tupel

Die Tupel werden aus Headern und atomaren Fragmenten, welche die atomaren Attributwerte der Tupel repräsentieren, zusammengesetzt (s. Abb. 6). Für die Speicherungsstruktur wird dabei generell eine Zeigerlistenorganisation verwendet. Einzelne (atomare) Felder werden über einen um die Länge des Fragments erweiterten Offset-Präfix verwaltet (s. Abb. 7).

Für jedes relationenwertige Attribut eines Tupels (bzw. Subtupels) wird eine Liste von Zeigern auf seine Subtupel eingerichtet (Subrelation-Header). Da die Subrelation-Header für die Adressierung die Funktion von Zuordnungstabellen besitzen (siehe 4.3), sind sie um die Anzahl der belegten Einträge zu erweitern. Um beim Zugriff vom Beginn eines Tupels auf ein Subtupel größerer Tiefe im Adressraum des Tupels eine Traversierung vieler Seiten zu vermeiden, werden die Subrelation-Header aus den Subtupeln herausgelöst und konzentriert am Anfang des Tupels als 'Super-Header' des kompletten Tupels gespeichert.

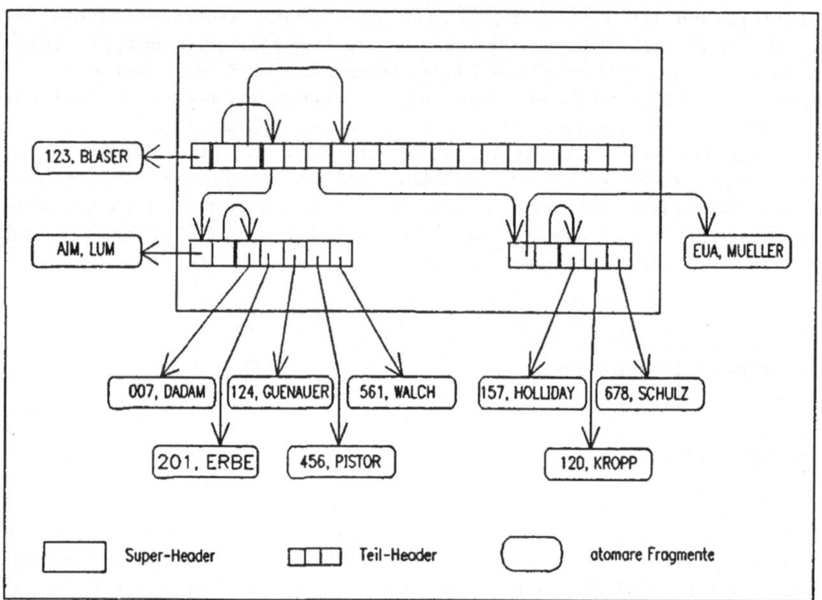

Abb. 6: Struktur eines Tupels

Die Subrelation-Header eines (Sub-) Tupels werden zu einem 'Teil-Header' zusammengefasst, wobei die Offsetliste auf die Subrelation-Header um einen Zeiger auf das zugehörige Fragment der nicht relationenwertigen Komponenten erweitert wird (s. Abb. 8). Dem Katalog ist die Anzahl der jeweiligen Subrelationen bekannt. Ebenso ist dem Katalog bekannt, ob die Tupel einer Subrelation normalisiert sind. In diesem Fall sind die Zeiger in den Subrelation-Headern Zeiger auf Subtupel ohne Teil-Header. Sie zeigen also unmittelbar auf die Daten (atomaren Fragmente).

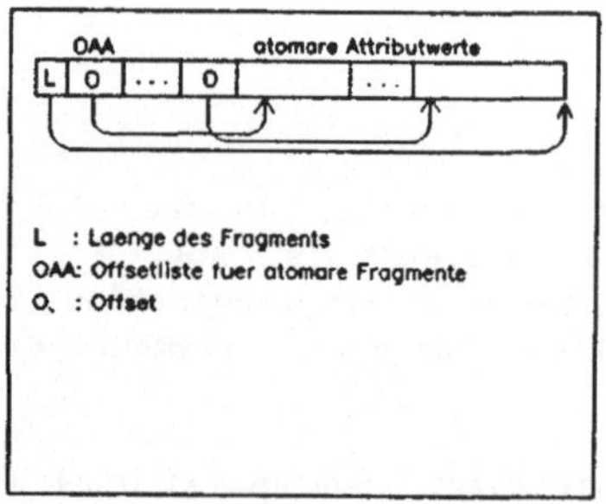

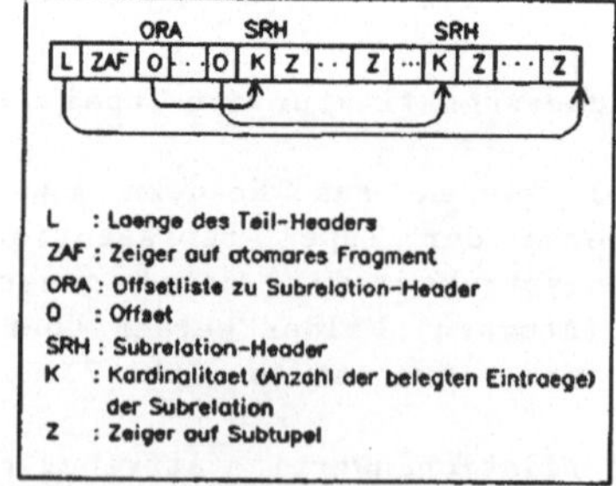

Abb. 7: Atomares Fragment   Abb. 8: Teil-Header

Die Offset-Präfix-Organisation bietet folgende zusätzliche Möglichkeiten:
- Das erste Offset kann eingespart werden, da die Anzahl der atomaren Attribute im Katalog vermerkt ist.
- Felder fester Länge können in definierter Reihenfolge benachbart gespeichert werden. Auf diese Weise werden (n-1) Offsets gespart, wobei n die Anzahl der Felder fester Länge bezeichnet.
- Undefinied-Werte können als leere Felder (Offset(i) = Offset(i+1)), "Null-Offsets" (Offset(i) = 0) oder wie gewöhnlich durch besondere Codierung dargestellt werden.

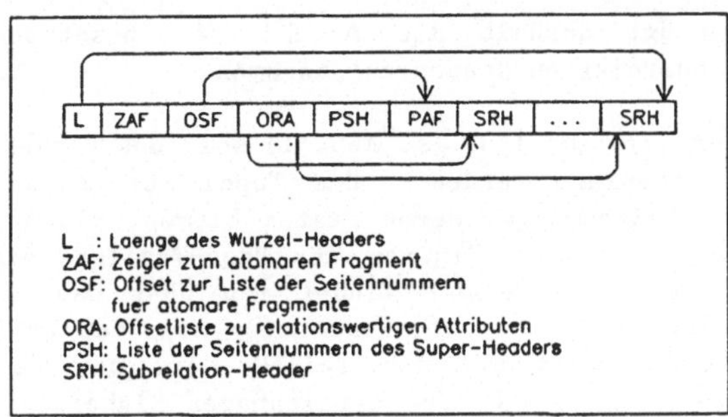

Abb. 9: Wurzel-Header

Um die Zeiger auf Fragmente von dem Wachsen und Schrumpfen des Super-Headers zu
isolieren, wird der Adressraum, der von einem Tupel gebildet wird, aufgeteilt. Für
die Zeiger auf Teil-Header wird eine Liste von Seitennummern eingerichtet. Diese Liste
von Seiten bildet den linearen Adressraum des Super-Headers. Für die übrigen Elemente
der Seitenmenge des Tupels wird eine zweite Liste mit Seitennummern eingerichtet.
Beide Listen sind Bestandteil des ersten Headers des Tupels (Wurzel-Header) und auf
der Seite zu speichern, deren Nummer die erste Komponente einer Tupeladresse bildet.
Für Tupel mit kleinen Super-Headern ist es möglich, daß die erste Seite Bestandteil
beider Listen ist.

Um eine Isolation tupelinterner Zeiger gegen Verschiebungen von Headern oder atomaren
Fragmenten innerhalb einer Seite zu erreichen, werden diese Zeiger als Mini-TIDs
implementiert. Hierbei treten die kürzeren Seitenindices (siehe 4.1) an die Stelle
der Seitennummern konventioneller TIDs. Durch dieses Mini-TID-Konzept wird erreicht,
daß nur im Fall einer Umspeicherung auf eine andere Seite der zugehörige Zeiger
aktualisiert werden muß. Zusätzlich erlauben die kurzen Zeiger einen höheren
Verzweigungsgrad innerhalb einer Seite als konventionelle TIDs.

4.3 Adressierung

Das TID-Konzept wird zu dem hierarchischen TID-Konzept (HITID-Konzept) erweitert,
indem für Tupel der TID-Mechanismus einschließlich der Stellvertretertechnik
übernommen wird. Für die Adressierung der Subtupel auf den weiteren Stufen werden die
Zeigerlisten zur Verwaltung der komplexen Attributwerte in ihrer Funktion als
Zuordnungstabellen verwendet. Wie bei hierarchisch numeralen Konzepten identifiziert
dabei eine relative Relationennummer die Subrelation und eine Tupelnummer das
Subtupel. Die Adresse eines Subtupels setzt sich ingesamt aus dem TID des Tupels und
den relativen Relationennummern und Tupelnummern der übergeordneten Subtupel bis zum
adressierten Subtupel selbst zusammen. Die im Super-Header enthaltene Baumstruktur
ähnelt einem Digitalbaum mit 'dynamisch variablem' Alphabet. Da die
Zuordnungstabellen eine ständige Indirektion darstellen, ist eine Übernahme der
Stellvertretertechnik für Subtupel zur Wahrung der Stabilität der Adressen nicht
erforderlich. Falls Teil-Header oder atomare Fragmente auf andere Seiten
umgespeichert werden, wird der betroffene Zeiger innerhalb des Super-Headers
aktualisiert.

Da die Positionen der Zeiger in den Zuordnungstabellen an die Adressierung gebunden
werden, sind leere Einträge in den Subrelation-Headern zugelassen. Ein leerer Eintrag
entsteht wenn ein Subtupel gelöscht wurde, dessen zugeordneter Eintrag sich nicht am
Ende befindet. Dieser leere Eintrag kann für neu einzufügende Subtupel wiederverwendet
werden (vgl. /Lo84/). Die Gesamtzahl der Einträge kann aus der Differenz der Offsets

berechnet werden; es genügt deshalb die Anzahl der besetzten Einträge der
Zuordnungstabelle in den Subrelation-Header aufzunehmen.

In unserem Beispiel zu der Relation IABT (s. Abb. 1) soll das Projekt 'AIM' über die
Adresse $\langle 11,3,\{\langle 1,1\rangle\}\rangle$ adressiert werden. Das Tupel zur ganzen Abteilung '123'
beginnt demnach auf einer Seitenmenge, deren erstes Element die Seite 11 ist. Auf
dieser Seite findet man im dritten Eintrag des Page-Trailers die seitenrelative
Byteadresse des Tupels. Im Wurzel-Header findet man über das erste Offset den
Subrelation-Header für das (erste) relationenwertige Attribut PROJEKTE. Der erste
Zeiger im Subrelation-Header zeigt auf den Teil-Header, der das Projekt 'AIM'
repräsentiert. Alle über diesen Teil-Header erreichbaren Einheiten, in diesem Fall
die Projektbezeichnung, der Projektleiter sowie die Mitarbeiter des Projekts sind
somit erreicht. Soll der Mitarbeiter 'Erbe' adressiert werden, so wäre seine Adresse
$\langle 11,3,\{\langle 1,1,\{\langle 1,2\rangle\}\rangle\}\rangle$.

Ein Zugriff zu einem Tupel beliebiger Tiefe ist in dem Fall, daß der Super-Header auf
die erste Seite paßt und diese ganz belegt, auf zwei Seitenzugriffe beschränkt. Das
hierarchische TID-Konzept gewährt die Stabilität der Adressen von Tupeln und Subtupeln
sowohl gegen Verschiebungen innerhalb von Seiten als auch gegenüber Umspeicherungen
auf andere Seiten. Eine Reorganisation bezieht sich nur auf das Beseitigen eventueller
Stellvertreter für Tupel und eine entsprechende Wartung der Adressen in
Zugriffspfaden. Tupel, die seit der letzten Reorganisation immer mindestens eine Seite
vollständig belegt hatten, sind von der Reorganisation nicht betroffen; sie sind in
einer stabilen Phase respektive ihrer Adresse, ebenso sind die Adressen ihrer Subtupel
stabil.

5. MINIDIRECTORY KONZEPT.

5.1 Seitenorganisation

Wie im HITID-Konzept werden auch hier die Tupel im NF^2-Relationenmodell auf Seiten
abgespeichert, welche wie in System/R einen Page-Header am Anfang und Slots am Ende
der Seite enthalten, und eine Adressierug nach dem TID-Konzept ermöglichen. Der
Adressraum eines NF^2-Objektes ist in Form einer Seitenliste ähnlich wie im
HITID-Konzept in einem Root-Directory abgespeichert. Hierbei können sich die
Adressräume mehrerer NF^2-Objekte derselben oder auch verschiedener Relationen
überlappen, da hier keine exklusive Benutzung einer Seite durch Tupel einer Relation
gefordert wird.

5.2 Speicherungsstrukturen der Tupel

Die Speicherstruktur ist in Abb. 10 an einem Beispiel für das Objekt aus Abb. 1
gezeigt. Alle atomaren Attributwerte eines Subtupels werden zusammen in einem
Daten-Subtupel abgespeichert. Die Strukturinformation ist im sogenannten
Minidirectory enthalten, welches einen Zugriffspfad für die Teile eines komplexen
Tupels darstellt. Die Zugriffsinformation (s. Abb. 11) ist in sogenannte
Minidirectory Subtupel (MD-Subtupel) aufgeteilt. Zu jeder Ausprägung einer
Subrelation existiert ein MD-Subtupel, zusätzlich ein Root-Directory für jedes
NF^2-Tupel.

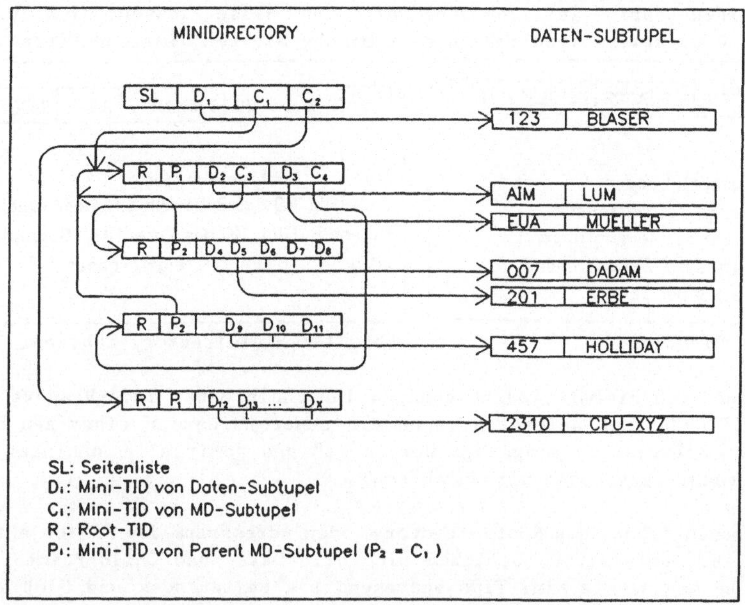

Abb. 10: Speicherstruktur eines komplexen Tupels.

So enthält das Root-Directory (s. Abb. 10 und Abb. 13) außer der obengenannten Seitenliste einen Zeiger (Data-Pointer) auf die Daten, falls atomare Attribute auf der obersten Ebene vorhanden sind, und Zeiger zu den MD-Subtupeln der Subrelationen (Child-Pointer). Jedes MD-Subtupel (s. Abb. 10 und 14) enthält in der Zeigerliste eine oder mehrere Gruppen von Data- und Child-Pointer. Die Anzahl der Gruppen ist gleich der Kardinalität der entsprechenden Subrelation. Die Anzahl der Child-Pointer in einer Gruppe entspricht der Anzahl der relationenwertigen Attribute der betreffenden Stufe. Ein Data-Pointer ist nur enthalten, wenn auf der betreffenden Stufe atomare Attribute existieren. Die MD-Subtupel werden als eigenständige, direkt adressierbare Einheiten in den Seiten abgespeichert.

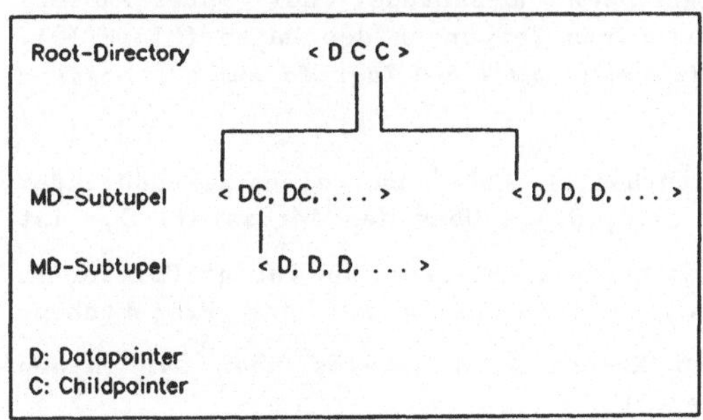
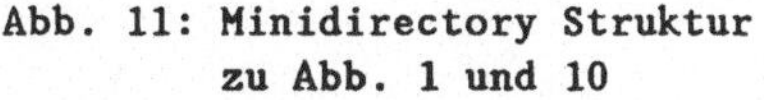

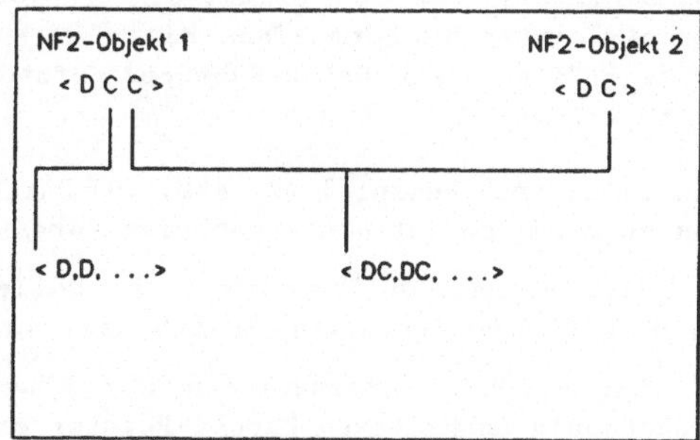

Abb. 11: Minidirectory Struktur
zu Abb. 1 und 10

Abb. 12: Minidirectory Struktur
bei gemeinsamer Subrelation

Das Aufspalten der Header-Information in MD-Subtupel für jede Subrelation bietet einen wesentlichen Vorteil: Es ist möglich, die Subrelationen von verschieden NF^2-Objekten zu referieren, d. h. man kann hiermit redundantes Abspeichern von Daten und Zugriffsinformation (MD-Subtupel) vermeiden, falls man verschiedene Sichten der Daten implementieren will (s. Abb. 12). Hierbei ist natürlich zu regeln, daß nur ein NF^2-Objekt der 'Owner' der gemeinsamen Subrelation ist und daher nur vom 'Owner' auch verändert werden darf. Auf ähnliche Art und Weise lassen sich Views eines NF^2-Objektes, d.h. unterschiedliche hierarchische Sichten, implementieren.

| SHD | LS | SEITENLISTE | AGRP | ZEIGERLISTE |

SHD   : Subtupel-Header
LS   : Laenge der Seitenliste
AGRP   : Anzahl der Zeigergruppen
Seitenliste : 3 Bytes per Seiten-Nummer
Zeigerliste : 2 Bytes per Zeiger

Abb. 13: Root-Directory

| SHD | ROOT-TID | PARENT-P | AGRP | ZEIGERLISTE |

SHD   : Subtupel-Header
Root-TID: TID des Root-Minidirectory Tupels (4 byte)
Parent-P: Mini_TID des Parent MD-Subtuple (2 byte)
AGRP   : Anzahl der Zeigergruppen

Abb. 14: Minidirectory-Subtupel

Außerdem lassen sich hiermit Verschiebungen innerhalb eines Teil-Headers vermeiden, wie sie im HITID-Konzept auftreten, wenn ein neuer Zeiger zu einem neu eingefügten Subtupel einer Subrelation eingefügt werden muß und somit alle dahinter liegenden Subrelation-Header verschoben werden müssen.

Da, wie oben beschrieben, das Root-Directory den Adressraum des NF^2-Objektes in Form einer Seitenliste beinhaltet, beziehen sich alle Data- und Child-Pointer auf diese Liste, sie sind sogenannte Mini-TIDs bestehend aus Seitenindex und Slot Identifier. Da der Zugriff sowohl auf MD-Subtupel als auch Daten-Subtupel direkt erfolgen soll, ist in jedem MD-Subtupel ein Root-Pointer (TID des Root-Directory) abgespeichert (z.B. zur Unterstützung von Referenzen). Des weitern besitzt jedes MD-Subtupel einen 'Parent-Pointer' (Mini-TID des Parent-MD-Subtupel) um jederzeit von einer tieferen Ebene auf den zugehörigen Vater zugreifen zu können, ohne den ganzen Baum traversieren zu müssen.

5.3 Adressierung

Zum Zugriff auf ein Daten-Subtupel wird eine Kombination von hierarchischer und direkter Adressierung verwendet. Jede Adresse beinhaltet einen Zeiger (TID) zum Root-Directory des NF^2-Objektes, ein Zeiger zum MD-Subtupel des Vater-Knotens (Parent-Pointer in Form eines Mini-TIDs) und einen Zeiger zu den Daten (Mini-TID). Der Zugriff zu einem Daten-Subtupel erfordert somit immer den Zugriff zum zugehörigen Root-Directory.

Wenn in unserem Beispiel (s. Abb. 10) der Mitarbeiter 'Erbe' über einen Sekundärindex gesucht wird, so ist die zugehörige Adresse (R, C_3, D_5). Über den Adressteil C_3 ist auch die Information über sämtliche Kollegen zugänglich. Über den Parent-Pointer in dem über C_3 adressierten MD-Subtupel kann die Information auf der Projektebene gefunden werden. Informationen auf höheren Ebenen wird jeweils über die in den MD-Subtupeln enthaltenen Parent-Pointer erreicht.

6. VERGLEICH VON HITID- UND MINIDIRECTORY-KONZEPT.

6.1 Vergleich der Speicherkosten.

Zum Vergleich der beiden Konzepte betrachten wir zunächst den Speicherplatzbedarf für ein komplexes Objekt aus unserem Beispiel IABT nach Abb. 1. Wir nehmen an, es gebe im Mittel 10 Projekte pro Abteilung, 8 Mitarbeiter pro Projekt, 100 Inventar-Einträge per Abteilung. Die Anzahl der freien Plätze in den Subrelation-Headern des HITID-Konzepts wird mit 5% angenommen, ebenso die Anzahl der Stellvertreter im Minidirectory-Konzept (MD-Konzept).

Der Speicherplatzbedarf für die eigentlichen Daten ist in beiden Konzepten der gleiche und wird deshalb zum Vergleich nicht benötigt. Eine grobe Abschätzung ist dennoch notwendig, um die Länge der Seitenliste zu bestimmen: 191 Daten-Subtupel mit je 4 Bytes für ANR, PBEZ, PNR, bzw. INR und durchschnittlich 24 Bytes für Name bzw. IBEZ, 3 Bytes für Verwaltungsaufwand und 2 Bytes für den Slot in der Seite benötigen 6303 Bytes, also 2 Seiten bei einer Seitengröße von 4kb. Falls das Minidirectory noch eine weitere Seite benötigt, enthält die Seitenliste 3 Einträge.

Ein Zeiger nach dem Mini-TID-Konzept kostet 2 Bytes, ein Byte für den Seitenindex und ein Byte für die Slotnummer. Für jede zusammenhängend abgespeicherte Speicherungsstruktur entsteht ein Verwaltungsaufwand von 3 Bytes, zwei Bytes für die Längeninformation und ein Byte als Typdiskriminator. Bei den folgenden Größen der Teil-Header und MD-Subtupel sind schon jeweils 2 Bytes für den Slot mitgerechnet.

6.1.1 Speicherbedarf für den Super-Header bzw. das Minidirectory
     eines Objektes nach Abb. 1.

Für das HITID-Konzept werden 11 Strukturen angelegt, ein Wurzel-Header und 10 Teil-Header für die Projekte. Der Wurzel-Header besteht aus 3 Bytes Verwaltungsaufwand, 2 Bytes Zeiger zum atomaren Fragment, 2 Bytes Offset zur zweiten Seitenliste, zweimal 2 Bytes Offsets zu den Subrelation-Headern. Die Seitenliste für den Super-Header enthält eine Seite (3 Bytes), während die zweite Seitenliste zwei Elemente enthält (6 Bytes). Der Subrelation-Header für Projekte besteht aus 2 Bytes für den Eintrag der Kardinalität sowie 1.05 x 10 x 2 Bytes für die Zeiger. Der Subrelation-Header für Inventar kostet entsprechend 2 + 1.05 x 100 x 2 Bytes. Insgesamt kostet der Wurzel-Header 255 Bytes. Die zehn Projekt-Teil-Header kosten 258 Bytes. Ferner sind 20 Bytes für benötigte Slots anzusetzen, so daß beim HITID-Konzept für den Super-Header insgesamt 533 Bytes zu veranschlagen sind.

Im MD-Konzept entstehen 13 Strukturen, deren Speicherbedarf sich wie folgt berechnet:

1 Root-Directoy	zu	24 Bytes	=	24 Bytes
1 MD-Subtupel für Projekte	zu	53 Bytes	=	53 Bytes
1 MD-Subtupel für Inventar	zu	213 Bytes	=	213 Bytes
10 MD-Subtupel für Mitarbeiter	zu	29 Bytes	=	290 Bytes
----------------				------------
13 MD-Subtupel				580 Bytes

In diesem Beispiel ist das vollständige Minidirectory mit den Daten auf 2 Seiten unterzubringen.

Für den Vergleich mit dem HITID-Konzept ist der Platz, den das Root-TID in den MD-Subtupel einnimmt (12 x 4 Bytes), abzuziehen, da dieses nur für Referenzen von anderen Objekten benötigt wird, eine Fähigkeit, die im HITID-Konzept nicht geboten ist. Zusätzlich müssen wir noch den Platz für die angenommenen 5% Stellvertreter mit 10 x 9 Bytes berücksichtigen, so daß die Vergleichsgröße 622 Bytes beträgt.

Das HITID-Konzept braucht insgesamt gesehen geringfügig (in diesem Beispiel ca. 90 Bytes) weniger Platz. Die wesentliche Ursache dafür ist die Tatsache, daß wegen der gewählten Adressierung auch die TIDs der Daten-Subtupel stabil gehalten und deshalb Stellvertreter erzeugt werden müssen.

Falls die Subrelation Projekte noch ein weiteres relationenwertiges Attribut 'Hilfskräfte' erhält, so ergeben sich größere Unterschiede: Mit der Annahme von 5 Hilfskräften pro Projekt benötigt das HITID-Konzept einen zusätzlichen Subrelation-Header mit einem Platzbedarf von 145 Bytes. Das MD-Konzept verwendet 10 zusätzliche Child-Pointer im Projekt-MD-Subtupel und 10 zusätzliche MD-Subtupel mit zusammen 237 Bytes.

Wenn dagegen die Tiefe der Hierarchie zunimmt (z. B. eine Subrelation 'Kinder' für jeden Mitarbeiter) ist der Mehraufwand in beiden Konzepten etwa gleich.

6.1.2 Speicherbedarf für Adressen in Zugriffspfaden

Zum Vergleich der beiden Konzepte wird nur der Platzbedarf für die Adresslisten herangezogen, da die eigentliche Schlüsselverwaltung in beiden Fällen gleichartig implementiert werden kann.

Im HITID-Konzept ist die Länge einer Adresse stufenabhängig. Hier setzt sich eine Adresse aus 3 Bytes Seitennummer, 1 Byte Slotnummer sowie je Stufe 2 Bytes für relative Relationennummer und Tupelnummer zusammen. Im Gegensatz dazu sind die Längen von Adressen im MD-Konzept konstant. Als Adressen werden für Attribute, die nicht auf Ebene 1 liegen, die Kombinationen von TID des Root-Directory (R), Mini-TID des Parent-MD-Subtupels (p) und Mini-TID des Daten-Subtupels (d) verwendet, es werden also 8 Bytes per Adresse benötigt.

Für einen Zugriffspfad auf IBEZ nehmen wir 14 verschiedene Schlüssel mit den Häufigkeiten 10 x 1, 10, 20, 30, 30 an.
Beim HITID-Konzept entstehen für die Adressen des hierarchischen Zugriffspfades XBEZ(IBEZ,A0,IOS(IO)) die folgenden Speicherkosten:

$$
\begin{array}{rcl}
2 \text{ x } (4 + 30 \text{ x } 2) &=& 128 \text{ Bytes} \\
1 \text{ x } (4 + 20 \text{ x } 2) &=& 44 \text{ Bytes} \\
1 \text{ x } (4 + 10 \text{ x } 2) &=& 24 \text{ Bytes} \\
10 \text{ x } (4 + 2) &=& 60 \text{ Bytes} \\
\hline
&& 256 \text{ Bytes}
\end{array}
$$

Wenn im MD-Konzept alle Adressen explizit gespeichert werden, so benötigen wir für die 100 Inventar-Einträge 800 Bytes.

Berücksichtigt man das mehrfache Auftreten der Schlüssel, so kann man mehrere Adressen (R,p,di) mit gleichem (R,p) auch in einer kompakten Form (R,p,d1,..,dn) speichern. Der Speicherbedarf ist dann 8 x Ns plus 2 x Nd, mit Ns = Anzahl der Schlüssel und Nd = Anzahl der Daten-Tupel, in unserem Beispiel mit Ns=14 und Nd=100 also 312 Bytes.

Für einen Zugriffspfad auf Mitarbeiter-Name nehmen wir an, daß Namen nicht in wesentlichem Umfang mehrfach auftreten, so daß eine kompakte Speicherung keine Einsparung bringen würde.

Eine ungenestete Adresse für den Zugriffspfad auf Mitarbeiter-Name XNAME(NAME,A0,POS(PO,MOS(MO))) kostet im HITID-Konzept 4 Bytes TID plus zweimal 2 Bytes relative Relationennummer und Tupelnummer, also 8 Bytes insgesamt. Die Adressen in einem Zugriffspfad für 80 Namen kosten demnach 640 Bytes. Für das MD-Konzept beläuft sich der Platzbedarf auf 8 x Nd, also ebenfalls 640 Bytes.

Für Attribute auf Stufe 2 sind die Adressen im MD-Konzept des einheitlichen Aufbaus wegen größer, auf Stufe 3 ist die Adresslänge gleich. Für Attribute auf tieferer Stufe ist die Adresslänge im HITID-Konzept immer größer, so daß ein Zugriffspfad mehr Platz braucht. Gegebenenfalls kann der Platzbedarf durch Nesten etwas verringert werden, jedoch ist ein Index, bei dem Nesten Ersparnis bringt, weniger selektiv. Tiefere Hierarchien als 4 Stufen sind aber unserer Meinung nach für praktische Anwendungen nicht sehr wahrscheinlich.

Allerdings ist zu bemerken, daß ab Tiefe 4 die Adressen im HITID-Konzept aussagefähiger sind, da sie Information über alle Zwischenstufen enthalten, was sich beim Indexabgleich positiv auswirken kann.

6.2 Vergleich der Retrievalkosten

Im folgenden sollen die Retrievalkosten für die in Abschnitt 2.2 aufgeführten Zugriffsarten verglichen werden. Dabei wollen wir von folgenden Annahmen ausgehen:
- für die kompletten NF^2-Tupel existieren keine Stellvertreter; dies ist für größere komplexe Objekte, die schon seit der letzten Reorganisation existieren, plausibel;
- das Minidirectory bzw. der Super-Header belegt mindestens eine Seite.
Als Maß wählen wir die Anzahl der notwendigen (logischen) Seitenzugriffe um den Beginn (Header) eines Tupels bzw. Subtupels, sowie seine atomaren Attributwerte, zu erreichen.

6.2.1 Wahlfreier Zugriff

Für den wahlfreien Zugriff auf ein ganzes NF^2-Tupel benötigen beide Konzepte zwei Seitenzugriffe. Falls ein Stellvertreter gebraucht werden würde, wären drei Seitenzugriffe auszuführen.

Beim wahlfreien Zugriff auf Subtupel beliebiger Tiefe von außen sind anzusetzen:

$$\text{HITID: } 2 + h \qquad\qquad \text{MD: } 2 + \ddot{u}$$

wobei h die Höhe der Baumstruktur im Super-Header (in Seiteneinheiten) repräsentiert, während ü die Wahrscheinlichkeit eines umgespeicherten Daten-Subtupels darstellt. In diesem Fall ist beim MD-Konzept zur Aufrechterhaltung der Stabilität ein Stellvertreter abgespeichert, der einen zweiten Zugriff verursacht. Durch Reorganisieren ist es möglich, ü relativ klein zu halten.

Beim HITID-Konzept wachsen die Zugriffskosten in Abhängigkeit der Kardinalitäten der Subrelationen. Diese bestimmen die Höhe des Super-Headers. Der Verzweigungsgrad V im Baum des Superheaders ist proportional dem Quotient aus Seitengröße und Zeigergröße. Bei einer Seitengröße von 4kb und einer Zeigergröße von 2 Bytes ist somit $V \le 2000$, realistisch dürfte $V = 1000$ sein. Somit kann die Annahme gerechtfertigt werden, daß $h \le 1$ ist, und für nicht allzu komplexe Tupel nahe bei 0 liegt.

Beide Konzepte besitzen also etwa den gleichen Aufwand für den wahlfreien Zugriff. Dennoch ist festzuhalten, daß ü ausprägungsunabhängig ist, während h von der Ausprägung abhängt. Falls der Super-Header bzw. das Minidirectory kleiner ist als eine Seite, ist es möglich, daß sich die Retrievalkosten um einen Seitenzugriff reduzieren.

6.2.2 Sequentieller Zugriff

Der Aufwand für den sequentiellen Zugriff auf komplexe Tupel einer NF^2-Relation ist in beiden Konzepten in etwa gleich, wenn ein Relationenscan anstatt eines Segmentscan zugrundegelegt wird. Für den Zugriff auf das nächste Subtupel eines relationenwertigen Attributwerts ergeben sich kleine Unterschiede. Beim HITID-Konzept genügt ein Seitenzugriff, während beim MD-Konzept $1 + ü$ Zugriffe anfallen können.

6.2.3 Hierarchischer Zugriff

Der hierarchische Zugriff von der Wurzel auf ein Subtupel beliebiger Tiefe verursacht in beiden Konzepten eine Traversierung der Baumstruktur bis zum betreffenden Knoten. Daher entstehen folgende Kosten:

HITID: $h + 1$ MD: $v + 1 + ü$

v ist dabei die Wahrscheinlichkeit, daß das zu erreichende MD-Subtupel auf einer anderen Seite steht als das Root-Directory.

Für einen Zugriff vom (Sub-) Tupel auf ein direktes Subtupel ist beim HITID-Konzept ein Zugriff zum Teil-Header, sofern dieser auf einer anderen Seite plaziert ist, sowie ein Zugriff auf die Daten anzusetzen. Die Wahrscheinlichkeit, daß ein direkter Sohnknoten (Teil-Header bzw. MD-Subtupel) auf einer anderen Seite liegt als der Vater, sei w.

HITID: $w + 1$ MD: $(v + w) \times (1 + d) + 1 + ü$

Beim MD-Konzept ist für den Zugriff auf ein direktes Subtupel zuerst über den Parent-Mini-TID das MD-Subtupel zu holen. Dabei entstehen $v \times (1 + d)$ Seitenzugriffe (d = Wahrscheinlichkeit eines umgespeicherten MD-Subtupel). Im MD-Subtupel findet man den Child-Pointer der Subrelation ($w \times (1 + d)$) und somit das MD-Subtupel, welches den Data-Pointer des direkten Subtupels ($1 + ü$) enthält.

Für den Zugriff von einem Subtupel auf das direkt übergeordnete Tupel genügt beim HITID-Konzept ein einziger Zugriff für sein atomares Fragment, da der Teil-Header des Vaters bei der Adressierung des Subtupels schon berührt wurde. Beim MD-Konzept ist das zugehörige MD-Subtupel und über dessen Parent-Mini-TID das übergeordnete MD-Subtupel aufzusuchen und über den Data-Pointer auf das Data-Subtupel zuzugreifen.

HITID: 1 MD: $(v + w) \times (1 + d) + 1 + ü$

Für den Zugriff von einem Subtupel auf die Wurzel genügt beim HITID-Konzept ebenfalls ein Zugriff für die atomaren Daten. Beim MD-Konzept genügen hier $1 + ü$ Zugriffe, da das TID der Wurzel in der Adresse des Subtupels enthalten ist und bei der Adressierung des Subtupels ebenfalls schon berührt wurde.

HITID: 1 MD: $1 + ü$

Beim Vergleich der Kosten für hierarchische Zugriffe ist im allgemeinen davon auszugehen, daß die Parameter h, v, d und insbesondere w nahe bei 0 liegen und deshalb vernachlässigt werden können. Als wesentlicher Vorteil des HITID-Konzepts bleibt dann die Tatsache, daß für Subtupel keine Stellvertreter benötigt werden.

6.3 Qualitative Eigenschaften

Die in den Abschnitten 2.3 und 2.4 abgeleiteten qualitativen Eigenschaften:

	HITID	MD
- Stabilität jeder Adresse gegen Verschiebungen innerhalb Seiten	x	x
- Stabilität jeder Adresse gegen Umspeichern auf andere Seiten	x	x
- niedrige Reorganisationsfrequenz	x	-

werden vom HITID-Konzept vollständig erfüllt (x), während das MD-Konzept eine niedrige Reorganisationsfrequenz nicht garantieren kann. Beim HITID-Konzept bezieht sich eine Reorganisation im wesentlichen auf das Umsetzen der Adressen (TIDs) von ganzen Tupeln, die sich in der instabilen Phase befinden oder erst nach der letzten Reorganisation die stabile Phase ihrer Adresse erreicht haben (vgl. Abschnitt 4.3). Das Aktualisieren der entsprechenden Zeiger in den Subrelation-Headern kostet gegenüber der Anwendung der Stellvertretertechnik beim MD-Konzept keinen zusätzlichen Aufwand. In beiden Fällen sind zwei Schreibaktionen durchzuführen. Um die Retrievalkosten gering zu halten (ü < 0.1), muß beim MD-Konzept im Falle dynamischer Anwendungen daher öfters reorganisiert werden.

7. SCHLUSSFOLGERUNG

Abschließend sollen resümierend die Gemeinsamkeiten und Unterschiede der beiden interessanten Adressierungstechniken gegenübergestellt werden, um daraus Schlüsse für geeignete Anwendungsumgebungen ziehen zu können.

Beide Konzepte stellen Erweiterungen des TID-Konzeptes dar und verwenden das Mini-TID-Konzept zur Implementierung der Zeiger innerhalb der Speicherungsstruktur der Tupel. Die Organisation der Verwaltungsdaten ist dabei ähnlich aufgebaut. Wesentliche Unterschiede bestehen dagegen in der Adressierungsweise. Während beim HITID-Konzept Tupel bzw. Subtupel adressierbare Objekte darstellen, können beim MD-Konzept Root-Directory, MD-Subtupel und Daten-Subtupel einzeln adressiert werden. Das HITID-Konzept ist strenger an dem NF^2-Relationenmodell nach Schek orientiert als das MD-Konzept.

Bezüglich der Speicherkosten sind die Konzepte in etwa als gleich anzusehen. In Abhängigkeit der Anwendung entstehen beim HITID-Konzept weniger oder gleich viel Kosten für die Verwaltung eines Tupels, während beim MD-Konzept die Adressen von Subtupeln größerer Tiefe in Zugriffspfaden kürzer sind.

Beim MD-Konzept kommt der Zielkonflikt zwischen geringen Retrievalkosten und niedriger Reorganisationsfrequenz durch die generelle Verwendung der Stellvertretertechnik besonders bei dynamischen Anwendungen zur Geltung. Dagegen ist dieser Zielkonflikt im HITID-Konzept fast überwunden, was allerdings zu Lasten von tiefenabhängigen Adresslängen erreicht wird.

Für Anwendungen mit wenig Updateanteil ist das MD-Konzept besser geeignet als das HITID-Konzept, da es für den wahlfreien Zugriff besser und beim hierarchischen Zugriff in etwa gleich gut ist. Für dynamische Anwendungen mit häufigen Updates ist hingegen das HITID-Konzept prädestiniert, das dann im wahlfreien Zugriff gleich und im hierarchischen Zugriff besser ist als das MD-Konzept.

Umgekehrt kann man diese Eigenschaften der Adressierungskonzepte auch beim Entwurf des internen DB-Schemas berücksichtigen, wenn die Anwendungsprofile bekannt sind.

DANKSAGUNG

Wir danken den Herren H.-J. Schek und V. Y. Lum für die Anregung, uns in einer gemeinsamen Arbeit mit den Speicherungsstrukturen und Adressierungstechniken komplexer Objekte zu befassen. Ferner danken wir den Mitarbeitern der Forschungsgruppen in Darmstadt und Heidelberg für fruchtbare Diskussionen.

LITERATUR

/As76/ M.M. Astrahan et al.: System R: Relational Approach to Database Management, ACM Transactions on Database Systems, Vol. 1, No. 2, June 1976, pp. 97 - 137.

/Da81/ C.J. Date: An Introduction to Database Systems, Vol. I, 3rd ed., Addison-Wesley Publ. Co., Reading, Mass., 1981.

/DBTG71/ Data Base Task Group Report (CODASYL), IFIP Administrative Data Processing Group, Amsterdam 1971.

/De84a/ U. Deppisch: Speicherungsstrukturen und Adressierungstechniken für die komplexen Tupel des Relationenmodells mit relationenwertigen Attributen, Diplomarbeit, TH Darmstadt, Fachbereich Informatik, 1984.

/De84b/ U. Deppisch: Hierarchisches Tuple Identifier Konzept und weitere Adressierungstechniken für die komplexen Tupel des NF^2-Relationenmodells, Arbeitsbericht DVSI-1984-A7, TH Darmstadt, 1984.

/De85/ U. Deppisch et al.: Ein Subsystem zur stabilen Speicherung versionenbehafteter, hierarchisch strukturierter Tupel, Tagungsberichte GI-Fachtagung 'Datenbanksystem für Büro, Technik und Wissenschaft', Springer Verlag Berlin, Heidelberg, New York, 1985.

/GP83/ L. Gründig, P. Pistor: Land-Informations-Systeme und ihre Anforderungen an Datenbank-Schnittstellen, Sprachen für Datenbanken, J.W. Schmidt (ed.), Informatik-Fachberichte Nr. 72, pp. 61 - 75, Springer-Verlag, Berlin, Heidelberg, New York, 1983.

/Hä78/ T. Härder: Implementierung von Datenbanksystemen, Carl Hanser Verlag, München, Wien, 1978.

/Hä81/ T. Härder: Datenbanksysteme I, Skriptum zur Vorlesung WS81, Universität Kaiserslautern 1981.

/Lo84/ R. Lorie et al.: User Interface and Access Techniques for Engineering Databases, IBM Research Report RJ4155, San Jose, 1984.

/Lum85/ V.Y. Lum et al.: Design of an Integrated DBMS to Support Advanced Applications, Tagungsberichte GI-Fachtagung 'Datenbanksystem für Büro, Technik und Wissenschaft', Springer Verlag Berlin, Heidelberg, New York, 1985.

/MG77/ W.C. McGee: Information Management System IMS/VS Part II: Database Facilities, in: IBM Systems Journal, Vol. 16, No. 2, 1977, pp. 96 - 122.

/SchP82/ H.-J. Schek, P. Pistor: Data Structures for an Integrated Data Base Management and Information Retrieval System, Proc. VLDB Conf., Mexico-City, Mexico, Sept. 1982.

/SchS83/ H.-J. Schek, M.H. Scholl: Die NF^2-Relationenalgebra zur einheitlichen Manipulation externer, konzeptueller und interner Datenstrukturen, in Sprachen für Datenbanken, J.W. Schmidt (ed.), Informatik-Fachberichte Nr. 72, pp. 113 - 133, Springer-Verlag, Berlin, Heidelberg, New York, 1983.

/SchS84/ H.-J. Schek, M.H. Scholl: An Algebra for the Relational Model with Relation-Valued Attributes, Technischer Bericht DVSI-1984-T1, TH Darmstadt, 1984.

/SQL82/ IBM: SQL/DS Logic Vol. 2, LY 24-5217-1, 1982.

/UDS82/ Siemens AG: UDS V3.2 Entwerfen und Definieren, Benutzerhandbuch, Nr. U929-J-Z55-1, 1982.

The Presentation of Private and Shared Data
in a Federative Database Server

Richard P. Brägger, Andreas Diener, Andreas Dudler
Eidgenössische Technische Hochschule (ETH) Zürich
Institut für Informatik
CH - 8092 Zürich, Switzerland

Abstract

A federative database server system integrates shared data stored on a central server machine
and private data which are completely under control of one user. It is well suited to the field of
office automation where workstations interconnected by a network should offer, among other
possibilities for interaction, ways of sharing information in a structured way.

Different problems occur when developing such a system. On a user machine, private and shared
data must be combined. This integration is the central issue of the paper. A first prototype of the
federative database server system Aranea was completed recently at ETH Zurich. The solution
chosen in this system is presented.

1   Introduction

In the last few years, more and more *workstations* are being linked by *local area networks* (LAN)
to create an efficient and attractive working environment. Obviously, such a working environment
must provide facilities for integrating the user community, such as central services accessed via
network. Such networks of workstations are well suited for office automation and software
development because an increasing number of sophisticated applications is being written. A
general concept for network services should therefore not only include data communication
services (like remote printing or a mailbox service for letters and messages), but also data
storage, retrieval and structuring features. These data may be unformatted (programs and texts)
or formatted (literature references, mailing addresses, statistical data, etc.). Some kind of
database service for the user community should therefore be available. A central file store alone
is not sufficient.

Since most of today's database systems for personal computers are single user systems, a new
question arises: How should a multi user database system be designed to best meet the
requirements of such an environment and how can we achieve to have a flexible system that
reflects the organizational structures? To answer these questions the criteria defined in [Dien83]
can be used. There, it is pointed out that a *federative database server system* (FDBS) may provide
a possible solution in such an office environment.

An FDBS may be characterized in a way that every user machine is connected to a central
database server, and the actual data of a user are stored on either the server or the user machine
or both. By keeping his own private data on the local machine, a user may keep the control and

the responsibility of these data and, at the same time, get an integrated view of private and shared data. The currently running project *Aranea* at the ETH Zurich aims to implement a federative database server on the workstation Lilith. A *first prototype* was completed recently [Bräg84]. It was not the aim of this first implementation to find a new simple and user-friendly interface that would be necessary in an office environment, but rather to see how far all aspects of the system distribution can be hidden to the user. The purpose of this paper is to present the prototype and particularly the integrated presentation of private and shared data on the user machine.

The Aranea project bases on a general office environment where all users have a workstation connected by a local area network. Such a workstation is not used the whole day but only a small part of it. Hence, they are always moments when central services are not required. Further, the size of a database in this environment is limited by hardware factors and will not exceed the limit of about 10 MBytes. These factors influenced very much the design of the prototype.

To illustrate these concepts their foundations are summarized in the next two chapters. *Chapter 2* gives an introduction to the concept of a federative database server and an overview of the Aranea project and its hardware and software environment. The software structure of the prototype system is explained as well. In *Chapter 3* the server part of the prototype system is shortly described. The next three chapters form the emphasis of the paper. *Chapter 4* gives an overview of the data presentation to the user. In *Chapter 5*, the interface between the server and the user machine is outlined. *Chapter 6* describes some implementation aspects and the handling of errors. Some conclusions and further research objects are mentioned in *Chapter 7*.

2   System Overview

2.1   Evaluation of Architectures

In an office environment of several workstations linked by a LAN different architectures of a common database service are possible, among them architectures of existing multi user DBMS. The *fully centralized solution* like a database server located at one node [Mary82] and the *fully distributed system* as developed on mainframes [Roth80, Will82, Litw82, Neuh82] are the two extremes. A DBMS on workstations has to meet at lot of requirements. To analyse possible solutions the criteria introduced in [Dien83] can be used: fault tolerance, performance, flexibility, complexity, and adaptability to organizational structures.

The centralized database server [Mary82] has several disadvantages. Fault tolerance is poor: The whole system is unavailable if the server is down. With respect to communication and parallelism, performance is minimal and the server is likely to become the bottleneck of the system. There might be some advantages if the server machine is significantly more powerful than user machines. Also, no case of distributed responsibility can be represented properly. A fully symmetrical distributed database system is clearly superior to the centralized database server. However, the complexity of such a system is probably prohibitive for workstations of today.

2.2 The Federative Database Server

A way in between the two extremes is to introduce more distribution than the centralized server but not the same complexity as a symmetrical distributed database system. This is achieved by splitting the whole DBMS into a server part and a client part. In [Dien83] such an intermediate architecture is proposed called a federative database server system (FDBS). The computing power of the different workstations is utilized to partition not only the data but also the system instead of concentrating it to one place or replicating it on all nodes. A similar architecture was used for an implementation described in [Kars82].

In an FDBS one node of the network is a dedicated *database server*. The server maintains connections to all participating users, but no two users are connected directly. Multi-user aspects are centralized in this node. But, opposed to a centralized system, users have part of the data and of the DBMS on their machine. The repartition of the DBMS is simple and straightforward: As many parts of the system as possible are running on the user machine.

Similarly, there is a natural division between two kinds of data: *private data* and *shared data*. Data are called private if they are owned by one user; otherwise they are called shared. A user may be any person or a group of persons entitled to access and update some data. [Dien85] introduces these classes of data more formally and derives a data replication and allocation method which is summarized shortly. Private ownership of data must be reflected in the implementation by storing these data on the user's machine. Any user can turn off his workstation. This must not influence all other users, and thus, all shared data have to be allocated on the server. If the server is not working a single user can still access his local data or may even inspect snapshots of shared data allocated on his machine. This way, a very high degree of fault tolerance can be gained. It is possible to replicated data whereby originals and duplicates are distinguished. Duplicates may be stored on any participating machine, but they are not required to be up-to-date permanently (reflecting the independence of users in an FDBS).

Performance is also better compared to the centralized database server. Only access to shared data requires network traffic and a minimum of parallelism within one application is achieved using the server and the client machine.

An FDBS is very flexible namely in the integration of existing databases. The user may reorganize his private data and even add new parts without disturbing anybody else. On the other hand a group of people is responsible for shared data allocated on the server machine and must agree on reoganisations of the shared data, again without bothering about other users not accessing these data. Such hierarchically distributed responsibilities can be found in many companies. Those organizational structures are best supported by an FDBS.

One disadvantage of the symmetrically distributed system is its complexity. This is important taking into account the computing power of workstations. In an FDBS the system is split into two parts, a multi user database system on the server and a user side concerned only with single user aspects.

Summing up, the federative database server concept combines the possibilities of workstations connected by a local area network and of distributed database systems. It is close to the fully distributed system in performance, fault tolerance, and flexibility and close to the centralized system in simplicity.

2.3 System Environment

Today, the workstation/LAN situation is very common. Therefore, the ideas presented in this paper are rather independent of the implementation environment. The first prototype of the Aranea system will be used in this paper to illustrate a simple way of presenting shared and private data to the user. Thus, an introduction to the whole project and the environment is given in the following sections.

The personal computer *Lilith* was designed and built at ETH. All programs running on this workstation are written in *Modula-2* [Wirt83]. The Lilith machines are connected with an Ethernet-like local area network *Magnet*, and a file server is installed as well. The main features offered by Magnet are procedures for sending and receiving messages. Any message is exchanged between a client machine and a named process on a remote workstation called master. A simple handshake protocol is supported, other protocols must be defined by the applications.

To complement the working environment of such a professional workstation the database management system *LIDAS* [Rebs83, Zehn83] was also designed and implemented on the Lilith computer. The database model used in LIDAS is a relational model. LIDAS is a single user system and offers high-level interfaces: the interactive graphical data definition system *Gambit*, the database programming language *Modula/R*, and the interactive data manipulation system *DISCUSS*. First, only a single element interface was offered (relational data system RDS). Later, this interface was extended with the Modula/R compiler and its runtime system to a set oriented interface.

2.4 The Aranea Project

Together, the Lilith computer, its network Magnet, and the LIDAS database management system were a good base for starting the *Aranea project*. The main goal of the project is to find new concepts in the *design of distributed database management systems* (DDBMS) on workstations, in the *design process for distributed databases*, and in developing *tools for constructing distributed databases*.

All participating machines are Lilith computers, also the database server. The final goal of the Aranea project is to offer the user a relational interface handling sets of tuples at a time. As in LIDAS the Aranea project is divided into two phases. First, only a single element interface has been developed that can be compared to the RDS interface of LIDAS. The implementation of this prototype has been completed recently. The goals of this first phase can be summarized as follows:

- to make first experiences in combining a LAN and a DBMS,
- to find an optimal physical and logical representation of global and local data (shared and private data),
- to extend the single user DBMS RDS to a multi user system and
- to introduce first concepts of authorization.

Some of the results are described in the following chapters. The extension of the single user system to a multi user system and results on combining a LAN and a DBMS are outlined further in [Bräg84].

In the second phase of the project the set oriented interface and the data replication facilities will be implemented. This interface will support an optimal integration of private and shared data as well as the transparent treatment of data allocation issues such as the redundancy of data. Furthermore a better performance will be gained by using the high speed local area network to transmit sets of tuples instead of single tuples only.

2.5 The Architecture of Aranea

In Figure 1 the *architecture of Aranea* (first phase) is outlined. The two different parts represent the software on the server and the user workstation. The latter will be called the client. The *network components* of Aranea, modules CNC and SNC, implement higher protocols based on the message passing capabilities of Magnet. CNC (client network controller) links the client and the network. It handles the logical connection to the server machine and offers routines to send and receive requests which are defined by the database system. The counterpart of CNC is SNC (server network controller) on the server machine. It collects the incoming messages and on request passes them to the server action manager. It also transmits the answers to the client. To achieve a reliable network these two modules implement a protocol guaranteeing that no errors will be visible to the database management system.

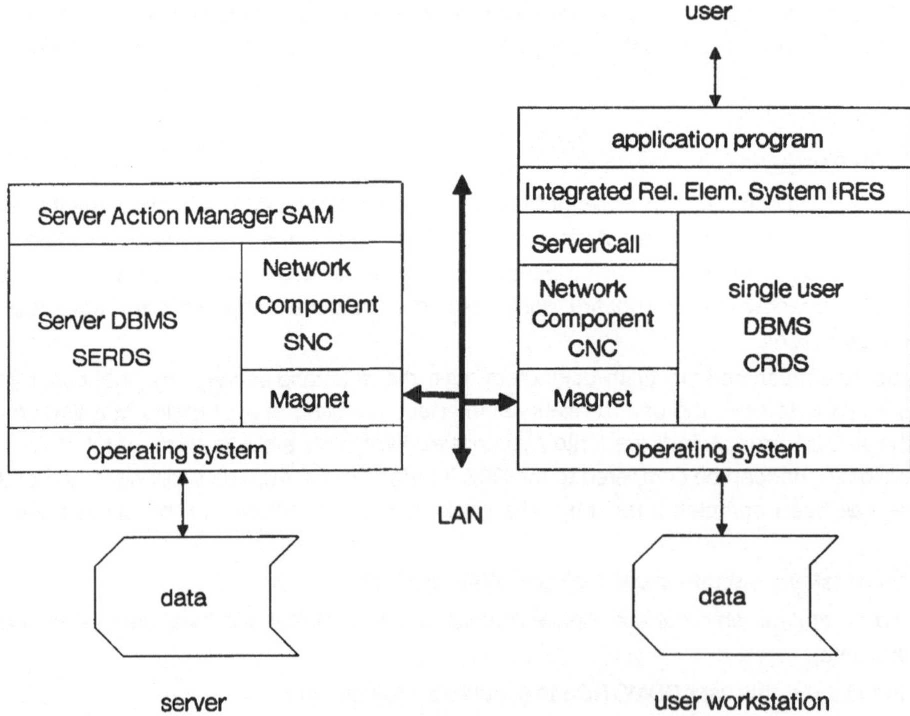

Figure 1: Architecture of the Aranea Database Server

On the *user machine* the client consists mainly of three different modules: IRES (integrated relational element system) integrates the private and shared data and offers a single element interface. Data aspects on the private database are handled by the CRDS (<u>c</u>lient <u>r</u>elation <u>d</u>ata <u>s</u>ystem). ServerCall represents the server database management system. The architecture of the client is the central issue of this paper and will be described in Chapter 4, 5 and 6.

The tasks that have to be executed by the *server machine* are divided into two components. SERDS (<u>s</u>erver <u>r</u>elational <u>d</u>ata <u>s</u>ystem) is the DBMS on the server. SAM (<u>s</u>erver <u>a</u>ction <u>m</u>anager) extends the single user interface of SERDS to a multi user interface. It schedules the operations of different users as received from SNC. The server architecture is further discussed in Chapter 3.

3   <u>The Server Part</u>

The server machine represents the central access point for all users. It is assumed to run all the time (except in failure situations). The database system is supposed to handle the shared data that can be accessed by several users concurrently. According to the general architecture of the whole system no user applications are running on the server since user accesses are only possible via the local area network. This limits the range of possible architectures, variants are discussed in [Bräg84]. Operating systems on workstations usually do not offer high level process scheduling and virtual memory management. This also influences the structure of the DBMS. In Aranea the server mainly consists of two parts: SAM handles the scheduling of all incoming requests and calls procedures of SERDS. Therefore, SAM represents the only application upon SERDS which does not have to offer a multi user interface. As a consequence SAM and SERDS can be linked together and no process switching is necessary. The development of SERDS out of its LIDAS counterpart RDS is described in Chapter 4.

3.1   <u>Request Scheduling</u>

On the server machine SAM schedules all incoming requests. The client is not allowed to send a second request before receiving the answer to the first one. This implies that SAM only has to store one request of each user. Two queues are used: the ready list contains all requests that can be performed (FIFO queue) and the wait list contains requests that must be delayed (see 3.2). SAM receives new requests from the SNC and puts them into the ready or wait list. A request is selected from the ready list and passed to SERDS. The answer is immediately transmitted to the user. Afterwards the two queues are updated.

3.2   <u>Concurrency Control Component</u>

Transactions in an FDBS are defined as a collection of operations on the server and on one user machine. In the described prototype version no replicated data are allowed. Therefore, only conflicts between parallel transactions working on shared data are possible. Thus, no distributed concurrency control component is necessary. An optimal solution that avoids phantoms in an FDBS environment is discussed in [Bräg84] and will be implemented in the second part of Aranea.

For the prototype only a simplified version was implemented. The reason was that all operations, read and write, are limited to single tuple operations. It was not a goal of the implementation to find an optimal solution for this single element interface. The concept of two phase locking [Gray78] is used whereas the granularity is limited to whole relations. This is necessary to avoid phantoms [Bräg85]. Deadlock detection is done using a bit table where the information about transactions that are waiting for each other is stored. This is influenced by the fact that the network component can only handle a limited number of connections which implies that also the number of running transactions is limited. If a lock cannot be granted the corresponding request is queued in the wait list.

3.3   Recovery

Recovery in Aranea is treated on two levels. SERDS guarantees that in case of system or media failures the database will be restored to the state where the last checkpoint was taken. The generation of a checkpoint initiated by SAM can be compared to a commit and restart of SAM (SAM represents the only transaction on the level of SERDS). In an FDBS environment as described in the Introduction there are always moments when no transactions are running. Therefore, it is reasonable to implement transaction consistent checkpoints [Härd83] in the prototype version (in the final version this could be improved using action consistent checkpoints). All database pages changed since the last checkpoint are applied to a security copy of the database. Media failure can be handled using another security copy on the file server. Recovery on the level of SAM is realized using an operation log file where each logical operation is recorded before being executed. It is not possible to use physical logging because this requires setting locks on database pages. In SERDS B*-trees [Härd78] are used as data structure for access paths. Because the same treepages are used for different relations this would be in opposition to the solution of 3.2. If a transaction has to be aborted its entries in the log file are read backwards and the inverse operation is performed. In case of a system or media failure SERDS restores the state of the last checkpoint and SAM repeats all operations of already committed transactions by reading the log file.

3.4   Authorization

The server manages shared data on the behalf of their owners. Another task of SAM is to prohibit illegal use of these data at run time. (The definition of such authorizations is a point of future research.) These control is split into two parts: At the first access of a user his password is verified and the set of relations that are accessible to this user is evaluated. Only the descriptions of these relations are transmitted to the client. Thus, no operations are possible on relations that are invisible. This is checked locally by the client system (see Chapter 6). Partial access rights to some relations are checked by SAM before executing the corresponding request. Values of invisible attributes are replaced by null values.

4   The Client

All architectural decisions within an FDBS reflect the fact that the server works as a back-end machine, without direct contact to the user. Central goals for the server are simplicity and efficiency. All details are passed on to the client. On the client, the emphasis is quite different: As many internal problems as possible shall be hidden to the user so that no semantic changes of the interface in comparison to a single user system should be visible to an application program.

The client part mainly consists of three parts: IRES, CRDS and ServerCall. IRES integrates private and shared data and offers the same single element interface as the LIDAS database management system RDS. Therefore, the RDS interface is shortly described in Section 4.1. The private database is handled by CRDS, whereas ServerCall represents the server DBMS SERDS. Both CRDS and SERDS are based on the software of RDS. It was necessary to change some internal aspects of the single user DBMS RDS because of the distribution and the parallel execution of different transactions. These changes are outlined in the Sections 4.2 and 4.3. Finally, the integrated presentation is explained in Section 4.4.

4.1   The RDS Interface

RDS is the single element interface of the relational database system LIDAS. It is the base for the development of the two DBMS CRDS and SERDS. The features of RDS can be grouped into routines for:

- managing data, i.e. elements of a relation: `Obtain, Insert, Delete, Replace`;
- opening relations and access paths: `InitRelation, InitKey`
- defining a group of consistency-preserving operations (transaction management): `BeginTransaction, CommitTransaction, AbortTransaction`;
- defining and dropping temporary relations (not presented in detail here).

The procedure `Obtain` reads a record. As parameters, it needs the specification of a relation, an access key (consisting of an attribute or a combination of attributes), and an access mode. For each relation RDS maintains a current position. This position is updated on each read access. Two different ways of reading are possible: The current position is established by giving specific values of the access key (*absolute reading*). Several access modes are available to select an element with key values equal, greater or smaller to the ones specified or the element with the highest or lowest key values at all. The current position may then be referenced for *relative reading*, i.e. for fetching the next element with the same, higher or lower key values to the element last read (current position). The procedures `Insert, Delete` and `Replace` are used to update a single element within a relation.

`BeginTransaction` and `CommitTransaction` designate that a set of RDS operations is atomic. In the single user situation, this implies only recovery measures. RDS uses physical page recovery with an undo log. This is possible in the single user situation (contrary to the implementation of the server part, Section 3.3). The undo log contains the before images (old content) of all altered database pages. When data on a page of the database file have to be changed for the first time, the before image is written onto the undo log file. At commitment of a transaction (by calling `CommitTransaction`) all changed database pages are written onto the database file, and the undo log file is cleared. The recovery is performed during the opening of a database if the corresponding undo log file is not empty. For exceptional situations, the procedure `AbortTransaction` provides a possibility to invoke the recovery mechanisms explicitly. Then, the log file is read backwards and the before images are written to the database file.

A system catalog contains the information about the data structure. It describes relations, attributes (including data types), and keys. At opening of the database the catalog information needed at run-time is stored within description tables [Rebs83]. A certain relation or key is identified in an application program by its name. In the description table the same relation or key is characterized by a pointer. The binding of relation or key names to variables of a generic, hidden type Relation or Key (representing the pointer into the description table) must be accomplished by a call of the procedure InitRelation and InitKey, respectively.

4.2 The Two Phase Commit

The transaction commit had to be changed drastically for the situation of distributed databases. It must be assured for transactions running both on the server and on the user machine that either both or none of the two decide to commit the transaction. The most critical case which can occur is a system breakdown on either server or user machine during this process of commit. Therefore, a special variant of the two phase commit protocol [Lind79] was introduced (see Figure 2).

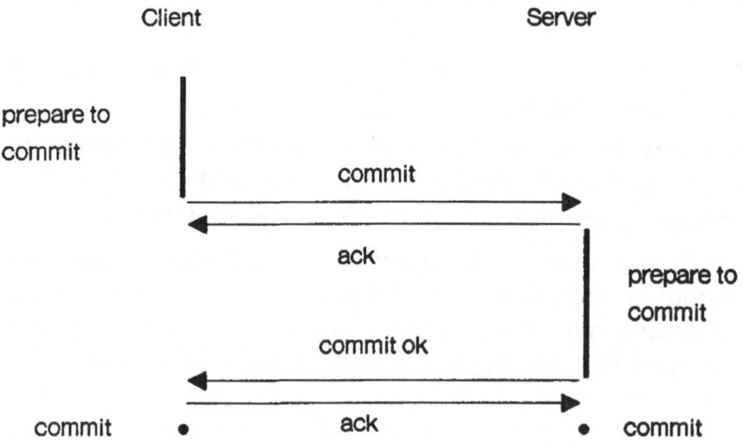

Figure 2: Special Variant of the Two Phase Commit

The method implemented in fully distributed systems can be simplified for Aranea because only two sites are involved (server and one client). First, when IRES gets the command CommitTransaction, it must prepare to commit tentatively, but it must still be able to abort in case the server cannot commit. All modified pages which still are in the buffer pool are written to the database file. Then, it issues the commit command to the server. When the server has prepared everything for an atomic commit action (with the option to abort if the sending of the answer failed), it issues an answer to the client. This is necessary to assure that the client receives the result before the server really commits the transaction. The client immediately commits after receiving the server's answer, i.e. deletes the undo log file. This protocol guarantes that either none or both machines commit the transaction provided that no messages are lost. This last condition is established with very high certainty through the implemented protocols in the network components.

4.3 The Current Position

The concept that the DBMS itself maintains for each relation a current position cannot be used in a multi user environment. The fact that different transactions can read the same relation concurrently implies that each transaction has to keep track of the current position itself. It seems reasonable to discharge the server (i.e. SAM) of book-keeping of the current position for all transactions. This task is assigned to ServerCall on the client. But, the same job is also performed by CRDS manipulating private data. Instead of implementing this feature twice on the client, it is concentrated in IRES. As consequence the interface of SERDS and CRDS was changed compared to RDS. When referring to the current position in calling the procedure `Obtain` it is necessary to specify the current position as input parameter.

4.4 The Integrated Presentation in IRES

IRES represents the user interface of the Aranea system. It offers for both private and shared data the same functionality as the RDS interface while hiding the distinction between these data to the user. The implementation, however, is completely different from RDS: IRES determines the range of user commands: Operations on private data are passed to CRDS and operations on shared data to ServerCall. The distinction of private versus shared data is made on the basis of relation names. Hence, only entire relations can be designated as shared or private in this state of the Aranea project. A scope concept very similar to that of programming languages is used: local names (private relations) supersede those of global (shared) relations. The location of a relation is determined at initialization time: IRES first tries to find the relation locally. If this is not successful, a request is passed to ServerCall. If the relation is again not found, it is not known and the user gets an error message.

ServerCall represents the server system and handles shared data on the server's behalf. It translates accepted commands into requests to SAM which can be transmitted by CNC (see Chapter 5). To discharge SAM the checks on the correct use of the procedures of SERDS were assigned to the client. The two phase commit protocol described in 4.2 was added to CRDS. The checks on correct use of the interface as well the bookkeeping of the current position were removed from CRDS. As mentioned, IRES performs these tasks for both private and shared data.

5   The Interface to the Server

5.1 The Connection to the Network

The last component of the client is the interface to the server. It consists of two modules, the network interface CNC and the database interface ServerCall. The latter accepts a command to be executed by the server and packs this command into a form which can be transmitted by CNC, namely into a record of type `Request`, which is a straightforward encoding of the procedure names and parameters of the server DBMS (The server DBMS offers the same procedures as the client DBMS.)

```
TYPE
  Command   =  (login, logout, obtain, insert, delete, replace,
                beginTA, abortTA, commitTA);
```

```
Request  =  RECORD
               CASE com: Command OF
                 login:    userId: User;  (* identification *)
               | logout:  (* nothing *)
               | obtain:  r  : RelNo; re : RelEl; k  : KeyNo;
                          m  : Mode;  tid: TID;
               | insert,
                 delete,
                 replace: r  : RelNo; re : RelEl;
               | beginTA,
                 commitTA,
                 abortTA: (* nothing *)
               END;
            END;
```

A user is described on the Lilith computer by his group and member number, and his password.
The password is verified when the user requests a login operation.

After executing the command SAM passes the answer to the client using routines of SNC. This
communication is accomplished with the data type Answer.

```
TYPE
  Answer = RECORD
              aborted: BOOLEAN;
              CASE Command OF
                login:    noRels,
                          noKeys   : LoginRange;
                          loginInfo: ARRAY LoginRange OF
                                        RECORD
                                           CASE BOOLEAN OF
                                              FALSE: logRel: RelDesc;
                                           | TRUE:  logKey: KeyDesc;
                                           END;
                                        END;
              | logout:  (* nothing *)
              | obtain:  done: BOOLEAN; re: RelEl; acttid: TID;
              | insert,
                delete,
                replace: done: BOOLEAN;
              | beginTA,
                commitTA,
                abortTA: (* nothing *)
              END;
           END;
```

The field aborted is used to indicate that the running transaction was aborted. Different
situations can cause a transaction to abort but no information about the reasons is transmitted
(this is a point of further research). Further, the result of the operation and the information
whether it was executed successfully or not is transmitted.

The login to the server database is delayed until the first call of InitRelation which is not
successful on the private database stored locally. ServerCall produces a login request that opens
the connection to the server. As answer, the description of all visible relations and keys will be
received (see 3.4). All further calls of InitRelation or InitKey do not require any network
operations.

5.2   Description Data

To perform its job, IRES needs the description of private data. This system catalog is directly available from CRDS and does not differ from the data description in RDS. Also some information on shared data is necessary. But of course, this information need not be very detailed since IRES does not need to worry about access methods. It would have been possible to introduce one central component in the client which handles all data descriptions, shared and private. However, much more information is needed on private than on shared data, and thus, the descriptions would have reflected this distinction even if they were managed centrally. It is therefore certainly advantageous to leave CRDS unchanged wherever possible and have ServerCall manage its own descriptions of shared data.

To pack and unpack network messages, and to be able to initialize relations and keys, the following items must be known by the client:

For each relation:
- name used in application programs (for initialization)
- pointer to the description table on the server (of type Relation, for access)
- length of the relation element (for packing and unpacking)
- current position and actual key (if defined, for checks).

For each key:
- name used in application programs (for initialization)
- pointer to the description table on the server (of type Key, for access)
- corresponding relation (for checks).

The answer to a login request contains the list of all relation and key descriptions accessible to that user to provide the client with a description of its shared data. This information can be used by IRES and is linked in a list for the name search in case of further initializations.

6   Some Implementation Aspects

In RDS, errors are divided into two categories: Hard errors, from which automatic recovery is not possible, cause a program halt; whereas soft errors are indicated by a function procedure Done. These soft errors only occur when some semantic problems are encountered (e.g. an element was not found or a relation name is unknown). In the Aranea system, other kinds of errors occur from which automatic recovery is conceivable. For example, a transaction abort by the concurrency control on the server requires a transaction restart on the user machine. However, this restart must be left to the application program because program variables, files, etc. which were changed in the transaction have to be restored to their initial state [Gray81]. To indicate such an abort the error handling of IRES would have to be changed. According to our goals (sketched in Chapter 2), this was rejected. Rather, the semantics of the IRES interface, particularly of the function procedure Done was left unchanged, and the additional errors are treated as hard errors leading to a program halt.

Further implementation issues shall serve to illustrate how the principles and concepts outlined earlier are reflected in the actual software. Consider for example the concept of user autonomy: It demands that a user be able to work with his private data even if the server is not accessible. In the implementation of IRES, this implies that no connection to the server is opened when starting an application program on the user machine. Only `InitRelation` establishes the connection to the server if the relation was not found locally (see 5.1).

Closely related is the issue of server discharge. In the implementation, it is reflected in three places. First, a login command issued to the server is answered by a list of all relations and keys accessible to that user. This way, some authorization violations can be detected locally (if the relation is not known), and all `InitRelation` and `InitKey` operations are strictly local to the user machine (except the first). Second, a `BeginTransaction` is interpreted by IRES as a local operation until a shared relation is first accessed. Only at that time, a transaction on the server is started. Thus, users are not subject to network and server delays if they do not actually access server data. Third, temporary data are kept locally.

7   Conclusions

In an office environment more and more workstations connected by a local area network are available. This calls for special database systems exploiting all the advantages of such a situation. A database system has to offer an attractive working environment that is very flexible and user-friendly. The federative database server represents a solution that fulfills these conditions.

In the Arenea system the application programmer does not have to bother about the distribution of data. Private and shared data are presented in an integrated way: the client system determines where the specified data are stored. The experiences gained so far confirmed the presented concepts.

The limitations of the current prototype are mainly in the areas of the user interface, data allocation method, concurrency control, and the lack of data replication. The single element interface is now used to develop the full set interface of Aranea. This interface may then be used by the database programming language Modula/R. Further work will also include an improved concurrency control, the integration of replicated data as well as an extension of the database design methodology including private, shared, and replicated data. Replicated data and a better user interface will allow a higher degree of integration between shared and private data. Also, semantic problems of transactions working with both kinds of data will have to be treated.

Acknowledgments

The authors are grateful to Carl August Zehnder, head of the Aranea project, for his continuous support of this work, and to Theo Härder and Muffy Hallen Thomas for their comments on an earlier version of this paper.

References

[Bräg84] Brägger,R.P., Diener,A., Dudler,A.: Aranea: A Federative Database Server for the Personal Computer Lilith. Report No. 61, Institut für Informatik, ETH Zurich, Switzerland, September 1984.

[Bräg85] Brägger,R.P., Diener,A., Dudler,A.: The Centralized Action Scheduler of a Federative Database Server. Proceedings of the International Computing Symposium 1985, Florence, Italy, March 1985.

[Dien83] Diener,A., Brägger,R., Dudler,A., Zehnder,C.A.: Database Services for Personal Computers Linked By a Local Area Network; Proceedings of the 1983 ACM Conference on Personal and Small Computers, San Diego, December 1983.

[Dien85] Diener,A., Zehnder,C.A.: Replicated Data in a Distributed Database System for Workstations. Technical Report, ETH Zürich, Institut für Informatik, 1985.

[Gray78] Gray,J.N.: Notes on Data Base Operating Systems. Proc. Advanced Course on Operating Systems, Munich, Lecture Notes in Computer Science 60, Springer-Verlag, 1978.

[Gray81] Gray,J.N.: The Transaction Concept: Virtues and Limitations. Proc. 7th Conf. on Very Large Data Bases, Cannes, September 1981.

[Härd78] Härder,T.: Implementing a Generalized Access Path Structure for a Relational Database System. ACM TODS, Vol.3, No.3, September 1978.

[Härd83] Härder,T., Reuter,A.: Principles of Transaction-Oriented Database Recovery. ACM Computing Surveys, Vol. 15, No.4, December 1983.

[Kars82] Karszt,J., Kuss,H., Lausen,G.: Optimistic Concurrency Control and Recovery in a Multi Personal Computer System. ACM SIGSMALL Newsletter, Vol. 8, No. 4, November 1982.

[Lind79] Lindsay,B.G. et al.: Notes on Distributed Databases. IBM Research Report, RJ2571, San Jose, July 1979.

[Litw82] Litwin,W. et al.: SIRIUS Systems for Distributed Data Management. Proc. 2nd Int. Symposium on Distributed Data Bases, Berlin, September 1982.

[Mary82] Maryanski,F.: Data Server Design Issues. Proc. NCC, June 1982.

[Neuh82] Neuhold,E., Walter,B.; An Overview of the Architecture of the Distributed Database System POREL, Proceedings of the 2nd. International Symposium on Distributed Databases, Berlin 1982.

[Rebs83] Rebsamen,J., Reimer,M., Ursprung,P., Zehnder,C.A., Diener,A.: LIDAS - The Database System for the Personal Computer Lilith. Proc. Workshop on Relational DBMS Design/Implementation/Use on Micro-Computers, Toulouse, February 1983.

[Roth80] Rothnie,J.B. et al: Introduction to a System for Distributed Databases (SDD-1). ACM TODS Vol. 5, No.1, March 1980.

[Will82] Williams,R. et al.: R*: An Overview of the Architecture. In: Improving Database Usability and Responsiveness, P. Scheuermann (Ed.). Academic Press, New York, 1982.

[Wirt83] Wirth,N.: Programming in Modula-2. Springer Verlag, 1983.

[Zehn83] Zehnder,C.A. (ed.): Database Techniques for Professional Workstations. Report No. 55 of the Institut für Informatik ETH Zürich, Switzerland, September 1983.

ERFAHRUNGEN MIT DEM EINSATZ GROSSER HASHDATEIEN FÜR
RASCHEN ZUGRIFF AUF PUNKTKOORDINATEN

H.R. Gnägi, F. Link
Leupin AG, Bern
Dufourstrasse 45
CH 3005 Bern, Schweiz

Punkte eines euklidischen Raumes sind ein Datentyp, der benötigt wird in einem grossen Teil der Datenbestände, die von Vermessungswesen, Kartographie und verwandten Gebieten bearbeitet werden.
Wichtigstes Attribut eines Punktes sind seine Koordinaten bezüglich
einer meist orthonormalen Basis, die seine Lage im Raum definieren.
Andere Attribute wie Punktnummer, Klasse, Versicherung usw. kennzeichnen Bedeutung und Qualität eines Punktes. Praktische Datenbestände umfassen tausende bis hunderttausende von Punkten und haben nicht Platz
im Hauptspeicher eines Rechners.

Die Organisation von Punktdateien auf externen Speichermedien
wird kritisch, wenn Punkte nach Koordinaten gesucht werden sollen in
Auswertungen der folgenden Art:
- Stapelverarbeitung grosser Datenmengen
- numerisch interaktive Bearbeitung
- Display Graphik
- graphisch interaktive Bearbeitung
Wenn die Anzahl der Zugriffe auf das externe Speichermedium nicht auf
ein Minimum reduziert werden kann, wachsen Auswertungszeiten, Antwortzeiten und Wartezeiten ins Unerträgliche. Die klassischen und gemäss
A. MEIER und C.A. ZEHNDER [1980] in geographischen Datensammlungen
der Schweiz am meisten eingesetzten Dateiorganisationen für sequentiellen bzw. indexsequentiellen Zugriff sind für Punktsuche nach Koordinaten nicht bzw. schlecht geeignet.

Anders die Dateiorganisation für direkten Zugriff. für eine solche Datei bezeichnen wir als Block die Datenmenge, die durch einen
Zugriff vom externen Speicher in den Hauptspeicher und umgekehrt verschoben werden kann und die durch einen Blockschlüssel adressiert ist.
Durch geeignete Unterteilung des zugrundeliegenden euklidischen Raumes

in Bereiche, die den Datenblöcken zugeordnet sind, und durch passende Definition einer Hashfunktion auf Grund von Bereichskoordinaten
gelingt es, die Idee der Hashtabelle auf Diskdateien zu übertragen
und optimal dem geometrischen Problem anzupassen. In den Koordinaten-
Hashdateien (kurz KHD) ist insbesondere das Suchen von Punkten nach
Koordinaten einfach und effizient möglich. Die KHD ist ähnlich aufgebaut wie das von J. NIEVERGELT, H. HINTERBERGER und K.C. SEVCIK [1981]
beschriebene Grid File, hat aber nicht veränderliche Gitterabstände
wie dieses sondern basiert auf einem Quadrat- bzw. Würfelgitter und
kommt daher ohne Achsenabschnittsverwaltung aus, d.h. ohne Indexarray
oder Indexfile. Während beim Grid File genau 2 Diskzugriffe nötig sind,
um einen Punkt nach seinen Koordinaten zu finden, sind bei einer KHD
im Mittel 2 Diskzugriffe nötig, wie die Analyse praktisch eingesetz-
ter KHD zeigt.

Wir möchten unsere Ausführungen wie folgt gliedern
1. Erläuterung von Problem und Begriffen
2. Idee und Realisierung der Koordinaten-Hashdatei
3. Laufzeitverhalten grosser Koordinaten-Hashdateien, Vergleich mit
   sequentiellen und indexsequentiellen Dateien, mit dem Grid File
   und verwandten Datenstrukturen.
4. Mit Hilfe von Koordinaten-Hashdateien gelöste Probleme.
5. Verbesserungen und Verallgemeinerungen der KHD.

<u>Literatur:</u>
- A. MEIER, C.A. ZEHNDER [1980]: "Flächenmodell-Register (Die Strukturen wichtiger geographischer Datensammlungen der Schweiz)"
  Berichte des Instituts für Informatik ETH Nr. 39, Zürich, 1980
- J.NIEVERGELT, H. HINTERBERGER, K.C. SEVCIK [1981] : "The grid file:
  an adaptable symmetric multi-key file structure" Berichte des Instituts für Informatik ETH Nr. 46, Zürich, 1981

GEO - Konzept eines
applikationsneutralen geographischen DB-Systems
und seine Implementierung als INGRES-Frontend

H.-J. Appelrath
ETH Zürich
Institut für Informatik
CH-8092 Zürich

Zusammenfassung

In diesem paper werden Entwurf und Implementierung des Systems GEO vorgestellt. GEO ist ein geographisches DB-System, das nicht auf eine spezielle geographische Applikation oder Applikationsklasse (wie Kartographie oder Kataster) hin entwickelt, sondern als applikationsneutrales System für geographische Anwendungen konzipiert wurde. Das Konzept einer Trennung in ein anwendungsunabhängiges Basissystem und ein thematisch belegtes Anwendersystem ist für ein kleines kartographisches Beispiel als INGRES-Frontend auf einer pdp-11/60 implementiert worden.

Abstract

This paper describes design and implementation of GEO. The system GEO is a geographical DB-system not only intended for a special class of geograhical applications. The advantage of GEO is the strict distinction and efficient integration of a static application independent base-system and flexible geograhical applications. This concept is implemented as an INGRES-frontend on a pdp-11/60 for a small example in the area of cartography.

1. Einleitung

Ansätze, Ausschnitte der Erdoberfläche, wie sie in Landkarten und Stadtplänen abgebildet sind, in rechnergestützten *Landinformationssystemen* zu verwalten, bestehen schon recht lange. Inhalt und Zweck solcher Informationssysteme lassen sich wie folgt definieren: "ein Landinformationssystem dient zur systematischen Erfassung, Speicherung und Verarbeitung aller auf Grund und Boden bezogenen und ihn kennzeichnenden Daten als Grundlage für Recht, Verwaltung und Wirtschaft und als Hilfe für Planungs- und Entwicklungsmassnahmen" ([EICH]).

Seit gut 10 Jahren werden Konzepte einer DB-Unterstützung für Landinformationssysteme diskutiert und haben zum Begriff *geographische Datenbanken* (bzw. *geographische DB-Systeme*) geführt. Geographische DB-Systeme haben gegenüber nicht DB-basierten Landinformationssystemen eine Reihe von Vorteilen, die generell DB-Applikationen auszeichnen: Redundanzbeschränkung, Datenunabhängigkeit, Datenkonsistenz, einheitliche Datenmanipulationssprache und relativ schnelle Systementwicklung. Auf der anderen Seite zeigt sich bei geographischen DB-Systemen wie bei weiteren sogenannten *non-standard applications* (CAD, Office Information, Expertsystems), dass Implementierungen als *DB-Frontends* auf dem heutigen Stand der DB-Technologie nicht für solche, sondern nur für kommerzielle Applikationen akzeptabel scheinen ([HARE]). Geeignete Rechnerarchitekturen zur Unterstützung nicht-kommerzieller Anwendungen untersucht [CHRI]. Überlegungen für eine verbesserte DB-Architektur solcher Anwendungsklassen stellt [MITS] vor.

Das nachfolgend beschriebene geographische DB-System GEO ist trotzdem als konventionelles DB-Frontend (zu INGRES) realisiert ([GRME]), da

a) die beschränkten *Personalresourcen* an einer Hochschule mit der Restriktion auf Diplomarbeiten, Dissertationen oder recht kleine Projekte ohnehin keine umfassendere Realisierung erlauben und

b) sich bei einer Untersuchung bekannter geographischer DB-Systeme (z.B. [FRAN], [HAEN], [MEI1]) herausstellte, dass die Vorteile einer DB-Unterstützung nicht so konsequent wie möglich ausgenutzt wurden, so dass noch *"konzeptioneller Spielraum"* verblieb. In allen Fällen waren Erfassung und Abstraktion geographischer Daten relativ *anwendungsspezifisch* und verhinderten eine weitgehend problemlose Nutzung der Daten für unterschiedliche geographische Anwendungen.

Genau auf diesen Punkt zielt das Konzept von GEO, das konsequent eine *applikationsneutrale* Speicherung geographischer Daten verfolgt. Applikationsneutral meint hier: nicht auf <u>eine</u> geographische Applikation bezogen, sondern für eine grosse Klasse geographischer Anwendungen geeignet. GEO differenziert dazu strikt ein anwendungsunabhängiges *Basissystem* zur Verwaltung der thematisch unbelasteten, geographischen Objekte und darauf aufsetzende, auf die jeweiligen Applikationen ausgerichtete *Anwendungssysteme.*

Die vorliegende Arbeit beschreibt in Kapitel 2 einige Grundlagen geographischer DB (siehe auch [MEZE], in Kapitel 3 den Entwurf und in Kapitel 4 Implementierung, Test und Bewertung von GEO.

2. Grundlagen

2.1 Abstraktionsschritte

Als Abstraktionsschritte zur Abbildung des realen dreidimensionalen Raumes (als betrachtetem Weltausschnitt geographischer Applikationen) auf geeignete Objekte differenziert man i.a.
- *Reduktion* auf zwei Dimensionen: die dreidimensionale Welt wird durch eine Projektion auf ein zweidimensionales Modell abgebildet, wodurch räumliche Objekte auf Flächen projeziert werden.
- *Diskretisierung* des Kontinuums: Eigenschaften des kontinuierlichen Raumes müssen durch endlich viele diskrete Elemente dargestellt werden. Da eine Erfassung und Abspeicherung sämtlicher Flächenpunkte naturgemäss nicht machbar ist, muss die wichtige Entscheidung getroffen werden, durch welche Systemobjekte die Objekte des realen Weltausschnitts ersetzt werden sollen: z.B. Flächen durch ihre Begrenzung, Linien durch Streckenzüge, unterschiedliche Bodenbedeckungen durch Klassenbezeichnungen (z.B. Agrarfläche).
- *Generalisierung*: viele Objekte der realen Welt werden nach Reduktion und Diskretisierung zusätzlich "generalisiert", d.h. durch Symbole und Begriffe unter Verzicht auf ihre exakten Abmessungen repräsentiert. Kleine Flächen werden zu Punkten und bänderartige Flächen (z.B. Verkehrswege) zu Linien. Die geometrischen Objekte verändern also ihre ursprüngliche Gestalt.
Die konkrete Ausgestaltung der Abstraktionsschritte hängt entscheidend von der Wahl der Darstellungsform der geographischen Objekte (siehe 2.4) ab.

2.2 Objektklassen und ihre Eigenschaften

Da eine Erfassung geographischer Daten sehr aufwendig ist und sich häufig viele Applikationen mit denselben Raumgebieten und Objekten befassen, sollte man diese Gebiete mit ihren Objekten einmal einheitlich erfassen und allen betroffenen Anwendungen zur Verfügung stellen.
Dazu ist es notwendig, *Objektklassen* und gemeinsame Strukturen und *Eigenschaften* dieser Objektklassen zu erkennen. Denn nur so wird gewährleistet, dass man zu einer möglichst einfachen, aber auch genauen und den Anwendungen entsprechenden Modellierung gelangt.

2.2.1 Objektklassen

Als operationelle Bezugsgrössen geographischer Applikationen lassen sich folgende drei Objektklassen identifizieren:
Flächenobjekte, wie z.B. Gebäude, Grundstücke oder Verwaltungsbezirke.
Streckenobjekte, wie z.B. Kreuzungen von Verkehrswegen, Eckpunkte von Flächen oder Gebäuden.
Punktobjekte, wie z.B. Kreuzungen von Verkehrswegen, Eckpunkte von Flächen und Gebäuden.
Dazu muss für viele Strecken- und Flächenobjekte auf die Bemerkungen über die Abstraktionsschritte hingewiesen werden, denn viele dieser Objekte sind in der Realität Flächengebilde. Für den Anwendungszweck genügen jedoch i.a. generalisierte Darstellungen.

2.2.2 Eigenschaften

Die wesentlichen Eigenschaften von Objekten lassen sich folgendermassen klassifizieren:
geometrische Eigenschaften mit der Unterscheidung in *metrische* und *topologische* Merkmale, sowie *nicht-geometrische* Eigenschaften mit der Unterscheidung in *Lokalisatoren, thematische* und *zeitliche* Merkmale.

Geometrische Eigenschaften

Da in geographischen DB Flächenobjekte verwaltet werden, stehen natürlich Aussagen im Mittelpunkt, die die Lage der Objekte innerhalb der betrachteten Fläche beschreiben.
Metrische Merkmale zielen auf die Abmessung von Objekten in einem genormten Bezugssystem ("die Metrik eines Raumes ermöglicht das Messen von Distanzen in diesem Raum"). Man verwendet dazu i.a. ein Koordinatensystem für das darzustellende Gebiet, mit dem jedem zu erfassenden Punkt eindeutig seine Koordinaten zugeordnet werden, also durch Angabe des Abstands zu den Koordinatenachsen, lokalisiert werden kann. Wichtige Aussagen, wie der Abstand von Objekten untereinander, Umfang und Inhalt von Flächen und die Länge von Strecken, lassen sich aus diesen Koordinaten berechnen.
Topologische Merkmale beschreiben die Lagebeziehung der Objekte zueinander ohne Berücksichtigung ihrer Koordinaten ("Topologie ist jener Teil der Geometrie, der invariant gegen alle kontinuierlichen Abbildungen ist"). Sie betreffen also Fragen wie "welche Linien laufen in einem Punkt zusammen", "welche Linien umschliessen eine Fläche", "welche Fläche sind benachbart", usw..

Nicht-geometrische Eigenschaften

Hierunter fallen alle Aussagen, die sich nicht auf die Abmessung und Lage der Objekte beziehen, sondern Sachinformationen zu den Objekten beinhalten:
Lokalisatoren sind dabei mit den Bezugseinheiten verknüpfte Bezeichnungen, die die .Objekte eindeutigg indentifizieren. Lokalisatoren sind also nichts anderes als Identifikationschlüssel, die den räumlichen Bezug

hervorheben. Als Beispiele lassen sich die Postadresse oder die Grundstücksnummer anführen.
Thematische Merkmale enthalten alle anwendungsabhängigen "Sachdaten".
Zeitliche Merkmale beziehen sich vor allem auf die Gültigkeitsdauer von Rechtsverhältnissen mit Aussagen wie "gültig ab", "gültig bis" und "gültig am".

2.3 Konsistenzprobleme

Die geometrischen Eigenschaften führen zu zahlreichen Abhängigkeiten der Objekte, was bedeutende Konsistenzprobleme nach sich zieht. Änderungen z.B. bei Flächenobjekten bewirken aus zwei Gründen weitere Updates.

Erstens ergeben sich *interrelationale Abhängigkeiten* daraus, dass Relationen durch andere beschrieben werden. So kennzeichnen z.B. Grenzpunkte die Lage von Flächen oder Zwischenpunkte den Verlauf von Strecken. Dies bewirkt jeweils Änderungen in mehreren Relationen beim Löschen oder Einfügen von Bezugseinheiten.

Zweitens entstehen redundante Eintragungen durch den Zusammenhang zwischen topologischen und metrischen Merkmalen. Z.B. lassen sich topologische Aussagen aus den metrischen über geometrische Algorithmen berechnen. Da diese Verfahren jedoch sehr aufwendig sind und viele Topologieaussagen häufig benötigt werden, empfiehlt sich in vielen Fällen ein einmaliges Berechnen und explizites Abspeichern, was zusätzliche Konsistenzprobleme impliziert. Die Frage, ob Berechnung oder Speichern vorteilhafter ist, ist stark anwendungsbezogen und generell nicht entscheidbar.

Natürlich sind die metrischen Eigenschaften nicht in allen Applikationen wichtiger als die topologischen (z.B. bei Anwendung mit EULER-Operatoren, d.h. Operatoren, die topologisch invariant operieren). Insofern müssen nicht notwendig metrische Eigenschaften primär gespeichert und topologische Eigenschaften aus ihnen gewonnen werden. Die Besonderheiten geographischer Daten gegenüber z.B. betriebswirtschaftlich orientierten Daten entstehen durch ihr besonderes Ordnungsprinzip, die Topologie des Raumes. Das heisst, das über Abstand bzw. Nachbarschaft alle Objekte miteinander in Beziehung stehen. Überwiegen komplexe n:m-Beziehungen, so werden diese Datenstrukturen als "nicht kommerziell" oder "nicht standardisiert" bezeichnet.

2.4 Darstellungsformen geographischer Daten

Rasterdatenstruktur

Bei der Rasterdatensruktur wird die Fläche in kleine Einheitsflächen (i.a. Quadrate) unterteilt. Darauf aufbauende Verfahren wählen häufig ein Netz geschachtelter Quadrate mit abgestufter Quadratgrösse. Die Quarate werden dann zeilen- oder spaltenweise oder nach Hierarchiestufen baumartig abgespeichert.

Die Flächenobjekte werden dabei wie folgt repräsentiert: ein Punkt durch ein Quadrat, eine Linie durch Aneinanderreihung entsprechender Quadrate und eine Fläche durch die sie füllenden Quadrate. Bei grobem Raster werden für die einzelnen Rasterfelder nur die überwiegende Nutzung bzw. innenliegende Linien oder Punkte angegeben.

Das Hauptproblem bei allen Rasterverfahren liegt in der geeigneten Wahl der dem betrachteten Flächenausschnitt und den Applikationen angemessenen Rastergrössen.

Vektordatenstruktur

Auf Vektordatenstrukturen basierende Verfahren verwenden zur Darstellung der Flächenobjekte ein *Koordinatensystem*. Grundlage sind Punkte, die durch ihre Koordinatenpaare festgelegt sind. Linien ergeben sich durch Anfangs- und Endpunkt, Richtungsänderungen durch Zwischenpunkte. Flächen werden durch Eck- bzw. Grenzpunkte oder durch die sie umschliessenden Linienzüge, also durch geschlossene Polygonzüge dargestellt.

Vergleich von Raster- und Vektordatenstruktur

a) *Objektfixierung*: Bei Vektorverfahren existiert pro Objekt nur eine Adresse, die sofort ansprechbar ist, während bei Rasterverfahren zur Selektion von Linien und Flächen zwei Schritte notwendig sind. Zunächst müssen entsprechende Quadrate zusammengefasst, bzw. bei grösseren Rastern die Quadrate durchsucht werden, bevor man auf die Objekte zugreifen kann.

b) *Speicherplatz*: Das Vektorkonzept komprimiert vor allem bei grossen geschlossenen Flächen gleichartiger Nutzung die Lagedaten, da nur die Eckpunkte gespeichert sind. Bei Rasterverfahren (vor allem bei kleinen Rastern) müssen Flächen mit den immer gleichen Sachdaten mehrmals abgespeichert werden.

c) *Darstellungsgenauigkeit*: Die Darstellungsgenauigkeit der Objekte ist bei Vektorverfahren sehr flexibel. So können z.B. Flächen durch viele oder wenige Eckpunkte oder je nach Anwendung nur durch einen (Zentral-) Punkt erfasst werden. Die Entscheidung der Rastergrösse legt hingegen beim Rasterkonzept auch das Auflösungsvermögen und damit die Realitätstreue verbindlich fest.

d) *Komplexität*: Rasterverfahren haben den wichtigen Vorteil einfacher Datenstrukturen, da sie für die Lagebeschreibung nur die Zeilen- und Spaltenangabe benötigen. Hingegen sind bei der Vektorspeicherung die wichtigen topologischen Beziehungen wie "Nachbarschaft" nur durch explizites Abspeichern oder durch komplizierte Algorithmen überprüfbar.

Hybriddatenstruktur

Die Gegenüberstellung zeigt, dass die Kriterien a) bis c) Vorteile für die Vektor-, das Kriterium d) einen Vorteil für die Rasterdatenstruktur aufweisen. Der Versuch, die Vorteile beider Srukturen in einer dritten Datensruktur zu vereinigen, führt zur Hybriddatensruktur.

Dabei wird die Fläche zunächst mit einem Netz geschachtelter Quadrate überzogen, wobei die Seitenlängen der Quadrate pro Hierarchiestufe reduziert (i.a. halbiert) sind, und die so entstandene Struktur in einem Sussenguth-Binärbaum abgelegt wird. Die Blätter enthalten die Adresse(n) eines oder mehrerer Objekte, die sich in den entsprechenden Quadraten der untersten Hierarchiestufe befinden. Die Objekte selbst sind dann in der Vektordarstellung abgespeichert.

Damit steht ein der Applikation anpassbares Instrument zur Verfügung, da man die Abstufungstiefe der Quadrathierarchie und den Übergang zu geometrischen Algorithmen mit Hilfe der Koordinaten flexibel handhaben kann. Die grobe Lagebestimmung und topologische Beziehungen deckt der Rasteranteil, die direkte Adressierung und genaue Lagebestimmung deckt der Vektoranteil der Hybriddatenstruktur ab.

In der Literatur finden sich weitere Datenstrukturen (z.B. punkt-, strecken- und flächenbezogene Strukturen wie auch Punkt-Polygon- und interdependente Strukturen).

3. Entwurf von GEO

3.1 Konzeptionelles Schema

Die Carakteristik von GEO zeigt das (um ein beispielhaftes Anwendersystem erweiterte) konzeptionelle Schema in Abb. 1.

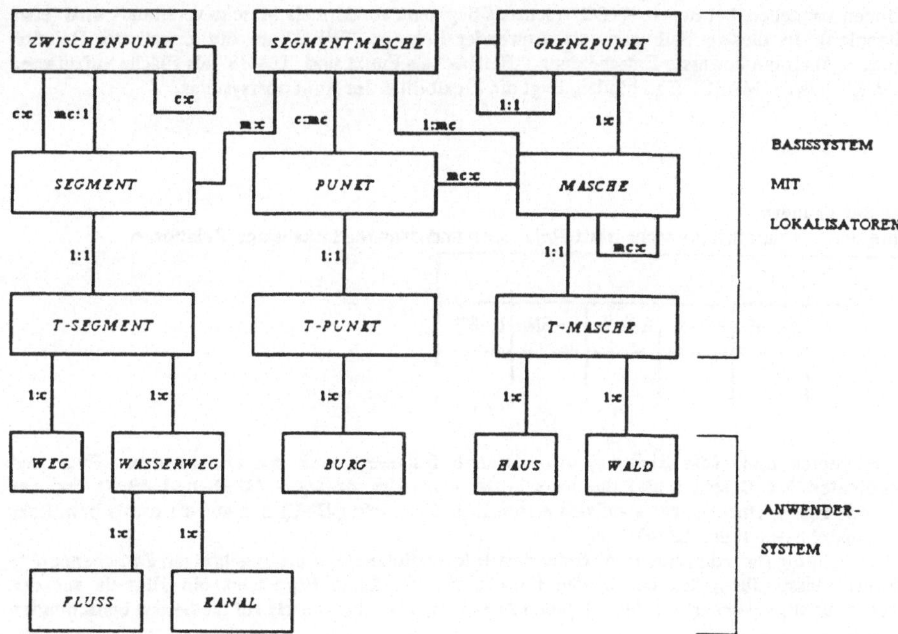

Abb. 1 Konzeptionelles Schema von GEO

Wir unterscheiden im GEO-Schema

1. das (bzgl. des Schemas, nicht bzgl. der Ausprägungen) statische *Basissystem* mit

1.1 sechs *Basis-Relationen* zur Angabe der absoluten räumlichen Lage der Objekte und ihrer Lagebeziehungen, wobei wir differenzieren in

1.1.1 drei anwendungsneutrale Basis-Relationen ZWISCHENPUNKT, SEGMENTMASCHE und GRENZPUNKT,

1.1.2 drei mit Lokalisatoren verbundene und damit indirekt thematisch bezogene Relationen SEGMENT, PUNKT und MASCHE, die verknüpft sind mit

1.2   drei *Lokalisator-Relationen* (T-SEGMENT, T-PUNKT und T-MASCHE) zur Verbindung der Relationen
SEGMENT, PUNKT und MASCHE mit dem

2.   (auch bzgl. des Schemas) <u>flexiblen</u> *Anwendersystem* mit *Anwender-Relationen*
(etwa wie im Beispiel WEG, WASSERWEG, BURG, HAUS, WALD, FLUSS und HAUS).

Bem.

1. Die Abb. 1 macht die zentrale Entwurfsentscheidung einer Trennung in Basis- und Anwendersystem mit einer Verknüpfung applikationsneutraler geographischer Objekte und applikationsabhängiger thematischer Belegungen dieser Objekte über das Bindeglied der Lokalisatoren deutlich. Das Teilschema für das Basissystem (incl. Lokalisatoren) zeigt drei Ebenen mit zunehmendem Anwendungsbezug. Die <u>mittlere</u> Ebene enthält zu jedem der drei Objekttypen (Punkt, Linie und Fläche) eine Basis-Relation: PUNKT, SEGMENT und MASCHE. Die <u>untere</u> Ebene umfasst die drei entsprechenden Lokalisator-Relationen T-PUNKT, T-SEGMENT und T-MASCHE, die die Verbindung zu den Anwender-Relationen herstellen. Durch die <u>direkte</u> Beziehung (jeweils 1:1-Beziehungen) zu den Lokalisator-Relationen erfahren die Basis-Relationen der mittleren Ebene (PUNKT, SEGMENT und MASCHE) noch eine, wenn auch durch die Lokalisatoren getrennte, thematische Belegung. Erst die drei Basis-Relationen auf der <u>oberen</u> Ebene ZWISCHENPUNKT, SEGMENTMASCHE und GRENZPUNKT, deren Aufbau und Bedeutung nachfolgend noch genau beschrieben werden, enthalten völlig anwendungsneutrale und thematisch nicht belegte Objekte.
2. Die Beschriftungen an den Kanten geben die üblichen Beziehungstypen zwischen den Relationen an, wobei "c" für "0 oder 1" und "mc" für "0 bis m" steht. Die Semantik der einzelnen Relationenbeziehungen (z.B. "enthält", "ist Nachbar von" oder "ist verknüpft mit") wird bei der nachfolgenden Beschreibung der Relationen erklärt.
3. Das angegebene Teilschema für das beispielhafte Anwendersystem ist relativ willkürlich. So kann man sich durchaus Applikationen vorstellen, bei denen "WEG" nicht als Segment, sondern als Masche vereinbart wird (etwa bei einem Parzellenplan). In diesem Fall wäre die Anwender-Relation "WEG" an die Lokalisator-Relation T-MASCHE gebunden. Auch die bewusste Entscheidung, "BURG" als Punkt und "HAUS" als Fläche aufzufassen und daher an T-PUNKT bzw. T-MASCHE zu binden, zeigt die Flexibilität des Anwendersystems.

Relationen und ihre Beziehungen

Nachfolgend beschreiben wir zunächst die sechs Basis-Relationen und dann die Lokalisator-Relationen.

SEGMENT							
S-KEY	AP-X	AP-Y	ZP-E	EP-X	EP-Y	R-SM	L-SM

SEGMENT

enthält zu jeder gerichteten Linie (die Richtung wird dadurch festgelegt, dass die Differenz von End- und Anfangspunkt-Koordinaten $>= 0$ sein muss) die Koordinatenwerte des Anfangs- (AP-X und AP-Y) und des Endpunktes (EP-X und EP-Y), einen Hinweis auf den ersten Zwischenpunkt (ZP-E) und auf die rechts bzw. links angrenzende Segmentmasche (RS-M und LS-M).
Die Festlegung einer Richtung für jede Linie führt dazu, dass Informationen über die zugehörigen Zwischenpunkte gespart werden (sonst müsste für jeden der beiden Punkte, die die Linie begrenzen, ein Hinweis auf den benachbarten Zwischenpunkt gespeichert werden, für jeden Zwischenpunkt ein Hinweis auf die beiden benachbarten Zwischenpunkte, usw.).

ZWISCHENPUNKT				
ZP-KEY	X	Y	SEGM	N-ZP

ZWISCHENPUNKT

enthält für jeden Punkt, der zur Angabe des Verlaufs einer Linie benötigt wird, die zugehörigen Kooordinatenwerte (X und Y), einen Hinweis auf das zugehörige Segment (SEGM) und auf den nächsten Zwischenpunkt desselben Segmentes (N-ZP). Durch Angabe in den Relationen SEGMENT und ZWISCHENPUNKT ist der Verlauf jeder gespeicherten Linie eindeutig rekonstruierbar.

SEGMENTMASCHE						
SM-KEY	MIN-X	MAX-X	MIN-Y	MAX-Y	Z-IN-M	Z-IN-P

SEGMENTMASCHE

enthält für jedes Flächenstück, das von Segmenten begrenzt wird, die Koordinatenwerte der Eckpunkte des zugehörigen, sogenannten Containers (MIN-X, MAX-X, MIN-Y und MAX-Y) und die Anzahl der darin liegenden Maschen und Punkte (Z-IN-M und Z-IN-P).

Bem. Als *Container* eines Flächenstücks (das gilt sowohl für Segmentmaschen als auch für Maschen) wird das kleinste achsenparallele Rechteck bezeichnet, das dieses Flächenstück enthält; die vier Eckpunkte des Containers haben die Koordinaten (MIN-X, MIN-Y), (MIN-X, MAX-Y), (MAX-X, MIN-Y) und (MAX-X, MAX-Y). Durch Angabe der Koordinatenwerte der Container-Eckpunkte ist es auf einfache Weise möglich, die Lage des zugehörigen Flächenstücks im gespeicherten Realitätsausschnitt und seine Ausdehnung näherungsweise zu bestimmen, was eine Performance-Verbesserung verspricht.

Informationen über den Verlauf der zugehörigen Begrenzung müssen nicht gesondert gespeichert werden; dieser Verlauf ist bereits dadurch rekonstruierbar, dass man die Segmente, deren Attribute RS-M bzw. LS-M den Schlüsselwert der betrachteten Segmentmasche haben, nacheinander durchläuft.

MASCHE									
M-KEY	MIN-X	MAX-X	MIN-Y	MAX-Y	GP-E	AU-SM	AU-M	Z-IN-M	Z-IN-P

MASCHE

enthält für jedes Flächenstück, dessen Begrenzung durch Grenzpunkte bestimmt wird, die Koordinatenwerte der Eckpunkte des zugehörigen Containers (MIN-X, MAX-X, MIN-Y und MAX-Y), einen Hinweis auf den "ersten" Grenzpunkt (GP-E), auf die umschliessende Segmentmasche und die unmittelbar umschliessende Masche (AU-SM und AU-M) und die Anzahl innenliegender Maschen und Punkte (Z-IN-M und Z-IN-P). Für die Bedeutung des Containers gilt hier dasselbe wie bei Segmentmaschen.

Für den Wert des Attributes Z-IN-M zählen auch Flächen mit, die von der betrachteten Masche nicht unmittelbar umschlossen werden, sondern innerhalb einer Fläche liegen, die von der betrachteten Fläche umschlossen wird, für Z-IN-P zählen auch Punkte mit, die von der betrachteten Masche nicht unmittelbar umschlossen werden, sondern innerhalb bzw. auf der Grenzlinie einer Fläche liegen, die von der betrachteten Fläche umschlossen wird.

GRENZPUNKT				
GP-KEY	X	Y	MASCHE	N-GP

GRENZPUNKT

enthält für jeden Eckpunkt einer gespeicherten Masche die zugehörigen Koordinatenwerte (X und Y), einen Hinweis auf das zugehörige Flächenstück (MASCHE) und auf den nächsten Eckpunkt derselben Masche (N-GP). Durch Angaben in den Relationen MASCHE und GRENZPUNKT ist der Verlauf der Begrenzungslinie für jede gespeicherte Masche eindeutig rekonstruierbar.

PUNKT				
P-KEY	X	Y	AU-SM	AU-M

PUNKT

enthält für jeden Punkt, der eine thematische Belegung besitzt (und diese Eigenschaft unterscheidet Punkte von Zwischenpunkten und Grenzpunkten !) die zugehörigen Koordinatenwerte (X und Y), einen Hinweis auf die umschliessende Segmentmasche und die unmittelbar umschliessende Masche (AU-SM und AU-M).

T-SEGMENT					
TS-KEY	NAME	BREITE	WA1	WA2	WA3

T-MASCHE				
TM-KEY	NAME	WA1	WA2	WA3

T-PUNKT				
TP-KEY	NAME	WA1	WA2	WA3

T-SEGMENT, T-MASCHE bzw. T-PUNKT

enthält zu jeder Linie, jedem Flächenstück bzw. jedem Punkt die wichtigste thematische Information (NAME) und über *Fremdschlüssel* (im Beispiel WA-1, WA-2 und WA-3) Hinweise auf weitere thematische Attribute in Anwender-Relationen.

Schlüsselattribute

Zwar existieren für die Relationen SEGMENT, ZWISCHENPUNKT, PUNKT und MASCHE bereits Schlüsselkandidaten (nämlich die Kombination der Attribute AP-X, AP-Y, EP-X und EP-Y bzw. X und Y bzw. das Attribut GP-E), für die übrigen Relationen fehlen sie jedoch, so dass zumindest bei diesen ein Schlüsselattibut (immer als ●-KEY bezeichnetes 1. Attribut in der Relation) eingeführt werden musste.

Für die Relationen SEGMENT, PUNKT und ZWISCHENPUNKT erschien die Einführung der an sich nicht benötigten Schlüsselattribute S-KEY, P-KEY und ZP-KEY deswegen sinnvoll, weil dann für die Identifizierung einer Linie bzw. eines Punktes nicht mehr vier bzw. zwei Vergleiche, sondern nur noch einer durchgeführt werden muss.

Zusätzlich müssen bei Einführung eines Schlüsselattributes in den Relationen SEGMENT und ZWISCHENPUNKT, wo ein Hinweis auf einen Eintrag der Relation ZWISCHENPUNKT gespeichert wird, nicht mehr zwei, sondern nur noch ein Attribut vorhanden sein. Schliesslich wurde im Interesse einheitlicher Zugriffsoperationen auch für die Relation MASCHE das Schlüsselattribut M-KEY eingeführt, so dass jetzt jedes Tupel in jeder Relation über seinen Wert des Attributes ●-KEY identifiziert werden kann.

Bem. Einen interessanten Ansatz verfolgen [LOME] mit der Einführung sogenannter *Surrogate*, die ein zusätzliches Schlüsselattribut überflüssig machen. Solche Surrogate werden vom System selbst vergeben und kontrolliert.

Attribute zur Topologie von Punkten und Flächen

Durch Z-IN-M und Z-IN-P in den Relationen SEGMENTMASCHE und MASCHE und AU-SM und AU-M in den Relationen MASCHE und PUNKT kann rekonstruiert werden, wie Punkte und Maschen (evt. mehrfach) ineinanderliegen.

Soll z.B. festgestellt werden, welche Maschen und Punkte unmittelbar von einer gegebenen Segmentmasche umschlossen werden, so wird am Wert der Attribute Z-IN-M und Z-IN-P zunächst festgestellt, wieviele Maschen und Punkte überhaupt in der betrachteten Segmentmasche liegen; sind die Werte ungleich "O", so werden alle Tupel von MASCHE und PUNKT gesucht, die in AU-SM den Schlüsselwert der betrachteten Segmentmasche und in AU-M den Wert "O" haben, also nicht innerhalb einer Masche liegen. Die Maschen und Tupel, die durch die gefundenen Tupel repräsentiert werden, sind die gesuchten Objekte.

Sollen andererseits alle Maschen ermittelt werden, die einen gegebenen Punkt umschliessen, so wird zunächst das AU-M betrachtet. Hat es den Wert "O", so ist die Ergebnismenge leer, hat es den Wert "-1", so wird (im Programm, nicht in der Datenbank!) die Masche (es können auch mehrere sein) gesucht, auf deren Grenzlinie der Punkt liegt; ansonsten ist die Masche, deren Schlüsselwert gleich dem Attributwert ist, die vorläufige Ergebnismenge. Von der gefundenen Masche wird wieder das Attribut AU-M betrachtet, die zugehörige Masche mit der bisherigen Ergebnismenge vereinigt usw., bis schliesslich eine Masche gefunden wird, deren Attribut AU-M den Wert "O" hat.

3.3 Erstellung einer DB-Ausprägung

1. Schritt: Festlegung des Realitätsausschnittes

Die DB erhält in den Relationen SEGMENT und T-SEGMENT zunächst vier achsenparallele Segmente, die die Begrenzungslinien des rechteckigen Realitätsausschnittes darstellen. Das Löschen dieser Tupel ist nicht zulässig. Da

Objekte, die ausserhalb dieses Realitätsausschnittes liegen, nicht in die DB eingefügt werden können, sind die Koordinaten dieser Segmente so zu wählen, dass der Realitätsausschnitt für alle Einfügungen gross genug ist. Die Relationen MASCHE, SEGMENTMASCHE, T-MASCHE, GRENZPUNKT, ZWISCHENPUNKT, PUNKT und T-PUNKT sind zwar bereits in der DB angelegt, enthalten aber noch keine Einträge.

II. Schritt: Grobeinteilung durch Segmente und Segmentmaschen
Danach werden die im Realitätsausschnitt vorhandenen Verkehrswege (evtl. unter besonderer Berücksichtigung von speziellen Wünschen des Anwenders) als Segmente gespeichert; diesen Segmenten wird explizit eine Thematik zugeordnet, z.B. "Strasse", "Wasserweg" oder "Bahnlinie". Die von diesen Verkehrswegen umschlossenen Flächenstücke werden als Segmentmaschen gespeichert, denen zunächst keine Thematik zugeordnet wird. Dadurch entstehen Einträge in den Relationen SEGMENT, T-SEGMENT (enthält die zu jedem Segment gehörenden thematischen Daten und Hinweise auf evt. vorhandene weitere thematische Daten in Anwender-Relationen), ZWISCHENPUNKT und SEGMENTMASCHE.
Zu beachten ist, dass sich Segmente nicht explizit schneiden. Ein Schnittpunkt von n in der Realität vorhandenen Segmenten ist vielmehr implizit immer dort vorhanden, wo mehrere (mindestens n, höchstens 2n) in der DB gespeicherte Segmente ihren Anfangs- bzw. Endpunkt haben.

III. Schritt: Genauere Charakterisierung von Flächen und Punkten
Eine genauere Charakterisierung von Flächen und Punkten wird dadurch möglich, dass Segmentmaschen (durch ihre Grenzpunkte bestimmt) oder Teile von ihnen sowie Punkten eine Thematik zugeordnet wird. Dadurch entstehen Einträge in den Relationen MASCHE, T-MASCHE, GRENZPUNKT, PUNKT und T-PUNKT. Tupel der Relationen T-MASCHE und T-PUNKT können auch explizit gelöscht werden, was auch zum automatischen Löschen der zugehörigen Einträge in den Relationen MASCHE und GRENZPUNKT bzw. PUNKT führt.
Es ist nicht zulässig, dass eine Masche über die Grenzlinie einer Segmentmasche hinausgeht, dass ein Flächenstück zu mehreren Maschen gleichzeitig gehört und dass eine Koordinate durch mehrere Einträge der Relation PUNKT belegt ist. Andererseits kann jedoch ein Punkt innerhalb einer Masche oder auf einem Segment bzw. der Verbindung zweier Grenzpunkte einer Masche liegen; ebenso kann eine Masche in einer anderen Masche liegen, wobei sie höchstens einen gemeinsamen Punkt haben.

IV. Schritt: Aufnahme zusätzlicher anwendungsabhängiger Sachdaten
Zusätzliche anwendungsbezogene Sachdaten können auf Wunsch des Benutzers in weiteren anzulegenden Relationen gespeichert werden, auf die ggf. in einem Attribut der zugeordneten T-Relation verwiesen wird. Jeder dieser neuen Relationen enthält in einem Attribut den Namen der übergeordneten Relation und in einem anderen Attribut ggf. den Namen der Relation, die weitere Sachdaten enthält. Dadurch entsteht eine Hierarchie von thematischen (Anwender-) Relationen.

3.4 Transaktionen zum Einfügen und Löschen von Objekten
Als Update-Operationen stehen das Einfügen und Löschen (aber nicht das direkte Ändern) für alle Basis-, Lokalisator- und Anwender-Relationen zur Verfügung. Um die durch Updates entstehenden Konsistenzprobleme zu lösen, werden alle Operationen, die nach dem Einfügen oder Löschen eines Tupels in Lokalisator-Relationen zur Erhaltung bzw. Wiederherstellung der Konsistenz notwendig sind, zu einer Transaktion zusammengefasst.
Die Manipulation von Objekten zieht in der Regel recht umfangreiche Folgeupdates benachbarter Objekte nach sich. Um die dazu notwendigen Untersuchungen zu beschleunigen, kann vom Benutzer ein sogenannter Distanz-Faktor angegeben werden. Die Float-Konstante DISTANZ (Werte >= 0) beschränkt die Untersuchung möglicherweise betroffener Objekte auf die in der Distanz liegenden Objekte: um Punkte wird ein Kreis mit dem Radius DISTANZ geschlagen, bei Segmenten wird ein Container mit dem Abstand DISTANZ um das kleinste achsenparallele Rechteck, das das Segment umschliesst, gelegt und bei Maschen schliesslich wird ein Kreis bestimmt, dessen Mittelpunkt gleich dem Mittelpunkt des zugehörigen Maschen-Containers ist und dessen Radius gleich der durchschnittlichen Entfernung eines Maschen-Grenzpunktes vom Container-Mittelpunkt entspricht.
Es ist festzuhalten, das eine Angabe von DISTANZ nicht notwendig ist, aber aus Performance-Gesichtspunkten dem Benutzer zu empfehlen ist. Eine geeignete Wahl von DISTANZ setzt ein wenig Übung voraus, um das Ausschliessen betroffener Objekte (falls der Wert zu klein ist) und unnötige Überprüfungen (falls der Wert zu gross ist) zu verhindern.
Die sechs Transaktionen SEGMENT-EINFÜGEN, SEGMENT-LÖSCHEN, MASCHE-EINFÜGEN, MASCHE-LÖSCHEN, PUNKT-EINFÜGEN, PUNKT-LÖSCHEN sind ebenso wie die dazu notwendigen Prozeduren SEGMENT-TEILEN, SEGMENTMASCHE-TEILEN, MASCHE-TEILEN, SEGMENTE-VERSCHMELZEN, SEGMENTMASCHEN-VERSCHMELZEN und MASCHEN-VERSCHMELZEN in [GRME] ausführlich beschrieben.

3.5 Erweiterung von QUEL um geometrische DML-Elemente
Grundlage der Datenmanipulationssprache von GEO ist die INGRES-DML QUEL, die um einige geometrische Sprachelemente erweitert wurde. Auch das in [BEST] beschriebene System GEOQUEL ist ein INGRES-Frontend mit um "geometrische" Befehle erweiterter DML. [LOME] und [GRPI] diskutieren Anforderungen an Schnittstellen

relationaler DB speziell für geographische Anwendungen. GEO bietet

geometrische Befehle: PL-APPEND und PL-DELETE,
geometrische (metrische) Funktionen: SEGMENT-LÄNGE, MASCHEN-UMFANG und PUNKT-ABSTAND sowie
geometrische (topologische) Funktionen: INNERHALB, AUSSERHALB und ANGRENZEND.

Nachfolgend soll nur kurz auf die interessanten Befehle PL-APPEND (bzw. PL-DELETE) eingegangen werden. Für die Beschreibung der geometrischen Funktionen sei wieder auf [GRME] verwiesen.
Die Befehle PL-APPEND (bzw. PL-DELETE) ermöglichen die Ausgabe aller Tupel aller Basis-, Lokalisator- und Anwender-Relationen, die Objekte repräsentieren, die in der (sinnvollerweise durch Spezifizierung der Variablen DISTANZ beschränkten) Umgebung eines vorgegebenen Objektes, das eingefügt (bzw. gelöscht) werden soll, liegen. Es wird also nicht ein entsprechendes Update tatsächlich durchgeführt, sondern die Einfügung (bzw. Löschung) einschliesslich aller Sekundärwirkungen nur vorbereitet, um die insgesamt implizierten Änderungen anzuzeigen. Die DB-Ausprägung wird durch PL-APPEND (bzw. PL-DELETE) also nicht direkt geändert (vergleichbar einem Lesevorgang), was nur dem DB-Administrator erlaubt ist.
Diese Abstufung der Änderungsbefugnis respektiert zum einen die Anforderung geographischer Applikationen, bei denen häufig interaktiv Planungen (z.B. Festlegung einer Strassentrassenführung) "durchgespielt" werden (deshalb auch der Präfix PL für "Planen"), um am Schluss des Planungs- und Entscheidungsprozesses eine Variante tatsächlich durchzuführen. Der Anwender ist in seinen Möglichkeiten aber insofern nicht beschränkt, als er alle Abfrage- und Änderungsoperationen auf dem persönlichen, durch PL-APPEND (bzw. PL-DELETE) ausgewählten, temporär verfügbaren DB-Ausschnitt durchführen kann. Diese Vorgehensweise scheint zum anderen auch empfehlenswert, um die durch unbedachtes Update eines gelegentlichen Benutzers möglichen, häufig nur schwer korrigierbaren Inkonsistenzen zwischen DB-Ausprägung und "realer Welt" zu verhindern.

4. Implementierung, Test und Bewertung von GEO

4.1 Implementierung

Das System GEO ist als Frontend des relationalen DB-Systems INGRES unter UNIX auf einer pdp-11/60 mit 256 KB Hauptspeicher implementiert. Aus anderen INGRES-Projekten wussten wir, dass bereits bei kleinen DB-Ausprägungen und sehr einfachen Queries INGRES selbst schon Antwortzeiten im Sekunden- bis Minutenbereich hat, weil die bei einem INGRES-Aufruf benötigten UNIX-Prozesse wegen des unzureichenden Hauptspeichers auch im Exklusivbetrieb ständig ein- und ausgelagert werden müssen. Daher war von vorneherein mit einem bezüglich der Laufzeit nicht akzeptablen System zu rechnen. Auch andere INGRES-Frontends wie das in [APPE] beschriebene deduktive DB-System DEDUDAB hatten diese Einschätzung unterstrichen.
Im Hinblick auf die Benutzerakzeptanz kam als weiterer Naxhteil hinzu, dass kein graphischer Arbeitsplatz zur Verfügung stand, so dass die Benutzerschnittstelle von GEO nur über die sehr mühsame Eingabe und schlecht zu verifizierende Ausgabe von entsprechenden Relationentupeln realisiert werden konnte.
GEO ist in der Sprache C geschrieben und umfasst ca. 11.000 lines of code. Die Hauptspeicherbeschränkung zwang zu einer physischen Segmentierung in zwei unabhängige Programme, die über ein file kommunizieren.
Der 1. Teil enthält den Benutzerdialog, die Queryanalyse, die Algorithmen zur Erweiterung der relationalen Abfragesprache QUEL um geometrische Funktionen und die Algorithmen zur Verwaltung der Anwender-Relationen. Der 2. Teil umfasst die Algorithmen zur Realisierung der Befehle PL-APPEND und PL-DELETE und der damit zusammenhängenden Transaktionen zum Einfügen bzw. Löschen eines Objekts vom Typ Segment, Masche oder Punkt. Beim Aufruf von GEO wird zunächst immer das 1. Programm gestartet. Das 2. Programm wird vom 1. durch Erzeugung eines neuen Prozesses aufgerufen, wenn ein Objekt vom Typ Segment, Masche oder Punkt in die DB eingefügt oder aus ihr entfernt werden soll. Da auch der 2. Teil mehr Hauptspeicher als verfügbar benötigte, aber eine weitere Segmentierung wegen zahlreicher globaler Datenstrukturen, die man immer wieder in eine Datei hätte wegschreiben müssen, nicht sinnvoll erschien, wurde eine Overlay-Technik verwandt. Dies führte zu einer Aufteilung in einen Hauptteil mit Hauptprogramm und häufig benutzten Prozeduren und sieben Overlays. Während der Programmausführung befinden sich jeweils der Hauptteil, die globalen Datenstrukturen und ein Overlay im Hauptspeicher.
Es war nicht möglich, das gesamte GEO-System als Overlay-Struktur aufzubauen, da einerseits nicht mehr als sieben Overlays angelegt werden können und andererseits bei einer Aufteilung des GEO-Gesamtsystems in einen Hauptteil und sieben Overlays die einzelnen Teile wiederum zu gross würden.

Aufbau einer Test-DB

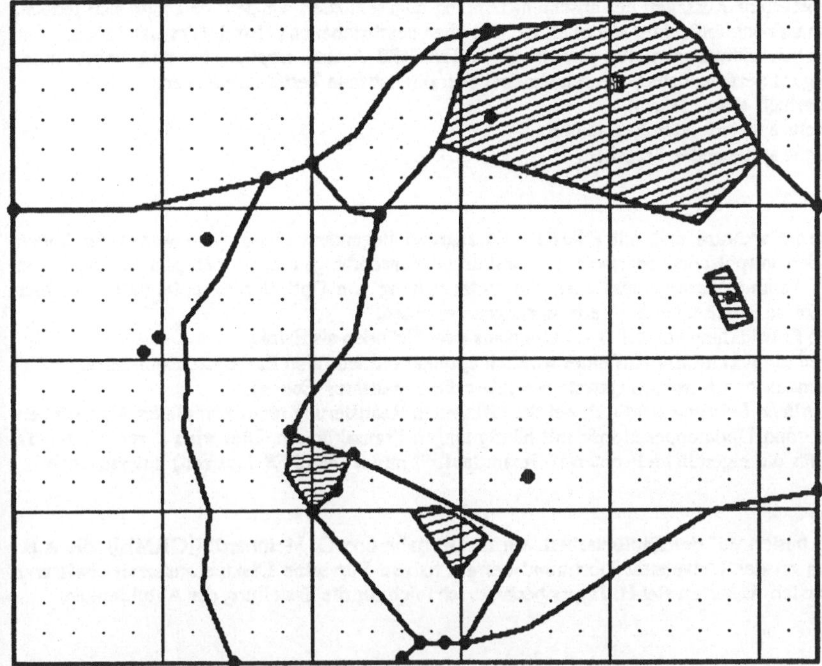

Abb. 2   Abstrahierter Ausschnitt des Stadtplans von Giessen-Allendorf

Mit Hilfe des Befehls CREATEDB wird durch UNIX eine INGRES-DB mit Namen GEO angelegt, die mit dem Befehl INGRES DB aufgerufen werden kann. Nach dem Aufruf der DB werden durch CREATE die Relationen SEGMENT, T-SEGMENT, PUNKT, T-PUNKT, MASCHE, T-MASCHE, SEGMENTMASCHE, ZWISCHENPUNKT und GRENZPUNKT angelegt. Benutzerrelationen existieren zunächst nicht. Anschliessend wurden mit APPEND Tupel in die DB eingetragen, die aus einem Ausschnitt des Stadtplans von Giessen-Allendorf entnommen und entsprechend abstrahiert wurden (siehe Abb. 2): 18 Segmente, 9 Punkte, 5 Maschen (schraffiert), 9 Segmentmaschen (inkl. Gesamtausschnitt) und je 26 Zwischen- und Grenzpunkte.

4.2 Test

Das Programm GEO wurde trotz der oben geschilderten schlechten Rahmenbedingungen umfangreichen Tests unterworfen. Die Laufzeiten lagen trotz Single-User-Betrieb durchweg im hohen Sekunden- bis niedrigen Minutenbereich. Angaben zur Durchführung der einzelnen Tests und der Ergebnisse finden sich in [GRME]. Die generelle Problematik von *Performance*-Messungen bezüglich guographischer Applikationen wird in [BEST] diskutiert und gilt uneingeschränkt auch für die Tests von GEO.

Es wurden bei Updates/ Transaktionen folgende acht Testfälle untersucht:

U1: Einfügen eines Segmentes ohne Zwischenpunkt
U2: Einfügen eines Segmentes mit Zwischenpunkt
U3: Löschen einer Masche mit acht Grenzpunkten
U4: Löschen eines Punktes
U5: Einfügen eines Punktes
U6: Einfügen einer Masche mit acht Grenzpunkten
U7: Löschen eines Segmentes ohne Zwischenpunkt
U8: Löschen eines Segmentes mit Zwischenpunkt

Die Testergebnisse zeigten, dass von der jeweiligen Gesamtlaufzeit durchschnittlich 90% auf INGRES und nur 10% auf das eigentliche GEO-Frontend entfielen. Jedes Update wurde zweimal getestet. Beim 1. Test erfolgten tatsächlich jeweils DB-Zugriffe im Verlauf der Transaktion (bis zu sechs INGRES-Zugriffe für ein Update), während beim 2. Test die DB-Zugriffe jeweils durch Zugriffe auf die im 1. Test erzeugten temporären Dateien mit den dort aus der DB gewonnenen relevanten Tupel ersetzt und ausserdem Testausgaben unterdrückt wurden. Dies führte zu einer Laufzeitverbesserung um bis zu 50%.
Die Updateoperationen wurden mit geeignet gewählten Werten für die Variable DISTANZ ausgeführt, um die Laufzeit nicht noch weiter zu verschlechtern.

Integrierte Gesamttests mit den geometrischen Befehlen PL-APPEND und PL-DELETE konnten aus Zeitgründen nicht mehr in einem für fundiertere Aussagen gewünschtem Umfang abgeschlossen werden. Es zeigte sich jedoch, dass die Laufzeiten naturgemäss noch schlechter waren als bei den oben beschriebenen (Einzel-)Transaktionen.
Da Queries mit geometrischen Funktionen nur jeweils einen INGRES-Aufruf implizieren und daher unter Performance-Aspekten weniger interessant sind, wurden nur drei charakteristische Testfälle realisiert:
R1: Suchen von Punkten innerhalb einer Masche
R2: Suchen von an eine Masche angrenzenden Segmenten
R3: Suchen von an eine Masche anliegenden Maschen.

4.3 Bewertung
GEO ist auf der verfügbaren Hardware und mit INGRES als zugrundeliegendem DB-System wegen der hohen Laufzeiten und des fehlenden graphischen Inerfaces für praktische Anwendungen nicht akzeptabel. Diese von Beginn an klare Erkenntnis hemmte naturgemäss auch die Untersuchung von Optimierungspotentialen des hier gewählten Ansatzes, da dies keine entscheidenden Verbesserungen versprach.
Trotzdem bezeichnen wir die Entwicklung von GEO vor allem aus zwei Gründen als Erfolg:
1. Die *konzeptionelle Originalität* liegt im Entwurf eines wirklich applikationsneutralen Basissystems mit einer sauberen Schnittstelle zu thematischen Anwendungssystemen (über die Lokalisator-Ebene).
2. Die *implementierungstechnische Leistung* zeigt sich bei der effizienten Realisierung recht komplexer Algorithmen für anspruchsvolle Retrieval- und Updateoperationen mit häufig langen Transaktionen. Dies wird durch die relativ kurzen Programmlaufzeiten für das eigentliche Frontend (Gesamtlaufzeit minus INGRES-Laufzeit) unterstrichen.

Danksagung

Die Beschreibung von GEO basiert auf der Diplomarbeit von H. Grotjahn und G. Meinhardt ([GRME]), die A.B. Cremers und ich gemeinsam an der Universität Dortmund betreut haben. Für seine Diskussionsbereitschaft und wertvollen Anregungen danke ich A. Meier. Bei H. Jasper bedanke ich mich für die Erstellung der Abbildungen.

Literatur

[APPE]   Appelrath, H.-J.: "Wissensbereitstellung in Expertensystemen: Inferenzmechanismen auf relationalen Datenbanken", Dissertationsschrift, Universität Dortmund, Abteilung Informatik, 1983.

[BEST]   Berman, R.R., Stonebraker,M.: "GEO-QUEL - A System for the Manipulation and Display of Geographic Data", SIGGRAPH, Vol. 2, No.2, 1977.

[CHRI]   Christmann, H.-P.: "Rechnerarchitekturen zur Unterstützung von nicht kommerziellen Anwendungen", Bericht Nr. 08/84 im SFB 124 des Fachbereichs Informatik der Universität Kaiserslautern, 1984.

[EICH]   Eichhorn, G. : "Landinformationssysteme", Symposium der Federation Internationale des Geometres (FIG), Darmstadt, 1978.

[FRAN]   Frank, A. : "Datenstrukturen für Landinformationssysteme- semantische, topologische und räumliche Beziehungen in Daten der Geowissenschaften", Dissertation Nr. 7197 der ETH Zürich, 1983.

[GRME]   Grotjahn, H., Meinhardt, G. : "Geographische Datenbanken auf der Grundlage von INGRES", Diplomarbeit der Abteilung Informatik der Universität Dortmund, 1983.

[GRPI]   Gründig,L., Pistor,P.: "Land-Informations-Systeme und ihre Anforderungen an Datenbank-Schnittstellen", in: "Sprachen für Datenbanken", Informatik-Fachbericht Nr. 72, Springer Verlag, 1983, S. 61 - 75.

[HAEN]   Haendler, W. et al. : "Erlanger Projekt Interaktive Kartographie (EPIK)", Arbeitsberichte des Instituts für Informatik der Universität Erlangen, Band 11, Nr. 6, 1978.

[HARE]   Härder, T., Reuter, A. : "Database Systems for Non-Standard Applications", in: Proceedings of the International Computing Symposium, Stuttgart, 1983, S. 452 - 466.

[LOME]   Lorie, R.A., Meier, A.: "Using a Relational DBMS for Geographical Databases", Geo Processing, Vol. 2, No.3, Elsevier Science Publication, Amsterdam, 1984.

[MEI1]   Meier, A. : "Semantisches Datenmodell für flächenbezogene Daten", Diss Nr. 7043 der ETH Zürich, 1983.

[MEI2]   Meier, A. : "A Graph Grammar Approach to Geographical Databases", Information Systems, Vol. 9, No. 3, 1984.

[MEZE]   Meier, A., Zehnder, C.A.: "Flächenmodell-Register: Die Strukturen wichtiger geographischer Datensammlungen der Schweiz", Bericht Nr. 39 des Instituts für Informatik der ETH Zürich, 1980.

[MITS]   Mitschang, B.: "Überlegungen zur Architektur von Datenbanksystemen für Ingenieuranwendungen", in: "GI-Jahrestagung '84", Informatik-Fachbericht Nr. 88, Springer Verlag, 1984, S. 318 - 334.

Erweiterte Anfragen nach Relationengebilden
in Form nichtnormalisierter Relationen

Wolfgang Benn und Bernd Radig
Fachbereich Informatik der Universität Hamburg
Schlüterstraße 70, D-2000 Hamburg 13

Kurzfassung

Beim automatischen Auswerten von Fernsehbildfolgen ist es die Aufgabe rechnerinterner Modelle, Teile der realen Welt möglichst umfassend und exakt darzustellen, um sie geeigneten Analysevorgängen verfügbar zu machen. Traditionelle Abbildungsstrukturen reichen hierzu oftmals nicht aus, so daß Erweiterungen in der Datendarstellung wie auch in bewährten Verarbeitungsmechanismen vorgenommen werden müssen.

Die Analyse von Szenen aus unserer natürlichen Umwelt erzeugt für automatisch erkannte Bildobjekte eine erhebliche Anzahl stark strukturierter Beschreibungsdaten, deren Formalisierung sich durch ein relationales Datenmodell anbietet. Normalisierungsvorschriften behindern jedoch die einfache Darstellung von Objektrelationen ebenso, wie eine strenge Auslegung des Identitätsbegriffes die Anfrageformulierung für Ähnlichkeiten oder Teilidentitäten von Bildobjekten [Benn+Radig 84a].

Nichtnormalisierte Relationen [Scheck+Pistor 82] bieten wegen gesteigerter Abstraktionsfreiheit auf formaler Ebene eine Basis, komplexe Beschreibungsdaten kompakt auszudrücken und sie weitergehenden Analysevorgängen zuzuführen. Tolerante Anfragemechanismen bezüglich der Tupel- und Attributstruktur in einer Datenbank mit nichtnormalisierten Relationen ermöglichen den Vergleich von Bildobjekten und Prototypen in symbolisch beschriebener Form.

Einleitung

Automatische Bildfolgeninterpretation basiert auf symbolischen Bildbeschreibungen, welche aus den Grauwert- oder Farbbildern einer Szene elaboriert werden können. Beschreibenden Charakter erhalten Bildsymbole durch Zuordnung qualitativer und quantitativer Eigenschaften, die geeignet sind, Beziehungen zwischen Symbolen auszudrücken. Hierdurch wird die Interpretation eines Bildes – und durch Korrespondenzen gleichbeschreibender Symbole mehrerer Szenenbilder – einer ganzen Szene, möglich.

Bildobjektbeschreibung in der automatischen Analyse von Realweltszenen ist ein Gruppierungsvorgang einfacher Bildsymbole zu umfangreichen, stark strukturierten Gebilden. Formalisierung der Bildprimitive – etwa LINIEN und ORTE – als Tupel analog definierter Relationen und deren Kollektion zu formalisierten Objektbeschreibungen ergeben hierarchisch und netzartig verbundene Multirelationsgebilde, die als RELATIONENGEBILDE bezeichnet werden.

Vergleichen von Bildobjekten mit Prototypen oder Objekten anderer Herkunft als der betrachteten Szene mit Hilfe einer Datenbank bedeutet Umsetzung von Morphismen in Datenbankanfragen. Strukturtolerante Fragestellungen durch nullwertige Attribute und Einsatz von Kompatibilitätsfunktionen für attributtolerante Korrespondenzanfragen erweitern das traditionelle Anfrageprinzip.

Die Realisierung der Anfragemechanismen geschieht durch Adaption des Beispielbegriffs auf intermaschinellen Strukturaustausch – QUERY-BY-STRUCTURE-EXAMPLE (QSE) – in einem Datenbanksystem zur Unterstützung der automatischen Szenenanalyse und dessen Integration in ein lokales Minicomputernetz [Benn+Radig 83a]. Residenz der Datenbank auf einem eigenen Prozessor als BACK-END-RECHNER, direkter Speicherzugriff zu allen Anwendungsprozessoren und Netzverkehr über mikroprozessor-gesteuerte Kommunikationspfade bilden dabei die Datenbankumgebung.

Relationengebilde und nichtnormalisierte Relationen

Primitive Bildsymbole, wie ORTE, LINIEN und REGIONEN, sind geeignete Werkzeuge, einfache Bildstrukturen zu beschreiben wenn ihnen qualitative Eigenschaften zugewiesen werden. Beispiele hierfür sind Punktkoordinaten oder Linienlängen, -steigungen sowie Flächeninhalte von Regionen. Quantifizierende Attribute gruppierter Bildsymbole liegen in Form von Referenzen auf Substrukturen vor. Die Gesamtheit aller atomaren Eigenschaftsträger läßt sich in einer Teilmenge der Eigenschaftsbasismengen

$$C \subseteq \{ D_1, D_2, \dots, D_n \}$$

zusammenfassen, über der Relationen der Form

$$R_{Linie} \subseteq D_j \times D_k \times \dots \times D_m$$

gebildet werden. Ein Relationengebilde RS besteht demnach aus der Trägermenge C und den daraus gebildeten Relationen [Radig 82].

$$RS = [C, R] \quad mit \quad R = \langle R1, R2, \dots, Rp \rangle$$

Relationengebilde dieser Darstellungsart eignen sich zum physikalischen Datentransfer zwischen Anwendungs- und Datenbankprozessor, sowie zur Beschreibung des internen und konzeptuellen Datenschemas. Nicht geeignet sind sie zur Handhabung auf logischer, problembezogener Ebene der Szenenanalyse. Hier ergeben sich aus der einfachsten Normalisierungsforderung weitreichende Konsequenzen für die Anfragedarstellung in Substrtukturen spezifizierter Objektbeschreibungen. Verbal einfache Suchaufträge, wie

finde eine Gerade mit den Ursprungskoordinaten X=10 und Y=15

LINIEN		
Nr	Start-P	End-P
L1	P1	P2
L2	P2	P3

ORTE		
Nr	X-Koord	Y-Koord
P1	10	15
P2	10	40
P3	30	40

Relationengebilde in 1. NF-Form

LINIEN						
Nr	Start-Punkt			End-Punkt		
	Nr	X-Koord	Y-Koord	Nr	X-Koord	Y-Koord
L1	P1	10	15	P2	10	40

Relationengebilde in NF2-Form

indizieren komplizierte abhängige Datenbankselektionen, da die Koordinaten nicht als Attribute Geraden darstellender LINIEN-Relationen gehalten sondern nur über referenzierende Attribute - in diesem Falle zum Ursprungspunkt der Linie - erreicht werden.

Nichtnormalisierte Relationen [Scheck+Pistor 82] lassen durch die Erweiterung des Attributbegriffes die Aufnahme referenzierter Tupel eines Relationengebildes als relationenwertige Attribute einer hierarchisch übergeordneten Relation zu [Benn+Radig 84b]. Anfragen der obigen Art sind somit durch eine einzige Selektion auszudrücken und geeignet, einfache Fragestellungen der Szenenanalyse zu unterstützen - wie die nebenstehenden Beispieldarstellungen erkennen lassen.

Erweiterte Anfragen nach Relationengebilden

Vergleiche zwischen Bildobjekten werden durch R-Morphismen homolger beschreibender Relationengebilde vorgenommen. Korrespondierende Objektbeschreibungen unterschiedlicher, wenn auch sequentiell folgender Szenenbilder differieren in Werten der Eigenschaftsträger durch die gewöhnlich vorhandene Bewegung des betrachteten Objektes, woraus sich Konsequenzen für eine direkte Überführung von R-Morphismen in Datenbankanfragen ergeben.

Werden R-Morphismen formalisiert als Funktion

$$F: RS \rightarrow RS' \quad mit \quad F = \{ f_0, f_1, \dots f_p \}$$

zerfallend in die Einzelabbildungen

$$f_0 : C \rightarrow C' \quad und \quad f_i : R_i \rightarrow R'_i \quad mit \quad i = 1 \dots p$$

verbunden mit einer Ähnlichkeitsfunktion für f_i

$$\theta_i : (A \sqcup A') \rightarrow [0,1]$$

mit **A** und **A'** als Mengen der Eigenschaftsträger, welche Abbildungstoleranzen paarweise abgebildeter Attributwerte zuläßt, sind die drei wichtigsten R-Morphismen wie folgt anzugeben und in Datenbankanfragen umsetzbar.

1) R-MONOmorphismen: Strukturabbildung in einen Bereich höherer Komplexität mit teileindeutigem Rückbezug. Die Abbildung einer Schachfigur beliebiger Farbe in den dargestellten umfangreicheren Bildausschnitt bedeutet die Ausführung zweier Monomorphismen, die aus logischer Sicht als 1:N-Abbildung aufgefaßt werden und alle strukturgleichen Objekte separieren. Traditionelle Suchanfragen befriedigen gemeinhin eindeutige Abbildungen spezifizierter Tupel oder Attributwerte in den vorhandenen Datenbestand. Nullwertige Attribute und Variable stellen einen gewissen Toleranzgrad her, der die Zuordnung bestimmter Tupelklassen ermöglicht. Die Farbe der Figur wird in diesem Fall durch einen "Nullwert" als beliebig gekennzeichnet. In Anfrageform überführt, sind diese Morphismen als Selektionen in einem nichtnormalisierten relationalen Datenbanksystem ausführbar.

Monomorphismen in einen Bildausschnitt

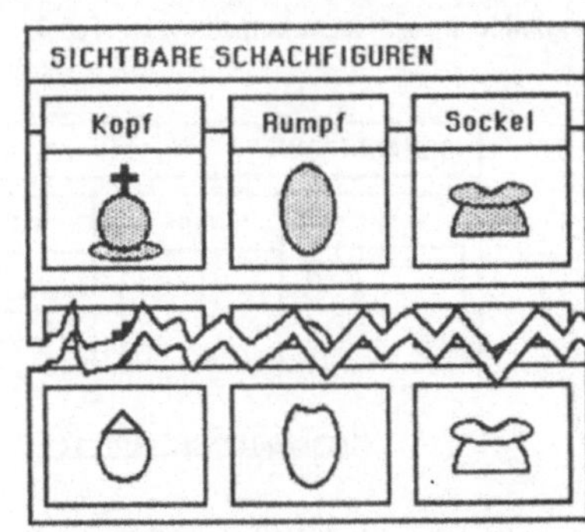

Ausschnitt aus dem Datenbestand

Monomorphismus-Anfrage

Ergebnisse - die beiden einen KÖNIG beschreibenden Tupel obiger Relation - können von der Anwendung mittels einer "GET" bzw "GET-NEXT"- Funktion abgefordert werden.

2) R-ISOmorphismen: Abbildung vollständig spezifizierter Strukturen auf identische Gebilde im Datenbestand. Kompatibilitätsfunktionen, welche die Akzeptanz der Anwendung regeln, ein weitgehend ähnliches Gebilde als Antwort eines Isomorphismus' anzuerkennen, erweitern diese Klasse von Anfragen in einer auf die Szenenanalyse abgestimmten Weise.

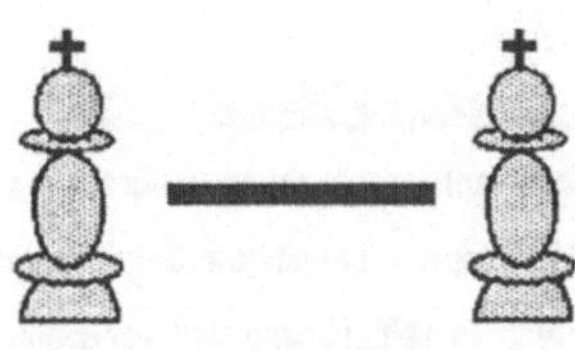

Isomorphismus

Identische Objektbeschreibungen, die in bestimmten Eigenschaftswerten differieren – z.B. durch Bewegung des Objektes hervorgerufene Koordinatendifferenzen oder durch Verdeckung entstandene "Verformungen" – werden hierdurch vergleichbar bzw. lassen sich über die ganze Szene hindurch von Bild zu Bild verfolgen.

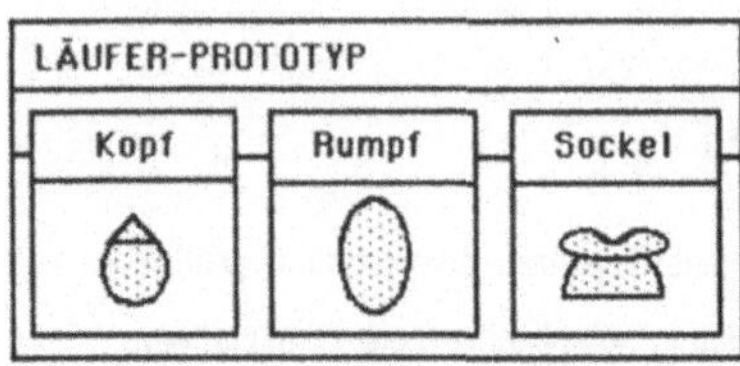

Attributtolerante Isomorphismus-Anfrage

Standard-Isomorphismen, wie sie von jeder Datenbank geleistet werden, lieferten bei einer Anfrage nach dem gezeigten Prototyp in der Relation **SICHTBARE SCHACHFIGUREN** einen Fehler – bzw. eine Meldung über das Nichtvorhandensein der Figur. Kompatibilitätsangaben bezüglich der Rumpfverformung lassen eine der sichtbaren Figuren als LÄUFER erkennen.

3) R-Komorphismen: Teilisomorphismen, bei denen identische Substrukturen – d.h. identischerelationenwertige Attribute aufzufinden sind, die selbst, verbunden mit einer Angabe ihres "Fundortes", die Datenbankantwort darstellen.

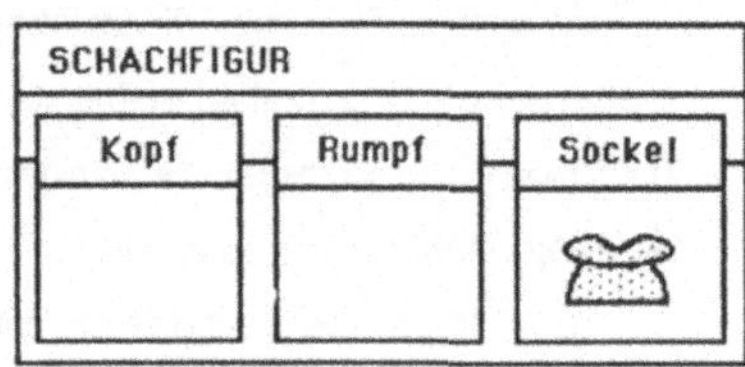

Komorphismus-Anfrage

Kopplungen mit Kompatibilitätsfunktionen ermöglichen auch hier Ähnlichkeitsanfragen ohne Fehlmeldungen des Systems.

Die gezeigten Beispiele aus dem Bereich des Schachspiels stellen eine Vereinfachung der tatsächlichen Problematik dar. Szenenanalyse bezogen auf Bildfolgen aus der realen Welt, speziell Straßenszenen, erfordert Datenbankanfragen durch dynamisch während des Analysevorganges erzeugte, nicht vordeklarierte Relationengebilde in Form nichtnormalisierter Tupel.

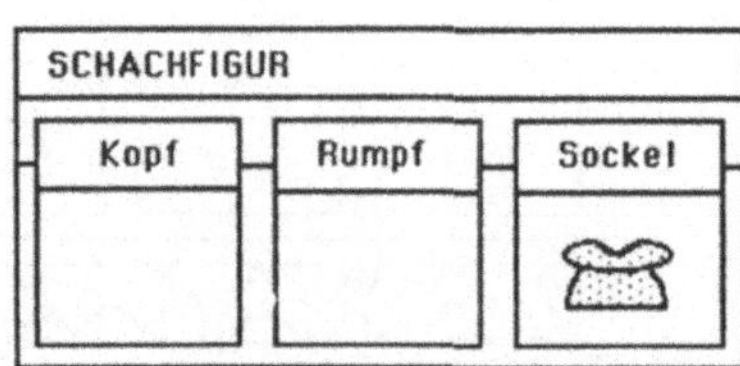

Komorphismus-Anfrage

Bildobjekte werden ohne vorgegebenes Weltbildwissen durch Segmentation lokalisiert und während einer Szene beobachtet. Bestimmung markanter Punkte auf der Objektkontur, Zusammenfassung korrespondierender Punkte sequentieller Szenenbilder zu Korrespondenzketten und Berechnung einer dreidimensionalen Rekonstruktion des Objektes sind die Arbeitsgänge in Kürze.

Hierbei entstehende Relationengebilde unterliegen keinen Eingriffen manueller Art und sind bedingt durch die Variabilität der Szenen nicht im Anwendungsprogramm deklariert. Anfragemechanismus und Datenbank selbst müssen auf diese Anforderungen spezialisiert werden.

Query-by-Structure-Example (QSE)

Bestehende Anfragesprachen bedürfen der Erweiterung, wenn sie für rekursive Datenmodelle einsetzbar sein sollen [Pistor+ 83]. Adaption bewährter Sprachprinzipien, wie der des QBE [Zloof 74], zur Bearbeitung zweidimensionaler Daten ist umfangreich in QPE [Chang 81] vorgenommen worden. Anfragen mit dynamisch erzeugten Tupeln ohne vorgegebenen Tupeltyp erfordern jedoch weitergehende Voraussetzungen vom Datenbanksystem selbst.

Der geringe Dialoganteil die Datenbank verwendender szenenverarbeitender Programme ermöglicht einen Anfragemodus auf intermaschineller Ebene. Fehlende Information über den Typ des angeforderten Tupels bedingt einen Analysevorgang seitens der Datenbank vor der Anfrageausführung. So gibt die Anwendung ein anzufragendes Beispieltupel vor und fordert die Datenbank zur Typanalyse auf. Gleichzeitig fungieren eingetragene Attributwerte als Schlüssel zur Steuerung der Datenselektion.

Zur Erläuterung der Realisierung muß angemerkt werden, daß die bisherige Darstellung auf logischer, problemorientierter Ebene vorgenommen wurde. Konzeptuelle und interne Datensicht bedienen sich der konventionellen ersten Normalform, so daß relationenwertige Attribute logischer NF^2-Relationen durch Verweise auf normalisierte Tupel separater Relationen dargestellt werden – ein durch "Entnestung" erreichbarer Zustand [Scheck+Scholl 83].

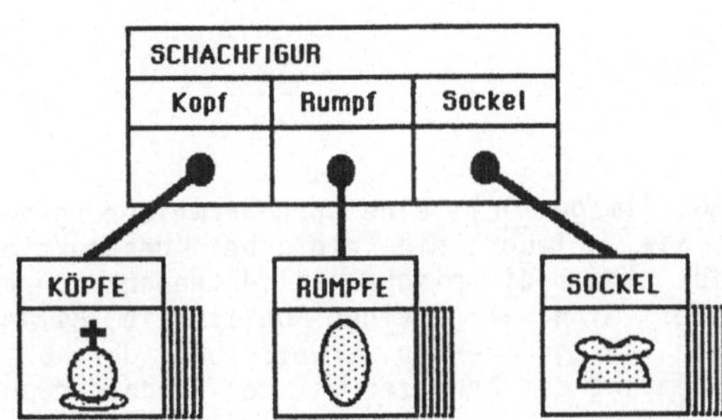

Normalisierte Darstellung eines Relationengebildes

Während im internen Schema derartige Verweise durch eindeutige Systemschlüssel realisiert sind, bestehen sie zum Zeitpunkt der Anfrage aus Speicheradressen des Anwendungsprogrammes. Direkter Zugriff der als BACK–END–Rechner auf einem eigenen Prozessor residierenden Datenbank zu jedem im lokalen Rechnernetz verbundenen Anwendungsprozessor ermöglicht die Verfolgung der Adressen zur Feststellung der Tupelstruktur.

Verwendung der Programmiersprache ADA für Anwendungs- und Datenbankprogramm leistet durch das Sprachkonzept des STRONG DATA-TYPING die notwendige eindeutige Zuordnung von Adressen (access-type) und als Datenverbund (record-type) dargestellten und im Anwendungsprogramm deklarierten Tupeln. In Verbindung mit einem automatisch erzeugten und interpretierbaren konzeptuellen Schema in der Form intermediärer ADA-Typdeklarationen ist die Typanalyse des angefragten Relationengebildes und damit des logischen NF^2-Tupels durchführbar.

Literatur

[Benn+Radig 84a]
 W. Benn, B. Radig : "Retrieval of Relational Structures for Image Sequence Analysis", Proc. 10th VLDB, Singapore, 8/84, pp. 533-536
[Scheck+Pistor 82]
 H.J. Scheck, P. Pistor : "Data Structures for an Integrated Data Base Management and Information Retrieval System", Proc 8th VLDB, Mexico City, 9/82, pp. 197-207
[Benn+Radig 83a]
 W. Benn, B. Radig : "Integration eines Datenbanksystems in ein Rechnernetz zur Bildfolgenauswertung", VDE-Fachberichte, "Mustererkennung 1983, 5. DAGM-Symposium", H. Kazmierczak (Ed.), VDE-Verlag, pp. 209-214
[Benn+Radig 84b]
 W. Benn, B. Radig : "Symbolische Bildbeschreibungen mit Nichtnormalisierten Relationen", "Mustererkennung 84, 6. DAGM- Symposium", W.Kropatsch (Ed.), Informatik Fachberichte, Springer Verlag, Berlin Heidelberg New York Tokyo, pp. 92-98
[Pistor+ 83]
 P. Pistor, B. Hansen, M. Hansen : "Eine Sequelartige Sprachschnittstelle für das NF^2-Modell", in "Sprachen für Datenbanken", J.W. Schmidt (Ed.), Fachgespräch auf der 13. GI-Jahrestagung, Hamburg, 10/83, Informatik Fachberichte 72, Springer Verlag, pp. 134-147
[Zloof 74]
 M.M. Zloof : "Query By Example", IBM-Research Yorktown Heights, Technical Report RC.4917, 7/74
[Chang 81]
 N.S. Chang : "Image Analysis and Image Database Management", Computer Science Nr. 9, UMI Research Press, 1981
[Scheck+Scholl 83]
 H.J. Scheck, M. Scholl : "Die NF^2-Relationenalgebra zur einheitlichen Manipulation externer, konzeptueller und interner Datenstrukturen", in "Sprachen für Datenbanken", pp. 113-133

Erweiterung einer Datenbanksprache zur Erzeugung
benutzerfreundlicher Bedienoberflächen
für eine medizinische Bilddatenbank

K. Aßmann, R. Venema, K.H. Höhne

Institut für Mathematik und Datenverarbeitung
in der Medizin
Universitätskrankenhaus Eppendorf
Martinistr. 52
2000 Hamburg 20

Kurzfassung

Es wird die Bilddatenbanksprache ISQL (Image SQL), eine Spracherweiterung der Datenbanksprache SQL, vorgestellt. Sie erlaubt die einfache Konstruktion benutzerfreundlicher Bedienoberflächen für eine medizinische Bilddatenbank durch konsequente Verwendung weniger Konzepte: einer allgemeinen Möglichkeit, Bilder darzustellen und zu manipulieren und der dazugehörenden Erweiterung des Data Dictionary. Die Konsequenzen für den Umgang der Benutzer mit der Bilddatenbank werden diskutiert.

Einleitung

Das Problem der elektronischen Bildarchivierung in der Medizin wird derzeit meist auf dem Niveau der Speichertechnologie diskutiert /1-3/. Die großen Datenmengen von Bildern in der Medizin mögen dies nahelegen. Nur wenige Arbeiten befassen sich mit Softwarestrukturen /4-6/ für den Umgang mit den Bildern für den medizinischen Benutzer, insbesondere den Radiologen. Der Übergang von der bisherigen, manuellen Handhabung der Röntgenfilme zur Verwaltung der digitisierten Bilder mit Rechnerunterstützung ist mit konventionellen Mitteln so umständlich, daß besondere Bedienoberflächen für eine medizinische Bilddatenbank notwendig sind, die zwei wichtige Bedingungen erfüllen müssen:

1. Der Umgang mit der Bilddatenbank muß für den Radiologen so einfach sein, wie er es konventionell mit seinen Röntgenbildern am Lichtkasten gewohnt ist

2. Die Möglichkeiten der Verarbeitung von Bildern, die erst mit Hilfe von Rechnern möglich werden, müssen ohne Mehraufwand in der Bedienung nutzbar sein

Für die Lösung solcher Probleme existieren bisher keine generellen Softwarestrukturen.

Der einfache Umgang mit den Bildern kann erreicht werden durch Ikonen und Schaffung eines bildlichen Kontextes.

Ikonen erleichtern die Auswahl gewünschter Aktionen durch symbolische Darstellung von Datenbankinhalten und Aktionen. Durch einfaches Zeigen auf die durch das Bild repräsentierte Aktion wird diese ausgelöst. Die Ausübung solcher Aktionen definiert eine Umgebung, die vom ausgewählten Bild abhängt und daher die

Bezeichnung ˘bildlicher Kontext˘ trägt. Unter Bezugnahme auf das gerade interessierende Bild (˘aktuelles Bild˘) wird es möglich, damit korrelierte textliche (z.B. Befunde) oder weitere bildliche (z.B. abgeleitete Bilder, wie Zeit-Intensitätskurven) Informationen in der Datenbank zu finden und darzustellen oder auch neue Informationen zu erzeugen und in die Datenbank einzubringen. Durch solche Vereinfachung in der Bedienung kann erreicht werden, daß Bilder und die vielfältigen damit verbundenen Informationen für den Radiologen mit Hilfe rechnergestützter Systeme handhabbar werden.

Methode

Seit ca. zwei Jahren gibt es am Institut für Mathematik und Datenverarbeitung in der Medizin im Universitätskrankenhaus Hamburg-Eppendorf ein Projekt zur Erforschung von Softwarestrukturen für medizinische Bilddatenbanken. In diesem Rahmen wurde für den Aufbau einer Bilddatenbank und ihrer Bedienoberfläche folgende Methode verfolgt:

Alle Aufgaben, die nicht unmittelbar mit Bildern oder der Interaktion mit der Bilddatenbank in Zusammenhang stehen, können von einem konventionellen DBMS erledigt werden. Deshalb wurde von uns ein kommerziell verfügbares, relationales DBMS zur Verwaltung der Daten eingesetzt und um solche Komponenten strukturell und operational erweitert, die spezifisch für Bilder und Interaktion sind. Die Bilder selbst werden als nicht weiter strukturierte Einheit betrachtet und sind deshalb nicht Bestandteil der Datenbankstrukturen sondern werden getrennt gespeichert. Alle die Bilder beschreibenden Informationen und Verweise auf die eigentlichen Bilder stehen in der Datenbank und werden vom DBMS verwaltet.

<u>Strukturell</u> wurde ein sog. erweitertes Data Dictionary eingerichtet, das die physikalischen Eigenschaften der Bilder und Querbezüge zwischen Bildern enthält. Die Beschreibung des Inhalts der Bilder, Bilder und Texte, die durch einen Interpretationsvorgang entstanden sind und der Bezug zum Patienten werden in getrennten Relationen gespeichert. Die Gesamtheit dieser Relationen implementieren strukturell einen Datentyp ˘Bild˘.

<u>Operational</u> wurde die Datenbanksprache SQL des zugrundeliegenden DBMS so erweitert, daß sie auf den Strukturen des Datentyps ˘Bild˘ arbeitet und Bilder als Objekte der Manipulation verarbeiten kann. Diese Sprache nennen wir ISQL (<u>I</u>mage <u>SQL</u>). Einen Überblick über den Aufbau des Systems findet man in /7/.

Die Sprache ISQL

ISQL ist eine Bilddatenbanksprache, mit der Bilder als Objekte manipuliert werden können. Die Darstellung der Bilder wurde als wesentliche Erweiterung Bestandteil der Sprache und erlaubt die Interaktion mit Bildern. Wir beschränken uns hier auf die Darstellung der SELECT-Anweisung:

```
SELECT IMAGE [, colnaml, colnam2, ...]

[FROM CURRENT DB]

[WHERE where-clause]

[ORDER BY colnam]

    [DISPLAY [AS opnam[(parl, par2, ...)]]]

    [WITH [FRAME=n,][SCALE=n,][LOW=n,] [HIGH=n,][IMAGENO=n,]

    [XPOSITION=n,][YPOSITION=n,][XINCREMENT=n,][YINCREMENT=n,]]];
```

Mit der SELECT-Anweisung können beliebige Bilder in der Datenbank gesucht und auch dargestellt werden (DISPLAY AS). Textliche Information kann zusammen mit den Bildern durch Angabe der ˉcolnamˉ, in der der Text steht, angezeigt werden. Für die Darstellung gibt es verschiedene Möglichkeiten, die in ˉopnamˉ spezifiziert werden können (z.B. FILM, 3D). Parameter, die unabhängig von einer bestimmten Darstellungsoperation sind, können mit der WITH-Klausel angegeben werden (z.B. Skalierung oder Position auf dem Bildschirm). Für die nicht obligatorischen Angaben gibt es Standardwerte.

Darüberhinaus gibt es eine DELETE, INSERT und UPDATE-Anweisung. Eine ausführliche Beschreibung der Sprache und ihrer Implementation findet man in /10/.

Wie bei anderen dialogorientierten Sprachen können in einer Art ˉMilieuˉ für die Dauer der Arbeit am Bildschirm Parameter von allgemeiner Bedeutung spezifiziert werden, z.B. Größe, Länge und Farbe von Texten sowie Standardwerte.

Die Eigenschaft von ISQL, sich Makros definieren und Prozeduren aus ISQL-Anweisungen erstellen und parametrisieren zu können, eröffnet nun die Möglichkeit, allgemeine und spezielle Bedienoberflächen zu erzeugen:

Für den geübten Benutzer, also den Benutzerkreis, der mit ISQL umzugehen versteht, ist die Bedienoberfläche ISQL selbst. Dieser Benutzerkreis kann für weniger geübte Anwender dann spezielle Bedienoberflächen erzeugen, indem er ˉProgrammeˉ in Form von ISQL-Prozeduren schreibt. Diese Programme können universell eingesetzt werden, auch zur Erzeugung von Ikonen. Dafür gibt es eine spezielle Darstellungsoperation (DISPLAY AS SOFTKEY...). Somit können beliebige Bilder aus der Datenbank als Ikonen verwendet und zu Auswahlmenüs zusammengestellt werden. Beim Zeigen auf ein ikonisches Bild wird dann die damit verbundene, vom Anwendungsentwickler angegebene, Aktion ausgelöst. Hierarchien von solchen Menüs werden durch Schachtelung erreicht.

Die Interaktionsmöglichkeiten von ISQL werden durch das Konzept der ˉaktuellen Objekteˉ unterstützt:

Auf Wunsch wird von den gerade in einer Suche gefundenen Bildern eine lokale Datenbank (CURRENT DB) erzeugt. Dies ist der aktuelle Ausschnitt aus der Datenbank und enthält die Informationen, die sich auf die Bilder beziehen. Auf ihn kann nun wieder mit allen Möglichkeiten von ISQL Bezug genommen werden, ohne die gesamte Datenbank erneut durchsuchen zu müssen. Bei nachfolgenden Operationen braucht er nicht neu definiert zu werden und kann als ˉaktueller Datenbankausschnittˉ referiert werden. Damit wird der lokale Kontext, in dem i.a. der Radiologe seine Bilder sieht, einfach nachgebildet.

Unter den gefundenen Bildern wird eines durch Zeigen auf den Bildschirm ausgewählt (z.B. mit der Rollkugel) und damit als ´aktuelles Bild´ markiert. Dem aktuellen Bild wird eine ausgezeichnete Identifikation (:CURRENT_ID) automatisch zugeordnet und kann so verwendet werden, ohne sie explizit nennen zu müssen. Über diese ID ist der bildliche Kontext implizit hergestellt, sodaß dann in der Datenbank beliebig nach Querbezügen gesucht werden kann, die auch aus abgeleiteten Bildern zum aktuellen Bild (z.B. eine während der Sitzung definierte ´region of interest´) bestehen können. Das Konzept der aktuellen Objekte wird in /8/ ausführlich behandelt. Beispiele für ISQL findet man in /9/.

Schlußfolgerungen

Die genannte Vorgehensweise betrachtet Bilder als Objekte der Manipulation in einer medizinischen Bilddatenbank und ist daher objekt- und problemorientiert. Sie bedeutet nicht nur eine einfache Handhabung für den Anwender, beispielsweise den Radiologen, sondern auch für den Entwickler einer solchen Anwendung. Die Dokumentation der Anwendung wird durch die Sprache ISQL erleichtert. Durch die Verwendung einer Sprache sind Änderungen leicht möglich, sodaß Anwenderwünsche schnell zu realisieren sind. Das zugrundeliegende relationale DBMS erleichtert dies. Der Aufwand für die Entwicklung ist mäßig, da weitgehend von vorhandenen Werkzeugen Gebrauch gemacht wurde. Nur die bildspezifischen Strukturen und Operationen wurden neu entwickelt, alle anderen Aufgaben werden durch das kommerzielle DBMS erledigt.

Die bisherigen Erfahrungen mit der Bilddatenbank haben gezeigt, daß die konsequente Verwendung von nur wenigen Konzepten, nämlich einer Spracherweiterung zum Umgang mit Bildern und einer Erweiterung des Data Dictionary zur Beschreibung der Bilder, eine große Flexibilität erlaubt. Die Performanz des DBMS ist z. Zt. noch unbefriedigend. Erste Erfahrungen mit Radiologen haben gezeigt, daß einfache Bedienung in der aufgezeigten Art zur Akzeptanz von Datenbankanwendungen für so komplexe Objekte wie Bilder erforderlich ist.

Das System wird weiter für Untersuchungen von Softwarestrukturen für medizinische Bilddatenbanken eingesetzt. Es sollen komplexe Anwendungen zusammen mit den Radiologen mit den skizzierten Mitteln erzeugt werden, um evtl. zusätzliche Anforderungen zu erkennen.

Referenzen

/1/ Yamamura,M., Kamibayashi,N., Ichikawa,T.:
´Organization of an Image Database Manipulation System´, IEEE Workshop on Computer Architecture for Pattern Analysis and Database Management, Hot Springs, Virginia, Nov. 11-13, 1981, pp. 236-241

/2/ Feng,T.: ´A Very Large Data Base Computer´, IEEE Workshop on Computer Architecture for Pattern Analysis and Database Management, Hot Springs, Virginia, Nov. 11-13, 1981, pp. 12-24

/3/ Yamaguchi,K., Kunii,T.L.: ´PICCOLO Logic for a Picture Database Computer and its Implementation´, IEEE Transaction on Computers, Vol. C-31, No. 10, Oct. 1982, Special Issue on Computer Architecture for Pattern Analysis and Image Database Management, pp. 983-996

/4/ Tang,G.Y.: ´A Management System for an Integrated Database of Pictures and Alphanumeric Data´, Computer Graphics an Image Processing 16, 1981, pp. 270-286

/5/ Chock,M., Cardenas,A.F., Klinger,A.:
˜Manipulating Data Structures in a Pictorial Information System˜, Computer 14, Number 11, November 1981, pp. 43-50

/6/ Chang,N.-S.: ˜Image Analysis and Image Database Management˜, UMI Research Press, Ann Arbor, Michigan, 1981

/7/ Aßmann, K., Höhne, K.-H.: ˜An Investigation of Structures and Operations for Medical Image Data Bases˜, Proc. 2nd Conf. on Picture Archiving and Communication Systems (PACS II), SPIE 418, 1983.

/8/ Pfeiffer, G.: ˜Erzeugung interaktiver Bildverarbeitungssysteme im Dialog˜, Reihe Informatik Fachberichte Nr. 51, Springer Verlag, 1982

/9/ Aßmann, K., Venema, R., Riemer, M., Höhne, K.H.: ˜The ISQL-Language - a Uniform Tool for Managing Images and Non-image Data in an Image Data Base Management System˜, Proc. ISMII ˜84, IEEE International Symposium on Medical Images and Icons, Arlington, Virginia, July 24-27, 1984.

/10/ Venema, R.: ˜Erweiterung der Datenbanksprache SQL zur Manipulation von Bildern (ISQL) - Entwurf und Implementation - ˜, Diplomarbeit, Fachbereich Informatik, Universität Hamburg, in Vorbereitung

Beispiel einer Verwaltung archäologischer Funde
mit einem herkömmlichen Datenbanksystem

von
Lothar Gründig
Matthias Neureither

1. Einleitung

Als Teilprojekt des "Tübinger Atlas des Vorderen Orients" werden derzeit die Auswertungen der Survey-Kampagnen Uruk-Warka bearbeitet. Bei diesen bereits vollständig vor Ort durchgeführten Kampagnen wurde die gesamte Oberfläche der Stadt Uruk (Zweistromland, Irak) systematisch nach archäologisch interessanten Fundobjekten abgesucht. Bei der Auswertung dieses umfangreichen Materials wird von den Autoren zunächst ein kommerzielles Datenbanksystem eingesetzt.

2. Ziel des Projekts

Das generelle Ziel dieses Projekts ist es, Aufschluß über Lage und Umfang der Siedlungsfläche innerhalb der Stadt zu verschiedenen Zeitstufen zu gewinnen. Mit Hilfe der so ermittelten historischen Topographie der Stadt wird es darüber hinaus möglich sein, gezielt Grabungsstätten wählen zu können, um so jede gewünschte Zeitperiode intensiv erforschen zu können /1/.
Im besonderen hofft man ferner über die Vergesellschaftung von Fundstücken bzw. von deren Merkmalen neue Typisierungen von bisher nicht typisierbaren bzw. datierbaren Funden vornehmen zu können.

3. Archäologische Vorarbeit

Das systematische Absammeln der Oberfläche erfolgte in 3 Kampagnen im Zeitraum 1982-84 durch Archäologen der Universität Tübingen. Als räumliche "Sammeleinheit" wurde ein 20m x 20m - Flächenraster gewählt, das einerseits eine genügend präzise Lokalisierung der Funde erlaubte, andererseits so groß war, daß die Durchführung des Survey sowohl technisch wie organisatorisch in einer vernünftigen Zeitspanne bewältigt werden konnte /1/. In Gebietsteilen, die weniger interessante und dicht liegende Funde aufwiesen, wurde dieses Raster nicht systematisch angewendet, sondern es genügte, nach den wenig vorkommenden Fundkomplexen zu gliedern /2/.
Beim Sammeln wurde generell unterschieden zwischen Massenwaren - nicht näher zu be-

schreibende, häufig vorkommende Bruchstücke von Keramik, die nach Zusammensortieren direkt unter Angabe ihrer Datierung und relativen Häufigkeit - bezogen auf ein Areal - in einem Formular erfaßt wurden - und zwischen charakteristischen Keramik-Einzelstükken, wie Randstücke, verzierte Stücke oder Fußscherben, deren Merkmale im Detail beschrieben wurden. Diese Einzelscherben sollten als "Belegstücke" die in einem Areal vertretenen Zeitstufen repräsentieren und damit einen typologischen Querschnitt geben /1/. Ferner wurden alle Stücke, die trotz Typenmerkmale vorerst nicht zu bestimmen waren, ebenfalls erfaßt. Von diesen Stücken hofft man, über die Auswertung mit dem Rechner bisher verborgene Informationen aufdecken zu können, und dies um so mehr, da der Anteil der unbekannten Keramikwaren trotz Erstellung eines umfangreichen Typenkatalogs hoch ist und deshalb die systematische Aufarbeitung dringend erforderlich macht /1/.

4. Art der Daten

Entsprechend der bereits bei der Erfassung im Felde vorgenommenen Untergliederung der Fundstücke in Massenwaren und Keramikeinzelstücke existieren für die Keramik zwei verschiedene Typen von Datengruppen - im folgenden als Entitätsmengen bezeichnet -, die sich in ihren Beschreibungen (Attributen) wie folgt unterscheiden:

1. Entitätsmenge : MASSENWARE

    Attribute : Art der Ware

            relative Häufigkeit

            Datierung

2. Entitätsmenge: KERAMIKEINZELSTÜCKE

    Attribute: Art der Ware

           Typ der Ware (Datierung)

           Randbeschrieb

           Flächenbeschrieb (Klassifikation, Komposition von Dekorationen)

Natürlich konnten nicht alle Attribute jeder Entität (besonders innerhalb der Menge KERAMIKEINZELSTÜCK) beschrieben werden, z.B. ist - wie zuvor bereits angesprochen - eine Typisierung von Stücken bei der Erfassung oft noch nicht möglich. Eine wichtige Hilfe für einen nachfolgenden Typisierungsversuch stellen im besonderen Funktionalteile und Dekoration der Einzelstücke dar. In den beiden nachfolgend aufgeführten Entitätsmengen sind die für eine strukturelle Beschreibung relevanten Attribute vorhanden.

3. Entitätsmenge: DEKORATION

    Attribute: Dekorationselement

           Verzierungstechnik

4. Entitätsmenge: FUNKTIONALTEILE

    Attribute: Art des Teils

           Randbeschrieb

           Flächenbeschrieb

Beim Survey waren außerdem alle Areale nach erkennbaren sonstigen, archäologisch interessanten Materialien abgesucht worden. Darunter fallen folgende Entitätsmengen:

5. Entitätsmenge: KLEINFUND
   Attribute: Art des Fundes (z.B. Münze, Rollsiegel, Terrakotte, Öllampe etc.)
   absolute Mengenangabe
   Datierung

6. Entitätsmenge: GRAB
   Attribute: Art des Grabes
   absolute Mengenangabe

7. Entitätsmenge: BAURESTE
   Attribute: Art der Baureste

8. Entitätsmenge: OBERFLÄCHENMATERIAL
   Attribute: Art des Materials (z.B. Schlacke, Gestein, Glas etc.)
   relative Häufigkeit

Anhand des gefundenen Materials wurde bereits im Felde eine Beschreibung der im jeweiligen Areal vertretenen Zeitepochen durchgeführt.

9. Entitätsmenge: EPOCHE
   Attribute: Name der Epoche
   relative Häufigkeit typischer Materialien aus dieser Epoche

Verläßliche Ergebnisse bei der Auswertung sind nur durch entsprechende Berücksichtigung der topographischen Verhältnisse zu erzielen. Denn die Fundsituation wird gerade durch die Topographie (Erosionseinflüsse!) wesentlich mitbeeinflußt, wodurch der Aussagewert von Ergebnissen aufgrund der reinen Keramikinformationen verändert bzw. beeinträchtigt werden kann /1/. Details der Topographie wurden deshalb vor Ort miterfaßt.

10. Entitätsmenge: TOPOGRAPHIE
    Attribute: Geländeform/-beschreibung
    Geländeneigung
    mittl. Geländehöhe

Der Beschrieb der Sammeleinheiten (Areale) stellt eine weitere Entitätsmenge dar. Dabei ist neben der Kennzeichnung der Areale durch ihre Lage auch die Art der Sammeleinheit (ob systematisches Raster oder individuelles Gebiet eines Fundkomplexes) wichtig.

11. Entitätsmenge: AREAL
    Attribute: Rechtswert
    Hochwert
    Art der Sammeleinheit

5. Struktur der Daten

Die Heterogenität der Daten ist offensichtlich. Parallel zu flächenbezogenen Informationen wie Mengenangaben, Häufigkeitsangaben, topographischen Merkmalen existieren typbezogene Informationen wie Dekorationen, Datierungen, Typisierungen. Beiden Arten von Beziehungen ist bei einer logischen Strukturierung der Daten in geeigneter Weise Rechnung zu tragen. Da die Einschränkung bestand, daß zur Verwaltung der Daten im Rechner lediglich ein hierarchisches Datenverwaltungssystem zur Verfügung stand, können durch das Verwaltungssystem nur baumartige Beziehungen unterstüzt werden. Dies wurde vorerst nicht nachteilig empfunden, besaß doch ein Gutteil der Daten als Gesamtheit eine hierarchische Gliederung (z.B. mehrere Keramikscherben sind eindeutig einem Areal zugeordnet oder eine Scherbe besitzt mehrere verschiedene Funktionalteile). Als "Root" (Wurzel) des Baumes lag es nahe, die Entitätsmenge AREAL zu wählen, da alle anderen Entitätsmengen unmittelbar oder mittelbar diesen Lagebezug aufweisen. Damit ergab sich die in Abbildung 1 dargestellte Struktur der Daten.

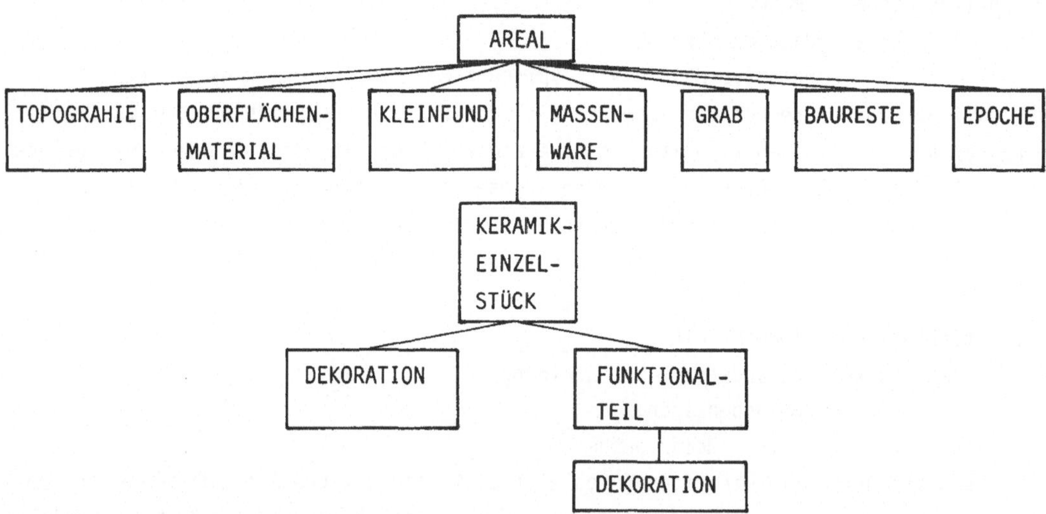

Abb. 1 Entitätendiagramm der hierarchischen Struktur

Bereits in diesem Diagramm ist ein Nachteil der hierarchischen Struktur erkennbar: die Existenz von Redundanzen. Aber nicht nur das doppelte Auftreten der Entitätsmenge DEKORATION,sondern auch die Vielfachwiederholung gleicher Attribute bei verschiedenen Entitäten (wie jeweils die gleiche Datierung für eine bestimmte Art der Massenware in verschiedenen Arealen) tragen dazu bei, daß schätzungsweise über 50% der im Rechner abgelegten Informationen redundant ist.

6. Beispiele typischer Interaktionen

Die erste Phase der Auswertung, die als abgeschlossen betrachtet werden kann, ist das
Erstellen von Verteilungsbildern bzw. Häufigkeitsabfragen für bestimmte Attribute, jeweils bezogen auf die Gliederung in Areale. Typische Fragestellungen in diesem Zusammenhang sind z.B.:
- Zeige die Areale und darin die Häufigkeit der Massenware X1, wo diese Massenware X1
  existiert
oder:
- Zeige die Areale und darin die Anzahl der Keramikeinzelstücke, an denen die Verzie-
  rungstechnik X2 angewandt wurde.
Diese einfachen Arten von Abfragen unterstützt das System, da die angesprochenen Entitäten auf einfachen hierarchischen Pfaden liegen. Bei den Abfragen
- Zeige die Randbeschriebe von Keramikeinzelstücken in den Arealen, in denen ein Grab
  der Art X3 liegt
oder:
- Zeige die Dekoration aller Keramikeinzelstücke, die in Arealen auftreten, wo die
  Epoche X4 eine bestimmte Häufigkeit überschreitet
liegen die Entitäten der Auswahlklausel und die der Aktionsklausel in verschiedenen
hierarchischen Pfaden. Das System stellt für die Bewältigung dieser Query spezielle
Operatoren zur Verfügung, die aber nur funktionieren, falls die Abfrage Bezug nimmt
auf eine gemeinsame Wurzel beider Pfade (in diesen Fällen die Entitätsmenge AREAL).
Das Fehlen einer direkten Beziehung zwischen beliebigen Entitätsmengen kann auf diese
Art und Weise kompensiert werden, da eben jede Entität den Bezug zum Areal besitzt.
Nun interessieren aber auch Fragen, die nicht auf einen bestimmten Attributswert
zugreifen, sondern ganze Attributsmengen einer Entität auf irgendeine Art und Weise
vergleichen wollen, wie z.B.
- Zeige den Typ (oder die Dekoration) der Keramik und die Art der Massenware, welche
  in einem vorgegebenen Gebiet (z.B. mehrere Areale) den höchsten Grad der Korrelation
  besitzen.
Eine solche Abfrage ist nur über das Erstellen von Zusatzoperatoren möglich, die die
Kombination jedes Vorkommens des einen Attributs mit jedem Vorkommen des anderen Attributs sequentiell vornehmen sowie die statistische Funktion "Berechnung des Korrela-
tionskoeffizienten" ausführen und die Ergebnisse entsprechend verwalten.
Ein weiteres Problem, das nicht unerwähnt bleiben soll, ist das der Nachbarschaftsab-
fragen. Gerade bei Datenvorkommen, die flächenhafte Bezüge aufweisen, ist sehr häufig
diese Art von Fragestellungen relevant. Die Frage
- Zeige das Areal, in der die Keramik mit dem Typ X5 auftritt und für das die Topographie eine ganz bestimmte Geländeform annimmt, jedoch nur wenn Nachbarareale existieren, die die gleiche Geländeform besitzen
kann interessant sein, wenn topographisch einheitliche und zusammenhängendende Räume

(z.B. Hänge oder Hügel) nach der Keramik X5 untersucht werden sollen, ohne jedoch jedes isoliert liegende Areal, für das zufällig die gleiche Bedingung zutrifft, mituntersuchen zu müssen. Derartige Fragen werden unseres Wissens derzeit von keinem kommerziellen System untersützt, obwohl sie für viele Anwendungen notwendig sind.
Bei den bisher behandelten Fällen handelt es sich ausschließlich um Queries. Von Interesse ist aber auch die Manipulation von Daten. Typisierungen von Keramikstücken, die sich im Laufe der Auswertung als fehlerhaft herausstellen, sind gegebenenfalls zu ändern, vorläufige Orientierungsvermerke zu korrigieren. Die hohe Redundanz der Daten kann in diesem Zusammenhang negativen Einfluß auf die Gewährleistung der Konsistenz der Gesamtdaten haben.

7. Schlußbemerkung

Abschließend ist festzustellen, daß für Nicht-Standard-Daten, wie sie auch Daten der Archäologie darstellen, kommerzielle Systeme im allgemeinen nur beschränkt einsetzbar sind. Nur über zusätzliche Verwaltungsmaßnahmen, deren Erstellung Zeit und Geld kostet und die die Rechenprogramme wiederum mit Datenverwaltungsaufgaben belasten, sind die angestrebten Ergebnisse zu erhalten. Eine Erweiterung eines Verwaltungssystems im Hinblick auf die Modellierung von Nachbarschaftsbeziehungen wird derzeit von den Autoren untersucht.

8. Literatur

1   Finkbeiner, U.: Uruk-Warka XXXV: Survey des Stadtgebiets von Uruk. Baghdader Mitteilungen, Band 14. Deutsches Archäologisches Institut, Abteilung Baghdad. 1983

2   Finkbeiner, U.: Uruk-Warka XXXVI: Survey des Stadtgebiets von Uruk. Baghdader Mitteilungen, Band 15. Deutsches Archäologisches Institut, Abteilung Baghdad. 1984

3   Finkbeiner, U.: Uruk-Warka XXXVII: Bericht über Verlauf und Ergebnisse der 3. Survey-Kampagne in Uruk. (unveröffentlicht)

4   Gründig, L., Pistor, P.: Land-Informations-Systeme und ihre Anforderungen an Datenbank-Schnittstellen. Informatik-Fachberichte 72, Sprachen für Datenbanken. 1983

5   Neureither, M.: Datenbanksysteme zum Einsatz im Vermessungswesen. Diplomarbeit am IAGB, Universität Stuttgart (unveröffentlicht)

15 Jahre Erfahrung mit der Straßendatenbank Baden-Württemberg
von Oberregierungsbaurat Dr.-Ing. Erich Benner

1. Einleitung

Das Programmsystem "Straßendatenbank" ist in den Jahren 1968-1970 durch die Straßenbauverwaltung von Baden-Württemberg in Zusammenarbeit mit einem Softwarebüro im Auftrag des Bundesministers für Verkehr entwickelt worden. Es ist heute in 5 Ländern der BRD im Einsatz.

2. Konzeption

Die Struktur der Dateien und Programme ist maßgeblich dadurch bestimmt, daß

- die aufzunehmenden Merkmale im wesentlichen die Entwurfs- und Konstruktionselemente der Straße sind und

- die dv-technischen Möglichkeiten der 60er Jahre zum sparsamen Umgang mit dem erforderlichen Speicherplatz zwingen.

Umfang und Art der Nutzung bleiben weitgehend unberücksichtigt.

Die fachtechnische Grundlage der Straßendatenbank bildet das sog. "Netzknoten- und Stationierungssystem" der überörtlichen Straßen. Basiselemente sind die Netzknoten. Durch jeweils zwei benachbarte Netzknoten sind die Abschnitte (Straßenstrecken) bestimmt und zu jeweils einem Netzknoten können Äste (Verbindungsarme) gehören. Abschnitte und Äste stellen die Linienelemente des gesamten Straßennetzes dar, denen die Straßendaten zugeordnet sind.

Die Straßendatenbank besteht im wesentlichen aus drei Dateien und den zugehörigen Verwaltungsprogrammen:

- in der Netzknotenfolgedatei ist die Struktur des Straßennetzes festgelegt;

- in der Netzknotenastdatei sind die Äste den Netzknoten zugeordnet;

- in der Straßeneinzeldatendatei sind die Entwurfs- und Konstruktionselemente sowie andere Eigenschaften der Straße den Abschnitten/Ästen jeweils mit ihrer Station in Form von Segmenten zugeordnet.

In weiteren Dateien sind Namen und Kennziffern, Netzknotenkoordinaten, Straßenverkehrsunfälle und Verkehrsstärken gespeichert. Diese Dateien sind nicht direkt in das Programmsystem integriert. Die Größenordnung der Dateien zeigt folgende Tabelle:

Dateiname	Ordnungsmerkmal	Anzahl der Sätze	Satzlänge in Bytes	Gesamtumfang
Netzknotenfolge	Netzknoten	14 000	60	840 000
Äste	Ast	3 500	60	210 000
Straßendaten	Abschnitt/Ast	53 000	2 000	106 000 000
Sonstige	–	–	–	10 000 000

3. Erfahrungen

a) Erhebung der Daten

Die Erhebung der Daten erfolgt auf entsprechenden Formblättern in der Regel vor Ort, für bestimmte Daten auch aus Plänen. Die Erstaufnahme des ganzen Straßennetzes (28.000 km) ist ausschließlich durch Ingenieurbüros durchgeführt worden. Ende 1976 standen die Daten erstmals in vollem Umfang für Auswertungen (große Straßenbestandsaufnahme) zur Verfügung.

Die laufende Fortführung geschieht z.T. durch Ingenieurbüros, z.T. durch eigenes Personal der Straßenbauverwaltung. Grundsätzlich sind dafür die Straßenbauämter und das Autobahnamt (21 Behörden) zuständig. Das organisatorische Prinzip für die Datenerhebung ist die 80-spaltige Gliederung der Daten in insgesamt 10 sog. "Kartenarten". Dieses Verfahren hat sich gut eingespielt und bewährt. Obwohl die 80-spaltige Lochkarte zur Datenerfassung inzwischen durch andere Datenträger weitgehend verdrängt worden ist, sollte am Aufbau der Erhebungsformulare auf keinen Fall etwas geändert werden.

b) Verarbeitung der Datenbestände (Fortführung)

Die Erfassung und Verarbeitung der Daten geschieht derzeit noch überwiegend an der zentralen DV-Stelle der Straßenbauverwaltung in Stuttgart. Es ist jedoch vorgesehen, diese Arbeiten auf die 4 Regierungspräsidien, langfristig auf die Straßenbauämter, zu verlagern (in Freiburg und Karlsruhe schon realisiert) und von dort aus mittels DFÜ durchzuführen. Das Programmsystem (Batch-Programme, die auf einer IBM 3083 E unter MVS laufen) hat sich bewährt und arbeitet immer noch zur Zufriedenheit. Inzwischen ist jedoch, bedingt durch die jahrelangen Anpassungsarbeiten, ein Zustand eingetreten, der größere Veränderungen an den Programmen nicht mehr erlaubt. Über eine Neukonzeption sollte nachgedacht werden.

c) Auswertung der Datenbestände

Die Auswahl der gespeicherten Merkmale und ihre Struktur in den
Dateien ist für die Anforderung der praktischen Nutzung ungeeignet. Die erforderliche dv-technische Unterstützung für die Erstellung von Auswertungen ist unzureichend. Im einzelnen treten
folgende Probleme auf:

- die Verwaltungsstruktur ist in der Datenstruktur nicht enthalten;

- die gespeicherten Merkmale gelten nicht für den ganzen Ab-
  schnitt/Ast, sondern nur für den durch die Stationen gekennzeichneten Bereich;

- die Gültigkeitsbereiche unterschiedlicher Merkmale sind nicht
  deckungsgleich; nur an der Anfangs- und an der Endstation des
  Abschnitt/Astes sind alle dort gültigen Merkmale auch explizit
  gespeichert;

- die Datenstruktur ist für Auswertungen mit Abfragesprachen
  (z.B. Easytrieve) ungeeignet;

- eine Unterstützung der Auswertungen durch entsprechende Teile
  des Programmsystems ist nicht vorgesehen.

d) Neuere Lösungsansätze für die Auswertung

Auswertungen der Straßendatenbank erfolgen, mit Ausnahme einiger
Standardauswertungen, nicht aus dem aktuellen Datenbestand, sondern aus aufbereiteten Datenbeständen mit bestimmten Ständen.

Folgendes Vorgehen hat sich als zweckmäßig erwiesen:

- Auswertungen aus dem Datenbestand mit Stand 1.1. des Jahres
  sowie entsprechende Aufbereitung dieses Datenbestandes; die
  Aktualität ist ausreichend;

- Vorauswertung des Datenbestandes mit einem flexiblen Programm
  entsprechend der Anforderung und Erzeugung einer immer gleich-
  strukturierten sequentiellen Auswertungsdatei;

- Erzeugung des Berichts aus der Auswertungsdatei mittels eines
  leicht programmierbaren Dateiabfrage- und Listgenerators;

- keine on-line Abfragen, sondern nur Anwendung von Batch-Ver-
  arbeitungsprogrammen, da die Auswertungswünsche in der Regel
  nicht zeitkritisch sind (Zeitlimit   1/2 Tag).

4. Schlußfolgerungen

Die Anwendung von modernen Datenbanksystemen auf die Daten der
Straßendatenbank ist denkbar, bringt aber bei gleichbleibender Datenstruktur für die Auswertung keine Vorteile. Die Lösungsansätze
nach c) könnten jedoch durch moderne Datenbanksoftware - insbesondere was die Einbeziehung weiterer Datenbestände anbetrifft - noch
verbessert werden.

<u>Verarbeitung geologischer Schichtenverzeichnisse</u>

<u>im NLfB Hannover</u>

Klaus KÜHNE

NIEDERSÄCHSISCHES LANDESAMT FÜR BODENFORSCHUNG (NLfB)
D 3000 Hannover

<u>Inhalt:</u>

1. Zusammenfassung

2. Das NLfB-DASP-System
   2.1 Informationsdarstellung in DASP
   2.2 DASP-Funktionsübersicht

3. Die Geologische Bohrdatenbank Niedersachsen
   3.1 Allgemeines
   3.2 Aufbau geologischer Schichtbeschreibungen

4. Die DASP-Abfrage- und Weiterverarbeitungskonzeption
   4.1 Suchfragen
   4.2 Suchläufe als Vorbereitung zur Weiterverarbeitung

5. Problematik beim Einsatz eines kommerziellen DBMS

6. Literatur

<u>1. Zusammenfassung</u>

Die Verarbeitung geologischer Schichtenverzeichnisse im NLfB
mit dem System DASP weist gegenüber üblichen DB-Anwendungen
einige Besonderheiten auf. Erwähnenswert sind insbesondere die
Zulassung nicht-atomarer (d.h. strukturierter) Datenfeldinhalte
und die per Retrieval mögliche Datenklassifizierung, die eine
daten- und problemunabhängige Konzeption der an DASP angeschlossenen graphischen Weiterverarbeitungsprogramme ermöglicht.
DASP kann zwar nicht als echtes DBMS bezeichnet werden, weist jedoch funktionale Ähnlichkeiten zu einem relationalen System auf.
Der spätere Aufsatz auf ein solches ist geplant.

<u>2. Das NLfB-DASP-System</u>

DASP ist ein im NLfB entwickeltes und auf geowissenschaftliche Be-
dürfnisse zugeschnittenes Datenverwaltungssystem (Autoren: KÜHNE/
PREUSS/HEINEKE/POETHKE-RAUCH). Als Besonderheit ist in DASP ein
Paket von graphischen Weiterverarbeitungsprogrammen integriert.
Nähere Informationen über DASP sind in DORN 1983, KÜHNE 1983 und
KÜHNE 1984 zu finden.

2.1. Informationsdarstellung in DASP

Die elementaren Informationseinheiten in DASP sind sog. "Dateninhaltsdateien". Diese sind linear aufgebaut, d.h. bestehen aus
gleichartig aufgebauten Sätzen, die ihrerseits wieder aus einer
pro Datei festen Abfolge von (blank-komprimierten) Datenfeldern
zusammengesetzt sind. Die Struktur einer Dateninhaltsdatei (d.h.
Anzahl, Abfolge, Namen und Datentypen der Datenfelder) ist vom
Anwender frei definierbar. Sie wird im Kopf der Datei abgespeichert und ist u.a. über die DASP-CALL-Schnittstelle zugänglich.
Dateninhaltsdateien sind bezüglich ihrer Struktur und Bedeutung
mit Relationen in einem relationalen DBMS vergleichbar.

2.2. DASP-Funktionsübersicht

DASP besteht aus einer Menge von Funktionen, die vom Anwender
über Kommandos aufgerufen werden können.

a) Standard-Bedienungsfunktionen:

```
AUFLISTEN      - Einblick in den Dateikatalog.
ANSEHEN        - Sichten von Dateninhaltsdateien, u.a. mit Such-
                 möglichkeiten.
DRUCKEN        - Ausgabe von Dateninhaltsdateien in verschiedenen
                 Druckformaten.
VERWALTEN      - Löschen, Sperren, Entsperren, Umbenennen von
                 Dateien.
KORRIGIEREN  - Maskenorientiertes Erfassen und Korrigieren.
EINLAGERN      - Überführung von externen (formatierten) Daten in
                 Dateninhaltsdateien.
u.a.
```

b) Datenmanipulationsfunktionen:

Diese Funktionen erzeugen jeweils aus einer bzw. zwei Eingabe-
Dateninhaltsdatei(en) eine neue Ergebnis-Dateninhaltsdatei. Dadurch können komplexe Arbeitsabläufe durch Hindereinanderaus-
führung von Funktionen realisiert werden (z.B. SUCHEN+SUCHEN+
VERKNÜPFEN).

```
SUCHEN         - Durchsuchen von Dateninhaltsdateien.
VERKNÜPFEN     - entspricht einem relationalen JOIN.
BERECHNEN      - Berechnung neuer Datenfeldinhalte aus vorhandenen
                 unter Verwendung von Formelausdrücken. Ggf. können
                 auf definierbaren Unterabschnitten der Datei Zwischen-
                 summen, Extremwerte u.a. berechnet werden.
SORTIEREN      - Sortieren einer Dateninhaltsdatei nach Daten-
                 feldern.
u.a.
```

c) Graphische Weiterverarbeitung:

```
PUSI           - Zeichnen von Bohrpunkt-Signaturkarten mit frei
                 wählbaren Signaturen und Beschriftungen (s.PREUSS 1979).
DINO           - Erstellung verschiedenartiger Profilsäulen-
                 karten mit wählbaren Schraffuren, Signaturen und
                 Beschriftungen (s.PREUSS 1980).
RASI           - Rasterorientierte Konstruktion von Flächen aus punkt-
                 bezogenen Basisinformationen wahlweise unter
                 Berücksichtigung von Störinformationen wie z.B.
                 Flußtälern (s.PREUSS 1983).
u.a.
```

DASP bietet für alle genannten Funktionen verschiedene Bedie-
nungserleichterungen, z.B. können Eingabesequenzen als Prozeduren
(mit Aufrufparametern) aus dem Dialog heraus aufgerufen werden.

3. Die geologische Bohrdatenbank Niedersachsen

3.1. Allgemeines

Z.Zt. werden im NLfB mit DASP die geologische Bohrdatenbank Nie-
dersachsen, die bodenkundliche Datenbank DGK5BO Niedersachsen und
weitere Anwendungen bearbeitet.
Die Bohrdatenbank Niedersachsen enthält die im NLfB vorliegenden
Daten zu geologisch untersuchten Tiefbohrungen verschiedener
Fachbereiche. Zu jeder Bohrung werden gespeichert:
a) rein bohrungsspezifische Informationen (z.B. TK25-Nummer,
   Fachbereich, Archivnummer, Gauss-Krüger-Koordinaten, ...)
b) die Beschreibungen der zu jeder Bohrung gehörigen Schichten
   (Tiefenintervall, Stratigraphie, Petrographie, ...)
c) die Kurzbeschreibungen der entnommenen Laborproben (Tiefen-
   intervall, Probenmaterial, Laborbezeichnung, Labornummer, ...)

Insgesamt umfaßt die Bohrdatenbank z.Zt. ca. 140000 Bohrungen,
1.2 Mio Schichten und 300000 Proben, die zugehörigen DASP-Dateien
belegen ca. 1 Gigabyte Massenspeicher.
Die Bohrdatenbank ist in DASP dahingehend implementiert, daß für
jedes der 460 TK25-Meßtischblätter 3 DASP-Dateninhaltsdateien
(Bohrungs-, Schicht- und Probendaten) angelegt werden. Eine
dynamische Verknüpfung dieser Daten untereinander sowie mit DASP-
Dateien außerhalb der eigentlichen Bohrdatenbank wird bei Bedarf
über in den Dateien mitgeführte Schlüssel durchgeführt.

3.2. Aufbau geologischer Schichtbeschreibungen

Im Gegensatz zu den bohrungs- und probenspezifischen Bestandteilen
der Bohrdatenbank sind die geologischen Schichtbeschreibungen im
Sinne eines DBMS-Einsatzes "kritische" Daten. Ihr Aufbau soll
hier deshalb näher erläutert werden.
Eine Schichtbeschreibung besteht aus einer Tiefenangabe und den
6 "Symbolteilen": Stratigraphie, Petrographie-Haupt-, Petrographie-Nebengemengteil, Genese, Farbe und Zusatzzeichen. Jeder
Symbolteil kann mehrere geologische Kurzbegriffe ("Kürzel") enthalten, die aus einem normierten Begriffskatalog ("Symbolschlüssel
Geologie", s. BARCKHAUSEN et.al. 1975) stammen.
Zwischen je 2 Kürzeln müssen Trennzeichen festgelegter Bedeutung
verwendet werden. Mögliche Trennzeichen sind das Komma (Aufzählung), das Bis-Zeichen (Bereichsangabe) und die runden Klammern
(Attributangaben). Jedes einzelne Kürzel kann außerdem durch
Ziffern (1=sehr schwach, ..., 5=sehr stark vorhanden), dem Aus-
rufungszeichen (sichere Aussage) und dem Fragezeichen (Aussage
fraglich) spezifiziert werden. Bei Bedarf kann auch Klartext (in
Hochkommata eingeschlossen) verwendet werden. Numerische Größen
(z.B. Meßwerte) können mit einem Doppelkreuz versehen an Kürzel
"angehängt" werden. Im Erfassungsformat sind die oben erwähnten
Symbolteile durch Schrägstriche (bzw. einem Semikolon zwischen
Petrographie-Haupt- und Nebengemengteil) getrennt, in der daraus
erzeugten DASP-Dateninhaltsdatei werden diese Trennzeichen eliminiert und die Symbolteile in verschiedenen Datenfeldern abgespeichert. Diese Datenfelder sind strukturiert, d.h. die Datei
(Relation) befindet sich nicht in der 1. Normalform.

<u>Beispiel 1:</u> (geologische Schichtbeschreibung)

a) Erfassungsformat: 17.84 / qw / fS; lag(u,t) // bn-gr / et $
b) DASP-Format   : UTIEF = 17.84   STRAT = qw   PETH = fS
                    PETN = lag(u,t) GENESE=   FARBE= bn-gr
                    ZUSATZ= et
Bedeutung   : untere Tiefe=17.84m, Stratigraphie=Quartär-
                    Weichsel, Petrographie-Hauptgemengteil=
                    Feinsand, Nebengemengteil=lagenweise
                    schluffig und tonig, Genese=keine Angaben,
                    Farbe=braun bis grau, Zusatzteil=Bohrungs-
                    Endteufe.

4. Die DASP-Abfrage- und Weiterverarbeitungskonzeption

4.1. Suchfragentypen

In DASP sind zwei Suchfragentypen möglich (Standard/DASCH).
Standard-Suchfragen sind auf alle Arten von Dateninhaltsdateien
anwendbar.

<u>Beispiel 2:</u> (DASP-Standard-Suchfrage)
ARFACH=´HY´& AUTOR**´MEIER´&# [ARNUM=10_11_13_ >=20] $
(&="und", _="oder", #="nicht", **=Substring-Operator, [] =Logik-
Klammern).

DASCH-Suchfragen sind dagegen nur auf Dateninhaltsdateien mit
geologischen Schichtbeschreibungen anwendbar. DASCH-Fragen sind
so konzipiert, daß:
a) eine weitgehende formale Ähnlichkeit mit dem Schichtbeschrei-
   bungs-Erfassungsformat gegeben ist.
b) möglichst viele Begriffe und Logikoperatoren in einem Fragen-
   ausdruck untergebracht werden können.
c) bei einem DASCH-Suchlauf die Strukturen innerhalb der Datenfelder STRAT...ZUSATZ weitgehend berücksichtigt werden.
Punkt b) ist deshalb von besonderer Wichtigkeit, da DASCH-Suchfragen vor allem zur dynamischen Definition z.T. sehr komplexer
"geologischer Einheiten" verwendet werden (s. Beispiel 3).

<u>Beispiel 3:</u> (DASCH-Suchfrage nach "Glassand")

Es sollen alle für die Herstellung hochwertigen Glases geeigneten Sande eines Blattgebiets gefunden werden:
-10 // fS_mS; #["fs"_h_hz_hw_∧lf_∧ti] / f\ / ds_we_gb $

Diese Frage bedeutet:
Tiefe   : max. 10m
Stratigraphie   : -
Petrogr.-Haupt   : Feinsand (fS) oder Mittelsand (mS)
Petrogr.-Neben   : keiner der folgenden Bestandteile darf im
                   Schichtmaterial vorkommen: Feldspat ("fs"),
                   Humus (h), Holz (hz), Pflanzenwurzeln (hw),
                   Flint(∧lf) und Schiefer (∧ti).
Genese   : fluviatil (f\), d.h. durch Fließwasser abge-
                   lagert
Farbe   : durchsichtig (ds), weiß (we) oder gebleicht
                   (gb).

Die Logikoperatoren und Logikklammern sind dieselben wie bei den
Standard-Suchfragen. Die durch "/" bzw. ";" getrennten Teile einer
Suchfrage sind implizit durch ein log. "Und" verknüpft. Die Ver-
wendung von "/" und ";" bezieht sich auf die feste Symbolteil-Abfolge
Tiefe/Stratigraphie/.../Zusatzzeichen im Erfassungsformat.
"\" ist ein Stringabfrageoperator, der zur Prä-, In- und/oder
Postfixabfrage benutzt werden kann.
In DASCH-Fragen dürfen numerische "Pseudokürzel" (0, 1, ...) ver-
wendet werden, z.B. sucht die Frage: // fS; 0 $ nach Schichten,
die Feinsand (fS) ohne irgendwelche Nebenbestandteile (d.h.
0 Kürzel im Symbolteil Petrographie-Nebengemengteil) enthalten.
Anstelle des logischen "Und"-Operators (&) darf auch ein "@" benutzt werden. Dieser berücksichtigt ggf., daß ein Kürzel als
Attribut zu einem anderen verwendet wurde.

In Vorbereitung ist außerdem eine dritte Suchmöglichkeit, bei der
die tiefenmäßige Abfolge geologischer Einheiten innerhalb von
Bohrungen berücksichtigt wird (z.B. >3m Sand direkt über >1m Ton).

4.2. Suchläufe als Vorbereitung zur Weiterverarbeitung

DASP-Suchläufe (mit Standard- oder DASCH-Suchfragen) werden ausgeführt, um entweder kleine Datenmengen aus dem Gesamtbestand zu
extrahieren (z.B. um diese sichten zu können) oder um relativ
große Datenmengen für die graphische Weiterverarbeitung aufzubereiten. Im ersten Fall wird i.a. nur eine einzige Suchfrage gestellt, im zweiten jedoch mehrere (max. 50) Fragen gleichzeitig.
Dieser letzte Fall soll an einem Beispiel näher erläutert werden:

   Beispiel 4: (Graph. Darstellung abbauwürdiger Sand- und Kies-
               vorkommen in Form einer Profilsäulenkarte)

Zunächst müssen die Schichten des ausgewählten TK25-Blattge-
gebiets durch einen DASCH-Suchlauf entsprechend der gewünschten
Karten-Thematik aufbereitet, d.h. im vorliegenden Fall in Bau-
sand- und Baukies-Schichten klassifiziert werden. Dazu werden
die beiden folgenden Fragen gestellt:
1) -10 // mS; #[t\ _u_h_hz_hw_g\] $ (=Bausand)
2) -10 // mG_gG; #[t_u_h_hz_hw\] $ (=Baukies)
DASP durchsucht dann die Eingabedatei nach Schichten, die mindestens eine der beiden Fragen erfüllen und überträgt diese
in eine Ergebnisdatei. Dabei werden in ein für diese Zwecke
reserviertes Datenfeld ("KENN") die Nummern der Suchfragen
eingetragen, die die lfd. Schicht erfüllt. Am Ende des Suchlaufs wird eine Statistik ausgegeben, die den Anwender u.U.
zur Wiederholung des Suchlaufs mit modifizierten Fragen veran-
lassen kann.
Anschließend wird das gewünschte Weiterverarbeitungsprogramm
(hier DINO zur Konstruktion von Profilsäulen) aufgerufen und
der gewünschte Kartentyp (z.B. gestreute Darstellung der Säu-
len entsprechend der Bohrpunkt-Koordinaten) gewählt. Dann
müssen den beiden verwendeten Suchfragennummern Signatur- oder
Schraffurtypen zugeordnet werden (z.B. 1=Bausand=enge, 2=Bau-
kies=weite Schraffur). Schließlich können noch beliebige Datenfelder zur Säulenbeschriftung angegeben werden. Aus diesen
(und ggf. weiteren) Angaben erzeugt das Programm den gewünschten

Plot. Der gesamte Arbeitsgang ist in der folgenden Abbildung
vereinfacht wiedergegeben:

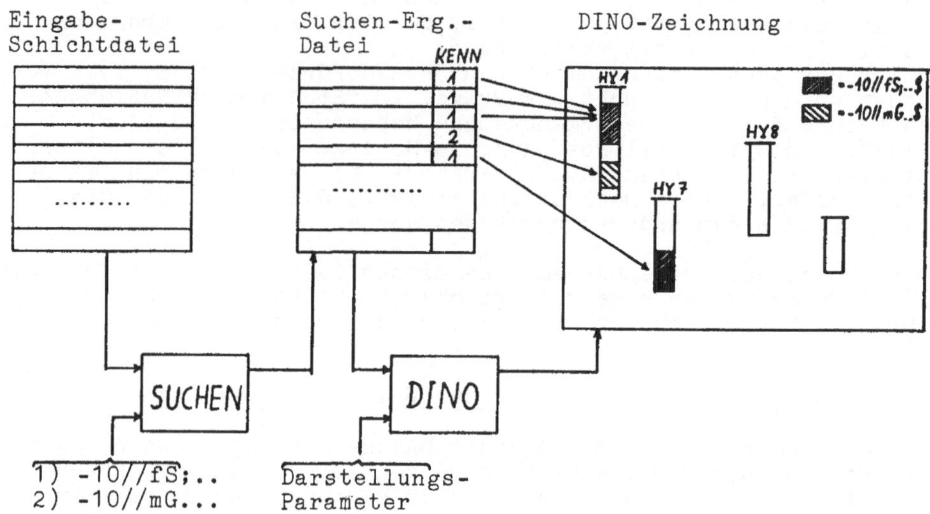

<u>Abb. 1</u>: DASP-Suchlauf + Weiterverarbeitung

Man beachte, daß die Thematik der Karte fast ausschließlich
durch den vorangegangenen Suchlauf bestimmt wurde. Das Programm
DINO ist dadurch sehr vielseitig einsetzbar.

<u>5. Problematik beim Einsatz eines kommerziellen DBMS</u>

Wie oben erwähnt, wird im NLfB das Aufsetzen von DASP auf ein
DBMS geplant. Der Grund dafür liegt in der relativ ungünstigen
Performance des Systems, die sich aus dem i.a. sequentiellen
Zugriff auf Dateninhaltsdateien und der rein string-orientierten
Analyse von Datenfeldinhalten bei DASCH-Suchläufen ergibt. Ins-
besondere der erste Punkt erzwingt die Zerlegung großer, logisch
zusammenhängender Datenbestände in kleinere Teildateien und
schränkt die Anwendbarkeit des Systems ein.

Die intensive projektbezogene DV im NLfB bewirkt, daß neben
einem "statischen" Datenbestand (wie etwa der geologischen Bohrdatenbank) zahlreiche "dynamische" Datenbestände mit beschränk-
ter Lebensdauer DB-mäßig verarbeitet werden müssen. Gleich-
wohl besteht die Notwendigkeit der Verknüpfbarkeit von statischen
und dynamischen Daten, was den Einsatz eines einzigen DBMS erforderlich macht. Aus diesem Grund wird die Beschaffung eines
relationalen Systems für das NLfB derzeit als günstigste Lösung
angesehen. Ein weiterer für ein relationales DBMS sprechender
Grund ist die Verfügbarkeit einer leicht erlernbaren und leistungsfähigen On-Line-Sprache (z.B. SQL, QBE). Individuelle Bedienungs-
programme, wie sie z.B. bei einem CODASYL-System erforderlich wären, könnten im NLfB nur in Einzelfällen realisiert werden.

Außerdem dürfte die Umsetzung von Dateninhaltsdateien in Relationen wegen der konzeptionellen Ähnlichkeit i.a. unproblematisch sein. Notwendig ist jedoch die Zugänglichkeit der Datenbeschreibung z.B. in einem Dictionary.

Trotzdem sind auch bei Verwendung eines relationalen DBMS Probleme abzusehen:

a) Schichtdateien ließen sich in ihrer jetzigen Form zwar direkt in Relationen umsetzen, diese befänden sich dann jedoch wegen der strukturierten Datenfeldinhalte nicht in der 1. Normalform. Insbesondere könnten auch keine Zugriffspfade für die Datenfelder STRAT...ZUSATZ aufgebaut werden.
Zerlegt man dagegen die Schichtinformationen in normalisierte Teilrelationen, so entsteht ein relativ komplexes Schema:

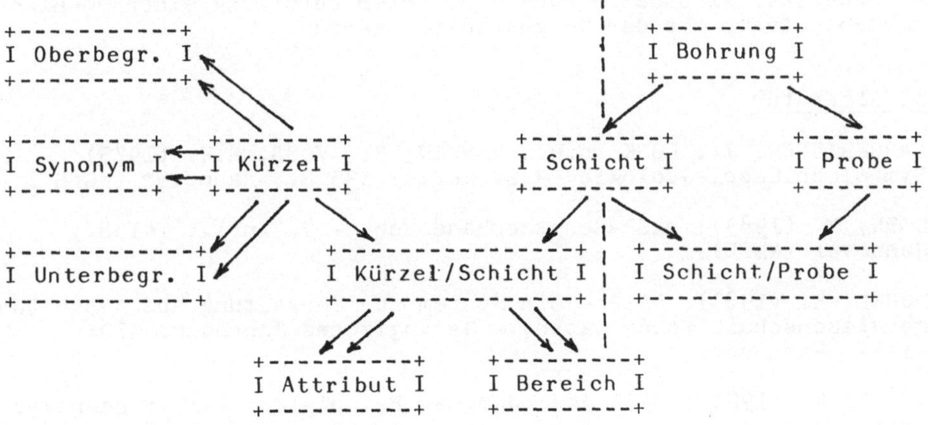

<u>Abb. 2.</u>: Schema für geologische Schichtbeschreibungen

Diese Struktur kann den meisten Anwendern bei Benutzung einer Standard-On-Line-Sprache nicht zugemutet werden (auch nicht bei Verwendung relationen-übergreifender Views). Notwendig wäre daher die Erstellung einer Bedienungssoftware, die dem Anwender die Daten in gewohnter Form erscheinen läßt.

b) Ein relationales DBMS bietet die im jetzigen DASP nicht vorhandene Möglichkeit der Definition von Zugriffspfaden (z.B. durch Indizierung). Dies muß aber bei DASP-mäßiger Verarbeitung von DB-Daten nicht in allen Fällen zu einer Verbesserung des Zugriffsverhaltens führen. Bei Klassifizierungs-Suchläufen mit DASCH- oder Standard-Fragen werden nämlich i.a. sehr hohe Trefferraten erzielt (bis zu 100% der Eingabedatei).

c) Problematisch für ein DBMS könnte auch die in DASP laufend durchgeführte Neu-Erzeugung temporärer Arbeits-Dateninhalts-dateien zur Aufnahme von Zwischenergebnissen sein, da dadurch der Gesamt-Datenbestand umfangsmäßig und strukturell starken Schwankungen unterworfen ist.

d) Im Umfeld der Bohrdatenbank existieren zahlreiche ebenfalls in eine zentrale DB einzubringende Laborproben-Dateien. Diese beinhalten z.T. sehr lange (z.B. zeitlich abhängige) Reihen von Meßwerten. Bei Abspeicherung dieser Meßreihen in einem relationalen DBMS entstehen zwangsläufig Relationen, deren Zeilen nur aus einem Primärschlüssel und u.U. nur einem einzigen weiteren Wert (nämlich einem diskreten Meßwert) bestehen. Dies führt zu Speicherplatz- und Zugriffszeit-Problemen.

e) Ähnliche Schwierigkeiten wie unter d) treten bei der z.Zt. noch nicht realisierten Abspeicherung vektorieller Graphikdaten (= Ketten von x/y-Koordinatenpaaren) auf.

Die unter a), b) und c) genannten Probleme lassen sich vermeiden, wenn DASP in seiner jetzigen Form lediglich als "Front-End-System" an das DBMS angeschlossen wird. Geeignete Daten werden dann über eine Grob-Recherche aus der DB selektiert, in temporäre DASP-Dateninhaltsdateien überführt und wie gewohnt zu einem Endprodukt verarbeitet. Alternativ kann z.B. unter Benutzung einer On-Line-Sprache direkt mit der DB gearbeitet werden.

6. Literatur

BARCKHAUSEN, J., LOOK, E.R., VINKEN, R., VOSS, H.H. (1975): Symbolschlüssel Geologie. - 2. Aufl.: 135 S.; Hannover (NLfB).

DORN, M. (1983): DASP-Benutzerhandbuch. - 2. Aufl.: 141 S.; Hannover (NLfB).

KÜHNE, K. (1983): DASP - Ein System zur Verwaltung und Auswertung geowissenschaftlicher Daten. - Geologisches Jahrbuch, A70: 41-59; Hannover.

KÜHNE, K. (1984): DASP-Anwendung an Beispielen: 94 S.; Hannover (NLfB).

PREUSS, H. (1979): Programmbeschreibung L4PUST; Hannover (NLfB).

PREUSS, H. (1980): Programmbeschreibung L4DINO; Hannover (NLfB).

PREUSS, H. (1983): Das Grenzlinienprogramm Geologie. - Geologisches Jahrbuch, A70: 211-231; Hannover.

Verteilte Datenhaltung im System

"Deutscher Fernmeldesatellit - Neue Dienste"

Dr.-Ing. G. Creutz

Standard Elektrik Lorenz AG, NL Berlin

Inhaltsangabe

- Einleitung
- Leistungsumfang des Systems
- Systemstruktur
- Verteilung der Daten im System
- Das Verwaltungssystem für die verteilten Daten

Einleitung

Im Zuge der Digitalisierung und Integration der öffentlichen Kommunikationsnetze
plant die Deutsche Bundespost ab 1988 neue Dienste im Bereich der schnellen Datenverbindungen anzubieten. Die Realisierung soll mit dem Projekt "Deutscher Fernmeldesatellit - Neue Dienste" mit Hilfe des geostationären Satelliten "Kopernikus" erfolgen. Der Einsatz des Satelliten ermöglicht eine bundesweite Versorgung mit
schnellen digitalen Verbindungen. Für die erste Phase erstreckt sich der Nutzungsbe-
reich von 64kbit/s für Sprach- und Datenverbindung bis 2 Mbit/s für Video- und
Datenverbindungen.

Leistungsumfang des Systems

Das System stellt dem Teilnehmer an der sogenannten G-Schnittstelle analoge Anschlüsse für Fernsprechen oder digitale Anschlüsse mit einer Übertragungsrate von
$n \times 64$ kbit/s ($1 \leq n \leq 30$) zur Verfügung. Es können Punkt-zu-Punkt- oder Punkt-zu-Mehr-
punkt-Verbindungen aufgebaut werden.

Für diese Verbindungen steht im Satellit in der Erstausbaustufe eine Übertragungs-
kapazität von 100 Mbit/s zur Verfügung. Aufgrund dieser begrenzten Kapazität wird
dem Teilnehmer die Möglichkeit geboten, neben Wählverbindungen auch vorab reservierte Verbindungen zu nutzen.

Verbindungen können hergestellt werden zwischen Endgeräten der selben Gruppe. Vorgesehen sind folgende Endgerätegruppen:

- Endgeräte von Nebenstellenanlagen
- Datenendeinrichtungen für Daten- oder Textübertragung (X.21-Terminals)
- Videoendgeräte

Außerdem soll es ermöglicht werden, feste Verbindungen zwischen Digitalen Vermittlungsstellen aufzubauen, um vorübergehende Engpässe beim Ausbau des terristischen Netzes in diesem Bereich zu überbrücken. Zudem bietet das System für die Einführungsphase des ISDN die Möglichkeit, ISDN-Inseln kurzfristig zu verbinden.

Systemstruktur

Den Systemaufbau aus übertragungs- und vermittlungstechnischer Sicht stellt sich wie folgt dar:

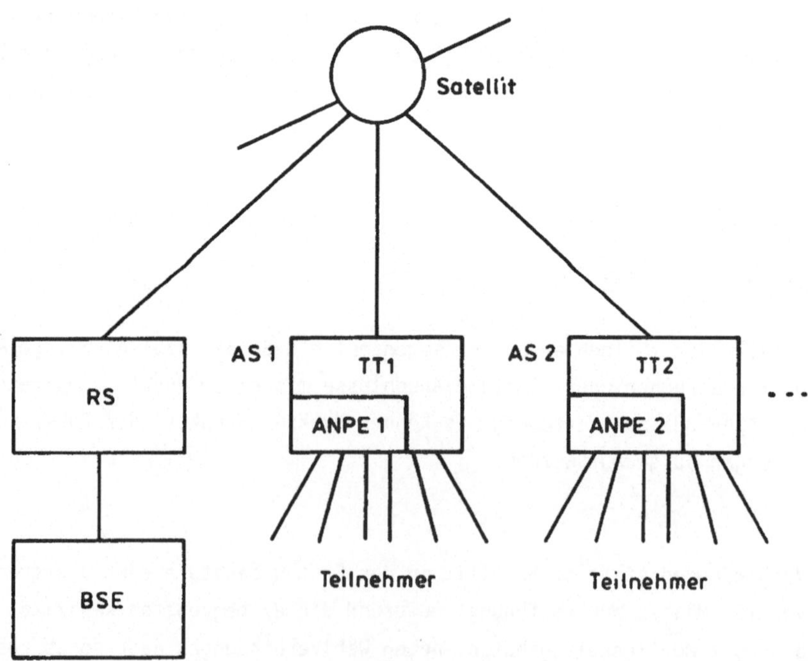

Abb. 1: Systemaufbau aus übertragungs- und vermittlungstechnischer Sicht

Das System besteht also aus dem Satelliten, den bis zu 100 terristischen Anschluß-
stationen (AS) mit im Durchschnitt 300 angeschlossenen Teilnehmern, der Referenzstation   (RS) und der Betriebssteuereinrichtung (BSE).

Die Referenzstation überwacht und steuert das Satellitenübertragungssystem mit Hilfe
eines Network Control System (NCS). Dieses Satellitenübertragungssystem setzt sich
seinerseits zusammen aus der Referenzstation und den Traffic Terminals (TT). An den
Traffic Terminals sind Vermittlungsstellen (ANPE) angeschlossen.

Die Betriebssteuereinrichtung hat die Aufgabe, das Betreiben des Systems von zentraler Stelle aus zu ermöglichen. Zu den vorgesehenen Aufgaben der BSE gehören:

- Verwalten der Teilnehmerdaten
- Sammeln der Rufdaten
- Verwalten von Konfigurationsdaten
- Unterstützen bei der Instandhaltung
- Verwalten der Reservierungen

Das System "Deutscher Fernmeldesatellit (DFS)" wird unter Federführung der Firma
Siemens von den Firmen

- ANT Nachrichtentechnik
- MBB/ERNO
- SEL und
- Siemens erstellt.

Für die Bereitstellung der ANPE und BSE ist die Standard Elektrik Lorenz AG verantwortlich.

Verteilung der Daten im System

Ausgehend von dem Systemaufbau aus übertragungs- und vermittlungstechnischer Sicht
ergibt sich die in Abbildung 2 dargestellte Verteilung der Daten.

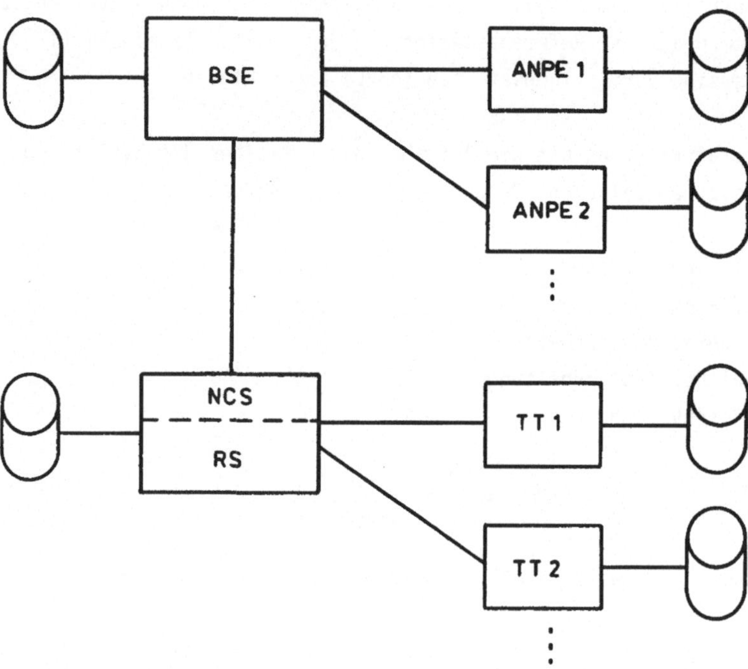

Abb. 2: Systemaufbau aus Sicht der Datenverteilung

Das Ziel des Systementwurf war, eine möglichst hohe Autonomie der einzelnen Knoten,
insbesondere der ANPEn, zu erreichen. Deshalb hält jeder Knoten seine permanenten
und semipermanenten auf einem eigenen Speicher. Änderungen der Daten erfolgen zentral über die BSE; im Zuge von Instandsetzungsarbeiten können jedoch Daten auch vor
Ort geändert werden.

Zum Zwecke der Datensicherung und zur Erhöhung der Systemverfügbarkeit sind Prozessoren und Massenspeicher in den Knoten redundant ausgeführt. Jeder Knoten ist in
der Lage, die redundanten Betriebsmittel seines Bereiches in eigener Verantwortung
zu verwalten.

In der BSE werden aus Performancegründen Teilmengen von Daten anderer Knoten redundant gehalten. Die Redundanzkontrolle hierfür obliegt der BSE.

Das Verwaltungssystem für die verteilten Daten

Jeder Knoten des Systems kann seine Daten autonom verwalten. In der ANPE steht hierfür ein spezielles Real-time-Datenbanksystem zur Verfügung. Referenzstation und Traffic Terminal benutzen für ihre Aufgaben entsprechende Dateiverwaltungssysteme.

Für die BSE wird das relationale Datenbanksystem ORACLE eingesetzt, das die Möglichkeit bietet, komplexe Datenstrukturen online zu manipulieren. Weiterhin kann über die BSE auf Daten der anderen Knoten zugegriffen werden. Für den Zugriff auf die Daten der Traffic Terminals ist noch das NCS zwischengeschaltet. Die zentrale Stellung der BSE bezüglich der Datenverwaltung spiegelt auch Abbildung 2 wieder.

Die Konsistenzhaltung von Daten, die zwischen der BSE und anderen Knoten redundant gehalten werden, obliegt der BSE. Werden diese Daten über die BSE manipuliert, was als Regelfall anzusehen ist, so sorgt sie dafür, daß die Änderungen für BSE und Knoten gemeinsam vollzogen werden. Erfolgt die Manipulation in einem der Knoten, so erhält die BSE Nachricht davon und führt diese Änderung nach. Um möglicherweise durch Fehler entstandene Inkonsistenzen zu beheben, ist außerdem ein periodischer Datenabgleich vorgesehen. Zusätzlich kann ein Datenabgleich auf Benutzeranforderung vorgenommen werden.